상하이
SHANGHAI

쑤저우
항저우
황산
수향마을

전명윤 · 김영남 지음

알에이치코리아

Prologue

환타 전명윤   마녀 김영남

이번 상하이 취재는 낯섦의 연속이었다.

스마트폰을 이용한 간편 결제는 이제 너무 광범위해진 탓에, 식당에서 밥을 먹고 현찰로 셈을 치르면 '아니 이게 웬 고대의 유물인가!'라는 표정으로 돈을 바라본다거나, 거리에서 빈 택시를 찾기 위해 손을 흔들었을 때 대부분의 빈 택시는 응답하지 않은 채 어디론가 향하고 있었다.

앱을 통해 택시를 부르고, 결제까지 자동으로 이루어지는, 그리고 몇 년 새 그게 일상이 되어버린 상하이에서 저자들은 십수 년째 매해 방문하며 눈에 익었던 그 상하이가 맞는지 반문해야 했다.

최근 중국의 변화는 눈부시다. 그 변화와 발전이 인간의 자유를 일정 부분 담보 잡힌 채 이루어낸 것이라고 하더라도 말이다. 이제 그저 건축물이나 올리는 하드웨어의 변화가 아니라, 소프트웨어적인 격변이 이루어지고 있다.

그간 중국의 간편 결제 시스템을 외국인이 쓰기 위해서는 정말 번거롭기 그지없었는데, 최근 드디어 외국인도 간편하게 이용할 수 있는 솔루션을 만들어냈다. 《상하이 100배 즐기기》 2020~2021년 개정판은 그 소식을 마감 직전 속보로 싣는다.

그리고 간편 결제 시스템으로 무장하고 상하이를 여행해보라. 이제 더 이상 우리 머릿속의 낙후한 그 중국은, 존재하지 않는다. 어쩌면 이 시대 상하이를 여행해야 할 가장 큰 이유는 이 때문인지도 모른다.

Thanks People

이 책은 전명윤, 김영남 두 사람만의 힘으로 나온 건 아니다. 수많은 사람이 크고 작게 참여했고, 이런저런 도움을 줬다. 책에 소개된 수많은 호텔은 모두 직접 취재한 곳이다. 한국에서 왔다는 놈이 불쑥 찾아가 명함 하나 내밀고 방 보여달라고 했을 때 선선히 호텔 구경을 시켜준 상하이, 항저우, 쑤저우 전역의 PR 매니저들께 감사한다. SNS 중독자인 날 위해 VPN을 열어준 달호 오빠, 논리적인 가이드북 비평가 曉露 양, 메이비, 데미, 조님. 간간이 개정 투어에 동행하는 선영·동숙 양, 보더군, 블루진 옹에게도 감사를. 마지막으로 저자 사진을 찍어준 배진환 군에게도 땡큐.

2011년 이후 취재 시 필요한 각종 카메라 장비를 빌려주고 있는 올림푸스 코리아에는 특별히 감사를 따로 전한다. 집이 가깝다는 이유로, 회의를 겸한 조기 퇴근을 감행하는 알에이치코리아의 고현진 편집장님에게도 무한한 애정을 발사한다.

Thanks Gadget

메인 작업 컴퓨터인 iMac Pro, Macbook Pro 2018, 작업의 한 축을 담당하는 iPhone Xs, iPhone 8, iPad Pro10.5, iPad 2018 촬영 장비들 E-M1Mark2와 PRO 렌즈 3종 세트, RX100Mark3, DP1M, DP2M, Osmo Pocket에게도 감사를.

참고로, 이 책의 모든 사진은 직접 촬영한 것이다. 2006년 이래 Canon EOS-20D, 40D, 50D, 7D, Fuji X-100, Sony RX100Mark3, Olympus E-510, E-M5, E-M5Mark2, E-M1으로 찍었다. 최근의 사진은 모두 올림푸스 장비들로 찍은 것이다.

일러두기

1 관용화된 도시명은 맞춤법 표기법에 따라 적었지만, 그 외 지명, 음식, 인명 등 여행에 필요한 정보는 되도록 현지 발음에 가깝게 표기했습니다.

2 이 책에 실린 내용은 2019년 10월까지 조사한 것입니다. 상하이는 물가 변동이 심한 지역이기 때문에 각 업소의 사정에 따라 가격 변동이 있을 수 있습니다. 미리 확인하는 것이 좋습니다.

3 여행 중 발견하신 변경 정보를 알려주시면 확인 후 개정 작업을 할 때 반영하겠습니다. 작은 정보라도 다음에 여행하는 사람들에게는 큰 도움이 됩니다.

상하이 100배 즐기기 활용법

개정 정보 문의
전명윤 Trimutri100@mac.com
김영남 trimutri1@gmail.com
알에이치코리아 여행출판팀 hjko@rhk.co.kr

01 한눈에 파악할 수 있는 지역별 가이드

6각형 도표 : 볼거리, 접근성, 맛집, 혼잡도 등 한눈에 들어오는 여행 필수요소

액세스 : 자세하고 편리한 교통편 설명

체크리스트 : 필수 볼거리, 먹거리, 쇼핑리스트 정리

02 지역별 여행 방법

어떻게 여행을 다니면 좋을까? 여행자들의 고민을 덜어주는 핵심 정보를 간단하게 소개하고, 지역별 지도와 함께 최적화된 동선으로 루트를 정리했습니다.

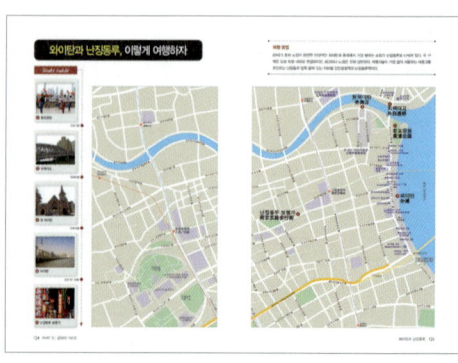

03 상하이 여행 코스의 모든 것

베스트 코스에서는 여행자의 다양한 취향을 고려한 맞춤 테마여행 코스를 제안하고 있습니다.

04 길 찾기 도우미 QR 코드 사용 방법

본문의 명소, 맛집, 쇼핑 스폿에는 작가가 직접 제작한 QR 코드가 있습니다. 이 QR 코드를 스캔한 후 기본 화면에서 '지도 보기'를 누르면 가는 방법을 손쉽게 찾을 수 있습니다. 또한, 택시를 이용할 때 기본 화면에서 '택시기사에게 보여주기'를 누르면 중국어 설명이 나와 원하는 곳까지 편하게 갈 수 있습니다.

❶ 안드로이드 마켓에서 '네이버' 같은 QR 코드 인식 앱을 다운 받습니다. 아이폰은 카메라 앱으로 인식 가능.

❷ '바코드 촬영'이나 '코드' 버튼을 눌러 촬영 모드로 바꾸고 QR 코드를 찍으면 기본 화면이 나옵니다.

❸ 기본 화면에서 '지도 보기' 메뉴를 클릭합니다. 좌표가 뜨면 화면 상단 오른쪽에 있는 지도 아이콘을 클릭합니다.

❹ 검색한 위치가 화면에 표시됩니다. 현재 위치에서 길찾기 메뉴를 사용할 수도 있습니다.

❺ 기본 화면 하단에 있는 메뉴 '택시기사에게 보여주기'를 누르면 다음과 같은 화면(한자 주소나 가게 이름)이 나옵니다.

成隆行蟹王府

Contents

프롤로그	002
일러두기	004
상하이 기본정보	008
상하이 날씨와 축제	010
스마트폰 체크포인트	012

Part 1
인사이드 상하이

Sightseeing

상하이 여행 키워드	016
테마로 보는 상하이	
상하이 나이트 뷰	022
상하이 대표 박물관	024
상하이의 작은 박물관	026
상하이의 예술단지	030
상하이 버킷리스트 10	032
유람선·투어버스	036
중국 서커스의 진수	040

Eating

상하이 베스트 푸드	042
상하이 식당 이용하기	046
중국차의 모든 것	048
중국술 제대로 알아보기	050
상하이 명물 요리 대전	
샤오룽바오 VS 셩젠	052
다자셰 VS 훙샤오로우	054
마라룽샤 VS 훠궈	056
상하이 딤섬 메뉴판	058
중국요리 돋보기	060
상하이 디저트 메뉴판	062

Shopping

상하이 쇼핑 리스트	064
상하이 마트 알아보기	068
상하이 마트 먹거리	070

Course

올 어바웃 상하이 1박 2일	072
올 어바웃 상하이 2박 3일	074
올 어바웃 상하이 4박 5일	078
올 어바웃 상하이 5박 6일	080
먹고 죽자 미식 기행	086
체험하는 가족 여행	088
연인을 위한 닭살 커플사진 여행	090
예술 마니아를 위한 미술관 순례	092
쇼퍼들을 위한 쇼핑 여행	094

Part 2
교통 가이드

우리나라 공항 안내	098
한 번에 알아보는 출국 과정	100
상하이 입국하기	102
공항에서 시내로 이동하기	104
상하이 시내교통	108

Part 3
상하이 가이드

한눈에 보는 상하이 Quick View	120
와이탄과 난징동루	122
인민광장과 난징시루	160
푸동	196
상하이 디즈니랜드	210
예원과 상하이 고성	226
화이하이루와 대한민국 임시정부	248
프랑스 조계지	262
쉬자후이와 홍차오	286
일본 조계지와 상하이역	304
상하이의 교외 자딩과 쑹장	315
상하이 숙소	322

Part 4
근교 가이드

저우좡	350
통리	356
우젠	362
시탕	366
쑤저우	374
항저우	392
황산	410

Part 5
여행 준비하기

여행 준비 과정 ABC	434
여행 일정 짜기	435
여행 정보 수집	436
여권과 비자 만들기	438
항공권 구입하기	440
여행 예산 짜기	442
상하이 숙소 정하기	444
여행자보험 가입하기	445
환전과 간편 결제	446
짐 꾸리기	448
트래블? 트러블	450

찾아보기	452

상하이 기본 정보

'아는 만큼 보인다.'라는 말은 여전히 유효하다. 정보는 기본적으로 많을수록 좋다. 상하이의 역사, 문화 등 인문학적인 내용도 살펴보는 걸 권하고 싶다.

도시명 상하이
중국의 젖줄 창장 강 長江에서 바다 海로 나가는 지점 上에 있기 때문에 상하이. 트위스트가 유명하기 때문이 아니다.

국기 오성홍기
오성홍기 五星紅旗로 불리는 중국 국기. 붉은색은 공산주의, 황색은 광명의 빛을 상징한다. 상단 좌측의 큰 별은 공산당, 작은 별은 노동자, 농민, 지식인과 애국적 민족 자본가를 상징한다.

국명 중화인민공화국
중화인민공화국 中华人民共和国 People's Republic of China. 참고로 타이완은 중화민국 中華民國이라고 한다.

인구 약 2,418만 명
이는 인구밀도로 봤을 때, 중국 평균치의 20배에 달한다. 한마디로 상하이는 만원.

면적 6,340.5㎢
서울의 10.5배
황푸 강을 기준으로 동과 서로 나뉜다. 동쪽의 푸둥 지역은 신개발구역으로 동방명주가 있는 '뉴 상하이', 서쪽은 중세의 향기가 물씬 풍기는 상하이 고성과 20세기 초 건설된 상하이 조계의 풍경이 펼쳐진다. 한마디로 '올드 & 모던 상하이'

인종 한족 99.37%
한족 漢族이 91.5%를 차지하고 있다. 한족 외 소수민족은 55개나 되는데, 이들의 인구비중은 겨우 8.5%에 불과하다.

시차 -1시간
우리나라보다 1시간 느리다. 한국이 오전 8시 30분이라면, 상하이는 7시 30분!

언어와 문자 푸퉁화
상하이만의 방언이 있긴 하지만, 중국 정부의 강력한 표준어 정책으로 인해 공식적으로는 베이징어인 푸퉁화 普通话를 쓴다. 글자는 알다시피 한자 漢字, 하지만 부수와 획수를 줄인 간체자 简体字를 쓰기 때문에 우리가 쓰는 한자와 다른 글자도 상당수 존재한다.

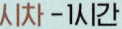

상하이의 경제력

	중국	상하이	한국
총생산	US$11조8,000억	US$4,531억	US$1.53조
1인당 소득	US$17,015	US$33,245	US$29,891

상하이 총생산 GDP US$4,800억

상하이의 지역 총 생산은 US$4,531억으로 중국 전체 11위에 속한다. 하지만 중국 땅의 0.06%에 해당하는 작은 지역이라 이를 1인당 총생산으로 환산했을 경우 US$20,000로 중국내 소득 1위다.

전압과 플러그 220V, 50Hz

220V, 50Hz, 한국 가전제품은 별도의 변압장치 없이 사용할 수 있다. 단, 플러그의 규격이 7가지나 되는데, 이중 두 가지 방식만 한국 가전제품과 호환된다. 여행용 멀티 플러그를 구입하면 편리하다. 호텔 컨시어지에 문의하면 플러그를 빌려주기도 한다.

화장실 처수어

상하이에는 공공화장실이 많은 편이다. 중국 가옥에는 화장실이 없는 경우가 있기 때문에 프랑스 조계지나, 일본 조계지역에는 특히 공공 화장실이 많이 눈에 띈다. 심지어 지하철역 플랫폼에도 공중화장실이 있다. 화장실은 웨이성지엔 卫生间, 처수어 厕所라고 발음하고 표기한다.

식수 쉐이

수돗물은 마시면 안 된다. 생수를 사먹는 것이 가장 기본. 한국의 경우 생수라고 하면 미네랄워터를 생각하는데, 중국은 정수한 물도 생수로 분류한다. 눙푸산톈 农夫山泉이라는 브랜드는 중국에서 가장 유명한 생수 브랜드로 미네랄워터다.

팁 샤오페이

중국에는 팁 문화가 없지만, 외국인이 많은 상하이에서는 팁을 남발(?)하는 서양인들 탓에 외국인 손님에게 팁을 기대하는 심리가 있다. 이 때문에 상대적으로 팁에 후한 서양인들이 동양인에 비해 더 대접(?)을 받는 경우도 종종 있다.

공휴일

가장 큰 공휴일은 설날과 국경절로 평균 일주일 이상이다.

신정	1/1	설날 연휴	음력 1/1	청명절	4/5
석가탄신일	음력 4/8	노동절	5/1	단오절	음력 5/5
추석	음력 8/15	중양절	음력 9/9	국경절	10/1

기후 북아열대 계절풍

봄·여름·가을·겨울 4계절이 있다. 봄과 가을은 짧고 여름과 겨울은 길다. 6월부터 시작되는 여름은 무덥고 비가 많이 내리며 12월부터 찾아오는 겨울은 난방이 안 되는 곳이 많아 춥다. 여행하기 가장 좋은 시기는 5·10·11월로 봄과 가을이다.

통화 위안

위안 元. 현지 사람들은 콰이 块라는 말을 더 선호한다. 위안 아래의 단위로는 쟈오 角가 있다. 10쟈오가 1위안인 셈인데, 1쟈오 동전은 한국의 10원짜리처럼 별 쓸모없는 경우가 많다. 0.5단위로 떨어지는 가격이 많기 때문에 5쟈오 동전은 꽤 유용하다.

동전 5角, 1元
지폐 1元, 2元, 5元, 10元, 20元, 50元, 100元

은행 인항

상하이 시내에서 흔히 볼 수 있는 중국은행과 공상은행 등에서 환전을 할 수 있다. 또한 Cirrus, Plus, Maestro 표시되어 있는 ATM기에서 쉽게 현금 인출도 가능하다. 단, 자신이 소지한 카드가 외국에서 사용할 수 있는 인터내셔널 카드여야 한다.

비자

중국을 방문하기 위해서는 비자가 필요하다. 보통 30일 체류 관광비자를 받거나 일정이 같은 동행이 있는 경우 별지 비자를 받기도 한다. 자세한 내용은 p438 참고

상하이 대한민국 총영사관
여권 분실을 비롯한 각종 사건·사고 시 도움을 받을 수 있다.
- **주소** 上海市 长宁区 万山路 60号
- **전화** (021)6295-5000, 긴급연락전화 (24시간) 138-1650-9503

상하이 날씨와 축제

여행하기 좋은 계절은 봄인 5월과 가을인 10~11월. 6~8월은 혹서기로 분류되는데, 한국의 더위는 상대가 안 될 정도로 덥고 습하다. 겨울은 영하로 내려가는 날이 드물 정도로 한국보다는 온화하지만 대신 습하다. 한랭 다습한 기후는 한국 버금갈 정도의 방한 장비가 필요하다.

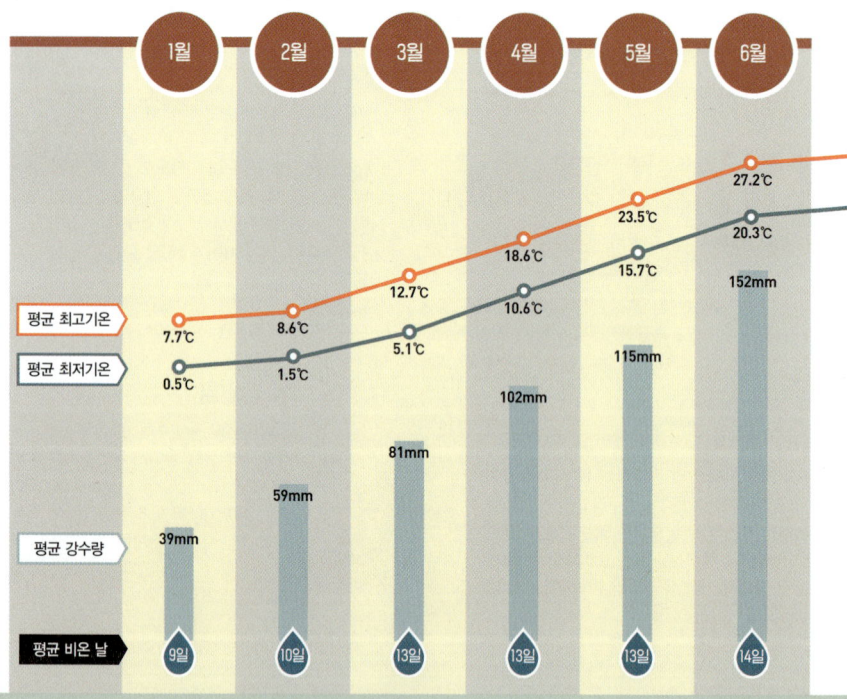

원단
元旦 위안단

매년 1월 1일로, 공식 휴일은 3일이다. 용화사에서 108타종식을 거행하는데, 신년의 종소리를 듣기 위해 전국 각지에서 사람들이 모여든다. 다양한 축하행사도 함께 펼쳐진다고 하니, 중국의 새해맞이를 볼 수 있는 좋은 기회.

춘절
春节 춘제

음력 1월 1일, 우리에게는 설날이다. 중국 최대의 명절로 춘절 2~3일 전부터 중국 전역은 홍등과 불꽃놀이로 분위기가 고조된다.

원소절
元宵节 위안샤오제

음력 1월 15일, 정월대보름이 되면 예원은 '등불축제'로 1년 중 가장 화려해진다. 위안샤오 元宵라는 찹쌀로 만든 경단을 먹는데, 속은 팥, 검정깨, 땅콩 등 다양하다.

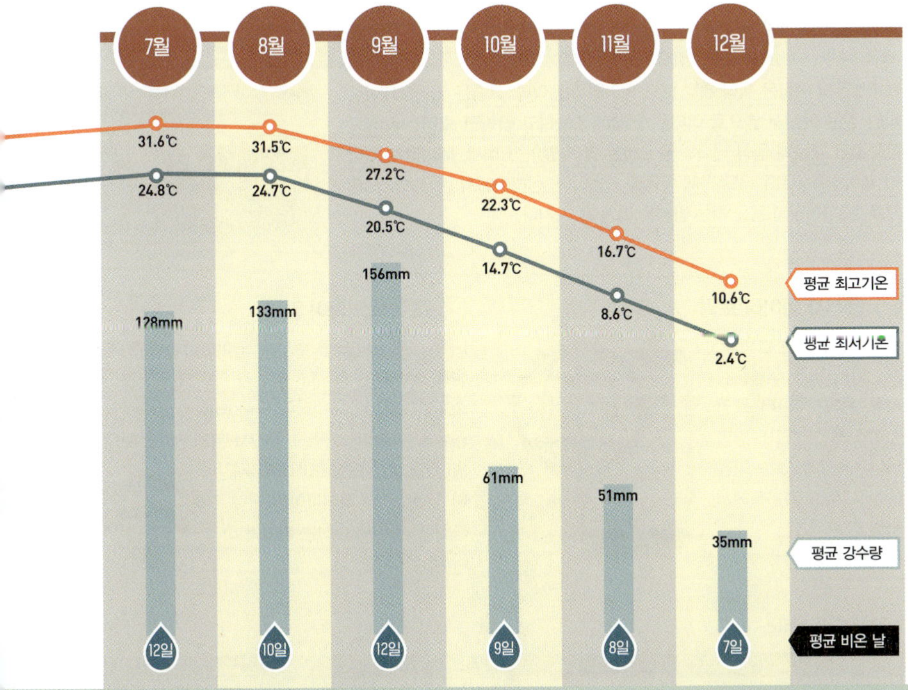

	7월	8월	9월	10월	11월	12월
평균 최고기온	31.6℃	31.5℃	27.2℃	22.3℃	16.7℃	10.6℃
평균 최저기온	24.8℃	24.7℃	20.5℃	14.7℃	8.6℃	2.4℃
평균 강수량	128mm	133mm	156mm	61mm	51mm	35mm
평균 비온 날	12일	10일	12일	9일	8일	7일

단오절
端午节 돤우제

음력 5월 5일, 시인 굴원 屈原이 악정에 항의하며 물에 뛰어들어 자결한 것을 기념하는 축제. 찹쌀떡의 일종인 쫑즈 综子를 먹고 강에서 용선 龙船 경주를 한다.

중추절
中秋节 중츄제

음력 8월 15일. 가을 중에서도 가을을 가리킨다. 둥근 달을 상징하는 월병 月餠을 친지, 이웃과 나눠 먹는 관습이 있다. 중추절 시기가 다가오면 월병을 사기 위한 긴 인파를 쉽게 볼 수 있다.

상하이비엔날레
上海双年展

1996년 처음 시작된 국제 예술 축제로 2년에 한 번, 9월에 개최된다. 역사는 짧지만 아시아의 대표적인 비엔날레로 자리잡고 있어 세계인들의 이목이 집중되는 때이기도 하다.

스마트폰 체크포인트

비록 구글의 모든 서비스와 트위터, 페이스북이 불가능하지만, 그렇다고 스마트폰이 쓸모없는 건 아니다. 특히 중국 여행 시 유용한 몇몇 앱의 사용법만 익혀도 여행은 훨씬 편해진다. 자! 아래의 내용을 꼼꼼히 읽어보자.

상하이에서 스마트폰 사용

스마트폰의 핵심은 뭐니 뭐니 해도 데이터 이용이다. 요즘은 카카오톡이나 라인 같은 메신저 앱으로 어디든 연결이 가능하고 급하면 보이스 채팅도 가능하기 때문에 음성 전화의 중요성은 많이 떨어진 추세. 데이터가 있어야 페이스북도 트위터도 카페 활동도 가능하다. 상하이에서 한국 스마트폰으로 3G데이터 이용을 하는 방법은 크게 세 가지다.

✓ 통신사 데이터 로밍

가장 간단한 방법이다. 자신이 가입한 이동통신사를 통해 데이터 로밍 서비스를 신청하는 방법이다. 공항에 있는 이동통신사 로밍 카운터에서 가입 할 수 있다.

✓ 포켓 와이파이 임대

LTE나 3G 데이터를 수신해, 와이파이 신호로 전환해 발신하는 장치다. 통신사 데이터 로밍보다 속도가 빠르고, 스마트폰 3~10대까지 인터넷을 공유할 수 있다. 가격도 통신사 로밍 서비스보다 싸다. 유일한 단점은 배터리 시간이 짧은 포켓 와이파이 때문에 충전에 신경 써야 하는 기계가 하나 더 생긴다는 것.

통신사 로밍 서비스

통신사	상품명	요금	특징
KT	데이터 로밍 하루 종일	11,000원/1일	기본 LTE, 일 데이터 기본제공량 300 MB 소진 이후, 저속으로 하루 종일 사용
	데이터 로밍 기가팩 아시아	44,000원/7일	기본 LTE, 속도제어 없이 7일 동안 5G 사용
	데이터 로밍 하루 종일 톡	3,300원/일	200Kbps 이하의 저속에서 하루 종일 사용
LG	스마트 로밍 데이터 요금제	11,000원/일	기본 LTE, 일 데이터 기본제공량 300 MB 소진 이후, 저속으로 하루 종일 사용
	제로 프리미엄 요금제	24,000원/3일 33,000원/7일 63,000원/30일	각각 2G, 3.5G, 8G 데이터 사용, 받는 음성 전화 무제한 그리고 거는 음성 전화 각각 30분, 70분, 300분 제공
SKT	baro OnePass 300	9,900원/1일	기본 LTE, LTE망 바깥은 3G, 고속 300MB이후, 저속으로 하루 종일 사용
	Baro 3/4/7GB	29,000원/7일 39,000원/30일 59,000원/30일	7일 동안 3GB, 30일 동안 4GB, 7GB 사용 이후 제한된 속도로 데이터 계속 사용

✅ 현지 심카드 구입

중국의 이통사 중 중국연통 中国联通 China Unicom 을 통해, 심카드 이용이 가능하다. 우선, 웹사이트(shop.chinaunicom.com)에 가입, 가격대별 상품을 결제한 후, 현지의 심카드 수령 장소를 지정하면, 정해진 시간에 찾아가 받을 수 있다. 단점은 공항 수령이 불가능하다는 점과 데이터 특화 상품이 없다는 것(쓸모없는 시내 통화가 따라온다). 하지만, 저렴한 가격으로 오래 머무는 여행자들에겐 유용하다.

가격	데이터	음성
76元	800MB	200분
106元	1GB	300분
166元	2GB	500분
196元	3GB	500분
396元	6GB	2,000분
596元	11GB	3,000분

로밍 vs 포켓 와이파이, 현지 심카드 비교

중국은 정치적 이유 혹은 검열의 용이함 때문에 외국계 SNS를 차단하고 있다. 그 덕에 포켓 와이파이나, 심카드를 사용하면 트위터, 페이스북, 유튜브, 구글 지도를 포함한 모든 구글 서비스를 사용할 수 없다. 즉, SNS를 자주 이용한다면, 비싸도 로밍을 이용해야 한다.

중국여행의 필수 앱

여행하면 떠오르는 필수 앱, 몇 가지들이 중국에서는 무용지물이다. 그래서 상하이 여행에 도움을 주는 앱에 대한 정보도 남달라야 한다.

✅ 바이두 지도 百度地图
(무료/ iOS, ANDROID)

중국판 구글 지도다. 한자로 되어 있다는 난관만 극복해 낸다면, 중국 내에서는 구글 지도보다 더 편리하다. 대중교통 안내 능력도 탁월하지만, 특히, 내장 내비게이션은 그 어떤 상용 내비게이션보다 성능이 좋다. ANDROID는 한국 마켓에서도 다운이 되지만, iOS의 경우는 미국이나 중국, 일본 계정이 있어야 다운받을 수 있다.

✅ 위챗 WeChat 微信
(무료/ iOS, ANDROID)

중국판 카카오톡, 채팅 앱으로 출발했지만, 현재는 전자 결제를 위한 가장 중요한 툴 중 하나로 진화했다. 위챗 머니 충전을 대행해주는 사이트가 있기 때문에 상하이에서 위챗 이용할 수도 있다. 어떤 식당은 아예 종이 메뉴판을 제공하지 않고, 위챗의 큐알코드 인식 기능을 이용해 디지털 메뉴를 제공하고 주문도 한다. 페이스북처럼 다른 서비스의 계정을 만들 때 연동할 수 있으므로 일단 위챗 계정을 만들어야 중국내에서 다른 서비스 계정을 만들기도 편하다.

✅ 디디추씽 滴滴出行
(무료/ iOS, ANDROID)

중국판 카카오택시 앱인데 위챗, 알리페이를 통해 전자 결제도 가능하다. 위챗 계정이 있으면 계정 연동기능을 이용해 쉽게 가입 할 수 있다. 현재는 우버 차이나도 합병, 중국에서 거의 지존급 시장점유율을 자랑한다. 택시 기사가 확인 전화를 거는 경우가 있는데 이 경우가 좀 난감하다. 최근 노쇼에 대한 패널티가 강해지며 택시 기사가 전화를 거는 일도 줄어드는 추세다.

Part 1
인사이드 상하이

상하이 여행 키워드
상하이 나이트 뷰
상하이 대표 박물관
상하이의 작은 박물관
상하이의 예술단지
상하이 버킷리스트 10
유람선·투어버스
중국 서커스의 진수
상하이 베스트 푸드
상하이 식당 이용하기
중국차의 모든 것

중국술 제대로 알아보기
샤오룽바오 vs 셩젠
다자셰 vs 홍샤오로우
마라롱샤 vs 훠궈
상하이 딤섬 메뉴판
중국요리 돋보기
상하이 디저트 메뉴판
상하이 쇼핑 리스트
상하이 마트 알아보기
상하이 마트 먹거리
베스트 코스

Sightseeing

눈으로 먼저 보는 핵심 스폿
상하이 여행 키워드

상하이 대표 명소를 테마별로 선정했다.
상하이 첫 여행이라면 꼭 둘러봐야 할 명소들.

디즈니랜드 迪士乐园

2016년 6월, 5년의 공기 끝에 드디어 상하이 디즈니랜드가 개장했다. 세계에서는 여섯 번째, 아시아에서는 도쿄, 홍콩에 이은 세 번째 디즈니랜드로, 유일하게 현지화 콘셉트로 개발되었다. 기본 골격은 미국풍이지만, 중국적인 분위기를 최대한 잘 어울리게 가미한 느낌이다. 규모도 아시아에서 가장 크다.
p210

디즈니랜드 BEST 5

로링 래피즈 Roaring Rapids

원형 보트를 타고 급류를 타고 내려오는 롤러코스터. 360도 회전하면서 움직이기 때문에 이리저리 부딪칠 때 물이 튀어 꽤 젖기도 한다.
_어드벤처 아일

트론 TRON Lightcycle Power Run

상하이 디즈니랜드에서 가장 인기 있는 어트랙션. 시속 97㎞로 세계 최고 속도의 바이크 롤러코스터. _투모로우랜드

TIP

상하이 디즈니랜드가 세운 기록

❶ 슈퍼 사이즈

홍콩 디즈니랜드 126만m2
도쿄 디즈니랜드 200만m2
캘리포니아 디즈니랜드 206만m2
상하이 디즈니랜드 370만m2

❷ 세계에서 가장 높은 디즈니랜드 성

캘리포니아, 홍콩 디즈니랜드 23.5m
파리 디즈니랜드 50.9m
도쿄 디즈니랜드 51m
플로리다 디즈니월드 57.6m
상하이 디즈니랜드 60m

소어링 오버 더 호라이즌 Soaring Over the Horizon

102cm 이상이면 탈 수 있는 4D 영상이 결합된 최신 어트랙션. 트론과 함께 상하이 디즈니랜드의 인기 최고 어트랙션. _어드벤처 아일

③

일곱 난쟁이의 광산열차
Seven Dwarfs Mine Train

④

97cm 이상이면 탈 수 있는 초급 롤러코스터. 아이들이 정말 좋아한다. _판타지랜드

불꽃놀이

⑤

디즈니 성이 스크린이 되어, 디즈니의 유명 애니메이션이 줄기차게 상영된다. 그리고 그 주변을 수놓는 불꽃. 사람들의 함성과 감격에 겨워 눈물짓는 어른들을 심심치 않게 볼 수 있는 감동의 공연.

Sightseeing

마 천루

상하이 세계금융센터 环球金融中心

2008년 완공된 상하이 최고층 빌딩으로 101층, 492m의 높이를 자랑한다. 상하이 세계금융센터의 하이라이트는 94, 97, 100층에 있는 전망대. 특히 474m지점에 있는 100층 전망대는 바닥과 벽, 천장이 모두 유리로 되어 있어 한 발자국 내딛을 때마다 짜릿함을 선사한다. 바닥이 유리로 되어 있다보니 푸둥의 높디높은 건물들 위를 걷는 기분을 만끽할 수 있다. p203

상하이 타워 上海中心大厦

상하이 마천루 순위를 갈아치운 높이 632m의 세계에서 2번째로 높은 건물. 2016년 완공된 따끈따끈한 곳이다.
p205

동방명주 东方明珠

1992년 푸동 개발계획이 발표되고 3년 만에 완공된 동방명주는 순수한 중국 자본과 기술로 만들어져 상하이의 자존심이 되었고 현재까지 상하이의 상징으로 굳건한 자리를 차지하고 있다. 처음 동방명주를 접하면 모양새가 낯설게 느껴진다. 하지만 두 번째 찾은 상하이에서 동방명주는 왠지 상하이의 친근함으로 다가 온다. 세련된 맛은 없지만 왠지 촌스럽고 기괴한 모양이 중국스럽게 느껴진다. 중앙에 있는 세 개의 구슬(?)은 각각 전망대다. p200

금무대하 金茂大厦

와이탄을 장식하고 있는 아르데코 양식을 현대적으로 재해석했다는 평을 받고 있을 정도로 건물 자체의 외관은 지금 봐도 훌륭하고 인상적이다. 맨 꼭대기인 88층에 전망대가 있다. 한때 상하이 전망대의 상징이었지만 상하이 세계금융센터, 상하이 타워가 개장하며 인기가 많이 떨어진 것도 사실. 하지만 전망대에서 바라보는 와이탄 쪽 풍경만으로는 상하이 세계금융센터보다 나은 편이라, 나름 마니아들이 존재한다. p204

상하이 근대건축

100여 년 전에도 상하이는 중국에서 제일가는 첨단의 도시였다. 상하이 곳곳은 19세기 말~20세기 초의 분위기가 물씬 풍기는 근대 건축물의 거대한 박물관이라 해도 과언이 아니다. 거리 곳곳에서 만나는 상하이의 대표적인 근대 건축물들을 모아두었다.

1 우캉루 武康楼 (노르망디아파트 Normandi Apartments) 뉴욕 맨하튼의 플랫아이언 빌딩 Flatiron Building을 연상시키는 건물로 1924년 헝가리 건축가 Laszlo Hudec가 설계. 당시 상하이 최초의 지하주차장을 갖춘 최고급 아파트로 1942년까지 외국인만 거주했었다고. p268 **2 콜럼비아 서클 上生新所** 100여 년 전, 유럽과 미국인들이 이용했던 복합 위락시설. 가장 유명한 곳은 수영장인데, 노르망디 아파트를 설계한 헝가리 건축가 Laszlo Hudec의 작품이다. 인스타 명소로 인기. **3 상하이 푸동발전은행 上海浦东发展银行** 1993년 완공된 와이탄 12호로 그리스와 로마의 사원을 연상시키는 신고전주의 건축양식으로 유럽을 제외한 전세계의 건물 중 가장 아름답다는 찬사를 들었다고 한다. p130

 **한민국 임시정부와 항일 무장투쟁**

대한민국 헌법은 상하이 임시정부의 법통을 계승했다 명시하고 있으니, 상하이는 오늘날 대한민국의 기원이 묻어나는 땅인 셈이다. 항일 운동 유적지들은 현재, 훙차오, 신천지, 훙커우 3지역에 흩어져 있고 그 주변의 다른 관광지와 연계하는 일정을 짤 수도 있다. 하지만 '항일 투쟁의 발자취'라는 주제와 너무 동떨어져 있다. 상하이 여행 중 반나절을 투자해 항일 유적지들을 방문하고 싶다면 다음과 같은 코스를 추천한다. 1948년이 대한민국 건국일인지 정부 수립일인지에 대해서, 자신의 입장도 정리해 볼 겸 말이다.

쑹칭링능원
외국인 묘지구역에 있는 우리 독립운동가 14인의 무덤

도보+지하철 (5정거장) 35분

대한민국 임시정부
대한민국의 기원

도보+지하철 (6정거장) 40분

루쉰공원
윤봉길 의사의 도시락 폭탄 의거의 현장

도보 15분

매정
도시락 폭탄 의거 현장에 세워진 기념관

도보 15분

둬룬루 문화명인가
일본 조계지였던 곳을 문화 거리로 조성

Sightseeing

테마로 보는 상하이
상하이 나이트 뷰

밤이 되면 낮과는 전혀 다른 풍경이 펼쳐진다.
상하이를 대표하는 야경 명소를 모았다.

난징동루 가장 중국스러운 거리. 우리가 상상하는 화려함과 복잡함 그 자체가 바로 난징동루다. p141

외백대교 주변 쑤저우허에서 바라 볼 때 외백대교 왼쪽은 상하이 대하, 오른쪽은 동방명주를 포함한 푸동의 야경이 펼쳐진다. p136

예원

강남지방 특유의 휘어진 처마들의 향연을 볼 수 있는 기회. 처마들이 이렇게 많았나? 낮에 봤던 예원과 저녁의 예원은 차원이 다르다. p230

와이탄

황푸 강 일대에 늘어서 있는 19세기 건물들에 불이 켜지면 공간을 초월한 야경이 펼쳐진다. p126

Sightseeing

테마로 보는 상하이
상하이 대표 박물관

곳곳에서 펼쳐지는 엄청난 유물들의 향연
상하이에서 꼭 가봐야 할 박물관 두 곳

🏛 상하이 박물관 上海博物馆

연면적 3만 8천 제곱미터의 지상 5층, 지하 2층 규모로 멀리서 보면 SF영화의 UFO 모선을 닮았다. 정작 디자인 콘셉트는 청동기 시대에 제구로 쓰이던 커다란 솥인 정 鼎에서 따온 것이라고 한다. 특히 중국고대청동관, 중국고대도자관, 중국역대회화관은 국보급 문화재가 수두룩한 곳으로, 해당 분야만큼은 중국 최대 규모로 손꼽히니 관람할 때 더 많은 시간을 할애하도록 하자. 비교적 최근인 1996년에 개관한 덕분에 관람 동선도 잘 정돈되어 있는데다, 사람이 다가가야 조명이 켜지는 나름의 첨단 설비들도 눈길을 끈다. 개관 시간이 17:00까지지만 입장은 16:00에 마감. 유물수도 엄청나기 때문에 상하이 박물관을 둘러볼 일정이라면 조금 서두르는 것이 좋다. p171

🏛 상하이 자연 박물관 上海自然博物馆

아시아에서 가장 큰 자연사 박물관. 영화 〈박물관이 살아있다〉의 배경으로 유명한 뉴욕시 자연사 박물관의 절반 크기다. 빅뱅으로부터 우주가 생겨난 이래, 생명의 탄생과 그 생명이 수놓은 아름다운 세상의 다양성, 문명을 입체적으로 보여주고 있다. 만약 다큐멘터리 〈코스모스〉를 재미있게 봤거나, 혹은 아주 단순하게 공룡 마니아라 해도 생태에 대한 약간의 호기심만 있다면 이곳은 끝없이 탐사할 수 있는 보물 창고다. 도도새나 코끼리새, 양쯔강 돌고래처럼 인간에 의해 멸종된 생명체들을 모아놓고 전시관 이름을 '미래로 가는 길'이라고 정한 건 두고두고 생각해볼 만하다. p164

테마로 보는 상하이
상하이의 작은 박물관

상하이 근대 문화와 역사, 설치 예술, 오르골 취향대로 즐길 수 있는 박물관 여행을 떠나보자.

푸싱아트센터 复星艺术中心

상하이의 새로운 핫스팟인 BFC 와이탄 금융센터 BFC 外滩金融中心에 있는 아트센터. 중국의 상징인 대나무 문양을 차용한 청동관의 외관이 압도적이다. 푸동의 전경을 볼 수 있는 새로운 전망 포인트와 쿠시마 야요이, 티파니전 같은 화제성 짙은 전시를 성사시키며 주말이면 1시간씩 줄을 서야 할 정도로 흥행 성공 중이다. 상하이 최고의 핫 스폿을 보고 싶다면 가장 먼저 푸싱아트센터의 전시 일정을 살펴 보자.

상하이 우정 박물관 上海郵政博物館

1924년에 지어진 바로크 풍의 외관이 우정 박물관을 들르는 이유의 절반은 될 정도로 건물이 아름답다. 박물관 자체는 작은 편이고 1층은 우체국, 2층은 박물관이다. 1층은 조계시절에 지은 건물을 별 인테리어 보강 없이 현재까지 유지한다는 점에서 볼만하고, 2층은 현재의 우리로서는 상상할 수 없는 과거의 우편 시스템을 구경할 수 있어서 흥미롭다. 말이 끄는 우편 마차는 요즘 아이들은 상상도 못해봤을 얼마 되지 않은 과거이기도 하다.

프로파간다 포스터 아트 센터 Propaganda Poster art centre

인류가 만든 현실 사회주의란, 압도적인 권위를 가진 지도자들이 끊임없이 위기라 주장하며 대중들에게 어찌해야 하는지 지시를 전달하는 과정이었다. 지금이야 TV에게 그 역할을 빼앗겼으니 선전 포스터가 흔치 않지만, 과거 중국은 선전 포스터의 나라였다. 지금 보면 우스꽝스러운 이야기들로 가득하지만, 한때는 저 구호를 충실히 이행하지 않으면 거리로 끌려 나와 조리돌림 당할 수도 있었다. 그런 이면을 상기해보면 그저 웃기기만 한 그림은 아니다.

"2012년 1월 방문 당시 중국의 현대미술가인 창환 张洹의 개인전 《공자에게 묻다 (问孔子)》라는 전시가 진행 중이었다. 압도적인 크기의 거대한 공자상이 인상적이었는데, 작가는 2600년 전의 현자에게 기후변화 등 인간의 탐욕이 만들어낸 문제와 보다 책임 있는 국가로 발전하고 있는 중국의 양심에 대해서 묻고 싶었다고 한다."

락 번드 아트 박물관
Rock Bund Art Museum

와이탄에서 멀지 않은 곳에 있는 현대미술관. 1932년, 영국의 건축가 조지 윌슨 George Wilson이 설계한 아르데코 건물이다. 이 땅값 비싼 곳에 이 예쁜 건물을 상업 시설로 만들지 않고 돈 안 되는 박물관으로 꾸민 게 일단 놀랍다. 기획전 위주로 운영 중인데, 각 층을 통 채로 사용하는 파격적인 설치 미술을 주로 유치한다. 락 번드 아트 박물관의 기획은 항상 흥미롭다.

Sightseeing

🏛 석고문 박물관 石庫門屋里厢 博物馆

일종의 민속 박물관. 조계시절 상하이의 독특한 공동주택 양식인 스쿠먼 石庫門의 내부를 재현했다. 20세기 초반의 아파트라고 보면 되는데, 요즘 주택과 다른 가장 큰 특징은 집집마다 화장실이 없어 스쿠먼 공동주택에서만 사용하는 공용 화장실을 사용했어야 했다는 점이다. 석고문 박물관이 있는 신천지 구역은 원래 스쿠먼을 재개발 한 지역이라, 그중 한 집만 박물관으로 만들어 원래의 모습을 보존해두었다. p255

Say 스쿠먼이란?

스쿠먼이라는 표현보다는 룽탕 弄堂이이라는 말을 더 즐겨 씁니다. 상하이가 개항되고 나서 초기에는 서양인들만 조계지에 살았습니다. 하지만 조계지가 커지며 도시로서 발돋움을 하자 2000명 남짓의 초기 서양인 정착자만으로는 도시의 모든 기능을 하기가 힘들어졌고 중국인들을 받아들여야 했죠. 즉 이들을 수용하기 위한 집단 주택이 필요했죠. 룽탕은 쉽게 말해 20세기 상하이가 확장되며 중국인들을 밀집시키기 위한 일종의 연립주택이라고 보면 됩니다. 2층 정도 높이의 집단 가옥이 골목을 사이에 두고 좌우로 열을 지어 늘어서 있는 단지죠. 룽탕으로 연결되는 골목 입구는 멋진 문을 세워 룽탕의 관문임을 나타냈죠. 이 입구가 바로 스쿠먼, 한국식 발음으로 석고문입니다. 육중한 돌로 프레임을 짜서 철문을 끼워 넣는게 당시 유행이었죠. 룽탕 안에는 세탁소나 간이식당, 공동 화장실(이때의 집들은 집집마다 화장실이 없었어요) 등 어지간한 삶의 부분을 모두 해결할 수 있는 점포들이 있어서 그 자체로 하나의 폐쇄적인 공동체였다고 생각하시면 됩니다.

🏛 상하이 오르골 박물관
音盒珍品陈列馆

영화나 드라마에서 과거 회상신에 가끔 등장하는 오르골이 처음 탄생한 건 14세기. 브뤼셀의 종탑에 설치한 자동 연주 장치에서 비롯됐다. 그러다 1796년 우리가 보는 휴대 가능한 크기로 개량되기에 이른다. 음악을 휴대할 수 있다는 건 혁신적인 일이었다. 당시 오르골은 1980년대의 워크맨, 2000년대의 아이팟이었다. 이후 에디슨에 의해 전축이 개발되며 단 한 곡의 음악만 연주할 수 있는 오르골의 시대는 저물고, 지금은 클래식한 소품 역할밖에 못 하게 되었다. 상하이 오르골 박물관에 가보면 별별 오르골을 다 만날 수 있다. p202

🏛 상하이 역사 박물관 上海历史陈列馆

동방명주 지하에 있는 꽤 괜찮은 박물관이지만, 대부분의 여행자가 동방명주를 방문하는 목적은 전망대 관람이라 늘 채이고 뒷전에 선 비운의 박물관이다.
상하이는 여러모로 흥미 있는 도시. 수천 년 된 도시가 즐비한 중국에서 고작 180년 된 도시가 중국의 선두에 서버렸고 그 과정은 끊임없는 부침의 연속이었다. 상하이 역사 박물관은 온전히 이 도시의 이야기를 하는 곳이다. 정교하게 제작된 밀랍인형으로 재현한 풍경은 무척 사실적이다. 빼면 아까운 곳.

Sightseeing

테마로 보는 상하이
상하이의 예술단지

아시아 미술의 새로운 발견
예술에 대한 열정으로 되살아난 예술단지

 상하이 당대 예술박물관
上海当代艺术博物馆

2012년에 개관한 중국에서 제일 큰 현대 미술관. 당대란 현대의 의미다. 즉, 상하이 현대 미술관 정도로 해석하면 된다. 원 건물은 1897년에 건설된 중국 최초의 현대식 발전소였다고 한다. 2007년까지 무려 80년간 가동됐고, 이후 건물을 폐기하지 않고 박물관으로 개조한 것이다. 2013년 12월 재개발 모범 사례로 <이코노미스트>가 언급하기도 했다. 널찍한 부지를 활용한 대규모 기획전이 인상적인 곳으로, 상하이에서 단 하나의 미술관을 보고 싶다면 이곳! p241

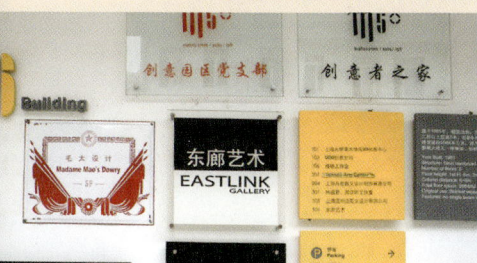

▼ 아트 신 웨어 하우스 Art Scene Warehouse

▲ 샤인 아트 스페이스 Shine Art Space

🏛 모간산루 예술단지 m50 创意园

베이징 798예술단지와 함께 중국을 대표하는 2대 예술단지다. 재개발 지역에 들어간 가난한 예술가들의 공방이 입소문을 타고 결국은 지역 명소가 되었다는 착한 스토리의 산실이기도. 세월이 흘러 모간산루도 예전 같지 않단 평도 많지만, 그럼에도 아직 덜 유명한 조금 외진 곳에 있는 개인 공방들은 당시의 건강함을 유지하고 있다. 어차피 공방이란 데가 돈이 몰리는 곳이다 보니 무작정 비판하기도 어려운 게 또 현실. 제대로 보자고 작정하면 하루도 부족하다. p312

◀ 아일랜드 식스 아트 센터 Islands 6 Art Centre

🏛 롱 미술관 龙美术馆

와이탄, 북와이탄에 이어, 요즘은 서와이탄, 즉 웨스트 와이탄 구역이 새롭게 조명되고 있다. 기존의 와이탄과 다른 점이라면 웨스트 와이탄은 개발 콘셉트 자체가 문화 예술의 메카라는 것. 이를 증명이라도 하듯, 롱 미술관을 비롯해 유즈 미술관 등 거대한 갤러리들이 앞서거니 뒤서거니 건설되고 있다. p294

Sightseeing

테마로 보는 상하이
상하이 버킷리스트 10

시간이 없더라도 이것만큼은 꼭!
상하이 여행에서 꼭 경험해야 할 엔터테인먼트.

☑ 유람선

1~2시간 짜리 유람선 프로그램. 특히 모든 건물이 불을 밝히는 야경 투어가 인기있다.

☑ 공용 페리

단돈 2元이면 황푸 강 공용페리를 이용할 수 있다. 잠깐 와이탄과 푸동의 경치를 감상하기에 그만. 저녁에는 야경도 감상할 수 있다.

☑ 라이브 연주

평소 누리지 못하는 호사를 누릴 수 있는 기회. 상하이에는 정기적으로 재즈 공연을 하는 곳이 꽤 있다.

☑ 서커스

상하이 최고의 오락은 뭐니 뭐니 해도 서커스 관람. 남녀노소가 모두 즐거워하는 프로그램들로 구성되어 있어 가족들과 함께하기도 좋다.

☑ 관광버스

영국이나 홍콩의 전유물처럼 보였던 오픈형 이층버스를 이용해 상하이 투어를 할 수 있다. 2곳의 회사에서 운영하고 있으니 자신이 원하는 상품을 고르면 된다.

Sightseeing

카페

예원 앞에 있는 호심정에서 중국차를 마셔도 좋고 야외 테라스가 있는 카페에서 커피를 마셔도 좋다.

나이트 클럽

젊은이들의 열기가 넘쳐나는 스테이지. 몸을 흔들며 스트레스 풀기 좋은 장소들이 상하이에는 몇 군데 있다.

모닝 태극권 그리고 군무

이른 아침이나 저녁이면 공원이나 공터에서 여럿이 모여 태극권이나 사교댄스를 추는 사람들을 쉽게 볼 수 있다. 중국에서만 볼 수 있는 풍경으로 사뭇 진지한 그들의 모습에서 새로운 중국을 느낄 수 있다.

☑ 야경

상하이의 야경은 이제 홍콩과 뉴욕을 넘보고 있다.

☑ 마사지

활동파보다는 체력을 비축해야 하는 연령대의 사람들에게 사랑받는 마사지. 하루 일정의 마지막을 마사지로 마무리하는 즐거움을 누려보자.

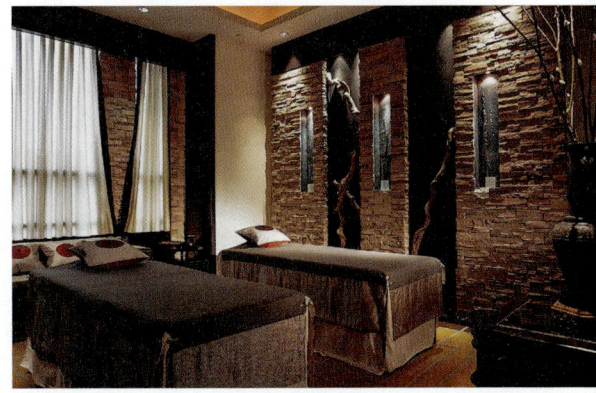

Sightseeing

테마로 보는 상하이
유람선 · 투어버스

만사가 귀찮을 때는 멍 때리며 여행할 수 있는
유람선, 투어버스 여행이 최고

유람선이나 투어버스에 앉아 그저 흐르는 풍경을 관조하며 멍때릴 수 있는 것도 여행의 특권이다. 상하이는 이를 위해 두 가지 옵션을 제공하고 있다. 하나는 와이탄과 푸동의 중간인 황푸 강을 오르내리는 유람선이고 또 하나는 2층 버스 위에 올라 혼잡한 도로를 가르며 상하이의 숨결을 맡을 수 있는 투어버스에 탑승하는 방법이다. 내 마음을 나도 모른다면 유람선이나 투어버스에 올라 그 마음을 상하이에 풀어보자. 동방명주가 됐든, 상하이 임시정부가 됐든 어딘가에는 마음이 간다. 그곳이 바로 상하이가 당신에게 주는 선물이다. 굳이 남들과 똑같은 여행을 해야 할 필요는 없다.

황푸 강 유람
黃浦江游览

한국인들에게는 양자 강으로 더 많이 알려진 장강 長江의 주요 지류인 황푸 강 黃浦江 유람은 상하이 여행의 주요 하이라이트 중 하나. 황푸라는 말에서 느껴지듯 흙탕물로 이루어진 누런 강물이지만, 강을 사이로 와이탄과 푸동의 마천루가 경계를 이루며 나뉘고 있다.

특히 하늘이 불타오르는 석양부터 건물이 일제히 불을 밝히는 야간까지의 시간대는 황푸 강 유람의 피크 타임. 이 때를 기점으로 강을 오르내리는 유람선의 발길도 바빠진다. 유람선은 배의 규모, 운행 시간(한낮에는 저렴하고 야간에는 비싸다)에 따라 제각각. 규모만큼이나 유람선 디자인의 차별화로 각광받고 있다. 아무래도 번쩍이는 걸 좋아하는 중국인들은 쌍용 머리 유람선을, 이국적 정취를 느끼고 싶어 하는 외국인 여행자들은 선장 주점에서 운행하는 18세기 해적선 모양의 선장 1·2호를 선호하는 분위기.

탑승 방법

중국 상하이 여행의 가장 큰 문제점은 딱 떨어지는 명확함의 부족인데, 황푸 강 유람선 탑승도 상황은 비슷하다. 공식적으로 탑승권을 구입하는 곳은 와이탄 남쪽에 있는 황푸 강 유람선 선착장 黃浦江游览船码头이다. 통합 매표소가 아니라, 각 유람선 선착장 입구에서 매표소를 별도로 운영하는 방식. 즉 눈으로 원하는 배를 고른 뒤, 출발 시간을 확인하고 표를 구입하는 방식. 참고로 와이탄 전망대 아래에 있는 크고 작은 여행사 대리점이나 난징동루의 여행사 부스에서도 주요 유람선의 탑승권을 판매하고 있다. 여행사 대리점이나 부스의 경우 할인 가격을 제시하기도 하는데, 때와 시기에 따라 이익일 수도 손해일 수도 있어 어느 쪽을 추천하기 어려운 상황이다.

위치 지하철 10호선 예원 豫园역 1번 출구에서 도보 15분 **오픈** 11:00~22:00(배에 따라 다름) **요금** 120~350元 **지도** p3-C2

2위안의 유람선

와이탄의 진링동루 金陵东路 페리터미널에서 푸동의 동창루 东昌路 사이를 연결하는 공용 페리. 일종의 수상버스라고 생각하면 되는데요. 배 탑승시간은 5분가량이지만, 와이탄과 푸동의 경치를 감상하며 강을 건널 수 있는 장점으로 인해 시간이 없거나, 지갑이 얇은 여행자들에게는 유람선의 가장 좋은 대안으로 각광받고 있습니다. 무엇보다 너무나도 착한 페리 요금과 주변 볼거리로 손쉽게 연계할 수 있는 위치로 인해 이래저래 인기를 누리고 있답니다. 단 운행시간이 짧아요.

운행 07:15~18:00 **요금** 2元

Sightseeing

시내 관광버스
观光巴士

2세대 투어버스 시스템. 서울시에서 운행 중인 서울시티투어버스를 연상하면 된다. 버스는 정해진 노선을 순환 운행하고, 여행자는 운행 시간 내에 한해 마음껏 승하차를 할 수 있다.

즉 단체투어의 편리함과 개별여행의 자유로움을 절충한 형태. 멋들어진 오픈 데크 Open Deck 버스라 2층 맨 앞자리에 앉아 바람을 맞으며 유람하는 재미도 상당하다.

시티 투어버스 都市观光 City Sightseeing

상하이 시 정부가 위탁 운영하는 시티 투어버스. 3개의 노선이 푸시와 푸둥의 볼거리들을 연결하고 있다. 2층의 오픈 데크 형식의 버스로 이어폰을 통해 각 볼거리에 대한 한국어 설명을 들을 수도 있다. 정부 운영이라 서비스가 상당히 투박하지만, 대신 저렴하다는 장점이 있다. 탑승권을 구입하면 횟수에 상관없이 당일에 한해 무제한 승하차할 수 있다.

운행 1번 09:00~18:00, 2번 09:00~17:30, 3번 5~10월 09:00~20:30, 11~4월 09:00~18:00 **요금** 1·2번 30元, 1·2·3번 40元

탑승 방법

시티 투어버스의 모든 정류장에서 탑승권을 구입할 수 있다. 최초 출발장소는 인민광장의 상하이 도시계획 전람관 서쪽이다. 주말에는 이용객이 상당히 많아 2층 맨 앞자리는커녕, 2층으로 올라가기도 힘들다. 좋은 자리에 앉고 싶다면 출발장소에서 버스를 탑승하는 것이 방법.

코스

시티 투어버스 1번 都市观光旅游一线

도시계획전람관 城市规划展示馆 → 난징루 보행가 서측(인민광장 방향) 南京路步行街西侧 → 마담 투소 杜莎夫人蜡像馆(마담 투소의 밀랍인형관, 신세계상성) → 세기광장 世纪广场 → 난징동루 보행가(동측) 南京路步行街 → 와이탄·외백대교 外滩外白渡桥 → 와이탄 해관건물 外滩海关大楼 → 황푸 강 유람선 外滩 浦江游船码头 → 성황묘(예원) 城隍庙(豫园) → 대한민국 임시정부터(신천지 남쪽) 大韩民国临时政府旧址 → 일대회지(신천지) 一大会址 → 화이하이중루상업가 淮海中路商业街 → 상하이 박물관 上海博物馆

시티 투어버스 2번 都市观光旅游二线

도시계획전람관 城市规划展示馆 → 동방명주 东方明珠 → 금무대하 金茂大厦 → 상하이 박물관 上海博物馆

시티 투어버스 3번 都市观光旅游三线

와이탄·외백대교 外滩外白渡桥 → 와이탄 해관건물앞 外滩海关大楼 → 진링동루 페리터미널 金陵东路码头 → 황푸 강 유람선 外滩 浦江游船码头 → 성황묘(예원) 城隍庙(豫园) → 동방명주탑 东方明珠广播电视塔 → 중화예술궁 中华艺术宫 → 문화중심 文化中心 → 남와이탄 라오마토우 南外滩老码头 → 푸싱동루 페리터미널 复兴东路码头 → 노상하이 기상 老上海气象信号台 → 와이탄·외백대교 外滩·外白渡桥(观光隧道)

상하이 버스 투어 上海观光巴士游

정부에서 위탁 운영을 하는 시티 투어버스에 비해 코스가 다양하고, 한국어 지원이 더 깔끔한 편. 여기에 황푸 강 유람선이나 금무대하 전망대 탑승권, 옥불사 입장권 등이 포함된 티켓이 있다는 점도 시티 투어버스와 차별화된 포인트다. 이런저런 포함사항이 많은 대신 요금도 시티 투어버스에 비해 훨씬 비싸다.

운행 10:00〜17:50(노선에 따라 약간의 시간차이 있음) 요금 200元(티켓은 24시간 유효), 300元(48시간, 황푸 강 유람선 1시간 또는 금무대하 전망대, 와이탄관터널 편도 포함)

 코스

[시티투어 레드루트 City Tour Red Route]
난징루(신세계성) 南京路(新世界城) ➡ 인민광장 人民广场 ➡ 상하이 미술관 上海美术馆 ➡ 난징동루 보행가 ➡ 와이탄A(화평빈관쪽) 外滩A ➡ 와이탄B 外滩B ➡ 십육포 유람선터미널 十六铺浦江游览码头 ➡ 예원 豫园 ➡ 신천지 新天地 ➡ 난징루(신세계성) 南京路(新世界城)

[템플투어 그린루트 Temple Tour Green Route]
난징루(신세계성) 南京路(新世界城) ➡ 상하이 박물관 上海博物馆 ➡ 화이하이루 淮海路 ➡ 정안사 静安寺 ➡ 리츠칼튼 호텔(상하이 상성) 波特曼酒店 ➡ 옥불사 玉佛寺 ➡ 상하이 미술관 上海美术馆

[푸동투어 블루루트 Puding Tour Blue Route]
와이탄A(화평빈관쪽) 外滩A ➡ 와이탄B 外滩B ➡ 동방명주 东方明珠 ➡ 월드 파이낸셜 센터 & 금무대하 上海环球金融中心和金茂大厦 ➡ 라오마토우 老码头 ➡ 십육포 유람선터미널 十六铺浦江游览码头

24시간의 허점

24시간 탑승의 의미에서 숨은 말은 버스 운행 시간입니다. 빅버스는 17:00사이에 영업을 종료합니다. 무엇보다 더 큰 함정은 전망대와 황푸 강 유람입니다. 이 입장권 또한 빅버스의 운행시간과 연동됩니다. 즉 야경이 반짝이는 시간에는 입장・탑승 불가라는 사실. 유람선이나 전망대 모두 야경 감상이 주목적이라는 점을 감안한다면 진정한 조삼모사라는 사실을 알게 되죠. 물론 금무대하의 경우 17:00경 들어가서 해가 질 때까지 버티면(?) 야경을 볼 수는 있습니다. 판단은 여러분들의 몫입니다.

Sightseeing

테마로 보는 상하이
중국 서커스의 진수

뮤지컬을 연상케 하는 스토리라인까지
종합 엔터테인먼트로 발돋움하는 공연 예술

세계에서 가장 오랜 서커스 역사를 갖고 있는 중국. 봉건시절 황제와 귀족들의 소일거리였던 서커스는 20세기 초 서양세력과 조우하며 일대 혁신을 맞이하게 된다. 아시아 최고라는 상하이 서커스의 명성도 이때부터 시작되었다고. 공산화가 된 중국에서도 꺾이지 않았다. 개인의 기예였던 서커스는 사회주의적 집체극의 형태를 더하기 시작했다. 기예에서 집체극으로 발달한 상하이 서커스가 다시 한 번 도약의 계기를 맞이하는 건 1990년대. 상하이 최대의 서커스 공연 조직인 상하이 마시청 上海马戏城이 태양의 서커스 제작진과 만나며 무대 연출부터 뮤지컬을 연상케 하는 스토리라인까지 상하이 서커스를 완전 재설계하는 단계에 이른다. 현재 상하이에서 서커스 공연을 하는 극장은 5곳이지만, 엄밀히 말해 전통 서커스 개념의 기타 극장과 종합 엔터테인먼트로서 발돋움을 하고 있는 마시청 서커스의 둘로 나누는 것이 더 타당해 보인다.

상하이 상성 극원
上海商城剧院 상하이상청쮜위안

리츠칼튼 호텔이 있는 상하이 상성 안에 있는 극장. 주로 상하이 잡기단이 공연하던 곳인데, 최근에는 상하이 잡기단 외에 다른 팀들의 공연도 이루어지고 있다. 현재는 상하이 잡기단의 《浦江情》Acrobatic Show Huangpu Sensation가 장기 공연 중. 몇몇 기예는 뮤지컬 〈오페라의 유령〉을 본떠 만든 느낌도 들지만, 전체적인 구성은 상당히 훌륭한 편이다. 근대 상하이를 배경으로 한 스토리도 흥미 있다.

위치 지하철 2·7호선 정안사 静安寺역 3번 출구에서 도보 10분 **주소** 上海市 静安区 南京西路 1376号 上海商城劇院 **오픈** 19:30~21:00 매표시간 09:00~19:30 **요금** 180·280·380元 **전화** (021)6279-7132 **홈피** www.shanghaicentre.com **지도** p4-A1

상하이 마시청
上海马戏

상하이 아트서커스의 문을 연 《ERA 时空之旅》 ERA Intersection of Time과 상하이 잡기단의 《欢乐马戏》 Happy Cirus가 교차 공연 중인 상하이 최대 규모의 서커스 극장. 《ERA 时空之旅》와 《欢乐马戏》어느 걸 선택해도 후회 없는 공연을 관람할 수 있다. 《ERA 时空之旅》가 서양서커스의 전개방법을 따왔다면 《欢乐马戏》은 정통 중국 서커스 진화의 최고봉이라 할 수 있다. 인터넷을 통해 할인 티켓을 사전에 구입하는 게 경제적이다.

위치 지하철 1호선 상하이마희성 上海马戏城역 3번 출구로 나와 우회전, 도보 3분 **주소** 上海市 闸北区 共和新路 2266号 **오픈** 19:30~21:00 **요금** 280·380·480·580·680元 **전화** (021)6652-3097 **홈피** www.shanghaimaxicheng.com
지도 p18-B1

Eating

중국 4대 요리 중 하나
상하이 베스트 푸드

담백함을 강조하고 원재료의 맛을 살리는
상하이 최고의 음식을 모아 소개한다.

상하이의 아침
중국의 아침 출근길 모습은 어디나 비슷비슷하다. 수많은 직장인들이 손에 요우티아오 油条와 또우장 豆浆 또는 죽 粥으로 아침을 해결한다. 여행자 입장에선 KFC에서 손쉽게 중국의 아침을 즐길 수 있다.

딴딴멘 擔擔麵
원래는 쓰촨 사람들의 길거리 음식이었는데, 매콤한 특유의 강렬함에 빠진 사람들이 늘어나면서 전국적 지명도를 갖게 됐다. 상하이의 딴딴멘은 강렬한 매운맛보다는 현대인의 입맛에 맞춰 달콤하고 고소한 맛을 더했다.

셩젠 生煎
상하이 전통의 군만두. 날반죽을 철판에 지져내는 데, 보통 셩젠을 만드는 과정도 지켜볼 수 있다. 일본식 교자를 구워내는 법과 거의 같다. 물론 원조는 상하이. 만두피의 바삭함과 쫀득함을 동시에 느낄 수 있다.

샤오룽바오 小笼包

중국에서 가장 유명한 만두로 상하이 전통 만두. 샤오룽바오의 가장 큰 특징은 만두 속 안의 육즙이다. 돼지고기 소를 넣는 게 일반적인데, 최근에는 게 알이나 송로버섯 같은 최고급 식재로 채워 넣기도 한다.

마라탕 麻辣烫

훠궈의 분식화 정도로 설명할 수 있는 마라탕은 자신이 원하는 재료를 골라 계산을 하면 그 재료를 훠궈 국물에 몽땅 넣고 적당히 익혀 한 그릇으로 만들어 준다. 공용 국물을 사용하는 곳이 많아서 위생이 문제가 되기도 하니 식당 선정에 신경을 써야 한다. 강한 중독성과 저렴한 가격이 가장 큰 장점이다.

베이징 카오야 北京烤鸭

중국의 대표요리 이기도 한 베이징 카오야를 상하이에서도 어렵지 않게 접할 수 있다. 짭짤 달콤한 소스를 발라 장작불에 장시간 훈제한 오리 요리로 사르르 녹는 기름과 담백한 살코기의 조화가 이 요리를 즐기는 핵심 포인트다.

Eating

딤섬 點心

돼지고기소를 베이스로 새우, 조개 관자, 게 알, 전복 등 다양한 식재들로 만든 무려 1,000여 가지 딤섬. 드디어 맛본다. 본고장에서 느끼는 진짜배기 딤섬.

다자셰 大闸蟹

상하이 요리의 꽃이라고 불리는 다자셰는 장쑤 성에서 나는 참게만을 사용한다. 늦은 가을인 10월 중순에서 11월 말까지가 참게 철이다. 상하이 요리 중 가장 비싼 편에 속하는 다자셰의 농밀한 맛은, 우리가 여태 먹었던 게에 대한 평가를 새로 쓰게 만든다.

마라롱샤 麻辣龙虾

마라탕과 같이 쓰촨의 화끈한 요리로 롱샤라는 작은 가재를 맵고 화하게 요리한 것. 중독성이 강한 요리로 시민들의 절대적인 지지를 받는 음식이다. 단 롱샤가 더러운 곳에서 자라기 때문에 위생에 신경써서 식당을 선정해야 한다.

게살면 蟹粉面

게의 살만을 발라, 고명으로 얹어 먹는 면. 농후한 맛 때문에 사람에 따라 호불호가 갈리는데, 진정한 게 맛을 아는 사람이라면 접시까지 핥아먹을 맛이다. 상하이에서만 즐길 수 있는 호사.

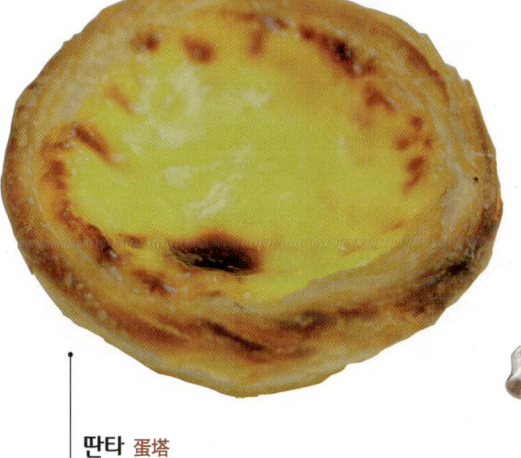

딴타 蛋塔

에그타르트를 부르는 중국 말. 포르투갈식 에그타르트가 마카오와 홍콩 등을 거쳐 상하이에서도 대중화되었다. 에그타르트 전문점이나 KFC 등에서 쉽게 사먹을 수 있다.

전주나이차 珍珠奶茶

한국이야 몇 년 전부터 붐이지만, 상하이에서는 십 수년째 장수를 누리고 있는 음료다. 차의 본고장답게 한국의 그것에 비해 차 맛이 더 강하다. 젤리 맛이 크게 다를 리야 없겠지만, 덥고 기력 없을 때는 이만한 것도 없다.

Eating

예약에서 주문, 계산까지 원스톱
상하이 식당 이용하기

기본적인 시스템만 이해하면 일사천리
중국어를 몰라도 식당을 이용할 수 있는 꿀팁

❶ 예약 인기 있는 맛집, 최근 뜨는 핫한 집, 특히 주말 저녁때라면 예약이 필수다. 하지만 영어로 예약업무를 처리할 수 있는 식당은 한정적이다. 책에 소개된 식당 중 예약이 필요한 집은 15% 내외의 고급식당들뿐이니 큰 걱정은 하지 말자.

❷ 대기의 기술 고급식당이 아닌 대부분의 가게는 예약보다는 현장 입장을 선호한다. 다만, 식사시간에는 어디나 붐비기 때문에 대부분 대기표 시스템을 구축하고 있다. 자동으로 출력할 수도 있지만, 어떤 곳은 식당 입구에 있는 대기 카운터에 가서 이름과 인원수를 밝히고 번호표를 받아야 한다. 순서가 되면 번호표를 부르는데, 이를 알아듣기 위한 중국어 숫자 정도를 알고 있는 게 좋다. 아니면 수시로 종이를 들이밀어 외국인의 존재를 각인시키자.

❸ 음료 주문 메뉴판을 주기 바쁘게 혹은 메뉴판을 주기도 전에 뭘 마실지 물어본다. 우선 음료나 차 메뉴판이 있는지 물어보고 취향에 따라 고르면 된다. 기름진 중국요리에는 차 茶가 어울린다(중국차에 대한 정보는 p280를 참고).

❹ 요리 주문 국제도시답게 상하이 레스토랑의 메뉴에는 한자 이외에 영어, 일본어, 각 요리별 사진 메뉴를 첨부하고 있어 어느 정도 요리를 고르는 데 문제는 없다. 물론, 중국요리와 관련된 한자를 알아두면 책에서 추천하는 요리에서 벗어나 자신의 입맛에 맞는 요리를 주문할 수 있게 된다.

❺ 계산 분식류는 선불이 많고 제대로 된 식당은 앉은 자리에서 계산한다. "마이딴"이라고 외치면 계산서를 가져다준다.

메뉴판 해독법

중국요리 이름의 90%는 아래의 세 가지 공식으로 결정된다.

최근에는 사진메뉴판이 많아서, 굳이 글자를 통해 요리를 예측하는 기술의 중요성이 줄어든 건 사실이다. 하지만 서민식당 애호가라면, 그곳에 사진메뉴판이 있을 리는 만무하다. 익혀두면 편리하다. 다만 모든 여행자의 필수 요소는 아니다.

① 요리의 모양
② 조리법과 식재
③ 맛과 식재

*①의 경우는 요리 모양에 대한 묘사이기 때문에 상상력을 동원할 수밖에 없다. 하지만 ②와 ③은 요리와 관련된 한자를 알면 어떤 요리인지 가늠이 가능하다.

조리법을 알려주는 주요 한자(이 글자가 있다면 이렇게 만든 거다!)

발음	한자 뜻	예시
차오 炒	볶다	炒面 볶음 면, 淸炒虾仁 깔끔하게 볶은 새우요리
샤오 燒	끓이다, 졸이다	紅燒肉 간장소스에 졸인 돼지고기 찜
카오 烤	굽다, 바비큐	北京烤鸭 베이징 스타일의 오리구이, 일명 베이징 덕
바오 爆	볶다, 튀기다	油爆蝦 기름에 바싹 튀어낸 새우뇨리
탕 湯	탕	한국의 탕요리와 같은 국물요리, 酸辣湯 시큼 매콤한 중국 탕요리
쩡 烝	찌다	烝魚 생선 찜 요리
쭈이 醉	술에 절이다	醉鷄 술에 절인 닭고기 냉채

중국요리의 주요 식재

발음	한자 뜻	발음	한자 뜻
하이쎈 海鮮	해물, 주로 살아 있는 해산물 요리	샤 虾	새우
셰 蟹 (다자셰 大闸蟹)	게(상하이 게)	위 鱼	물고기
모위 墨鱼	오징어	황위 黃鱼	조기
따이위 带鱼	갈치	구이페이베이 贵妃贝	가리비
바오위 鲍鱼	전복	하이쎈 海参	해삼
진창위 金枪鱼	참치	하오 蚝	굴
뉴로우 牛肉	소고기	로우 肉	돼지고기
지로우 鸡肉 or 펑황 凤凰	닭고기	셔 蛇 or 룽 龍	뱀고기
페이니우 肥牛	차돌박이	쒜화니우 雪花牛	꽃등심
우화로우 五花肉	삼겹살	니우난 牛腩	소갈비살 or 양지머리
파이구 排骨	(뼈가 붙은) 갈비	리지 里脊	등심
바이차이 白菜 or 따바이차이 大白菜	배추	샤오바이차이 小白菜 or 칭차이 青菜	청경채
뚜토우 土豆	감자	쏸 蒜	마늘
라쟈오 辣椒 or 라 辣	고추	화쟈오 花椒	산초

47

Eating

중국요리의 동반자
중국차의 모든 것

용정차, 철관음, 보이차, 기문홍차, 전홍차
중국요리와 가장 잘 어울리는 중국차 알고 마시기

중국차 알고 먹기

예부터 상하이가 포함된 중국 강남지방은 중국 녹차의 본산이자 중국차 문화의 중심지. 상하이를 여행하며 중국차의 세계에 빠져보는 건 괜찮은 문화여행의 테마이기도 하다.

Q1 차 메뉴판이 있다?

중급 이상의 중국 식당엔 별도의 차 메뉴판이 있다. 차 메뉴판이 없는 허름한 식당이라 해도 일단 앉으면 차를 내오고 소정의 찻값이 계산서에 부가된다. 한국에 있는 중국집 덕분에 중국요리하면 으레 자스민차를 선택하는데, 자스민차는 품질이 낮은 차를 공급받을 수밖에 없던 화북지방의 전통. 차의 본고장에서 자스민차를 선택하는 건 요리의 격을 떨어트리는 길이다.

Q2 차의 종류는?

차 메뉴판을 보면 사실 정신이 하나도 없다. 차는 차의 품질, 물맛, 차를 내리는 실력에 따라 맛의 편차가 꽤 크기 때문이다. 초심자라면 적당히 시켜도 적당한 맛이 나는 차를 고르는 게 상대적으로 안전한 방법. 입문자라면 철관음 铁观音부터 시작해보자. 녹차를 좋아한다면 상하이의 자랑인 룽징차 龙井茶가 좋은데, 가격이 제법 센 편.

Q3 왜 중국요리에는 차가 따라와야 할까?

중국요리를 먹다 보면 청량음료가 어울리지 않는다는 걸 자연스레 알게 된다. 동물성 기름을 많이 사용하는지라 차가운 음료를 마시면 입천장에 기름기가 들러붙는, 외려 더 불쾌해지는 느낌이다. 중국요리의 느끼함을 없애는 데는 차를 따라갈 음료는 없다. 사람의 감각이란 대부분 비슷하기 때문에 어떤 요리에 특정 음료가 발달한 이유는 다 이유가 있다.

추천!
중국차

용정차 龍井茶 룽징차
중국 녹차의 최고봉으로 항저우가 특산이다. 구수한 맛과 함께 입안에 향이 오래 머문다. 고급차로 규모가 있는 레스토랑이나 전문 다관에서 시도해 보자.

철관음 鐵觀音 티에관인
안씨 安溪 지역에서 주로 생산돼, 안씨티에관인 安溪鐵觀音이라고도 불린다. 청량함이 느껴지는 특유의 향과 맛 때문에 어지간해서는 실패하지 않는다.

보이차 普洱茶 푸얼차
완전 발효차로 광동사람들이 가장 사랑하는 차다. 기름 제거에 탁월한 딤선과 함께 마시는 차이기도 하다. 가짜도 많고 등급도 천차만별.

동정오룡 凍頂烏龍 둥팅우롱
타이완에 있는 둥팅산에서 재배한 오룡차로 오룡차 중에서 가장 유명하다. 꽃향기를 연상시키는 강렬한 향과 중후한 맛이 일품. 물 건너온 차라서 비싸다.

기문홍차 祁門紅茶 치먼홍차
여러 찻잎을 블렌딩하는 영국 홍차와는 다른 찻잎 자체의 맛을 느낄 수 있는 중국 홍차. 기문홍차는 안후이성의 황산 쪽에서 나는 홍차로 중국 홍차 중에서 가장 유명하다.

대홍포 大紅袍 다홍파오
무이암차의 최고봉. 우이산에서 나는데 홍배의 과정을 거쳐 훈제향과 구수한 맛이 특징. 초보자도 쉽게 접근할 수 있다. 전문 다관에서 시도해 보자.

전홍차 滇紅茶 디엔홍차
윈난성에서 나오는 홍차로 최근 유명세를 얻고 있다. 다른 홍차와 달리 종류가 다양한 것이 특징. 맛 또한 신맛과 단맛이 있어 심플한 중국 홍차에 다양성을 부여한다.

Eating

문화를 마시다.
중국술 제대로 알아보기

중국의 문화를 상징하는 술에 대한 모든 것
술 종류와 구입 방법, 추천 중국술까지 총정리

중국술 알고 먹기

중국의 문화를 상징하는 코드 중 하나. 술이 없다면 이백이 뽑아내던 칠언절구 七言絶句의 화려한 시구도 없었을 것이고 중국 도자기의 한 장르를 차지하고 있는 매끄러운 곡선의 술병과 단아한 술잔도 볼 수 없었을 테다. 술로 인해 파생된 문화발전을 보더라도 중국의 술은 단지 취하는 음료가 아니라는 얘기.
오랜 역사를 자랑하는 중국의 술 문화는 지역별 술이 있을 정도로 다양한 편. 때문에 중국에서 진정한 주도 9단 노릇을 하려면 본고장의 술뿐만 아니라 다른 지역의 명주까지 섭렵해야 한다.
소위 명주에는 몇 가지 기준이 있다. 중국 정부는 친절하게도 중국 8대 명주를 발표하기도 했는데 모두 초고가 술로만 구성돼, 일반 여행자들에게는 그림의 떡일수도 있다.

Q1. 술의 종류는?

원료와 제조법에 따라 백주와 황주, 양조주와 증류주 등으로 나뉜다. 고급에 속하는 마오타이주, 우량예주, 펀주, 고량주 등 대부분의 술이 백주 白酒(빠이주라고 발음한다)다. 백주는 곡물을 발효시켜 만든 양조주를 다시 증류해 만드는 알코올 도수 35~55도 사이의 술이다. 백주만큼이나 중국인들이 좋아하는 황주는 중국에서 가장 오래된 술 중 하나. 우리네 막걸리처럼 곡식을 발효시킨 양조주로 샤오싱주 紹興酒가 가장 유명하다.

Q2. 어디서 구입하는 게 좋을까?

식당에서 맛난 음식과 함께 즐기는 것이 편한 방법이겠지만 가격이 가격이다보니 따로 구입하는 경우가 많다. 대형마트에서 구입하는 게 일반적이다. 물론 수정방처럼 한국면세점이 가장 저렴한 경우도 있다.
고가 술일수록 가짜 술이 많으니 믿을 수 있는 곳에서 구입하는 게 중요하다. 고가에다 구입하기도 쉽지 않은 마오타이주를 대신해 마오타이주의 대중화 버전인 마오타이잉빈주 茅台迎賓酒를 구입하는 것도 방법.

환타
Say

중국의 주도

중국의 주도 중 한국과 가장 다른 점은 잔을 따르는 방식일 겁니다. 한국은 기본적으로 남에게 따라주는 게 예의지만 중국은 첫 잔을 제외하고는 자작이 기본입니다. 한국 오빠들의 특권 중 하나인 술잔 돌리기는 중국에서는 크나큰 결례입니다. 먹던 잔에 술을 따라 남을 주는 순간 싸~해지는 분위기를 느낄 수 있습니다. 연장자와 술을 마실 때 고개를 돌리는 문화도 없답니다.

추천! 중국술

오량액주
五粮液酒 우량예주

쓰촨성 四川省의 대표적인 명주. 수수, 쌀, 찹쌀, 옥수수, 밀 등 다섯 가지 곡식이 주원료다. 마오타이주만큼 고급술. 대중적으로 금육복 金六福이 인기다. 35~68도.

수정방
水井坊 수이징팡

한국인들에게 가장 대중적으로 알려진 고급술 중 하나고, 가짜 술도 상대적으로 적은 편이다. 2011년 조니 워커로 유명한 영국의 디아지오사가 매입. 현재는 영국 술(?)이 되어버렸다. 38~52도.

모태주
茅台酒 마오타이주

구이저우성 貴州省 마오타이현 茅台縣의 최고급 술. 스카치위스키, 꼬냑과 함께 세계 3대 명주에 선정되기도 했다. 가짜가 많고 투기 열풍이 일기도 했다. 43~53도.

소흥주
绍兴酒 샤오싱주

상하이를 포함한 강남 지방의 대표적인 명주. 찹쌀을 발효시킨 곡주로, 별도의 정제과정을 거치지 않아 알코올 도수가 낮다. 오래 묵혀야 맛있는 술로 최소 5년 정도 묵힌 술을 먹어야 입에 맞는다. 회계산 會稽山이 유명하다. 14~18도.

맥주
啤酒 피주

전국적으로 가장 유명한 맥주는 역시 칭다오 青岛다. 베이징의 옌징 燕京, 구이저우성의 마오타이 茅臺, 랴오닝성의 쉐화 雪花 등이 전국적으로 인정받는 브랜드다.

고량주
高粱酒 가오량주

수수로 만든 증류주로 한국의 중국집에서 흔히 보는 저가의 고량주와 동일하다. 고량주 중에는 타이완의 금문고량주 金門高粱酒가 가장 유명하고 최근 한국의 양꼬치집을 통해 옌타이 고량주 烟台高粱酒가 유명세를 떨치고 있다. 38~63도.

분주
汾酒 펀주

산시성에서 생산되는 수수와 밀로 만든 백주. 오랜 역사를 가진 8대 명주로 꼽힌다. 61~65도.

상하이 명물 요리 대전
샤오룽바오 vs 셩젠

탱글탱글 얇은 피와 진한 육즙이 일품
중국식 만두의 양대 산맥

샤오룽바오
小笼包

상하이식 딤섬의 대명사. 대바구니에 모락모락 김이 오르기 시작하면 조바심을 내며 찜통만 바라본다. 이윽고 엄청난 수증기와 함께 반들반들 윤을 내며 자태를 드러내는 샤오룽바오를 바라보는 모습이란!
샤오룽바오는 얇은 피와 그 안에 든 진한 육즙이 핵심이다. 갓 나온 샤오룽바오를 한입에 털어 넣는 행위는 입천장을 모두 벗기겠다는 무모함의 다른 표현이기도 하다. 샤오룽바오는 얇은 피와 그 안에 든 진한 육즙이 핵심이다. 갓 나온 샤오룽바오를 한입에 털어 넣는 행위는 입천장을 모두 벗기겠다는 무모함의 다른 표현이기도 하다. 샤오룽바오는 얇은 피와 그 안에 든 진한 육즙이 핵심이다. 갓 나온 샤오룽바오를 한입에 털어 넣는 행위는 입천장을 모두 벗기겠다는 무모함의 다른 표현이기도 하다. 샤오룽바오는 얇은 피와 그 안에 든 진한 육즙이 핵심이다.

추천 맛집

샤오룽바오	성젠
라이라이 샤오롱 p146	풍유생전 p151
가가탕포 p183	소양생전 p183
남소관 p184	
딘타이펑 p258	
락신황조 p272	
만수재 p313	

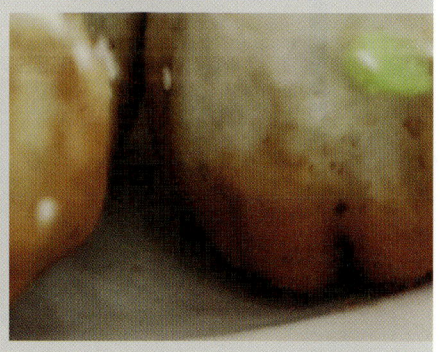

성젠
生煎

철판에 지글지글. 성젠이 만들어지는 순간은 언제나 군침이 돈다. 100여 년 전 이웃사촌 지간에 가까웠던 샤오룽바오가 이른바 세계화의 길을 걷는 동안 성젠은 내내 상하이 서민들의 사랑만을 독차지 했고 샤오룽바오가 트뤼플 버섯이나 게알, 푸아그라 같은 고급 식재를 만나는 동안, 성젠은 예나 지금이나 담백한 고기소와 풍부한 육즙만으로 승부해왔다. 지금도 성젠에 화려함은 없다. 하지만 100년 동안의 끈기는 이런 소박함을 하나의 경지로 끌어올렸다. 누군가 샤오룽바오를 화려한 바람둥이에, 성젠을 성실한 가장에 비유했었다. 성젠을 씹으며, 배어나는 육즙을 음미해본다. 누군가 샤오룽바오를 화려한 바람둥이에, 성젠을 성실한 가장에 비유했었다. 성젠을 씹으며. 배어나는 육즙을 음미해본다.

Eating

상하이 명물 요리 대전
다쟈셰 VS 훙샤오로우

고소함의 극치 대 단짠단짠의 조화
민물대게 요리와 삼겹살 조림의 맛 대결

다쟈셰
大闸蟹

중국 게요리의 최고봉. '소 한 마리는 몰래 잡아먹을 수 있어도, 게 한 마리 몰래 쪄먹을 수는 없다'는 상하이 속담의 주인공이다. 다쟈셰는 한국에도 있다. 매년 가을 임진강에서 잡히는 참게인데, 매운탕이나 게장으로 먹는 우리와 달리 상하이에서는 실한 놈을 골라 통째로 쪄 먹는다. 10월의 알이 꽉 찬 암게는 천하와도 바꿀 수 없다고 중국인 특유의 너스레를 떠는데, 실제 이맘때 먹어보면 왜 그런 말을 하는지 이해할 수 있는 맛이다. 다쟈셰를 제대로 먹어보면 바다의 꽃게가 무척 빈곤해 보인다. 반드시 먹어볼 만한 요리.

추천 맛집

다자셰
성룽행해왕부 p142
왕보화주가 p142

홍샤오로우
그랜드마더 레스토랑 p150
드래곤 피닉스 p151
란정찬청 p152
보라주루 p275
1221 p300
상하이노참 p301

홍샤오로우
红烧肉

한국인이 좋아하는 삼겹살 졸임. 상하이 지방을 대표하는 요리이자. 중국 혁명 시기 마오쩌둥이 유달리 사랑했던 음식이라 전국적으로 특별 취급을 받는 요리이기도 하다. 토막 낸 삼겹살을 찐 후, 소흥주라는 쌀로 만든 술과 간장, 설탕, 향신료를 넣고 졸인다. 달콤 짭짤한 맛에 푹 퍼져 결대로 찢어지는 고기의 질감과 녹아내릴 듯한 비계의 부드러움이 입안에서 한데 어우러진다. 어디서 먹든 평균은 하는 요리. 사실 홍샤오로우를 맛있게 만들기가 더 어려워 보인다. 동파육으로 알려진 동포로우와의 가장 큰 차이는 홍샤오로우는 졸임, 동포로우는 찜에 가깝다는 것.

Eating

상하이 명물 요리 대전
마라롱샤 vs 훠궈

우리나라에서도 인기인 중국인의 소울 푸드
가슴 속까지 얼얼한 사천요리의 최고봉

마라롱샤
麻辣龙虾

마라롱샤는 민물가재에 마라 麻辣 양념을 입혀 자작하게 볶은 요리다. 갑각류다 보니 비닐장갑을 끼고 껍질을 벗겨 먹는데, 성가시다는 사람과 껍질 벗기는 재미가 진짜 맛이라는 사람으로 갈린다. 매콤 화끈한 첫 맛과 갑각류 특유의 달콤한 맛이 혀끝에서 화려한 댄스의 향연을 펼친다. 상하이는 전통적으로 매운맛에 약한 도시라 그저 매콤한 정도, 살벌한 매운맛은 아니다. 맥주를 곁들인 술안주로 더 끝내준다. 마라롱샤는 조리된 요리의 무게로 판매한다. 한 근인 이찐 一斤은 500g이고 둘이 먹기에 적당한 양이다.

추천맛집

마라롱샤
호소반 p184
복무소룡하 p298

훠궈
해저로훠궈 p186
두노방 p299

훠궈
火鍋

추운 겨울 여러 명이 모여 김이 모락모락 나는 냄비 주변에 둘러앉아 쉼 없이 떠들며 먹는 전골요리. 정확하게 반으로 갈린 태극 문양의 냄비는 훠궈집의 상징과도 같다. 충칭에서 유래한 매운맛의 마라탕과 수도 베이징에서 유래한 맑은 탕이 기본. 기호에 따라 매운맛과 담백한 맛을 오가며 식재를 데쳐 먹는다. 느끼한 중국음식이 물릴 때쯤 훠궈 한 그릇은 한국인들의 매운맛 갈증을 해소하기에도 안성맞춤. 대표적인 서민들의 만찬으로 주변에서 흔히 구할 수 있는 식재를 데쳐 먹는 요리였지만, 최근 몇 년 사이 고급화의 길을 걷고 있다. 요즘은 데칠 수 있는 온갖 식재란 식재는 모두 동원되는 느낌이다.

Eating

다양한 식재가 들어가는 광동식 만두
상하이 딤섬 메뉴판

딤섬의 종류는 무려 1,000여 가지
우리 입맛에 맞는 맛있는 딤섬 알아보기

샤쟈오 虾饺

광둥을 대표하는 새우 딤섬. 타피오카로 만든 반투명의 피, 새우와 돼지고기를 배합해 만든 감칠맛 일품의 소. 하카우를 사랑하지 않을 방법이 있다면 그것을 알고 싶다!

샤오마이 烧麦

밀가루로 만든 한 떨기 꽃 같은 자태, 그 속에 가득한 고기소와 풍부한 육즙. 동일한 이름인데 샛노란 피가 입혀져 있다면 그건 남방식 샤오마이다. 같은 이름의 두 가지 딤섬!

샤오룽바오 小笼包

상하이 딤섬의 슈퍼스타. 종잇장처럼 얇지만 탄력 있는 피, 그 안에 가득 머금은 고기소와 뜨끈한 국물 汤. 그래서 이런 류의 딤섬을 탕빠오 汤包라고도 부른다.

샹망뿌딩 香芒布丁

망고 푸딩은 열대과일 망고의 달콤함과 푸딩 특유의 탱글탱글한 식감으로 잘 어울리는 디저트다. 특히 매운 요리를 먹었을 때 입가심용으로 그만이다.

차샤오바오 叉燒包

부풀어 오른 순백의 보드라운 피, 그 안에 스며있는 간장조림 고기의 달콤 짭조름한 맛. 저렴하다 무시하지 말지어다.

쨩펀 脹粉

숙성시킨 묽은 쌀가루 반죽을 찜통에 넣고 쪄낸 피에 이런저런 식재를 넣고 둘둘 말아서 간장을 뿌려먹는 딤섬. 야들야들한 식감, 끝에 오는 약간의 떨떠름함이 맛을 즐기는 비결.

춘쥐안 春卷

영문은 스프링 롤. 봄에 새싹 채소를 한데 모아 튀겨먹었던 것에서 유래한다. 그래서 이름도 봄을 만다는 뜻. 요즘은 별걸 다 넣고 튀기지만, 오리지널의 힘, 채소 춘쥐안을 잊지 말자.

홍요우차오쇼우 紅油抄手

촉 蜀의 땅 쓰촨도 딤섬 전쟁에 뛰어들어 천하 삼분지계를 노린다. 부들부들한 고기만두에 쓰촨식 마라 양념을 얹었는데, 그 맛이 또 기가 막힌다.

중국요리 돋보기

중국요리 그 광활한 세계 속으로

가볍게 밥과 함께 먹을 수 있는 요리에서 술안주까지
요즘 상하이에서 인기 있는 4대 요리 대발견

Food 1

마포또우푸

한국의 마파두부가 무슨 마파두부냐? 자고로 마포또우푸란 훗훗하고 얼얼하며 매콤한 와중에 달착지근하면서 담백한 다섯 가지 맛과 야들야들한 순두부의 식감이 목구멍으로 흐르듯 넘어가야 하는 음식이다.

Food 2

간삔스지또우
干煸四季豆

한국에서는 백화점이나 가야 구할 수 있는 고급 식재 줄기콩이 중국만 와도 이리 흔하다. 잘 볶은 줄기콩과 돼지고기의 청량하면서 고소한 맛이 일품. 매콤 담백한 소스는 덤, 아삭아삭한 식감은 최고.

Food 3

쑤이즈뉴러우
水煮牛肉

새빨간 마라 육수에 얇게 썬 차돌박이나 양지머리를 순간적으로 데쳐 먹는 쓰촨요리. 중국 남부 스타일의 삭힌 고기는 육질은 연할지 모르나 감칠맛이 떨어진다. 차돌박이로 만들어야 제맛.

Food 4

탕추러우

원조탕수육. 한국에선 부먹파와 찍먹파가 사생결단을 낼 듯 싸우지만, 중국에서는 그다지 중요하게 생각하지 않는다. 무엇보다 중요한 것은 돼지고기 부위.

Eating

먹방 여행의 끝
상하이 디저트 메뉴판

여행 도중 당 떨어져서 간식이 필요한 순간
가볍게 펼쳐보고 취향대로 고르는 디저트 메뉴판

{ 에그타르트 }

겹겹이 바삭한 페이스트리에 부드러운 에그필링, 여기에 향미를 더해주는 캐러멜 코팅까지. 맛없기도 힘든 이 조합은 천하무적. 커피는 물론 와인이랑도 어울린다.

{ 탕후루 }

예전엔 빨간 산사나무 열매에 설탕을 발라 만들었다. 이때는 설탕의 단맛과 기절할 것 같은 신맛이 격렬하게 조우했었다. 요즘은 키위, 딸기 등 온갖 과일로 탕후루를 만드는데, 개성 없이 달기만 한 것 같기도.

{ 위에삥 }

한국의 추석엔 송편, 중국의 중추절엔 월병이다. 두툼하고 묵직하다. 영어권의 포춘 케이크도 일종의 월병이다. 한국인 입맛엔 앙금만 든 게 맛있다. 삭힌 계란이 들어간 맛엔 혼비백산하는 사람도 많다.

{ 하이탕가오 }

바닥을 엿으로 코팅한 풀빵이라고 하면 90% 정도 설명이 되는 상하이의 전통 간식 중 하나. 예전에는 골목 어귀에 호떡장사 있듯 하이탕가오 가게들이 있었다. 출출할 때 한두 개 집어먹으면 좋은 요깃거리.

{ 지우시앙추이빙 }

중국식 부추 고기 파이라고 이해하면 된다. 고기 대신 계란을 넣는 경우도 있는데, 부추 향과 살짝 덜 익은 질척한 계란의 궁합이 의외로 잘 맞는다. 북쪽 지방의 간식인데 요즘은 상하이에서도 종종 보인다.

{ 지엔빙 }

한국식 독음으로 전병. 넓게 부친 밀가루에 중국식 장과 다진 파, 각종 소를 넣고 둘둘 말아먹는 아침 간식. 전세계 거의 모든 차이나타운에서 볼 수 있는 롤이다. 약간 중독되는 맛.

{ 버블티 }

버블티는 꽤 여러 나라의 문화가 섞인 간식이다. 중국의 차 또는 영국의 밀크티가 기본이고 여기에 아프리카 빈민들의 대표적인 구황작물 카사바에서 추출한 타피오카가 들어간다. 버블티 한 잔에 이런 비밀이! 알먹더맛.

{ 땅콩빙수 }

중국은 땅콩의 나라다. 어딜 가든 땅콩을 까먹고, 피넛버터 비슷한 땅콩장도 있다. 그런데 중국인들이 땅콩으로 만든 제일 맛있는 걸 뽑으라면 언제나 땅콩빙수를 선택한다. 텁텁할 거라 예상하는데, 전혀 아니다.

Shopping

알뜰살뜰 매력만점
상하이 쇼핑 리스트

선물용 기념품에서 실생활에서 필요한 물건까지
상하이에 가면 꼭 챙겨야 할 쇼핑 리스트

먹거리 1

중국전통 과자
당병가 唐餅家

맛있고 고급스러운 먹거리 선물을 찾고 있다면 망설이지 말고 당병가를 찾으면 된다. 펑리수와 누가가 진짜 맛있다.

42元

17元

훠궈 국물
슈퍼마켓

집에서 쉽게 훠궈나 마라탕을 해먹을 수 있는 핵심 재료. 훠궈 소스는 브랜드별로 다양하다. 훠궈 식당 하이디라오海底撈에서 나온 소스가 가장 유명하고 대중적이다.

19.5元

발효 식초
구광백화점, 프레시마트

중국 4대 식초 중 하나로 찹쌀을 주원료로 독특한 향과 맛이 뛰어난 진장향초 鎭江香醋. 발효 식초에 만두를 찍어 먹으면… 아, 말을 말자.

오룡차
차미가

상하이에서 고급 중국차를 구입해야 한다면 1순위로 방문하는 곳. 차와 함께 먹을 수 있는 티푸드 제품들도 구비하고 있다. 차는 예쁘장한 틴 케이스가 전부는 아니다!

458元

150元

철관음
천산차성

상하이 3대 차 시장 중 하나인 천산차성. 반나절 정도 시간 여유가 있다면 천산차성에 들러 다구와 중국차를 저렴하게 구입할 수 있다.

먹거리 2

월병
행화루
중국을 대표하는 간식. 중국의 추석인 중추절에 보름달을 닮은 월병을 먹는다고. 중국차와 함께하면 달콤한 맛이 배가 된다.

10元

철관음
진차림 臻茶林
타이캉루, 텐즈팡에 있는 찻집. 화원 같은 분위기라 쉽게 지나치기 십상인데, 안쪽에서는 다양한 차를 시음해볼 수 있나.

115/60元

누가사탕
핸드 메이드 누가사탕 荷喜手工牛轧糖
25元

타이캉루 핫플레이스. 주말이면 인파로 인산인해. 시식해 보고 입에 맞는 맛으로 선택하면 된다. 견과류부터 과일까지 다양한 첨가물이 가미된 누가가 당신을 기다리고 있다.

39.9元

마카다미아
산쯔쑹스 三只松鼠
안 깐 마카다미아의 흉칙함(?)에 한 번 놀라고, 도구를 이용해 까먹는 재미에 두 번 놀라고, 달콤 고소한 그 맛에 아예 빠져들게 된다.

피스타치오
산쯔쑹스 三只松鼠
산쯔쑹스만의 비법 양념으로 짭짤하고 고소한 맛을 내는 피스타치오. 한국에선 3배 정도 비싸게 판매되고 있으니 마카다미아와 함께 가방이 허용하는 한 쟁이게 되는 마력의 아이템.

27.9元

Shopping

기념품 1

전통 가위
상하이 장소천도전총점

28元

명품 가위로 유명한 브랜드 장소천. 제단 가위부터 수예용, 코털 가위까지 종류도 다양하다. 저렴한 제품도 많아 기념품으로 그만.

핸드 메이드 실크 슬리퍼
상하이 쑤저우 코블러스

영화 속 여주인공인 신고 나올 법한 화려한 중국풍의 슬리퍼. 10만 원이 넘는 가격이지만 실크를 사용한 핸드 메이드 제품이라는걸 감안한다면 납득이 된다. 사놓고 아까워서 인테리어 소품으로만 이용하는 사람이 부지기수!

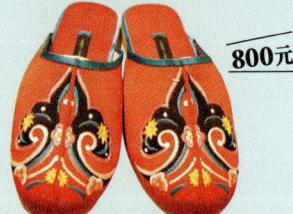
800元

차 잔
타이캉루 기념품 숍, 천산차성

중국차를 즐기다 보면 다양한 찻잔이 탐나곤 한다. 타이캉루, 텐즈팡 같은 관광지나 천산차성 같은 차 전문점에서 쉽게 구입할 수 있다.

50元

술잔 세트
스핀

16종 술잔 세트. 수석디자이너 게리 왕의 작품으로 스핀의 스테디셀러 중 하나. 술꾼들에게 더할 나위 없는 기념품.

화석 표본
상하이 자연 박물관

40元

동물, 공룡 관련 기념품들은 순한 아이도 떼쓰게 만든다. 100元이 넘는 커다란 제품도 있지만 자그마한 소품들도 충분히 예쁘다.

880元

도자기마그네틱
푸동공항

38元

출국 수속을 마치고 잔돈이 남았다? 면세 구역에 있는 기념품 숍 MIAOCHU 妙触로 직행해보자. 아기자기한 기념품들이 가득하다. 재환전 욕구가 스멀스멀 올라온다.

기념품 2

마그네틱
퓨어랜드

감각적이고 컬러풀한 디자인이 시선을 끄는 집. 아기자기한 고퀄리티의 기념품들이 많다.

25元
50元

동방명주
중화예술궁

중화예술궁에는 기념품 숍이 많지만 꼭대기에 있는 海上文创이 가장 세련된 제품들이 많다. 한가득 미리 사면 땅을 치고 후회할 날 있으리.

기념컵
중화예술궁

15元

중화예술궁 마크가 그려진 법랑 기념컵. 관광지에서 파는 일반 법랑 제품보다 확실히 퀄리티가 좋다. 민트빛은 사이즈M.

핸드크림
모던레이디

25元

메이드인 차이나가 아닌 메이드인 상하이임을 강조하는 브랜드. 다양한 제품들이 있지만 기념품으로는 핸드크림이 단연 인기.

장식용 오채접시
푸동공항

20元

공항 면세구역에 있는 상하이 박물관 기념품 숍. 프린트 상태가 매우 좋아서 장식장에 진열해 놓으면 진품 느낌이 물씬 풍긴다.

종이초상화
예원, 타이캉루 노점

중국 종이공예의 끝판왕. 내 얼굴 초상을 종이로 만들어준다. 공임 35~45元, 액자 15~25元 정도. 3분이면 완성되니 시도해볼 만하다.

70元

58元

몰리
환마오 iapm, 시티슈퍼

홍콩의 예술가 Kenny Wong가 만든 피규어 몰리 Molly. 12간지 시리즈가 초대박 인기상품이다. 시티슈퍼 문구 코너에서 구입.

Shopping

믿고 구입할 수 있는 쇼핑 공간
상하이 마트 알아보기

접근성 좋고 검증된 중국 상품을 찾을 수 있는 마트
여행자와 지역 주민 모두에게 친숙한 슈퍼마켓 브랜드

백화점에 입점한 델리카트슨, 슈퍼마켓

백화점이나 쇼핑몰 안에도 식자재점이 있다. 아무래도 고가상품 위주로 유통되다 보니 중국산보다는 수입산 식재에 집중하는 분위기. 하지만 접근성이 좋고, 검증된 중국 상품만 있기 때문에 여행자 입장에서는 외려 이런 곳이 믿을 수 있다.

푸동에 있는 타이계 백화점인 정대광장 正大广场에는 타이계 슈퍼마켓 체인인 로터스 Lotus가, IFC몰에는 홍콩계 슈퍼마켓 체인인 시티슈퍼 CitySuper가 입점해 있다.

참고로 시티슈퍼는 프랑스 조계지에 있는 또 다른 백화점 iapm과 번화가인 화이하이루 淮海路에 있는 상하이 시대광장 上海时代广场에도 분점이 있다.

난징시루 南京西路의 상하이상성 上海商城에 있는 시티숍 Citi Shop도 위치가 좋아 여행자들이 즐겨 찾는 곳이다.

상하이 시민들의 친숙한 동네 슈퍼
렌화 마트 联华超市

가장 흔하게 만날 수 있는 슈퍼마켓 체인. 여행자에게도 상하이 주민에게도 가장 친숙한 슈퍼마켓 브랜드다. 계열사가 꽤 많은 편인데, 세기 마트 世纪联华, 화롄마트 华联超市, 콰이커 편의점 快客便利이 유명하다. 일단 여기저기서 눈에 띈다는 게 장점. 사실 이 정도만 털어도 어지간한 중국 상품들은 모두 만날 수 있다.

대형 슈퍼마켓의 원조
까르푸 家乐福

한때 상하이에서 마트 하면 까르푸라는 말이 대명사처럼 쓰였다. 현재 상하이에는 약 네 곳의 까르푸 지점이 영업 중인데, 원래 프랑스 기업이었던 만큼 중국제품과 수입 상품이 적당한 비율로 배치되어 있다.

요즘은 중국계 마트인 융후이 永辉와 타이완계인 따룬파 大润发가 더 많은 분점을 거느리고 있지만, 외국인 입장에서는 까르푸가 외국인 친화적이라 그런지 더 많이 찾게 된다.

까르푸계의 편의점 브랜드 easy家乐福도 함께 기억해두면 좋다. 현지 발음은 쟈러푸, 그냥 까푸라고도 한다.

상하이 까르푸 분점 리스트
- 중산공원점 上海市 长宁区 中山公园 (지하철 2·3·4호선 中山公园역과 연결)
- 구베이점 上海市 长宁区 水城南路 268号 (지하철 10호선 水城路역 2번 출구에서 도보 6분)
- 홍커우점 上海市 虹口区 西江湾路 388号 凯德龙之梦 (지하철 3·8호선 虹口足球场역 3번 출구에서 연결)
- 푸동 렝양점 上海市 浦东新区 芳甸路 185号 (지하철 9호선 芳甸路역에서 도보 13분)

동네 슈퍼 같은 슈퍼마켓
테스코 Tesco 乐购

까르푸보다 분점도 적고 규모도 작은 현지화 된 영국계 마트. 까르푸만큼 큰 규모는 아니지만 중국 상품을 쇼핑하기에는 무리가 없다. 예원에서 도보로 연결되는 香港名都지점이 있어 여행자들의 방문하기 수월하다.

상하이 테스코 분점 리스트
- 香港名都지점 上海市 黄浦区 河南南路 489号

상하이 마트 먹거리

언제 어디서나 쉽게 만나는

맛집 부럽지 않은 디저트와 주전부리가 가득
장바구니가 크다 해도 아차 하는 순간 차버린다.

01 기침에 특효가 있는 허브 캔디. 홍콩 브랜드 念慈菴라 가격은 조금 비싸다. **9.8元 02** 일본 과자 브랜드 글리코 Glico에서 나온 현지화된 과자. 차이위엔샤오빙 菜园小饼의 양꼬치에 사용되는 향신료 孜然烧烤味 맛이 난다. 호불호가 확실히 갈릴 맛 **4.4元 03** 홍콩의 Garden에서 만든 파맛 크래커 PopPan 향긋하고 고소해 남녀노소 모두가 좋아한다 **8.4元 04** 미국의 포테이토 칩 브랜드인 레이스 Lay's에서 나온 오이맛 감자칩, 세계 유일! **5.5元**

05 파인애플 케이크 펑리수 徐福记 凤梨酥. 파인애플뿐만 아니라 딸기, 망고 등도 있다. **9.9元 06** 중국에 진출한 오리온이 내놓은 팬더파이. 오리온의 현지 브랜드명은 하오리여우 好丽友 **8.2元 07** 통일에서 나온 달콤한 푸딩 统一布丁 **5.5元**

08 따바이투 大白兔. 일명 화이트 래빗 white rabbit, 흰토끼 우유사탕으로 불리는 맛난 밀크캐러멜. 중국의 국민 사탕이라고 불릴 만큼 역사가 오래되었다고. **8.8元 09** 훠궈맛이 나는 땅콩, 마라땅콩 黄飞红 麻辣花生 **5.5元 10** 마라우육맛 컵누들, 맛 없다는 혹세무민은 모두 마라 싫어하는 사람들이 작성한 글이다. 마라 흡입 자격증 중수 이상에게 추천 **7.2元 11** 새우맛 컵누들. 무난한 맛으로 대중적 인기를 누리고 있는 虾仁原味面 **6.2元**

12 농부산촌 생수 农夫山泉水 1.5元 13 와하하 생수 娃哈哈 1.2元 14 코카콜라에서 만든 생수 冰露 1元 15 농부산촌에서 만든 과일 음료. 农夫果园 토마토 100% 주스 4.8元 16 강사부 康師傅에서 만든 홍차 음료 3元

17 고급마트에선 흔히 볼 수 있는 망고주스 12元 18 몽우 蒙牛에서 만든 요거트 음료 冠益乳 5.9元 19 몽우에서 만든 요구르트 优益C 6.7元 20 세계적으로 마니아층을 거느리고 있는 중국의 코코넛 음료 예수 椰树 3元 21 중국 최고의 인기를 누리는 왕라오지 王老吉. 약한 한약맛이 나는 꿀물이라고 생각하면 된다. 22 립턴 立顿 밀크티 经典醇奶味茶로 코코넛 과육도 들어 있다. 3.3元

23 마스터 가오 高大师에서 만든 수제 맥주. 디자인이 맛을 따라오지 못하는 아쉬움이 남는다. BABY INDIA PALE ALE 16.9元 24 마스터 가오 高大师에서 만든 수제 맥주. 가볍고 단맛과 자스민향이 상쾌하다. BABY JASMINE TEA LAGER 16.9元 25 물맛 좋기로 유명한 항저우의 로컬 맥주. 최상급 물로 만든 맥주로 라이트하고 구수해 술보다는 탄산수 느낌이 강하다. 천도호 맥주 千岛湖啤酒 4.5元 26 칭다오에서 나온 맥주. 순생이라는 이름 그대로 가볍고 깔끔한 맛이 일품. 순생 純生 7元 27 농부산천에서 만든 차 음료. 우롱차, 말리화차, 레몬 홍차, 그린티 등 다양함. 차파이 茶π 5元 28 슈퍼마켓이나 편의점에서 쉽게 볼 수 있는 커피 음료. 블루마운틴, 라떼, 모카, 캐러멜 맛이 있다. 달달한 커피의 정석! 베이나쏭 贝纳颂 6.9元

Best Course

올 어바웃 상하이 1박 2일

1박 2일만으로도 상하이의 매력을 충분히 느낄수 있는 상하이 1박 2일 추천 코스.
단 바쁘게 움직여야 한다. 욕심을 부릴 수밖에 없는 일정

예상 비용 항공료 30~50만 원, 숙박비(2인) 5~20만 원, 식비(2인) 9~14만 원, 입장료 4만 원, 기념품 별도

1일차 13:00
딘타이펑
각종 딤섬과 캐주얼한 중국 요리

도보 3분

14:00
신천지 + 대한민국임시정부
딘타이펑과 연결되는 쇼핑가이자 볼거리

지하철 4정거장 + 도보 1㎞, 약 30분

15:30
예원
예쁘장한 전통 중국 정원, 가는 길에 예원 상장도 함께

도보 2분

17:00
호심정
구곡교를 내려다보면서 중국 차 한잔

택시 10분

18:30
유신천채
매운 쓰촨요리의 진수를 맛보자

도보 3분

19:30
난징동루
상하이 최고의 보행가

도보 4분

20:00
상하이 제일식품상점
중국차나 선물용 과자 구입

택시 15분

21:00
와이탄
조계 시절의 서양식 건물을 감상하고 강변에 올라 와이탄을 즐긴다

 택시 10분

22:20
뷰 바
압도적인 풍경을 감상하며 한잔

2일차 08:00
황포공원
와이탄을 배경으로 태극권 감상

 도보 15~20분 +지하철 1정거장 30분 또는 택시 20분

09:00
KFC 중식 아침세트
프랜차이즈에서 맛보는 중국의 전통 아침식사

 지하철 1정거장

10:10
푸동 공중회랑
푸동에서 바라보는 와이탄

 도보 5분

11:30
정대광장
상하이에서 마지막 식사, 이제 출국

Best Course

올 어바웃 상하이 **2박 3일**

1박 2일 코스에 상하이 근교 중 강남 수향마을 한 곳 추가한 일정.
2박 3일로 상하이와 수향마을을 둘러보는 코스로
'올 어바웃 상하이 1박 2일'만큼 욕심이 많은 바쁜 일정이다.

예상 비용 항공료 30~50만 원, 숙박비(2인) 10~40만 원, 식비(2인) 16~22만 원, 입장료 6만 원, 기념품 별도

1일차

13:00 가가탕포
샤오룽바오의 명가

 지하철 2정거장 +도보 15분, 약 30분

14:30 예원
명청시대에 만들어진 강남 최고의 정원, 가는 길에 예원 상장도 함께

 도보 2분

16:00 호심정
구곡교를 내려다보면서 중국 차 한잔

지하철 2정거장, 약 30분

17:30 푸동 공중회랑
공중회랑에서 바라보는 푸동의 마천루

도보 5분

● **18:10**
IFC Mall
쇼핑센터에서 마음에 드는 맛집을 찾아보자.

🚶 도보 5분

● **21:00**
난징동루
조계시절의 서양식 건물들을 감상하고 강변에 올라 와이탄에서 기념촬영

🚶 도보 5분

● **19:30**
SWFC 전망대
발밑으로 떨어지는 압도적인 풍경

🚶🚇 도보 10분 +지하철 1정류장

● **22:00**
도원향
발 좀 쉬어주자

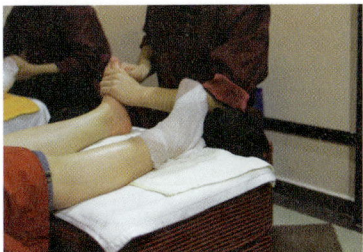

Best Course

2일차 08:30
상하이 시외버스 터미널
일찍 도착해서 저우좡 행 티켓 구입

🚌 버스 1시간 30분

10:00
저우좡 버스터미널
드디어 도착

🚌 버스 + 도보 20분

10:20
저우좡 풍경구 입구
상하이 근교로 떠나는 여행

🚶 도보1분

10:21
저우좡
상상하는 강남 풍경의 수향마을

🚌 버스 1시간 30분

18:00
상하이 시외버스터미널
출발지로 다시 돌아온다

🚇 지하철 40분

19:00
아랑면
현지인들의 맛집

🚶 도보 5분

19:10
쓰난맨션
상하이 전통 주거지를 개조한 쇼핑가

🚶 도보 3분

19:30
복싱 캣 브루어리
맥주 마니아라면, 상하이 수제 맥주의 세계를

10:00
옥불사
상하이 대표 불교 사찰

 택시 5분

3일차 09:00
와가스
우아한 아침세트와 커피

 택시 10분

11:00
모간산루 예술단지
중국 최대의 순수예술 종합단지

택시 10분

12:30
두노방
중국식 샤브샤브, 훠궈

 택시 10분

Best Course

올 어바웃 상하이 4박 5일

'올 어바웃 상하이 2박 3일'코스에 항저우를 포함시키는 일정. 항저우 서호에서 여유와 낭만을 만끽해보자. 상하이와 항저우는 1시간 거리. 상하이 인 항저우 아웃으로 스케줄을 잡아 일정을 구성했다. 좀 더 여유를 누리고 싶다면 2박 3일 코스에서 수향마을을 빼는 게 좋다.

예상 비용 항공료 30~50만 원, 숙박비(2인) 20~80만 원, 식비(2인) 20~32만 원, 입장료 12~18만 원, 기념품 별도

4일차 08:00 상하이 훙차오역
초특급 열차를 타고 항저우로 출발
🚆 기차 1시간

09:00 항저우역
항저우 여행의 출발지
🚌 버스 1시간 30분

10:30 영은비래봉
산봉우리 곳곳에 338개의 불상
🚶 도보 10분

11:30 영은사
항저우 제일의 고찰
🚶🚌 도보(15분) + 버스(40분)

13:30 루외루
항저우 제일의 레스토랑에서 동파육을~
🚶 도보 5분

14:30 서호
항저우의 핵심
🚶 도보 20~30분

16:00 뇌봉탑
석양에 물든 서호를 감상
🚕 택시 20분

17:30 판가량 로씨에빠오
깐꿔 전문점으로 찜닭이 생각나는 맛

🚕 택시 15분

 11:30 화차관
차관에서 용정차와 간식으로 간단하게 한 끼

🚕 택시 10분

13:00 항저우역
상하이로 돌아갈 시간

🚆 기차 1시간

19:45 인상서호
서호를 배경으로 한 장이모 감독의 초대형 판타지

 10:00 육화탑
오래된 목조탑 위에서 바라보는 첸탄 강

🚕 택시 15분

14:00 상하이 홍차오역
상하이에 도착

Best Course

올 어바웃 상하이 5박 6일

상하이 1박 2일 일정에 황산과 쑤저우를 추가시킨 일정. 밤기차로 이동해서 당일 바로 황산으로 올라간다. 그나마 케이블카를 이용하기 때문에 가능한 일정. 그래도 이틀 황산을 오르고 내려야 하니 여행을 떠나기 전에 체력을 어느 정도 만들어 두는 게 좋다.

예상 비용 항공료 30~50만 원, 숙박비(2인) 25~100만 원, 식비(2인) 30~50만 원, 입장료 10만 원, 기념품 별도

13:00 딘타이펑
상하이풍 딤섬의 명가

🚶 도보 3분

14:00 신천지 + 대한민국임시정부
딘타이펑과 연결되는 쇼핑가이자 볼거리

🚕 택시 10분

16:00 예원
예쁘장한 전통 중국 정원, 가는 길에 예원 상가도 함께

🚶 도보 2분

17:10 호심정
구곡교를 내려다보면서 중국 차 한잔

🚶 도보 10분

18:00 상하이탕
멋진 야경과 중국풍의 화려한 인테리어가 돋보이는 레스토랑

🚕 택시 10분

19:40 난징동루
상하이 최고의 보행가

🚶 도보 3분

20:10 상하이 제일식품상성
선물용 차나 과자 구입, 혹은 고기 월병을 간식으로

🚶 도보 10분

21:00 와이탄
상하이 최고의 랜드마크

🚶 도보 10분

22:00 롱 바
월도프 아스토리아 호텔의 바

09:00 원명원로
와이탄과 또 다른 느낌

🚶 도보 7분

10:00 락 번드 아트 박물관
설치 미술 전시가 독보적인 곳

🚇 지하철 (1정거장) + 도보 10분

2일차 08:00 황포공원
와이탄을 배경으로 태극권 감상

🚶 도보 5분

08:30 외백대교
다리 중간에서 바라보는 푸동

🚶 도보 5분

11:30 푸동 공중회랑
공중회랑에서 바라보는 푸동의 마천루

🚶 도보 10분

12:00 정대광장
쇼핑센터에서의 런치타임!

🚇 지하철 (6정거장) + 도보 20분

Best Course

14:30
상하이 당대 예술박물관
상하이 비엔날레의 무대

🚕 택시 15분

16:30
타이캉루
아기자기한 아이템 쇼핑, 볼거리도 풍성

🚕 택시 10분

18:30
아랑면
상하이에서 가장 맛있는 전통 누들

🚕 택시 15분

19:30
호소반
마라롱샤와 함께 맥주 한잔!

3일차 08:42
상하이 훙차오역
G1509를 타고 황산으로 출발!

🚆 기차 4시간 46분

13:13
황산 북역
황산 북역 도착

🚌 버스 1시간 40분 또는 택시 1시간

15:10
황산 대문
황산 여행의 입구

🚌 버스 20분

16:10
운곡사
황산 여행의 시작

🚠 케이블카

17:00
백아령
케이블카로 단숨에 여기까지 오른다

🚶 도보 40분

17:40
시신봉
절경, 말 그대로 절경

도보 20분

18:00
북해빈관 또는 사림반점
계절에 따라 석양 감상은 재량껏

4일차 05:00
일출
계절별, 날씨별 일출 시간에 맞춘다. 숙소로 컴백

도보 20분

08:30
북해빈관 또는 사림반점
아침 먹고 체크아웃

도보 40분

09:30
비래석
하늘로 날아갈 듯, 거대한 바위

도보 30분

10:00
광명정
한눈에 펼쳐지는 황산의 파노라마 풍경

도보 1시간 20분

11:30
연화정
황산의 정상인 연화봉의 입구

도보 40분

Best Course

● **12:10 연화봉**
황산 제1봉, 최고의 절경
🚶 도보 1시간 10분

● **14:00 옥병루**
하산 케이블카를 타는 곳
🚠🚶 케이블카 또는 도보 2시간 30분

● **16:30 자광각**
황산에서 가장 큰 불교 사찰
🚌 버스 20분

● **17:00 황산 대문**
이제 황산과는 이별
🚌 버스 2시간 또는 택시 1시간

● **20:08 황산역**
K8420을 타고 쑤저우로 출발!
🚖 택시 10분

5일차 ● **05:59 쑤저우역**
밤기차 이동으로 피곤 하니 바로 숙소로 이동
🚖 택시 20분

● **09:30 숙소**
숙소 근처에서 아침을 해결하고 한숨 자며 쉬자
🚖 택시 10~20분

● **12:00 송학루채관**
200년 된 쑤저우 요리 전문점
🚖 택시 15분

13:00
졸정원
중국 최고의 정원

🚶 도보 10분

15:00
쑤저우 박물관
루브르박물관을 설계한 야오밍 페이의 작품.
실속 있는 박물관

🚲 자전거 릭샤 10분

16:30
북사탑
북사탑 위에서 바라보는 쑤저우 전망

🚕 택시 + 지하철 (8정거장) 30분

18:00
사랑방
고된 일정에 한식으로 기운을 찾자

 도보 15분

6일차 10:00
유원
분위기 있는 알찬 정원

🚕 택시 15분

12:00
초강남
화려하고 화끈한 쓰촨 음식

  택시 15분

13:30
쑤저우역
초고속 열차를 타고 상하이로 출발

🚆 기차 25~50분

14:10
상하이 홍차오역
고국으로 돌아갈 시간

Best Course

먹고 죽자 미식 기행

하루 동안 상하이 필수 맛집들을 둘러보는 일정. 배를 꺼트리기 위해 대부분 도보로 이동하고 기념품과 먹거리 쇼핑도 한다. 소화제와 콜라, 커피 등을 섭취해주는 건 개인별 선택 사항.

예상 비용 항공료 30~50만 원, 숙박비(2인) 5~20만 원, 식비(2인) 22~43만 원, 기념품 별도

08:00 가가탕포
상하이 최고의 샤오룽바오

도보 2분

08:30 소양생전
상하이 만두, 셩젠을 포장

도보 5분

08:40 인민공원
공원산책과 셩젠먹기

도보 5분

09:40 난징동루
상하이 최고의 번화가

도보 10분 내외

10:00 상하이 제일식품상점
중국 차와 선물용 과자 구입

도보 15분

11:00 와이탄
조계시절의 서양식 건물들을 감상하고 강변에 올라 와이탄에서 기념촬영

도보 15분

● **12:30**
　성륭행해왕부
　상하이 요리의 최고봉, 게 요리 다자셰

🚶 도보 20분

● **13:30**
　래플스 시티 B1
　해피 레몬, 비천향, 매일신선과일바

🚶🚇 도보 + 지하철 (1정거장) 20분

● **15:00**
　스타벅스 리저브로스터리
　세계에서 두번 째로 큰 스타벅스 매장, 볼거리도 풍부

🚶 도보 5분

● **16:00**
　릴리안 케이크 숍
　마카오식 에그타르트 전문점

🚶🚇 지하철(1정거장) + 도보 15분

● **17:00**
　상하이 박물관
　소화도 시키고 중국의 보물 관람

🚶 도보 20분

● **18:30**
　유신천채
　매운 쓰촨요리의 진수를 맛보자

🚶🚇 도보 + 지하철(1정거장) 25분

● **20:00**
　빈장다다오
　푸동에서 바라보는 와이탄

🚶 도보10분

● **21:00**
　하겐다즈
　뷰를 감상하며 휴식

Best Course

체험하는 가족 여행

남녀노소가 모두 좋아할 만한 놀거리, 탈거리와 화려한 상하이를 경험할 수 있는 일정. 식당은 패밀리레스토랑처럼 메뉴가 다양하고 무난한 곳으로 선정했다.

예상 비용 항공료 30~50만 원, 숙박비(2인) 5~20만 원, 식비(2인) 4~9만 원, 입장료 11~18만 원, 기념품 별도

09:00 상하이 자연 박물관
아시아 최대 규모. 공룡을 좋아하는 어린이가 있다면 필수 방문지

택시 15분

10:30 와이탄 관광터널
와이탄과 푸동을 연결하는 길이 647m의 해저 터널

도보 10분

11:00 상하이 역사박물관
민속촌이 연상되는 재미있는 박물관

도보 2분

11:30 동방명주
푸동 가장 좋은 자리에 위치한 상하이 대표 전망대

도보 10분

12:30 벨라지오
캐주얼한 레스토랑으로 요리부터 디저트까지 다양

도보 10분

13:40 상하이 해양수족관
아시아 최대 규모의 거대 수족관

🚕 택시 8분

15:00 와이탄의 진링동루 페리터미널
푸동과 푸서를 연결하는 대중교통, 페리

⛴ 페리 10분

15:10 동먼루 페리터미널
5분정도 걸어가면 나오는 外灘浦江游船码头 정류장으로 이동

🚶🚌 도보 + 시티투어버스 20분

16:00 대한민국 임시정부
아이들에게 고국 사랑의 기회를 줄 수 있는 곳

🚶 도보 15분

17:00 신천지
딘타이펑과 연결되는 쇼핑가이자 볼거리

🚶 도보 5분

18:00 딘타이펑
각종 딤섬과 볶음밥이 인기

🚶🚇 도보+지하철(7정거장)40분

19:30 상하이 마시청
남녀노소 함께 즐길수 있는 서커스

Best Course

연인을 위한 닭살
커플사진 여행

이른 아침부터 늦은 저녁까지 재미와 낭만, 두 마리 토끼를 모두 잡기 위한 코스. 사진 찍기 좋은 상하이 최고의 스폿들로 일정을 꾸몄다. 상하이 최고급 요리인 다자셰와 디저트까지 맛볼 수 있도록 맛집에도 신경을 썼다.

예상 비용 항공료 30~50만 원, 숙박비(2인) 5~20만 원, 식비(2인) 25~40만 원, 입장료 7천 원, 기념품 별도

09:00
상하이 동물원
중국의 보물, 귀염둥이 판다

도보 + 지하철(8정거장) 40분

12:00
락신황조
인스타용 샤오룽바오 먹기. 맛도 좋다.

지하철(3정거장)+도보 30분

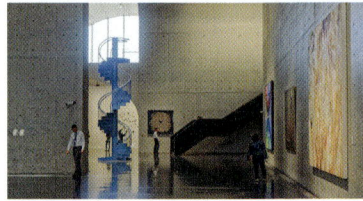

13:30
롱 미술관
미술관 작품뿐만 아니라 미술관 건물도 유명. 사진을 찍으며 놀기에도 좋다.

도보 + 지하철(6정거장) 40분

15:00
호심정
예원 앞에 있는 중국 전통 찻집

택시 7분

16:30
와이탄
조계시절의 서양식 건물들을 감상하고 강변에 올라 와이탄에서 기념촬영

🚶 도보 10~15분

18:00
성륭행해왕부
각종 딤섬과 볶음밥이 인기

🚶🚋 상하이 요리의 최고봉, 게 요리 다자셰

19:30
빈장다다오
분위기 좋은 강변에서 바라보는 로맨틱한 와이탄

🚶 도보 15분

21:00
플레어
리츠칼튼 호텔 58층에 있는 전망이 끝내주는 바

Best Course

예술 마니아를 위한
미술관 순례

미술관과 갤러리들은 기획 전시가 주를 이루고 있기 때문에 어떤 기획전을 만나는지가 가장 중요하다. 게다가 전시 준비 기간이 긴 경우가 많아 예기치 않게 문을 닫는 일도 허다하다. 방문 전에 꼭 홈페이지를 통해 스케줄 확인을 해야 한다.

예상 비용 항공료 30~50만 원, 숙박비(2인) 5~20만 원, 식비(2인) 5~8만 원, 입장료 특별전에 따라 다름, 기념품 별도

10:00
롱미술관
매머드급 미술관

도보+지하철(7정거장) 50분

11:00
락 번드 아트 박물관
설치 미술의 보고, 옥상에서 커피 한잔

도보 5분

12:00
상하이 갤러리 오브 아트
갤러리만큼 아름다운 창밖의 풍경

도보 10~15분

13:00
성룡행해왕부
먹고 죽자!

도보 15분

14:20
난징동루
상하이 최대의 보행가

🚶 도보 15분

14:40
상하이 현대미술관
운이 좋다면 흥미 있는 기획전을 만날 수 있다.

 택시 20분

16:10
상하이 당대 예술박물관
상하이 비엔날레의 무대

 택시 20분

18:20
타이캉루
아기자기한 아이템 쇼핑, 볼거리도 풍성

🚶 도보 15분

20:00
쓰난맨션
상하이 전통 주거지를 개조한 쇼핑가

🚶 도보 3분

20:10
복싱 캣 브루어리
맥주 마니아라면, 상하이 수제 맥주의 세계를

쇼퍼들을 위한 쇼핑 여행

차와 다기 그리고 차와 함께 먹기 좋은 파인애플 케이크와 월병은 중국 여행의 필수 쇼핑 목록. 중국 디자이너 숍에서는 귀국 선물 등을 구입하면 좋다. 우리나라에는 매장이 적은 스포츠 전문 매장 데카트론과 이케아는 선택 방문지다.

예상 비용 항공료 30~50만 원, 숙박비(2인) 5~20만 원, 식비(2인) 4~8만 원, 기념품 별도

09:30 상하이 제일식품상점
파인애플 케이크와 월병 구입

🚶 도보 7분

12:00 블루 상하이 화이트
세련된 중국 스타일이 가미된 머그컵이나 다기, 차 주전자 구입

🚕 택시 10분

10:30 상하이 장소천도전총점
중국 전통가위 구입

🚶 도보 15분

11:40 상하이 쑤저우 코블러스
실크 실내화 구입

🚶 도보 1분

13:30 찬위에 와이포지아
고퀄, 경제적인 가격대의 강남요리를 먹으며 원기 충전

🚶 도보 3분

15:00
산쯔쑹스
월드 클라스 견과류 쇼핑의 1번지

🚶 도보 3분

17:30
샤오미의 집
동방명주에 새롭게 오픈한 샤오미 매장

🚕 택시 15분

16:00
스타벅스 리저브로스터리
가슴을 설레게 하는 'R' 마크, 먹거리와 쇼핑, 볼거리까지 가득하다

🚕 택시 10분

18:30
페이유
단화 마니아들에겐 필수 방문지

🚶 도보 1분

19:30
퓨어랜드
중국스타일 선물을 구매하기 좋다

Part 2
교통 가이드

우리나라 공항 안내
한 번에 알아보는 출국 과정
상하이 입국하기
공항에서 시내로 이동하기
상하이 시내교통

Transportation

상하이로 가는 첫 걸음
우리나라 공항 안내

두근두근 설레는 여행 첫 날
공항 가는 방법과 출국 과정을 알아본다.

인천 국제공항으로 가자!

비행기 출발 2시간 30분 전에는 공항에 도착해야 한다. 즉 서울지역 거주자라면 최소 비행기 출발 3시간 30분 전, 경기권이라면 최소 4시간 전에는 집을 나서야 무사히 출국할 수 있다는 이야기. 공항으로 가는 방법은 크게 두 가지인데, 서울, 경기권이라면 거주지 근처에서 운행하는 공항버스와 서울역에서 출발하는 공항 철도를 타는 방법이 있다. 공항 철도의 경우 서울역에서 연계된다는 장점 때문에 수도권 거주민보다는 지방 거주민들에게 더 유용해 보인다. 인천공항은 1, 2터미널로 분리되어 있으니 내가 가야 할 터미널 번호를 미리 파악해두자. 두 터미널간 거리는 꽤 멀기 때문에 자칫하면 비행기를 놓치는 참극이 발생할 수 있다.

인천 국제공항
- ☎ 1577-2600 · 웹페이지 www.airport.kr

공항철도
- 운행 05:20~24:00(서울역 출발 인천공항 방면)
- 요금 일반열차 4,150원(58분소요)
         직통열차 8,000원
- 노선 서울역-공덕-홍대입구-디지털 미디어시티-김포공항-계양-검암-청라국제도시-영종-운서-공항화물청사-인천국제공항
- 웹페이지 www.arex.or.kr

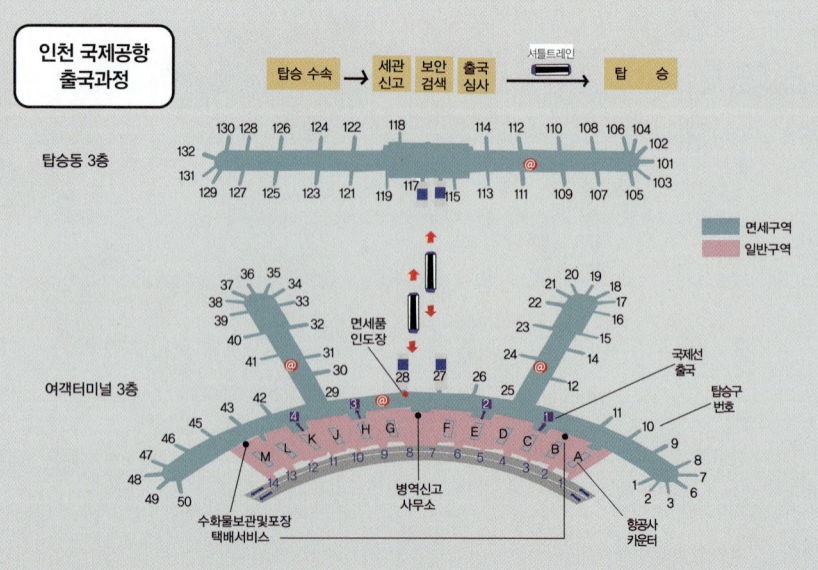

도심공항터미널 이용하기

서울역과 삼성동에 있는 도심공항터미널은 공항 수속을 대행하는 일종의 편의 시설이다. 붐비는 공항에서 긴 줄을 서지 않고 도심에서 간편하게 수속을 대행할 수 있다는 점에서 주변에 사는 주민들에게는 꽤 유용하다.

현재 도심공항터미널을 이용할 수 있는 상하이 취항 항공사는 대한항공, 아시아나항공, 중국동방항공, 상해항공, 중국남방항공 등 5개 사다. 위에 수록되지 않은 상하이 취항 항공사는 도심공항터미널 이용이 불가능하니 괜히 헛걸음하지 말자.

마지막으로 도심공항터미널을 이용하기 위해서는 비행기 출발 시각 3시간 10분 전에는 수속을 마쳐야 한다. 즉, 최소 3시간 30분 전에는 도심공항터미널에 도착하도록 하자.

삼성동 도심공항터미널
- ☎ 02-551-0077
- 운영 05:20~18:30
- 웹페이지 www.calt.co.kr
- 가는 방법 지하철 2호선 삼성역 5·6번 출구에서 도보 5분

서울역 도심공항터미널
- 운영 05:20~19:00
- 웹페이지 surl.kr/22EU0
- 가는 방법 지하철 1·4호선·KTX·코레일 서울역 하차

반드시 부치거나 휴대해야 하는 물건들

타인에게 위해를 가할 수 있는 맥가이버 칼이나 손톱깎이, 지팡이, 카메라 삼각대 그리고 스프레이와 같은 인화성 물질, 라이터, 120ml 이상의 액체는 무조건 기내 반입이 금지됩니다. 즉 위와 같은 물건은 위탁수하물로 사전에 부쳐야 합니다. 배터리는 기준이 조금 복잡합니다. 아래의 표를 확인하세요.

	배터리 용량·규격	위탁수하물(부치는 짐)	기내 휴대
기기에 부착된 배터리	160Wh 이하	허용	허용
	160Wh 초과	금지	금지
보조배터리	100Wh 이하	금지	1인 5개까지
	100Wh초과 160Wh 이하	금지	1인당 2개 이내
	160Wh 초과	금지	금지

Transportation

여행자들을 위한 맞춤 가이드
한 번에 알아보는 출국 과정

공항에 도착해서 비행기 탑승 전까지
그대로 따라하면 되는 손쉬운 출국 과정 안내

Step 1

공항 출발 전

여권, 비자, 전자 탑승권 E-Ticket이 있는지 반드시 확인한다.
온라인 체크인이 가능한지 확인하고 사전에 체크인 해두면 편하다. 보통 48시간 전부터 60분 전까지 이용 가능하다.

Step 2

터미널 도착

여객터미널 3층이 출국 수속을 밟는 출국장이다. 출국장에 있는 대형 전광판을 보며, 자신이 이용하는 항공사 카운터를 확인하자. 인천공항은 국제선 터미널이 두 개라는 점을 명심하자.

Step 3

탑승수속

지정된 카운터에서 수속을 한다. 일단 부칠 짐(위탁수하물)을 카운터 옆 저울에 올려놓고, 여권을 제시한다. 참고로 랩톱이나 태블릿 컴퓨터 등은 부칠 수 없으니 반드시 휴대해야 한다.
보딩패스를 받으면, 비행기 탑승구, 탑승 시각에 대한 안내를 받는다. 만약 짐을 부쳤다면, 짐을 부쳤음을 증명하는 짐표 Baggage Tag를 함께 받는다.

> **TIP**
>
> **면세품 인도** One More Thing
> 시내에 있는 면세점이나 인터넷 면세점을 통해 쇼핑을 했다면 면세구역 안에 있는 면세품 인도장으로 가서 쇼핑한 물건을 찾도록 하자. 물건을 찾고 나서 한 가지 주의할 점은, 화장품 등 액체류의 경우는 포장을 풀면 안 된다는 것.

Step 4

보안검색

출국장은 총 4개다. 아무 곳으로나 들어간다. 입구에서 여권과 항공권을 검시힌디. 들이기면 긴 줄이 있고 이윽고 내 차례가 된다. 휴대 수하물, 외투, 스마트폰 등 주머니에 있는 모든 것을 바구니에 담는다. 랩톱이나 태블릿 컴퓨터가 있다면 배낭에서 분리해 별도의 바구니에 담아야 한다. 금속탐지대는 여권과 보딩패스만 들고 통과한다. 이후, 엑스레이 탐지기를 통과한 짐을 들고 출국 심사장으로 간다.

Step 5

출국심사

출국심사관에게 여권과 보딩패스를 내면 확인한 후, 통과시켜 준다. 최근에는 자동출입국 절차라고 해서, 출국심사관을 거치지 않고 스스로 여권과 지정된 지문을 스캔한 후 통과하는 법도 애용된다.

Step 6

면세구역, 비행기 탑승

사전에 면세쇼핑을 했다면 인도장으로 가서 물건을 인도받는다. 현재 인천공항 1터미널의 탑승구는 크게 두 개의 구역으로 나뉜다. 탑승구 1~50은 여객동에, 101~132는 셔틀 트레인을 타고 한 번 더 이동해야 하는 탑승동에 있다. 가끔 벌어지는 일이지만 면세구역에서 쇼핑에 열중하다 비행기를 놓치는 사람이 하루 한 명 이상은 발생한다. 비극의 주인공이 되고 싶지 않다면 늦지 않게 도착하도록 하자.

미리 알아두면 헤매지 않는다.
상하이 입국하기

상하이 공항에 도착하면 뭐부터 해야 하지?
기억이 가물가물할 때 도움 되는 입국 절차 올 가이드

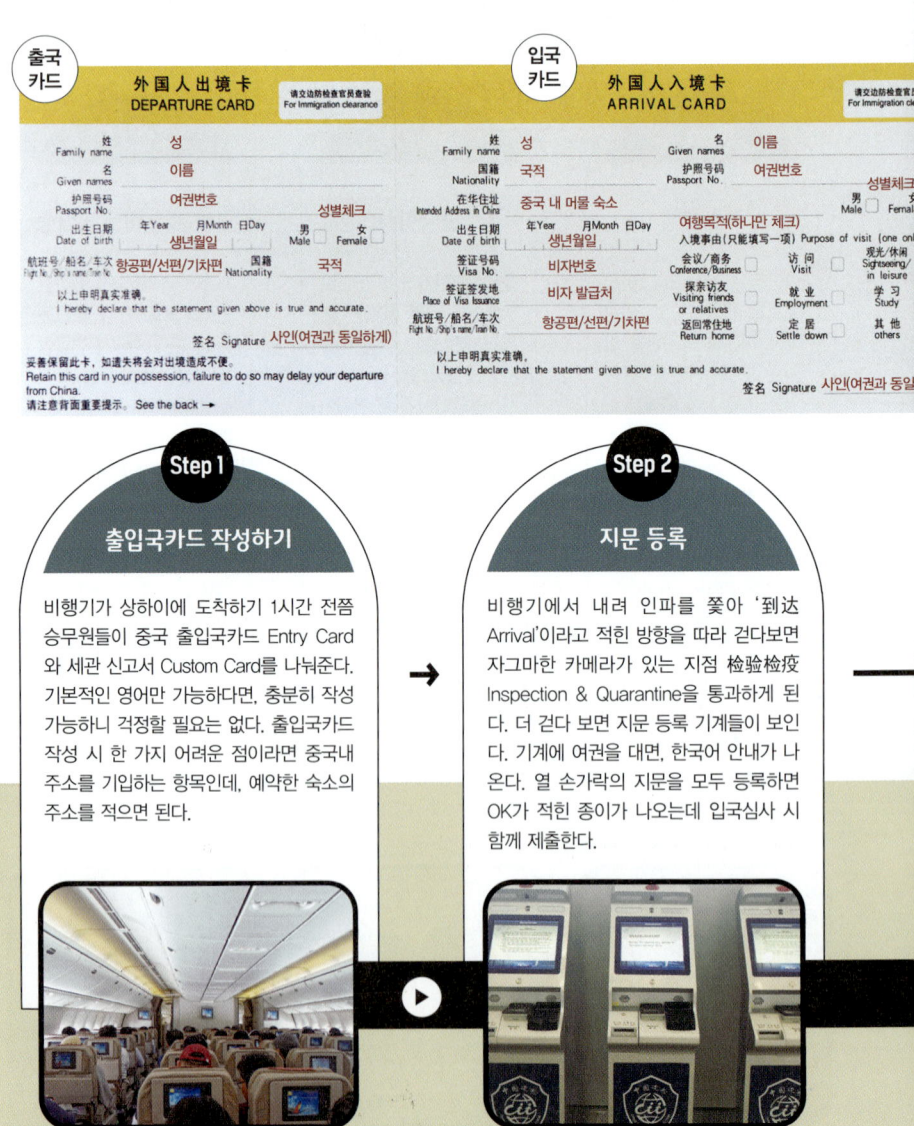

출국카드 / 外国人出境卡 DEPARTURE CARD

입국카드 / 外国人入境卡 ARRIVAL CARD

Step 1 — 출입국카드 작성하기

비행기가 상하이에 도착하기 1시간 전쯤 승무원들이 중국 출입국카드 Entry Card와 세관 신고서 Custom Card를 나눠준다. 기본적인 영어만 가능하다면, 충분히 작성 가능하니 걱정할 필요는 없다. 출입국카드 작성 시 한 가지 어려운 점이라면 중국내 주소를 기입하는 항목인데, 예약한 숙소의 주소를 적으면 된다.

Step 2 — 지문 등록

비행기에서 내려 인파를 쫓아 '到達 Arrival'이라고 적힌 방향을 따라 걷다보면 자그마한 카메라가 있는 지점 檢驗檢疫 Inspection & Quarantine을 통과하게 된다. 더 걷다 보면 지문 등록 기계들이 보인다. 기계에 여권을 대면, 한국어 안내가 나온다. 열 손가락의 지문을 모두 등록하면 OK가 적힌 종이가 나오는데 입국심사 시 함께 제출한다.

TIP

짐이 없어졌어요!

나를 빼고 모든 사람들이 짐을 찾아 떠나버렸다면 어떤 문제가 생긴 것이 분명하다. 이럴때는 귀퉁이에 있는 行李查询 Baggage Inquiries라고 쓰여진 카운터를 찾아가자. 분실 신고를 해야 한다. 분실신고서에 있는 주소는 투숙 예정의 호텔 이름을 반드시 명시해야 짐을 찾았을 경우 배달(?)받을 수 있다.

Step 3
입국 심사

입국 심사 边防检查 Immigration, 외국인 구역에 줄을 선다. 내 순서가 되면 여권과 중국 비자, 출입국카드, 지문 등록한 'OK'가 적힌 종이를 건넨다. 출입국 직원의 안내에 따라 지정한 손가락 지문 인식과 카메라 촬영을 추가로 하면 드디어 입국 도장을 찍어준다. 별지 비자를 받았다면, 일행 모두 같은 줄에 서고 마지막 사람이 별지 비자 원본을 잘 챙기도록 한다.

Step 4
세관검사

짐을 찾은 후 세관검사대 海关 Customs를 통과한다. 신고할 물품이 없으면 녹색의 출구로, 중국내 반입을 신고할 물품이 있다면 붉은색 출구로 가면 된다. 일반적인 여행 목적이라면 신고할 물품이 있을 리가 없다. 녹색 출구를 통해 통과하자. 이로써 모든 입국심사는 끝. 환영홀이 여러분을 기다리고 있다.

공항에서 시내로 이동하기

복잡한 경로가 한눈에 보이는

공항에서 시내로 이동하는 가성비 좋은 교통수단은 무엇일까? 푸동 국제공항과 훙차오 국제공항에서 가는 방법을 나누어 소개한다.

공항에서 시내로 나가는 것까지만 성공하면 사실 상하이 여행의 어려움 절반 가량은 극복한 셈이다. 한국에서 상하이로 연결되는 공항은 크게 두 곳으로, 우리의 인천국제공항 격인 푸동 국제공항과 김포국제공항 격인 훙차오 국제공항이 그것이다.

푸동 국제공항에서 浦东国际机场

푸동 국제공항은 1 터미널과 2 터미널이라 부르는 두 개의 터미널이 있다. 마주보고 있는 두 개의 터미널은 세 곳의 통로로 연결된다. 푸동 국제공항에서 시내로 나가는 모든 교통편은 이 세 곳의 통로를 지나야 이용할 수 있다. 말로 설명하면 좀 복잡해 보이는데, 아래의 지도를 살펴보면 이해하기 쉽다. 이 책에서는 2 터미널을 기준으로 설명했음을 밝힌다.

푸동 국제공항

- **발음** 푸둥궈지지창
- **문의** 021-6834-7575
- **웹페이지** www.shairport.com

자기부상열차 磁浮 Maglev

푸동 국제공항과 지하철 2호선 롱양루역 龙阳路站을 운행하는 열차로 세계 최초로 상업운행중인 자기부상 열차이기도 하다. 최고시속은 무려 430km로 31km의 거리를 불과 8분 만에 주파한다. 순수한 교통편이라기보다는 상하이 여행시 한 번쯤 타볼 만한 놀이에 가까운 기차이다. 신기한 차세대 교통편을 경험해보고 싶다면 추천할 만하다.

객차는 보통칸 普通席과 VIP칸 貴賓席으로 나뉘는데 요금 차이가 두 배다. 그저 조금 더 넓고 편한 의자의 차이이므로 굳이 VIP칸을 탈 필요는 없어 보인다. 표 구입은 자기부상열차 개찰구 앞에 있는 무인매표기를 이용하면 된다.
다만, 자기부상 열차의 종점인 롱양루역은 숙소가 밀집한 다운타운과 제법 떨어져 있어 다시 지하철을 타고 시내로 이동해야 한다는 단점이 있다는 사실도 잊지 말자.

발음 츠푸
운행 06:45~21:40, 15~20분에 1편
요금 보통 편도 50元, 보통 왕복 80元(7일 기한)
VIP 편도 100元, VIP 왕복160元(7일 기한)
웹페이지 www.smtdc.com
가는 방법 푸동 국제공항 환영홀에서 진행 방향으로 바라보면 여러 개의 안내판이 보이는데, 그중에서 '磁浮 Maglev'라는 안내판을 따라가면 된다.

+ 꿀팁 당일 항공권을 제시하면 할인돼요.
당일 도착한 여행자에 한 해, 보딩패스를 내밀면 편도에 한 해 10元의 할인 혜택(보통권 40元, VIP권 80元)이 있습니다. 유인 판매소에서 보딩패스를 보여주고 구입하면 됩니다.

공항버스 机场巴士 Airport Bus

다양한 노선과 상대적으로 저렴한 가격으로 인해 많이 이용하는 교통수단이다. 공항버스는 총 6개 노선이 있으며, 이중 난징시루의 끝자락 정안사까지 무정차로 직행하는 공항버스 2번과 인민광장 동쪽 끝자락인 옌안동루저장루 延安东路浙江路를 거쳐 상하이역 上海站에 정차하는 공항버스 5번이 많이 이용된다. 공항버스 8번의 경우는 승객용이라기보다는 공항 내 각 지점과 상하이 항을 연결하는 용도이기 때문에 표에서는 생략했다.

발음 지창빠스
운행 약 07:00~23:00 경
요금 14~30元
가는 방법 공항 환영홀에서 공항버스 机场巴士 표지판을 따라 간다. 4번과 8번 출구로 가면 공항 밖으로 나오게 되고 공항버스 승강장이 줄지어 있다.

+ 꿀팁 늦은 시간에 푸동 국제공항에 도착했다면
최근 푸동 국제공항 활주로가 본격적인 포화 상태를 맞으며, 활주로 트래픽만으로도 출, 도착 지연이 줄을 잇고 있습니다. 저녁 도착 편이 지연되면 그야말로 좌불안석. 대중교통이 끊어지는 순간 택시요금 또한 천정부지로 올라가니 난감하기 그지없죠. 그나마 늦게까지 운행하는 건, 공항버스들로 23:00가 막차입니다. 하지만 막차시간이 되면 누구나 공항버스로 몰리기 때문에, 공항버스 탑승장은 아수라장이 되기 십상입니다.
그럴 때는 1터미널 쪽의 공항버스 정류장을 이용하세요. 1터미널은 상대적으로 도착 편이 적어 한가한데다, 공항버스 기점이기 때문에 앉을 확률이 높습니다. 즉 2터미널에 도착해도, 1터미널 쪽으로 가란 이야기죠. 여유 있게 버스에 앉아 2터미널 정류장에 도착했을 때, 눈 아래로 펼쳐지는 무협(!)의 세계를 바라본다면, 이 선택이 얼마나 끝내주는지 알게 될 겁니다.

푸동 국제공항을 연결하는 공항버스 노선도

번호	노선	운행	요금
공항버스 1번 机场一线	홍차오 국제공항 虹桥国际机场	07:05~23:05, 15~25분에 1편	30元
공항버스 2번 机场二线	정안사 공항버스터미널 城市航站楼	06:30~23:00, 15~25분에 1편	22元
공항버스 4번 机场四线	더핑루푸동다다오 德平路浦东大道, 우자오창 五角场, 원광씬춘 运光新村, 홍커우 축구장 虹口足球场	07:05~23:05, 15~25분에 1편	16~22元
공항버스 5번 机场五线	지하철 2호선 롱양루역 龙阳路地铁站, 스즈다다오푸동난루 世纪大道浦东南路(东方医院), 옌안동루저장루 延安东路浙江路(인민광장), 상하이 기차역 上海火车站	07:05~23:05, 15~25분에 1편	16~22元
공항버스 7번 机场七线	촨샤루화펑동루 川沙路华夏东路, 상난루화무시루 上南路华夏路, 상하이 남역 上海南站	07:35~23:05, 10~25분에 1편	8~20元
야간노선 夜宵线	롱양루 전철역 龙阳路地铁站 ▶ 동팡루창양루 东方路张杨路(지하철 세기대도역) ▶ 옌안동루저장중루 延安东路浙江中路(인민광장) ▶ 옌안중루시먼이루 延安中路石门一路(지하철 화이하이중루 근처) ▶ 홍차오 국제공항	23:000이후 수시 출발. 마지막 비행기 도착 후 40분 후에 운행 종료	16~30元

지하철 地铁 Metro

지하철 2호선이 푸동 국제공항으로 연결된다. 2호선은 상하이 도심의 주요 부분을 대부분 커버하기 때문에 상대적으로 느리다는 단점만 제외한다면 괜찮은 선택이다. 푸동 국제공항역에는 광란루 广兰路행 밖에 없다. 일단 광란루에 내려, 맞은편 플랫폼에서 연결되는 쑤징동 徐泾东행 전철을 타야 한다. 시내에서 공항으로 갈 때도 일단 광란루까지 간 후, 푸동 국제공항행 전철로 갈아타야 하니 헷갈리지 말 것.

발음 띠티에
운행 06:00~22:00
요금 7元(난징동루까지 약 61분소요), 8元(홍차오 국제공항까지 약 91분소요)
웹페이지 www.shmetro.com
가는 방법 푸동 국제공항 환영홀에서 진행 방향으로 바라보면 여러 개의 안내판이 보이는데, 그중에서 '地铁 Metro'라는 안내판을 따라 한 층 올라 가면 된다. 자기부상열차 개찰구와 서로 마주보고 있다.

택시 出租车 Taxi

비용만 감당할 수 있다면 가장 빠른 교통수단 중 하나다. 무엇보다 공항에서 목적지까지 바로 이동한다는 점에 있어서는 타의 추종을 불허한다. 상하이내 택시사정이 많이 나아졌다고는 하지만, 여전히 주요 브랜드의 택시를 타지 않으면 빙빙 돌아가기의 낭패를 볼 수 있다. 3~4명의 인원이 함께 움직이고 따중 大众과 같은 검증된 브랜드의 택시를 이용한다면 추천할 만하다.

발음 추쭈처
운행 24시간
소요시간 50분~1시간
요금 푸동의 샹그릴라 호텔까지 약 150~170元, 난징시루의 리츠칼튼 호텔까지 약 180~200元

시외버스 长途汽车 Long Distance Bus

상하이 근교 도시인 쑤저우, 항저우등지로 연결되는 시외 고속버스로 상하이에서 바로 인근도시로 연결할 예정이라면 무척 편리하다.

발음 창투치처
운행 목적지에 따라 08:40~20:00
요금 목적지에 따라 58~122元
가는 방법 2 터미널과 1 터미널을 연결하는 세 개의 길 중 가운데 길인 우저우중루 五洲中路를 따라 걷다 보면 자기부상 열차와 지하철 탑승구가 나온다. 탑승구를 지나쳐 1 터미널 쪽으로 1분만 더 가면 시외버스 정류장 표시와 함께 아래로 내려가는 엘리베이터·계단이 나온다. 한 층 내려가면 시외버스 정류장과 연결된다.

푸동 국제공항에서 출발하는 상하이 시외버스

목적지	운행	소요시간	요금
항저우 杭州	08:40, 09:50, 11:00, 12:00, 13:00, 14:00, 15:00, 16:00, 16:40, 17:00, 18:00, 19:00, 20:00, 21:00	3시간	110元
자싱 嘉兴	10:20, 11:50, 13:40, 15:10, 16:30, 17:35, 18:55, 20:20	2시간	70元
쿤산 昆山	9:00, 10:30, 11:30, 12:30, 13:30, 14:30, 15:30, 16:20, 17:10, 18:10, 19:00, 20:00, 20:45	2시간	76元
우씨 无锡	8:50, 10:10, 11:20, 12:20, 13:20, 14:20, 15:20, 16:10, 17:30, 18:15, 18:50, 19:50, 20:40	3시간	100元
쑤저우 苏州	9:20, 10:10, 10:40, 11:10, 11:40, 12:10, 12:45, 13:30, 14:15, 14:50, 15:30, 16:10, 16:50, 17:30, 18:10, 18:50, 19:40, 20:30, 21:00	2시간 30분	84元

훙차오 국제공항에서 虹桥国际机场

훙차오 국제공항에서 시내로 가는 가장 편리한 방법은 택시를 이용하는 것. 와이탄까지의 거리만 해도 푸동 국제공항에서는 40㎞나 떨어져 있지만, 훙차오 국제공항에서는 겨우 11.5㎞밖에 되지 않는다. 주머니 사정이 가벼운 나 홀로 여행자들도 너무 걱정할 필요는 없다. 다양한 노선을 자랑하는 상하이 지하철이 연결되기 때문이다.

버스 公交

공항버스는 푸동 국제공항으로 직행하는 공항버스 1번 机场 1线만 운행되고 3개의 일반 버스 노선이 훙차오 공항과 시내를 연결하고 있다. 문제는 여행자 입장에서 운행 노선이 그리 신통치 않은 편이라 이용할 일이 전혀 없다는 것. 그냥 전철이나 택시를 타는 편이 속 편한 길이다.

지하철 地铁 Metro

지하철 2호선과 10호선이 훙차오 국제공항까지 연결된다. 지하철 노선도를 살펴보면 알겠지만, 특히 2호선은 쉬자후이, 정안사, 난징동루를 거쳐 푸동 국제공항까지 연결되는 상하이에서 가장

쓸모 있는 노선인데다, 환승역도 가장 많다. 즉 지하철 노선만 숙지해서 탑승한다면 상하이에서 못 갈 곳은 없다는 이야기다. 훙치오 국제공항 한영홀을 나와 地铁 Metro라고 적힌 안내판만 따라가면 된다. 안내판이 안 보인다면, 에스컬레이터를 타고 지하 1층으로 내려가면 지하철역과 연결된다. 훙차오 국제공항 1 터미널과 2 터미널 모두 역과 연결되니 걱정할 필요는 없다.

택시 出租车 Taxi

훙차오 국제공항에서 강 건너 푸동으로 가는 게 아니라면 택시는 탈만하다. 공항에서 환영홀을 지나 밖으로 나오면 바로 택시 승강장이 보인다. 경찰이 행선지를 체크하지만, 사실 이는 무용지물이다. 따중 大众이나 창성 强生같은 검증된 택시 브랜드를 이용하는 것이 더 중요하다. 와이탄까지 간다면 대략 80元 정도 나온다.

훙차오 국제공항을 연결하는 공항버스 노선도

번호	노선	운행	요금
공항버스 1번 机场一线	푸동 국제공항 浦东国际机场	06:00~21:30	30元

보안검색

초보자도 한눈에 딱
상하이 시내교통

처음 가보는 도시의 대중교통은 복잡하기 마련
지하철, 시내버스, 투어버스, 택시, 페리 완벽 가이드

상하이의 대중교통망은 완벽에 가깝다. 물론 낯선 이방인으로써 처음 가보는 도시의 대중교통망은 적잖이 당황스러울 수도 있지만, 상하이 시민들과 같은 교통수단에 올라 그들과 함께 숨을 쉬며 바라보는 일상의 모습은 대중교통에서만 느낄 수 있는 매력이기도 하다. 조금만 노력해본다면 전혀 어렵지 않다. 현지인 속에 폭 파묻히는데 대중교통보다 좋은 수단은 없다.

지하철 地铁 Metro

아시아에서 가장 큰 지하철 노선을 가지고 있다. 지하철 탑승법이나 환승 방법은 기본적으로 한국과 똑같다. 여행자들이 숙지할 것은 최신의 지하철 노선도와 중국 특유의 한자로 표기된 지하철 관련 고유명사뿐일지도 모른다.

발음 띠에 **운행** 04:55~22:30(노선에 따라 다름)
요금 3~11元(환승은 무료) **웹페이지** www.shmetro.com

Step 1 지하철 탑승권 구입하기

지하철이건, 일부 지상철이건 역 구내로 들어서서 가장 먼저 할 일은 탑승권 구입. 한국과 마찬가지로 상하이도 교통카드 사용자가 대부분인 관계로 탑승권 구입은 대부분 무인 발권기를 통해서 해야 한다. p57을 보고 무인 발권기 사용법을 숙지하자.

Step 2 보안검색

중국이 처음인 여행자들은 당황스러운 과정. 지하철을 탈 때도 보안검색을 받아야 한다. 그나마 다행인 것은 들고 있는 가방만 엑스레이 검색대에 통과시킨다는 것. 중국에서의 보안검색은 금세 익숙해지곤 한다.

Step 3 지하철 탑승

한국이랑 동일하다. 카드를 개찰구에 터치하면 문이 열리고, 계단으로 내려가면 플랫폼이 나온다. 아무래도 낯선 동네이니만큼 반대쪽으로 가지 않게 전동차 진행 방향을 잘 확인하고 탑승하도록 하자. 바쁜 시간대에는 소매치기가 아직까지 극성이니 보조 배낭은 앞으로 메는 것이 좋다.

Step 4 지하철 하차

전동차 출입구 상단에는 전자식 지하철 노선도가 설치되어 있고, 다음에 정차할 역표시에 램프가 점등된다. 안내방송은 중국어와 영어로만 나오는데다, 영어 방송은 정차역을 영어화해서 말하기 때문에 우리가 아는 지명과 다르게 들린다. 참고로 전동차 출입구 상단에 설치된 지하철 노선도 왼쪽 끝에는 此側门开 Door Open On This Side 라는 점등램프가 하나 더 있는데, 불이 들어와 있는 쪽 방향으로 문이 열린다는 의미다.

Step 5 환승하기

역시 한국과 동일하다. 전동차에 내려 플랫폼 주위를 둘러보면 환승안내판이 보이고, 이를 따라가면 된다. 우왕좌왕하다 개찰구 밖으로 나가 다시 티켓을 구입하는 우를 범하지 말자.

Step 6 출구로 나가기

상하이 교통카드 소지자라면 개찰구에 터치하면 되고, 1회용 승차권을 구입했다면 카드 홀더에 카드를 집어 넣어야 한다. 개찰구를 통과해서 확인할 것은 벽에 붙어 있는 역 주변 지도와 출구안내. 그리고 환승 버스 정류장 표시다.

지하철 탑승권 구입하기

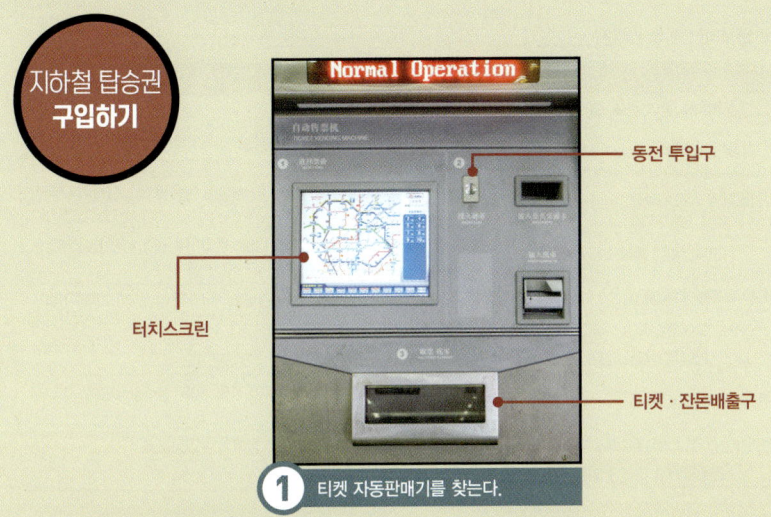

- 동전 투입구
- 터치스크린
- 티켓·잔돈배출구

① 티켓 자동판매기를 찾는다.

② 터치스크린에서 목적지가 몇 호선인지 선택한다.

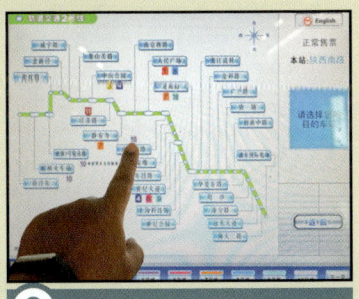

③ 2호선을 선택했다. 화면에는 2호선 노선도가 나온다. 이제 내가 갈 역을 손가락으로 클릭한다.

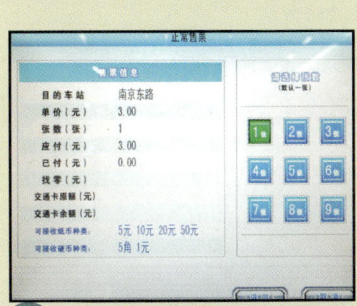

④ 목적지가 출력됐다. 내 위치에서 난징동루 南京东路까지는 3元이다. 오른쪽에는 몇 장을 구입할지 물어보는 화면이 있다.

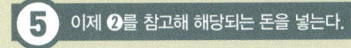

⑤ 이제 ❷를 참고해 해당되는 돈을 넣는다.

⑥ 드디어 표를 받았다. 이것이 1회용 티켓

지하철로 연결되는 주요 관광지

1 호선	
상하이마시청역 上海马戏城站	상하이 마시청 出3
상하이역 上海站(1·3·4호선 환승)	상하이 시외버스터미널 3·4 호선 出3, 모간산루 상하이 디자인·예술 단지 1호선 出3
인민광장역 人民广场站(1·2·8호선 환승)	인민광장 出1, 인민공원 出16·17, 상하이 박물관 出1, 상하이 대극장 出 2, 난징동루 出19
황피난루역 黃陂南路站	대한민국 임시정부 出2, 신천지 出2, 동타이루 골동시장 出2, 부흥공원 出1
산시난루역 陝西南路站(1·10·12호선 환승)	주공관 出6, 손중산고거·기념관 出6, 푸싱공원 出6, 마오밍루 出4
창수루역 常熟路站(1·7호선 환승)	상하이 공예미술박물관 出2
헝산루역 衡山路站	상하이 도서관 出2, 쑹칭링고거·기념관 出2
쉬자후이역 徐家汇站(1·9·11호선 환승)	쉬자후이 천주교당 出3, 쉬자후이 공원 出13, 항회광장 出12, 미라성 出10
상하이체육관역 上海体育馆站(1·4호선 환승)	이케아 出7, 상하이 체육관 出6, 상하이 수영장 出6
진장공원역 锦江乐园站	진장 놀이공원

2 호선	
중산공원역 中山公园站(2·3·4호선 환승역)	중산공원 2호선 出4, 천산차성 3·4호선 出3
정안사역 靜安寺站(2·7호선 환승역)	정안사 出1, 정안공원 出5, 난징시루 出2·3·10, 상하이 잡기단 出3
난징시루역 南京西路站(2·12·13호선 환승역)	난징시루 出1·2, 우장루 出3·4
난징동루 南京东路站(2·10호선 환승역)	와이탄 出2, 황푸공원 出2, 난징동루 出1
류자쭈이역 陆家嘴站	동방명주出1, 상하이 역사박물관 出1, 상하이 해양수족관 出1, 금무대하 出5, 빈장다다오 出1 정대광장 出1, IFC 몰 出1, 애플 스토어 出1
세기공원역 世纪公园站	세기공원 出1·4
룽양루역 龙阳路站(2·7 호선, 자기부상 열차 환승역)	자기부상열차 룽양루역

3 호선	
쭝탄루역 中潭路站(3·4호선 환승역)	모간산루 상하이 디자인·예술 단지 出5
훙커우축구장역 虹口足球场站(3·8호선 환승역)	루쉰공원 8호선 出1, 매정 8호선 出1 루쉰고거 8호선 出1, 둬룬루 문화명인가 8호선 出1
차오시루역 漕溪路站	이케아 出3, 상하이 체육관 出3
룽카오루역 龙漕路站(3·12호선 환승역)	용화사 出1, 용화열사능원 出1
스룽루역 石龙路站	상하이 식물원 남쪽 출구 南出口

8 호선	
대세계역 大世界站	상하이 박물관 出4
라오씨먼역 老西门站(8·10호선 환승역)	동타이루 골동시장 出5

10 호선	
예원역 豫园站	예원 出3
신천지역 新天地站(10·13호선 환승역)	대한민국 임시정부 出6, 푸싱 공원 出6 손중산고거·기념관 出6
상하이 도서관역 上海图书馆站	상하이 도서관 出1
교통대학역 交通大学站(10·11호선 환승역)	쑹칭링고거·기념관 出3
송위안루역 宋园路站	쑹칭링능원 出2

상하이 교통카드 上海公共交通卡 Shanghai Public Transport Card

서울에 티 머니가 있다면 상하이에는 상하이 교통카드가 있습니다. 네, 한국과 똑같은 충전식 교통카드구요. 지하철, 버스, 택시는 물론 페리와 일부 고속버스 노선까지 상하이에 존재하는 거의 모든 교통수단을 사용할 수 있다고 보면 됩니다. 단기 여행자들을 위한 1일권(18元, 24시간)과 3일권(45元, 72시간)도 있어 지하철역에 있는 고객센터에서 구입할 수 있습니다.

상하이 교통카드 홈피 www.sptcc.com

▶교통카드 어디서 구입하나?
쉽게 구입할 수 있는 곳은 지하철역에 있는 고객센터 服务中心 Service Centre입니다. 참고로 고객센터는 개찰구 쪽에 작은 부스로 되어 있는데, 초대형 환승역이 아니라면 그리 어렵지 않게 찾을 수 있습니다. 지하철역 고객센터 외에도 시내 곳곳에 있는 편의점 량요우 Buddies, 커디 可的 체인점, 교통은행 交通银行, 상하이푸동발전은행 上海浦东发展银行에서도 구입할 수 있습니다.

▶교통카드를 구입해 보자
지하철역 고객센터에는 아마 사람이 좀 붐빌 거예요. 차례가 되면 창구원에게 "마이 쟈오퉁카 买交通卡"라고 말하면 됩니다. 교통카드는 20元의 보증금이 있어요. 즉 100元을 내밀면 보증금을 제하고 80元을 알아서 충전해 줍니다. 간혹 요령 없는 역무원을 만나면 얼마 충전할거냐고 재차 물을 텐데, 이러면 참 난감하기 그지없죠. 정 어려우시다면, 아래의 한자를 100元과 함께 역무원에게 들이대세요. 买交通卡. 请充电80元.

▶교통카드 사용법
한국이랑 똑같습니다. 지하철역 개찰구, 시내버스 등 탑승 시 카드를 찍는 위치가 똑같아요. 단 하나, 한국과 다른 점은 버스의 경우 내릴 때 카드를 찍지 않아도 된다는 점입니다.

▶교통카드의 충전
충전이 가능한 장소는 교통카드 구입처와 같습니다. 대부분의 경우 지하철 고객 센터에서 충전을 하죠. 그냥 돈 내밀며 "총디엔 充电"이라고 말하면 됩니다.

▶교통카드의 환불
교통카드 구입은 쉬운 반면 환불은 지정된 지하철역과 은행, 우체국, 편의점에서만 가능합니다. 위에 언급한 상하이 교통카드 웹사이트에서 확인할 수 있습니다. 방법은요, 카드를 주고 "퉤이카 退卡"라고 말하면 됩니다.

시내버스 公共巴士 City Bus

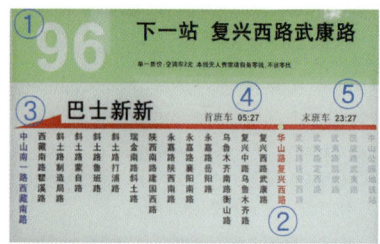

① 버스 번호 ② 현재 버스 정류장
③ 버스 진행방향 ④ 첫차 출발시간 ⑤ 막차 출발시간

버스망 자체는 탄탄하다. 약 600개의 노선이 운행 중이며, 상하이 곳곳을 연결한다. 하지만 현재로써는 지하철이 연결되지 않거나 지하철이 끊겼을 때 이용 가능한 보조 교통수단일 뿐이다. 요금은 지하철에 비해 싸지만 배차 간격이 길고 속도는 느리다. 현재 상하이는 지하철=고가, 버스=저가 정책을 펴고 있는데, 이 때문에 지하철은 젊은이 위주, 버스는 고령자 위주로 승객이 나뉘게 됐다. 일단 가까운 지하철역을 찾고, 정 안되면 버스를 이용하는 쪽으로 생각하자.

시내버스
- 발음 꽁공빠스
- 운행 버스에 따라 05:30~23:30
  (300번대 버스는 심야만 운행)
- 요금 2元

Step 1 버스 정류장에서 정보 습득

서울 시내에서 볼 수 있는 지붕과 의자로 이루어진 신형 버스 정류장이 대부분이지만, 와이탄 같은 곳은 전망을 방해한다는 이유로 그저 버스 탑승장임을 알리는 안내판만 붙어 있는 경우도 있다. 버스 정류장에서 정보를 읽는 방법은 다음과 같다.

① 현재 버스 정류장 이름 ② 정차 버스 번호 및 노선

Step 2 버스탑승

한국과 마찬가지로 앞문으로 승차, 뒷문으로 하차한다. 버스 계단을 오르면 교통카드를 터치하는 곳과 함께 현금을 넣을 수 있는 돈 통이 있다. 안내원이 없고, 운전사만 있는 차량의 경우 현금사용 시 잔돈을 거슬러주지 않는다. 즉 버스탑승을 위해서는 미리미리 잔돈을 준비해 두거나, 교통카드를 사용해야 한다.

Step 3 버스하차

버스 전면 유리창 상단의 액정화면에서 다음 정차 정류장 안내가 한자와 영어로 나온다. GPS에 의해 연동되기 때문에 하차 정류장 안내는 정확하다. 가이드북의 하차 정류장 한자와 버스에 설치된 액정 화면을 대조해보고 내릴 정류장을 판단하도록 하자. 이도 저도 안 되겠다면 주변에 있는 승객에게 책을 들이대는 방법도 있다. 물론 비상시에만 사용할 수 있는 방법이다.

유용한 시내버스 노선

노선번호	주요노선	운행	요금
陆家嘴金融城1路	东昌路渡口(동창루 페리터미널) ▶ 陆家嘴环路名商路(정대광장) ▶ 陆家嘴环路丰和路(동방명주, 지하철 류자쭈이역) ▶ 金洲街银城中路(항성대하, 레스토랑 유쭈) ▶ 东城路陆家嘴环路(류자쭈이 공원) ▶ 银城中路东园路(류자쭈이 공원) ▶ 陆家嘴环路丰和路(동방명주) ▶ 东昌路渡口(동창루 페리터미널)	07:00~21:00	1元
24路	长寿新村(지하철 창수루역) ▶ 陕西北路新闸路(쇼핑 스핀) ▶ 陕西北路南京西路(쇼핑 플라자 66, 지하철 난징시루역) ▶ 陕西南路延安中路(호텔 힝산몰러빌라) ▶ 陕西南路淮海中路(지하철 산시난루역, iapm몰) ▶ 建国中路瑞金二路(타이캉루 예술단지) ▶ 老西门(복흥동로)(문묘, 웬먀오루) ▶ 豫园(예원, 상하이노가) ▶ 大东门(지하철 소남문역) → 豆市街复兴东路(푸싱동루 페리터미널, 라오마토우)	05:00~23:00	2元
55路	南浦大桥(남포대교) ▶ 中山南路董家渡路(동자두 페리선착장) ▶ 中山南路复兴东路(푸싱동루 페리터미널, 라오마토우) ▶ 十六铺(십육포) ▶ 中山东一路南京东路(와이탄) ▶ 吴淞路海宁路 ▶ 四平路溧阳路(지하철 하이룬루역) ▶ 四平路大连路(지하철 쓰핑루역) ▶ 五角场(四平路)(오각장) ▶ 世界路(新江湾城)	05:30~22:30	2元
64路	中山北路中潭路(지하철 중탄루역) ▶ 昌化路澳门路(모간산루 예술단지) ▶ 天目西路恒丰路(상하이역) ▶ 恒丰路汉中路(지하철 한중루역) ▶ 新闸路成都北路(자연사박물관) ▶ 新闸路地铁站(지하철 신자루역) ▶ 北京东路福建中路 ▶ 江西中路汉口路(와이탄, 난징동루) ▶ 新北门(예원, 지하철 예원역) ▶ 人民路新开河路(고성공원, 예원) ▶ 小东门(상하이노가, 십육포) ▶ 南浦大桥(지하철 남포대교역, 남포대교)	04:30~23:30	2元
76路	中山北路中潭路(지하철 중탄루역) ▶ 昌化路澳门路(모간산루 예술단지) ▶ 昌化路安远路(옥불사) ▶ 常德路康定路(지하철 창핑루역) ▶ 静安寺(정안사, 지하철 정안사역) ▶ 番禺路延安西路(롱지몽 호텔) ▶ 凯旋路宜山路(지하철 이산루역)	04:50~23:10	2元
926路	上海体育馆(상하이 체육관, 이케아) ▶ 徐家汇(지하철 쉬자후이역, 쉬자후이 공원) ▶ 天平路淮海中路(교통대학) ▶ 淮海中路高安路(상하이 도서관) ▶ 淮海中路常熟路(지하철 창수루역) ▶ 淮海中路陕西南路(지하철 산시난루역) ▶ 淮海中路思南路(지하철 화이하이루역) ▶ 淮海中路嵩山路(지하철 황피난루역, 신천지) ▶ 淮海中路西藏南路(지하철 대세계역) ▶ 老北门(지하철 예원역) ▶ 新北门(예원) ▶ 中山东二路新开河路	05:30~22:30	2元
沪朱高速快线	普安路延安东路(지하철 대세계역, 상하이 시대광장) ▶ 延安中路石门一路(지하철 난징시루역) ▶ 沪青平公路外青松公路 ▶ 沪青平公路城中南路(招呼站) ▶ 沪青平公路漕盈路(金地格林郡) ▶ 祥凝浜路沪青平公路(招呼站) ▶ 朱家角汽车站(주가각 버스터미널)	06:00~22:00	1~12元

투어 버스

● 상하이 버스 투어 上海观光巴士游

세계적으로 유명한 사설 버스 투어 체인으로 상하이에는 총 3구간의 투어버스를 운행하고 있다. 하루 200元이라는 어마어마한 요금을 제시하는데, 무제한 버스 탑승 외에도 황푸 강 유람 1시간 또는 금무대하 전망대 입장권이 포함되어 있다.

● 시티 투어버스 都市观光巴士

상하이 버스 투어에 비해 노선이 짧은 편이지만, 어차피 그저 버스를 타고 지나가기만 할 예정이 아니라면, 하루에 모두 둘러보기란 쉬운 일이 아니다. 말도 안 되는 조선족 말투의 안내방송이긴 하지만, 하여튼 한글 안내 방송도 이어폰을 통해 들을 수 있다. 상하이 버스 투어가 아무래도 외국인 관광객 위주인데 비해 시티 투어버스는 중국 현지 관광객들이 더 많다. 조금 더 시끄럽긴 하지만 정감 있어 좋다는 여행자도 있다.

탑승 방법

가장 좋은 탑승 장소는 인민광장 주변이다. 관광버스는 상하이 도시계획 전람관이 시발점이고, 상하이 버스 투어는 인민광장 동쪽 끝이 시발점이다. 평일에는 아무 곳에서나 탑승해도 상관이 없

자세한 설명은 p310 참고

지만, 주말에는 내외국인 관광객이 몰리며 시발점이 아니면 2층의 좋은 자리는 앉기 힘들 만큼 북새통을 이루기 때문이다.
마지막으로 두 버스 모두 운행 시간은 17:00에 종료한다. 즉 24시간 탑승은 반쯤 말장난에 가까운 셈. 무엇보다 시간 관계상 상하이의 야경을 2층 버스에서 즐길 수 없다는 점이 가장 아쉽다.

 마녀 Say

상하이의 새로운 명물 2층 투어버스

어지간한 볼거리는 모두 둘러봐야 직성이 풀리는 여행 스타일이라면 상하이 시내 곳곳을 누비는 투어버스 탑승을 고려해보세요. 현재 상하이에는 두 가지의 투어버스가 운행 중입니다. 두 버스 모두 한 번 요금을 내면 24시간(물론 운행 시간은 제한되어 있습니다) 동안 자유롭게 승하차가 가능합니다. 노선 또한 핵심 관광지만을 골라서 정차하기 때문에 어디를 어떻게 가야 할지 고민할 필요가 없답니다.

택시 出租车 Taxi

중국 택시에 대한 막연한 두려움이 있는 독자들도 많겠지만, 예상과 달리 상하이 택시는 한국과 비교해도 비교우위가 느껴질 정도로 상당히 괜찮다. 특히 손님의 목적지를 정확히 이해하고서야 미터기의 버튼을 누르는 모습 등은 오히려 한국 택시가 얼마나 후진적인지를 보여주는 모습이라고 할

수 있다. 상하이 택시를 잘 이용하는 방법. 꼼꼼하게 따져보자.

택시

- **빌음** 추주처
- **운행** 24시간
- **요금** 초행 3km까지 16元, 이후 1km마다 2.5元 가산 (주행거리가 10km를 넘을 경우 15km 이후부터 1km마다 3.6元씩 가산 + 할증료 1元)

● **디디추씽 滴滴出行(무료/ iOS, ANDROID) 이용하기**

우리네 카카오택시처럼 중국에는 디디추씽이 있는데 현지에선 띠띠라고 부른다. 택시 잡기가 힘든 상하이에서 디디추씽 이용은 필수다. 출국 전에 미리 앱을 다운받고 휴대폰 인증을 받아 가입해두도록 한다. 설정에서 영어를 선택하면 한자를 몰라도 이용에는 큰 무리가 없다.
Taxi, Express, Premier, Luxe 선택할 수 있다. 뒤로 갈수록 가격이 조금씩 오르고 차종도 고급화된다. 자신이 가는 목적지의 한자를 사전에 핸드폰이나 메모장에 저장해 놓으면 현지에서 유용하게 사용할 수 있다. 《상하이 100배 즐기기》를 보고 필기 입력기능을 사용해 그려도 된다.

● **상하이 택시에는 브랜드가 있다.**

상하이는 개인택시 개념이 없다. 때문에 택시들은 모두 회사에 소속되어 있는데, 어떤 회사 택시를 타느냐에 따라 서비스가 확 달라진다. 가장 신뢰

할 만한 회사는 따중 大众, 창성 强生, 진지앙 锦江 등 3대 브랜드. 특히 따중은 상하이 시가 공동 투자해 만든 일종의 공기업으로 택시 기사에 대한 철저한 훈련으로 유명하다. 최소한 이 3대 브랜드는 문제 발생시 컴플레인 창구가 확실하기 때문에 돌아간다거나 과다요금을 징수한다는 등의 일은 상상할 수 없다. 소수 브랜드 중, 특히 하이뽀 海

Transportation

博같은 회사는 외국인 등쳐먹는 선수들로 악명이 높으니 무조건 회피하는 것을 권하고 싶다. 참고로 회사명은 택시 지붕에 커다랗게 붙어 있다.

영어는 통하지 않는다
택시탈 때 가장 골치 아픈 게 의사소통이다. 책에 나온 현지 발음을 아무리 읽어봐야 중국 특유의 악센트인 성조가 없기 때문에 대부분 못 알아듣는다. 다국적 체인의 호텔이름이라 해도 중국에서는 중국식 한자이름이 있기 때문에 역시 못 알아듣는다. 가장 좋은 방법은 들이대기. 가이드북 제목의 한자를 보여주거나, 아예 스마트폰으로 한자 이름을 찍어서 화면을 들이대는 게 가장 좋다.

●스타 드라이버
상하이의 택시 기사는 운전 숙련도, 무사고 운전 연수에 따라 ★~★★★까지 별을 부여한다. 즉 ★면 새내기 ★★★이라면 베테랑이라는 이야기. 실제로 타보면 ★★★기사의 경우 길을 몰라 헤매는 경우는 거의 없다. 기사들 또한 자신의 별숫자에 대한 자부심이 상당한 편. 최근에는 밖에서 볼 수 있도록 운전석 앞자리에 부여받은 별마크를 자랑스레 게시하기도 한다. 이왕이면 ★★★인건 당연하다!

●하차 시에는 영수증(拔票 파퍄오)을 받자
목적지에 도착해 요금을 지불하고 내릴 때 잊지 말아야 할 것은 바로 영수증 발급. 영수증에는 택시 번호를 비롯해 탑승시간, 하차시간, 요금(심지어 실제 주행요금과 정차 시 시간에 의해 올라가는 요금도 따로 분류된다) 등이 적혀 있다. 영수증의 용도는 두 가지. 빙빙 돌아왔거나 부당한 서비스를 받았다고 생각될 때 이 영수증은 탑승에 대한 증거 자료. 요즘 상하이 택시는 GPS가 달려 있어 실제 주행시간과 대조해 어떤 경로로 이동했는지 알아 낼 수 있다. 두 번째는 택시에 물건을 두고 내렸을 때 이를 근거로 찾을 수 있다는 점이다.

●부당한 서비스를 받았다면
상하이시 교통국 택시 불만처리 센터(021-6323-3215)로 연락하자. 신고할 때 영수증 발행번호와 택시 차종, 기사의 면허번호 등을 알려줘야 한다. 택시의 차종은 한국과 마찬가지로 차량 뒷면에 모델명이 있고, 기사의 라이센스 번호는 조수석 맨 앞자리에 기사 사진과 함께 있다.

마녀 Say 지하철과 택시는 상하이 여행 최고의 조합

사실 지도 보는 거 피곤합니다. 남자들이야 군대에서 지도 보는 훈련을 하고 나오지만, 여자들은 어디 그런가요? 느긋한 성격이라 '돌아가면 되지'라고 생각한다면 정말 여행 체질이겠지만, 대부분은 여기가 어디지? 난 어디 있는 거야?로 인한 스트레스를 받기 십상이죠. 이런 길 찾기가 피곤하시다면 우선 지하철로 목적지 근방까지 가신 다음, 택시를 타세요. 대부분 1.5㎞ 이내의 거리라 기본요금이면 충분히 도착이 가능합니다. 일행이 있다면 택시비도 나눌 수 있어 더 좋겠죠?

| 페리 渡船 Ferry |

상하이에서 페리의 용도는 푸시와 푸동 사이를 흐르는 황푸 강을 건널 때뿐이다. 이용 빈도가 낮기 때문에 건너 뛸 수도 있는데, 사실 상하이 페리는 홍콩의 스타페리처럼 리버 크루즈를 대체하는 관광용으로 활용이 가능하다. 강을 건너는 페리터미널 또한 와이탄 동쪽 끝이라 잠시나마 배에서 와이탄과 푸동의 마천루를 동시에 감상할 수 있고, 특히 조명이 켜지는 야간이라면 그야말로 남부럽지 않은 호사를 누릴 수 있다.

| 탑승 방법 |

여행자들이 접근할 수 있는 가장 좋은 위치의 페리터미널은 와이탄 동쪽 끝에 있는 진링동루 페리터미널 金陵東路渡口과 동방명주에서 남쪽으로 1.2km 지점에 있는 동창루 페리터미널 东昌路渡口로 단돈 2元이면 이 두 구간을 배를 타고 연결할 수 있다.

페리 탑승법은 지하철 탑승과 비슷하다. 매표소에서 표를 사고 개찰구를 통과한다. 개찰구를 통과하면 커다란 대기실이 나오는데, 배가 도착해 문이 열리면 인파를 따라 들어가 배에 탑승하면 된다. 배는 1층짜리 소형선과 2층 짜리 대형선이 번갈아가며 운행하는데, 2층 페리의 경우 선창가로 나갈 수 있어 여행자들에게 인기 만점이다.

단, 운행이 일찍(18:30) 끝나는 편이니, 늦은 귀갓길엔 이용할 수 없다.

117

Part 3
상하이 가이드

한눈에 보는 상하이 Quick View
와이탄과 난징동루
인민광장과 난징시루
푸동 | 상하이 디즈니랜드
예원과 상하이 고성
화이하이루와 대한민국 임시정부
프랑스 조계지
쉬자후이와 홍차오
일본 조계지와 상하이역
상하이의 교외 자딩과 쑹장
상하이 숙소

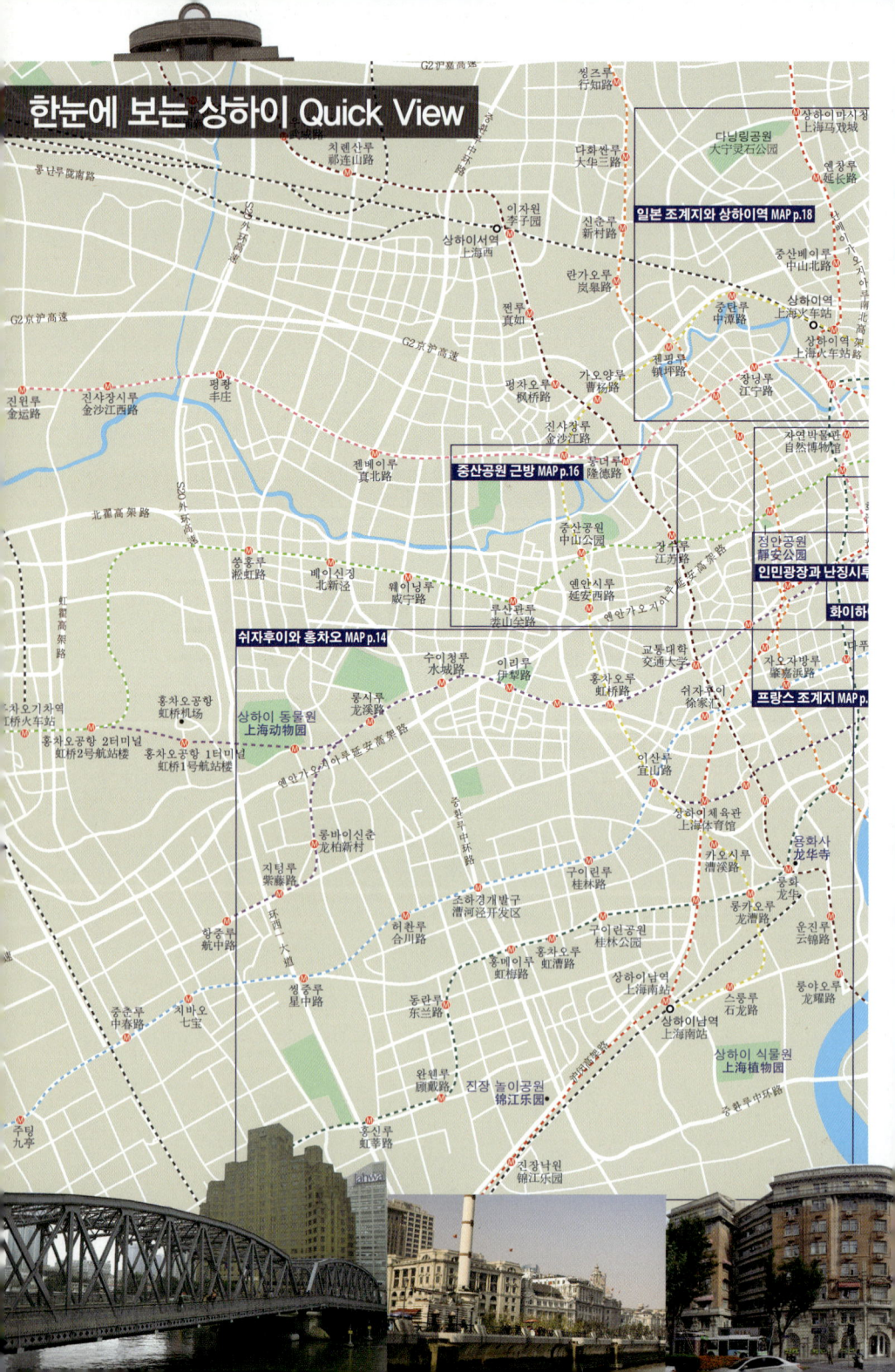

AREA 01

와이탄과 난징동루

아시아에서 가장 낭만적인 도시

아르데코 Artdeco 풍의 아름다운 건축물이 밀집한, 마치 근대 건축 박물관과 같은 웅장함. 황푸 강에서 불어오는 시원한 바람과 활처럼 굽은 강둑. 20세기의 어느 지점에 멈춰선 풍경일까 싶지만, 이내 시선은 강 건너 미래도시 느낌의 푸동에 머문다. 강을 사이에 둔 고립된 두 개의 시간. 약 150년의 시차. 와이탄의 뒤를 돌아 인파 속으로 걷다보면 이내 10리 里 대도. 중국 최초의 신작로였다는 난징루가 나온다. 골목 사이에서 쏟아져 나오는 전국에서 몰려온 인파들, 그리고 인파들. 중국의 인구가 15억에 육박한다는

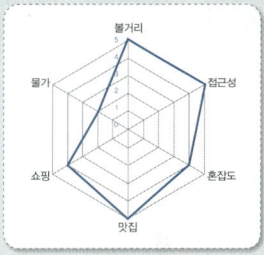

사실이 이내 체감된다. 건물마다, 골목마다, 사람마다 품고 있는 사연을 헤쳐보자. 20세기 초반의 와이탄은 상하이 그 자체일 뿐만 아니라 서구화된 아시아 도시의 모범, 이상적인 미래였다. 하지만 어떤 사람들은 같은 시기 와이탄을 보고선 인간의 욕망만이 꿈틀대는 마도 魔都라며 경원했다.
판단의 당신의 몫. 아침 나절 태극권의 느릿한 품세던, 난징루에서 뒤엉킨 인파건, 아니면 매일밤 아시아에서 가장 낭만적인 야경을 지닌 도시로 탈바꿈한다는 와이탄의 풍경이건 결국 이 도시는 당신을 위해 열려있다. 내 눈으로 볼 수 있고, 다리를 딛고 이 땅 위에 서 있다는 사실이 행복할 뿐이다.

 지하철 — 1·2·8호선의 환승역인 인민광장 人民广场역과 2·10호선의 환승역인 난징동루 南京东路역이 연결된다. 와이탄이 목적지라면 난징동루 역에서 하차, 난징동루와 와이탄을 모두 보려면 인민광장역에서 내리면 된다.

 버스 — 와이탄에 정차하는 버스들이 많다. 난징동루는 보행가라 버스가 정차하지 못하지만, 그 주변 도로에도 꽤 많은 버스들이 정차한다. 단, 버스 정류장이 너무 분산되어있어 조금 걷더라도 지하철을 이용하는 것이 현명하다.

 페리 — 와이탄 남쪽 끝에 있는 진링동루 페리터미널 金凌东路轮渡站에서 푸동의 동창루 페리터미널 东昌路轮渡站까지 연결된다. 요금도 단돈 2元으로 저렴하고 유람선을 타는 효과도 있어 의외로 사랑받는 교통수단이다.

Check List

보자
와이탄 상하이 야경 방문 일번지. 상하이 관광의 핵심 코스 p126
황포공원 이른 아침 황포공원에서 펼쳐지는 중국인들의 군무 감상 p136
난징루 상하이의 명동. 난징동루의 밤거리는 사람을 흥분시킨다 p141

먹자
성룡행해왕부 상하이 미식의 최고봉, 상하이 게 p142
유신천채 한국인들의 입맛에 딱맞는 쓰촨요리 전문점 p144
래플스 시티 지하 1층은 상하이 군것질의 보고 p158

사자
블루 상하이 화이트 세련된 핸드메이드 찻잔과 컵이 가득 p158
상하이 제일식품상점 상하이 특산품들이 한곳에 모여 있다 p159
상하이 쑤저우 코러스 한땀한땀 수놓아진 물건들로 가득 p159

와이탄과 난징동루 이렇게 여행하자

Route Guide

① 황포공원

도보 5분

② 외백대교

도보 10분

③ 원 와이탄

도보 10분

④ 와이탄

도보 10~20분

⑤ 난징동루 보행가

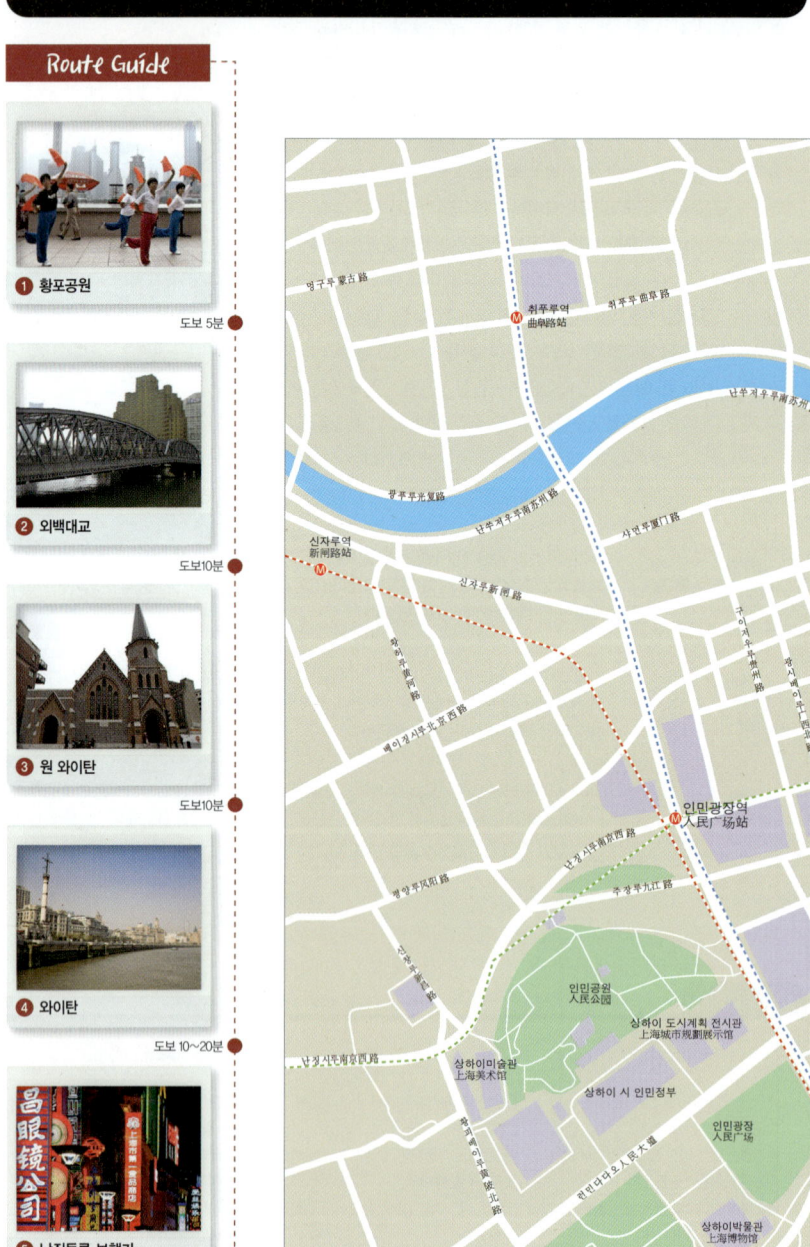

여행 방법

20세기 초의 느낌이 완연한 인상적인 와이탄과 중국에서 가장 붐비는 쇼핑가 난징동루로 나뉘져 있다. 두 구역은 도보 10분 내외로 연결되지만, 외관이나 느낌은 전혀 상반된다. 여행자들이 가장 많이 사용하는 대중교통 포인트는 난징동루 양쪽 끝에 있는 지하철 인민광장역과 난징동루역이다.

와이탄 外滩 와이탄
wài tān Bunds

가족 ★★★★★
커플 ★★★★★
사진가 ★★★★★

위치 지하철 2호선 난징동루역 2·3번 출구로 나와 난징동루를 따라 남쪽으로 도보 8분(약 500m) 또는 버스 33, 65, 123, 135, 576, 910, 928, 934路 中山东一路汉口路 하차 **주소** 上海市 黄浦区 中山东一路 **오픈** 점등시간 3~10월 19:00~22:00, 11~2월 19:00~21:00 **요금** 무료 **지도** p3-C1, p3-C2

한때 상하이와 동의어였고, 지금은 상하이 여행에서 가장 중요한 스폿이다. 영어로는 번드 Bunds 라고 하는데, 이건 제방이라는 뜻의 인도말이다. 영국이 처음 이 일대를 조계지의 중심으로 지정한 이래, 당시 식민지였던 인도인 용병 Sepoys를 동원해 제방을 쌓았기 때문. 습하고 축축했던 습지 상하이는 제방인 번드가 완성되며 비로소 육지가 되었다. 그런 점에서 와이탄은 근대 상하이의 시작점, 엄밀하게는 1873년 와이탄에 영국 영사관이 생기면서 탄생했다고 보면 된다. 한 장소가 150년에 걸쳐 탄생하고 발전하고, 오늘날까지도 빛나고 있다는 사실은 꽤 놀랍다. 이때로부터 20세기 초를 거치며 완성된 와이탄의 스카이 라인은 당시로서는 대단하다는 말로도 부족한 그 이상의 것이었다. 식민지배를 긍정할 순 없지만, 당장 눈앞에 있는 이 풍경이 로맨틱한 것 또한 사실. 매일 저녁 일제히 점등하며, 또 다른 밤의 얼굴을 보여주는 와이탄은 상하이 관광에서 결코 빼놓을 수 없는 풍경이다.

와이탄 전망대 外滩望台

황푸 강을 따라 난 약 2.2km의 강둑 길. 와이탄과 황푸 강 너머의 푸동 풍경을 동시에 조망할 수 있는 곳으로 대부분 와이탄을 보러 온다면, 이 전망대길 산책을 의미한다. 한때는 소매치기와 거지들이 들끓어 개인 안전에 각별히 신경 써야 했지만 2010년 상하이 엑스포 직전 재단장한 이후, 지금까지 안전도가 급상승했다. 푸동 전망에 취하거나, 벤치에 앉아 사람들을 관찰할 수 있다. 상하이 방문 인증샷 장소로도 유명한데, 푸동 쪽 전망이 제일 좋은 곳, 쉽게 말해 푸동 쪽 스카이라인의 실루엣이 가장 좋은 곳은 와이탄 3호부터 8호 사이의 구간이다.

와이탄 황소상

세계를 향해 돌진하는 상하이 경제와 금융가를 상징하는 의미로 약 2.5t의 구리를 녹여 만든 동상. 푸저우루 福州路에서 와이탄 전망대로 연결되는 지점에 있는데, 나름 랜드마크 역할을 톡톡히 해내고 있다. 중국여행자들에게는 주요 인증샷 스폿이기도.
와이탄 12호, 구 HSBC 앞에 놓여있던 사자와 와이탄 23호 중국은행 앞에 놓인 사자를 비교하듯, 와이탄 황소와 뉴욕의 월스트리트 황소 동상을 비교해 보는 것도 꽤 재미있다.

와이탄의 건물들

한때 '동방의 파리'라는 찬사를 받았던 상하이에는 수많은 식민지 시대의 건축물들이 남아 있습니다. 그 중에서도 와이탄 일대는, 상하이는 물론 전 중국을 통틀어서 가장 아름다운 서양식 건물들이 모여 있는 곳으로 유명합니다. 오죽하면 만국건축박람회라는 별명이 붙어 있을까요. 와이탄 일대가 서양식 거리로 꾸며진 것은 1845년 상하이가 영국에 의해 강제개항 된 이후, 1873년 영국 영사관이 생기면서 부터의 일인데요. 1920~30년대 상하이가 급속도로 팽창하며, 강변을 따라 고층건물이 지어지기 시작했답니다. 특히 당시 전세계적 대유행을 낳았던 아르데코 Artdeco풍의 건축기법이 상하이에 상륙하며 오늘날과 같은 아르데코 일색인 와이탄의 풍경을 만들어낸 것이죠. 참고로 아르데코가 뭐냐구요? 1차 세계대전이 끝나고 자본주의와 결합한 제국주의는 전지구를 빨아들일 듯 탐욕의 꽃을 피워내고 있었죠. 당시는 뭐든 높이 올리고, 키우는 게 미덕이었죠. 하지만 높이 쌓는 것도 하루 이틀이죠. 건물들은 모두 한국의 아파트처럼 비슷비슷, 무미건조하기만 했어요. 아르데코는 바로 이쯤에 등장해요. 당시의 공업 및 건축 기술과 미술을 결합시킨 일종의 사조로써 말이죠. 당시 아르데코풍이라고 하는, 아니면 아르데코 건물이라고 하는 건축을 보면 직선적인 느낌과 건물안의 선이 중첩되며 웅장함을 연출하는 모습을 보게 되는데요. 이게 그 당시 기술로 재현할 수 있는 최고의 미적 추구였던 셈이죠. 영화 킹콩의 무대로 더 유명한 미국의 엠파이어 스테이트 빌딩의 그 우뚝 솟은 망망함이 바로 아르데코 건물의 전형이랍니다. 상하이에도 뉴욕의 그것과 비교해서는 미니 사이즈에 불과하지만 비슷한 느낌의 건물들이 많아요. 자, 이제 슬슬 찾아볼까요?

와이탄 1호 外滩 1號
Asia Building [1916년]

아시아 대루 亚细亚大楼는 웅장한 네오 바로크 양식의 건물입니다. 건물의 상단과 하단을 각각 다른 색 벽돌로 지어서 무척 깔끔한 느낌이 드는데요. 당시에는 석유재벌 맥베인 Mcbain사의 사옥이었다고 합니다. 현재는 중국 태평양보험회사의 건물로 사용되고 있습니다. 일반에 공개되지는 않으니 외관만 감상하세요.

와이탄 2호 外滩 2號
Shanghai Club Building [1910년]

식민지 시대, 쾌락의 극치를 달리던 영국 부호들의 고급 매춘 클럽으로 사용되던 구영국총회 건물. 와이탄에 있는 건물 중 가장 화려한 외장이 특징. 현재는 아스토리아 호텔 그룹이 매입, 최고급 부티크 호텔로 개조해 영업중입니다. 호텔인 만큼 로비까지는 일반인도 들어갈 수 있습니다. 다만 복장이 허름하면 눈총을 주기는 합니다. 참고로 상하이 사람들은 이 빌딩을 컨더지 빌딩이라고 부릅니다. 컨더지는 KFC를 중국 사람들이 부르는 말이기도 한데요. 1990~1996년까지 이 건물에 KFC가 있었기 때문입니다. 당시보다 이 일대 임대료가 50배가 올랐다니 지금은 꿈도 못 꿀 일이죠.

와이탄 3호 外灘 3號
Union Building [1916년]

와이탄의 건물 상당수를 설계한 팔머&터너 P&T Group 설계 사무소의 상하이 1호 건축물입니다. 상하이 최초의 철골구조 건물이기도 합니다. 현재 와이탄 3호는, 와이탄의 상업화를 이끈 대표적인 건물입니다. 주소이기도 한 와이탄 3호 Three on the Bunds를 상품화하여 최고급 레스토랑과 부티크를 유치했는데요. 덕분에 와이탄에서 가장 고급스러운 식사를 할 수 있는 대표적인 곳으로 거듭났습니다. 건물 전체가 상업 지구다 보니, 1930년대풍으로 꾸며진 내부도 마음껏 드나들 수 있습니다. 입구가 와이탄 쪽이 아니라, 광둥루 廣東路에 있다는 점도 잊지 마세요. 참고로 와이탄 3호에는 이런 곳들이 있답니다.

메르카토 바이 장 조지 Mercato by Jean George	뉴욕에서 미슐랭 ★★★를 받은 셰프, 장 조지의 레스토랑 상하이 분점. 6F
장 조지 Jean Georges	메르카토가 이탈리안 전문이라면 장조지는 프렌치 전문이다. 4F
캔톤 테이블 Canton Table	상하이·광둥 레스토랑, 홍콩의 천재 중 한 명이라 손꼽히는 디자이너 알란 탐이 실내 인테리어를 하면서 화제를 모았다. 5F
상하이 갤러리오브 아트 ShanghaiGallery OF Art	중국의 현대미술을 중점적으로 전시하는 개인 갤러리. 와이탄에 있는 가장 대표적인 문화 창고다. 창밖을 통해 와이탄과 푸둥의 풍경을 감상할 수도 있다. 3F

와이탄 5호 外灘 5號
Nissin Building [1925년]

일본의 해운회사인 닛신의 상하이 지점이 있던 곳. 닛신은 당시 상하이와 일본을 오가던 여객선 사업을 독점했었다고 합니다. 얼핏 보기에는 서양식 건물이지만, 1920년대 일본의 최신 유행도 가미된 일본풍 양식 건물이라는군요. 중화인민공화국 건설 이후에는 상하이 해사국이 사용했고, 2006년 와이탄 3호와 함께 상업 건물로 개발돼 오늘에 이르고 있습니다. 상업건물인 만큼 외부에 개방되고 있습니다. 이 건물의 입구도 광둥루에 있습니다. 와이탄 3호와는 입구가 서로 마주보고 있는 셈이죠. 와이탄 5호에는 이런 곳들이 있습니다.

엠 온 더 번드 M on the Bund	상하이 최고의 서양 레스토랑 중 하나, 옥상이 있어 와이탄과 푸둥의 전망을 마음껏 즐길 수 있다. p.150
중진 1824 박물관 中晉1824博物館	중국 최초의 개인금융기관인 일승창을 만든 레이루타이 雷履泰를 기리는 기념박물관이다. 중국식 자본주의 맹아론의 효시 같은 인물이라 중국인들에게는 상당히 중요한 인물이기도. 무료 입장

와이탄 6호 外灘 6號 [1897년]

꽤 오래된 건물로 무려 19세기의 유산입니다. 교회 느낌의 외관과 달리 원래 경매회사였고, 이후 황푸 강 크루즈를 독점했던 창강해운사의 건물로도 쓰였습니다.
전형적인 영국 고딕 양식의 건물로, 외벽은 시멘트로 이루어져 있습니다. 시멘트가 왜냐고요? 와이탄에서는 시멘트를 사용한 건물이 아주 드물거든요.
현재는 상업 건물로 새롭게 단장해, 세 개의 레스토랑과 가방 매장 한 곳이 있습니다.

선 위드 아쿠아
Sun with Aqua
와이탄에서 손꼽히는 일식집. 해산물요리와 테판야끼를 즐길 수 있다. p.149

와이탄 7호 外灘 7號 Great Northern Telegraphy Company [1901년]

덴마크에 본사를 둔 대북전보공사 大北電報公司의 상하이 지점이 있던 곳. 건물의 옥상 좌우에 대칭을 이루고 지어진 바로크풍의 작은 돔이 인상적입니다. 현재는 태국에 본사를 둔 방콕은행 상하이 지점과 태국 영사관으로 쓰이고 있답니다. 정문에 붙은 태국 글자와 왕실 문양이 상당히 이국적으로 다가옵니다.

와이탄 9호 外灘 9號
轮船招商局总局 [1901년]

중국 최초의 증기선 회사인 룬촨자오상주 轮船招商局의 본사 역할을 하던 곳이다. 크진 않지만 콜로네이드 기법으로 지은 건물 자체의 아름다움이 꽤 두각을 나타내, 한때는 상하이에서 가장 아름다운 건물이라는 평을 얻기도 했었다고.
현재는 상업 건물로 어필하고 싶어 하는데, 가게가 안 나가는 슬픈(?) 상황. 1층에 입점해있던 타이완계 명품 패션 브랜드인 Syzhen Zhen도 최근 이전해버렸다.

와이탄 12호 外灘 12號
HSBC Building [1923년]

웅장한 건물로 그리스와 로마의 사원을 연상시키는 신고전주의 건축 양식이 보는 이를 압도하는데요. 한때 수에즈 운하와 베링해협 사이, 즉 유럽을 제외한 전세계의 건물 중 가장 아름답다는 찬사를 들었다고 합니다. 건물의 최초 소유자는 HSBC, 홍콩상하이은행입니다. 홍콩상하이은행은 홍콩에 처음 생기긴 했지만, 1900년대 접어들며 사실상 본점은 상하이 지점이 수행하게 됩니다. 이는 당시 홍콩과 상하이의 홍콩상하이은행 건물의 크기만 비교해도 알 수 있죠. 현재 은행 앞에 모신 두 쌍의 사자상도 홍콩상하이은행의 트레이드마크인 바로 그놈들입니다.

현재는 푸동발전은행이 이 아름다운 건물을 사용하고 있습니다. 내부가 궁금한 여행자들은 괜히 환전할 일을 만들어서 구경삼아 들어가곤 합니다.

참고로 은행 로비의 엄청난 돔은 과장을 조금 보태, 바티칸을 연상케 하는 벽화들로 가득 채워져 있습니다. 특히 원주 기둥과 돔 사이의 8각 면에는 당시 HSBC의 주요 지점이 있던 전 세계의 도시들을 르네상스 풍으로 그려놨습니다. 아시아에서는 도쿄와 인도의 캘커타가 유독 눈에 띕니다. 그 시절 식민지였던 한국의 상황을 생각해본다면, 상하이는 정말 별세계였던 모양입니다.

와이탄 13호 外灘 13號
Custom House [1927년]

와이탄의 아름다운 건물 중 하나로 처음건립 당시부터 지금까지 세관 건물로 쓰이고 있습니다. 아시아에서 가장 큰 시계로 기네스에 등재된 상하이 해관의 시계는 지금도 매 시각마다 종소리를 내고 있는데요. 1960년대 문화혁명 기간에는 우스꽝스럽게도 마오쩌둥 찬가인 동방홍 东方红을 틀었다고 합니다. 혹시나 동방홍이 어떤 노랜지 궁금하시다면 위의 QR코드를 찍어보세요.

와이탄 14호 外灘 14號
Bank of Communication Building [1940년]

와이탄 제일의 늦둥이입니다. 심플한 아르데코 건물의 전형으로 마치 레고를 쌓아 만든 것 같은 모습이라 레고 건물, 갤러그 건물이라는 애칭으로도 불립니다. 이렇게 심플한 건물이 건설된 가장 큰 이유는 1940년대가 일본군의 상하이 점령시기로 경제적으로 무척 어려웠기 때문이죠. 건물 1층이 상하이은행으로 쓰이고 있어 들어가 볼 수는 있습니다.

와이탄 15호 外灘 15號
Russo Chinese Bank Building [1901년]

와이탄의 대표적인 초기 건축물중 하나로 제정 러시아가 청나라와의 거래를 위해 건설한 로청 은행 露淸銀行의 상하이 지점이 있었던 곳입니다. 독일 설계로 타일을 장식에 활용한 상하이 최초의 건물, 그리고 최초의 철근 콘크리트로 지어졌다는 특징을 가지고 있답니다.

와이탄 16호 外灘 16號
Bank of Taiwan [1926년]

일본계 은행인 타이완 은행(당시에는 타이완이 일본의 식민지였습니다)의 상하이 지점이 있었던 곳. 4층으로 와이탄 건물 중에서는 작은 축에 속합니다. 그리스 신전을 모방한 건축 양식이 돋보이는데, 건물 구조는 철근 콘크리트라고 합니다. 과거를 그리워하는 일본인 관광객들이 감개무량하게 쳐다보는 곳이니도 하죠. 역시 은행이다 보니 들어가 볼 수 있습니다.

와이탄 17호 外灘 17號
North China Daily News Building [1921년]

미국계 보험회사 AIA의 간판이 돋보이는 우방대하 友邦大廈는 1920년대 중국 최고의 영자 신문이었던 〈노스차이나 데일리 뉴스 North Chinas Daily News〉가 자리 잡고 있던 곳입니다. 건물 자체가 신문사랑 인연이 많았는지, 일본 점령 시기에는 일본계 신문사인 타이리쿠 신포 大陸新報에서 사용하기도 했습니다. 현재, 1~2층은 정신은행 正信銀行이 입점해 있어, 외부인 출입이 가능해졌습니다. 온통 황금빛 타일로 꾸며진 로비는 와이탄에서도 예쁘기로 손꼽히니, 한 번쯤 슬쩍 들어가 보도록 합니다. 마지막으로 건물 외벽의 그리스풍 부조도 꽤 멋지답니다.

와이탄 18호 外灘 18號
Chartered Bank Building [1923년]

영국 식민정부에서 직접 운영하던 서인도 은행이 있던 곳. 이후 차타드 은행이 매입, 지금의 건물을 올렸죠. 작지만 단단한 느낌이 돋보이는 곳으로, 커다란 두 개의 이오니아식 기둥이 건물의 감상 포인트입니다. 현재는 상업 건물로 쓰이고 있는데요. 무엇보다 현시대 최고의 셰프 중 하나라는 조엘 로부숑의 레스토랑이 2016년 입점 예정이라, 건물 전체가 좀 들뜬 느낌입니다.

굳이 조엘 로부숑을 언급하지 않더라도, 최근에는 하우스 오브 루즈벨트(와이탄 27호)와 함께 이 일대에서 가장 럭셔리한 공간임에는 분명합니다. 안에는 이런 곳들이 있습니다. 홈피 www.shbund18.com

조엘 로부숑 라뜨리에 L'ATELIER de Joel Robuchon	당대 최고의 레스토랑 중 하나. 이미 홍콩의 조엘 로부숑도 미슐랭 가이드 홍콩이 생긴 이래 매년 ★★★로 등극 중이죠. 같은 계열의 살롱드 조엘 로뷰숑 Salon de The de Joel Robuchon도 함께 있다.
하카산 Hakkasan	런던에 본점을 둔 레스토랑 겸 클럽. 유명 DJ가 뜨는 날이면 상하이뿐 아니라 강남지방 전체가 들썩일 정도.

와이탄 19호 外灘 19號
Palace Hotel [1906년]

붉은 벽돌로 지어진 전형적인 에드워드 양식의 건물입니다. 건설 초기부터 상하이 제일의 호텔인 팰리스 호텔이라는 이름으로, 최고 수준을 자랑하는 곳이었죠. 이때만 해도 바로 옆의 화평반점이 개업하기 전이라 팰리스 호텔이 모든 주요 행사를 개최했는데, 그중에는 1911년 신해혁명의 주역인 쑨원 孫文의 중화민국 대총통 취임식도 있었습니다. 호텔의 명성은 중화인민공화국이 수립된 1948년 이후에도 이어져, 1964년에는 외상 저우언라이와 프랑스 총리가 회담을 한 직후 중국과 프랑스의 공식 수교를 알린 외교 무대가 되기도 했습니다. 가장 최근, 이 호텔에 머물렀던 사람 중에는 미 대통령 빌 클린턴도 있네요.

중화인민공화국 수립 직후 화평반점의 별실처럼 이용되며 이름도 화평빈관 남쪽 건물이라 불렸으나, 2013년 스와치 그룹이 인수하며 예술가들을 위한 레지던스라는 기치의 부티크 호텔로 탈바꿈했습니다. 내부 시설이 모두 투숙객들에게만 오픈되는 탓에 많은 볼거리는 없지만, 오랜 역사와 스와치 특유의 감각이 결합된 로비 정도만 보더라도 가볼 만한 가치는 충분합니다.

와이탄 20호 화평반점 外滩 20號 和平饭店

20세기 초반 상하이 일대를 주무르던 유대계 아편 상인이자 임대업 재벌 빅터 사순 Victor Sassoon이 소유한 건물로 당시에는 캐세이 호텔 Cathay Hotel이었습니다. 아시아에서 가장 비싼 호텔이었다고 하는데, 돈만 있다고 머물 수 없는 곳이었죠. 투숙객의 조건으로 돈과 함께 명성을 요구해서 찰리 채플린, 마릴린 디트리히, 베티 데이비스 같은 유명인들을 위한 전용 호텔로 이용되었다고 합니다. 참고로 빅터 사순은 건물 꼭대기에 자신의 펜트하우스를 지어, 아예 거주하며 직원들을 감시했다고. 중화인민공화국 수립 이후 평화를 의미하는 화평빈관이라는 이름으로 바꿨고, 상하이 제일의 호텔 체인인 진장 锦江이 운영하다가, 얼마 전 미국인 페어몬트 그룹으로 소유권이 넘어갔습니다. 호텔이긴 하지만, 볼거리도 많은 곳이라, 로비와 1층의 홀에는 언제나 관광객, 심지어 깃발 든 단체 관광객도 출입하는 지경입니다. 호텔의 모습 자체는 1929년 건설 당시와 크게 달라지지 않았고, 내장재들을 교체할 때도 똑같은 것들로 주문 제작하고 있다고 합니다.

와이탄 23호 중국은행 外滩 23號 中国银行
Bank of China Building [1937년]

중화민국 시절, 중국은행 본점이 있던 곳입니다. 참고로 당시에는 베이징이 중국 군벌의 근거 또는 일본 점령지였기 때문에 수도는 난징 南京, 경제수도는 상하이였죠. 전형적인 아르데코풍의 길쭉한 건물이지만, 창틀 문양과 중국풍의 기와를 본뜬 지붕 등 중국적 장식들이 많이 가미된 게 특징입니다. 그 덕분에 육중한 서양 건물 일색인 와이탄에서, 꽤나 인상적이라는 평을 듣고 있죠. 건물은 예나 지금이나 중국은행에서 쓰고 있습니다. 마지막으로 중국은행 입구에는 마치 HSBC의 사자를 의식이라도 한 듯, 거대한 중국풍 사자상이 있습니다. 영국과 중국의 사자를 비교해보는 것도 꽤 재미있습니다. 한쪽은 극사실주의, 다른 한쪽은 거의 상상 속의 동물로서 등장하는 사자거든요.

와이탄 24호 外滩 24號
Yokohama Specie Building [1920년]

상대적으로 작은 건물이지만 과장되게 처리된 이오니아식 기둥으로 인해 강렬한 인상을 주는데는 성공했습니다. 일본계 빌딩으로 원래 용도는 요코하마은행의 상하이 지점이었던 곳입니다. 당시의 일본 건물이 그렇듯 철저하게 유럽식 건물을 지향했던 건 사실이지만, 내부에는 사무라이 청동조각상 등을 추가해 나름 일본색을 재현하는데도 충실했습니다.

현재는 중국공상은행 지점으로 쓰이고 있어 살짝 들어가 볼 수는 있습니다.

와이탄 26호 外灘 26號
Yangtze Insurance Building [1920년]

건축 양식이 혼재된 건물로 아치와 화려한 외장의 2층, 직선적인 느낌의 3~5층, 프랑스 고전주의적 느낌인 6~7층으로 이루어져 있습니다. 당시에는 양쯔 보험회사로 쓰였다고 합니다. 현재는 중국 농업은행 Agricultural Bank of China 상하이 지점으로 쓰이고 있습니다. 이쯤 읽으셨음 이제 아시죠? 은행인 곳은 살짝 안으로 들어 갈 수 있다는 사실을.

와이탄 27호 外灘 27號
Jardine Matheson Building [1920년]

20세기 초, 공동 조계관리국을 능가하는 위세를 떨쳤던 자딘 그룹 怡和洋行 Jardine Group의 본사가 있던 건물입니다. 건물 중앙 기둥에서도 알 수 있듯 그리스 신전을 연상케하는 네오 르네상스 풍의 웅장한 외관이 제법 인상적입니다. 2012년 미국의 루즈벨트 재단이 인수한 뒤 상업건물로 탈바꿈 했습니다. 와이탄 18호와 함께 최고급을 지향하는데, 때문에 람보르기니 같은 명품 중에서도 명품으로 꼽히는 브랜드들의 행사장으로도 쓰이고 있죠.
현재 1층에는 시계 브랜드 롤렉스가 들어와 있는데, 일반 매장이라기보다는 박물관에 가까운 느낌. 내부에는 다음과 같은 부대시설이 입점해 있습니다. 홈피 27bund.com

루즈벨트 스카이 바 Roosevelt Sky Bar	각각 9F와 10F에 있다. 와이탄에서는 가장 전망이 좋은 곳 중 하나로, 마치 섬처럼 떠 있는 푸동의 경관을 즐길 수 있다.

와이탄 28호 外灘 28號
Glen Line Building [1922년]

와이탄의 건축물 중 보기드문 철근 콘크리트 구조의 건물입니다. 건립 당시에는 와이탄에서 가장 높은 건물이었으며, 해운회사로 이름을 날리던 글렌라인 Glen Line의 상하이 지점으로 유명했답니다. 한때 상하이 인민 방송국 上海人民廣播電臺으로 쓰여 방송국 건물이라는 별칭도 있습니다.

와이탄 29호 外灘 29號
Bank de indochina [1926년]

프랑스 소유의 인도차이나 은행이었던 곳입니다. 와이탄에서는 드문 프랑스계 건물이라 프랑스 여행자들이 즐겨 찾는 곳이죠. 참고로 여행을 하다 보면, 식민지를 가져본 나라 사람들은 과거의 향수(?)에 깊이 빠지곤 하죠.
건물 외관은 르네상스 스타일이지만, 속은 철근 콘크리트 구조물입니다. 바로크풍의 아치형 창문이 핵심 관람 포인트. 현재는 중국광대은행으로 쓰이고 있어 간단한 출입(?)은 가능합니다.

포강반점 浦江飯店
Astor House Hotel [1846년]

상하이에서 가장 중요한 건물 중 하나입니다. 1846년 문을 연 상하이 최초의 호텔이기도 하죠. 건립 당시의 이름은 리처드 호텔 Richard Hotel이었다죠. 와이탄의 건물들조차 제대로 자리 잡지 않았던 시절이라, 포강반점의 존재는 그 자체로 대단했습니다. '상하이의 자존심', '모던 상하이의 랜드마크', '세계에서 가장 유명한 호텔 중 하나'라는 찬사를 한 몸에 받았을 정도니까요. 리처드 호텔이라고 불린 시절은 오래가지 않았어요. 1859년 주인이 바뀌며 아스토 하우스 호텔 Astor House Hotel이라는 이름으로 바뀌기 때문이죠. 포강반점은 상하이에 왔다면 당연히 머물러야 할, 당시 기준 7성급 호텔이었어요. 무엇보다 우리가 상하이와 와이탄을 언급하며 끊임없이 강조한 중국 최초의 전기와 전화, 상하이 최초의 무도회장이 들어온 곳도 바로 포강반점이에요. 어두컴컴했던 당시의 와이탄에 홀로 전기불을 밝힌 채 매일 밤 무도회를 여는 근사한 서양식 호텔. 당시의 청춘이라면 누군들 꿈꾸지 않았을까요?

상하이대하 上海大夏
Broadway Mansion [1934년]

영국의 건축가 프레이저 Mr. Fraser가 지은 당시로서는 초고층에 속하는 18층짜리 건물입니다. 엠파이어 스테이트 빌딩을 눌러놓은 것처럼 생긴 상하이대하 옥상에서의 전망은 무척 유명했습니다. 북한의 김일성, 퐁피두 프랑스 대통령, 고이즈미 일본 총리 등이 상하이대하에 머물렀다고 합니다.

외백대교 外白渡桥 와이바이두차오
wài bái dù qiáo Waibaidu Bridge

가족 ★★★
커플 ★★★
사진가 ★★★★

위치 지하철 2호선 난징루동역 2번 출구에서 도보 15분, 와이탄 북쪽 주소 上海市 黃浦區 外灘隧道 요금 무료 지도 p3-C1

와이탄 북쪽, 쑤저우 허를 가로지르는 철교. 조계시대 초기에는 영국조계와 일본 조계를 가르는 경계선이기도 했다. 다리가 없던 시절에는 당연히 나룻배를 통해 두 곳을 연결했는데, 1855년 헬스라는 영국상인이 민영 다리를 놓았다고. 하지만 '중국인 유료, 외국인 무료'의 차별적 운영방침으로 중국인들의 원성이 자자했다고 한다. 결국 높아만 가는 중국인들의 불만을 좌시할 수 없었던 공동조계 공사국은 1873년 임시부교를 건설, 중국인들을 달래기에 이른다. 현재의 다리는 1906년 임시부교를 철거하고 세운 것이다. 길이

117m, 넓이 12m로 당시 기준 상하이 최대의 철교였다는데, 지금은 좁아터진 다리폭으로 인해 교통체증의 주범일 뿐이다. 하지만 다리 자체가 요즘에는 볼 수 없는 모양으로 향수를 자극하는 데다, 다리에서, 혹은 다리를 포함해 바라보는 주변 풍경이 꽤 아름다워 사진작가들의 사랑을 독차지하고 있다. 최근에는 중국의 시대극, 드라마의 단골 촬영지로도 유명하다.

황포공원 黃浦公園 황푸공위엔
huáng pǔ gōng yuán Huangpu Park

가족 ★★
커플 ★★
사진가 ★★★★

위치 지하철 2호선 난징루동역 2번 출구에서 도보 15분, 와이탄 북쪽 주소 上海市 黃浦區 外灘隧道 28号 오픈 06:00~24:00 요금 무료 지도 p3-C1

1868년 8월에 조성된 상하이 최초의 근대식 공원. 초기에는 길 건너편에 있는 영국 영사관 직원들을 위한 산책 공간으로 조성했다고 한다. 조계시절에는 '개와 중국인 출입금지'라는 팻말이 붙어 있었다고 알려졌다. 최근 당시의 공원 조례가 발견되며 위의 내용이 새롭게 조명되고 있는데, 정확하게 말하면, 공원규칙 2조 백인을 모시는 중국인을 제외한 중국인 입장 불가 /공원규칙 5조 인도인(복장이 우수한 자 제외), 일본인(양복을 입은 자 제외) 입장 불가 라는 항목이 있었다고. 이 규칙으로 보면 서양인>인도인=일본인>중국인의 인종 차별이 실제로 존재했던 모양이다. 청룽 成龙 의 영화에도 나오듯 현재까지도 중국인들의 분통을 터트리게 하는 건 사실. 어쨌건 현재 이 땅의 주인은 중국인이고, 오늘날에는 중국인뿐만 아니라 외국인도 마음껏 출입할 수 있다. 이른 아침 공원에서는 태극권을 연마하는 중국 노인들의 장관을 볼 수 있다. 외국인들에게도 일종의 태극권 연마 성지(?)로 알려진 탓에 연마자들이 깔끔한 쿵후복을 차려입었다는 것도 특징이라면 특징. 태극권외에도 봉술, 창술, 부채를 쓰는 목련권 등 다양한 무술 연마 과정을 볼 수 있는 데다, 연 날리는 철이 되면 온갖 연들이 하늘을 뒤덮기도 한다.

인민영웅기념비 人民英雄纪念碑 런민잉쓩지녠비

rèn mín yīng xióng jìn iàn bēi

가족 ★★★
커플 ★★★
사진가 ★

위치 지하철 2·7호선 난징동루 南京东路역 2·7번 출구에서 도보 15분 주소 外滩黄浦公园内 오픈 06:00~00:00 요금 무료 지도 p3-C1

중국의 사회주의 혁명 과정에 죽은 수많은 사람을 기리는 일종의 추모비. 중국인들 입장에서 상하이는 중국 최초의 공산당이 탄생했고, 자본주의가 가장 발달했던 만큼 노동쟁의도 많았던 곳이다. 특히 1925년 상하이 총파업이나 1927년 국민당이 국공합작을 파기하고 공산당원을 학살했던 4·12사건 등은 중국 혁명사에서 뺄 수 없는 굵직한 사건들이다. 특히 4·12사건은 프랑스 작가 앙드레 말로의 장편소설 '인간의 조건'의 무대였을 정도로, 당시 전 세계적인 큰 사건이었다. 기념비는 1993년 완공됐다.

와이탄관광터널 外滩观光隧道 와이탄관광쑤이다오

wài tān Guān guāng suì dào Waitan Sightseeng

가족 ★★★
커플 ★★★
사진가 ★

위치 지하철 2호선 난징동루역 2번 출구에서 도보 15분 주소 上海市 黄浦区 中山东一路 外滩 300号 오픈 월~목요일 08:00~22:00, 금~일요일 08:00~23:00 요금 편도 50元, 왕복 70元 전화 (021)5888-6000 지도 p3-C1

와이탄과 푸동 사이를 연결하는 길이 647m의 해저 터널이다. 최대 10인까지 탈 수 있는 자그마한 궤도 전차로 오갈 수 있는데, 이동하는 내내 화려한 레이저쇼가 펼쳐진다. 교통편으로 생각하면 솔직히 비싸다. 아이를 동반한 가족여행자나, 커플 여행자라면 재미있을지도.

원 와이탄 外滩源 와이탄위엔 wài tān yuán

가족 ★★★
커플 ★★★★
사진가 ★★★★

위치 지하철 2호선 난징둥루역 2번 출구에서 도보 15분, 와이탄 뒷길. 또는 와이탄 32호 페닌슐라 호텔에서 도보 3분 주소 上海市 黄浦区 圓明园路 요금 무료 지도 p3-C1

최근 뜨고 있는 이 일대는 사실, 오늘날의 와이탄이 생기기 전인 19세기 말 무렵, 상하이에 가장 먼저 조성된 근대식 거리다. 그래서 이름도 와이탄의 원류라는 뜻의 와이탄위엔이라고 부른다.

역사적 가치가 충분한 이 일대는 사실, 꽤 오랜 기간 잊혀져있었다. 망각된 역사의 시작은 사회주의를 표방한 현재의 중화인민공화국이 건국되면서부터다. 중국을 접수한 사회주의자들이 보기에 상하이, 특히 와이탄 주변은 그들이 타파해야 할 부르주아적 가치의 전형과도 같았다. 역사라는 이유로 건물을 부수진 않았지만, 1960년대 문화혁명 당시 홍위병들은 이 일대를 가루로 만들고 싶어 안달이 났었다. 이 때문에 많은 건물은, 우아한 외관과 상관없이 공장이나 철공소, 급식소 등으로 쓰여야 했다. 1980년대 개방 이후 외국인의 발길이 잦아지며 눈에 띄는 와이탄의 건물은 금세 복권돼 화려했던 1930년대의 영화를 되찾았지만, 한 블록 뒤에 있는 와이탄위엔의 건물은 불과 얼마 전까지도 공장으로 쓰였던 곳투성이다. 상하이의 개발, 와이탄의 가치를 알아챈 건 사회주의자들이 그토록 타도하고 싶어 했던, 부활한 부르주아지들이었고, 그들은 이내 와이탄위엔에 주목했다. 일반적으로 '우리가 알고 있는 와이탄 뒤에 있는 진짜 와이탄' 스토리텔링 또한 완벽했다. 2010년 들어 시작된 개발붐은 현재도 진행 중이다. 몇 년에 걸쳐 보수공사를 거친 건물들은 고급 사교 클럽, 최고급 레스토랑, 카페, 명품숍으로 속속 새 단장을 하고 있다. 와이탄만큼 고풍스럽고 예쁘지만 덜 알려지고, 한적한 탓에 야외촬영하는 예비 신랑신부들에게도 인기. 그들을 엿보는 것만으로도 충분히 재미있는, 여행자 입장에서도 이곳은 결코 나쁘지 않은 볼거리들이 가득한 곳이다.

구 영국총영사관 原英国总领事馆

1849년, 그러니까 청나라가 아편전쟁에서 영국에 패배한 뒤, 난징조약을 맺어 상하이를 조차하기로 한 지 7년 만에 지어진 상하이 최초의 근대식 건물이다. 전쟁의 승리자이자 상하이를 전리품으로 챙긴 영국의 총영사관. 쉽게 말해 총독부의 역할을 하던 곳이고, 근대 상하이의 시작을 알린 시작점과도 같은 곳이다. 1849년에 지어진 건물은 1870년 의문의 화재로 전소했고, 현재의 건물은 1873년 새로 지었다. 새로 지은 건물임에도 불구하고 와이탄을 통틀어 가장 오래된 건물이다.

2010년 민간에 임대돼 현재는 와이탄위엔이하오 外滩原壹号라는 이름의 레스토랑으로 쓰이고 있다. 낮에는 딤섬, 오후엔 영국식 애프터눈 티, 저녁에는 광둥요리를 선보이는데, 부유층의 연회를 위해 통째로 임대되는 날이 더 많다. 식당을 이용할 마음이 없다면, 160년 된 영사관의 널찍한 뜰과 건물 외관을 구경할 수 있다.

유니온 처치 原新天安堂 Union Church

난쑤저우루와 위엔밍위엔루 사이에 있는 고딕풍의 개신교회로 1886년에 지어졌다. 와이탄에 건물이 빽빽하지 않던 시절에는 황푸강에서도 보였기 때문에, 선원들은 교회를 지날 때마다 모자를 벗어 예를 표했다고. 1948년 중국이 사회주의 국가를 천명한 이후의 운명은 꽤 기구해서, 2007년까지 램프를 만드는 공장으로 사용됐다. 2007년 공장 노동자의 실수로 인해 화재가 난 후, 공장으로 재건하지 않고, 예전 모습으로 되돌린 건 진심으로 잘한 일이다.
현재는 원 와이탄을 가로지르는 위엔밍위안루 圓明園路의 입구 역할을 하며, 예비 신랑신부의 야외촬영 장소로 주목받고 있다. 아직까지 예배는 이루어지지 않는다.

진광대루 真光大楼 China Baptist Publication Building

1930년에 지어진 건물로 공산화 이전까지 중국 침례회 본부로 쓰이던 곳이다. 헝가리 출신 건축가에 의해 지어졌는데, 전형적인 아르데코풍이라고는 하지만, 뾰족뾰족한 장식으로 인해, 밤에 보면 반지의 제왕에 나오는 탑같은 느낌이 든다. 때문에 개신교 건물인지 모르는 사람들이 통칭하길 '악마성' 건물이라고 불렀다는 웃지 못할 이야기도 있다. 마지막 취재를 할 때까지도 공사 중이었다. 현재는 그저 외관만 볼 수 있다.

란씬 빌딩 兰心大楼 Lanxin Bldg

상하이에 지어진 최초의 현대식 극장으로 1927년 처음으로 건설됐다. 상하이 사람들은 자신들이 즐기던 경극과 구분하기 위해 란씬 빌딩에서 벌어지는 공연을 서양 잡극이라고 불렀다고. 현재는 문화 카페를 지향하는 라이씨엄 카페 Lyceum Cafe가 입점해 있다.

씨에진 빌딩 协进大楼 Xiejin Bldg

1923년에 세워진 건물로, 요즘 말로 하면 기독교 회관이 있던 곳이다. 중화민국 시절 중국 기독교의 총본산으로 1922년 중국 기독교 대회 때는 1,000개 이상의 교단이 모여 그야말로 북새통을 이뤘다고. 참고로 중화민국의 총통이었던 장제스는 기독교도가 아니었는데, 둘째 부인 쑹메이링과 연애하는 과정에서 어쩔 수 없이 개종(?)해 당시 부하들을 경악케 했다고. 어쨌건 당시에는 총통이 믿는 종교의 본산이었으니 상당한 권세를 누렸던 것도 사실.
현재는 홍콩 제일의 서양 레스토랑 중 하나로 손꼽히는 8 ½ Otto e Mezzo가 입점해 있다.

구 YWCA 회관 女青年会大楼

중국의 20세기 초반을 대표하는 건축가 리진페이 李锦沛의 작품이다. 건물은 1933년도 작품인데, 외관에 중국 전통의 장식을 가미해 당시에는 꽤 파격적인 건물 대접을 받았다.

위엔밍위안 아파트
圆明园公寓 Yuanmingyuan Apartment

1904년에 지어진, 상하이 최초의 근대식 아파트로 외부 장식은 벽돌, 내부는 철근콘크리트로 되어 있다. 당시에는 주로 기업 중역급 이상의 주재원들이 머물 수 있었다고 한다. 내부에는 고가의 휘궈 레스토랑이 있는데 여행자들이 이용할 일은 없어 보인다.

락 번드 아트 박물관 上海外滩美术馆
상하이 와이탄 메이수관 shàng hǎi wài tān měi shù guǎn

가족 ★★★
커플 ★★★★
사진가 ★★★

위치 지하철 2·10호선 난징동루 南京东路역 6번 출구에서 도보 5분 **주소** 상하이 黄浦区 虎丘路 20号 **오픈** 화~일 10:00~18:00(17:30까지 매표) **휴무** 월요일 **요금** 50元 **전화** (021)3310-9985 **홈피** www.rockbundartmuseum.org **지도** p3-C1

1932년 지어진 전형적인 아르데코풍의 건물로 간결한 직선미가 인상적인 곳이기도 하다. 건립 당시의 용도는 YMCA 부설 도서관이었다고 하는데, 현재는 기획전 위주의 비상설 전시관으로 재개장했다. 박물관이라는 이름 때문에 이 일대의 역사와 내력을 알려주는 곳으로 착각하기 쉬운데 그런 곳은 아니다. 솔직히 이곳에서 열리는 기획전을 보면 박물관보다는 미술관에 더 가깝다는 느낌이 들기도 한다. 입구에 현재 벌어지는 전시회 안내가 붙어 있으니 살펴보고 흥미가 있다면 들어가보도록 하자. 옥상에 있는 미술관 카페는 와이탄 전망을 차분하게 감상하며 차 한 잔하기에 그만이다.

난징동루 보행가 南京东路步行街 난징동루부씽지에
nán jīng dōng lù bù xíng jiē East Nanjing Road

가족 ★★★★
커플 ★★★★
사진가 ★★★★

위치 지하철 1·2·8호선 인민광장역 19번 출구로 나오면 바로 난징동루 보행가와 만난다. 또는 지하철 2·10 호선 난징동루역 1·2·3·4번 출입구로 나오면 바로 난징동루 보행가와 연결된다. **주소** 上海市 黃浦区 南京东路步行街 **요금** 무료 **지도** p2-B2, p3-B2, p3-B1

소위 말하는 난징루 10리길의 동쪽 부분. 중국 최초의 신작로이자, 와이탄의 배후로 150년의 역사 동안 최고의 쇼핑가라는 자리를 놓지 않고 있다. 와이탄과 함께 이 구역 최대의 하이라이트로 특히 저녁 나절 일제히 빛을 발하는 입간판의 화려함이 최고의 감상 포인트다.

1999년 난징동루 일대를 차가 다니지 않는 보행가로 만든건 당시 기준으로서는 꽤나 파격적인 정책이었는데, 보다시피 대성공. 이제는 난징동루하면 으레 보행가를 연상하곤 한다. 애초 와이탄에 거주하는 서양인들을 위한 고급 점포들이 줄을 잇던 난징동루 일대의 명성은 공산화 이후에도 꺾이지 않았다. 국가 공급의 최고급 식료품점을 비롯해 한때 상하이 유일, 유이의 백화점도 모두 이곳에 있었다. 물론 지금이야 중국 부자들의 쇼핑이 명품 위주로 흐르며, 명품거리로 조성 중인 난징시루나, 화이하이루 일대로 많이 빠져나갔지만, 아직까지도 상징성은 유효한 편. 중국인들도 상하이를 방문한다면 와이탄과 함께 난징동루를 거니는 코스가 필수다. 때문에, 상하이의 멋쟁이들 사이에는 촌티나는 시골 사람과 외국인 밖에 없는 별볼일 없고 시끄럽기만 한 곳이라는 인식도 있는 게 사실. 실제로 난징동루를 걷다보면 상하이 시내에서는 결코 볼 수 없는 촌티 풀풀나는 떡진머리 총각들을 심심치 않게 볼 수 있다. 어쩌면 그런 점에서 난징동루는 쇼핑가라기보다는 그저 관광지일지도 모른다. 현지인보다는 이방인들의 기호에 더 잘 맞는, 우리가 상상하는 중국의 모습 말이다.

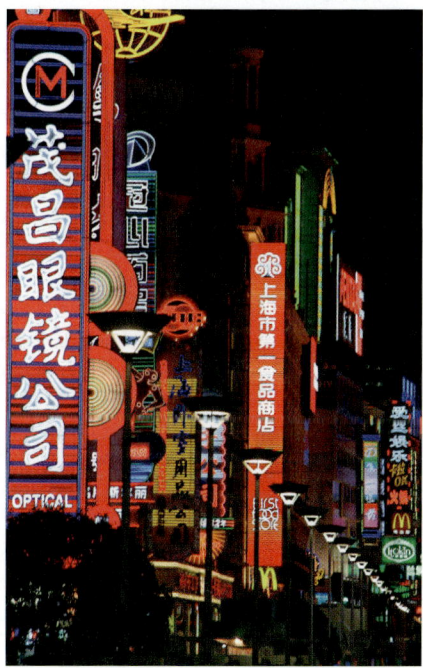

> **난징동루 보행가의 유일한 교통수단!!**
> 약 1km에 달하는 보행가를 걷기가 부담스럽다면, 보행가의 동·서를 연결하는 전기 관광열차를 타는 것도 고려해 보세요. 천천히 움직이는 속도 덕분에 관광열차에서도 충분히 난징동루의 야경을 감상할 수 있답니다. 편도 요금은 5元.

성륭행해왕부 成隆行蟹王府 청룽씽셰왕푸
chéng lóng xíng xiè wáng fǔ

위치 지하철 2·10호선 난징동루 南京东路역 7번 출구에서 도보 4분. 河南中路 입구 **주소** 上海市 黄浦区 九江路 216号 **오픈** 11:00~14:00, 17:00~23:00 **요금** 2인 1,000元(카드 가능) **전화** (021)6321-2010 **지도** p3-C1

홍콩에 본점을 둔 상하이 게 전문점. 다자셰는 9월부터 11월까지가 제철이라고 하지만 양식기술의 발달로 사철 맛을 볼 수 있게 되었다. 성륭행해왕부가 가진 최고의 미덕은 홍콩 자본에 의해 관리되는 깐깐함, 즉 믿을 수 있는 식재의 공급이다. 게 요리에 대해 잘 안다면 단품요리를 즐기는 것도 방법이지만, 대부분의 외국인 여행자들은 388元부터 시작하는 세트요리를 주로 즐기는 편. 세트메뉴에는 가격에 따른 크기의 상하이 게찜과 4~8가지의 해물, 게요리 코스가 제공된다. 게찜은 알과 살을 잘 발라내서 나오기 때문에 굳이 스스로 분해(?)하거나 뜯을 필요가 전혀 없다. 388元 코스는 게찜을 제외하고 별 볼일이 없다. 본격적인 게 요리가 곁들여지는 건 588元 코스부터. 일본인 여행자들에게는 원체 맛집으로 유명한 탓에, 외국인이 동양 손님이 방문하면 으레 일본어로 응대하는 경우가 있다. 어느 정도 영어로 의사소통이 가능한 직원도 있으니 걱정하지 말 것.

• **간편 메뉴** 经典蟹宴套餐 388元 다자셰 연회 코스 388위안, 经典蟹宴套餐 588元 다자셰 연회 코스 588위안

왕보화주가 王宝和酒家 왕바오허주쟈 wáng bǎo hé jiǔ jiā

위치 지하철 1·2·8호선 인민광장 人民广场역 14번출구에서 도보10분 **주소** 上海市 黄浦区 福州路 603号 **오픈** 11:00~14:00, 17:00~20:30 **요금** 2인 800元(카드 가능) **전화** (021)6322-3673 **지도** p2-B2

상하이에서 가장 오래된 다자셰 레스토랑으로 1744년 개업했다. 상하이 게라고 부를 수 있는 필수조건인 양청호산, 1년생 털게만을 사용하고 있다고. 레스토랑은 1층 홀과 2~3층의 레스토랑 구역으로 나뉘져 있다. 1층에서는 《게살 샤오룽바오 蟹粉小笼包》같은 게살이 첨가된 캐주얼한 요리 위주. 본격적인 다자셰 찜이나 세트요리 蟹宴는 2층에서 맛볼 수 있다. 외국인보다는 중국 현지인들의 압도적인 지지를 받고 있다. 원체 유명한 탓에 주로 상하이에 놀러 온 중국 관광객들이 즐겨 찾는다. 그 때문인지 서비스도 상당히 터프한 편.

거금은 썼지만, 후회는 없다!

성륭행해왕부의 588元짜리 세트 메뉴

해준다는 협찬도 거부하고, 오로지 자비 취재 원칙을 고수하는 저자들은 상하이 게를 취재할 때마다, 지갑을 보면서 한숨을 쉽니다. 조금 더 좋은 구성의 요리를 먹어보고 원고를 쓰고 싶지만, 사실 가장 저렴한 1인 388元의 세트만 해도 한화 7만 원입니다. 상하이 책을 처음 쓰던 시절만 해도 1元이 120원에 불과했는데, 요즘은 환율도 어마어마하죠. 몇 년을 미루다, 드디어 이번 취재 때 질렀습니다. 588元짜리 세트를요. 성륭행해왕부의 다자셰 세트는 388元부터 1888元, 즉 한화 36만 원짜리까지 총 여섯 가지가 있습니다. 구성은 모두 10품인데, 나오는 요리가 가격에 따라 천차만별이죠. 마지막으로 세트 메뉴에 따라 나오는 다자셰는 3량, 150g짜리입니다. 여기에 한 사람당 40元을 추가하면 4량, 200g짜리 더 실한 놈으로 먹을 수도 있습니다. 만약 점원이 증량 옵션을 제시하면, 생각해보고 증량을 하세요. 다자셰는 50g만 커져도 크기가 꽤 달라집니다.

특색삼품 特色三品
세 가지 냉채 모둠. 돼지고기 젤리, 집게 살이 가득 든 젤리, 그리고 채소 셀러리트 입니다. 취재 당시에는 설채 雪菜라는 고원지대에서 나는, 언 채소를 씹는 듯한 식감의 채소가 나왔는데, 늘 제공하는 건 아니라고 하네요.

샥스핀 수프 王府煲仔翅
게알과 게살이 들어간 샥스핀 수프. 샥스핀의 질감과 게알의 고소함 그리고 수프 전체를 지배하는 게 향이 일품.

넙적 쌀국수 게알 볶음 蟹粉銀皮
본격적인 첫 번째 메인 요리. 넙적 쌀국수는 몇 가닥. 전체가 게알과 게살로 이루어져 있습니다. 진하고 강렬한 맛. 이쯤부터 388元 세트와 확연하게 달라지기 시작하죠.

게알을 곁들인 왕새우 구이 蟹黃干了燒明蝦
한국의 중국집에서 먹는 깐쇼 새우의 초호화 버전. 강한 양념 탓에 게알의 향이 많이 죽었다는 게 약간의 흠이었죠.

다자셰 찜 清蒸大閘蟹
찌기 전에 일단 외모 감상을 시켜준 후, 쪄옵니다. 직접 까먹을 수도, 발라달라고 할 수도 있는데, 점원이 게알이나 게살을 빼돌린다는(?) 불신이 많은지라, 테이블 바로 뒤, 볼 수 있는 장소에서 살을 발라줍니다. 일단 등딱지와 다리 살이 나오고, 몸통 살은 별도의 용기에 따로 나오죠. 게살은 가게마다 다른 비법으로 조미한 식초에 찍어 먹는데요. 생강을 곁들이는 게 원칙. 하지만 외국인에게는 생략하기도 합니다.

집게발 맑은 탕 清湯余大钳
어린 배추와 게 다리를 넣고 끓인 맑은 탕. 다자셰의 과도한

(?) 알로 인해 텁텁해진 입안을 가시기에 그만입니다.

게알 딴딴멘 蟹粉担担面 or 게알 덮밥 蟹粉撈饭
요리는 끝. 이제 마무리 순서입니다. 게알과 살이 들어가는 양으로만 따진다면 덮밥 쪽이 좀 더 많습니다. 기호에 따라 고르면 됩니다.

게알 샤오룽바오 蟹粉小笼
1인 한 개. 여기까지 먹고 배가 부르지 않다면, 메뉴판을 달라고 해서 게알 샤오룽바오 한 판을 별도 주문하는 것도 방법이죠. 솔직히 1인 한 개는 너무 적긴 했어요.

디저트 甜品
계절에 따라 달라지는데, 취재 당시에는 팥죽이 나왔습니다. 여기부터는 감흥이 좀 떨어지기 시작하죠. 가격에 맞는 웅장한(?) 디저트로 바꿨으면 하는 희망이 있습니다.

과일 鮮果盤
과일 접시. 서너 가지의 제철 과일이 나옵니다.

만족스러운 식사와 취재였습니다. 물론 영수증을 받았을 때, 뒷골이 살짝. 그렇지만 후회는 없네요. 책이 좀 더 팔려야 888元짜리에 도전해볼 텐데 말입니다.

유신천채 渝信川菜 우씬촨차이 yú xìn chuān cài

위치 지하철 2·10호선 난징동루 南京东路역 4번 출구에서 도보 5분 **주소** 上海市 黄浦区 九江路 399号 **오픈** 11:00~14:00, 17:00~21:30 **요금** 2인 200元 **전화** (021)6361-1777 **지도** p3-B2

상하이 쓰촨 레스토랑 중 최고의 가격대비 맛을 자랑하는 음식점. 난징동루 언저리에 있어 접근성도 끝내준다. 대규모의 식당이지만 밥때는 대기 시간을 거쳐야 할 정도로 모든 사람들에게 인기 만점. 비교적 저렴한 가격대인 것을 감안한다면 인테리어나 서빙 태도도 상당히 좋은 편이다. 대표 메뉴는 《마포또우푸 麻婆豆腐》, 가지볶음인 《위상치에스바오 鱼香茄子煲》 등이다. 조금 차려 먹는 여행자라면 메기 살을 잘 발라내서, 고추기름 탕에 익혀 나오는 《수이즈난위 水煮鲶鱼》에 주목하자. 중국인들은 이 집에 오면 반드시 시키는 요리인데, 한국인의 입맛에는 반반. 중독됐다는 사람도 있고, 어떤 포인트를 즐겨야 할지 모르겠다는 사람도 있다. 저자들은 좋아하는 입장인데, 화한 맛과 달콤하고 부드러운 생선살 맛의 조화가 핵심이다. 메기는 민물고기 특유의 비린내가 없는 고기니 냄새를 걱정할 필요는 없다.

- **간편 메뉴** 鱼香肉丝 위샹로우쓰, 다진 돼지고기, 죽순 볶음 22元(소), 辣子鸡 라조기 30元(소), 干烧大明虾 깐소 새우 38元, 盆盆香锅虾 매운 새우볶음 58元(소), 水煮鲶鱼 수이즈난위 96元, 鱼香茄子煲 위샹치에스바오 22元, 麻婆豆腐 마파두부 18元(소)

유신천채 분점 · 청두베이루 자오상쥐광장점 上海市 静安区 成都北路 333号 上海招商局广场 3F MAP p5-B1

씨위에 8호 喜粤 8号

위치 지하철 2·10호선 난징동루역 7번 출구에서 도보 5분, 나이키 에어조던이 있는 건물 5층 **주소** 上海市 黄浦区 南京路 139号 美伦大楼 5楼501号 **오픈** 11:00~15:00, 17:00~21:30 **전화** (021)6330-8217 **지도** p3-C1

미슐랭 ★★에 빛나는 광둥 레스토랑. 참고로 미슐랭 스타를 받은 집은 루난제 汝南街에 있는 본점이다. 난징동루점을 소개하는 이유는 여행자들의 동선상 연결이 용이하기 때문이다.
광둥식당의 전통(?)에 따라 점심때는 딤섬 위주로 메뉴가 구성된다. 새우딤섬인 샤자오나 창펀 등 딤섬 빚는 기술과 맛은 홍콩과 비교해서 손색이 없다. 이 책에서 소개한 딤섬집 중 제일 낫다. 딤섬은 청량음료보다 중국차와 곁들이는 게 어울린다. 차는 1인/8元으로 균일가. 푸얼 普洱티가 딤섬과는 가장 잘 어울린다.

- **간편 메뉴** 茶位 중국차 8元/1인, 喜粤虾饺皇 새우 딤섬 샤자오 29元, 脆皮鲜虾肠粉 새우튀김이 든 창펀 39元, 带子野菌饺 조개관자가 든 야생버섯 딤섬 29元, 椒盐七味豆腐 연두부 튀김 28元

망상원 望湘园 왕썅위엔 wàng xiāng yuán SOUTH MEMORY

위치 지하철 2·10호선 난징동루역 3번 출구로 나오면 쇼핑몰이 있다. **주소** 上海市 黄浦区 南京东路 299号 宏伊国际广场 6F **오픈** 11:00~22:00 **요금** 2인 150~200元 **전화** (021)6360-2797 **홈피** www.southmemory.com **지도** p3-B1

후난요리 전문 프랜차이즈. 고만고만한 프랜차이즈 중에서는 음식이 제법 괜찮은 편. 참고로 후난요리의 특징 중 하나는 매콤함과 짭짤함이다. 매콤한 차나무 버섯 철판 볶음인 《간궈차슈구干锅茶树菇》는 버섯 특유의 쫄깃한 질감과 매콤한 맛이 잘 어우러진 요리다. 차나무 버섯은 씹는 질감이 고기보다 좋다고 알려진 최고급 버섯 중 하나. 한국에서는 거의 맛보기 힘든 종류다. 《미찌촨샤오샤 秘制串烧虾》는 매콤하게 조미한 새우를 꼬치에 꿴 후 호일에 말아 구워낸 요리다. 생물 새우를 사용하기 때문에 매콤한 국물과 어우러진 새우살 특유의 달콤함이 일품이다. 《위엔양위토우 鸳鸯鱼头》는 중국인들이 열광하는 요리로, 두 가지 맛의 매운 생선머리 찜이다. 역시 매운맛이 일품.

• **간편 메뉴** **秘制串烧虾** 후난식 매운 새우꼬치 85元, **鸳鸯鱼头** 위엔양위토우 104元, **香锅牛蛙** 매콤한 개구리볶음 99元, **蒜茸粉丝蒸扇贝**(2只) 마늘 당면 가리비찜(2개) 36元, **麻婆豆腐** 마파두부 39元

망상원 분점

- **푸동전** 上海市 浦东新区 潍坊路 118号 MAP p6-A2
- **시짱베이루 조이시티점** 上海市 闸北区 西藏北路 166号 大悦城 南区7层 MAP p2-A1

항려찬청 港丽餐厅 깡리찬팅 gǎng lì cān tīng
Charme Restaurant

위치 지하철 2 · 10호선 난징동루역 3번 출구로 나오면 쇼핑몰이 있다. **주소** 上海市 黄浦区 南京东路 299号 宏伊国际广场 4층 **오픈** 10:30~22:00 **요금** 2인 150~200元(카드 가능) **전화** (021)6360-7577 **지도** p3-B1

상하이에서 핫한 캐주얼 레스토랑. 상하이내 타이완 붐의 상징이 벨라지오(p196)였다면, 항려찬청은 홍콩 요리붐의 중심이다. 상하이 시내의 유명 백화점에 입점해 있어 접근성이 좋다. 홍콩 스타일의 카페 겸 분식집인 차찬탱의 느낌보다는 광동요리 레스토랑의 성격이 가미된 집으로 요리 선택의 폭이 넓다. 누구나 사랑하는 필수 메뉴 중 하나는 새우 완탕면인 《윈툰멘 云吞面》과 탕수육인 《쓰완틴구루로우 酸甜咕噜肉》. 무난하면서도 정석에 충실한 맛으로 한국인들에게 특히 더 인기. 《셴샤쟈오니양추이피찌취 鲜虾胶酿脆皮鸡翅》는 닭 날개 속에 새우살과 다진 고기를 넣고 한데 튀겨낸 요리다. 아이디어도 돋보이지만 맛도 훌륭해, 육식파들에게 지지를 받고 있다. 놀다 밥때를 놓쳤다면 14:00~17:00에 즐길 수 있는 애프터 눈 티 세트를 선택하는 것도 좋은 방법.

• **간편 메뉴** **港丽酸菜鲈鱼** 쏸차이농어 88元, **干炒牛河** 홍콩식 넙적 쌀국수 소고기 볶음 50元, **鲜虾云吞面** 새우 완탕면 36元, **西班牙式海鲜泡饭** 포르투갈식 해물죽 46元, **碳烤烧鹅/半只** 홍콩식 거위구이 반 마리 178元, 酸ㄱㄱ肉 탕수육 68元, **鲜虾胶酿脆皮鸡翅** 센사자오니양추이피찌취 1개 28元(2개 이상 주문 가능)

항려찬청 분점

- **푸동 정대광장점** 上海市 浦东新区 陆家嘴西路 168号 正大广场 7F MAP p6-A1
- **쉬자후이 항회광장점** 上海市 徐汇区 虹桥路 1号 港汇恒隆广场 6F MAP p15-C1
- **화이하이루 K11점** 上海市 卢湾区 淮海中路 300号 K11购物艺术中心 3F MAP p11-B1

라이라이 샤오롱 莱莱小笼

위치 난징동루에 있는 제일식품상점 옆 골목으로 들어가 첫 번째 갈림길에서 오른쪽으로 조금 들어가면 된다. **주소** 上海市 黃浦区 天津路 504号 **오픈** 08:00~20:00 **전화** (021)6352-0230 **지도** p2-B1

가가탕포와 함께 상하이 2대 샤오룽바오 전문점이라는 사람도 있지만, 엄밀히 말해 미어터지는 가가탕포의 대체제다. 고기 샤오룽바오는 아예 없고, 게살이나 송이버섯을 곁들인 고급 샤오룽바오만 취급한다. 샤오룽바오의 피는 약간 투박한 편이지만, 여긴 여기대로 씹는 맛이 있다. 중국식 만둣국인 훈툰(완탕의 중국 버전)이 의외로 맛있다. 마른 새우를 이용해 뽑아낸 육수도 훌륭하고 훈툰 특유의 나풀거리는 피의 질감도 좋다. 해장용으로도 괜찮을 듯. 샤오룽바오와 함께 곁들이는 생강채는 1元을 추가로 내야 한다.

- **간편 메뉴** 蟹粉小笼 게살 샤오룽바오 35元, 松茸鮮肉小笼 송이를 곁들인 고기 샤오룽바오 48元, 小馄饨 훈툰, 중국식 만둣국 10元, 姜丝醋 식초에 담긴 생강채 1元

칼스 주니어 卡乐星 카러싱 kǎ lè xīng Carl's Jr

위치 지하철 1·2·8호선 인민광장人民广场역 15번 출구에서 연결된다. **주소** 上海市 黃浦区 西藏中路 268号 来福士广场 B1 **오픈** 10:00~22:00 **요금** 2인 50~100元 **전화** (021)6340-3663 **홈피** www.carlsjr.com.cn **지도** p2-B2

캐나다에서 시작된 햄버거 프랜차이즈, 현재는 미국에서 다섯 번째로 큰 버거 브랜드다. 그릴에 구워내는 패티와 상대적으로 풍성한 메뉴가 강점인데, 샐러드가 아예 메뉴의 한 라인을 차지하고 있을 정도다. 간판 메뉴는 바삭하게 구워낸 베이컨이 끼워진 베이컨 버거 Western Bacon Cheese Burger, 고급스러운 질감의 버섯 버거 Portobello Mushroom Burger 등이 있다. 매콤한 멕시

칸풍의 할라피뇨 버거 Jalapeno Burger는 햄버거가 상큼할 수도 있음을 보여주는 대표적인 메뉴. 만약 다이어트 중이라면 저탄수화물 Low Crab을 주문하자. 햄버거 빵 대신 양상추에 나오는데, 맛도 나쁘지 않다. 중국답지 않은 음료수 무한 리필과 함께 할라피뇨, 양파, 토마토살사 무제한 제공도 장점. 이집 할라피뇨는 꽤 맛있다. 칼스 주니어 분점이 우장루 미식가(吴江路 169号 四季坊 MAP p4-B1)와 상하이역 태평양백화점(上海太平洋百货 MAP p18-B2)에 있다.

- **간편 메뉴** 黑西哥热辣堡 Jalapeno Burger 할라피뇨 버거 28元(닭고기 패티)/30(소고기 패티)元, 照烧凤梨堡 Teriyaki Burger 데리야키 버거 30元(닭고기 패티)/30(소고기 패티)元, 珍味皇菇堡 Portobello Mushroom Burger 버섯 버거 34元(닭고기 패티)/36(소고기 패티)元, 薯络 CrissCut Fries 벌집모양 감자튀김 17元, 洋蔥圆 Onion Rings 양파링 16元, 塔戈沙拉(鸡/肉酱)타코스(치킨/소고기) 19/23元

요시노야 吉野家 지에지아 jí yě jiā

위치 지하철 2·10호선 난징동루 南京东路역 4번 출구에서 도보 5분 **주소** 上海市 黄浦区 南京东路 479号 **오픈** 07:00~21:00 **요금** 2인 80元 **전화** (021)5252-7818 **지도** p2-B2

한국에서도 인기를 끌고 있는 돈부리 どんぶり 전문점으로 소고기 덮밥인 규동 牛丼을 전문으로 취급한다. 얇게 저민 양지머리를 간장베이스의 국물에 졸여내는데 한국의 불고기라고 해도 믿을 정도로 맛이 비슷하다. 규동에 들어가는 소고기는 미국산인데, 중국이나 일본은 한국과 달리 20개월 미만의 살코기만 수입이 가능하므로 믿고 먹어도 된다. 규동은 크기에 따라 3단계로 나뉜다. 콜라와 계란찜(다른 조합도 가능하다)이 포함된 세트 메뉴가 37~49元 사이로 가격은 정말 착한 수준. 따로 담아주는 생강 채와 고춧가루를 넣어서 함께 먹으면 더 맛있다. 고비용의 식사를 원치 않는다면 요시노야는 상하이에서 선택할 수 있는 저렴하고 입에 맞는 최고의 옵션 중 하나다. 요시노야 분점은 푸동 국제미식성(浦东国际美食城 MAP p6-A2), 상하이 남역(上海南站 MAP p15-C2), 이산루(宜山路 光启城购物中心 MAP p15-C1) 등에 있다.

- **간편 메뉴** 招牌和味牛肉饭(中) 소고기 돈부리(중) 30元, 招牌和味牛肉饭(大) 소고기 돈부리(대) 35元, 日式煎饺 교자 12元

라오산 덤플링 老陕饺子馆

위치 지하철 8·14호선 대세계역 1번 출구 도보 3분, 피닉스 호스텔 1층 **주소** 上海市 黄浦区 云南南路 15号 **오픈** 10:00~22:00 **전화** (021)6373-1496 **지도** p2-B2

중국 서부, 산씨 陕西지역의 분식을 주로 취급하는 곳. 한국에는 방방면으로 알려진 처멘 扯面 이라는 국수가 전문이다. 참고로 처멘은 한국의 칼국수를 20배쯤 확대해 놓은 넓은 면발이 특징인 일종의 비빔면이다. 시진핑이 타이완의 친중국파 야당 총재 렌잔을 만나 대접했다고 해 일약 전국적인 지명도를 갖게 된 요리이기도. 면 특유의 식감이 괜찮아서 밀가루 애호가들은 꽤 좋아한다. 물만두 水饺도 인기 메뉴. 만두는 냥 两 단위로 파는데 1냥은 50g. 대부분 만두 한가지당 2냥씩 주문한다. 무척 저렴하고 맛도 무난한 집이다. 밥과 함께 먹는 가정식 요리도 맛있다.

- **간편 메뉴** Biang Biang Mian 모듬 방방면(외국인 버전) 30元, 油泼扯面 고추기름 비빔 방방면(로컬 버전) 15元, 韭菜鲜肉水饺 부추 고기 물만두 8元/냥, 三鲜水饺 삼선 물만두(닭고기, 새우, 표고버섯) 9元/냥, 酸辣土豆丝 매콤새콤 감자볶음 15元

동북사계교자왕 東北四季餃子王 둥베이스지지아오즈왕

dōng běi sì jì jiǎo zi wáng

위치 지하철 1·2·8호선 인민광장 人民广场역 15번 출구에서 도보 10분 **주소** 上海市 黄浦区 福建中路 118号 **오픈** 10:00~22:30 **요금** 2인 100元 **전화** (021)6153-0555 **지도** p3-B2

한국에서 손쉽게 먹을 수 있는 동베이 지방의 조선족 요리 체인점. 한식 먹기는 싫고 그래도 중국에 왔으니 중국요리를 먹어보자는 심정으로 많이 선택한다. 한국에서도 먹던 낯설지 않은 맛인데다, 상하이 요리에 실패한 여행자들도 많아 상당히 인기가 높은 편이다. 잘 튀기고 잘 볶고, 우리에게 익숙한 맛이니 그럴 수밖에 없다. 대중적인 중국요리를 맛보고 싶다면 가볼 만하지만, 정통 중국요리를 즐겨보자고 마음먹은 여행자에게는 어울리지 않을 수도 있다.

- **간편 메뉴** 肉三鲜 돼지고기, 계란, 새우 물만두 7元/1량(1인분은 2량이 적당), 锅包肉 꿔바로우, 찹쌀 탕수육 48元, 油爆河虾 민물새우 볶음 68元, 酸辣土豆丝 새콤 매콤 감자채 볶음 14元, 干煸刀豆 줄기콩 볶음 22元

벨라지오 鹿港小镇 루깡샤오쩐 lù gǎng xiǎo zhèn Bellagio

위치 지하철 2·10호선 난징둥루역 3번 출구로 나오면 쇼핑몰이 있다. **주소** 上海市 黄浦区 南京东路 229号 宏伊国际广场 第6层 **오픈** 11:00~22:00 **요금** 2인 150~300元 **전화** (021)6376-1866 **지도** p3-B1

타이완 레스토랑 겸 카페. 상하이 젊은 층을 겨냥한 타이완 풍의 상차림과 캐주얼한 분위기를 연출했다. 요리는 상당히 다양해 퓨전일식, 중국풍 면 요리, 훠궈같은 쓰촨요리까지 커버한다. 일반적으로 중국인들이 환호하는 요리 중 하나는 《싼뻬이지 三杯鸡》라는 닭요리다. 원래 장씨성 江西省의 전통 요리인데, 제조과정에 청주와 간장, 참기름이 각각 한 잔씩 들어간다고 해서 붙은 이름이다. 약간 매콤한 간장조림 닭전골이라고 이해하면 빠르다. 하지만 우리가 벨라지오를 가야 하는 가장 큰 이유는 이 집의 화려한 디저트들 때문인지도 모른다. 특히 무더운 여름철, 중국식 빙수인 삥샤 冰沙 계열의 인기는 최고.

- **간편 메뉴** 三杯鸡 싼뻬이지 60元, 菠萝油条虾 파인애플 새우튀김 59元, 京酱肉丝 장장로스 49元, 酸辣汤 싼라탕 33元, 干炒牛河 홍콩식 넓적 쌀국수 소고기 볶음 38元, 红烧牛肉面 훙샤오 우육면 39元, 花生冰沙 타이완식 땅콩빙수 33元, 芒果冰沙 망고 빙수 33元

벨라지오 분점
- 쉬자후이 메이뤄청점 上海市 徐汇区 肇嘉浜路 1111号 美罗城一楼内街1-34号 MAP p15-C1
- 산시난루점 上海市 徐汇区 淮海中路 999号 环贸iapm广场
- 스지후이점 上海市 浦东新区 世纪大道 1192号 L2层019室 MAP p6-B2

매일신선과일바 每日新鲜水果吧 메이르신센수이궈바
měi rì xīn xian shuǐ guǒ bā

위치 지하철 1·2·8호선 인민광장 人民广场역 15번 출구에서 연결된다. **주소** 上海市 黄浦区 西藏中路 268号 来福士广场 B1
오픈 10:00~22:00 **요금** 2인 38~60元 **전화** (021)6340-3512 **지도** p2-B2

생과일 주스 전문점. 과일을 고르면 눈 앞에서 직접 갈아주는 서비스와 한국의 반도 안 되는 가격으로 인해 여행자들이 한 번쯤은 들르는 비타민 충전소다. 생과일 주스 외에 우유나 요구르트를 가미할 수도 있어 기호에 따라 주문하면 된다. 열대 과일이 풍부한 지역이니만큼 한국에서는 먹기 힘든 열대 과일을 조합해 나만의 주스를 만들어 보자. 매일신선과일바 분점은 푸둥 정대광장(正大广场 MAP p6-A2), 난징둥루 타이캉식품(泰康食品 MAP p2-B2) 등에 있다.

선 위드 아쿠아 东京和食 둥징허쉬
dōng jīng hé shí SUN with AQUA

위치 지하철 2·10호선 난징둥루 南京东路역 7번 출구에서 도보 15분 **주소** 上海市 黄浦区 中山东一路 6号, 外滩六号 2F
오픈 11:30~15:00(주문마감 14:00), 17:30~22:30 **요금** 점심 2인 360元, 저녁 2인 800~1,200元(카드 가능) **전화** (021)6339-2779 **홈피** www.sfbi.com.sg **지도** p3-C2

상하이에서 가장 감각적인 일식 요리점 중 하나로 싱가포르에 본점을 두고 있다. 와이탄이라는 자리 값과 최고의 셰프들만 모았다는 자부심이 어우러져 일반 여행자 수준에서라면 꽤나 부담되는 메뉴판을 가지고 있다. 내부는 오픈 키친을 마주보고 있는 바와 테이블로 구성되어 있는데, 단촐한 인원이라면 바 쪽이 더 분위기가 좋다.

점심은 그나마 저렴한 값에 즐길 수 있는 기회다. Tokyo KOMACHI BENTO(회, 구이, 튀김, 달걀찜, 샐러드, 우동, 초밥, 디저트, 커피 또는 차) 160元부터 시작해 Premium SUSHI BENTO(초밥, 튀김, 우동, 디저트, 커피 또는 차) 280元 등을 맛볼 수 있다. 상하이 사람들은 데판야키를 주로 즐겨 먹는데, 일본산 와규로 만든 데판야키나 살아 있는 랍스터를 바로 구워주는 종류도 있다.

그랜드마더 레스토랑 上海姥姥 상하이 라오라오
shàng hǎi lǎo lǎo Grand mother Restaurantd

위치 지하철 2·10호선 난징동루 南京东路역 7번 출구에서 도보 10분. 四川中路 입구 **주소** 上海市 黄浦区 福州路 70号 **오픈** 11:00~23:00 **요금** 2인 100~150元 **전화** (021)6321-6613 **지도** p3-C2

저렴하지만 상대적으로 양질의 요리를 먹을 수 있는 레스토랑이다. 적당한 인테리어와 친절함을 가지고 있다. 상하이 요리 전문 레스토랑을 표방하는데, 막상 메뉴를 살펴보면 백화점을 방불케 할 정도로 다양하다. 일품 요리보다는 한 끼 밥을 먹는다는 마음으로 접근한다면 꽤 만족스럽다. 쓰촨식의 매콤한 돼지고기 삼겹살 볶음인 《찬푸회이과로우 川府回锅肉》, 매운 닭볶음인 《찬푸라즈찌 川府辣子鸡》 등은 한국인의 입맛에도 맞고 느끼하지 않은 훌륭한 밥반찬이다. 파인애플 탕수육 《보뤄꾸아로우 菠萝咕咾肉》, 새우와 당면을 넣고 자작하게 졸인 냄비요리 《셴샤뻔쓰바오 鲜虾粉丝煲》도 나쁘지 않다. 이 집의 해물탕면인 《하이셴탕면 海鲜汤面》도 시원한 국물이 먹고 싶을 때 도전해보자. 한국의 중국집 해물우동 같은 맛이다.

- **간편 메뉴** 姥姥红烧肉 홍샤오로우, 상하이식 돼지고기 찜 75元. 上海粗炒面 상하이식 볶음면 26元. 油焖茄子 가지볶음 32元. 扬州炒饭 양저우 볶음밥 28元. 鲜虾粉丝煲 새우, 당면 냄비요리 58元. 川府回锅肉 사천식 매콤한 삼겹살 볶음 46元.

엠 온 더 번드 M on the Bund

위치 지하철 2·10호선 난징루둥 南京东路역 7번 출구에서 도보 15분 **주소** 上海市 黄浦区 广东路 20号 外滩5号 7F(近中山东一路) **오픈** 점심 월~금 11:30~14:30, 토·일 11:30~15:00 애프터눈티 일 15:30~17:30 저녁 18:15~22:30 **요금** 점심 2인 600元, 저녁 2인 1,200元(카드 가능) **전화** (021)6350-9988 **홈피** www.m-restaurantgroup.com/m-on-the-bund **지도** p3-C2

M 레스토랑의 상하이 지점. 홍콩에서 처음 개업한 이래 주로 상하이, 베이징 등 중화권에서 인정을 받고 있는 프렌치 레스토랑이다. 아시아에서만 활개를 친다는 비판어린 시선도 존재하지만, 초기에 진입, 그 도시의 상징적인 위치를 선점하는 능력.
엠 온 더 번드의 위치도 탁월하다. 와이탄 5호, 저 멀리 푸동의 풍경이 한 눈에 들어오는 환상적인 위치 때문에라도 들러볼 만한 가치는 충분하다. 가격이 비싼 편이지만, 메뉴는 의외로 소박해서 에피타이저, 메인, 디저트의 3코스로 구성되어 있다. 평일 점심의 경우 커피와 차가 포함된 2코스가 198元, 3코스는 268元으로 즐길 수 있다. 물론 가장 환상적인 시간대는 물론 저녁이다. 날이 맑다면 푸동의 풍경이 손에 잡힐 듯 펼쳐진다.

드래곤 피닉스 和平饭店龙凤厅 허핑판뎬룽펑팅
hé píng fàn diàn lóng fèng tīng Dragon Phoenix

위치 지하철 2·10호선 난징동루 南京东路역 7번 출구에서 도보 5분 **주소** 上海市 黄浦区 南京东路 20号 和平饭店 北楼 8F **오픈** 11:30~22:30 **요금** 2인 1,000元 **전화** (021)6138-6880 **지도** p3-C1

피스 호텔 부설 중식당으로 정통 상하이, 장난 江南 요리를 표방하는 곳이다. 1920년대부터 문화대혁명 시기까지 중국사의 모든 격치기를 겪어낸 곳이라는 역사적 상징과 함께 와이탄에서 가장 전망 좋은 레스토랑이라는 실용적 가치까지, 여러 장점이 돋보이는 집이다. 상하이, 장난 江南 요리에 대한 보편적인 지식이 있는 한국인은 드물다. 이럴 때는 주로 세트 메뉴를 시키게 되는데, 다행히 이 집은 세트 메뉴 구성도 상당히 좋은 편이다. 유일한 문제는 비용 정도. 상하이식 파인 다이닝을 즐겨보자.

• **간편 메뉴** Shanghainese Old Time Flavors Menu 상하이 정통요리 8코스 488元, Marinated Foie Gras Wrapped with Cherry Jus 푸아그라로 만든 체리 188元, Honey Glazed Barbecued Pork 홍콩식 차슈 바비큐 98元, Hot and Sour Soup with Assorted Seafood 해물 쏸라탕 78元, Deep-fried River Shrimp 상하이 전통 민물새우 볶음 158元, Braised Assorted Seafood and Bean Vermicelli with Chili Sause 해산물 당면 전골 128元

풍유생전 丰裕生煎 펑위성젠 fēng yù shēng jiān

위치 지하철 2·10호선 난징동루 南京东路역 7번 출구에서 도보 10분. 福州路 입구 **주소** 上海市 黄浦区 四川中路 148号 **오픈** 06:00~21:00 **요금** 2인 20~30元 **전화** (021)6329-3031 **지도** p3-C2

와이탄 뒤편에 있는 상하이 최대의 성젠 프렌차이즈. 와이탄 일대에서 가장 저렴하게 한 끼를 해결할 수 있는 서민적인 식당이다. 중국의 서민 레스토랑치고는 드물게 오픈키친 형식이라 성젠의 제조 과정을 지켜볼 수 있다. 성젠과 함께 즐겨볼 요리로 새우 물만두국인《샤로우훈둔 虾肉馄炖》, 유부, 당면 탕인《요우또푸씨엔펀탕 油豆腐粉汤》도 나쁘지 않다.

• **간편 메뉴** 丰裕生煎 돼지고기 성젠 7元. 丰裕小笼 돼지고기 샤오룽바오 8元. 油豆腐线粉汤 유부, 당면 탕 6元. 虾肉馄饨 새우 만둣국 14元

와가스 Wagas

위치 지하철 2·10호선 난징동루역 3번 출구와 연결된다. **주소** 上海市 黄浦区 南京东路 299号 宏伊国际广场 一层116室 **오픈** 08:00~22:00 **요금** 2인 100~200元 **홈피** www.wagas.com.cn **전화** (021)3366-5026 **지도** MAP p3-B1

호주계 캐주얼 레스토랑. 상하이 초창기에 가벼운 서양요리와 커피를 전파시킨 전설적인 곳이다. 와가스 성공 이후 상하이외 중국 전역에 분점을 오픈했고 베이커 앤 스파이스 등 다른 브랜드 레스토랑들도 성공적으로 오픈했다는 놀라운 사실은 아는 사람은 모두 알 정도로 유명.

호주계 레스토랑이다 보니, 영어로 주문하는 게 자연스러워 중국어와 한자 울렁증이 있는 사람들에겐 더욱 반갑다. 가볍게 들러 커피와 빵, 샌드위치 등으로 끼니를 때우거나 쉬어 가기 좋고 이른 시간에 아침을 먹기에도 그만이다. 가난한 배낭여행자들도 부담 없이 즐길 수 있는 가격대라 그야말로 상하이 아침 스폿의 꽃이라 할 수 있겠다.

시간대별로 아침세트, 런치박스, 브런치를 저렴하게 즐길 수 있으며, 단일 메뉴도 훌륭한 편이다. 특히, 점심 이후 판매하는 파스타는 꼭 맛보길 추천한다. 카페 메뉴라면 상하이에서 가격대비 맛이 뛰어난 커피, 일리 illy로 만든 아메리카노나 카페라테가 괜찮다. 시내의 주요 지역에 분점이 있기 때문에 찾기도 쉽다. W마크를 보면 반가워진다.

와가스 분점

· 난징시루 우장루점 上海市 吴江路 169号 四季坊1层 MAP p.5-B1
· 중산공원 롱지몽점 上海市 长宁区 1018号 龙之梦购物中心 MAP p.17-B2

란정찬청 蘭亭餐厅 란팅찬팅

위치 지하철 1·2·8호선 인민광장역 15번 출구에서 도보 5분 **주소** 上海市 黄浦区 西藏中路 180号 1F **오픈** 11:00~14:00, 16:30~22:00 **요금** 2인 150~200元 **전화** (021)5306-9650 **지도** p2-B2

상하이 시내의 대표적인 노포 老鋪 중 하나인 란정찬청이 난징동루 구역으로 이전했다. 오랜 기간 현지인들의 사랑을 받던 로컬식당의 이전 때문에 신천지에 살던 사람들에게는 탄식이 터져 나왔다고. 이전한 곳은 골드만삭스 빌딩 1층인데 임대료가 상당할 것으로 추정되지만 요리 가격은 많이 오르지 않아 다행이다. 여전히 동네 직장인들의 성지 같은 곳이라 점심시간에는 긴 줄을 감수해야 한다.

가장 인기 있는 메뉴는 《찌구짱 鸡骨酱》이다. 중산층이 돼지고기 간장 졸임인 훙샤오로우를 먹었다면, 지구짱은 닭으로 만든 훙샤오로우라고 보면 된다. 한국으로 치자면 곰탕 사먹을 돈이 없던 서민들이 먹던 닭곰탕같은 개념인데, 양념이 촘촘히 베인 연한 닭고기가, 돼지고기와는 또 다른 풍미를 보여준다. 이외에도 돼지갈비 탕수육인 《탕추파이티아오 糖醋排条》, 돼지갈비 튀김에 소금간만 약하게 한 《자오옌파이티아오 椒盐排条》가 인기 메뉴. 상하이 요리집답게 전체적으로 음식이 달콤한 편이다.

• **간편 메뉴** 鸡骨酱 상하이식 닭 간장 조림 36元, 麻婆豆腐 마파두부 22元, 油爆虾 새우 간장 볶음 48元, 红烧肉 훙샤오로우, 상하이식 돼지고기 찜 36元, 糖醋排灸 돼지갈비 탕수육 34元

바 루즈 Bar Rouge

위치 지하철 2·10호선 난징둥루 南京東路역 3번 출구에서 도보 10분 **주소** 上海市 中山東一路 18号 外滩 18号 7F **오픈** 목~토 18:00~04:00, 일~수 18:00~02:30 **요금** 입장료 100元(목·금요일 무료)+음료 **전화** (021)6339-1199 **홈피** www.bar-rouge-shanghai.com **지도** p3-C1

까르띠에 cartier 매장이 있는 곳으로 유명한 와이탄 18호에 위치한 오픈 테라스 바. 플레어가 푸둥 쪽의 진리라면, 바 루즈는 와이탄 쪽에서 전망을 즐길 수 있는 바의 진리다.

라운지 바 같은 느낌에 클럽처럼 입장료를 내고 입장하는 방식. 입장료에 음료는 포함되지 않는다. 늦은 밤이면 댄서들이 나와 봉춤을 추며 분위기를 고조시킨다. 플레어와 마찬가지로 실내와 실외로 나눠져 있는데, 역시 테이블 당 1,500元을 호가하는 테이블 차지가 붙는다. 방법은 바에 앉아 음료를 주문한 뒤 테라스로 들고 나와 나만의 스탠딩 파티를 즐기는 것. 강 건너로 보이는 푸둥의 마천루가 마치 외딴 섬 같아 보이는 묘한 느낌을 연출한다.

캡틴 바 Captain Bar

위치 지하철 2·10호선 난징둥루 南京東路역 3번 출구에서 도보 8분. 선장청년주점 6층 **주소** 上海市 黃浦区 福州路 37号 **오픈** 월~목 17:00~02:00, 금~일 11:00~02:00 **요금** 2인 160元~ **전화** (021)6323-5053 **지도** p3-C2

캡틴 호스텔 옥상에 있는 오픈 바. 와이탄의 바들이 모두 고급여행자나 레지던시들을 위한 공간인데 비해, 캡틴 바는 배낭여행자들의 정서가 살아 있는 오픈 테라스 바라는 게 장점. 굳이 복장을 갖출 필요도 조용히 말할 필요도 없는 자유분방한 분위기가 최고의 어필 포인트다. 제한적인 전망이지만, 푸둥의 마천루를 감상하는 데는 부족함이 없어 보인다. 야경을 감상할 수 있는 테라스 석은 미니멈 차지가 있는데 성수기를 제외하고는 손님이 많지 않은 편이라 바에 자리를 잡고 자유롭게 오갈 수 있다.

뷰 바 VUE Bar

위치 지하철 12호선 国际客运中心역 3번 출구에서 도보 10분 **주소** 上海市 虹口区 黄浦路 199号 上海外滩茂悦大酒店 32F **오픈** 일~수 17:30~01:30, 목~화 17:30~02:30 **요금** 입장료 110元 **전화** (021)6393-1234 **지도** p3-C1

하얏트 와이탄 호텔 옥상에 있는 레스토랑 겸 바. 와이탄과 푸동의 풍경을 동시에 즐길 수 있는 환상적인 위치를 선점하여 핫한 곳으로 주목받고 있다.

입장료로 110元을 받고 있는데, 그만큼 음료(혹은 맥주)로 교환해주기 때문에 그리 부담하다는 느낌은 들지 않는다. 31층은 사방 통유리로 된 실내고 32층이 오픈 구역이다. 전망을 볼 수 있는 테이블은 2,000~3,000元가량의 미니멈 차지가 요구된다. 테이블을 사지 않아도 32층 내에서 돌아다니는 건 자유. 즉 술잔을 들고 다니거나, 전망이 없는 뒤쪽에 앉는 건 자유다. 바 한가운데는 발만 담글 수 있는 온수 자쿠지가 있어, 바깥 공기를 쐬며 족욕(?)을 즐길 수도 있다.

맥주부터 칵테일, 와인까지 음료 리스트가 다양하다. 요리의 경우 안주로 먹을 수 있는 네트 종류나 햄버거 같은 가벼운 스낵 위주를 주문할 수 있다. 풍경 하나만 본다면 상하이에서 단연 톱 레벨. 강력 추천.

• **간편 메뉴** Roast mIxed nuts(250g) 믹스 너트 95元, Seaweed potato wedges, wasabi mayonnaise 김맛 웻지 감자, 와사비맛 마요네즈 95元, Battered Squid, black pepper, mango-tomato chutney 스리랑카식 매콤 오징어볶음, 망고토마토 차트니(인도식 케첩) 120元

올드 재즈 밴드 Old Jazz Band

위치 지하철 2·10호선 난징동루 南京东路역 7번 출구에서 도보 7분 **주소** 上海市 黄浦区 南京东路 20号 和平饭店 1F **전화** (021)6321-6888 내선6210 **오픈** 18:00~02:00(재즈 공연 화~토 18:30~21:45, 일~월 18:30~01:00) **요금** 300元(1인당 미니엄 차지) **지도** p3-C1

클래식 호텔로 유명한 화평빈관 1층에 자리 잡고 있는 재즈 밴드. 6명인 연주자의 평균나이가 77세로 〈부에나 비스타 소셜 클럽〉의 중국판을 연상시켰다.

페어몬트 호텔 그룹이 화평반점을 인수해 리모델링 할때 1985년생인 젊은 재즈 뮤지션 데오 크로커 Theo Croker를 영입 '더 재즈 밴드'로 이름을 바꾸었다. 노년 연주자들의 노련한 연주가 관객과 어우러지는 편안한 무대에, 유명한 상하이곡 레퍼토리를 보여주는 여성보컬이 추가됐다.

옛 화평반점의 향수에 심취하고 싶은 올드팬들은 역시 노년 뮤지션들의 공연을 선호한다. 노인이다보니 가끔 색소폰 소리가 거칠어지는 불상사가 발생하긴 하지만, 재즈에 대한 애정만큼은 다들 대단하기 때문.

분위기가 무르익으면 관객들도 적당히 취해 무대로 뛰어나가 블루스를 추기도 한다. 단, 1인당 소비해야 하는 요금이 계속 인상되며 방문을 고려하기에 이르렀다. 사람에 따라 호불호가 갈리기도 한다.

팝 바 POP Bar

위치 지하철 2·10호선 난징동루 南京东路역 3번 출구에서 도보 12분 **주소** 上海市 黄浦区 中山东一路 3号, 7F **전화** (021)6321-0909 **오픈** 11:00~23:00 **요금** 칵테일 90~100元 **지도** p3-C2

와이탄 3호에 자리 잡고 있는 야외 테라스 레스토랑 겸 바. 별도의 초고가 테이블 차지가 없어 일찌감치 자리 잡고 식사와 야경 감상, 한 잔까지 곁들이려는 여행자들이 몰려드는 곳이다. 요리의 수준에 대해서는 평이 좀 분분한 편이지만, 케이크 같은 디저트에 대해서는 호평 일색이다. 평일 저녁이라면 피크 타임 때만 피하면 야외 테이블에 앉을 가능성이 꽤 높다. 물론 언제 테이블 차지를 신설할지 모른다. 전망은 바 루즈에 비해 전혀 손색이 없는 와이탄 최고 수준이지만, 상대적으로 합리적인 가격 덕분에 중국인 여행자들의 비중이 좀 높은 편. 서비스 수준도 상대적으로 낮다. 분위기를 비교하자면, 바 루즈는 음악이 클럽 수준으로 시끄러운 대신 손님들이 얌전한 편이고, 뉴 하이츠는 음악 톤은 조용한데, 손님들이 시끄럽다.

도원향 桃源乡

위치 지하철 2·10 8호선 난징동루역 1·4번 출구에서 도보 5분, 소피텔 건물 4층 **주소** 上海市 黃浦区 南京东路 505号 海仑宾馆 4F **오픈** 11:00~01:00 **요금** 중국식 지압마사지(60분) 228元, 중국식 발마사지 178元(60분) **전화** (021)6322-6883 **지도** p3-B2

난징동루에서 몇 안 되는 추천할 만한 마사지 숍이다. 사실 유명 관광지 바깥으로 나가면 마사지 요금은 확연하게 저렴해지지만, 마사지만을 위해 나갈 수도 없는 일. 하지만 난징동루 주변은, 남자 혼자 어슬렁거리면 대놓고 매춘 호객을 하는 등 분위기가 좋지 않다. 그러므로 건전하게 발 마사지를 받고자 하는 여행자에게 어디가 어디인지 구분이 안 된다는 건 가장 큰 단점.
도원향은 일본인이 운영하는 마사지 체인점인데, 최소한 바가지 요금과 성의 없는 마사지사에 대해 걱정은 하지 않아도 되는 곳이다. 그리고 인민광장역과 난징동루역 중간에 있기 때문에 오가며 들르기 좋고, 찾기도 그리 어렵지 않다. 마지막으로 도원향은 마사지사의 실력과 숙련도를 ★로 표시하고 있다. 즉, 조금 더 오래된 선수의 마사지를 받을 수도 있다는 것. 물론 가격도 더 비싸진다. 일본인다운 서비스라는 느낌. 난징동루, I ♥SH 지오다노 건물 옆에 있는 古象大酒店(九江路 595号 古象大酒店 5楼)5층에도 분점이 있다.

상하이 스마오 광장 上海世茂广场

위치 지하철 1·2·8호선 인민광장역 19번 출구로 나오면 오른쪽에 있다. **주소** 上海市 黃浦区 南京东路 829号 **오픈** 일~목 10:00~22:00, 금·토 10:00~23:00 **전화** (021)3313-4718 **지도** p2-B2

요즘 백화점들은 이런저런 이벤트를 개최하거나, 그 백화점에서만 만날 수 있는 브랜드를 독점하는 방향으로 고객들을 유치한다. 지금 소개하는 상하이 스마오 광장은 그런 점에서는 상하이 최고라고 할만한 집. 2년간 거대자금을 투자해 새롭게 리모델링하면서 세계 최고, 중국 최고 타이틀을 단 브랜드를 대거 유치했다. 내년엔 키티랜드를 오픈할 계획이라고. 볼거리로 분류해야 하는 건 아닌지 꽤 고민한 쇼핑 명소다.

레고랜드 LEGO LAND

자, 두근거려보자. 아시아에서 단 둘뿐인 레고 플래그십 스토어다. 무려 두 개 층, 585㎡ 넓이의 공간을 점유하고 있다. 상하이의 스카이라인을 레고로 꾸미려는 야심찬 계획에는 무려 400만개의 레고 블록을 사용해서 19,000시간 동안 만들었다고 한다. 보다 보면 모자이크로 구성된 거대한 그림을 감상한 것 같은 느낌이 든다.
아이들도 좋아하지만, 레고를 좋아하는 데엔 애, 어른이 없는지라, 키덜트들에게도 여기는 성지다. 게다가 중국 한정판 레고가 있다는 건 꽤 반가운 소식. 중국의 설 전통 놀이인 용춤부터 상하이의 가정 생활까지 우리가 알던 레고의 영역이 한층 더 넓어진 느낌이다. 2층에 걸쳐 세운 거대한 동방명주 레고는 많은 방문객들이 탐내는 사진 포인트다. 다만, 한국과 비교해 가격 메리트가 거의 없다는 건 슬픈 일이다.

엠엔엠즈 월드

단추 모양의 작은 초콜릿 볼, 엠엔엠즈의 제품을 파는 플래그십 스토어. 상하이의 엠엔엠즈 월드는 세계 다섯 번째이자 아시아 유일의 매장이다. 원래는 1997년 미국의 라스베이거스에 일종의 프로젝트 숍으로 오픈했는데 이내 대박을 치고 전세계로 확장하는 모양새다. 지금이야 흔하지만 엠엔엠즈가 처음 나왔을 때만해도 초콜릿을 사탕으로 감싸고, 개당 0.91g, 4.7kcal짜리 제품을 만든 건 혁신이었다. 짬짜면처럼 사탕과 초콜릿을 먹고 싶은 모든 사람에게 어필 할 수 있었던 것. 화려하게 꾸며놓은 매장을 둘러보며 세상의 온갖 엠엔엠즈를 구경하는 건 꽤나 재미있는 일이다.

나이키 하우스 오브 이노베이션 Nike House of Innovation

나이키 마니아들의 성지이자 놀랍게도 전 세계 1호점이다. 2호점이 뉴욕이니 중국의 위상을 느끼기에도 그만인 곳. 총 4개 층에 걸친 나이키 전문매장인데, 기본 콘셉트는 디지털과 결합된 리테일 숍의 표준을 제시하는 것이다. 지하에는 각종 센서가 연동된 Nike Expert Studio도 있는데 정말 별 걸 다 측정할 수 있다.
가격은 비싸지만 나만의 나이키를 주문 제작할 수 있다는 점도 여기에서만 할 수 있

는 특별한 경험이다. 나이키를 위한 작은 박물관이자 세상에서 제일 큰 나이키 매장이라고 생각하면 된다. 여기에는 나이키 조던도 포함된다. 스포츠 웨어는 어디까지 진화할 것인가에 대한 궁금증이 증폭되는 곳인데, 마치 놀이동산처럼 정말 잘 꾸며놨다. 스태프를 통해 바로바로 결제가 되는 시스템이라 구경 좀 하다 보면 어느새 지름신 내린 자신을 볼 수 있다. 정말 사람 홀리는 곳이다.

블루 상하이 화이트 海上青花 Blue Shanghai White

위치 지하철 2·10호선 난징동루 南京東路역 2번 출구로 나와 와이탄까지 걸어간 후, 중산동이루 中山東一路에서 우회전. 세 번째 블록에서 다시 우회전해 조금 들어가면 맞은편에 보인다. **주소** 上海市 黃浦区 福州路 17号 **오픈** 10:00~19:00 **요금** 머그잔 50元~, 1인다기 100元~ **전화** (021)6323-0856 **홈피** www.blueshanghaiwhite.com **지도** p3-C2

중국 도자기의 산실인 징더전에 가마를 보유하고 있는 자기 제품 전문점. 편하게 사용할 수 있는 머그컵이나 다기, 차 주전자 같은 생활 소품을 주로 판매하는 곳이다. 블루와 화이트라는 가게 상호처럼 대부분의 자기들은 상당히 절제된 정갈한 느낌. 100% 핸드 메이드 제품으로 예쁜 자기 찻잔과 자기 머그잔 등을 찾는다면 한 번쯤 들러볼 만하다.

상하이 장소천도전총점
上海張小泉刀剪总店 상하이장샤오취안다오젠쭝뎬

위치 지하철 2·10호선 난징동루 南京東路역 1·4번 출구에서 도보 5분 **주소** 上海市 黃浦区 南京东路 490号 **오픈** 09:30~21:30 **요금** 20~250元 **전화** (021)6351-0479 **지도** p2-B2

1911년 처음 문을 연, 100년 전통의 칼과 가위 전문점. 100년 전이나 지금이나 담금질과 풀무질을 거쳐 탄생한 육중한 쇠칼의 느낌은 남다르고 특별하다. 넓적한 중화 칼부터 가정용 요리 칼, 손잡이의 세각이 아름다운 재단사용 금장 가위는 물건 하나에 100년의 세월이 아로새겨진 느낌이다. 미혼 여행자들보다는 기혼 여행자들에게 관심이 있을 법한 아이템이지만, 호기심 삼아서라도 들어가볼 만하다. 이 집의 명성은 점내에서 늘 우글대며 내 칼 먼저 계산해달라고 소리치는 중국인들의 음성에서도 확인할 수 있다.

래플스 시티 來福士广场 라이푸스 광창 Raffles City

위치 지하철 1·2·8호선 인민광장 人民广场역 15번 출구에서 연결된다. **주소** 上海市 黃浦区 西藏中路 268号 **오픈** 10:00~22:00 **전화** (021)6340-3333 **홈피** www.rafflescity.com.cn **지도** p2-B2

싱가포르 계열의 대형 백화점. 널찍한 매장 배치와 최신 유행의 브랜드 입점. 괜찮은 가격대의 부설 레스토랑으로 인해 상하이 신세대들은 물론 외국인들까지도 난징동루 일대에서 가장 괜찮은 백화점으로 인식하고 있다. 고급 여행자들을 위한 명품보다는 손쉽게 접근할 수 있는 캐주얼이 다수를 이룬다. 외국인 여행자들에게 래플스 시티가 각광받는 가장 큰 이유는 빠방한 레스토랑 군이다. 싱가포르 육포 전문점인 비청향 美珍香을 비롯, 홍콩에서 온 과자집 기화병가 奇华饼家, 중국인들의 아침으로 인기 있는 지엔빙 전문점인 仰望包角布, 햄버거집 칼스 주니어, 생과일주스 전문점인 매일신선과일바 每日新鲜水果吧, 가유호면, 릴리안 케이크 숍, 항려찬청 港丽餐厅, 남소관 등이 모두 래플스 시티에 몰려 있다.

상하이 제일식품상점 上海第一食品商店 상하이디이스핀상뎬

위치 지하철 지하철 1·2·8호선 인민광장역 人民广场역 5·6번 출구에서 도보 5분 **주소** 上海市 黃浦区 南京东 720호 **오픈** 09:30~22:00 **전화** (021)6322-2777 **지도** p2-B2

1926년 개업한 식품 전문백화점. 상하이 최대 규모의 식품 상점으로 2012년 대대적인 리모델링을 거치며 현대적인 모습을 가미해 새롭게 오픈했다. 특히 중국 전역에서 나는 다양한 식품을 판매하는 2층과 맛집과 카페 등이 포진되어 있는 2, 4층으로 인해 365일 사람들의 발길이 끊이지 않는다. 상하이 특산품과 전통과자, 기념품과 선물을 구입하기 좋다. 3층에는 난상만두, 소양생전 등 맛집들도 입점해 있다.

상하이 쑤저우 코블러스 上海 Suzhou Cobblers

위치 지하철 2·10호선 난징동루 南京东路역 3번 출구에서 도보 10분 **주소** 上海市 黃浦区 福州路 17호 **오픈** 10:00~18:00 **요금** 실크 손지갑 250~480元, 실크슈즈 300~460元 **전화** (021)6321-7087 **홈피** www.suzhou-cobblers.com **지도** p3-C2

중국풍의 패션 액세서리 전문점. 실크 자수의 최고봉이라 일컫는 쑤저우의 장인들이 한 땀 한 땀 수놓은 매혹적인 아이템들이 가득한 곳이다. 손수건부터 치파오까지 다양한 아이템들을 선보이고 있는데 신거나 들기에는 왠지 아까워 보이는 수작들이다. 당연히 100% 핸드 메이드. 일일이 수를 놓기 때문에 하나의 제품을 만들기 위해 소요되는 시간은 우리의 예상보다 훨씬 길다고 한다. 부담스러운 가격임에는 분명하지만 형형색색의 비단에 아로새겨진 새, 물고기, 꽃 등의 자수를 보다보면 나도 모르게 지갑을 열고 만다. 특히 중국풍 플랫슈즈 마니아라면 꼭 한번 꼼꼼히 체크해볼 만한 집이다. 규모는 그리 크지 않은 편.

AREA 02

인민광장과 난징시루

난징루 南京路의 서쪽 길. 과거 조계 시절 경마장으로 명성을 날렸던 인민광장부터 난징시루의 끝 정안사 静安寺까지의 구간이다. 와이탄 外滩과 난징동루 南京东路가 가급적 과거의 풍경을 크게 훼손하지 않고 개발되었다면, 난징시루는 과거의 건물은 많이 헐리고 1980년대 이후 개혁, 개방의 와중에서 새로 조성된 현대풍의 거리이다. 육중하게 자리 잡은 유수의 백화점과 쇼핑센터에서는 난징시루를 세계 최고의 명품 거리로 만들겠다는 상하이 시 정부의 야심이 느껴진다.

점심 나절, 이 일대에서 순식간에 쏟아져 나오는 상하이의 넥타이 부대들은 이곳이 현지인의 일상과 유리된 와이탄 일대와는 또 다른 매력이 있음을 말해준다. 현대식 고급 호텔과 쇼핑센터 위주라서 볼거리의 매력은 떨어지는데, 그 빈 곳은 인민광장이 메워주고 있다. 중국의 역사를 한눈에 볼 수 있는 상하이 박물관, 상하이 비엔날레의 주 무대인 상하이 당대 예술박물관, 다양한 문화 공연이 펼쳐지는 상하이 대극장, 상하이의 눈부신 발전을 한눈에 볼 수 있는 상하이 도시계획전시관이 한데 모여 있는, 문화도시 상하이의 내음을 느낄 수 있는 가장 중요한 지역 중 한 곳이다.

 지하철
1·2·8호선 환승역인 인민광장人民广场역과 2·7호선 정안사 静安寺역, 2·12·13호선 난징시루 南京西路역이 난징시루를 통과한다. 난징시루의 서쪽 끝인 정안사에서 인민광장을 거쳐 난징동루, 와이탄까지 걷는다면 1시간~1시간 20분이 소요된다.

 버스
난징시루를 통과하는 버스는 의외로 많지 않다. 정안사와 인민광장 쪽 버스정류장이 가장 붐비는데, 인민광장 쪽은 버스정류장이 분산되어 있어 현지인도 헤매곤 한다. 지하철 울렁증이 있는 게 아니라면 버스를 굳이 탈 필요는 없어 보인다. 단, 와이탄에서 출발한다면 九江路中山东一路 정류장에서 출발하는 20번 버스가 편리하다.

Check List

보자
상하이 자연 박물관 규모와 재현도가 뛰어나 공룡이 살아서 움직일것 같다 p164
상하이 현대미술관 MOCA Shanghai는 앞서 가는 전시를 개최 p170
난징시루 현지인들의 쇼핑 1번지. 많은 백화점과 플래그십스토어가 가득 p179

먹자
가가탕포 상하이 제일의 샤오롱바오 p183
호소반 매콤하고 화끈 마라롱샤의 맛에 빠질 수 있는 곳 p184
해저로워궈 중국 최고 인기 훠궈 전문 레스토랑 p186
마담 주의 키친 현지 주거민 흉내내며 쓰촨요리와 카오야를 먹어보자 p187

사자
산쯔쑹스 고퀄리티로 인기 있는 산쯔쑹의 견과류 쇼핑. 현재 유일한 오프매장 p193
당병가 귀국 선물로 인기 p193
릴 백화점 맛집과 핫한 쇼핑 스폿 p195
징안 케리센터 맛집과 쇼핑몰이 한데 어우러진 종합선물세트, 백화점 p195

인민광장과 난징시루 이렇게 여행하자

Route Guide

❶ 상하이 자연 박물관

도보 5분

❷ 인민공원

택시 6분

❸ 황허루 미식가·우장루 미식가

도보 5분

❹ 스타벅스 리저브 로스터리 + 산쯔쑹스

지하철+도보 10분

❺ 정안사

여행 방법

난징시루는 상하이를 대표하는 쇼핑, 맛집, 백화점 밀집 지역이다. 관광을 위한 볼거리는 인민광장에 집중적으로 몰려 있다. 전형적인 관광지를 보고 빠져나올 요량이라면 인민광장 주변에만 머물러도 된다. 와이탄→난징둥루→인민광장으로 연결되기 때문에 연계해서 관광 일정을 잡는 것이 시간적으로 효율적이다.

상하이 자연 박물관 上海自然博物馆 상하이쯔란보우관
shàng hǎi zì rán bó wù guǎn Shanghai Natural History Museum

가족 ★★★★★
커플 ★★★★★
사진가 ★★★★★

위치 지하철 13호선 자연박물관역 自然博物馆역 1번 출구에서 도보 5분 또는 지하철 2·12·13호선 난징시루 南京西路역 2번 출구에서 도보 10분(약 800m) **주소** 上海市 静安区 山海关路 399号 **오픈** 화~일 09:00~17:15 **휴무** 월요일 **요금** 30元(학생 12元, 신장 130cm이하 어린이 무료) **전화** (021)6862-2000 **지도** p5-B1

2015년 4월에 새롭게 문을 열었다. 옌안루에 있던 구관에 비해 무려 9배 크기의 확장. 전 세계적으로 유명한 뉴욕 자연사 박물관의 절반 크기인 45,000㎡지만 아시아에서는 최대 규모다. 다슬기에서 모티브를 따왔다는 특이한 외관은 지속가능한 디자인의 가능성을 주장하는 미국회사 퍼킨스 윌과 상하이 통지대학 同济大学 디자인부의 작품이다. 전시관은 총 5개 층에 걸쳐 있는데, 가장 인기 있는 층은 공룡 등 고대 생물들의 모습을 재현한 L1과 B1이다.

전시관외에 아이들이 좋아할 만한 다양한 3D영화를 상영 중인데, 별도의 요금을 내야 함은 물론, 박물관 홈페이지를 통해 인터넷 예약만 가능하다. 즉 언어의 한계에다 중국어 예약의 어려움까지 동반한터라, 전시관 외의 부대시설에 대한 설명은 생략했음을 밝힌다.

우주의 탄생 起源之谜 Mysterious Beginning

빅뱅이론에 기반을 둔 우주의 탄생부터, 생명이 어떻게 시작되었는지를 알려주는 전시관이다. 전시물 자체보다는 인터랙티브 터치스크린을 조작할 일이 많다. 빅뱅, 별의 탄생, 태양계의 구성에 대해서 3차원 그래픽 기법을 이용해 잘 설명했지만, 한 팀씩 기계를 조작할 수 있게 한 덕에 대부분 긴 줄에 지쳐 지나치는 경향이 있다. 음성은 중국어지만,

캡션의 경우 영어도 병기하므로 부모가 이해한 후, 아이들에게 설명해 줄 수 있다. 후반부는 근대 과학 발전사를 짧게 언급하고 있다. 케플러와 뉴턴이 천체를 관측하던 망원경의 모조품을 볼 수 있다.

생명의 강 生命长河 River of Life

상하이 자연사 박물관을 대표하는 전시실 중 하나로, L1층 전체를 점유하고 있다. 지구에 생명체가 등장한 이래, 시기별로 어떤 생명체가 탄생했으며 그들이 점령했던 지구의 모습은 어땠는지를 보여주고 있다. 당연히 중생대 시기의 주인공인 공룡 모형들이 아이들을 열광의 도가니 속으로 빠뜨린다. 거대한 수룡과 함께 전시된 고래는 각각 중생대와 현생대에서 가장 컸던 동물의 크기를 비교하고 있다. 육식공룡 티라노사우루스는 내부 기계 장치에 의해 괴성(?)을 지르며 움직이기까지 한다.

중생대를 지나 신생대로 넘어오면, 현재 우리가 볼 수 있는 동물의 모습이 보인다. 린네의 생물 분류 기준으로 굳이 따지자면 종 Species 그리고 과 Family 사이에서, 일반인들이 이해하기 쉬운 구분법에 따라, 사슴은 사슴끼리, 양은 양끼리, 고양이과 맹수들은 또 그들대로 그룹을 만들어 전시하고 있다. 검호나 매머드 같은 신생대 초기의 거대 포유류도 별도의 전시공간을 할애하고 있어, 아이들을 기쁘게(?) 하고 있다. 꼼꼼히 둘러본다면 여기서 한두 시간 보내는 건 일도 아니다.

진화의 길 演化之道

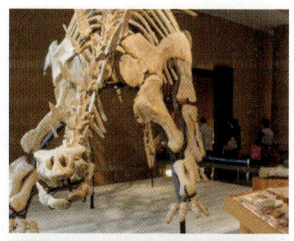

생명의 강이 모형과 박제의 세계였다면 진화의 길은 화석의 세계다. 전시관은 생물의 진화 순서에 따라 시간대별로 구성된 작은 갤러리로 다시 구분된다. 다른 전시관에 비해 멀티미디어를 적극적으로 활용하고 있는데, 이를테면 도표나 사진 몇 장으로 봐서는 재미없기 그지없는 수상생물이 육상으로 올라오게 된 과정 같은 건 말을 몰라도 이해할 수 있을 정도로 재미있게 꾸며두었다. 아이들이 좋아하는 공룡은 물론 여기에도 있다. 화석의 종류도 다양하고, 화석을 근거로 공룡의 근육 등을 재현해 놓은 코너도 재미있다.

의외로 눈여겨 볼만한 것들은 식물의 화석. 마치 책갈피에 꽂아놓은 꽃잎을 보는 느낌. 신생대 초기의 것으로 보이는 꽃잎 화석은 사람을 홀릴 정도로 아름다워. 마치 과거로부터 보내온 편지를 받은 기분이다. 진화의 길, 마지막 코너는 인간이다. '유인원으로부터 인간에게 从猿到人 From Ape to Human'이라는 이름의 전시관은 찰스 다윈에게 헌정되었다.

미래로 가는 길 未来之路 Future Pathways

진화의 길에서 미래로 가는 길 사이의 회랑 벽에는 흑백으로 만든 생물들의 그림이 연도와 함께 적혀 있다. 미래로 가기 위해 꼭 알아야 하는, 때로는 인간의 무지에 의해, 때로는 탐욕에 의해 멸종당한 생물들을 위한 장중한 추도사다.

1860년을 장식한 새의 이름은 도도 Dodo다. 아프리카의 모리셔스 섬에 있던 날지 못하는 새였다. 모리셔스 섬에는 도도새를 이길 수 있는 포식자가 없었기에 몸길이 1m의 도도는 날개가 퇴화해 버렸다. 대항해 시대, 포르투

갈인에 의해 도도새는 발견됐고, 인간으로부터 발견된 지 180여 년 만에 완벽하게 멸종했다. 1700년에 멸종한 새는 흔히 코끼리새라고 하는, 타조보다 훨씬 큰 높이 2.5~3m가량의 역시 날지 못하는 새였다. 연대표는 계속 이어진다. 불과 최근인 2002년에도 세계 3대 민물 고래 중 하나인 양쯔 강 돌고래가 멸종했다. 여기까지가 인류가 만든 현재다.

미래로 가는 길 전시관의 첫 번째 항목은 인구다. 74억의 인구, 매일 17만 명이 태어나고 7만1천 명이 죽는다. 인간의 수는 많아지지만, 종의 다양성은 사라진다. 이제는 식물조차 인간의 경제활동에 도움이 되는 종만 살아남는다. 전시관은 작지만, 메시지는 무겁다. 흔히 미래를 말하면 언제나 밝은 이야기뿐이지만, 자연사를 다루는 박물관이 바라보는 미래는 어둡다. 결국 우리의 몫이다.

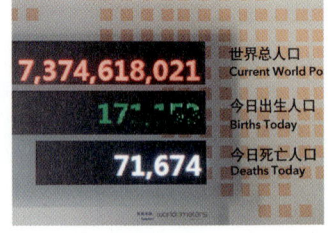

상하이 이야기 上海故事 Shanghai Environs

B2M층에 있는 부록 같은 전시관. 말 그대로 상하이에 서식하는 생물들을 전시하는 곳이다. 온통 회색빛 도시인 상하이에 이렇게 많은 생물들이 살고 있다는 게 한편으로 대견스럽고, 어떤 면에서는 걱정스럽다. 노랫말에 나오는, 제비가 돌아가는 강남이 바로 상하이 일대다. 그래서인지 철새가 정말 많다. 물론 제비도 있다.

발굴 체험실 探索中心 Exploration Labs

단체관람 온 청소년과 어린이들을 위한 시설이다. 중국인 지도강사에 지시에 따라 발굴 현장을 체험할 수 있는 코너. 사전 예약을 해야 하기 때문에 외국인에게는 그림의 떡일 가능성이 크다.

지구의 보석들 大地探珍 Earth Treasures

주기율표를 이렇게 외우게 했다면, 지구의 암석에 대한 이만한 샘플이 있었다면, 화학과 지구과학 시간이 그토록 지겹진 않았을 거라는 생각이 전시실을 보는 내내 떠나지 않는 곳이다. 물이 H_2O인 건 알고, 수소 원자 두 개와 산소 원자 하나의 결합이라는 것도 알지만 이해되지 않던 사실, 혹은 머릿속에 그려지지 않던 이미지를 여기에서는 볼 수 있다.

얻어맞으면서 외웠던 주기율표의 비밀을 여기에서 처음 알았다는 비통한 울부짖음은 비단 한국인만 그런 게 아니다. 꼼꼼히 살펴보고 이해하려 한다면, 꽤 재미있는 곳이다. 그리고 그들이 결합하여 만든 지구 위의 수많은 암석. 돌과 금속이 만들어내는 원색의 아름다움은 쉽게 잊히지 않는다.

생태의 모든 것 生态万象 Ecological Diversity

여기도 아이들이 무진장 좋아하는 구역이다. 환경과 기후에 따라 다르게 서식하는 생태계의 모습을 보여주는 전시실이다. B2층에서 가장 넓은 구역인데, 특히 아프리카 전시실은 광대한 초원이 꽤 그럴듯하게 펼쳐져 있고, 극 전시실도 추운 지역의 분위기가 물씬 풍긴다. 단점을 꼽자면, 박물관의 모형들이 후반부로 갈수록, 집중도가 떨어졌는지 인형에 가까워진다는 것. 한국 동물원 테마의 모 커피숍에 놓인 동물 인형 느낌이 물씬 풍긴다. 약간 아쉽지만 거대한 스케일로 모든 게 커버된다.

화려한 생명 缤纷生命 Colorful Life

인상적인 전시실이다. 생명의 다양함을 굳이 표현하려면 어찌해야 할까? 화려한 생명 전시실은 바로 그 지점에서 출발했다. 양이라면 뿔의 모양으로, 나비라면 원색의 날개로, 새라면 부리와 발톱의 모양으로. 갤러리는 그렇게 인간의 눈으로 같은 종류라고 인지하는 모든 것을 표현해냈다. 맹금류의 갈고리 같은 발톱과 오리과의 물갈퀴는 한데 놓고 비교해보면 차이가 뚜렷하다. 이해하기 쉬운 전시 방법이지만, 이런 식으로 표현하기 위해 동원된 박제들을 보자면 사람에 따라 약간 불편할 수도 있다.

인간의 땅 人地之缘 Tied to Earth

인간의 문명을 이야기하는 코너다. 중국이다 보니 주로 중국 문명에 대한 부분들이 이야기되고 있다. 벼농사의 시작에 대해서는 디오라마로, 한자의 탄생은 동영상으로 구현하고 있다. 자기 문명에 대한 자화자찬 성격이 강하긴 한데, 보다 보면 꽤 재미있다.

정안조각공원 静安雕塑公园

약 6.5만㎡의 부지를 점유하고 있는 상하이 유일의 조각공원으로 2007년에 개장했다. 첫 느낌은 서울의 올림픽공원 내 조각마당과 비슷하다. 서울의 그것에 비해, 원색의 조각이 많다는 게 차이라면 차이. 여행자들이 굳이 방문하는 곳이라기보다는 현지 주민들의 쉼터. 산책하기 좋은 구조인 데다, 봄과 여름에는 꽃을 감상할 수 있게끔 나무를 배치해 데이트족도 즐겨 찾는다. 2015년 새로 개관한 상하이 자연 박물관이 바로 정안 조각공원 내에 있다. 자연 박물관을 갈 때 조각을 감상하는 통로(?) 정도로 이용하는 게 일반적이다.

인민광장 人民广场 런민광창
rén mín guǎng chǎng People Square

가족 ★★
커플 ★★
사진가 ★★★★

위치 지하철 1·2·8호선 인민광장역 1·2·3번 출구에서 도보 2분 **주소** 上海市 黄浦区 人民广场 **요금** 무료 **지도** p5-C1

14만 제곱미터에 120만 명이 동시에 집회를 열 수 있는 상하이에서 가장 넓은 광장. 시청을 비롯해 상하이 박물관 등 대규모의 공공건물이 밀집한 상하이 정치, 경제, 문화의 일번지다.
조계시절 인민광장 터는 경마장이었다. 영국인들이 경마에 죽고 못 사는 건 익히 알려진 일. 때문에 구 영국 식민지의 주요 특징 중 하나는 어디에나 경마장이 있다는 점. 물론 중국은 사회주의 혁명 이후, 제국주의 및 부르주아 문화 청산 차원에서 싹 밀고, 지금 보는 것과 같은 거대한 광장을 만들어 버렸다. 광장은 크게 인민공원이 있는 북쪽 구역과 박물관 등 국가 시설이 몰려 있는 남쪽 구역으로 나뉜다. 광장 주변을 동그랗게 둘러싸고 있는 고층건물군도 꽤 인상적이다.

인민공원 人民公园 런민공위엔
rén mín gōng yuán

가족 ★★★
커플 ★★
사진가 ★★★

위치 지하철 1·2·8호선 인민광장역 16·17번 출구에서 도보 2분 **주소** 上海市 黄浦区 人民公园 **오픈** 4~6월 05:00~18:00, 7~9월 05:00~19:00, 10~3월 06:00~18:00 **요금** 무료 **지도** p5-C1

인민광장 북쪽을 점유하고 있는 거대한 녹지 공원. 나무보다는 콘크리트의 잿빛이 강한 상하이 시내에서 몸과 마음의 휴식을 취할 수 있는 몇 안 되는 초대형 숲이기도 하다.
상하이 시민의 일상을 관람할 수 있다는 점에서도 인민공원의 가치는 제법 큰 편이다. 이른 아침에는 태극권 연마와 집단 댄스 강습이, 한낮에는 은퇴한 노인들이 벌이는 소소한 도박이 보는 이들의 흥미를 더한다. 특히 돈이 좀 걸린 카드나 장기판은 훈수 두는 사람들까지 장관을 이루는데, 말을 알아듣지는 못해도 보고 있으면 대충 어떤 상황인지 파악은 된다. 물론 이런 번잡함이 싫다면 그저 공원을 즐기기만 해도 좋다. 작은 호수와 잘 정비된 산책로와 제법 빽빽한 숲은 피곤한 다리를 잠시 쉬기에도 그만이기 때문. 공원 안에 있는 상하이 현대미술관을 시작으로 공원 주변에 있는 상하이 현대미술관, 상하이 대극장, 상하이 도시계획전시관을 둘러보며 휴식을 취하는 것도 좋겠다.

마녀 Say

Wanted Bride & Groom

주말, 인민공원에 북쪽 벽에는 때 아닌 벽보들이 벽을 가득 메우고, 그 주위로 마치 입시시험을 준비하는 양 펜을 든 노인들이 벽보 하나하나를 꼼꼼히 살펴보기 시작합니다. '이산가족 찾기인가?' 누구나 어리둥절할 수밖에 없는 이 풍경의 정체는 바로 신랑, 신부 구함입니다.

한국도 예전에는 그랬지만, 중국도 원래 결혼은 부모가 맺어준 짝과 하는 거였죠. 오죽하면 중국에서는 결혼이란 아들의 부인을 구하는 게 아니라 아버지의 며느리를 구하는 과정이라는 말이 있을 정도랍니다. 그리고 이런 맞선 결혼의 특징. 바로 신랑과 신부를 중계하는 중매쟁

이의 존재입니다. 세상이 변하면서 연애로 배우자를 구하는 경우가 월등히 많아졌지만, 또 다른 도시의 한편에서는 이런 식으로 신랑과 신부를 구합니다. 옆의 사진이 바로 주말 인민광장에서 펼쳐지는 풍경입니다.

자, 벽보 한 장을 볼까요?

음 남자가 신부를 구하는 내용이네요. 일단 남자의 조건이 나열됩니다.
출생은 1978년생, 키는 171cm네요. 학력은 무려 영국에서 법률을 전공해 석사 학위를 받았네요. 직업은 변호사입니다. 재산은 일단 방과 차가 있다는군요. 그리고 호적은 신 상하이인입니다.

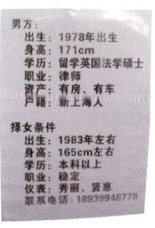

참고로 설명하자면 이 요식이 상당히 중요한데, 상하이의 경우 상하이 호적이 없으면 기본적인 복지 서비스를 받지 못합니다. 심지어 같은 직장을 다녀도 상하이 호적이 있는 사람은 4대 보험을 의무적으로 제공해야 하지만, 상하이 호적이 없는 사람은 적용되지 않습니다. 현재 상하이 인구가 2,400만 명 정도고 이중 상하이 호적을 가진 사람은 1,700만 명가량입니다. 약 700만 명은 복지 사각지대에 있는 셈이고, 이 때문에 자신의 프로필에 호적이 있는지를 표시하는 거죠.

자, 이제 그럼, 신부의 조건을 볼까요?

일단 나이는 1983년생 전후, 즉 자신보다 5살 정도 어린 여성을 찾는군요. 키는 165cm 전후, 학력은 학사학위 소지자 정도를 원하는군요. 직업은 안정적인 사람. 정규직이라는 의미네요. 이뱌오 仪表는 용모라는 뜻입니다. 용모는 수려하고, 어질고 총명했으면 한답니다. 그러면 아래의 전화번호로 연락하라는군요.

실제 필드(?)에서 보면, 이런 식으로 직거래(?)가 되는 경우도 있지만, 이런 데이터를 쥐고 있는 중매쟁이가 현장에 나와 있는 경우가 많습니다. 또는 부모들끼리 그 자리에서 만나 이런저런 조건을 비교해보기도 하죠. 중요한 건, 이 시장(?)에 결혼 당사자들은 없습니다. 이해할 수 없는 부분도 분명 있지만, 이 또한 중국의 모습이니까요.

상하이 현대미술관 上海当代艺术馆 상하이당다이이수관
shàng hǎi dāng dài yì shù guǎn MOCA Shanghai

<u>위치</u> 지하철 1·2·8호선 인민광장역 16·17번 출구에서 인민공원으로 들어가 안쪽에 있다. 도보 5~8분(연못 쪽) <u>주소</u> 上海市 黄浦区 南京西路 231号 <u>오픈</u> 10:00~18:00(전시에 따라 다름) <u>요금</u> 50元(전시에 따라 다름) <u>전화</u> (021)6327-9900 <u>홈피</u> www.mocashanghai.org <u>지도</u> p5-C1

현지에서도 줄여서 MOCA라고 부른다. 2005년 9월 상하이 출신이자, 중화권 제일의 비취 판매업 재벌인 공밍광 龚明光 Samuel Kung이 사재 2천 만元을 털어 만든 사설 미술관이다. 참고로 MOCA는 상하이 최초의 현대 미술관이자 일찌감치 비영리를 선언한 보기 드문 미술관이기도 하다.

공밍광은 2005년 이래 현재까지 미술관의 수석큐레이터를 역임하고 있는데, 사업과 특유의 수완을 발휘해 굵직굵직한 기획전을 성사시켜왔다. 덕분에 상하이에 왔다면 한 번은 꼭 방문해봐야 할 최고의 현대 미술관이 됐다. 현대 미술이 무조건 어렵기만하다는 고정관념을 깨기에도 아주 좋은 곳이다. 유리로 된 박물관 외관도 당시로서는 꽤나 파격적이라는 평을 받았다. 미술관을 놀리는 한이 있어도 자질구레한 전시는 하지 않는다는 업무 방침이라 운이 나쁘면 휴관한 상태로, 미술관 외관만 보다 올 수도 있다.

에스프리 디올 Esprit Dior

Talk

운 좋게 이번에 상하이를 방문했을 때 상하이 현대미술관에서 있었던 '에스프리 디올 Esprit Dior' 전시를 관람할 수 있었답니다. 디올의 천재적 감성을 엿볼 수 있는 전시였는데요.
디올의 손으로 창조한 초기의 스케치들이 1947년의 첫 컬렉션 NEW LOOK을 거치며, 차차 그의 천재성이 발휘 되는 과정을 주제·연대기별로 전시하고 있었습니다. 솔직히 문외한으로써 상업적으로 판매되고 있는 브랜드 디올을 모두 이해하기에는 다소 부족한 부분도 있었지만, 다양한 컬렉션을 만나볼 수 있어서 즐거운 시간을 보낼 수 있었습니다. 여권이 있다면 영어, 중국어, 불어로 된 오디오 서비스를 이용할 수 있습니다.

상하이 도시계획전시관 上海城市規劃展示館
상하이청스구이화짠시관 shàng hǎi chéng shì guī huà zhǎng shì guǎn Shanghai Urban Planning Exhibition Hall

가족 ★★
커플 ★★
사진가 ★★★

위치 지하철 1·2·8호선 인민광장역 2·3·16번 출구에서 도보 5분 **주소** 上海市 黄浦区 人民大道 100号 **오픈** 화~목 09:00~17:00, 금~일 09:00~18:00 **휴무** 월요일 **요금** 30元(학생 15元) **전화** (021)6318-4477 **홈피** www.supec.org **지도** p5-C1

도시계획의 관점으로 바라본 상하이의 변천사를 보여주는 전시관. 상하이의 탄생부터 조계 시대를 거쳐 1980년대 입안된 푸동개발계획 등 상하이가 걸어온 그 모든 것을 보여준다.
1920년대 와이탄의 풍경이나 단지 모래톱에 불과했던 푸동이 불과 30년 만에 어떻게 변했는지가 궁금하다면 상하이 도시계획전시관은 제법 흥미 있는 곳이다.
사지 자료와 단순한 모형 위주이기 때문에 학구적 흥미가 없다면 자칫 지루할 수도 있다. 상하이라는 도시 자체에 흥미가 있다면 둘러볼 만하다.

상하이 박물관 上海博物館 상하이보우관
shàng hǎi bó wù guǎn Shanghai Museum

가족 ★★★
커플 ★★★
사진가 ★★★★

위치 지하철 1·2·8호선 인민광장역 1번 출구에서 도보 7~10분, 8호선 대세계 大世界역 4번 출구에서 도보 6~8분 **주소** 上海市 黄浦区 人民大道 201号 **오픈** 09:00~17:00(연중무휴, 입장은 16:00까지. 하루 입장 8,000명 제한) **요금** 무료(특별전은 부분 유료), 한국어 오디오 가이드 60元(보증금 400元) **전화** (021)6372-3500 **홈피** www.shanghaimuseum.net **지도** p5-C1

베이징의 국가박물관 国家博物馆, 난징 박물관 南京博物院과 함께 중국 3대 박물관으로 손꼽힌다. 소장품이 200만 점을 헤아리는데 그중 엄선한 12만 3,000점을 11개 전시관에 나눠 일반에 공개하고 있다. 특히 청동기관은 중국 박물관 중 가장 다양한 소장품을 자랑하고, 인장관은 중국의 역대 도장을 모아놓은 곳으로 유명하다. 유물의 수가 워낙 많아 제대로 보려면 하루를 꼬박 투자해야 한다. 아무리 빨리 보더라도 최소 3시간은 투자해야 한다는 사실을 명심하자.
참고로, 현재 상하이 박물관은 매일 8,000명의 입장객 제한을 두고 있다. 사람이 몰리는 주말에 오후 늦게 가면 입장이 제한될 수 있다는 사실도 알아두자. 각 전시실에 대한 자세한 설명은 p260 참고.

중국고대청동관 中国古代青銅館 1층

상하이 박물관의 가장 큰 자랑거리 중 하나로 중국고대의 청동기 유물을 전시하고 있다. 석기-청동기-철기로 이어지는 시대구분 탓에 많이들 청동기시대를 석기시대 사촌쯤으로 생각하는 경향이 있는데, 중국고대청동관을 둘러본다면 그 생각은 깨진다. 기원전 18세기~기원후 3세기에 걸쳐 제작된 청동기 유물들은 장식, 완성도, 세공의 아름다움에 있어서 오늘날과 비교해도 전혀 손색이 없다.

전시한 청동기의 상당수는 술잔이다. 농경시대 초기의 술은 오늘날처럼 대중적인 음료도 아니었고, 종교적 의미에서 신성시하기도 했다. 즉 귀족들의 전유물인 청동기 술잔이 유독 많은 이유또한 당시 술은 귀족들의 음료였다는 이야기도 되는 셈이다.

◀ **대극정** 大克鼎

현존하는 가장 큰 정 鼎 중 하나로 무게 201kg, 높이가 90cm에 달한다. 참고로 정은 일종의 솥 모양을 한 제기. 중국에서 가장 오래된 왕조인 은 殷, 주 周 시대에는 권위의 상징으로 왕이나 귀족계급만 소유할 수 있었다고. 대극정은 기원전 10세기 말, 극 克이라는 이름을 가진 제후의 무덤에서 출토된 유물이다. 정 안에는 290자의 명문이 새겨져 있는데, 주나라 말기의 시대상을 엿볼 수 있는 중요한 사료적 가치를 함께 지니고 있다.

희준 犧尊 ▶

소 모양의 술통으로 상하이 박물관의 대표적인 청동기 유물 중 하나다. 1923년 산시성에서 출토됐는데, 제작 연대는 BC 6세기, 즉 춘추전국시대에 만들어졌다고. 목과 등, 엉덩이에 각각 1개씩 총 3개의 구멍이 있는데, 가운데 구멍에는 술을, 앞 뒤 구멍에는 뜨거운 물을 부어 술을 따뜻하게 덥힐 수 있었다고 한다. 소머리에 있는 코뚜레는 당시 생활사를 엿볼 수 있는 좋은 보기. 즉 이 당시에 이미 소를 농사에 사용했다는 좋은 증거다. 다양한 면에서 주목할 만한 유물임에는 분명하다.

◀ **관유작** 管流爵

폐 고물상에서 발견된 하 夏나라 말기의 수작. 무려 3600년 이상 된 유물이다. 발견 당시 이미 파손의 정도가 심해서, 술잔을 지탱하고 있는 3개의 다리는 박물관에서 만든 것이다. 데운 술을 보관하는 용기로 추정하고 있다. 한국사에서 고조선에 속하는 시기에 만들어진 유물이라 생각하면 그저 놀라울 따름이다.

중국고대조소관 中国古代雕塑馆 1층

청동관과 함께 상하이 박물관의 대표적인 전시관. 전국시대부터 명대까지 약 2,000년에 걸쳐 조성한 120여 점의 조각상을 전시하고 있다. 크게 능묘의 매장품과 불교 조각으로 나눌 수 있는데, 시대별로 구분이 되어 있어 중국 조소의 변화상을 한눈에 관찰할 수 있다. 몇몇 커다란 조각들은 유리관이 아닌 노천에 전시하고 있어 사진 찍기 좋아하는 여행자들을 기쁘게 한다.

◀ 전한 도용 前漢陶俑

전한시대에 만들어진 도용. 진시황릉의 병마용 갱처럼 옹기로 만든 사람모양의 인형을 뜻한다. 이 당시 이런 도용들은 주로 귀족이나 왕족들의 무덤에 부장재로 쓰였다. 중국 고대인들의 사후세계에 대한 인식을 엿볼 수 있다.

가섭 존자 목조 두상 ▶
迦叶木雕头像

부다의 수제자인 가섭존자 Kasiyapa의 두상으로, 목조로 만들었다. 당대에 조성됐으니 지금으로부터 무려 1100~1400년 정도 되었다는 이야기. 해인사에 있는 한국에서 가장 오래된 목조불상인 비로자나불보다 조성 시기가 약간 앞서는 편이다.

백석 반가사유상 ▶
邸广寿思惟菩萨白石油像

백석이라는 흰 돌로 만든 반가사유상. 한국에도 금동으로 만든 국보 78, 83호 반가사유상이 있는데다. 특이하게도 조성 연대마저 6세기로 한국의 그것과 거의 같은 시기라 여러모로 비교하게 된다.

중국고대도자관 中国古代陶磁馆 2층

도자기 왕국 중국의 자존심. 8,000여 년에 걸친 중국 도자기의 역사를 한눈에 보여주는 곳이다. 전시실의 규모도 1,300제곱미터로 상하이 박물관 최대 규모. 전시하고 있는 도자기의 숫자는 무려 500여 점에 이른다.

도자 陶磁는 도기 陶器와 자기 瓷器를 말한다. 도기는 우리가 찰흙놀이를 할 때처럼 다양한 모양을 붙여서 만드는 원시적인 방식. 굽는 온도도 1,000℃ 이하다. 이에 비해 자기는 원형 틀을 돌려 모양을 만들고 1,200℃ 이상의 고온에서 구워낸다. 자기가 도기에 비해 훨씬 더 정밀한 가공 및 제작 기술이 필요한 것은 당연한 일. 역사적으로도 제작 연대가 오래될수록 도기가 많고, 송대 이후로 오면 자기가 압도적으로 많다. 명·청대 황실납품 자기를 구워내던 곳으로 중국고대도자관 후반부에 있는 거의 모든 자기는 경덕진 景德鎭에서 만든 작품들이다. 참고로 송대 자기의 경우는 당시에 명성을 날리던 가마 5곳과 각 가마의 특징에 대한 이해가 필요한데, 이 책에서 다루기는 너무 광범위해 보인다.

◀ **경덕진요 분채누공선전병** 景德鎭窯粉彩镂空旋转瓶

청나라 중기, 경덕진에서 개발한 새로운 채색자기 제조법인 분채 粉彩 기법으로 제작한 자기. 분채는 과거의 채색자기보다 더 다양한 색채를 묘사할 수 있었다. 무엇보다 그라데이션이라고 할 수 있는 농담을 표현할 수 있었는데, 이는 당시로서는 획기적인 제조법이었다고 한다.

당삼채 唐三彩 ▶

당나라 시대에 만들어진 채색도기를 일반적으로 부르는 말이다. 귀족들의 장례용 순장품으로 제작되었다. 삼채라는 말처럼 세 가지 이상의 화려한 채색이 인상적이다. 몇몇 당삼채들은 중국인이 아닌 서역사람들의 얼굴이 묘사돼 있어 그 당시의 활발했던 국제교류를 보여 준다. 원색이 인상적인 도기를 감상한다는 마음으로 둘러보면 된다.

중국역대서법관 中国历代书法馆 3층

서예 애호가라면 빼놓을 수 없는 곳. 당~청대에 이르는 1,200여 년간의 서예 명품들을 전시하고 있기 때문이다. 이 중에는 왕희지 王羲之, 조맹부 趙孟頫, 소식(소동파) 蘇軾과 같이 현재까지 명성을 날리는 명필들의 서첩들도 포함되어 있다. 전시관의 규모는 약 600제곱미터, 전시 작품의 숫자는 110여 점이다.

◀ **북송 소식 행서답사민사첩권**
北宋 苏轼 行书答谢民师帖卷

북송시대의 사대가로 손꼽히는 소식의 서체. 친구에게 보내는 답장으로 그가 65세 때 쓴 글씨라고 한다. 참고로 소식은 우리에게 소동파로 알려져 있는데, 문필가이자 화가, 행정관으로 명성을 날렸던 인물. 조선시대 사대부들이 가장 흠모하던 중국 명사 중 하나였다고.

남송 조맹견 행서자서시권 ▶
南宋 赵孟坚 行书自书诗卷

남송시대의 화가 겸 서예가인 조맹견의 행서체. 일반적으로 사군자를 잘 그리는 화가로만 알려져 있는데, 최근 그의 글씨들도 재조명되고 있다. 화가 특유의 날렵한 붓 터치를 눈여겨보자.

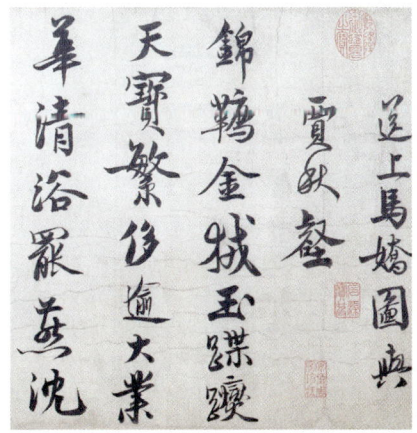

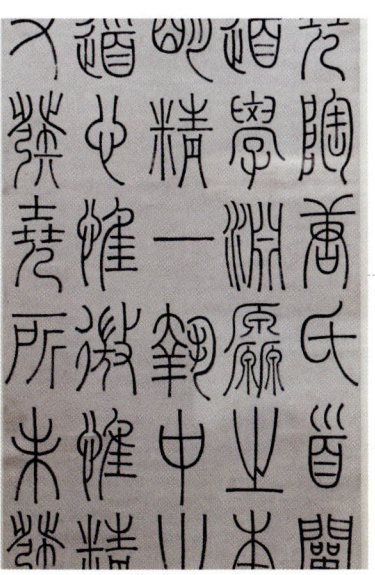

◀ **청 등염 전서축** 清 邓琰 篆书轴

한국에는 등석여, 완백선인으로 알려진 서예가. 한국 서예의 대가인 추사 김정희가 평생에 걸쳐 골몰했던 금석학 연구의 원조 격인 사람이다.
고대의 비문을 연구해 새로운 서체를 창안한 비학파의 원조이기도 한데 그가 살던 18세기에는 최고의 서예가로 추앙받던 사람이다. 한자 서체 중 가장 예스럽다는 전서의 세계에 빠져보자.

중국역대회화관 中國歷代繪畫館 3층

중국의 전통 회화인 수묵화와 채색화의 세계를 엿볼 수 있는 곳. 중국 회화의 특정 시기. 즉 당~청대에 이르는 1,300년간에 걸친 100여 점의 그림이 전시되고 있다. 단순한 선의 세계를 엿볼 수 있는 사군자의 세계부터 인도-페르시아에서 유행했다는 세밀화에 버금갈 정도로 디테일한 채색화까지 중국 회화사를 빛냈던 수많은 작품들을 감상할 수 있다. 찬찬히 둘러볼 수 있는 안목과 여유가 있다면 이 전시실 또한 단연 추천할 만하다. 아래 설명하는 작품 외에도 팔고승도권 八古僧圖券은 중국의 역대 고승 8인의 행적을 그린 일종의 서책. 눈 오는 밤, 선종의 초조 달마 達磨에게 법을 구하는 2조 혜가 慧可의 모습, 홍인 弘忍과 처음 만나 법을 묻는 혜능 慧能의 모습들이 그려져 있는데, 진리를 구하는 구도자의 비장함이 서려 있는 훌륭한 작품이다. 아쉬운 점은 중국 회화사상 불멸의 작품들로 손꼽히는 송대의 채색화가 부족하다는 것. 베이징과 항저우의 박물관과 비교했을 때 상하이 박물관에서는 이렇다 할 명작을 만나기 어렵다.

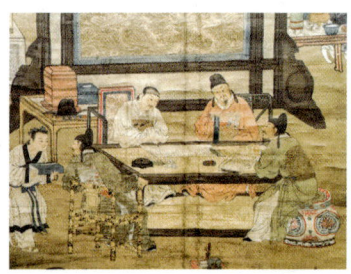

◀ 명 십팔학사도 明 十八学士图

중국 인물화의 오랜 전통적 소재인 당 태종 시절 18명의 홍문관 학사를 그린 그림이다. 학자 혹은 현자를 존경한다는 의미를 지닌 그림은 송, 명, 청대에 각각 다른 당대의 화가들이 그렸다. 가장 유명한 십팔학사도는 청나라 시절에 제작한 것인데, 현재 타이완 고궁 박물관에 있다. 상하이 박물관에 있는 십팔학사도는 명대의 화가 두근 杜菫의 작품이다.

금고승리도 琴高乘鯉图 ▶

잉어를 타고 다녔다는 신선 금고의 이야기를 테마로 한 신화도. 중국 회화에서 꽤나 인기 있는 소재 중 하나다. 그림을 그린 명대의 화가 이재 李在는 일본의 국보를 6점이나 그린 셋슈 雪舟의 스승이기도 하다. 원래 그림은 훨씬 큰데, 사진은 금고가 잉어를 타고 나타나는 모습만 찍었다.

◀ 도화쌍수도 桃花双绶图

청조 건륭제 시절 새와 물고기와 꽃 그림으로 명성을 날리던 서성 余省의 그림이다. 깃털 하나하나까지 묘사한 디테일이 일품이다.

중국역대옥인관 中國歷代玉印館 3층

중국의 독특한 예술 중 하나인 인장 예술을 모아놓은 곳. 인장을 단지 서명의 도구로만 사용한다고 생각했다면 옥인관에서 그간의 고정관념을 깰 수 있다. 황제들이 사용했던 인장들이 특히 눈에 띄는데, 화려하게 장식한 손잡이는 물론, 낙인했을 때의 미적 아름다움까지 고려한 수작들이다. 청나라 황제였던 건륭제 乾隆帝의 인장이 특히 눈에 띈다.

중국고대옥기관 中國古代玉器館 4층

옥은 고대부터 현재에 이르기까지 보석 이상의 특별한 위치를 차지하고 있는 암석이다. 옥으로 만든 다양한 장신구는 패션 액세서리 역할도 하지만, 경우에 따라 악령을 물리치는 호신이나 몸 안의 나쁜 기운을 몰아내는 건강보조도구로서의 역할도 겸하고 있다. 중국고대옥기관은 이런 중국인들의 남다른 옥사랑(?)을 확인할 수 있는 곳이다. 옥의 반투명한 성질을 활용한 얇은 술잔이나 정교하게 깎은 장식품, 심지어 주술적 의미가 있는 조각상까지 다양한 옥 작품들을 만나볼 수 있다.

명청가구관 明清家具館 4층

700제곱미터에 달하는 전시공간을 보유한 명청가구관은 말 그대로 명·청시대의 고관대작들이 사용하던 고가구들을 모아놓은 전시관이다. 섬세하게 조각한 의자나 침대 그리고 정교한 무늬가 새겨진 창틀 등을 감상할 수 있다. 청 말의 황제 광서제 光緒帝가 사용했다는 의자에 이르면 그 섬세함에 저절로 감탄사가 나오게 된다. 하지만 현대인들이 보기에 인체공학과는 상당히 거리가 먼 디자인들이 눈에 거슬리는 것도 사실.

중국소수민족공예관 中國少數民族工禮館 4층

56개에 달하는 중국 내 소수민족의 민속과 공예품 등을 전시하고 있는 곳. 600여 점 이상의 전시물들을 진열하고 있는데, 여행자들이 가장 선호하는 볼거리는 이국적인 느낌이 완연한 소수민족의 의상이다. 독자적인 문자와 풍습, 언어를 지니고 있는 소수민족들의 유물들은 다민족 국가 중국의 위상을 보여주는데 부족함이 없을 정도다. 특히 티베트계 유물은 확실히 돋보인다.

한국어 설명이 필요하시다구요?

상하이 박물관은 중국 최대 규모를 자랑하는 곳답게 한국어를 포함 무려 7개의 언어로 MP3 가이드 서비스를 시행하고 있습니다. 요금은 40元, 여기에 보증금으로 400元 또는 여권을 맡겨야 합니다. 관리가 철저하다고는 하지만 여권을 맡기는 건 위험천만. 가급적 400元을 준비하는 게 좋습니다.

MP3 가이드 기기의 대여는 남문 입구와 중국고대청동관 입구 옆에 있습니다. 잘 모르겠으면 직원에게 "录音导览服务"라는 글자를 보여주세요. 바로 안내해줄 겁니다. MP3 오디오 가이드 기기의 사용은 아주 쉽습니다. 전시된 유물 하단에 음성 마크와 함께 번호가 있다면, 해당 번호를 MP3 오디오 가이드 기기에 입력하고 플레이 버튼만 누르면 끝! 조선족 억양의 음성이 흘러나온다는 점만 제외한다면 설명은 아주 괜찮은 편이랍니다.

우장루 미식가 吴江路美食街 우장루메이스지에
wú jiāng lù měi shí jiē Wujiang Lu

가족 ★★★★
커플 ★★★★
사진가 ★★★

위치 지하철 2호선 난징시루 南京西路역 3·4번 출구, 12호선 1·2번 출구, 13호선 11번 출구에서 도보 5분 내외 주소 上海市 静安区 吴江路 요금 무료 전화 (021)6372-3500 지도 p4-B1

상하이 최대 규모의 레스토랑 거리. 상하이 청춘남녀들의 압도적인 지지를 받고 있는 곳으로, 두 블록에 걸쳐 캐주얼한 레스토랑과 카페가 가득 차 있다. 주 이용 층의 연령대가 낮다 보니 가격대도 합리적인 편. 서양식 프랜차이즈 레스토랑부터 초콜릿 전문점, 심지어 한국 스타일의 분식집까지 어지간한 요리는 모두 맛볼 수 있다. 난징시루 안쪽에 있기 때문에 오가다 들르기에도 그만. 상하이 청춘들의 데이트 풍경을 엿보기에도 더없이 좋다. 여행이란 어차피 나와 같은 삶을 사는 사람들과의 만남 아닐까?

난징시루 南京西路 난징시루 nán jīng xī lù Nanjing Xi Lu

가족 ★★★
커플 ★★★★
사진가 ★★★

위치 지하철 2호선 난징시루역과 연결된다. 주소 上海市 黄浦区 南京西路 요금 무료 지도 p4-A1, p4-B1

최초의 상하이 조계 시절, 영국인들에 의해 건설된 상업가 난징루의 서쪽 부분. 난징루의 동쪽 부분이 앞에서 언급한 번화가 난징동루다. 난징동루가 중국 최초의 보행가로 뚜벅이의 천국이자 여행자 스폿의 이미지라면, 난징시루는 고급 백화점과 명품·쇼핑 거리에 더 가까운 이미지이다. 실제로 난징시루는 일본계 백화점인 매룽진이세탄을 비롯해 플라자 66 恒隆广场, 상하이 상성 上海商城, 구광백화점 久光 같은 초창기에 지어진 백화점들과 최근에 지어진 씽예타이구후이 兴业太古汇 등의 대형 매장이 줄지어 있다. 쾌적하고 깔끔한 도회풍의 느낌을 좋아한다면 난징시루를 한 번쯤 거닐어볼 만 하다.

마담 투소의 밀랍인형관 上海杜莎夫人蠟像馆

상하이두쉬푸런라샹관 shàng hǎi dù suō fū rén là xiàng guǎn

가족 ★★★
커플 ★★★
사진가 ★★

위치 지하철 1·2·8호선 인민광장역 7번 출구에서 연결된 신세계 성 10층 **주소** 上海市 黄浦区 南京西路 2-68号 新世界 商廈 10F **오픈** 10:00~21:00(입장은 20:00까지) **전화** (021)6359-7166 **홈피** www.madame-tussauds.com **요금** 190元(학생 150元) **지도** p5-C1

어지간한 유명 도시에는 하나씩 있는 마담 투소의 밀랍인형관 상하이 지점으로 난징동루와 마주보고 있는 신세계 성 10층 전체를 차지하고 있다. 약 3m 정도만 떨어져서 보면 실존 인물과 똑같은 각계의 스타들이 기념사진을 찍으려는 여행자들을 기다리고 있다. 실존 인물이 아닌 밀랍인형이니 사진을 못 찍게 하는 보디가드도, 비싸게 구는 스타의 실제(?) 모습도 없다. 그저 스타의 포즈에 맞춰 그에 걸맞은 자세만 취하면 된다. 문제는, 상하이 사람들을 위한 지점인지라 농구선수 야오밍 같은 소위 말해 중국에서만 먹히는 스타들이 주를 이루고 있어 한국인으로서는 흥미가 반감된다 할 수 있다.

해당 인물에 대한 영어 이름 안내판이 전혀 없다는 것도 아쉬운 점이다. 장국영, 유덕화 등 중화권 스타들의 이름이야 어찌어찌 읽을 수 있다지만, 중국식 발음대로 적어놓은 외국인의 중국식 이름은 그야말로 암호 찾기 수준이다. 한마디로 말해 그다지 추천하고 싶지 않은 곳이다. 더욱이 주말에는 진정 방문을 삼가자. 줄도 서지 않는 중국인 인파 속에서 기념사진 찍겠다고 하염없이 기다리는 모습은 그야말로 최악. 호러블 상하이가 시작될지도 모른다.

정안사 靜安寺 징안쓰 jìng ān sì Jing'an Temple

가족 ★★★
커플 ★★★
사진가 ★★★★

위치 지하철 2·7호선 정안사역 1·2번 출구에서 도보 2분. 주소 上海市 黃浦区 南京西路 1686~8号 오픈 07:30~17:00 요금 50元 홈피 www.shjas.org 지도 p4-A2

오 吳나라의 손권 孙权이 세운 고찰로, 무려 1760년의 역사를 자랑한다. 건립 당시의 이름은 중원사 重元寺로 현재의 상하이 上海역 근처인 우쑹 吳松강(현재의 쑤저우허 苏州河) 북쪽에 있었다. 하지만 해마다 강이 범람하여 절이 황폐해지기를 거듭하자 1216년 송 宋나라 가정 嘉定 황제 때 현재의 위치로 이전했다고 한다.

문제는 물을 피해 이사한 곳마저 물가였다는 것. 현재의 정안사 일대에서 물을 찾아보기는 어렵지만 150년 전으로 거슬러 올라가면 정안사 앞이 하천이었다. 이 일대를 점령한 서구 열강은 하천을 매립, 조계지 제일의 번화가 건설을 구상하게 된다. 이렇게 해서 건설된 길이 바로 오늘날의 난징시루. 지금의 혼잡스러운 정안사 앞을 보며 절이 왜 이렇게 혼잡한 곳에 있을까 의문을 가졌다면 이제 풀릴 것이다. 중국 공산화 이후 20여 년간 플라스틱 제조 공장으로 전락했던 정안사는 1980년 다시 일반에 개방되었고, 2000년에 대대적인 보수가 이루어졌다. 현재 정안사는 밀교종파인 진언종 真言宗 사찰이다. 한국에서는 익숙지 않은 종파인데, 중국에 기반을 두고 있지만 사상적으로는 티베트 불교에 가깝다고 보면 된다. 최근 계속 확장하며, 인도풍의 건물들이 증축되고 있는데, 전통에 어떠한 기반도 두지 않은 무국적, 볼거리 지향의 증축이라 뜻밖에 상하이 시민들에게도 원성이 자자하다. 아소카 왕의 석주는 대체 왜 있으며, 사원을 온통 금색으로 바르는 건 또 뭐하자는 건지 이런저런 말이 많은 편. 대웅보전에 모신 높이 390센티미터의 옥불은 중국에서 가장 큰 옥불이다. 불교 신자라면 친견해볼 가치가 있다.

마오 스페이스 1920年 毛泽东旧居
máo zé dōng jiù jū Mao Space

가족 ★★★
커플 ★★★
사진가 ★★★★

위치 지하철 2·7호선 정안사역 6·7번 출구에서 징안 캐리센터가 연결된다. 건물 밖으로 나와 북구와 남구 사이에 위치 주소 上海市 静安区 安义路 61号, 近常德路 오픈 화~일 09:00~17:15 요금 30元(학생 12元, 신장 130cm이하 어린이 무료) 전화 (021)6218-0760 지도 p4-A2

1920년대 상하이에 머물던 마오쩌둥이 살던 집이었다. 한국의 여느 도시와 마찬가지로 상하이도 구도심이 철거되고 아파트나, 고층빌딩이 들어서긴 매한가지. 하지만 난징시루에서 불과 한 블록 떨어진 금싸라기 같은 땅을 개발하는데 문제가 생겼다. 바로 중국 건국의 아버지 마오쩌둥이 살던, 문화유산이 개발구역 안에 들어간 것. 한창

옥신각신하던 이 문제는 의외의 절묘한 수로 돌파구를 찾게 된다. 이 집을 놔두고 개발한다. 이 집만 덩그러니 놔두면 주변 건물과의 미관상 문제가 생기니, 건물을 보존하는 대신 문화공간을 만들자는 대안이었다.

마오 스페이스라는 알 수 없는 이름은 이렇게 탄생했다. 상하이에서도 가장 핫하다는 징안 캐리센터 앞에 있는 일종의 공익 갤러리로 말이다. 내부는 크게 두 곳으로 나뉘어 있는데, 하나는 마오쩌둥이 살던 집을 재현한 무료 구역과 특별전이 열리는 갤러리 구역이다. 특별전의 경우 전시에 따라 방문 여부를 결정할 수 있겠으나, 마오쩌둥이 살던 집만 보고자 한다면 굳이 방문할 필요는 없다. 징안 캐리센터를 갈 일이 있다면 그 김에 건물 외관만 슬쩍 보는 게 대부분인 여행자들이 훨씬 많다.

정안공원 靜安公园 징안공위엔
jìng ān gōng yuán Jing'an Park

가족 ★★
커플 ★★★
사진가 ★★★

위치 지하철 2·7호선 정안사역 5번 출구에서 도보 3분 **주소** 上海市 黄浦区 南京西路 1649号, 华山路 **오픈** 4~6월 05:00~18:00, 7~9월 05:00~19:00, 10~3월 06:00~18:00 **요금** 무료(정안팔경원 2元) **전화** (021)6248-3238 **지도** p4-A2

5만 제곱미터의 녹지를 자랑하는 난징시루 최대의 공원. 조계 시대에는 공동묘지였는데 사회주의 정권이 들어선 이후 시민을 위한 근린공원으로 탈바꿈했다. 인민공원이 좁은 공간에 다양한 풍경을 집어넣기 위해 노력했다면, 정안공원은 그저 수수한 숲 위주라 조금 더 편안한 느낌. 공원 안에 있는 정안팔경원 靜安八景园은 입장료를 받는 공원 안의 공원이다. 강남 정원의 전형적인 특징인 인공 자연의 아름다움이 제법 훌륭하다. 특히 인공 연못인 샤쯔탄 虾子潭은 1919년 난징시루가 건설되며 번잡해지기 전까지 자연산 민물새우가 나던 곳으로 정안팔경원의 핵심이다. 나무그늘에 앉아 조용히 쉬거나, 트럼프 판을 벌이는 노인들의 왁자지껄한 모습을 구경하는 것도 꽤 재미있다.

가가탕포 佳家汤包 지아지아탕바오 jiā jiā tāng bāo

위치 지하철 1·2·8호선 인민광장 人民广场역 9·10번 출구에서 도보 10분 **주소** 上海市 黄浦区 黄河路 90号 **오픈** 06:30~18:30 **요금** 2인 40~100元 **전화** (021)6327-6878 **지도** p5-C1

상하이를 대표하는 샤오룽바오 전문점. 영업시간 내내 손님들로 북적인다. 샤오룽바오 전문점답게 총 열한 가지 메뉴 중 아홉 가지가 샤오룽바오다. 그날의 재료 수급에 따라 안 되는 메뉴 한두 개는 늘 존재한다. 가장 기본은 고기소가 들어간 오리지널 버전인 《춘씨엔로우탕바오 纯鲜肉汤包》. 전혀 느끼하지 않은 샤오룽바오 육즙이 인상적인 맛을 자랑하는 간판 메뉴다. 하지만 가가탕포에서 결코 놓치지 말아야 할 핵심 메뉴는 바로 《셰펀씨엔로우탕바오 蟹粉鲜肉汤包》다. 약 10%의 게살과 90%의 돼지고기로 이루어진 일종의 고급 샤오룽바오로 육즙의 색부터 게 알에서 배어 나온 주황빛이 남다르고, 맛은 특별하다. 최고급 버전은 100%의 게 알로 빚은 《춘셰펀탕바오 纯蟹粉包》인데, 주문불가인 날이 더 많다. 마지막으로 샤오룽바오와 찰떡궁합인 생강채 《셩장쓰 生薑丝》는 잊지 말고 주문해야 한다.

- **간편 메뉴** 全家福 오리지널 고기 샤오룽바오(4개)+계란 노른자 샤오룽바오(4개)+게알 샤오룽바오(4개) 32元, 纯鲜肉小笼 오리지널 고기 샤오룽바오 18元, 虾仁鲜肉小笼 새우 샤오룽바오 28元, 蟹粉鲜肉小笼 게알 샤오룽바오 35元, 纯蟹粉小笼 게알 100% 샤오룽바오 99元, 生姜丝 2元

가가탕포 분점
- 리원루점 上海市 黄浦区 丽园路 62号 MAP p8-B2
- 이산루점 上海市 徐汇区 宜山路 455号 光启城时尚购物中心 B2F MAP p15-C1
- 스즈다오점 上海市 浦东新区 世纪大道 1192号 LG2层A46

소양생전 小杨生煎 샤오양셩젠
xiǎo yáng shēng jiān Yang's Fried Dumpling

위치 지하철 1·2·8호선 인민광장 人民广场역 9·10번 출구에서 도보 10분 **주소** 上海市 黄浦区 黄河路 97号 **오픈** 10:00~22:00 **요금** 2인 20~30元 **지도** p5-C1

상하이 셩젠의 간판스타. 그간 단점으로 손꼽히던 느끼함과 건조한 피의 질감을 개선한 셩젠으로 상하이 거주민을 비롯해 최근에는 외국인도 알음알음 찾고 있는 셩젠계의 명가. 최근 프렌차이즈화가 급격하게 이루어져 상하이에만 무려 141곳의 분점이 있다. 중요한 건 본점과 분점의 맛은 미묘하게 차이가 난다는 점. 갓 나온 뜨거운 셩젠을 먹을 때는 육즙이 튀지 않게 신경 써야 한다. 샤오룽바오와 마찬가지로 셩젠 피에 구멍을 내 육즙을 먼저 빨아먹어야 한다. 유부와 당면이 가득 든 《요우또푸바이씨에파오펀쓰탕 油豆腐百叶包粉丝汤》은 셩젠과 함께 즐기기 좋은 탕 요리다.

- **간편 메뉴** 小杨生煎 이 집의 간판 메뉴, 돼지고기 셩젠 8元/4개, 大虾生煎 새우 셩젠 20元/4개, 鱼丸汤 어묵탕 9元, 油豆腐百叶包粉丝汤 유부 당면 탕 12元

소양생전 분점
- 난징시루 우장루점 上海市 静安区 吴江路 269号 2F MAP p4-B1
- 난징동루점 上海市 黄浦区 南京东路 720号 第一食品公司 3F MAP p2-B2

호소반 沪小胖 후샤오팡 hù xiǎo pàng

위치 지하철 2·7호선 정안사 静安寺역 1번 출구에서 도보 15분 **주소** 上海市 静安区 新闻路 1901号 **오픈** 15:00~00:00 **요금** 2인 200元 **전화** (021)6333-7977 **지도** p4-A1

갯가재를 매콤한 양념에 조리해서 까먹는 마라룽샤 麻辣龙虾 전문점이다. 서민들의 먹거리로 각광받던 마라룽샤는 남획으로 인해 매년 가격이 올라 이제는 서민음식이라 할 수 없는 수준까지 오고야 말았다. 그렇지만 많은 이들이 중독(?) 상태에 가까워졌기 때문에 팬층이 줄어들 기미는 보이지 않는다. 호소반은 매운맛과 단맛의 밸런스가 훌륭하다. 마라룽샤는 크기에 따라 가격이 달라지는데, 무리해서라도 큰 걸 먹는 게 낫다. 작은놈의 경우 살을 발라 먹는 속도가 소화 속도를 뛰어넘어 늘 배고프고, 수고에 비해 실제로 먹을 것도 별로 없기 때문. 즉 노동(?)의 보람이 거의 없다고 보면 된다. 쏙새우는 갯가재에 비해 월등하게 비싼 대신, 먹을 것과 맛도 갯가재를 능가한다.

- **간편 메뉴** 招牌龙虾 마라룽샤 98元/근(500g). 极品龙虾 극품룽샤 98元/근(500g). 金牌龙虾 최고급 룽샤 中 198元 / 大 298元. 富贵虾(香辣 / 椒盐) 쏙새우(마라/소금후추) 98元/근(500g). 十三香龙虾 십삼향룽샤. 13가지 향신료 배합, 상하이에선 이것이 일반적인 간판 메뉴 中 198元/大 298元. 干煸龙虾 맵고 짭짤하게 졸인 룽샤 中 158元 / 大 258元. 生蚝 생굴 12元/1개

호소반 분점
- 푸동 야오한점 浦东新区 张杨路 601号 p6-A2 · 창수루점 普陀区 长寿路 140号 p18-A2
- 화이하이루점 上海市 卢湾区 淮海中路 438号 2F

남소관 南小馆 난샤오관 nán xiǎo guǎn

위치 지하철 2·12·13호선 난징시루역 4·14번출구에서 도보 10분, 플라자 66의 5층에 있다. **주소** 上海市 静安区 南京西路 1266号 恒隆广场 510号铺 **오픈** 11:00~22:00 **요금** 2인 150元 **전화** (021)6380-1215 **지도** p4-A1

캐주얼한 상하이 레스토랑. 가볍게 즐길 수 있는 다양한 샤오룽바오와 딴딴몐 같은 가벼운 요리 위주의 식당이다. 많아야 두셋이 함께 다니는 여행자들에게 대가족 위주로 세팅된 중국 정통 레스토랑은 언제나 부담스럽기 마련인데, 남소관은 그런 점에서는 걱정하지 않아도 된다. 요리의 양도, 한두 명 정도가 즐기기 적당하게 조절되기 때문에 개별 여행자들에게는 이 집만 한 곳도 없다. 또한 시내에 분점이 있는 것도 장점. 샤오룽바오만 6가지에 이르는데, 고기 샤오룽바오 鲜肉小笼包를 기본으로 고급버전인 게알 샤오룽바오 王牌蟹粉小笼나 송로버섯 샤오룽바오 黑松露小笼까지 종류도 꽤 다양하다. 여기에 면 요리를 한 가지 정도 추가하면 한 끼로 든든하다.

- **간편 메뉴** 鲜肉小笼包 고기 샤오룽바오 29元. 王牌蟹粉小笼 게알 샤오룽바오 38元. 招牌生煎包 셩젠(상하이식 지짐만두) 23元. 红油虾肉抄手 고추기름에 담근 새우살 만두 29元. 葱油开洋拌面 파기름 비빔면 23元. 老重庆坦坦面 충칭식 딴딴몐 29元

남소관 분점
- 구베이점 仙霞路 99号 尚嘉中心 LG2层A-003号铺
- 래플스시티점 西藏中路 268号 来福士 6F
- 타이캉루점 徐家汇路 618号 1F

더 코뮨 소셜 The Commune Social 食社

위치 지하철 7호선 昌平路역 2번 출구에서 도보 15분 **주소** 上海市 静安区 江宁路 511号(近康定路) **오픈** 화~토 12:00~14:30, 18:00~22:30, 일 12:00~15:00 **요금** 2인 400~500元 **전화** (021)6047-7638 **지도** p4-A1

상하이에서는 꽤 평가가 좋았던 레스토랑인 테이블 넘버 1, 그리고 홍콩의 분자요리점 22 Ship의 스태프들이 모여서 만든 스페인풍의 타파스 레스토랑. 서양요리에 대한 거품이 원체 많은 상하이에서, No Reservation, No Service Charge를 표방하며, 대중의 눈높이에 맞춘 요리를 선보인다는 게 이들의 캐치프레이즈.

메뉴는 크게 타파스, 채식, 디저트, 테이스팅 등으로 나뉜다. 어차피 타파스의 특성상 양으로 승부하진 않으니, 예산만 넉넉하다면 이것저것 다양하게 먹어보는 게 진정한 미덕이겠으나, 대부분 여행자의 예산은 빠듯하다. 그럴 때는 점심에만 판매하는 세트 메뉴를 공략하는 것도 좋은 방법이다. 가격대비 훌륭하기 때문에 분자요리와 타파스가 결합된 이 집 요리를 훑어보고 싶다면 더없이 좋은 구성이다.

계절에 따라 메뉴 변동 폭이 크기 때문에 별도의 메뉴 소개는 하지 않았다. 다만, 디저트가 독창적이고 맛있기로 유명하다는 사실은 기억해두자. 디저트만을 위해 방문하는 단골이 있을 정도. 월요일은 문을 닫고 일요일은 점심만 운영한다.

• **간편 메뉴** Lunch Set 3 course 178元, Lunch Set 4 course 218元, Tapas Tasting Menu(총 10~11종) 2인 628元

초강남 俏江南 차오쟝난 qiào jiāng nán South Beauty

위치 지하철 2·7호선 정안사 静安寺역 7번 출구에서 도보 20분 **주소** 上海市 静安区 延安中路 881号 **오픈** 11:00~15:00, 17:00~23:00 **요금** 2인 400元~(카드 가능) **전화** (021)6247-1581 **지도** p4-A2

파인 다이닝으로 퓨전 쓰촨요리 전문점으로 중국내 19개 도시 약 62개의 분점을 거느린 초대형, 고급 프랜차이다. 《상하이 100배 즐기기》에서 소개하는 옌안루 지점은 일본의 대표적인 인테리어 디자인 그룹인 슈퍼 포테이토가 직접 공사를 한 곳으로 중국에 있는 초강남 중 가장 호화롭다는 평. 쓰촨요리의 맛에 현대 요리의 데커레이션을 가미했다는 초강남의 추천 요리는 부드러운 차돌박이 요리인 《쟝시쥔핀페이뉴 江石滚品肥牛》 그리고 갈비 한 덩어리가 마라 소스에 구워져 나오는 요리《궈챠오파이구 过桥排骨》다. 궈챠오라는 말은 '다리를 건너다'라는 의미인데, 요리 모양을 보면 무슨 말인지 알 수 있다. 갈비와 함께 알감자도 튀겨 나오기 때문에 두 명이면 이거 하나에 면이나 밥 한 가지 정도를 더하면 끼니로도 충분하다.

• **간편 메뉴** 鲜招牌担担面 딴딴면 15元, 过桥排骨 궈챠오파이구 188元, 궁바오 새우볼 宫爆水晶虾球 128元, 마파두부 麻婆豆腐 48元, 철판 회과육 铁板回锅肉 48元

초강남 분점

· 푸동 상하이 세계금융센터점 上海市 浦东新区 世纪大道 100号 上海环球金融中心 3F MAP p6-A1
· 푸동 정대광장점 上海市 浦东新区 陆家嘴西路 168号 正大广场 不 西侧景观区 MAP p6-A1
· 난징시루점 上海市 黄浦区 南京西路 388号 仙乐斯广场 2F
· 난징동루점 上海市 黄浦区 南京东路 300号 恒基名人购物中心 6F MAP p2-B2

해저로훠궈 海底捞火锅 하이디라오훠궈 hǎi dǐ lāo huǒ guō

강력추천

위치 지하철 1 · 2호선 난징시루 南京西路역 1번 출구에서 도보 15분 **주소** 上海市 静安区 北京西路 1060号 食博汇 3F **오픈** 11:00~03:00 **요금** 2인 250元~ **전화** (021)6258-9758 **홈피** www.haidilao.com **지도** p4-A1

중국인들뿐만 아니라 외국인들에게도 절대적인 지지를 받고 있는 21세기형 훠궈 전문점. 중국 레스토랑치고는 드물게 양심 영업을 선언하고 있는데, 훠궈 국물을 모두 파우치에 포장, 손님이 보는 앞에서 직접 뜯어서 따라준다. 식재의 다양성도 한몫 하는데, 소고기만 해도 등급과 부위에 따라 총 6가지로 구분한다. 훠궈를 다 먹고 난 후, 탄수화물 부족을 느낀다면 면을 주문해보자. 면 기술자가 직접 테이블로 와 그 자리에서 수타면을 뽑아준다. 맛, 분위기, 서비스, 청결도 모든 면에서 추천할 만하다. 참! 이 집의 경우 식재를 반 半만 주문할 수도 있다. 저렴한 가격으로 이것저것 먹어보고 싶은 사람에게는 제격!

- **간편 메뉴** (국물) 牛油麻辣锅 쓰촨마라궈, 사천식 매운 국물 96元 (고명) 金针菇 (半份) 팽이버섯 20元, 鱼豆腐 어육두부 24元, 冻豆腐 얼린두부 24元, 功夫面 수제면, 눈앞에서 직접 퍼포먼스와 함께 면을 뽑아준다. 10元, 虾滑 수제 새우 어묵 (반죽을 수저로 떼서 탕에 넣는다) 64元, 特级肥牛 특급 소고기 66元, 捞派奥州肥牛 호주산 소고기 편 60元

해저로훠궈 분점
- 난징동루점 上海市 黄浦区 南京东路 830号 第一百货 5F MAP p2-A2
- 푸동 바이나오휘점 上海市 浦东新区 张杨路 620号 中融恒瑞大厦 6F MAP p6-A2
- 창수루점 上海市 普陀区 长寿路 468号 中环大厦 4F MAP p18-A2
- 다푸루 진위란광장 上海市 卢湾区 打浦路 1号 金玉兰广场 4F MAP p13-C2
- 파크슨점 上海市 黄浦区 淮海中路 918号 百盛购物中心 8F MAP p13-B1
- 와이탄점 上海市 黄浦区 南京东路 123号 外滩中央 5楼

촨위에 와이포지아 穿越 外婆家

위치 지하철 13호선 난징시루역 7번 출구와 쇼핑몰이 연결된다. **주소** 上海市 静安区 南京西路 789号 兴业太古汇 LG1层 LG147 **오픈** 11:00~21:00 **전화** (021)3203-6051 **지도** p5-B1

와이포지아가 중국 남부지역을 재패한 가장 큰 이유는 고급스러운 분위기에도 불구하고 저렴하고 맛있는 요리를 공급했기 때문이다. 2019년 와이포지아는 조금 더 고급 버전의 레스토랑을 만들었다. 물론 고급 버전이라고 해도 저렴하긴 매한가지. 다른 유명 레스토랑이라면 200元은 훌쩍 넘을 룽징샤런 龙井虾仁 같은 요리도 78元 정도. 양이 좀 줄어들긴 했지만, 그걸 감안해도 저렴한 건 부정할 수 없다. 달콤 짭짤한 돼지갈비 탕수인 탕추파이구 糖醋排骨는 누구라도 좋아할 맛. 기름진 중식으로부터 몸의 밸런스를 맞추고 싶다면 씨아차이 苋菜라는 요리를 시켜보자. 한국에서는 비름나물이라고 부르는 채소인데, 향신료 가미 없는 깔끔한 맛이 우리 입에 잘 맞는다.

- **간편 메뉴** 叫花鸡 거지닭, 닭을 연잎에 싼 후 진흙을 발라 구운 요리 118元, 油爆虾 민물새우에 간장을 넣고 순간적으로 볶은 요리 98元, 龙井虾仁 용정차를 곁들인 민물새우 볶음 78元, 糖醋排骨 달콤 짭짤 돼지갈비 탕수 38元, 苋菜 비름나물 무침 26元

마담 주의 키친 漢舍中国菜馆 한셔중궈차이관
hàn shě zhōng guó cài guǎn Madam Zhu's Kitchen

위치 지하철 2·7호선 정안사 静安寺역에서 택시 15元, 빠빠쥬광창 889广场으로 가자고 하면 된다. **주소** 上海市 静安区 万航渡路 889号 悦达889广场 3F(近长寿路) **오픈** 11:00~14:00, 14:00~16:30(스낵만 가능), 17:30~22:00 **요금** 2인 250~300元(카드 가능) **전화** (021)6231-8819 **지도** p18-A2

상하이에서 가장 훌륭한 중국요리 레스토랑 중 하나. 식민지시절의 느낌이 완연한 우아한 인테리어는 중식당이라기보다는 프렌치 레스토랑 느낌이다. 마담 주는 원래 쓰촨요리의 대가 중 하나로 알려진 인물. 때문에 마담 주의 키친을 쓰촨요리집으로 분류하는 경우도 있다. 하지만 가장 유명한 요리가 장작으로 구운 베이징 덕 《궈무카오야 果木烤鸭》인 것을 보아 Contemporary Chinese Restaurant으로 분류하는 게 옳아 보인다. 《셴샤씨에로우위엔찌단바이 鲜虾蟹肉原汁蛋白》는 계란 흰자에 새우살과 게살을 버무려 계란 껍데기에 담아낸 요리로 전채용으로도, 메인으로도 적당하다.

● **간편 메뉴** 川北凉粉 매콤하게 무친 쓰촨식 채 썬 묵 25元, 菌菇烩豆腐 버섯을 가미한 두부 39元, 蛋煎糍粑 계란으로 만든 떡(디저트) 19元, 汉舍果木烤鸭 궈무카오야 베이징 덕 199元, 现制熏鲳鱼 버터피시 훈제구이 59元

공덕림 功德林 궁더린 gōng dé lín

위치 지하철 1·2·8호선 인민광장 人民广场역 10·11번 출구에서 도보 10분 **주소** 上海市 静安区 南京西路 445号 **오픈** 06:00~09:30, 11:00~14:00, 17:00~22:00 **요금** 2인 70元 **전화** (021)6327-0218 **홈피** www.shgodly.com **지도** p5-C1

채식주의자가 중국을 여행하는 것만큼 큰 곤욕은 없지만, 공덕림 같은 채식 요리 전문 식당이 있어서 그나마 숨통이 트이긴 한다. 공덕림은 중국에서 가장 오래된 정진 요리. 즉 사찰요리 전문점으로 100여 년의 긴 역사를 자랑하고 있다. 한국의 사찰요리가 채식 본연의 깔끔한 맛을 선보인다면 중국의 사찰요리는 채식 재료로 만들어내는 이미테이션 고기 요리가 핵심이다. 굳이 왜 이럴까 싶기도 하지만 막상 먹어보면 신기할 정도로 다양하게 육류를 잘 표현했다. 간단하게 한 끼를 해결하고 싶다면 버섯과 숙주나물이 들어간 물국수인 《싼셴궈멘 三鲜锅面》부터 시작해보자. 요리파트에서 단연 돋보이는 《황요우다이진관 黃油戴金冠》은 상하이요리의 꽃이랄 수 있는 게살 볶음을 콩 비지 등으로 재현한 요리다. 게살 특유의 비린 맛까지 표현해 감탄사를 자아낼 정도로. 채식 전복요리인 《밍웨이셴요우피엔 名味仙游片》도 흥미만점. 맛도 맛이지만 그럴듯한 재현 상태를 살펴보는 것만으로도 가치가 있다.

● **간편 메뉴** 双菇面 버섯탕면 33元, 素鸭 오리 요리 25元, 清炒蟹粉 게살 요리 48元, 糖酷排条 탕수갈비 48元

장상한품 掌上韩品 짱샹한핀 zhǎng shàng hán pǐn

위치 지하철 2호선 난징시루 南京西路역 3·4번 출구에서 도보 5분 주소 上海市 静安区 吴江路 200号, 南京西路 근방 오픈 10:30~23:00 요금 2인 50~70元 전화 (021)6167-3327 지도 p4-B1

꽤 재미있는 집. 2008년 테이크아웃 떡볶이 집으로 시작해 상하이 사람들에게 선풍적인 인기를 끌며 확장. 현재는 상하이에 331곳의 분점을 운영하고 있다. 한국식 분식집을 표방하고 있는데, 벽면을 가득 메운 포스트잇 낙서만 봐도 고등학교나 대학가의 어느 분식집에 앉아 있는 느낌이다.

기존의 한식 레스토랑이 주로 BBQ나 서양식 상차림을 모방한 고급 카페만을 지향했던데 비해 장상한품의 위치는 여러 면에서 상당히 특별하다. 현지 젊은 층에게도 꽤 어필하고 있는데, 그럼에도 불구하고 제한적인 현지화만 이루어졌다는 점도 평가해야 할 부분이다. 대부분의 요리가 10~30元대. 분식집 콘셉트이다 보니 찌개류를 주문한다 해도 밑반찬은 거의 없다. 오히려 조선족들이 운영하는 한식당에 비해, 맛에 있어서도 나은 편이라 한식을 필요로 하는 상황이라면 찾아가볼 만하다.

- 간편 메뉴 韩式拌饭 비빔밥 25元. 韩式泡菜拌饭 김치볶음밥 30元. 韩式泡菜汤 김치찌개 28元

장상한품 분점
· 난징동루점 上海市 黄浦区 南京东路 300号 名人购物中心 B2 204号 MAP p3-B1
· 타이캉루점 上海市 徐家汇区 徐家汇路 618号 日月光中心广场 B2 MAP p13-C2
· 훙커우 룽지몽점 上海市 虹口区 西江湾路 388凯德龙之梦 B2 MAP p17-B2

루프 325 Roof 325 Rooftop Restaurant & Bar

위치 지하철 1·2·8호선 인민광장 人民广场역 11번 출구에서 도보 5분 주소 上海市 静安区 南京西路 325号 5F 오픈 11:30~22:30, 애프터눈 티 14:30~17:00 요금 2인 400~600元(카드 가능) 전화 (021)6325-0767 홈피 www.roof325.com 지도 p5-C1

구 상하이 미술관 5층에 있는 테라스 레스토랑. 환상적인 위치와 전망, 그리고 합리적인 가격이 이곳의 장점이다. 자연광을 최대한 받아들이는 인테리어로 인해, 볕이 좋은(물론 여름이 아닌) 날이면 야외 테라스 석은 인산인해. 와이탄의 급조된 느낌과는 다른 한결 여유 있는 중후함이 돋보인다. 단품에 비해 크게 뒤지지 않은 세트 메뉴 구성으로 인해 대부분의 여행자들은 세트 메뉴를 선호한다. 런치의 경우 2코스 138元, 3코스는 176元 정도, 메뉴는 계절별로 바뀌기 때문에 특정 요리를 추천하기는 어렵다. 메인의 경우 언제나 8~9종 정도가 갖춰져 있어 선택의 폭도 넓은 편이다. 14:30~17:00 사이에는 애프터 눈 티를 판매한다. 매주 일요일 11:30~15:30에는 단품으로 이루어진 특별 브런치 메뉴도 선보이니 참고하자.

피자 마르짜노 PIZZA MARZANO

위치 지하철 2호선 난징시루 南京西路역 1번 출구 또는 2·7호선 정안사 静安寺역 3번 출구에서 도보 7~10분 주소 上海市 静安区 南京西路 1376号 上海商城 西峰107室 오픈 11:00~23:00 요금 2인 200元(카드 가능) 전화 (021)6289-8733 홈피 www.pizzamarzano.cn 지도 p4-A1

1965년 런던에서 최초 개업한 이탈리안 피자의 명가. 도우 제작부터 피자 굽기까지 전통 방식을 고수하는 집. 손으로 치댄 수타 도우의 쫄깃함과 직수입 모짜렐라 치즈의 담백함만으로도 먹어볼 만 한 가치는 충분하다. 피자는 크게 로마나 피자 Romana Pizza와 클래식 피자 Classic Pizza로 나뉜다. 클래식 피자는 나폴리 스타일의 정통 피자고, 로마나는 나폴리 피자에 비해 도우를 더 넓고 얇게 펴서 바삭하게 만든 스타일. 로마나 피자가 15% 정도 더 비싸다. 파스타도 이 집의 경쟁력 있는 메뉴 중 하나. 매콤한 아라비아따 Pennea al' Arrabiata나 트러플 오일이 가미된 Farfalle ai Funghi 등이 인기 메뉴. 샐러드 같은 사이드 메뉴의 질도 아주 훌륭한 편이지만, 메인과 거의 비슷한 가격대다.

피자 마르짜노 분점
· 래플스시티점 西藏中路 268号 来福士 03-12室 MAP p2-B2
· 상하이 세계금융센터점 上海市 浦东新区 世纪大道 100号 上海环球金融中心 2楼210 MAP p6-A1

오플리 초콜릿 Awfully Chocolate

위치 지하철 1·2호선 난징시루 南京西路역 3번 출구에서 도보 3분 주소 上海市 静安区 吴江路 169号 四季坊 1楼, 石门一路 근방 오픈 10:00~22:00 요금 2인 60~150元(카드 가능) 전화 (021)6267-9390 홈피 www.awfullychocolate.com 지도 p4-B1

싱가포르에 본점을 두고 있는 아주 진한 초콜릿 케이크 전문점. 1998년 첫 선을 보인 이래, 가는 곳마다 팬들을 몰고 다니며 현재는 중국을 비롯해 타이페이, 홍콩, 자카르타 등에 진출해 있다.
1998년 개업 당시부터 영광을 함께 한 다크 초콜릿 케이크인 All Chocolate Cake와 초콜릿 바나나 케이크 Chocolate Banana Cake 그리고 초콜릿 럼 & 체리 케이크 Chocolate Rum & Cherry Cake가 대표 클래식 케이크다. 케이크가 좀 크다 싶은 사람들을 위해 100g으로 자른 조각 케이크도 선보인다. 개별 여행자들은 대부분 조각 케이크와 함께 이 집의 환상적인 초콜릿 아이스크림인 헤이 아이스크림 'Hei 黑' Ice Cream(싱글 스쿱 29元, 더블 스쿱 53元, 파인트 90元)을 사먹는다. 인민광장점 래플스 시티와 산시난루 iapm(MAP p13-B1)에도 있다.

심플리 타이 天泰餐厅 톈타이찬팅
tiān tài cān tīng Simply Thai

위치 지하철 2·7호선 정안사역 6번 출구와 징안 케리센터 북구 B1과 연결된다. 주소 上海市 静安区 南京西路 1515号 静安嘉里中心 北区4层 오픈 11:00~16:00, 금·토 17:00~22:00 요금 2인 150~300元 전화 (021)400-000-7117 지도 p4-A2

상하이에서 가장 유명한 타이 레스토랑. 신천지에 있는 레스토랑치고는 가격도 적당한 편이라 주머니가 가벼운 여행자들도 약간만 무리하면 즐길 수 있다. 《쏨땀 Som Tam 菁木瓜沙拉》은 파파야 샐러드로 매콤 새콤한 양념이 있어 한국인들이 딱 좋아할 맛이다. 타이 수프의 최고봉이라 할 수 있는 《똠얌 탈레 TomYum Taley 海鲜冬荫汤》는 레몬과 생강, 고추로 맛을 낸 맵고 신 해물탕이다. 느끼기에 따라 깔끔하게 끓인 신 김치찌개가 떠오르기도 한다. 《부님토똠얌 Bhu Nima Thod Tom Yum 冬荫炒软壳蟹》은 소프트 크랩이라고 하는 껍질째 먹을 수 있는 게를 튀긴 후 똠얌 양념을 뿌려서 내오는 요리다.

심플리 타이 분점은 푸동 IFC(国金中心 MAP p6-A1), 난징시루 仙乐斯广场, 환치우강 环球港, 항회광장(MAP p15-C1), 신세계다이마루백화점(MAP p3-C1)에 있다.

- 간판 메뉴 虾酱炒空心菜 공심채볶음 60元, 菠萝炒饭 파인애플 볶음밥 98元, 海鲜冬荫汤 똠얌해물탕(소/대) 55元/238元, 泰国芒果配甜糯米 망고 라이스 38元

써니힐 펑리수 微热山丘凤梨酥

위치 지하철 2호선 정안사역 10번 출구와 연결된 릴 백화점 芮欧百货에 있다. 주소 上海市 静安区 南京西路 1601号 芮欧百货 B202-2 오픈 10:00~22:00 요금 10개 150元 전화 (021)6236-3300 지도 p4-A2

타이완을 대표하는 과자인 파인애플 쇼트케이크, 즉 펑리수 凤梨酥 전문점이다. 타이완에서 유래해 이제는 중화권 전체를 대표하는 과자로 떠오른 펑리수는 최근 중국계 회사들도 잇따라 진출하며 말 그대로 브랜드가 너무 많아 뭘 골라야 할지 모르는 상태.

타이완에서 날아온 써니힐 펑리수는 타이완에서도 가장 유명한 브랜드 중 하나로, 2006년부터 열리는 펑리수 감별 대회에서 가장 많이 입상한 전문점이기도 하다.

써니힐의 상품들은 펑리수 중에서도 가장 고급화된 버전이고, 그래서 가격도 비싼 편에 속한다. 파인애플은 모두 유기농, 빵에 들어가는 달걀도 닭에게 음악을 들려줄 정도로 좀 더 나은 환경에서 낳은 것들이라고. 판매는 박스 단위다. 펑리수의 특성상 유통기한이 짧은 편이니 괜히 아낀다고 묵혀두지 않도록 주의하자. 분점이 난징시루 싱예타이구후이 兴业太古汇(3层L381)에도 있다.

릴리안 케이크 숍 莉莲蛋挞 릴리안딴타
lì lián dàn tà Lillian Cake Shop

위치 지하철 1 · 2 · 8호선 인민광장역 7번 출구에서 연결된다. **주소** 上海市 黃浦区 南京西路 2−68号 新世界城 B1楼 **오픈** 09:30∼22:00 **요금** 2인 15元 **홈피** lillianbakery.com **지도** p5−C1

마카오식 에그타르트 전문점. 상하이에서 가장 빠르게 성장하는 프랜차이즈 베이커리 중 하나로 요즘은 어지간한 동네치고 릴리안 케이크 숍 분점이 없는 곳이 없다. 개당 6元으로 중국 물가치고는 싸다고 말하기 어려운 수준이지만, 한국에서 원체 비싸게 팔리는 탓에 한국인 여행자들은 싸다며 대량 매입을 주저하지 않는다. 원래 에그타르트는 갓 만든 뜨거운 상태에서 호호 불며 먹어야 제맛이지만, 상하이 사람들은 냉장고에 보관했다 차갑게 즐기기도 한다. 에그타르트와 함께 치즈 케이크도 여행자들의 완소 아이템이다. 상하이의 제빵 수준에 깜짝 놀라게 될지도. 릴리안 케이크 숍 분점은 홍커우 롱지몽(MAP p19−C1), 다푸차오역 일월광장중심(日月光中心 MAP p13−c2), 우장루 미식가(四季坊 MAP p4−B1), 중산공원 롱지몽(龙之梦购物中心 MAP p17−B2), 쉬자후이 후이진백화점(汇金百货 MAP p15−C1) 등에 있다.

스타벅스 리저브 로스터리 星巴克臻选烘焙工坊
Starbucks Reserve Roastery

위치 지하철 13호선 난징시루역 11번 출구 또는 2호선 난징시루역 2 · 3번 출구에서 도보 5분 **주소** 上海市 静安区 南京西路 789号 兴业太古汇 F1 N110&201 **오픈** 07:00∼23:00 **전화** (021)2226−2878 **홈피** roastery.starbucks.com.cn **지도** p5−B1

세계에서 두번째로 큰 스타벅스. 매장 면적만 2787㎡로 국제경기를 치를 수 있는 축구장의 45% 넓이, 스타벅스 평균 매장 600개가 들어갈 수 있다고 한다. 매장은 말 그대로 all about coffee라고 불러도 과언이 아닐 정도로 커피 일색. 배전이 이루어지는 과정을 볼 수도 있고 커피를 추출하는 방법도 선택할 수 있다. 특히, 기계 추출인 다른 매장과 달리 Chemex 항목을 선택하면 바리스타가 직접 핸드드립을 해주기도 한다. 선택할 수 있는 싱글 오리진 커피콩의 종류도 여기가 스타벅스가 맞나 싶을 정도로 다양하다. 직접 구워내는 베이커리가 있어 적당하게 때울 수 있는 한 끼가 가능하다는 것도 장점.
문제는 크고 넓은 대신 손님도 많다는 점. 요즘은 상하이를 방문하면 반드시 들르는 필수 방문지에 가깝기 때문에 매대는 늘 붐비고 몇 십분 정도 기다릴 각오는 해야 한다. 그럼에도 불구하고 만국의 스타벅스 마니아들은 이곳으로 몰려든다.
참고로, 스타벅스 리저브 로스터리가 있는 싱예 타이구후이 兴业太古汇는 현재 상하이에서 가장 핫한 쇼핑몰 중 하나다.

간지 마사지 感智盲人保健会所

위치 지하철 2호선 난징시루 南京西路역 1번 출구에서 도보 7분 **주소** 上海市 静安区 北京西路 1065号-1(近江宁路) **전화** (021)5228-7821 **오픈** 10:00~02:00 **요금** 마사지 98元~ **지도** p4-A1

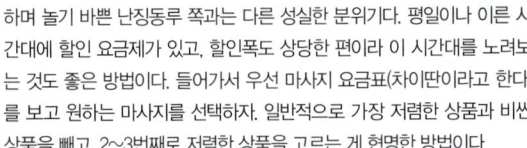

이름부터 간지나는 마사지 전문점. 맹인 안마를 간판으로 내걸고 있는데, 요즘은 맹인이 아닌 안마사들도 많다.

상하이 중심부에서 살짝 떨어져 있어 요금이 저렴한 데다, 마사지 실력도 수준급. 팁팁팁을 연발하며 놀기 바쁜 난징동루 쪽과는 다른 성실한 분위기다. 평일이나 이른 시간대에 할인 요금제가 있고, 할인폭도 상당한 편이라 이 시간대를 노려보는 것도 좋은 방법이다. 들어가서 우선 마사지 요금표(차이딴이라고 한다)를 보고 원하는 마사지를 선택하자. 일반적으로 가장 저렴한 상품과 비싼 상품을 빼고, 2~3번째로 저렴한 상품을 고르는 게 현명한 방법이다.

간지 마사지 분점
· **자산루점** 上海市 徐汇区 肇嘉浜路 212号 明珠大酒店 7楼707室 MAP p13-C2
· **장양루점** 上海市 浦东新区 张杨路 1519号 MAP p7-B1
· **통런루점** 上海市 静安区 愚园东路 20号 2号 4층 MAP p4-A1

에버라스팅 스파 艾维庭 Everlasting SPA

위치 지하철 1·2·8호선 인민광장 人民广场역 11번 출구에서 도보 5분 **주소** 上海市 黄浦区 南京东路 456号 科勒KOHLER 大厦 4층 **오픈** 10:00~22:00 **요금** 마사지 128元~ **전화** (021)6255-7171 **지도** p4-A1

상하이 토종 스파 체인으로 시내에 25곳의 체인점이 있다. 백화점이나 쇼핑센터 입점보다는 식민지풍의 건물을 임대해 스파센터로 사용하고 있는데, 이런 고급스러운 느낌 덕분에 외국인 여행자들의 선호도가 꽤 높은 편이다. 무엇보다 기쁜 소식은 이런 사정에도 불구하고 가격은 중급 수준이라는 것. 안마사들을 잘 관리하는 편인 데다, 영어로 의사소통이 되는 스태프가 있어 간단한 커뮤니케이션에는 문제가 없다. 주말이나 저녁시간 때는 인근에서 몰려나온 직장 여성들과 관광객이 뒤섞이면서 제법 붐빈다. 마사지 테크닉도 중·상급. 한국의 저가 마사지 숍을 이용했다면 충분히 만족할 만한 수준이다.

에버라스팅 스파 분점
· **위위안루점** 上海市 静安区 愚园路 68号 MAP p4-A2
· **신천지점** 上海市 马当路 222弄1-6号 华府天地商场 B119单位 MAP p11-C1
· **샹양점** 上海市 徐汇区 襄阳南路 175号 MAP p13-B1
· **일월광점** 上海市 黄浦区 徐家汇路 618号 日月光中心广场 3楼 3F-XJH-06(3号电梯口)
· **정대광장점** 上海市 浦东新区 陆家嘴西路 168号 正大广场中区7层

192 PART 3 | 상하이 가이드

당병가 唐餅家

위치 지하철 2·7호선 静安寺역 2번 출구와 연결된다 **주소** 上海市 静安区 南京西路 1618号 久光百货 B1 **오픈** 10:00~22:00 **지도** p4-A2

중국식 쿠키 전문점. 타이완에서 처음 시작돼 거의 모든 중화권에서 선풍적인 인기를 끌고 있는 파인애플 케이크 鳳梨酥, 태양과자 太阳饼를 비롯해 마카오에서 볼 수 있는 아몬드 쿠키 杏仁饼, 우유 캔디인 유과 牛乳糖, 중국의 추석날 선물용으로 인기 높은 월병 月饼같은 다양한 먹을거리들을 헌팅할 수 있다. 요즘의 한국 입맛으로는 단맛이 강하다는 느낌인데, 중국 쿠키의 용도가 차와 함께 마시는 다과라는 사실을 안다면 이내 수긍이 간다. 사실 중국식 쿠키를 취급하는 브랜드는 상하이에 흔하디흔한데, 당병가는 저자들이 찾아낸 최고의 브랜드 중 하나다.

당병가 분점
난징동루 상하이 제일식품점, 난징동루 랜드마크 置地广场, 홍차오역 虹桥火车站, 푸동 넥스티지 第一八佰伴, 쉬쟈후이 우이진 汇金百货, 중산공원 롱지몽 龙之梦购物中心 등이 있다.

산쯔쑹스 三只松鼠

위치 지하철 13호선 난징시루역 지하상가 M4613호, 7번 출구 옆 또는 싱예타이구후이 쇼핑몰 LG 2층에 있는 시티슈퍼에서 지하철역과 연결된 7번 출구로 들어가면 왼쪽에 있다. **주소** 上海市 静安区 南京西路 789号 兴业太古汇 地铁廊 LG2M46 **오픈** 10:00~22:00 **전화** (158)5565-1859 **지도** p5-B1

흔히 세 다람쥐라고 부른다. 식품을 온라인에서만 판매한 중국 내 첫 번째 기업인데다 고품질의 견과류, 건과일로 대히트를 치며 전국적 지명도를 가지게 되었다. 한국 교민들 사이에서도 좋은 품질, 합리적인 가격으로 제법 인기가 있었는데, 한자투성이 중국 전자 상거래 사이트 때문에 주문하기가 쉽지는 않았다고 한다. 그러니 중국 첫 번째 단독 오프 매장인 상하이의 산쯔쑹스는 여행자뿐만 아니라 현지 교민들에게도 반가운 곳인 셈.

가장 대중적인 품목은 우유향이 가미된 해바라기씨 奶油味 葵花籽(11元)지만, 한국인들에게는 마카다미아 夏威夷果(27.6元), 피스타치오 开心果(39.9元)가 가장 인기 있는 품목이다. 떡도 인기 메뉴인데, 떡 사이에 망고 등 이런저런 과일잼이 들어간 일본 떡 모찌에 가까운 스타일. 말린 크랜베리와 누가, 크래커가 어우러진 雪花酥도 맛있다. 한 번 맛을 보게 되면 가방 가득 쇼핑하게 되는 마성의 브랜드이자 중국의 로컬 명품이다.

플라자 66 恒隆广场 헝롱광창 Plaza 66

위치 지하철 2호선 난징시루역 1번 출구에서 도보 10분 **주소** 上海市 静安区 南京西路 1266号 **오픈** 10:00~22:00 **전화** (021)3210-4566 **홈피** www.plaza66.com **지도** p4-A1

한국으로 치면 갤러리아 백화점 명품관 같은 곳. 2012년에는 상하이 최초의 루이비통 매장을 지하 1층부터 4층까지 총 5개 층에 걸친 규모로 세계에서 16번째로 오픈했다. Dior, Dolce & Gabbana, Fendi, Hermes, Prada 등의 명품 브랜드들 또한 2~3층 규모로 단독 매장처럼 꾸며져 있어 여느 백화점과는 확실히 다른 분위기. 최고 백화점답게 맛집들이 5층과 6층에 여럿 포진되어 있다. 중식을 즐길 수 있는 차오탕 潮堂, 정채헌 晶采轩과 아시아 음식인 한식, 베트남 쌀국수, 일식 등을 취급하는 식당도 있다.

구광백화점 久光百货 지우광바이훠 City Plaza

위치 지하철 2·7호선 정안사 静安寺역 2번 출구에서 도보 1분 **주소** 上海市 静安区 南京西路 1618号 **오픈** 10:00~20:00 **전화** (021)3217-4838 **홈피** www.jiu-guang.com/shanghai **지도** p4-A2

홍콩의 명문 백화점 중 하나인 소고 崇光백화점과 상하이의 구백 久百이 합작한 초대형 쇼핑몰. 총 9층 연면적 91,613㎡의 부지 위에 약 500곳의 브랜드 매장들이 입점해 있다. 난징시루의 주요 백화점들이 지나치게 명품 위주로 세팅된데 비해, 구광백화점은 명품과 대중적 브랜드가 적절한 조화를 이루고 있다. 정안사와 정안사 공항버스터미널 上海机场城市航站楼 사이에 위치하고 정안사 지하철역과 연결되기 때문에 오가다 한 번쯤 들를 수밖에 없는 위치에 있다는 것도 장점이다. 8층에 있는 식당가에는 후난 요리집인 古意湘味浓, 상하이 요리를 맛볼 수 있는 老吉士, 상하이 유명 훠궈를 먹을 수 있는 小辉哥火锅이 있다. 지하 1층의 푸드코트 美食廣場은 캐주얼한 식당들로 인기다. 한편 지하에 있는 슈퍼마켓도 체크대상 중 하나다. 홍콩, 일본 자본이 개입된 탓에 수입 식재료의 종류가 잘 구비되어 있기 때문이다.

유리공방 琉璃工房

위치 지하철 1·2·8호선 인민광장역 人民广场역 10·11번 출구에서 도보 3~5분 **주소** 上海市 黄浦区 南京西路 195号 **오픈** 10:00~20:00 **전화** (021)6327-1678 **홈피** www.liuli.com **지도** p5-C1

중국 고대의 유리 공예를 재현한 곳으로 상하이에만 12개, 중국 전역에 약 30곳의 분점이 있다. 유리 공예에 대해 감이 떠오르지 않는다면 엄청난 돈을 들인 중국의 역사물 영화 〈황후花〉를 떠올려보자. 영화에 나오는 화려한 모든 소품들이 바로 유리공방의 작품들이다. 말이 유리지 화려한 채색은 사실 어지간한 보석 남부럽지 않은 수준이고, 가격 또한 웬만한 보석 뺨칠 만큼 비싸다. 목걸이 브로치가 대략 1,000元선. 미리 겁먹을 필요는 없다. 어쨌건 구경은 공짜. 지름신이 강림하는 건 《상하이 100배 즐기기》의 책임이 아니다.

징안 케리센터 静安嘉里中心 Jing An Kerry Centre

위치 지하철 2·7호선 징안사역 6번 출구와 징안 케리센터 북구 B1층과 연결되고 8번 출구는 남구 B1층과 연결된다. **주소** 上海市 静安区 南京西路 1515号 **오픈** 10:00~22:00 **전화** (021)6087-1515 **홈피** www.jingankerrycentre.com **지도** p4-A2

명품 거리를 지향하는 난징시루에서도 징안 케리센터는 돋보이는 쇼핑몰이다. 그간 상하이의 쇼핑몰은 최고급을 지향하는 경우는 많았지만, 막상 뚜껑을 열어보면 뜬금없이 패스트 패션 브랜드가 입점해 있거나, 중화권의 패스트푸드점이 고급식당인양 입점한 경우가 무척 많았다. 그런 점에서 징안 케리센터는 실질적인 상하이 최초의 최고급 쇼핑몰일지도 모른다. 앞서 말한 두 가지, 즉 패스트 패션이나 패스트푸드 체인점은 아예 없다.

쇼핑몰은 북구와 남구로 나눠져 있는데, 초행길이면 조금 번거롭기는 하다. 하지만 입점 브랜드가 훌륭하다. 1층의 플래그십 스토어 구역은 보스, 버버리, 로에베, 아르마니, 폴 스미스가 차지하고 있다. 유아용품 전문점인 마더 워크 Mother Work, 디지털 잡화를 취급하는 선댄펄스 SundanPulse, 마지막으로 상하이에서 제일 먼저 가볼 만한 델리카트슨 스토어 올레 Ole도 쇼핑 좀 한다는 여행자들에게는 명소다. 특히, 올레의 경우는 드물게도, 한국보다 저렴한 수입 식재도 종종 있다. 식당은 북구 1층에 엘리먼트 프레쉬와 와가스 그리고 4층에 딘타이펑과 심플리타이가 있다. 남구 정문 옆

의 인기 음료 전문점 헤이티 喜茶, 지하 1층에는 스페인식 타파스 바인 핀토스 Pintxos 등이 있고 4층에 현재 상하이에서 딤섬 레스토랑으로 가장 핫한 제이드 가든이 있다.

릴 백화점 芮欧百货 Reel Mall

위치 지하철 2호선 징안사역 10번 출구에서 연결 **주소** 上海市 静安区 南京西路 1601号, 近常德路 **오픈** 10:00~22:00 **전화** (021)2230-9788 **홈피** www.reelshanghai.com **지도** p4-A2

정안사 주변을 대표하는 쇼핑몰 중 하나다. 눈에 띄는 브랜드는 1층의 헬무트 랭 Helmut Lang, 아크네 스튜디오 acne studios, 10 코르소코모의 아트디렉터가 디자인한 랫 타르 아트 바 Rat Tar Art Bar다. 그리고 4층에는 갤러리 형식의 북 카페인 하북+ Harbook+ 湾里书香이 있는데 디자인 서적을 보기에 그만이다. 안쪽으로 들어가면 정안공원과 정안사가 보이는 창가 자리가 있는데 잠시 쉬며 차 한 잔의 호사를 누리기에 그만이다. 낮에는 녹지, 밤에는 야경으로 운치가 끝내준다. 찻값이 좀 비싸기는 하지만 말이다. 입점브랜드와 식당의 밸런스가 상당히 좋은 편으로, 고급과 중급의 안배가 꽤 절묘하다. 백화점 외관이 너무 번쩍거리는지라 부담스러울 수 있는데, 내부는 별로 그런 분위기도 아니다. 프랑스 조계지에서 명성을 날리고 있는 라 크라페의 분점이 있고, 유기농 훠궈라는 간판을 내건 치민 齐民市集도 만날 수 있다. 만약 베이징덕을 먹겠다면, 5층에 있는 다둥 大董을 노려보자. 일찌감치 베이징에서도 수많은 백년노점을 꺾은 명가 중의 명가다. 지하2층에는 한식당 비비고, 금관성 마라샹궈집 锦官城麻辣香锅, 매일신선과일바를 비롯해 저렴하게 먹을 수 있는 먹거리들로 가득하다. 백화점 외관만 봤을 때는 상상하기 힘든 비주얼로 캐주얼하고 대중적인 분위기.

AREA 03

푸동

1992년, 모래톱에 불과했던 푸동 일대를 세계적인 금융, 비즈니스의 중심지로 만들겠다는 덩샤오핑 邓小平의 계획이 발표됐을 때만 해도, 외국인들은 물론 중국인들조차 손사래를 치면서 비웃었다. 하지만 20년이 지난 지금, 푸동은 그야말로 상전벽해 桑田碧海의 기적을 이뤄내 16억의 환호와 갈채를 받으면서 중국이 가야 할 미래의 길을 분명하게 제시하고 있다.

이제는 누구도 푸동이 아시아의 맨해튼임을 부정하지 않는다. 세계에서 가장 높은 건물 중 하나인, 동방명주와 금무대하, 그리고 상하이 세계금융센터와 상하이 타워는 푸동의 스카이라인을 장식하고 있고, 이제 상하이 금융시장의 주가는 아시아는 물론 세계가 주목하는 주요 수치가 되었다.

한때 홍콩 섬의 이미테이션에 불과하다는 조롱을 받았지만 이제는 홍콩을 대체할 수도 있다는 자신감으로 바뀌고 있다. 와이탄이 19~20세기라면, 푸동은 21세기 중반의 모습을 그리고 있다. 강 하나를 사이에 두고 이런 풍경이 마주보고 있다는 건 상하이에서만 느낄 수 있는 가장 큰 매력 중 하나다.

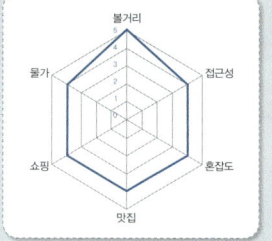

 지하철 지하철 2호선 류자쭈이 陆家嘴역이 푸동 관광의 일번지. 어떤 교통수단도 대체할 수 없을 만큼 절대적으로 유용하다. 이 외에도 세기공원으로 연결되는 세기공원 世纪公园역, 푸동공항을 연결해주는 자기부상 열차 환승역인 롱양루 龙阳路역 그리고 상하이 엑스포 전시관으로 연결되는 7·8호선 야오화루 耀华路역을 기억해두자.

 버스 일반적으로 푸동에서 시내버스를 타는 구간은 동창루 페리터미널에서 동방명주까지다. 동창루 페리터미널 오른쪽에 버스 종점이 있다. 버스 陆家嘴金融城1·蔡陆专线·81·993路를 타고 陆家嘴环路丰和路·东方明珠·陆家嘴环路名商路(东方明珠) 정류장에 내리면 동방명주 앞이다.

 **페리** 와이탄의 진링동루 페리터미널 金凌东路渡口轮渡站과 예원 근처의 동먼루 페리터미널 东门路轮渡站에서 푸동의 동창루 페리터미널 东昌路轮渡站이 연결된다. 동창루 페리터미널에서 동방명주까지는 1㎞ 정도로 도보로도 연결이 가능하다. 오후 10시면 페리 운행이 끝난다는 사실도 명심하자.

Check List

보자
동방명주 상하이의 랜드마크 p200
빈장다다오 강변에서 바라보는 와이탄은 몽환적이고 아름답다 p202
상하이 세계금융센터 상하이 최고층 빌딩. 최고의 전망 p203
상하이 디즈니랜드 아시아 최대 규모 p210

먹자
야리하여 신나는 공연과 함께 양꼬치와 신강음식을 맛볼 수 있다 p218
정두 홍콩 브랜드로 딤섬과 완탕면, 죽 요리를 즐길 수 있다 p218
유즈 맛과 가격이 만족스러운 일식 뷔페 p219

사자
정대광장 푸동에서 가장 큰 쇼핑몰 p225
샤오미의 집 샤오미의 오프라인 매장 p225

푸동 이렇게 여행하자

Route Guide

① 동방명주와 상하이 역사박물관

도보 5분

② 상하이 공중회랑

도보 5분

③ 금무대하

도보 5분

④ 상하이 세계금융센터

도보 15분

⑤ 빈장다다오

여행 방법

사실 푸동이라는 지역은 어마어마하게 넓다.
하지만 여행자들이 기억해야 할 곳은 중국의 맨해튼 역할을 하는 류자쭈이 陆家嘴 정도 뿐이다. 류자쭈이에 푸동 볼거리의 80%가 집중적으로 몰려 있다. 잊지 말자 류자쭈이!

동방명주 东方明珠 동팡밍주
dōng fāng míng zhū Oriental Pearl TV Tower

가족 ★★★★
커플 ★★★★
사진가 ★★★★★

위치 지하철 2호선 류자쭈이 陆家嘴역 1번 출구로 나와 길을 건너면 동방명주. 또는 동창루 페리터미널 앞 버스 정류장에서 버스 陆家嘴金融城1·81·993·陆家嘴环路丰和·陆家嘴东路陆家嘴环路를 타고 정류장 陆家嘴环路丰和路에서 하차, 길을 건너면 동방명주. 주소 上海市 浦东新区 世纪大道 1号 오픈 전망대 08:30～21:30, 뷔페 레스토랑 11:00～14:00(점심), 14:00～16:00(애프터 눈 티), 17:00～21:00(저녁) 요금 일반 패키지(263m 주전망대+259m 유리 바닥 전망대+상하이 역사진열관) 190元, 슈페리어 패키지(351m 태공창 전망대+263m 주전망대+259m유리 바닥 전망대+상하이 역사진열관+78m 'Future Shanghai' 멀티미디어 쇼) 220元 전화 (021)5879-1888 홈피 www.orientalpearltower.com 지도 p6-A1

상하이의 자존심. '동방의 빛나는 진주 구슬'이라는 거창한 뜻을 가진 동방명주는 하늘 높은 줄 모르고 치솟는 중국, 그리고 상하이 경제력의 상징과도 같다. 2007년까지 세계에서 세 번째로 높은 탑. 중국에서 가장 높은 건물로 명성을 떨쳤는데, 현재까지도 탑 가운데는 세계 5위 높이를 자랑하고 있다.

1992년 푸동 개발계획이 발표되고 3년 만에 완공된 동방명주는 순수한 중국 자본과 기술로 지어져, 1990년대 중국 건축기술의 금자탑으로 손꼽힌다. 동방명주가 완성된 1995년 당시 중국의 국가주석이던 장쩌민 江澤民을 비롯한 3부 요인들이 모두 총출동한 사실이나 상하이를 방문하는 모든 중국인 관광객들이 필수코스로 들르는 것을 봐도, 동방명주는 하나의 건물이라기보다는 중국인들의 자존심 그 자체다.

고속 엘리베이터를 타면 35초 만에 전망대에 도착한다. 가장 높은 곳인 태공창은 비싸고 좁아서 많이 올라가지 않는 편이다. 가장 인기 있는 구간은 바닥이 유리로 된 259m 전망대. 단, 사람이 많을 때는 입장료를 구입하고 엘리베이터를 타는데 2시간도 넘게 걸리는 일이 비일비재하다고 한다. 울면서 티켓을 버리고 포기하는 이탈자들이 속출하기도 한다.

태공창(351m)
회전 스카이 라운지(267m)
상구체(263m)
유리바닥 전망대(259m)
'Future Shanghai' 멀티미디어 쇼(78m)

상하이 역사 박물관 上海城市历史陈列馆 상하이리쓰첸리에관
shàng hǎi lì shǐ chén liè guǎn ShanghaiHistory Museum

가족 ★★★
커플 ★★★★
사진가 ★★★★

위치 동방명주로 들어가 지하 1층으로 내려간다. 주소 上海市 浦东新区 世纪大道 1号 오픈 09:00~21:00 요금 35元(동방명주만 들어가면 무료) 전화 (021)5879-1888 지도 p6-A1

근대사의 소용돌이 속에서 수많은 우여곡절을 겪은 상하이의 역사를 재현해놓은 박물관. 사진, 필름, 문서 자료, 밀랍인형, 미니어처 등 다양한 시청각 자료를 이용해 재구성해 놓았다. 외국 열강 침입 전, 상하이인의 삶이 펼쳐진 1부는 민속학적 자료로도 손색이 없을 정도로 훌륭하다.

농민들의 전통가옥과 그 곁에서 칭얼거리는 아이, 당시의 서당, 약방, 전당포, 술도가, 어물전 등이 현실감 넘치게 재현되어 있다. 몇몇 밀랍인형들은 움직이거나, 당시에 녹음했던 소리들을 들어주기도 한다. 전반부의 평화로운 분위기는 외국 세력이 상하이를 침입하는 2부로 바뀌면서 돌변한다. 19세기 말 개항 직후 상하이의 모습들, 30년대의 난징루, 아편에 찌든 중국인들, 서양인들에게 재판을 받아야 했던 공동조계지에 살던 중국인의 삶이 파노라마처럼 펼쳐진다. 식민지 시절 지어진 역사적인 건물들을 재현해 놓은 박물관 후반부는 또 다른 재미를 선사한다. 모형의 재현도는 떨어지는 편이지만 과거와 현재의 용도, 그리고 찾아갈 수 있는 주소가 적혀 있다. 상하이 근대건축물에 지대한 관심이 있다면 빼놓지 말고 체크하자.

상하이 공중회랑 世紀浮庭 시지푸팅 shì jì fú tíng

가족 ★★★
커플 ★★★★
사진가 ★★★★

위치 지하철 2호선 류자쭈이 陸家嘴역 1번 출구로 나오면 에스컬레이터를 타고 올라가면 된다. 주소 上海市 浦东新区 世纪连廊 지도 p6-A1

영화 〈Her〉에도 나왔던 곳으로 공식 명칭은 세기부연. 세기 대도에 있는 공중정원이라는 뜻이다. 동방명주 앞부터 금무대하를 거쳐 SWFC까지 이어지는 약 543m의 공중회랑으로 횡단보도도, 차량도 없는 보행자 전용 길이다. 특히, 초입에 있는 동방명주 앞의 거대한 원형 회랑은 그 자체로 여행 명소, 동방명주, 정대광장, IFC Mall이 모두 한번에 연결된다. 야간에는 푸동의 야경을 즐기기 위한 가장 좋은 포인트로 각광받으며 인산인해를 이룬다. 사방에서 번쩍이는 카메라 플래시로 인해 눈이 부실 정도. 현재 푸동에서 가장 핫한 볼거리 중 하나다.

빈장다다오 滨江大道 빈장다다오
bīn jiāng dà dào Riverside Promenade

가족 ★★★★
커플 ★★★★★
사진가 ★★★★★

위치 지하철 2호선 루자쭈이 陆家嘴역 1번 출구로 나와, 에스컬레이터를 타고 원형 육교로 올라가, 반시계 방향으로 돌다 나오는 첫 번째 계단으로 내려가면 루자쭈이시루 陆家嘴西路라는 길이 나온다. 진행 방향으로 약 400m 직진하면 시내버스 정류장을 지나 빈장다다오 입구가 나온다. 또는 동창루 페리터미널을 나와 첫 번째 삼거리에서 왼쪽으로 방향을 잡고 900m가량 직진하면 된다. **주소** 上海市 浦东新区 滨江大道 **지도** p6-A1

푸둥에 있는 황푸 강 전망대. 강 건너 와이탄의 아름다운 근대 건축물들이 사진엽서처럼 선명하게 보이는 데다, 와이탄 쪽 전망대에 비해 조용히 강변길을 거닐고 싶은 커플이나, 인파에 덜 치이면서 조용하게 사진을 찍고 싶은 사진가 모두에게 강력 추천하는 곳이다.

빈장다다오 남쪽 길과 연결되는 빈장공원 滨江公园에는 강변을 바라보며 시간을 보낼 수 있는 프랜차이즈 카페들이 영업 중이다.

상하이 오르골 박물관 音盒珍品陈列馆 인허젠핀첸리에관
yīn hé zhēn pǐn chén liè guǎn The Shanghai Gallery of Antique Music Box and Mecharnical Works

가족 ★★★
커플 ★★★
사진가 ★★

위치 지하철 2호선 상하이 과기관 上海科技馆역 1·2번 출구에서 도보 5분 **주소** 上海市 浦东新区 丁香路 425号 东方艺术中心 4F **오픈** 10:00~18:00 (명절 휴무) **요금** 50元(중학생 이하 30元) **전화** (021)6854-7647 **지도** p7-B2

푸둥에서 가장 큰 콘서트 장 중 하나인 동팡예술센터 东方艺术中心 Oriental Art Centre 건물 안 4층에 있는 작은 박물관. 조계시대 서양인들이 남겨놓은 200여 개의 오르골들을 모아둔 곳인데, 1796년 스위스에서 만든 세계 최초의 오르골도 전시하고 있다.

오르골 자체도 멋들어지지만, 각각의 아름다움을 뽐내는 오르골 장식도 상당한 볼거리. 앤티크에 관심이 있다면 필수적으로 방문해볼 만하다. 박물관 안의 상점에는 전시물의 모사품을 판매하고 있는데, 오르골을 제작하는 품에 비하면 가격도 제법 합리적인 편이다.

상하이 세계금융센터 上海环球金融中心 상하이환치우 찐롱쫑신

shàng hǎi huán qiú jīn róng zhōng xīn Shanghai World Financial Centre

위치 지하철 2호선 류자쭈이 陆家嘴역 6번 출구에서 도보 15분 **주소** 上海市 浦东新区 世纪大道 100号
오픈 전망대 09:00~22:30(입장은 21:30까지) **요금** 100F+97F 180元(60세 이상 120元, 100cm 이하 무료), ART AQUARIUM(94F) 120元(60세 이상 80元, 100cm 이하 40元), ART AQUARIUM(94F)+100F+97F 220元(60세 이상 160元, 100cm 이하 40元) **전화** (021)6877-7878 **홈피** swfc-shanghai.com **지도** p6-A1

2008년 완공된 상하이 최고층 빌딩으로 101층, 492m의 높이를 자랑한다. 건물 상단의 빈 공간이 병따개 같다고 해서 한국인 여행자들은 '병따개 건물'이라고도 부른다. 일본계 부동산 회사인 모리 그룹의 소유인데, 그 때문인지 일본계 회사들은 주로 상하이 세계금융센터에 중국 지점의 본부를 두고 있다. 일본의 대표적인 기업만화 <시마 전무>에 등장하는 하츠시바 전산의 중국 지점도 바로 이곳, 상하이 세계금융센터. 금무대하와 달리 지하 2층부터 3층까지는 식당 밀집가라 이런저런 이유로 한 번은 방문하게 된다.

73~93층은 파크 하얏트 호텔이 들어가 있는데, 현재 상하이 탑 3에 들 정도의 고급스러운 호텔로 명성이 자자하다.

하지만 무엇보다 상하이 세계금융센터가 여행자들을 열광하게 만드는 포인트는 뭐니뭐니해도 전망대다. 94, 97, 100층에 각각 전망대를 갖고 있는데, 특히 474m 지점에 있는 100층 전망대는 바닥과 벽, 천장이 모두 유리로 되어 있어 한 발자국 내딛을 때마다 짜릿함을 선사한다. 실제로 100층 전망대에 서 있으면 상하이의 모든 건물들이 발아래 있는 경험을 할 수 있는데, 과장하자면 하늘에 매달린 수정 다리를 걷는 느낌이다. 439m의 높이를 자랑하는 97층 전망대는 벽과 천장이 유리로 되어 있는데, 야경보다는 석양 나절에 더 멋진 풍경을 자랑한다. 94층에서는 OCEAN BY NAKED(2019.7.13~2020.2.16)라고 해서 아이들을 위한 환상적인 아트 수족관을 관람할 수 있다. 상하이 세계금융센터가 오픈한 이후 동망명주와 금무대하의 전망대가 눈에 띌 만큼 관광객이 급감했다는 점은 어찌 보면 당연한 일. 지금까지 보아오던 전망대의 수준을 한 단계 올려놓은 것은 분명해 보인다.

금무대하 金茂大厦
진마오다샤 jīn mào dà shà Jin Mao Tower

위치 지하철 2호선 류자쭈이 陆家嘴역 6번 출구에서 도보 15분 **주소** 上海市 浦东新区 世纪大道 88号 **오픈** 전망대 08:00~23:00(입장은 22:00까지) **요금** 120元 **전화** (021)6877-7878 **홈피** www.jinmao88.com **지도** p6-A1

2008년 상하이 세계금융센터가 완공되며 찬밥이 되어버린 비운의 건물. 건립 당시에는 420m로 세계에서 네 번째로 높은 건물이었다. 와이탄을 장식하고 있는 아르데코 양식을 현대적으로 재해석했다는 평을 받고 있는 건물로 건물 자체의 외관은 지금 봐도 훌륭하고 인상적이다.

무엇보다 금무대하는 8로 이루어진 다양한 조합에 있어서 꽤나 흥미 있는 이야깃거리를 갖고 있는데, 88층이라는 숫자의 의미 또한 무시할 수 없다. 중국인들은 사방에 복이 만개한다는 뜻의 한자인 발 發과 숫자 팔 八을 모두 '빠'라고 똑같이 발음하기 때문에 숫자 8을 유독 좋아한다. 88층이라는 숫자는 온 세계의 모든 재물이 굴러들어 온다는 주술적인 의미인 데다, 주소 또한 世紀大道 88호라는 사실. 말 그대로 8의 조합으로만 이루어진 건물인 셈이다.

현재 금무대하의 1~52층까지는 개인 사무실이, 53~87층은 그랜드 하얏트 호텔(p340)이 입점해 있다. 맨 꼭대기인 88층은 전망대로 쓰이기 때문에 일반인들에 개방된다. 요즘은 대부분의 관광객들이 상하이 세계금융센터로 몰리는 바람에 좀 한적한 느낌. 사실 풍경 자체만 놓고 본다면 금무대하는 여전히 훌륭하다. 상하이 세계금융센터는 바로 앞에 금무대하가 버티고 있어 탁 트인 느낌이 적은 편. 반면 금무대하는 비록 낮긴 하지만, 와이탄 쪽으로 전망이 뻥 뚫려 있어 시원하다. 즉, 전망 자체만 놓고 따진다면 금무대하는 여전히 나쁘지 않은 선택이라는 말이다.

상하이 타워 上海中心大厦 Shngahai Tower

가족 ★★★
커플 ★★★★
사진가 ★★★★

위치 지하철 2호선 류자쭈이역 1·6번 출구구에서 도보 10분 **주소** 上海市 浦东新区 陆家嘴环路 479号 **오픈** 전망대 09:00~20:30 **요금** 180元(노인·학생 120元, 아동 90元) **전화** (021)3383-1088 **홈피** www.shanghaitower.com.cn **지도** p6-A1

상하이 푸동 지구에 조성 중인 마천루 프로젝트의 끝판왕. 높이 632m로 두바이의 부르즈 할리파에 이어 세계에서 두 번째로 높은 건물. 이로써 492m의 상하이 세계국제금융센터 SWFC는 한참 뒤처지는 상하이 2위로 밀려나게 됐다. 상하이의 마천루들은 모두 장난기 섞인 별명을 가지고 있다. 이를테면 동방명주는 거꾸로 세워놓은 주사기, SWFC는 병따개인데, 상하이 타워는 꽈배기와 추러스라는 별명이 현재 경합 중이다.

옆에 있는 금무대하와 SWFC가 외국자본의 설계, 기술에 의지한 반면, 상하이 타워는 중국 자본으로 건설했다는 점에서 중국인들에게는 나름 커다란 의미가 있는 건물이다. 참고로, 지상에서 꼭대기까지 360도 가까이 비틀어서 올라가는 형상을 하고 있어 꽈배기나 추러스 같은 별명이 붙었는데, 설계자의 말에 의하면 승천하는 용을 형상화한 모습이라고 한다.

상하이 타워는 설계 면에서 본다면 꽤 특이한 구조다. 내부는 총 9개로 나뉜 수직 구조의 존 Zone으로 이루어져 있고, 마천루 중에서는 보기 드물게 친환경 콘셉트를 도입했다. 투명한 외벽으로 자연광을 그대로 받아들여 인공조명의 사용을 최대한 제한했고, 나선형의 난간으로 빗물을 모아 건물 전체의 냉난방 시스템에 재활용하고 있다. 특히, 바람의 통로를 최적화해 어느 정도 자연 냉방을 유도할 수 있다는 점도 상하이 타워만의 특징이다.

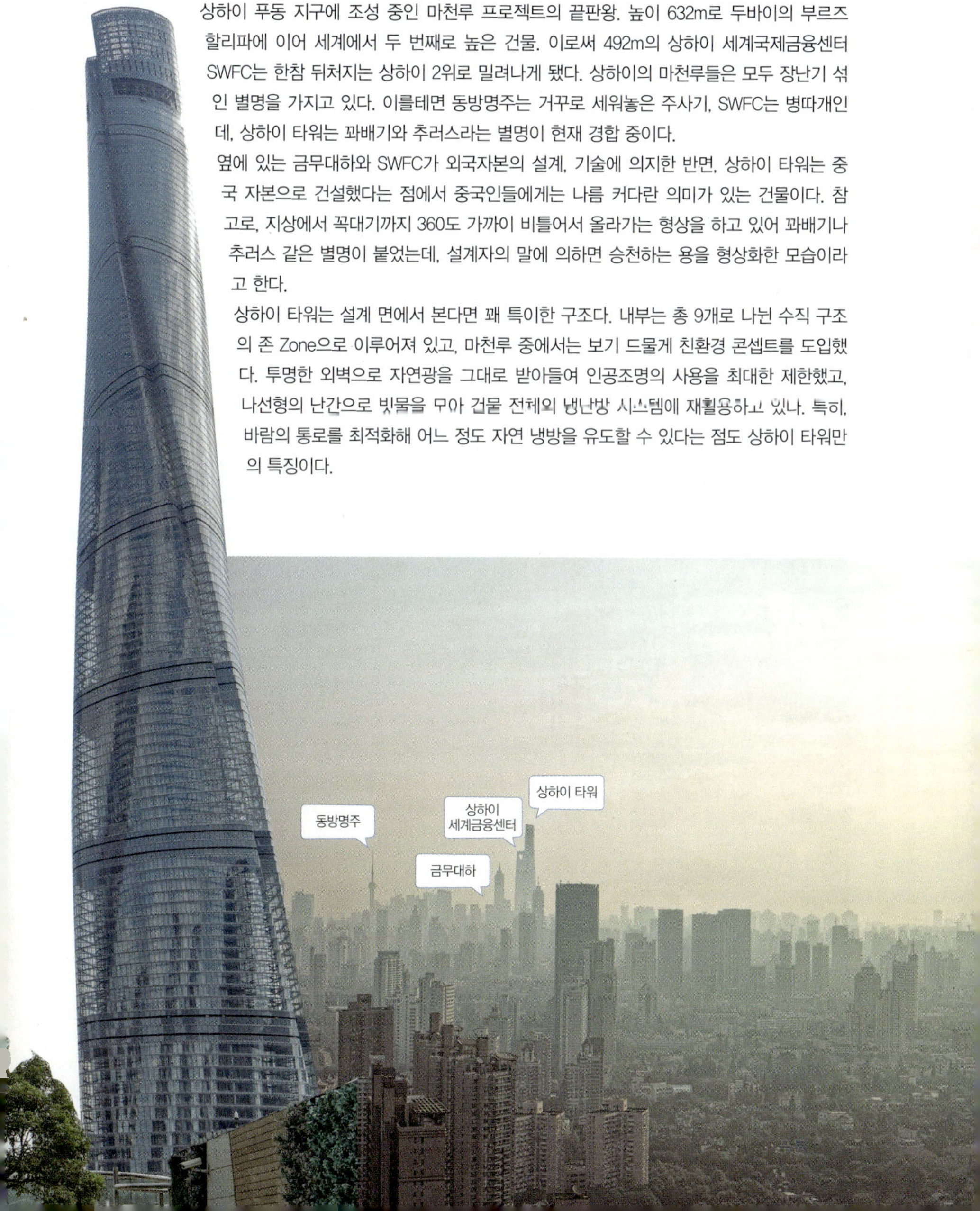

IFC 몰 国金中心商场 궈진쭝신상창
guó jīn zhōng xīn shāng chǎng IFC Mall

가족 ★★★
커플 ★★★★
사진가 ★★★★

위치 지하철 2호선 류자쭈이 陆家嘴역 6번 출구에서 연결된다 **주소** 上海市 浦东新区 世纪大道 8号 **오픈** 10:00~22:00 **요금** 무료 **전화** (021)2020-7070 **홈피** www.shanghaiifcmall.com.cn **지도** p6-A1

옥상 정원

홍콩 자본으로 건설한 상하이 최고의 쇼핑센터. 거대한 다이아몬드를 연상시키는 외관으로 인해 건설 당시부터 선풍적인 화제를 불러일으키며, 푸둥의 새로운 랜드마크로 자리매김하고 있다.

다른 쇼핑센터와 달리 굳이 볼거리로 소개하는 가장 큰 이유는, IFC 몰 광장에 자리 잡고 있는 원기둥의 애플 스토어 때문이다. 감각적이고 현대적인 느낌이 물씬 묻어나는 애플 스토어는 이미 각 도시의 명물로 자리 잡은 지 오래. 하지만 아시아에서는 단순히 쇼핑센터에 입점하는 수준에 그쳐 많은 아쉬움을 자아내기도 했다. 하지만 IFC 몰의 애플 스토어는 감각적인 유리기둥과 기둥 중간에 붕 떠 있는 애플 마크, 그리고 투명한 유리 기둥 바깥으로 비치는 동방명주의 실루엣이 몽환적인 이미지를 만들어내고 있다.

물론, IFC 몰에 애플 스토어만 있는 건 아니다. 홍콩 자본의 엄청난 영업력은 IFC 몰을 상하이 명품 쇼핑의 메카로 만들어 버렸는데, 명품 브랜드를 비롯해 IFC 몰에만 입점한 일종의 독점 스토어들의 숫자도 상당한 편. 다양한 가격대를 커버하는 20여 개의 레스토랑도 잊어서는 안 되는 핵심 포인트 중 하나다. IFC 몰의 옥상에는 꽤 커다란 옥상 정원 空中庭园이 있다. 높이 자체는 4층 정도로 낮은 편이지만 공중회랑, 동방명주, SWFC와 상하이 타워를 다른 각도에서 감상할 수 있다. 점심때면 샌드위치 같은 간식을 들고 와서 먹는 사람들도 심심치 않게 볼 수 있다.

상하이 해양수족관 上海海洋水族馆 상하이하이양쒜이주관
shàng hǎi hǎi yáng shuǐ zú guǎn Shanghai Ocean Aquarium

가족 ★★★★
커플 ★★★★
사진가 ★★★★

위치 지하철 2호선 류자쭈이 陆家嘴역 1번 출구에서 도보 7분 **주소** 上海市 浦东新区 陆家嘴环路 1388号 **오픈** 09:00~18:00(춘절·노동절·국경절 연휴기간 7~8월 09:00~21:00) **요금** 160元(1~1.4m 어린이 110元) **전화** (021)5877-9988 **홈피** www.sh-soa.com **지도** p6-A1

아시아에서 세 번째 규모를 자랑하는 거대한 수족관. 싱가포르와의 합작 투자를 통해 건설한 곳으로 약 300여 종, 1만 마리 물고기들이 유영하는 모습을 관찰할 수 있다.
가장 먼저 여행자들을 반기는 곳은 중국관 中国展区이다. 장강 长江 유역에 건설 중인 싼샤 三峡댐 때문에 멸종 위기에 몰린 희귀어종들을 집중적으로 전시하고 있는데, 그중에는 양쯔 철갑상어, 양쯔 악어, 대형 도롱뇽 등도 있다. 중국관을 지나면 아마존관 亚马逊展区이 나온다.
아마존 강 하면 떠오르는 식인 피라니아 Piranha와 만화영화 <개구리 왕눈이>의 마지막 회를 장식했던 전기뱀장어 등을 볼 수 있다. 정글을 지나면 상하이 해양수족관의 하이라이트인 해저터널이 등장한다. 약 155m의 길이로 서울의 코엑스몰이나 63빌딩 수족관을 생각한다면, 그보다 상상력을 몇 배쯤 더 키워볼 것. 울렁울렁하는 물의 흐름과 사방에서 헤엄치는 각종 물고기들, 특히 거대 상어와 가오리가 유영하는 모습은 온갖 수식어가 무의미할 정도로 아름답다. 현기증이 날 정도로 긴 해저 터널을 빠져나오면 애보리진들의 인상적인 동굴벽화로 꾸며진 호주관 澳州展区이 모습을 드러낸다.
들어서자마자 에스컬레이터를 타게 되는데, 이곳조차 해저 터널로 꾸며져 있다. 톱상어, 새치와 같이 머리의 뿔(?)을 흉기로 사용하는 다양한 희귀 물고기들을 감상할 수 있다. 이윽고 대초원을 배경으로 한 아프리카관 非州展区의 입구가 보인다. 나일강, 빅토리아 폭포 심지어 아프리카 안에서도 오지에 속하는 자이르강에서 사는 희귀어류들을 볼 수 있다. 냉수관 冷水展区은 이름만큼이나 상하이 해양 박물관 중 가장 썰렁한 구역이다. 냉수관을 지나면 극지관 南极地展区이 나온다. 극지관의 핵심은 역시 펭귄이다. 하지만 원체 주의가 산만한 동물들이라, 기념사진 촬영이 거의 불가능 하다는 것. 대양관 大洋展区은 인근해의 어류를 전시하는 공간. 해변에서 볼 수 있는 고동게에서부터 해마, 실고기, 왕문어, 해파리 등 먹을 수 있는 해양생물들을 중점적으로 전시하고 있다.
대양관을 지나면 바로 해수관 海水展区으로 연결된다. 아귀와 가오리, 홍어 등이 자유롭게 유영하는 모습을 볼 수 있다. 여기도 상당히 인기 있는 구역.

중화예술궁 中华艺术宫 중화이수궁
zhōng huá yì shù gōng China Art Museum

위치 지하철 8호선 中华艺术宫역 2번 출구로 나와 반대 방향으로 도보 3분 **주소** 上海市 浦东新区 上南路 205号 **오픈** 화~일 10:00~18:00(17:00까지 입장) **요금** 무료(특별전시 유료) **전화** (021)2025-2018 **홈피** www.sh-artmuseum.org.cn **지도** 상하이전도-B2

2010년을 뜨겁게 불태웠던 상하이 엑스포 당시의 중국관을 재활용한 중국 최대 규모의 미술관. 총 12층, 27개의 전시실이 있는데, 점유면적만 166,000㎡에 달한다. 상하이와 베이징의 경쟁 관계는 익히 알려졌다. 2008년 베이징이 올림픽을, 2010년 국제 엑스포를 상하이가 개최했듯 두 도시는 늘 비교 대상이다. 중화예술궁의 탄생도 이와 같은 경쟁의 결과. 베이징은 2008년 올림픽을 거치며 중국미술관을 재단장하자, 상하이가 역습에 나선 셈이다.

2012년 10월 1일 그동안 난징시루에 있던 상하이 미술관이 이곳으로 전격 이전했다. 즉 중화예술궁이라는 약간 부담스러운 이름을 가지고는 있지만, 사실 상하이 미술관 신관에 가깝다고 보면 된다. 참고로 베이징은 상하이에 역습에 맞서 중국국가미술관을 세계에서 가장 큰 크기로 신축할 예정이라고 발표했다. 어쨌건 베이징의 신축 중국국가미술관이 들어서기 전까지 상하이 중화예술궁은 중국은 물론 아시아에서 가장 큰 미술관이다.

디지털 청명상하도

점유면적 168,000㎡ 중 약 64,000㎡를 전시 공간으로 사용하고 있다. 전시실은 크게 상설전과 특별전으로 구분되는데, 예술 애호가라면 굳이 유명 작가의 특별전 순회만을 기다릴 필요가 없다. 상설 전시만 본다고 생각해도 작품의 양과 질에 있어 압도적이기 때문이다. 특히, 디지털 기술을 적극적으로 활용한 점도 눈에 띄는데, 이를테면 북송 시절의 걸작이자 중국의 국보로, 베이징 고궁박물관에 소장된 청명상하도 清明上河圖를 디지털로 구현했다는 점은 중화미술궁의 획기적인 발상 중 하나로 손꼽는다. 참고로, 청명상하도란 북송의 수도였던 카이펑 开封의 청명절의 모습을 그린 5m짜리 그림이다. 그림 속에 인물만 약 700명이 등장하는데, 각각의 얼굴 생김새가 모두 다르다고. 때문에 그림을 자세히 보기 위해서는 돋보기가 필요했다. 이 지점에서 디지털의 힘이 등장한다. 중화예술궁의 디지털 버전은 그림을 700배로 확대했다. 그 결과 그림은 130m짜리 스크린에 담겼고, 그림에서는 표현할 수 없는 각종 멀티미디어 기법을 동원, 그 자체로 또 다른 작품을 만들어 버렸다.

세기공원 世纪公园 스지공위엔
shì jì gōng yuán Century Park

가족 ★★★
커플 ★★★
사진가 ★★★

위치 지하철 2호선 세기공원 世纪公园 역 1·4번 출구에서 도보 3분 주소 上海市 浦东新区 锦绣路 1001号 오픈 3월 16일~11월 15일 06:00~18:00, 11월 16일~3월 15일 06:00~17:00, 3월 16일~11월 15일 06:00~18:00, 11월 16일~3월 15일 06:00~17:00) 전화 (021)8376-0588 지도 p7-B2

푸동 개발구역 한가운데 조성된 상하이에서 제일 큰 공원 중 하나. 공원 내부는 모두 7개의 테마구역으로 나뉘어져 있다. 호수구 湖滨区, 시골전원구 乡土田园区, 관경구 观景区, 초원구 草坪区, 조류보호구 鸟类保护区 등이 바로 그것. 걷기에는 제법 부담스러운 넓이인 관계로 공원에서 대여해주는 자전거를 권하고 싶다. 1인용뿐 아니라 연인, 친구들을 위한 2인용 자전거도 구비하고 있다. 만약 인라인 광이라면 세기공원은 중국에서 가장 좋은 인라인 트랙이 될 것이다. 여행자들보다는 교민들이 사랑하는 곳이다.

상하이 야생동물원 上海野生动物园 상하이예성똥우웬
shàng hǎi yě shēng dòng wù yuán Wild Animal Park

가족 ★★★★
커플 ★★★
사진가 ★★★

위치 지하철 지하철 16호선 야생동물원 野生动物园역 1번 출구에서 도보 20분 주소 上海市 浦东新区 南六公路 178号 오픈 3~11월 08:00~17:00, 12~2월 08:30~16:30 요금 130元 전화 (021)6118-0000 홈피 www.shwzoo.com 지도 상하이전도-D3

국가 단위에서 건설한 야생동물원으로서는 중국 최초다. 1995년 푸동 개발 계획의 일환으로 건설된 이래 지금까지 상하이 제일의 동물원으로 독보적인 위치를 구가하고 있다. 200만㎡에 달하는 부지 위에 200종, 1만 여 마리의 야생동물들이 거주(?)하고 있는 동물원은 크게 차를 타고 이동하는 사파리 구역과 철장 안의 동물을 구경하는 보행 구역, 그리고 놀이동산 구역으로 나눠져 있다. 최고의 하이라이트는 물론 사파리 구역.

보행 구역에서 단연 돋보이는 건 판다 사육장이다. 자이언트 판다 大熊猫와 레서 판다 小熊猫의 두 종을 사육하고 있는데, 다른 동물원에 비해 상대적으로 활발한 편. 이른 아침에 방문한다면 대나무를 씹고 있거나 나무를 타는 판다의 모습도 관찰할 수 있다. 이 외에도 코끼리, 돌고래의 묘기를 볼수 있는 공연장 表演场과 개 경주를 볼 수 있는 동물 경기장 动物竞速赛场, 아기 동물들을 볼 수 있는 小动物乐园 등도 아이들에게 인기다.

아시아에서 가장 큰 테마파크

상하이 디즈니랜드 迪士尼乐园

2016년 여름 드디어 상하이 디즈니랜드가 개장했다. 아시아에서는 도쿄와 홍콩에 이은 세 번째지만, 상하이 디즈니랜드는 다른 곳과 차별화된 특징을 가지고 있다. 첫 번째는 미국 플로리다에 있는 디즈니 월드를 제외한, 디즈니랜드 중에서는 세계에서 가장 크고 아시아에서 가장 큰 테마파크 중 하나라는 것이다. 가장 먼저 건설된 애너하임 디즈니랜드의 두 배, 홍콩 디즈니랜드보다는 세 배가 크다. 두 번째는 유일하게 현지화 콘셉트로 개발했다는 점이다. 미국풍의 기본 골격 아래 중국 느낌을 최대한 잘 어울리게 가미한 분위기다.

상하이 디즈니랜드는 어드벤처 아일 Adventure Isle, 트레저 코브 Treasure Cove, 판타지랜드 Fantasyland, 투모로우랜드 Tomorrowland, 상상의 정원 Garden of Imagination, 미키 에비뉴 Micky Avenue 총 6개 구역으로 나뉘어 있다.

위치 지하철 11호선 디즈니 迪士尼역 1번 출구에서 도보 6분 **주소** 上海市 浦东新区 川沙镇 黄赵路 310号 **오픈** 월~목 09:00~21:00, 금~일 08:00~22:00 **요금** 평일 일반(1.4M 이상) 399元, 아동(1~1.4M)·65세 이상 299元/ 피크 데이 일반(1.4M 이상) 575元, 아동(1~1.4M)·65세 이상 431元 **전화** (021)6064-0075 **홈피** www.shanghaidisneyresort.com **지도** 상하이전도-C3

알면 편리한 상하이 디즈니랜드 여행

❶ 사전 준비

공식 앱 다운받기(각 어트랙션의 대기시간, 공원 내 스케줄 등을 미리 확인), 간단한 먹거리, 음료, 1위안 동전(코인 로커 이용을 위해)

❷ 인터넷 예약

웹페이지(www.shanghaidisneyresort.com/en)와 상하이 디즈니랜드 앱을 통해 입장권을 사전 구매할 수 있다. 원래 사람이 많은 나라라 입장권을 구입하는 줄도 만만치 않을 때가 많다. 하지만, 사전에 입장권을 예매했다면 바로 보안검색을 거쳐 리조트로 입장할 수 있어 시간이 절약된다. 인터넷 예약을 한 경우 입장 시, 여권과 예약번호(스크린 캡처)를 제시하면 그 자리에서 표를 발급해준다.

❸ 패스트 패스 FASTPASS 활용

인기 어트랙션에만 적용되는 탑승 시간 예약 시스템이다. 패스트 패스를 발권하면, 패스에 탑승 시간이 나온다. 대부분 1~2시간 후의 시간이 찍히는데, 이 시간 동안 다른 곳에서 놀다가 정해진 시간에 어트랙션 탑승장으로 가면, 일반 줄보다 훨씬 짧은 패스트 패스 줄에 세워준다. 상하이 디즈니랜드는 인기 있는 어트랙션의 경우 1시간 대기가 기본인데, 패스트 패스를 활용하면 15분 이내로 줄일 수 있다

패스트 패스 발급받기

판타지랜드 동, 판타지랜드 서, 어드벤처 아일 그리고 투모로우랜드 4곳의 게스트 서비스 Guest Services 내 자동 발권기를 통해 패스트 패스를 발급받을 수 있다.

Step 1	Step 2	Step 3	Step 4	Step 5
패스트 패스 자동 발권기로 가서, 디즈니랜드 입장권의 큐알코드를 인식시킨다.	발권기 화면에서 탑승할 어트랙션을 선택한다.	패스트 패스 탑승권이 나오면 탑승권에 적힌 탑승 시간을 확인한다.	정해진 시간이 되면 해당 어트랙션으로 가서, 패스트 패스와 디즈니랜드 입장권을 보여주고 패스트 패스 줄에 선다.	일반 줄에서 땀을 뻘뻘 흘리는 사람들을 느긋한 표정으로 바라보며, 조금 기다린 후 어트랙션에 탑승한다.

• 패스트 패스 입장이 가능한 어트랙션

어트랙션	구역
트론 TRON Lightcycle Power Run 인기	투모로우랜드
버즈의 행성구조대 Buzz Lightyear Planet Rescue	투모로우랜드
일곱 난쟁이의 광산열차 Seven Dwarfs Mine Train	판타지랜드
푸우의 대모험 The Many Adventures of Winnie the Pooh	판타지랜드
피터팬의 비행 Peter Pan's Flight	판타지랜드
로링 래피즈 Roaring Rapids 인기	어드벤처 아일
소어링 오버 더 호라이즌 Soaring Over the Horizon 인기	어드벤처 아일

❹ 나 홀로 여행자라면 싱글 라이드

일부 어트랙션은 혼자 온 여행자들을 위해 싱글 라이드 Single Ride 라인을 제공한다. 패스트 패스와 같은 일종의 특별 줄인데, 싱글 라이드의 경우는 패스트 패스처럼 발권 등의 복잡한 과정을 거치지 않고 그저 싱글 라이드 줄이 있는 어트랙션 앞으로 가면 된다. 종종 둘이 와서 따로 타는 식으로 악용하는 사람들이 있기 때문에 감시의 눈길이 철저하다. 다른 나라와 달리 혼자 뭔가를 하면 이상하게 보는지라, 나 홀로 여행자가 적긴 적다. 운 좋으면 패스트 패스보다 대기 시간이 더 짧을 수도 있다.

• 싱글 라이드 탑승이 가능한 어트랙션

어트랙션	구역
난파선의 보물을 찾기 위한 캐리비안 해적의 전투 Pirates of the Caribbean Battle for the Sunken Treasure	트레저 코브
로링 래피즈 Roaring Rapids 인기	어드벤처 아일
일곱 난쟁이의 광산열차 Seven Dwarfs Mine Train	판타지랜드
트론 TRON Lightcycle Power Run 인기	투모로우랜드

상하이 디즈니랜드의 인기 어트랙션

어드벤처 아일
Adventure Isle 冒險島

야생 정글 콘셉트다. 섬에는 소어링 마운틴이라는 커다란 화산섬이 있고 산 아래로 급류가 흐른다. 상하이 디즈니랜드에만 있는 소어링 오버 더 호라이즌 Soaring Over the Horizon이 가장 인기 있는 어트랙션. 일종의 급류타기인 로링 래피즈도 인기 만점이다.

소어링 오버 더 호라이즌 Soaring Over the Horizon FP 가능 | 102㎝ 이상 탑승

소어링 마운틴 뒤 지평선에는 어떤 풍경이 있을까? 소어링 오버 더 호라이즌은 기본적으로 4D 놀이기구다. 세계 곳곳에 있는 여러 명소를, 놀이기구를 타고 광활한 하늘, 아니, 화면 위를 날아다닌다. 스위스의 마테호른 위를 날고 봉우리 위로 올라갈 때는 아찔한 느낌이 들고, 사막의 낙타 대상을 따라갈 때는 〈아라비아 로렌스〉의 한 장면 속으로 쏙 빨려 들어간 게 아닐까 하는 착각에 빠진다. 스케일, 확실히 크다. 개장하자마자 일단 여기로 뛰어올 만하다.

로링 래피즈 Roaring Rapids FP 가능 | 107㎝ 이상 탑승

롤러코스터의 변형판. 레일 대신 급류, 기차 대신 원형 보트에 탑승한다. 롤러코스터보다 느리지만, 직진만 하는 롤러코스터와 달리 360도 회전하면서 앞으로 나아가고, 이리저리 부딪치는 구조라 처음 탄다면 심리적으로 롤러코스터보다 더 무서울 수도 있다. 사방에서 튀는 물이 주는 공포도 적지 않은 편. 다만, 디즈니의 어트랙션 성격상 속도와 강도는 적당히 조절되니 큰 걱정을 할 필요는 없다. 다른 테마파크에서 작정하고 이 모델을 무섭게 만들면 어마어마할 듯. 물론 어린이들은 우는 경우도 있다. 꽤 젖으므로 우비를 준비해야 한다. 우비 자판기가 있다.

트레저 코브
Treasure Cove 宝藏湾

트레저 코브는 해적들이 보물을 숨긴 해안지대로, 해적왕인 잭 스패로의 본거지이기도 하다. 디즈니가 판권을 가지고 있는 〈캐리비안의 해적〉에서 모티브를 얻은 온갖 어트랙션이 기다리고 있다. 커다란 호수를 중심으로, 풍경 자체가 좋은 곳이라 사진을 찍는 커플들도 심심찮게 있다.

난파선 보물을 찾기 위한 캐리비안 해적의 전투
Pirates of the Caribbean Battle for the Sunken Treasure FP 불가 | 신장 제한 없음

디즈니랜드의 유명 놀이기구 중 하나인 캐리비안 해적의 확장판으로 상하이 디즈니랜드의 자랑이다. 배를 타고 잭 스패로의 시선을 따라 난파선을 찾고, 그 안에 있는 보물을 회수하는 모험을 펼친다. 시대가 시대인 만큼 디즈니 특유의 박진감 넘치는 인형극 외에 어마어마한 스크린에서 펼쳐지는 체험 영상 속으로 빨려 들어갈 수도 있다. 놀이기구 자체는 움직임이 거의 없는 편이라 모든 연령이 탑승할 수 있다. 하지만, 화면 구성은 박력 만점이다.

사이렌의 복수 Siren's Revenge [Timelaps] FP 불가 | 모든 연령 | 신장 제한 없음

놀이기구라기보다는 관람 극장. 만에 정박한 해적선으로 내부가 공개되어 있다. 해적선의 내부가 궁금한 아이들이 좋아하는 공간이기도 하다. 일단 움직이지 않는다는 점에서 감점 포인트가 있으나, 해적선 2층에서 바라보는 풍경이 아름답기 때문에 아이들만큼 커플에게 인기 있는 공간이다. 호수와 화산인 소어링 마운틴 그리고 디즈니랜드의 성이 한눈에 들어오고 석양 감상이 가능한 위치에 있다는 것도 장점.

바르보사 바운티 Barbossa's Bounty

중식과 아시안식을 표방하는 레스토랑. 메뉴는 바비큐 폭립, 구운 오징어 한 마리를 얹은 볶음밥, 인도네시아 스타일 치킨라이스, 구운 채소 샐러드 딱 네 가지. 밥 메뉴가 있어 한국인 여행자들도 그나마 조금 낫다는 평. 취재 중 구운 오징어 한 마리를 넣은 볶음밥을 먹었는데, 마늘 향이 솔솔 나는 게 나쁘지 않았다. 패스트푸드처럼 주문하고 음식을 받는 식이다.

판타지랜드
Fantasyland

디즈니 고전 캐릭터들이 대거 출동하는 말 그대로 환상의 나라. 디즈니 만화에 등장하는 공주들, 곰돌이 푸, 피터팬, 백설공주를 수호하는 일곱 난쟁이들이 총출동한다. 대부분의 어트랙션이 귀여운 모양이고, 미취학 아동들에게도 개방되어 있다. 일단 아이 동반 가족 여행자라면 여기부터 공략해야 할지도.

일곱 난쟁이의 광산열차 Seven Dwarfs Mine Train FP 가능 | 97㎝ 이상 탑승

어린이들도 즐길 수 있는 초급 롤러코스터. 백설공주를 수호하는 일곱 난쟁이가 실은 다이아몬드 광산의 소유주였다는 게 이 어트랙션의 배경 이야기다. 고속 진행 후, 동굴 속으로 들어가며 서행이 시작되는데, 이때 백설공주와 일곱 난쟁이의 모션 캐릭터들을 만날 수 있다. 롤러코스터에 공포를 느끼는 성인도 이 정도라면 즐길 수 있다.

푸의 대모험 The Many Adventures of Winnie the Pooh FP 가능 | 신장 제한 없음

꿀단지 열차를 타고, 푸의 대모험을 관람한다. 푸의 대모험은 디즈니랜드에서는 꽤 역사가 깊은 어트랙션. 1999년 플로리다의 월트 디즈니월드에서 처음 데뷔한 이래, 도쿄, 홍콩 디즈니랜드에서도 같은 설비를 만들었다. 시간이 흐르고 기술이 발전하면서 인형극 외에 컴퓨터 그래픽도 가미했는데, 상하이 디즈니랜드의 푸의 대모험은 그 모든 시도의 집대성 같은 느낌이다. 아이들에게 인기.

피터팬의 비행 Peter Pan's Flight FP 가능 | 신장 제한 없음

마법의 해적 갤리온선을 타고 피터팬, 팅커벨과 함께 세컨드 스타의 하늘을 날아다니는 콘셉트의 어트랙션. 주로 야간에 비행하는 피터팬의 특성상 전 구간이 어두컴컴하다. 덕분에 비록 인공이긴 하지만 아름다운 하늘을 제대로 표현하고 있다는 것은 또 다른 장점.

투모로우랜드
Tomorrowland

판타지랜드가 어린이 놀이동산(?)이었다면 박진감 넘치는 어트랙션이 가득한 투모로우랜드는 청소년 그리고 어른들의 영역이다. 구역의 디자인도 지금까지 디즈니 애니메이션이나 동화처럼 꾸미는 데 집중했다면, 투모로우랜드는 SF 그 자체다.

트론 TRON Lightcycle Power Run FP 가능 | 122㎝ 이상 탑승

상하이 디즈니랜드에서 가장 인기 있는 어트랙션이다. 참고로, 〈트론〉은 1982년 디즈니가 만든 영화로, 세계 최초로 배우를 CG로 합성했으며, 당시로써는 생소한 가상현실에 대한 개념을 제시했던 작품이다. 〈트론〉은 2010년 속편이 제작됐는데, 상하이 디즈니랜드에 있는 어트랙션 트론은 2010년 영화를 모티브로 하고 있다.

트론은 일단 롤러코스터 형태를 취하고 있지만, 열차가 아니라 바이크다. 즉, 바이크를 타듯 온몸을 숙이고 탑승하는데, 이 때문에 기존의 롤러코스터와는 다른 속도감을 즐길 수 있다. 실제로 트론은 속도가 시속 97㎞로 전 세계 디즈니랜드에 있는 롤러코스터 중에서 가장 빠르다. 배경 스토리 자체가 추격전이라, 실내와 실외를 오가는 모든 구간이 눈 깜짝할 사이에 지나간다. 상하이 디즈니랜드에서 이것만 탔다는 무용담도 종종 들려온다.

스타워즈 격납고 Star Wars Launch Bay FP 가능 | 신장 제한 없음

〈스타워즈〉의 판권이 디즈니로 넘어가며, 세상에! 〈스타워즈〉 관련 시설이 디즈니랜드에 들어오기 시작했다. 아직 어트랙션은 없지만, 〈스타워즈〉의 등장인물과 엑스윙 같은 비행선의 실제 모형을 볼 수 있다. 아무나 보면 내가 네 아빠라고 주장하는 다스 베이더 경을 비롯해 에피소드 7의 등장인물인 카일로 렌, 드로이드형 R2D2도 있다. 밀레니엄 팔콘의 조종석에서 인생 사진을 찍을 수도 있다. 〈스타워즈〉 팬이라면 건너뛰기 아깝다.

버즈의 행성구조대 Buzz Lightyear Planet Rescue FP 가능 | 신장 제한 없음

〈토이 스토리〉의 히어로 버즈가 등장하는 어트랙션. 버즈가 운영하는 행성 구조대의 일원이 되어 악당을 물리치고, 조난자들을 구출해야 한다. 놀이기구 안에는 광선총(?)이 장착되어 있는데, 이걸로 악당들을 맞춰서 버즈의 싸움을 돕는 게 탑승객의 임무다. 즉, 놀이기구+아케이드 게임의 느낌. 직접 참여를 하는 어트랙션이기 때문에 아이들의 몰입도가 상상 이상이다.

상상의 정원
Gardens of Imagination

디즈니 캐릭터 대잔치. 어린아이들이 좋아하는 회전 어트랙션 덤보 더 플라잉 코끼리와 회전목마를 탈 수 있는 곳이다. 새롭게 선보이는 마블 유니버스 Marvel Universe는 실사판 마블 캐릭터 영화의 배급권을 가지고 있는 디즈니가 선보이는 야심찬 코너. 아직 디즈니 흡수(?) 초기라 〈스타워즈〉처럼 캐릭터와의 미팅이 전부지만, 아이언맨 슈트를 착용한다거나, 캡틴 아메리카나 스파이더맨을 만나는 일은 확실히 색다른 경험이다.
미키 마우스와 다스 베이더, 아이언맨이 한 공간에 있다니!
또 하나 살펴볼 곳은 열두 사도의 정원 Garden of the Twelve Friends이라는 곳이다. 디즈니 캐릭로 만든 십이지 동물을 그린 벽인데, 자신의 띠를 찾아 사진 찍는 사람들로 늘 붐빈다. 호랑이해를 상징하는 티거, 뱀의 해를 상징하는 〈정글북〉의 뱀 카 Kaa, 원숭이해는 〈알라딘〉의 감초 아부 Abu가 나온다. 중국 점성학과 디즈니의 콜라보. 꽤 흥미 있는 지점이다.

미키 에비뉴
Mikey Avenue

미키 마우스 마니아를 위한 작은 공간이다. 미니 마우스와 친구들 Minnie Mouse and Friends에서는 미니 마우스를 비롯해 구피, 도널드 덕 등 12명의 캐릭터와 직접 사진을 찍을 수 있다. 상하이 디즈니랜드답게 캐릭터들이 중국식 복장을 하고 있다. 미키 필름 페스티벌 Mickey's Film Festival은 흑백영화 시절부터 월트 디즈니의 상징과도 같은 캐릭터 미키 마우스에게 헌정하는 일종의 구닥다리 영화관. 요즘은 아이들보다 추억에 젖은 중장년층에게 더 인기가 많은 게 아닌가 싶을 정도다.

디즈니랜드를 더 특별하게 만드는 인기 공연

미키스 스토리북 익스프레스 Mickey's Storybook Express 시간 12:00, 15:30

디즈니랜드의 모든 캐릭터가 총출동하는 퍼레이드로 하루 2회에 걸쳐 진행된다. 다른 디즈니랜드의 경우 디즈니의 간판인 미키, 미니, 도널드 덕, 구피, 플루토가 마지막에 나오는데, 상하이는 이들이 가장 앞에 선다. 덤보의 기차, 일곱 난쟁이의 행진, 토이 스토리 군단, 펠리컨 입속에 들어간 니모와 도리, 겨울왕국의 엘사, 피노키오가 나온 후, 마지막 피날레는 중국풍의 전차 부대가 장식한다. 전체 행진 시간은 약 15분 내외로 짧은 편이지만, 좋은 자리에서 보고 싶은 사람들은 공연 시작 한 시간 전부터 줄을 선다.

불꽃놀이
Spectacula of Magic and Light 시간 20:00

디즈니의 그 유명한(!) 불꽃놀이. 상하이 디즈니랜드를 기점으로 그 전과 후가 전혀 다를 정도로 완벽하게 업그레이드했다. 불꽃놀이와 분수쇼 그리고 이야기가 샘솟는 마법의 성 Enchanted Storybook Castle을 스크린으로 활용한 디지털 영상이 절묘하게 혼재되어 있다. 폭죽을 터뜨리거나 그저 내레이션으로 흥을 돋우는 정도의 단순한 불꽃놀이가 아니라, 디즈니의 온갖 애니메이션과 영화 캐릭터에 장대한 스토리텔링을 가미한 화려한 공연이다. 정말 20분이 탄성과 환호 속에 쏜살같이 지나간다. 목 좋은 곳에 앉기 위해서는 최소 한 시간 전에는 자리를 잡아야 한다. 강력 추천

라이언 킹 Lion King 시간 월~금 19:00 / 토 15:00, 19:00 / 일 15:00 요금 190~790元

무려 2시간 30분짜리 뮤지컬로, 중국어로 진행되기 때문에 한국인 여행자 입장에서는 관심이 좀 떨어질 수 있다. 하지만, 어차피 내용은 모두 아는 데다, 규모 자체가 원체 커서 이틀 정도 디즈니랜드를 들어갈 예정이라면, 관람을 고려해 봐도 좋다. 디즈니랜드는 입장권만 사면 모든 어트랙션이 무료지만, 라이언 킹만큼은 예외.

야리하여 耶里夏丽 예리샤리 yé lǐ xià lì

위치 지하철 2호선 陆家嘴역 1번 출구에서 도보 5분, 정대광장 2층에 있다. 주소 上海市 浦东新区 陆家嘴西路 168号 正大广场 2F 17–18号 오픈 11:00~21:00 요금 2인 200~250元 전화 (021)5888–9211 홈피 www.yelixiali.com 지도 p6–A1

중국의 서쪽 끝인 신장위구르자치구 요리 전문점이다. 신장 지역의 다수를 차지하는 위구르인들은 인종적으로 터키계에 속하고 이슬람을 믿는다. 즉, 중국 본토 그리고 한족과는 아예 문화, 역사, 음식 배경이 다른 지역이다.

유목민족답게 우유를 이용한 요리들이 많고, 양꼬치는 중국에서도 손꼽히는 지역 중 하나다. 중국인들 관점에서도 꽤나 이국적인 지역인 탓에, 현지인들도 요리 선정에 애를 먹는 상황을 쉽게 볼 수 있다. 매시간 2회에 걸쳐 위구르 무용이라고 말하고 가끔은 인도의 볼리우드 영화 군무를 선보이는데, 꽤 신난다.

요리도 크게 거슬리지 않고, 몇몇 달콤한 디저트는 아주 맛있다. 공연을 보며 신장 맥주에 곁들인 양꼬치를 먹어보기 위해서라도 가볼 만한 곳이다.

● 간편 메뉴 羊肉串(竹签) 양꼬치(대나무) 3.5元. 火焰山烤肉(铁签) 양꼬치(철) 10元. 自製酸奶 자가제작 요구르트 9元. 麻酱冰草 언 것같은 질감의 신장 특유의 채소인 빙채를 깨 장에 찍어먹는 일종의 샐러드 26元. 石河子凉皮 차가운 면요리 19元. 炭烤羊排 숯불양갈비 22元. 羊肉手抓饭 양고기 볶음밥 28元

야리하여 분점
· 난징동루점 南京东路 300号 恒基名人购物中心 3层
· 홍커우점 虹口区 西江湾路 338号 龙之梦 B座 5F
· 디즈니랜드점 川沙镇 申迪西路 迪士尼小镇大食代

정두 正斗 쩡또우 zhèng dǒu Tasty Congee

위치 지하철 2호선 류자쭈이 陆家嘴역 6번 출구와 国金中心(IFC Mall)이 연결된다. 주소 上海市 浦东新区 世纪大道 8号 国金中心 3F 오픈 11:00~22:00 요금 2인 150元 전화 (021)5012–3998 지도 p6–A1

홍콩에 본점을 둔 죽·완탕·딤섬·디저트 전문점. 한국의 탤런트 하모씨의 남편이 사장으로 있는 집이라 홍콩을 여행하는 한국인 여행자들에게는 꽤 유명한 브랜드다. 상하이의 정두는 분식위주인 홍콩과 달리 베이징 카오야나 광동요리 등도 선보이고 있어 취급 메뉴는 그야말로 엄청나다. 홍콩에서는 그저 적당한 완탕면, 딤섬 가게 이미지지만, 상하이에서는 중·고급으로 분류되고, 맛에 대한 평가도 훨씬 높다.

● 간편 메뉴 正斗鲜虾云吞面 새우 완탕면 38元. 干炒牛河 홍콩식 넓적 쌀국수 소고기 볶음 80元. 原蜜味叉烧肠粉 차슈빠오 창펀 28元. 晶莹鲜虾饺 하카우, 새우 딤섬 38元. 蜜汁叉烧酥 달콤한 차슈 번 30元

이타쵸 스시 板长寿司 반창쇼우시
bǎn cháng shòu sī Itacho Sushi

위치 지하철 2호선 류자쭈이 陆家嘴역 6번 출구와 国金中心(IFC Mall)이 연결된다. 주소 上海市 浦东新区 世纪大道 8号 国金中心 LG1 오픈 11:00~22:00 요금 2인 점심 120元, 저녁 200元~ 전화 (021)2024-8060 지도 p6-A1

일식 프랜차이즈. 홍콩을 비롯해 싱가포르, 상하이 등 중화권에서 유독 인기가 있는 집이다. 상호답게 간판 메뉴는 초밥이다. 최근 들어 전 세계의 참치는 모두 중국으로 흘러간다는 말을 방증이라도 하는 듯 이 집의 참치 대뱃살 초밥은 한국에서도 중 상급의 퀄리티다. 일반적인 중국 샐러리맨들이나 여행자들은 초밥보다는 점심 세트를 주로 노리는 편인데 11:00~17:00까지 주문이 가능해 이른 저녁의 용도로도 손색이 없다.

가격도 저렴한 편으로 꽁치구이, 밥, 일식 된장국, 샐러드가 나오는 세트 메뉴 烤秋刀鱼가 32元선이다. 초밥 세트는 48~88元선인데 꽤 괜찮은 맛이다. 참고로 이 집은 같은 매장에 이타쵸 스시 외에 지카 우동 Jika Udon이라는 레스토랑이 함께 영업 중이다. 수타 우동 집인데, 면발의 탄성이나 깔끔함은 한국에서도 보기 힘든 수준이다. 15~38元으로 가격도 납득할 만한 수준. 두 명이라면 초밥에 우동을 곁들이는 것도 좋은 방법. 가격대비 맛으로는 탁월한 집 가운데 하나다.

유즈 柚子 요우즈 yòu zi YUZU

위치 지하철 2호선 스즈다다오 世纪大道역 7번 출구에서 도보 10분 주소 上海市 浦东新区 东方路 899号 浦东假日酒店 2F 오픈 11:00~14:00, 17:30~22:00 요금 2인 800元(카드 가능) 전화 (021)5830-6877 지도 p6-B2

경쟁력 있는 일식 뷔페 레스토랑. 세금포함 1인 350元을 내면 메뉴에 있는 모든 음식과 맥주를 포함한 별도 표시가 된 음료를 마음껏 먹을 수 있다. 우리가 아는 뷔페랑은 약간 다른 분위기라 생경할 수 있지만, 막상 이용해보면 단품 요리를 양껏 주문하는 분위기라 훨씬 대접받는 느낌이다. 전채부터 튀김, 데판야키, 초밥, 회까지 일식에서 취급하는 거의 모든 메뉴가 다 포함되어 있고 가격을 생각하면 퀄리티도 좋은 편이다. 무엇보다 맥주 무제한이라는 매력 때문. 분점이 홍차오(上海市 长宁区 仙霞路 8号 仲盛金融中心) 에도 있다.

블루 프로그 蓝蛙 란와 lán wā Blue Frog

위치 지하철 2호선 류자쭈이 陆家嘴역 6·7번 출구로 나와 도보 10분 **주소** 上海市 浦东新区 世纪大道 100号 上海环球金融中心 B1 **오픈** 10:00~24:00 **요금** 2인 200~400元(카드 가능) **전화** (021)6877-8668 **홈피** www.bluefrog.com.cn **지도** p6-A1

상하이 세계 금융센터 식당가에 있는 미국식 펍 Pub. 수제버거 등 레스토랑 메뉴도 풍부한 편이지만 상하이에 서 보기 드문 자유분방한 분위기의 흥겨운 펍이다.

여행자들은 이른 저녁쯤 블루 프로그에 가서 피쉬앤칩스나 수제버거에 맥주 한두 잔을 시켜서 마시는 게 일반적. 16:00~20:00까지는 해피아워(1+1)로 술을 좀 마셔도 큰 부담은 없다. 중국 로컬 맥주인 칭다오가 30元, 수입 맥주인 기네스나 호가든이 50~55元 정도. 요일 이벤트 또한 꼼꼼히 살펴보는 게 좋다. 월요일 4시 이후부터는 버거 1+1이고, 수요일에는 스테이크를 주문하면 수프와 하우스 와인이 덤으로 따라온다. 영어 의사소통은 아주 자유로운 편. 블루 프로그 분점은 푸동 삐윈체육레저센터(碧云体育休闲中心 MAP p7-C1), 쉬자후이(徐汇区 天钥桥路 131号 MAP p15-C1) 등에 있다.

엘리먼트 프레쉬 新元素 신위안수
xīn yuán sù elementfresh

위치 지하철 2호선 류자쭈이 陆家嘴역 1번출구로 나와 왼쪽에 있는 에스컬레이터를 이용해 정대광장 正大广场으로 내려가 건물 반대쪽 끝까지 간다. **주소** 上海市 浦东新区 陆家嘴西路 168号 正大广场 1F 西北角 **오픈** 일~목 08:00~23:00, 금·토 08:00~24:00 **요금** 2인 150~250元(카드 가능) **전화** (021)5047-2060 **지도** p6-A1

상하이 최고의 서양식 아침을 즐길 수 있는 레스토랑. 엘리먼트 프레쉬 요리의 핵심은 건강식. 통밀 빵과 직접 방목해서 사육한 소에게서만 얻어내는 유제품들, 자체 농장에서 공급되는 샐러드 야채 등 거의 대부분의 식재료를 자체 조달하고 있다. 깔끔하고 밝은 분위기. 훌륭한 요리만큼이나 외국인들에게 어필하는 포인트는 스태프들의 능숙한 영어 구사 능력. 아침은 세트인데, 저렴한 구성은 요거트에 과일을 넣고 비벼먹는 Yougurt and Fruit로 32元이다. 스크램블 에그와 훈제 연어, 토스트와 구운 토마토, 가지, 감자 그리고 과일과 커피가 나오는 Salmon and Eggs는 68元 정도 한다.

아침 이후의 시간에는 베트남식 스프링롤 Vietnamese Spring rolls이나 타이식 파파야 샐러드 Shrimp and Papaya Salad같은 아시안 요리와 샌드위치, 파스타 등으로 구성되어 있는데 요리들이 모두 맛있는 편이다. 엘리먼트 프레쉬 분점은 난징시루 상하이상성(上海商城 MAP p4-A1), 푸동 상하이 세계금융센터(上海环球金融中心 MAP p6-A1), 화이하이루 케이와센터(嘉华坊 MAP p13-B1)에 있다.

베이커 앤 스파이스 BAKER & SPICE

위치 지하철 2호선 류자쭈이 陆家嘴역 6번 출구와 国金中心(IFC Mall)이 연결된다. **주소** 上海市 浦东新区 世纪大道 8号 国金中心商场 LG1层 LG1-16-2 **오픈** 09:00~22:00 **요금** 2인 80~150元 **전화** (021)3393-9981 **지도** p6-A1

상하이 사람들의 아침식단을 서구식으로 바꿨다는 평을 받고 있는 호주계 체인 와가스 Wagas의 또 다른 야심작으로 베이커리를 겸한 카페다. 모든 식재에 유기농 재료를 사용하는데, 일반적으로 유기농 건강빵이 밋밋하다는 우려마저 불식. 몸에도 좋고 맛도 좋은 두 마리의 토끼를 모두 잡는데 성공했다.

가격도 아주 일반적인 수준으로 한국과 비교하면 가격대 성능비가 오히려 월등한 편에 속한다. 당근 케이크 Carrot Cake는 반드시 먹어볼 만한 가치가 있고, 레몬 타르트 Lemon Tart도 상당히 훌륭하다. 커다란 머그컵 한 가득 나오는 아메리카노와 달콤한 케이크의 조화도 일품. 분점이 난징시루 상하이상청(上海商城 MAP p4-A1), 황피난루역 케이 일레븐(K11 MAP p11-B1)에 있다.

요로타 友乐达 台北精致面馆 YOLOTA

위치 지하철 7호선 花木路역 5번 출구에서 도보 5분 **주소** 上海市 浦东新区 花木路1378号 嘉里城 B1 **오픈** 10:00~22:00 **요금** 2인 50~100元 **전화** (021)5015-0757 **지도** p7-C2

타이베이에서 날아온 우육면 전문점. 국수 전문점답지 않은 감각적인 인테리어로 상하이 젊은이들의 호응을 얻고 있다. 국물에 따라 오리지널 原汁, 매운 맛의 마라 台北麻辣, 토마토 番茄, 와인맛 红酒으로 나뉘고, 고명에 따라 일반 소고기 牛肉, 고급 소고기 顶级牛牛肉肉, 도가니 筋, 반반 半筋半肉, 차돌박이 肥牛 등으로 나뉜다. 하지만 이 복잡한 메뉴는 국물과 고명의 조합 일뿐. 별로 어렵지 않다. 그냥 이것저것 귀찮다면 오리지널 소고기 국수인 옌찌니로우멘《原汁牛肉面》을 선택하는 게 가장 만만한 방법. 옌찌딩지니로우멘《原汁顶级牛肉面》은 고급 소고기를 사용하는데 확실히 질감이 다르다. 최근에는 비빔면 메뉴도 선보이고 있는데, 닭가슴살, 간장, 참깨소스가 어우러진 지시량멘《鸡丝凉面面》이 특히 유명하니 이 또한 잊지 말 것. 분점이 중산공원(长宁区 定西路1310弄 安阳大厦 2栋), 마당루(卢湾区 蒙自路 169号 智造局) 등지에 있다.

- **간편 메뉴** 原汁牛肉面 오리지널 우육면 29元. 原汁全筋牛肉面 도가니 우육면 35元. 原汁半筋半肉牛肉面 도가니/소고기 반반 우육면 35元. 原汁顶级牛肉面 최고급 소고기 우육면 41元. 麻辣原汁牛肉拌面 매운 소고기 비빔면 35元.

둔경 라멘 屯京拉面 툰징라멘
tún jīng lā miàn

위치 지하철 2호선 류자쮜이 陆家嘴역 6번 출구에서 도보 13분 **주소** 上海市 浦东新区 世纪大道 100号 环球金融中心 B1 **오픈** 11:00~22:00 **요금** 2인 60~100元 **전화** (021)6877-7528 **지도** p6-A1

일본 라멘 전문점. 전문점답게 메뉴는 단출하다. 라멘 4종, 쯔께멘(소바처럼 국물에 찍어먹는 라멘 스타일) 3종뿐, 여기에 간단한 샐러드와 차슈나 죽순볶음 등 토핑이 추가될 뿐이다. 대식가라면 주문할 때 따칭 大盛이라고 말하면 우리식으로 곱빼기가 나온다. 곱빼기라 해도 가격은 똑같다. 술 한 잔을 곁들일 수 있다는 점도 손꼽힌다. 일본 생맥주에 삶은 강낭콩 같은 간단한 안주가 가능하다.

- **간편 메뉴** 東京とんこつラーメン 招牌东京猪骨拉面 도쿄풍 돈코츠 라멘 45元. 東京とんこつラーメン得入り 招牌东京猪骨拉面特別加料版 돈코츠 라멘 모둠 고명 곱빼기 56元. 魚豚ラーメン 特別魚香猪骨拉面 어간장 돈코츠 라멘 48元. 枝豆 盐味毛豆 삶은 강낭콩 13元. 冷奴 日式冷豆腐 일식 두부 16元. イカゲンの揚物 香脆鱿鱼须 오징어다리 튀김 28元

옹이정 雍颐庭 용이팅 yōng yí tíng

위치 지하철 2호선 류자쮜이 陆家嘴역 1번 출구에서 도보 15분 **주소** 上海市 黄浦新区 浦东南路 111号 **오픈** 월~금 11:30~14:30, 17:30~22:30, 화·일 11:00~15:00, 17:30~22:30 **요금** 2인 500元 **전화** (021)6093-8499 **지도** p6-A2

미슐랭 가이드북 상하이 초판의 원스타 레스토랑. 본격적인 장난 江南요리를 선보이는 집이다.

기본적으로 달고, 짭짤한 양념을 선보이는데, 바다와 민물을 모두 아우르는 곳이라, 요리의 다양함은 이루 말할 수가 없다.

인테리어 또한 훌륭하다. 얇은 백자 항아리를 마치 샹들리에처럼 천장 조명으로 활용하는 놀라운 아이디어를 엿볼 수 있다. 불빛이 백자를 투과해 은은하게 스며드는데, 중국식 우아함의 끝을 보는 듯하다.

- **간편 메뉴** 梅酱小排骨 매실소스 돼지갈비 128元. 松露素烧鹅 트러플을 가미한 거위 구이 88元. 三虾炒饭 새우 볶음밥 168元

허유산 许留山 쉬류산 xú liú shān

위치 지하철 2호선 류자쭈이 陆家嘴역 1번 출구로 나와 엘리베이터를 이용해 육교가 올라가 정대광장쪽으로 내려간다 **주소** 上海市 浦东新区 陆家嘴西路 168号 正大广场 B2楼 B2-02号铺 **오픈** 10:00~22:00 **요금** 2인 50~80元 **전화** (021)5047-1977 **홈피** www.hkhls.com **지도** p6-A1

홍콩의 유명한 과일 디저트 전문점. 특히 빈장다다오점은 통유리를 통해 와이탄의 전망을 감상할 수 있어 인기다. 허유산 디저트의 핵심은 망고. 망고로 만들 수 있는 그 모든 것이라도 해도 지나치지 않을 정도로 망고 관련 디저트들이 풍부하다. 허유산에서 반드시 먹어볼 만한 간판 메뉴 중 첫째는 망고 푸딩 芒果布甸이다. 야들야들한 망고 푸딩에 망고 주스를 끼얹은 다음, 사이드에는 망고 과육이 함께 나온다. 망고 과육에 집중하고 싶다면 망고 주스와 사고, 망고 과육이 어우러진 뒤 망씨미라오 多芒西米捞나 세 가지 망고 디저트가 함께 나오는 망고계의 끝판왕 망쮜리엔 芒之恋을 주문하면 된다. 마지막으로 추천하고 싶은 디저트는 양치깐루 杨枝金捞, 사고와 망고 & 쿠코넛 주스, 망고 아이스크림 그리고 포멜로 알갱이가 들어간 떠먹는 디저트로, 중화권에서는 떠먹는 디저트의 지존으로 불린다. 난징시루역 쪽에 있는 푸동공항 2터미널, 예원 점과 홍커우축구장 역 3번 출구 쪽에 있는 虹口凯德龙之梦购物中心 등에 분점이 있다.

퓨엘 에스프레소 Fuel Espresso

위치 지하철 2호선 陆家嘴역 6번 출구와 国金中心商场(IFC Mall)이 연결된다. **주소** 上海市 浦东新区 世纪大道 8号 国金中心商场 2F **오픈** 10:00~22:00 **요금** 2인 100元~ **지도** p6-A1

과학적 추출과 감각적 아로마의 조화가 모토. 이탈리아의 트리스테 Triste에서 블렌딩 하고, 뉴질랜드의 웰링턴에서 볶아 전세계의 체인점으로 항공 공수한다는 원칙을 엄수하는 집이다. 참고로 블렌딩 지역과 볶는 지역이 다른 이유는 퓨엘 에스프레소 특유의 비밀 엄수주의 때문. 여러모로 까다롭지만, 덕분에 언제나 동일한 퀄리티의 커피를 맛볼 수 있다. 스스로가 예술적이라고 자부하는 이 집의 커피는 커피가 낼 수 있는 맛의 모든 것, 즉 신맛, 쓴맛, 단맛의 조화가 황금분할을 이루고 있다고. 에스프레소가 가장 유명하지만, 부담스럽다면 부드러운 에스프레소 마끼아또 Espresso Macciato나, 환상적인 라떼 아트를 감상할 수 있는 카페라떼를 주문하는 것도 방법이다. 커피마니아라면 필수 방문지.

플레어 Flair

위치 지하철 2호선 류자쭈이 陆家嘴역 4번 출구에서 도보 13분 **주소** 上海市 浦东新区 世纪大道 8号 上海国金中心 58F **오픈** 토·일 애프터 눈 티 14:00~, 17:30~02:00 **요금** 애프터 눈 티 288元+15%, 칵테일 130元~ **전화** (021)2020-1717 **지도** p6-A1

상하이 최고의 핫 플레이스 중 하나. 리츠칼튼 호텔에 있는 바로 손에 잡힐 듯한 동방명주와 저 멀리 펼쳐진 와이탄과 푸시의 풍경으로 인해, 상하이 최고의 야경을 즐길 수 있는 곳으로 떠오르고 있다.

바는 실내와 실외 테라스로 구분되어 있는데, 날씨와 온도가 적당한 봄·가을의 경우는 엄청난 실외 자릿세를 별도로 부가한다. 실내에 자리를 잡는다 해도 테라스 출입이 제한되는 건 아니니 적당한 요령만 있으면 상하이 최고의 야경을 즐길 수 있다(물론 사람이 몰리는 주말에는 거금을 들여 야외 자리를 잡은 사람들을 위해 약간의 제한이 가해지기도 한다).

주말에만 실시하는 애프터 눈 티는 야경이 아닌 전망을 감상하기 좋은 기회. 날씨만 맑다면 굳이 유리창 안쪽에서 봐야하는 전망대를 돈 주고 올라갈 필요는 없어 보인다.

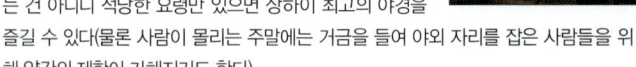

클라우드 나인 Cloud 9

위치 지하철 2호선 류자쭈이 陆家嘴역 4번 출구에서 도보 10분 **주소** 上海市 浦东新区 世纪大道 88号 金茂君悦大酒店 87F **오픈** 17:00~24:00 **요금** 2인 250元~ **전화** (021)5047-1234 **지도** p6-A1

금무대하 87층에 있는 바. 한때 세계에서 가장 높은 술집이자, 상하이에서 가장 시크한 바로 명성을 날렸다. 플레어 등 새로운 전망 바가 속속 등장하는 지금, 한물 간 느낌이긴 하지만 덕분에 방문객이 적어져 더 좋아졌다는 평도 있다.

높이로만 따진다면 아직까지 상하이에서 가장 높다. 통유리를 통해 상하이 시내 전체를 조망하는 느낌도 나쁘지 않다. 창가 자리를 원한다면 아직도 예약은 필수. 솔직히 금무대하 전망대를 가느니 여기서 한 잔하는 게 더 실속 있다. 참고로 클라우드 나인을 방문하기 위해서는 엘리베이터를 세 번이나 갈아타야 하는 번거로움을 감수해야 한다는 사실을 알아두자. 금무대하에 도착하면 우선 하얏트 호텔 로비(54층)로 간다. 로비에서 엘리베이터를 갈아타고 85층까지 올라간 후, 구석에 있는 클라우드 나인전용 엘리베이터를 마지막으로 갈아타야 한다. 덕분에 호텔 구경 실컷 한다고 생각하면 마음이 편해진다.

정대광장 正大广场 징타이광창

위치 지하철 2호선 류자쭈이 陆家嘴역 1번 출구에서 도보 5분 주소 上海市 浦东新区 陆家嘴西路 168号 오픈 10:00~22:00
전화 (021)6887-7888 홈피 www.superbrandmall.com 지도 p6-A1

동방명주와 대각선으로 마주보고 있는 정대광장은 푸동에 생긴 가장 큰 백화점 중 하나다. 태국 자본으로 건설한 곳으로, 백화점 입구의 태국식 간이사원이 인상적이다. 상하이에서, 아니 중국에서 제일 실속있는 백화점을 뽑으라고 한다면 정대광장이 떠오를 정도로 이곳에는 없는 게 없다. 비록 엄청나게 많은 유동인구로 인해 항상 붐비고 어마어마하게 넓어 길 잃기 십상인 단점을 가지고 있지만 말이다.

대중적인 백화점이다보니 명품보다는 실용적인 브랜드들이 다수 포진되어 있다. 2층은 아이들을 위한 공간, 8층에는 극장이 있다. 지하 2층의 태국계 슈퍼마켓 로터스 Lotus도 잊지 말자. 특히 로터스는 다양한 물건들이 많고 신선한 야채와 과일도 풍부하다. 정대광장 안에 입점해 있는 맛집은 엄청나게 많다. 원하는 모든 음식이 가능하다고 보면 될 정도.

샤오미의 집 上海小米之家 샤오미즈쟈 xiǎo mǐ zhī jiā

위치 지하철 류자쭈이역 1번 출구로 나와 길을 건너면 동방명주다. 주소 上海市 浦东新区 世纪大道 1号 东方明珠 一层4-5号商铺 오픈 10:00~22:00 전화 (021)5020-6366 지도 p6-A1

샤오미의 오프라인 매장이다. 이걸 왜 굳이 소개하냐면 샤오미는 처음부터 유통마진을 줄이기 위해 온라인 판매만을 고집했던 회사기 때문이다. 즉 중국에서 보는 오프라인 매장의 그 수많은 샤오미 상품들은 대부분 가짜다. 이런 정책 때문에 외국인들은 물론, 중국인들도 오프라인에서 샤오미 물건을 보기가 힘들었다. 이런 불만, 그리고 특유의 희소정책이 결합해 샤오미 오프라인 매장이 생겼는데, 이름하여 샤오미의 집 小米之家이다. 외국인 여행자들이 샤오미의 집을 찾는 가장 큰 이유는 바로 구매. 온라인 가격 그대로 보조 배터리, USB선풍기, 멀티탭, 액션 카메라는 물론, 물건만 있다면 공기 청정기나 스마트 혈압계, 체중계 같은 부피가 큰 물건도 살 수 있다. 최근, 현지 사정을 좀 아는 외국인 여행자들의 성지 중 하나가 되었는데, 품질과 디자인, 가격까지 괜찮은 제품들이 즐비하게 늘어서 있다.

샤오미의 집 분점
· 중산공원 롱지몽 龙之梦购物中心 · 쉬자후이 메이뤄청 美罗城

예원과 상하이 고성

AREA 04

강남 지방 특유의 날아오를 듯한 지붕 아래, 인공 자연미의 극치를 자랑하는 중국 정원 예원이 우아한 자태를 뽐내고 있다. 도교 사원인 성황묘와 공자를 모신 공묘. 여태까지 보던 상하이와는 다른 중세 중국의 고풍스러움이 넘쳐나는 이곳은 바로 상하이 고성. 서구 열강이 몰려들기 직전, 중국이 지배하던 상하이의 모습을 고스란히 간직한 곳이다.

가장 예스러운 상하이의 원형이지만, 1854년 난징조약이 체결된 이래, 이 일대가 중심이었던 적은 없다. 상하이는 와이탄으로 그리고 푸동으로 그 중심지를 옮겨가고 있고, 이 일대는 그저 곱게 늙어가는 게 전부인, 과거 혹은 중세의 모습을 간직한 상하이의 또 다른 모습일 뿐이다. 미로처럼 얽힌 옛길, 구시가지를 따라 상하이 사람들의 숨겨진 삶과 그 속내를 둘러보자. 무작정 걷기를 두려워하지 않는 여행자라면 이 일대는 숨겨진 보석과도 같은 곳이다.

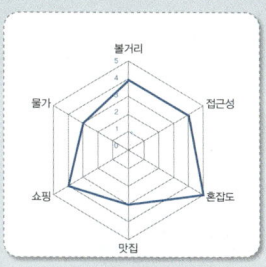

 지하철 지하철 10호선 예원 豫园역이 예원, 예원상성과 바로 연결된다. 10호선 노서문 老西门역은 상하이 고성의 서쪽 끝에 있어, 문묘와 같은 구시가를 방문할 때 유용하다. 10호선은 바로 신천지(p254)와 연결되기 때문에 연계해서 일정을 짜면 유리하다.

 페리 상하이 고성 동쪽, 예원에서 1.5km 정도 떨어진 곳에 푸싱동루 페리터미널 复兴东路轮渡站이 있다. 여기에서 푸동의 동창루 페리터미널 东昌路轮渡站까지 연결된다. 예원에서 푸싱동루 페리터미널까지 가는 길에는 구시가와 재래시장이 있는데 제법 걸을 맛이 난다.

 관광버스 시티 투어버스 1번과 빅버스 시티 투어 레드루트가 상하이노가와 성황묘·예원을 경유한다. 관광버스를 탈 예정이라면 잠시 내려 둘러보는 것도 방법이다.

Check List

보자
예원 명청대의 대표적인 강남 정원 p230
예원상성 예원을 둘러싸고 있는 상업단지. 야경 사진의 포인트 p235
웬먀오루 구시가로 현지들의 살아가는 생생한 모습 p240
만상화조시장 싸움용 귀뚜라미가 있는 신기한 곳 p240

먹자
상하이탕 레스토랑 상하이만의 사치스러운 저녁을 즐기기 가장 좋은 레스토랑 p242
녹파랑 예원의 중심 구곡교 앞에 있는 예원 대표 식당 p243
호심정 예원을 조망하며 중국 전통차를 즐긴다 p244

사자
예원상성 상하이 기념품 헌팅 장소로 그만 p235
노서문고완차성 시내에 있는 차 시장 p246
예원노가 길가에 줄지어 있는 숍은 종류도 다양하다 p247
여운각 예쁜 중국 부채가 가득하다 p247

예원과 상하이 고성 이렇게 여행하자

Route Guide

① 만상화조시장

도보 20분 또는 택시 + 도보 10분

② 예원

도보 5분

③ 예원상성

도보 20분

④ 문묘

도보 2분

⑤ 웬먀오루

여행 방법

예원 주변의 상업가와 공묘 주변의 오래된 주거 구역의 두 곳으로 나눌 수 있다. 대부분의 여행자들은 예원과 상업가인 예원상성만을 배회하다 돌아가곤 한다. 시간적 여유가 있고 도보여행이 취향이라면 상하이 고성 외곽을 배회하는 건 꽤나 흥미 있는 일이다.

예원 豫园 위위엔 yù yuán Yu Garden

가족 ★★★★
커플 ★★★
사진가 ★★★★

위치 지하철 10호선 예원 豫园역 1번 출구로 나와 푸우루 福右路를 따라 도보 4분, 이후 旧校场路가 나오면 오른쪽으로 꺾어 2~3분 직진하면 예원으로 들어가는 예원상성 골목길이 나온다. 이쯤부터는 인파를 따라가도 된다. **주소** 上海市 黃浦区 安仁街 218号 **오픈** 08:45~16:45 (매표는 16:15까지) **요금** 30元(4~6월, 9~11월 40元) **지도** p8-B1, p9-B1

명·청대의 대표적인 강남 정원으로 쑤저우의 4대 정원과 함께 강남명원 江南名园으로 손꼽힌다. 1559년 명나라의 관료였던 반윤단 潘允端이 아버지 반은 潘恩의 안락한 노후를 위해 18년의 공사 끝에 완공한 것이 시초라고 한다. 원래는 현재의 예원상성까지 아우르는 5만㎡의 어마어마한 정원이었다. 당시 중국 제일의 정원 설계자인 장남양 张南阳이 설계한 예원의 가장 큰 특징은 당시까지 건설된 중국 정원의 모든 장점을 아우르는 것. 하지만, 정원으로서 예원이 누린 영화는 생각보다 짧았다. 예원의 주인인 반 씨 집안은 반윤단 사후 급속히 몰락했고 결국 예원 옆 사당인 성황묘의 일부처럼 쓰이기도 했다. 설상가상으로 19세기에는 영국군의 침략으로 값나가는 모든 물건을 약탈당해 껍데기뿐인 명소가 되고 말았다.

특히 1864년은 예원이 잠시 지도상에서 사라진 날로 기억된다. 약 14년간 중국 남부를 뒤흔들며 2,000만 명의 사망자를 기록한 태평천국이 멸망해 버렸기 때문이다. 태평천국군의 상하이 기지였던 예원은 물밀듯이 밀려든 청나라 관군에 의해 깨끗하게 파괴되어 폐허가 되어버렸다. 그나마 예원이 오늘날과 같이 비교적 정돈된 모습을 갖추게 된 것은 1948년 건국한 현재의 중국 정부 덕분이다. 중국 정부는 1956년 예원에 대한 대대적인 복구를 선언한다. 하지만 이미 어디부터가 예원부지였는지조차 파악이 불가능했다고 한다. 결국 우여곡절 끝에 원래의 40% 정도에 해당하는 2만㎡만을 복구하게 되었다. 1961년 9월 30일 국경절을 하루 앞둔 날 예원은 다시 상하이 시민의 품으로 돌아오게 됐다.

구곡교 九曲桥

예원을 상징하는 대표적인 랜드마크 중 하나. 다리를 건너다보면 아홉 번 직각으로 꺾이게 되는데, 이 때문에 구곡교라는 이름이 붙었다. 원래는 반은의 침실로 향하는 다리였다고. 다리가 아홉 번 꺾인 사연에 대해서는 각기 다른 두 가지의 얘기가 있다. 하나는 아홉 번 꺾이는 각도마다 각기 다른 풍경을 배치했기 때문에 풍경 감상의 편의를 위해서라는 설. 또 하나는 당대의 세도가였던 반 씨 집안에 의해 죽임을 당한 많은 사람들이 귀신이 되어 반 씨 집안을 노렸는데, 귀신의 침입을 더디게 만들기 위해 아홉 번의 꺾임을 만들었다는 설이다. 참고로 당시의 귀신은 우리가 알고 있는 강시. 한 방향으로만 깡충깡충 뛸 수밖에 없는 시체 특유의 뻣뻣함(?) 때문에 길을 지그재그로 꺾어 놓으면 침입이 불가능하다는 얘기다. 뭐가 맞는 얘기인지는 알 수 없지만, 독특한 모습과 다리 중간의 아름다운 정자 덕분에 전 세계 사진가들의 플래시 세례를 한몸에 받고 있다. 입장료를 내지 않아도 되는 구역이라, 밀어닥치는 인파로 다리가 무너지지 않을까 걱정스러울 정도.

삼수당 三穗堂

1760년에 창건된, 예원에서 첫 번째 만나는 건물이다. 성황묘에서 주관하던 과거급제 경축 행사를 치르던 곳이었다고 한다. 내부에는 금색 문자로 된 성시산림 城市山林, 영대경시 灵台经始 그리고 삼수당이라는 전혀 연관성이 없는 3개의 편액이 걸려 있어 여행자들의 궁금증을 자아내고 있다. 현재 상하이에 남아 있는 가장 오래된 목조건물 중 하나이기도 하다.

앙산당 仰山堂

삼수당을 뒤로 돌아 나오면 인공호수를 마주보고 있는 2층 누각인 앙산당과 만나게 된다. 앙산 仰山, 산을 바라본다는 의미인데, 그 산의 정체는 바로 맞은편에 태호석으로 꾸민 인공산인 대가산 大假山이다.

자연속의 풍경을 적극적으로 활용하는 한국의 정원과 달리 중국에서는 처음부터 끝까지 만들어낸 인공자연미를 더 사랑하는데, 앙산당이 바로 대표적인 케이스. 까칠한 눈으로 바라보면 멋지게 생긴 돌 하나 주워다 놓고 산이라고 우긴다고 볼 수도 있지만, 다르게 보면 좁은 공간에 압축한 자연환경을 창조했다고 할 수도 있다. 앙산당의 2층은 권우루 券雨樓라고 부른다. 좋은 시절에는 2층 누각에 앉아 인공호수와 산을 내려다보며 시를 읊기 좋았겠지만 지금은 폐쇄 중. 그저 하늘을 찌를 듯 솟아 있는 기와 지붕의 날렵한 곡선만을 감상할 수 있을 뿐이다.

대가산 大假山

현존하는 중국의 인공산 중 가장 오래된 작품이자, 예원의 유일한 명대 유적이다. 예원을 설계한 장남양의 작품으로 대가산을 구상하기 위해 2년 동안 강남 지방의 주요 명산을 순례했다고 한다. 대가산의 기암괴봉을 연출하기 위해 쓰인 돌은 우캉 武康 지방의 황석.

참고로 황석이란 누런빛을 내는 태호석의 일종으로 태호석 중에서도 가장 비싼 돌이라고, 14m에 달하는 산의 정상(?)에는 강을 내려다본다는 뜻의 망강정 望江亭이 자리 잡고 있다. 망강정에서 내려다보던 강은 놀랍게도 황푸 강이었다고 한다. 400년 전 망강정은 상하이에서 가장 높은 곳에 위치한 정자였다고.

점입가경 漸入佳境

사자성어인 점입가경 漸入佳境을 이름으로 가지고 있는 테라스식 회랑이다. 지날수록 재미가 좋다는 뜻의 점입가경이란 말처럼 회랑을 지나며 인공호수와 대가산 그리고 앙산당의 웅장한 모습을 감상할 수 있다. 참고로 점입가경의 입구에 있는 한 쌍의 사자상은 원나라 시절인 1290년 제조된 것들이다. 구슬에 앞발을 얹은 놈이 수놈이고, 새끼를 얹은 놈이 암놈이다. 예전 중국 사람들은 사자의 젖이 앞발에 있다고 믿었다. 즉 새끼를 앞발로 덮은 이유는 젖을 먹이는 중이라는 이야기다.

어락수 魚樂樹

점입가경에서 만화루로 가는 길 사이에 있는 작은 정자. 복랑 復廊이라는 기다란 회랑의 바깥쪽 풍경을 감상할 수 있게 설계했다. 커다란 홰나무, 작은 다리가 풍경의 정취를 더해준다. 여행자들이 주로 다니는 통로에서 약간 안쪽에 있을 뿐인데, 여기만 해도 놀랄 정도로 조용하다. 앉아서 쉴 수 있다. 인파에 치였다면 가장 좋은 대피 장소 중 하나.

복랑 复廊

만화루로 향하는 기다란 회랑. 회랑 오른쪽으로 난 다양한 모양의 창틀이 아주 인상적이다. 겨울을 제외한 계절에는 연둣빛~초록의 배경이 펼쳐지는데, 창틀 자체가 일종의 액자 프레임 역할을 하기 때문에 매력적인 인물사진을 담기에 좋다. 여행책자들이 크게 주목하지 않는 공간이라 대부분 그저 지나갈 뿐인데, 눈썰미 있게 살펴보면 예쁜 포인트가 가득하다. 놓치지 말 것.

만화루 万花楼

반윤단이 처음 건설하던 당시의 이름은 화신각 花神阁이었는데 1843년 재건하면서 만화루로 개명했다고 한다. 만 개의 꽃이 만발한다는 누각의 이름답게 꽃잎이 흩날리는 봄에 방문한다면 최고의 풍경을 감상할 수 있다. 만화루에서 인상 깊게 봐야 할 곳은 건물 벽을 장식한 창틀이다. 4개의 창틀에 각각 매 梅, 난 蘭, 국 菊, 죽 竹의 사군자가 새겨져 있다. 한편 만화루 앞에 있는 두 그루의 나무들은 각각 수령이 100년 된 매그놀리아와 400년 된 은행나무다. 특히 오른쪽의 은행나무는 반윤단이 직접 심은 나무로 알려져 있다. 예원의 영광과 좌절을 고스란히 바라본 노익 나무에게 경의를 표해보자.

점춘당 点春堂

만화루를 등지고 회랑을 따라 왼쪽으로 나아가면 점춘당이 나온다. 봄에 점을 찍는다는 야릇한 뜻처럼 지나치게 추위를 많이 탔다는(!) 반은의 침실을 덥혀줄(?) 여성들을 간택하는 자리였다고 한다. 참고로 말년의 반은은 이런 용도의 여성들만 50~100명이나 거느렸다고 하니, 반은단이 아버지를 위해 지었다는 예원의 용도는 아마 하렘이었을지도 모른다는 생각이 들기도 한다.
태평천국이 봉기하던 시절에는, 태평천국 군에 호응해 궐기한 소도회 小刀숲라는 무장단체의 본부로 쓰였다. 천장에 있는 금빛 서까래에 주목해 보자. 소도회 지배 당시의 장식으로 불과 2년뿐인 상하이 지배였지만 이들의 위세가 어느 정도였는지를 가늠케 하는 대목이다. 참고로 앞서 말했

던 예원의 완전파괴는 바로 이 소도회 때문이다. 청나라 입장에서는 반군의 근거지였던 만큼 이 일대를 재점령한 후 점춘당과 예원을 처절하게 파괴해버렸다. 점춘당과 마주보고 있는 타창대 打唱台는 경극무대로 사용하던 곳이다. 자그마한 인공호수와 마주하고 있는데, 호수 자체를 일종의 무대장치로 활용했다고 보면 된다.

화조당 和煦堂

타창대 남쪽에 있는 건물로 안에 있는 보리수로 만든 가구 때문에 들르게 되는 곳이다. 건물 앞에는 150년의 수령을 자랑하는 차매 茶梅나무가 있다. 보리수 가구에 관심이 없다면 건너뛰어도 무방하다.

용벽 龙壁

예원에서 가장 많은 이야깃거리를 가지고 있는 용벽은 점춘당에서 화조당으로 가는 사이에 볼 수 있다. 날아오를 듯한 용의 곡선을 담장 위에 표현, 건축적 파격미의 극치를 보여준다.

원래 용이라는 동물은 중국의 황제들만이 사용할 수 있는 상서로운 문양이었다. 아무리 반윤단이 당대의 세도가이기는 했지만, 황제의 문양을 사용한 것은 정적들로부터 공격을 당하는 빌미가 되었다. 급기야 반윤단을 신임했던 황제까지 반윤단을 의심하기에 이른다. 결국 대전으로 긴급 호출된 반윤단. 말 한마디 잘못하면 목이 떨어질 수 있는 절체절명의 순간이었다.

황제의 추궁에 반윤단은 '원래 용의 발톱은 5개지만, 소신이 만든 정원에 있는 짐승의 발톱은 3개이옵니다.'라는 주장을 반복, 목숨과 관직을 부지하기에 이른다. 즉 용벽의 용은 실은 용이 아니라는 주장을 폈던 셈. 발톱이 세 개뿐인 짝퉁용은 19세기 태평천국의 난 때, 딱 한 번 용 대접을 받게 된다. 바로 태평천국에 호응한 소도회가 상하이에서 봉기하여 18개월 동안 상하이를 지배하며, 예원을 총본부로 사용했기 때문이다. 비록 반란군이긴 하지만, 나름 일대를 호령하며 용벽의 용은 한을 풀었을지도 모른다.

회경루 会景楼

화조당에서 용벽 문을 통과해 나오면 제법 광활한 공간이 펼쳐지며, 예원 한복판에 있는 건물 회경루가 등장한다. 모든 경치들이 모여 있다는 이름답게 물과 기암괴석, 우아한 정자들이 나름의 멋을 뽐내고 있는 전경을 감상할 수 있다.

2층에서 감상을 해야 정상이지만, 약한 목조 건물이라 2층은 공개하지 않고 있다. 하지만 1층에서도 제법 괜찮은 풍경을 감상할 수 있으니 빼놓지는 말 것. 내부에 있는 가로 2m, 세로 3m의 보석 병풍도 잊지 말자.

구사헌 九狮轩

예원에서 가장 아름다운 전망을 자랑하는 건물. 수면에 비친 건물의 잔영과 숲에 둘러싸인 모습이 인상적이다. 넓은 것을 좋아하는 중국인들과 아기자기한 것을 좋아하는 한국인의 취향 차이로 인해 우리 입장에서는 구사헌에서 바라보는 경치가 회경루보다 한결 나은 편이다. 구사헌 앞의 인공호수는 주변의 인공 계곡, 오솔길, 돌다리들과 자연스럽게 연결된다. 예원에서 가장 아기자기한 구역이니 지친 다리도 쉴 겸 적당한 곳에 앉아서 여유롭게 주변 경관을 관조해보자.

옥령롱 玉玲珑

옥령롱은 북송의 실질적인 마지막 황제 휘종 徽宗의 수집품이었다고 한다. 서화와 수석 수집에만 열정을 다 바친 철없는 황제 대에 북송이 멸망한 것은 당연한 일. 호사가들에게는 '휘종 황제의 숨겨진 보물'이라는 그럴 듯한 이름으로 불리게 되었다. 과연 현재의 옥령롱이 당시의 그것인지는 그때나 지금이나 아무도 모른다. 알려진 사실은 반윤단이 오늘날의 푸둥에서 높이 3m, 넓이 1.8m, 무게 3t의 이 어마어마한 돌을 발견, 고가에 매입했다는 사실뿐이다. 옥령롱과 인공호수를 마주하고 있는 옥화당 玉华堂은 반윤단이 서재로 사용하던 건물이다.

내원 內园

원래는 성황당의 부속 정원이었던 곳. 1956년 예원 보수공사를 거치며 담장을 개방 예원의 일부로 만들어버렸다. 때문에 예원과는 상당히 다른 분위기. 내부에는 약 7개의 큰 건물이 있는데, 유일한 볼거리는 고희대 古戏台라는 연극 무대다. 부지 면적이 600㎡에 달할 정도로 거대한 규모로 한때 상하이에서 가장 큰 경극 무대로 손꼽히던 곳이다.

예원상성 豫园商城 위엔상청
yù yuán shāng chǎng Yu Garden Bazaar

위치 지하철 10호선 예원 豫园역 1번 출구로 나와 푸우루 福右路를 따라 도보 4분, 이후 旧校场路가 나오면 오른쪽으로 꺾어 2~3분 직진하면 예원으로 들어가는 예원상성 골목길이 나온다. 주소 上海市 黄浦区 方滨中路 일대 오픈 08:30~21:00(가게에 따라 다름) 요금 무료 전화 (021)6355-9999(관리사무소)

예원을 둘러싸고 있는 상업단지. 언제나 관광객들로 인해 발 디딜 틈이 없는 곳으로 원래는 예원의 일부였다. 중국 강남 지방 특유의 날아갈 듯한 기와 지붕에 불이 들어오면 상하이 최고의 야경이 탄생한다. 오밀조밀하게 밀집돼 있는 100여 곳의 점포들은 각각 레스토랑부터 기념품점, 골동품점, 보석상 등 엄청나게 다양하다. 특히 2000년대 이후 하겐다즈, 맥도날드, 스타벅스와 같은 서양 프랜차이즈까지 가세하며 특유의 이국적 분위기를 연출하고 있다.

성황묘 城隍庙 청황먀오
chénghuángmiào Temple of the Town God

가족 ★★
커플 ★★★
사진가 ★★★

위치 지하철 10호선 예원역 1번 출구에서 도보 10분 예원 후문 입구 **주소** 上海市 黄浦区 方浜中路 249号 **오픈** 08:30~16:30 **요금** 10元(향 값 포함) **전화** (021)6320-3431 **지도** p9-B1

도시의 수호신인 성황신을 모신 곳. 고대 중국에서 성황신은 마을과 성벽의 수호자이기도 했지만, 어려운 일이 있을 때 행동의 방향을 알려주는 조언자의 역할도 했다. 때문에 관리들이 처음 부임한 첫날 밤을 성황묘에서 지내는 일도 비일비재했다. 송대 이후에는 단순한 조언자의 역할에서 벗어나 선악을 판결해주는 신으로까지 모시게 된다. 예나 지금이나 힘없고 빽없는 일반인들이 억울함을 하소연할 수 있는 곳은 성황묘가 유일했다. 중국인들의 성황신에 대한 한없는 애정은 공산주의가 서슬이 퍼렇던 문화혁명 기간에도 꺾이지 않았다고 한다. 한때 종합쇼핑몰로 쓰이던 성황묘를 다시 도교 사원으로 모시게 된 것은 불과 십수 년 전의 일이다. 멋들어진 교리나, 철학 체계가 있는 건 아니지만, 오히려 단순하고 소박한 종교 본래의 모습을 간직하고 있는 곳이다.

침향각 沈香阁 첸쌍거 chénxiāng gé
Chenxiangge Nunnery

가족 ★★
커플 ★★
사진가 ★★★

위치 지하철 10호선 예원 豫园역 1번 출구로 나와 福右路를 따라 걷다 오른쪽에 있는 골목길 허우자루侯家路로 들어간다. 다시 직진하다 나오는 첫 번째 왼쪽길이 바로 첸쌍거루 沈香阁路다. 50m만 더 가면 사원 입구가 나온다. **주소** 上海市 黄浦区 沈香阁路 29号 **오픈** 07:00~16:00 (음력 1일, 15일 05:00~16:00) **요금** 5元(향 값 포함) **전화** (021)6320-3431 **지도** p8-B1

상하이에 몇 안 되는 비구니 사찰이다. 400년의 역사를 자랑하는 고찰이기도 한데, 명나라 만력제 시절에 지어졌다. 원래의 이름은 자운선사 慈云禅寺. 중국의 사찰이 다 그렇듯 공산화 이후 공장으로 쓰이다 1981년 1차 종교 해금조치가 발효되며 1차 개방된 전국 142개의 사원 중 하나로 선정됐다. 현재의 이름인 침향각은 침향나무로 만든 관음보살상을 모셨기 때문에 붙은 이름이다. 원래 있던 관음보살상은 1960년대를 휩쓴 문화혁명 당시 박살이 났고, 현재 있는 것은 홍콩 불교단체의 시주로 다시 만들어진 것이라고. 이렇다 보니 역사적 의미가 있다고 말하기는 어렵고, 그리 조용한 사찰도 아니다. 언제나 선향 냄새가 매캐하게 뿜어져 나오는, 상하이 시민들의 살아 있는 불교 사원이자 기복신앙의 현장인 것은 분명해 보인다.

백운관 白云观 바이원관 bái yún guàn Baiyun Temple

가족 ★★
커플 ★★
사진가 ★★

위치 지하철 10호선 예원 豫園역 3번 출구로 나와 허난중루 河南中路를 따라 100m만 내려오면 왼쪽에 따징루 大境路가 나온다. 따징루를 따라 400m(5~6분) 직진 **주소** 上海市 黃浦区 大境路 239号 **오픈** 09:00~16:00 **요금** 5元 **전화** (021)6328-6728 **지도** p8-A1

도교의 일파 중 하나인 전진교 全真教의 상하이 본부. 참고로 전진교는 이른바 신도교 新道教라는 이름으로도 불리는데, 부적을 통한 기복이나 신선이 되는 불로불사 不老不死에 집착하던 과거의 도교와는 달리 단전호흡과 같은 수행법과, 윤리적 가르침을 중시한다. 1980년대 종교 활동 규제 철폐조치 이후 교세가 급성장 중에 있는 전진교는, 2001년 폐허에 가깝던 상하이 백운관을 재건하며 그 역량을 대내외에 과시했다. 옥황상제나 노자와 같은 전통적인 도교의 신들 외에도 전진교의 창시자인 왕중양 王重阳이나 전진칠자 全真七子와 같은 이들도 신으로 숭상되고 있다. 특히 왕중양이나 전진칠자는 남성 여행자들에게는 중고등학교 시절, 한 번은 읽고 지나가는 소설 〈사조영웅전 射雕英雄傳〉의 주요 등장인물이기도 하므로 어린 시절 무협의 낭만(?)이 남아 있다면 들리보도록 하사.

상하이노가 上海老街 상하이라오제 shàng hǎi lǎo jiē

가족 ★★
커플 ★
사진가 ★★

위치 예원에서 도보 8분 **주소** 上海市 方浜中路 **오픈** 09:00~20:00 **지도** p8-B1, p9-B1

예원상성의 연장이라고도 볼 수 있는 이 길은 2000년 이후 재단장을 거친 신흥 풍물거리. 지나치게 화려한 예원상성과는 달리, 조금 더 고즈넉한 분위기를 느낄 수 있다. 이유는 1920~30년대 지어진 서민 가옥을 재활용했기 때문이라고. 오래된 마오쩌둥 어록이나 문화혁명시대의 정치 표어, 중화민국 시절의 중국 돈, 오래된 우표들도 요즘 여행자들이 선호하는 기념품 중 하나. 뭔가를 구입할 생각이 없다 해도, 단지 구경삼아 방문해 보자. 엄청난 인파에 치이는 예원상장과 달리 상대적으로 한가한 편이라, 조금 더 찬찬히 이런저런 가게들을 둘러볼 수 있다.

대경각 고성벽 大境阁古城壁 따징거꾸청비
dà jìng gé gǔ chéng bì Shanghai Old City Wall

가족 ★★
커플 ★
사진가 ★★

위치 백운관 바로 옆. 人民路 입구 주소 上海市 黄浦区 大境路 259号 오픈 09:00~16:00 요금 5元 전화 (021)6385-2443 지도 p8-A1

상하이에 남아 있는 유일한 상하이 고성 성벽 터로 명나라 시절인 1553년 지어졌다. 대경각은 성벽 위에 있는 3층 누각인데 상하이 고성의 누각 중 가장 아름다워 상하이 팔경의 하나로 이름을 날렸다고 한다. 중국 공산화 이후 비교적 이른 시기인 1959년 보존 문화재로 지정됐고, 1995년 대대적인 공사 끝에 현재와 같은 말끔한 모습으로 새 단장했다. 내부에는 상하이 고성에 대한 자료들을 전시하고 있는데, 역사에 지대한 관심이 있는 경우가 아니라면 심심하고 밋밋하다. 성벽 위에 올라 변화하는 상하이의 스카이라인을 바라볼 수 있다는 게 그나마 매력이다.

환타 Say
옛날 옛적 상하이

대를 이어 산 상하이 사람들에게 가장 서운한 이야기 중 하나는, 상하이의 역사를 다룰 때, 대부분 그 시점을 1842년 난징조약 체결 이후, 상하이가 개항한 시점부터 잡는다는 사실입니다. 그전에도 상하이는 존재했지만, 대부분 짧은 언급으로 그치고 있을 뿐이죠.

우리가 현재 여행하고 있는 예원 일대는, 개항 이전 상하이라 불렸던 지역이 있던 곳입니다. 와이탄은 강물이 범람하는 강변이었고, 푸동은 강가의 퇴적한 모래가 쌓여 있는 모래톱에 불과했습니다. 현재 상하이의 상징이라 불리는 곳들의 과거는 보잘것없었습니다.

상하이가 중국 역사책에 처음 등장한 때는 춘추시대. 그러니까 지금으로부터 약 3100년 전에 등장했던 오 吳나라의 변방 지역이었죠. 와신상담이라는 고사 아시죠? 바로 그 고사의 무대가 바로 오나라였습니다. 오나라의 수도는 현재의 쑤저우 苏州니까 당시 쑤저우는 수도, 상하이는 변방 시골이었던 셈입니다.

그저 시골이던 상하이가 처음으로 행정구역의 이름을 부여받은 것은 오나라가 건국하던 당시로부터 무려 1800년이나 지난 당나라 시절. 화정현 华亭縣이 설치되면서부터입니다. 화정은 화팅이라고 발음하는데, 그래서 상하이 곳곳에는 화팅이라는 이름이 들어간 숙소나 식당들이 심심찮게 있습니다.

현재 우리가 아는 상하이는 1291년, 몽골족이 세운 원나라 시절 행정구역을 개편하면서 얻게 된 이름입니다. 하지만 이때만 해도 그저 군사적 중요성 때문에 군사기지인 진이 설치되었을 뿐, 별로 중요한 곳은 아니었습니다. 위에 소개한 상하이 성벽이 생긴 건 그보다 훨씬 뒤인 1553년, 왜구들이 극성이라 이들로부터 중국 해안을 방어하기 위해서라고 합니다.

마지막으로 과거 상하이 성벽의 구역은 현재의 길로도 파악할 수 있습니다. 지도를 보시면 예원 북쪽 런민루 人民路를 따라 달걀 모양으로 구역이 분리된 게 보입니다. 네, 바로 여기가 바로 상하이 고성의 구획. 즉 옛날 옛적 상하이인 셈이죠.

문묘 文庙 웬먀오 wén miào Shanghai Confusion Temple

위치 지하철 8·10호선 노서문 老西门역 7번 출구로 나와 조금 걸어가다가 길을 건너 오른쪽 길 中华路를 따라 내려간다. 첫 번째 나오는 길 梦花街 왼쪽으로 걸어가면 오른쪽에 문묘가 나온다. 도보 5분 거리 주소 上海市 黄浦区 文庙路 215号 오픈 09:00~17:00(매표는 16:30까지) 요금 10元 전화 (021)6377-1815 지도 p8-B2

공자의 사당. 한나라 이후 유교를 통치이념이자 국교로 숭상한 중국은 공자의 고향인 취푸 曲阜를 비롯해 역대 왕조의 수도, 심지어 성벽을 쌓을 수 있는 크기의 도시라면 어디에나 공자의 사당이 있었다. 매년 공자의 기일에 행하는 국가적 제사는 어떤 행사보다 규모가 컸다고 한다. 상하이의 문묘 역시 중세 중국의 통치이념을 반영한 상징물이었다. 하지만 공자의 사상은 신해혁명 이후, 낡은 구습으로 혁파되기에 이르렀는데, 특히 중국이 공산화된 1948년부터는 아예 낡은 수구 반동사상의 대표격으로 격하되기에 이른다.

가장 극심했던 때는 1960년 문화혁명 시기. 수많은 문묘들이 의도적으로 파괴되고 공장이나 기숙사 같은 곳으로 개조되기까지 했다. 상하이의 문묘는 그나마 보존상태가 좋은 편. 상하이 시당국이 문화혁명 당시 노인들을 위한 휴게 공간으로 사용했기 때문이다.

상하이 문묘는 입구격인 영성문 灵星门에서부터 관람이 시작된다. 참고로 영성이란 고대 중국의 별자리 중, 학문을 수호하는 별로 공자를 상징한다. 영성문을 시작으로 그저 참배로를 따라 계속 앞으로 나가기만 하면 된다. 문묘의 본관격인 대성전 大成殿에는 공자의 위폐를 모시고 있다. 학이시습지 불역열호 学而时习之, 不亦说乎로 시작하는 논어의 전편이 대성전의 벽면에 새겨져 있어, 위대한 스승 공자를 기리는 사람들의 마음을 울리고 있다.

만상화조시장 万商花鸟市场 완상화냐오스창
wàn shāng huā niǎo shì chǎng

가족 ★★★
커플 ★★★
사진가 ★★★★

위치 지하철 8·10호선 노서문 老西门역 1번 출구에서 도보 5분 주소 上海市 黄浦区 西藏南路 417号 (会稽路西藏南路) 오픈 09:00~22:00 지도 p8-A1

새와 새의 먹이인 살아있는 곤충 그리고 싸움용 귀뚜라미를 거래하는 시장이다. 참고로 귀뚜라미 싸움은 또우씨솨이 斗蟋蟀라고 하는데, 당나라 시절부터 번성하기 시작했고 청나라 때 절정을 맞이한 일종의 내기 경기다. 공산주의 시절 불법 도박으로 철퇴를 맞긴 했지만, 도박광 기질이 농후한 중국인들은 심지어 문화혁명 기간에도 몰래 귀뚜라미 싸움을 즐겼다고 한다. 만상화조시장은 지금도 전통 방식 그대로 사육한 귀뚜라미를 대나무 통에 담아 전국적으로 거래하는 곳으로, 정해진 시간에는 귀뚜라미 싸움이 벌어지기도 한다.

외국인의 시선으로 보자면, 세상에 이렇게도 해괴한 시장은 없을 것이다. 우리 눈에 우스워 보이는 귀뚜라미지만, 챔피언급은 거래 가격 자체가 천문학적이고 여기에 돈까지 걸려 있다 보니 사람들이 좀 민감하다. 귀뚜라미 거래 과정을 구경하거나 시장 여기저기를 어슬렁거리는 건 상관없지만, 경기가 벌어지면 근처로 안 가는 게 좋다. 기본적으로 베팅하지 않는 뜨내기 관광객을 그리 환영하지는 않는 분위기. 아침나절 구경삼아 들러보는 것만으로도 인상적인 경험을 할 수 있으니 큰 욕심 내지는 말 것.

웬먀오루 文庙路 wén miào lù Wenmiao Lu

가족 ★★★
커플 ★★★
사진가 ★★★★

위치 문묘 앞길 주소 上海市 黄浦区 文庙路 오픈 개방 요금 무료 지도 p8-B2

사실 도시 탐험을 좋아하는 여행자라면 문묘 자체보다는 웬먀오루 길 자체에 더 흥미를 느끼게 된다. 이 길은 전형적인 상하이 구시가로 아직까지 동네 골목길의 정취가 살아 있다. 얼기설기 내걸린 빨래와 양철통을 개조해 만든 화분. 지붕 위에서 한가로이 글루밍을 하는 고양이까지.

문묘에 다다르면 풍경은 더 흥미 있게 펼쳐진다. 주변에 학교가 몰려 있는 탓에 학생들의 고급 취미생활인 일본 프라모델 가게와 만화 브로마이드를 파는 가게, 분식집들이 나오는데 그냥 보고만 있어도 딱 80~90년대 서울 뒷골목의 풍경을 닮아 어린시절의 향수를 느껴보기에도 그만이다. 문묘 북쪽 길, 그러니까 문묘를 보고 나와 진행했던 방향으로 담장을 끼고 돌면 나오는 멍화제 梦花街는 더 흥미진진한 헌책방 골목이다. 산처럼 책을 쌓아놓고 파는데 학생들은 해적판 일본만화, 어른들은 삼류소설 속에 늘 파묻혀 있다. 중국풍의 달력도 기념품으로 헌팅해볼 만한 아이템이다.

상하이 당대 예술박물관 上海当代艺术博物馆 Power Station of Art
shàng hǎi dāng dài yì shù bó wù guǎn

위치 지하철 4·8호선 西藏南路역 2번 출구에서 도보 15~20분 **주소** 上海市 黄浦区 花园港路 200号 **오픈** 화~일 11:00~19:00(18:00까지 입장) **요금** 무료(특별전시 유료) **전화** (021)3110-8550 **홈피** www.powerstationofart.com **지도** 상하이 전도-B2

2012년 10월 개관한 중국 최대 규모의 현대미술관이자, 중국 최초의 공영 현대미술관. 거대한 굴뚝을 보고 연상했겠지만, 원래 이 건물은 1897년 건설된 중국 최초의 현대식 발전소였던 곳이다. 2007년까지 약 80년에 걸쳐 가동됐는데, 2007년 가동을 멈춤과 동시에 이 부지의 재활용 문제가 떠오르게 된다. 당시 이 일대는 2010년 상하이 엑스포를 위한 건설 부지에 속했고, 발전소의 해체는 기정사실에 가까웠다. 그러나 2008년 발전소 건물을 그대로 상하이 엑스포에 활용하자는 의견이 통과되면서 극적인 계기가 마련되었고, 엑스포 기간 내내 이 낡은 발전소는 미래도시관으로 활약했다.

엑스포가 끝나자 다시 건물의 운명에 이목이 쏠렸지만, 상하이 시는 야심차게 건물의 보존을 결정. 중국 최초의 공영 현대미술관으로 재탄생시키기에 이른다. 참고로, 2013년 12월 〈이코노미스트 Economist〉가 언급했듯, 현재 중국은 박물관, 미술관 건설 붐이다. 21세기 들어 중국인들은 박물관과 미술관의 숫자가 문명화의 척도인 양 생각하고 있고, 각 지역 정부는 경쟁적으로 박물관과 미술관을 짓고 있다. 1948년 중국 건국 당시 25개뿐이던 미술관은 2012년 말 3,866개로 증가했는데, 이 중 80%는 2000년대 이후에 지어졌다. 문제는 건물뿐이라는 점. 제대로 된 기획을 할 수 있는 큐레이터의 숫자는 턱없이 모자라고, 그러다 보니 그저 건물뿐인 박물관과 미술관이 늘어나게 된 것이다.

상하이 당대 예술박물관은 적어도 그 점은 안심해도 된다. 저자들이 확인한바 가장 열심히 다양한 기획을 하고, 대중에게 좀 더 쉽게 다가갈 수 있는 예술에 대해 고민을 하고 있었기 때문이다. 현재 상하이 당대 예술박물관은 상하이 비엔날레의 주 전시장으로 쓰인다. 상하이에서 단 하나의 미술관을 보고 싶다면, 중화예술궁보다는 상하이 당대 예술박물관을 추천한다.

상하이탕 레스토랑 上海灘餐廳

위치 예원에서 도보 10분, 푸싱예술센터를 바로 보고 옆옆 건물 5층 **주소** 上海市 黄浦区 中山东二路 600号 N3幢5层 **오픈** 11:30~14:00, 17:30~21:30 **전화** (021)6378-7777 **지도** p9-C1

치파오로 시작해 지금은 세계 제일의 중국풍 의류 브랜드로 자리 잡은 상하이탕의 플래그십 레스토랑이다. 오랜 기간 매장 인테리어로 명성을 떨치던 식당답게 화려하지만 넘치지 않는 딱 떨어지는 정갈함에 창 밖으로 보이는 와이탄의 풍경이 더해져, 말 그대로 완벽한 분위기를 연출해 낸다.

단, 와이탄 풍경이 보이는 자리를 얻기 위해서는 치열한 예약 전쟁을 뚫어야 하고, 꽤 큰 미니멈 차지가 붙는다. 특정 지역 전문점이 아니라 중국 전 지역에서 엄선한 명물 요리를 주로 선보인다. 간 좋고, 요리 잘하고, 식재 훌륭하다. 분위기, 인테리어, 요리 모두 흠 잡을 구석이 없다. 강력 추천.

- **간편 메뉴** 精品烤鸭 베이징 카오야 298元, 点心大拼盘 딤섬 플래터 168元, 江南陈醋茄 가지 초절임 38元, 上海滩炒饭 상하이탕 스타일 볶음밥 88元, 鲜虾炒面 새우를 곁들인 상하이식 볶음면 58元

남상만두점 南翔馒头店 난샹만터우뎬 nán xiáng mán tóu diàn

위치 지하철 10호선 예원 豫园역 1번 출구에서 도보 10분. 예원 구곡교 앞 **주소** 上海市 黄浦区 豫园老街 85号 **오픈** 10:00~21:00 **요금** 2인 50~200元 **전화** (021)6355-4206 **지도** p8-B1

상하이에서 가장 유명한 샤오룽바오 전문점. 예원 앞이라는 환상적인 위치와 수십 년간의 독점적인 지위로 인해 외지에서 올라온 중국인 여행자들에게는 지금도 살아 있는 전설 그 자체다. 1층에는 테이크아 웃만 전문으로 하는 카운터가 있고, 2~3층이 레스토랑 구역인데 대부분의 여행자는 1층 창구에 긴 줄을 서서 샤오룽바오를 구입, 선 채 집어먹고는 끝낸다. 게살 샤오룽바오 같은 고급 샤오룽바오는 레스토랑 구역에서만 주문이 가능하다. 역사와 전통을 자랑하는 집임에는 분명하지만 너무 그것에만 의지하는 경향이 있다. 본점이 평가가 나쁘고, 몇몇 분점이 더 높은, 조금은 특이한 곳이다.

녹파랑 绿波廊 루보랑 lǜ hō láng

위치 지하철 10호선 예원 豫园역 1번 출구에서 도보 10분, 구곡교 앞 **주소** 黄浦区 豫园路 131号 **오픈** 11:00~14:00, 17:00~20:30 **요금** 2인 200~400元 **전화** 6328-0602 **지도** p8-B1

점심때가 되면 발 디딜 틈 없이 바빠지는 식당 중 하나로 1979년에 개업했다. 예원 일대에서 가장 고급에 속하는 중국요리 전문점이며, 엘리자베스 영국여왕을 비롯 각국의 정상들이 방문했던 집으로도 유명하다. 요즘은 고급 단체여행자들도 많이 찾아오는 분위기다.

상하이요리 베이스에 광동풍이 더해진 요리들을 선보이고 있는데, 저렴한 요리는 별로 없다. 민물새우의 살을 발라 투명함이 돋보이게 살짝 볶은 요리인 《쉐이딩샤런 水晶虾仁》이 70元, 거대한 해삼을 통째로 삶은 후 블랙소스를 뿌려주는 《다우산 大参》이 150元이다. 조금 가벼운 요리를 원한다면 《게알샤오룽바오 蟹粉小笼, 60元》를 시켜보자.

호심정 湖心亭 후신팅 hú xīn tíng

위치 지하철 10호선 예원 豫園역 1번 출구에서 도보 10분 주소 上海市 黃浦区 豫园路 257号, 九曲桥荷花池 오픈 08:30~21:00 요금 2인 300元~ 전화 (021)6355-8370 지도 p9-B1

예원 초입, 구곡교 한가운데 있는 전통 차관. 1855년 창업한 상하이에서 가장 오래된 차관 중 하나다. 예원 일대를 조망할 수 있는 환상적인 위치와 중국 전통 고가구로 꾸며진 인테리어로 인해 현지인보다 외려 외국인 관광객들이 더 열광하는 분위기.
단, 1인당 1차 주문을 해야 하고 차 가격도 최근 많이 인상되었다. 화차 花茶 가격이 그나마 저렴한 편인데 외국인에게는 화차가 없는 메뉴판만 준다고. 분위기만 즐기려면 화차를 달라고 하면 된다. 발음도 Huāchá로 같다. 2층 창가의 빈자리에 앉을 수 있다면 꽤 행운인데, 차 한 잔 하면서 바라보는 바깥 풍경이 꽤 재미있기 때문이다. 중국이라지만 중국의 느낌이 거의 없는 초현대 도시 상하이에서 중세 중국의 향기를 느낄 수 있는 몇 안 되는 곳 중 하나임은 분명하다.

- 간편 메뉴 西湖龙井茶 서호 용정차 138元. 大山坞安吉白茶 안길 백차 138元. 花茶 화차(꽃종류가 많다) 78元

노 상하이차관 老上海茶馆 상하이라오차관
lǎo shàng hǎi chá guǎn

위치 지하철 10호선 예원 豫园역 3번 출구에서 도보 8분 **주소** 上海市 黄浦区 方浜中路 385号 **오픈** 10:00～21:00 **요금** 1인당 45～90元 **전화** (021)5382-1202 **지도** p8-B1

인사동에 있는 '토토의 오래된 물건'에 찻집을 더한 느낌이랄까? 조계 시절 상하이에서 실제 썼을 법한 풍금과 축음기, 영화 포스터들이 고풍스러운 가게 안에 즐비하다.

차는 대략 70～90元선인데 샤오룽바오를 비롯한 꽤 많은 종류의 딤섬과 스낵을 팔기 때문에 예원을 방문한 김에 점심 대용 처로 들르는 여행자들도 꽤 많은 편이다.

주인장의 영어 실력이 수준급이라, 외국인 선호도도 꽤 높은 편. 창가에서 바라보는 상하이라오제의 풍경도 꽤 근사하고, 종종 벌어지는 중국 전통악기의 협연은 여행자들의 우수를 자극한다.

- **간편 메뉴** 铁观音 중국차 입문용으로 좋다. 75元, 極品铁观音 최고급 철관음차. 150元, 大红袍 주요 명차 중 하나. 여유가 된다면 85元

상하이노반점 上海老饭店 상하이라오판뎬
shàng hǎi lǎo fàn diàn

위치 예원에서 도보 5분 **주소** 上海市 福佑路 242号 **오픈** 11:00～14:00, 17:00～21:00 **요금** 2인 300元～ **전화** (021)6311-1777 **지도** MAP p2-B2

청나라 광서원년인 1875년 개업한 상하이의 대표적인 전통 레스토랑. 금빛을 베이스로 한 화려한 내부가 인상적이다. 전통에 충실한 상하이 요리를 선보이는데, 너무 전통에 집착한 나머지 현대인의 입맛에는 어필하지 못한다는 평도 있다.

메뉴는 다양하게 있지만, 새우, 게, 해삼 등 고급 해산물 요리가 장기다. 생선 탕수육격인 松鼠桂鱼는 쏘가리를 요동치는 모양으로 만든 후, 튀겨서 소스를 끼얹어 내는 요리인데, 모양이 상당히 멋지다. 이 외에도 큰 해삼을 삶아 블랙소스를 끼얹어주는 상하이의 대표적인 고급요리 샤즈다우산 虾籽大乌参도 한 번쯤 먹어볼 만한 요리다. 한국의 중국 요릿집에서 먹는 해삼탕과는 비교가 안 된다. 단, 해삼의 무게에 따라 요금이 달라지는 시가 메뉴다.

- **간편 메뉴** 蟹粉豆腐 게살두부 78元, 松鼠桂鱼 쏘가리 탕수육 138元, 老上海油爆虾 새우 간장 볶음 236元

공을기주가 孔乙己酒家 콩이지주자 kǒng yǐ jǐ Jiǔ jiā

위치 지하철 8·10호선 老西门역 7번 출구로 하차, 도보 10분, 약 550m 주소 上海市 黄浦区 学宫街 36号 오픈 11:00~21:30 요금 2인 200~400元 전화 (021)6376-7979 지도 p8-B2

루쉰의 동명 소설 ≪공을기 孔乙己≫를 소재로 한 샤오싱 绍兴 요리 전문 식당. 참고로 공을기는 근래 한국의 인터넷 커뮤니티에서도 종종 쓰이는 '정신승리'라는 말이 최초로 등장하는 소설이기도 하다. 루쉰은 소설의 무대 속에 등장하는 술집을 상당히 디테일 하게 묘사했는데, 이를 그대로 재현해 만든 식당이 바로 공을기이다.
루쉰의 고향이기도 한 샤오싱의 요리는 큰 틀에서는 강남 요리의 일종. 중국 요리의 조예가 깊지 않다면 상하이-강남 요리와 잘 구분되지 않는다. 만약 술을 마실 수 있는 상황이라면, 요리와 함께 샤오싱주 绍兴酒를 곁들여보자. 일반적으로 독주 천국인 중국에서는 드물게 쌀로 만든 12도짜리 약한 술이다. 무언가를 태운 듯한 향과 신맛이 나는데, 3~5년 이상 숙성한 술로 꽤 괜찮은 맛을 낸다.
참고로, 공을기가 있는 길은 상하이의 뒷모습을 볼 수 있는 골목들로 가득한 곳이다. 찾아가는 길 자체가 여행이 될지도. 맛은 보통

- 간편 메뉴 苔条黄鱼 조기 튀김 36元. 蟹粉豆腐 게살두부 48元. 扬州炒饭 양저우 볶음밥 22元. 上海酸辣汤 상하이 쏸라탕. 시큼 매큼한 탕 22元. 茴香豆 소설 속 공을기가 늘 먹던 삶은 콩 요리. 모든 사람이 시키고, 모든 사람이 남긴다. 16元. 梅干菜扣肉 샤오싱 스타일의 돼지고기 간장 찜 68元

노서문고완차성 老西门古玩茶城 라오시먼 구완차청

위치 지하철 8·10호선 노서문 老西门역 1·6번 출구 앞 주소 上海市 黄浦区 复兴东路 1121号 오픈 09:00~21:40(매장마다 다름) 지도 p8-A2

시내에서 가장 가까운 차 시장이다. 커다란 상가 안에 온갖 종류의 차를 취급하는 매장이 입점해 있는 분위기. 중국어를 할 수 있고 차를 어느 정도 안다면 좋은 쇼핑 포인트지만, 둘 다 안 된다면 그저 지나가다 한번 들르는 구경 용도의 중국 차 전문 시장쯤 되겠다.
굳이 실속을 따지자면, 잘 알지도 못하고 찻잎을 구매하는 것보다는 합리적으로 가격이 책정된 다구를 구입하는 게 더 나을지도 모른다. 물론 자사호처럼 고가 제품은 빼고 말이다. 중국에 처음 간 여행자들에게는 생뚱맞은 곳일지도.

예원노가 豫園老街 위위엔라오제 yù yuán lǎo jiē

위치 지하철 10호선 豫园역 1번 출구에서 도보 10분 주소 上海市 豫園老街 오픈 08:30-21:00(가게에 따라 다름) 지도 p8-B1

400여 개의 매장으로 이루어진 예원상장은 상하이 최초의 번화가이자, 가장 역사가 오래된 상설 시장이기도 하다. 현재와 같은 명·청시대풍의 거리는 1990년대 말에 본격적으로 조성하기 시작했다. 골동품, 인장, 금은보석, 진주, 도자기, 서화, 붓, 벼루, 차 심지어 최근에는 일본제 게임기, 디지털카메라용품 점까지 들어서고 있다.

가장 눈에 띄는 구역은 예원노가로 푸어우루 福佑路 쪽에 입구가 있다. 예원 바로 옆에 있는 골목으로 오랜 역사를 자랑하는 숍부터 최근 인기급상승하는 브랜드까지 다양하고 충실하게 갖춰져 있어 쇼핑의 재미가 쏠쏠하다.

여운각 丽云阁 리윈거 lì yún gé

위치 예원노가, 푸어우루 福佑路 쪽 1호문 입구에서 계속 들어가면 왼쪽에 위치 주소 上海市 豫園老路 33号 오픈 08:30-21:00(가게에 따라 다름) 전화 (021)2302-9130 지도 p8-B1

청나라 광서제 14년, 1888년에 개업한 중국 남부지방에서 가장 유명한 접선 즉, 부채 가게다. 참고로, 부채는 크게 접었다 폈다 하는 쥘부채인 접선과 평평한 둥글부채로 나뉜다. 접선의 경우 의외로 중국이 원조가 아니라 한국 혹은 일본에서 처음 발명된 물건으로 현재도 두 나라는 서로 자신이 원조라고 주장하고 있다. 다만, 서양영화에 등장하는 미녀가 입을 가리는 용도로 쓰는 접선의 경우 중국을 거쳐 유럽으로 퍼져나갔다는 게 정설이다.

여기에서 소개하는 여운각은 쥘부채 전문점. 한국은 대나무 뼈대에 한지를 붙인 합죽선 위주로 발달했지만, 중국은 얇은 천이나 화학 소재도 적극적으로 활용해, 한국의 그것에 비해 디자인 완성도는 훨씬 높은 편이다. 즉, 여성들의 패션 소품으로 활용하기 적당한 모양을 하고 있다.

중국 물가치고 가격은 꽤 비싼 편이지만, 독창성이나 개성을 생각한다면 감수할 만한 가격이다. 굳이 구입할 생각이 없다 해도, 한 번쯤 들러 화려한 색감의 부채를 구경해보는 것도 괜찮다. 거대한 예원 상장에서 굳이 가볼 만한 가게도 별로 없으니 말이다.

화이하이루와 대한민국 임시정부

AREA 05

난징루 南京路와 더불어 상하이에서 가장 번화가인 화이하이루 淮海路는 상하이에서 가장 세련된 사람들이 모여드는 거리이다. 관광지인 난징루가 외지인들 위주라면 화이하이루는 상하이 샐러리맨들과 중산층이 쇼핑으로 그들의 인생을 즐기는 공간이다.
중국의 다른 지역과 달리 인도 폭이 차도만큼 넓은 것도 화이하이루의 특별함이다. 과거로 돌아가면 여기부터 프랑스 조계지에 속한다. 모든 조계지는 관청과 주거 구역, 그리고 상업가로 나뉘었는데, 화이하이루는 프랑스 조계에서도 상업 지역에 속한다. 화이하이루 주변의 길은 불과 10여 년 전까지만 해도 공동주택이 빽빽하게 들어찬 주거 구역이었다.

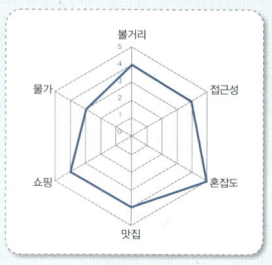

1990년대 홍콩 자본이 상하이에 밀려들며 몇몇 상하이 전통 가옥들을 리모델링하기 시작했는데, 그중 대표적인 곳이 바로 신천지 新天地이고, 거기서 조금만 더 나아가면 일제강점기 시절 김구 선생에 의해 어려운 살림을 꾸리던 대한민국 임시정부 大韓民國临時政府가 나온다.
이 일대는 굳이 우리 역사까지 거슬러 올라가지 않아도 꽤 중요한 역사 유적들이 있다. 특히 일대회지 一大会址는 전 중국에 1억 명을 헤아린다는 공산당원 최고의 성지이기도 하다.

 지하철 지하철 1호선 황피난루 黄陂南路역과 10·13호선 신천지 新天地역이 각각 화이하이루, 대한민국 임시정부와 지척이다. 쉽게 말해 예원에서는 지하철 10호선을, 인민광장에서는 지하철 1호선을 타면 신천지와 연결된다.

 버스 번화가임에도 도로 폭이 좁고 버스도 제한적으로 운행한다. 자동차 통행이 잦기 때문에 길도 막힌다. 지하철을 이용하는 게 훨씬 편리하다.

 관광버스 시티 투어버스와 빅버스 시티투어 레드루트가 신천지를 경유한다. 관광버스를 탈 예정이라면 잠시 내려 둘러보는 것도 방법이다.

Check List

보자
대한민국 임시정부 한국인들의 필수 방문지 p252
신천지 예스러움과 현대의 세련됨을 동시에 가진 매력적인 곳 p254
석고문 박물관 상하이의 독특한 주거 양식인 스쿠먼 가옥을 재현한 곳 p255

먹자
딘타이펑 세계에서 가장 유명한 타이완 샤오룽바오 전문점 p258
허니문 디저트 홍콩에서 건너온 전통 디저트 전문점 p259

사자
서우차장 중국차 전문점. 용정차와 보이차 쇼핑 p261
상하이 탕 할리우드 스타들에게 사랑받는 화려한 치파오 p261

화이하이루와 대한민국 임시정부 이렇게 여행하자

Route Guide

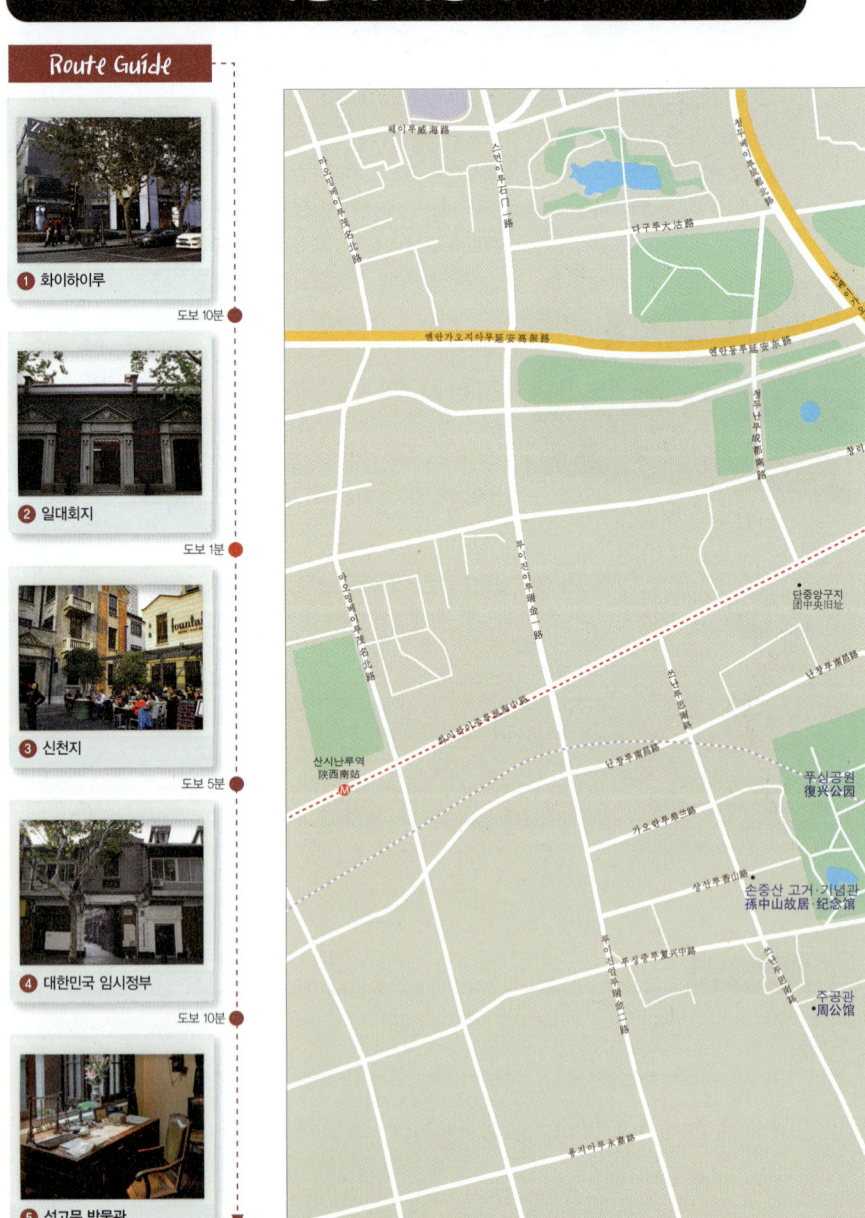

① 화이하이루

도보 10분

② 일대회지

도보 1분

③ 신천지

도보 5분

④ 대한민국 임시정부

도보 10분

⑤ 석고문 박물관

여행 방법

쇼핑가인 화이하이루와 볼거리가 몰려 있는 대한민국 임시정부–신천지 주변으로 확연하게 갈려 있다. 신천지는 외국 관광객의 필수 코스이다 보니 중국풍의 고급 브랜드가 대거 입점해 있다. 주머니 사정이 넉넉한 여행자라면 신천지에서 먹고, 쇼핑하고, 즐기기에 충분하다.

대한민국 임시정부 大韓民国临时政府 따한민궈린스청푸

dà hán mín guó lín shí zhèng fǔ South Korea Refugee Government

가족 ★★★★
커플 ★★★★
사진가 ★★★

위치 지하철 10호선 신천지 新天地역 6번 출구에서 왼쪽(북쪽)으로 도보 3분, 오른쪽에 있다. **주소** 上海市 卢湾区 马当路 306弄 4号 **오픈** 09:00~11:30, 13:30~17:00(매표 09:00~11:00, 13:30~16:30) **요금** 20元(내부에서는 사진 촬영 금지) **지도** p11-B2

1919년에 발생한 3.1운동은 그간 흩어져 있던 국내외의 독립운동 세력에게도 단결해야 독립투쟁을 지속 할 수 있다는 영감을 주었다. 미국을 거점으로 활동하던 우익인사 이승만부터 고려 공산당의 대표였던 이동휘까지 좌우를 아우르는 독립운동세력은 1919년 4월 10일 중국의 상하이에서 대한민국 임시정부를 수립하기에 이른다. 3.1운동 발생 시점으로부터 겨우 한 달 후의 일이었다. 왜 상하이냐?

하늘에서 뚝 떨어지는 일이란 존재하지 않는다. 상하이는 이미 3.1운동 이전부터 간도 지방과 함께 중국 내 항일 독립운동의 전초 기지 중 하나였다. 당시 일본은 영일동맹으로 영국과 가까운 사이였고, 영국과 라이벌 관계였던 프랑스는 일본을 견제할 수 있는 대한제국 출신 독립운동가들에게 우호적이었다. 이런 이유로 상하이의 프랑스 조계지는 한동안 망명한 독립운동가들의 요람 역할을 톡톡히 했다. 게다가 조계지 바깥의 상황도 나쁘지 않았다. 당시 중국을 지배하던 중화민국 정부는 상하이에서 지척인 난징 南京을 수도로 삼았으니 여차하면 난징으로 피신하기도 좋았다. 무엇보다 당시 상하이는 아시아의 중심으로 전 세계의 정보가 모이는 곳이었다. 자연스레 상하이는 항일 투쟁의 중심으로, 임시정부는 상하이를 거점으로 설립할 수밖에 없게 된 셈이다.

상하이 시절

다양한 정파들이 결합한, 명실상부 민족대표체였던 초기와 달리, 상하이 임시정부는 초대 대통령 이승만의 위임통치 청원문제, 공산당을 바라보는 시각차, 창조파와 개조파 갈등, 여기에 오늘날의 지역감정과 비슷한 기호파, 서북파간의 갈등으로 인해 순식간에 사분오열되며, 사실상 독립운동 세력 중 우파가 주도하게 된다.

한동안의 지리멸렬. 1919년 창립 이래 프랑스 조계지의 이곳저곳을 떠돌던 상하이 임시정부는 1926년 현재 우리가 보고 있는 건물로 이전하게 된다. 한동안 대외적 관심으로부터 멀어진 임시정부는 1930년대 들어와 활발한 활동을 재개하는데, 대표적인 사건이 이봉창의 일왕 암살미수 사건과 윤봉길의 상하이 홍커우 공원 폭탄투척 사건이다. 특히, 윤봉길의 폭탄투척은 재일본 거류민 단장과 일본군 사령관을 죽이고, 중장급 일본인 두 명에게 중상을 입히는 등 독립운동사상 단일 암살 사건으로는 가장 큰 성과를 이루게 된다.

참고로, 당시는 상하이에서 중국군과 일본군이 최초로 충돌한 1차 상하이 사변 직후라, 중국에는 반일본 정서가 팽배하고 있을 때였다. 다들 알다시피, 상하이 사변의 대패로 인해 의기소침하던 중국 국민당 정부는 윤봉길의 폭탄 투척을 계기로 상하이 임시정부에 대한 대대적인 지원을 약속하기도 했다.

상하이 임시정부를 보존하라.

1945년, 우리의 힘이 아닌 외세에 의해 해방을 맞은 결과는 참혹했다. 남과 북은 분단되었고, 형제는 원수가 되어야 했다.

대한민국 정부는 1992년까지 중국과 적대 국가였기에 중국에 있는 임시정부 터에 손이 미치질 못했고, 북한은 임시정부를 수많은 독립운동 단체 중 하나로만 인식했기 때문에 상하이의 임시정부 건물은 잊혀졌다.

누구도 몰랐던 이 터가 세상에 다시 알려진 것은 1988년. 한·중 간의 사료를 바탕으로 한 공동 추적 덕분이다. 어이없던 사실 중 하나는, 양국 정부가 임시정부 터를 찾는데 상당한 애를 먹었음에도, 막상 그곳에 살던 사람은 자신의 집이 어떤 건물이었는지 알고 있었다는 것. 즉 이 일대에서는 꽤 알려진 사실을 양국 정부만 몰랐던 셈이다.

1989년 3.1절 특집으로 한국의 동아일보가 폐가처럼 방치된 임시정부 터에 대해서 보존을 촉구하는 기사를 썼고, 때마침 1992년 한·중 수교가 이루어졌다. 이어 한국의 재벌 중 하나인 삼성물산이 30만 달러를 쾌척, 임시정부 복원에 나섰다. 1993년 그리고 2002년과 2015년 대대적인 복원공사를 거친 이 건물이 오늘날까지 우리 앞에 서 있는 이유다.

참고로, 다니다 보면 알겠지만, 이 일대는 신천지를 비롯해 상하이에서 가장 핫한 지역 중 하나다. 어떻게 보면 우리 때문이 이 일대 사람들만 일종의 개발제한구역에 묶여서 사는 셈이다. 최근 상하이시는 일대 주민들의 불만을 무마하기 위해 건물 1층에 한 해 상업시설로 개조할 수 있도록 허용했다. 현재도 몇 개의 식당이 운영 중인데, 미안한 감정이 든다면 한 번쯤 팔아주는 것도 좋은 생각일 듯.

임시정부의 내부

관람은 1층의 시청각실에서 임시정부의 활약을 소개하는 비디오를 시청한 후에 이루어진다. 건물 뒤로 돌아가면 본격적인 전시실이 시작된다. 1층에는 임시정부 주요 인사들의 사진과 함께 당시 사용했던 태극기가 걸려 있다. 빛바랜 태극기를 바라보는 한국인 여행자들의 가슴속에 뭉클한 무언가가 꿈틀거리게 되는 것은 물론이다. 2층의 주요 볼거리는 임시정부의 주석을 지낸 백범 김구 선생의 집무실과 각 부처 장관의 집무실이다. 한 국가의 임시정부 거처라고 보기에는 너무나 초라한 곳. 집무실과 침실이 붙어 있는 옹색한 방이다.

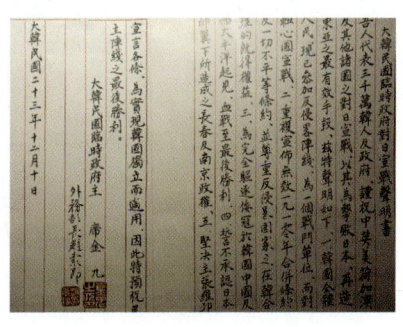

3층은 임시정부의 활동과 관련된 자료들을 전시하고 있다. 당시 외교부에서 미국의 국무장관 휴즈에게 보낸 독립승인요구서가 눈길을 끈다. 하지만 조선 왕조가 외교적 분쟁에 처할 때 공정한 중재를 약속했던 미국이 을사보호조약 이후 가장 먼저 조선을 떠났다는 사실을 생각한다면 당시의 외교적 노력은 그야말로 달걀로 바위치기였던 셈. 결국 임시정부가 선택한 길은 무장 투쟁이었다. 전시관 안에는 이외에도 당시 임시정부의 기관지였던 〈독립신문〉, 윤봉길 의사와 관련된 자료들을 전시하고 있다.

신천지 新天地 신톈디 xīn tiān dì Xintiandi

가족 ★★★
커플 ★★★★
사진가 ★★★★

위치 지하철 1호선 황피난루黄陂南路역 2번 출구에서 마땅루 马当路를 따라 내려가다 보면 신천지 초입에 있는 스타벅스가 보인다. 또는 지하철 10호선 신천지 新天地역 1·6번 출구에서 도보 7분 주소 上海市 卢湾区 太昌路, 黄陂南路, 마당로 요금 무료 지도 p11-B1

상하이 최고의 핫 플레이스 중 하나로 상하이 임시정부에서 엎어지면 코 닿는 거리에 있다. 상하이 토박이조차 집 떠난 지 6개월이 되면 길을 잃어버릴 정도로 빨리 변한다고 너스레를 떠는 도시에서, 근 15년간 최고의 쇼핑, 레스토랑 스폿의 명성을 유지한다는 건 결코 쉬운 일이 아니다.

그런 점에서 신천지는 상하이에서 꽤 특별한 존재다. 참고로 현대적인 쇼핑몰에 익숙한 사람들에게 신천지의 모습은 조금은 생경스럽게 다가올 수도 있는데, 원래 이 일대는 1920~30년대 조성된 스쿠먼이라 불리던 공동주택 단지였다. 1990년대 말에는 상업지구로 지정되며 재개발 예정지로 거듭났는데, 당시 설계를 담당한 벤자민 우드 Benjamin Wood와 닛켄셋케이 사무소 日建設計事務所는 이 일대를 보존하며 재개발하는 방법에 대해서 골몰했다. 즉, 기존의 재개발=철거의 악순환 고리를 깬다는 점만으로도 당시로써는 꽤 참신한 방안이었다. 하지만 반대도 만만치 않았다. 게다가 경쟁력 있는 브랜드들이 과연 이런 곳에 입점할지 여부도 고민거리였다.

다행히 설계자들의 의견이 관철됐고, 원형을 그대로 보존한, 진짜배기 1920년대 상하이 민가로 이루어진 쇼핑몰이 만들어졌다. 개장 당시만 해도 상하이 최고의 핫 플레이스로 상하이 거주 외국인들의 놀이터 같은 곳이었지만, 이내 중국인들이 입소문을 타며 몰려왔고, 현재는 깃발을 든 단체 관광객들의 필수코스로 자리매김하며 예전과 같은 독보적인 느낌은 사라졌다. 오히려 상하이를 좀 안다는 사람에게는 전체적으로 가성비가 떨어진다는 악평. 또한, 상하이에 오래 머문 외국인들도 점차 외면하는 추세로, 관광객만의 공간이 되고 있다.

하지만 꾸준히 유입되는 영문 모르는 관광객 덕에, 신천지는 최소한 아직은 상하이 핫 플레이스이긴 하다. 여전히 잘 고르면 괜찮은 식당이 있고, 비싼 게 문제지 디자인적인 면만 본다면 상당히 감각적인 아이템을 쇼핑하기에도 아직 유효하다. 다만, 비싼 임대료에 동참하고 싶지 않은 여행자라면 그저 구경만 하기에도 나쁘지 않다. 주말에는 사람이 지나치게 많으니, 북적거리는 게 싫은 여행자라면 방문 일정을 주의해서 짜도록 하자.

석고문 박물관 石库门屋里厢博物馆 스쿠먼보우관

shí kù mén bó wù guǎn Shikumen Museum

가족 ★★★
커플 ★★★
사진가 ★★★

위치 지하철 1호선 황피난루 黃陂南路역 2번 출구에서 마땅루 马当路를 따라 내려가다 씽예루 兴业路가 나오면 왼쪽으로 꺾어서 조금 더 간다. **주소** 上海市 卢湾区 太仓路 181弄 25号楼, 新天地 北里广场 **오픈** 10:00~22:00 **요금** 20원 **전화** (021)3307-0337 **지도** p11-B1

지금은 화려하기만 한 신천지의 예전 모습을 어땠을까? 석고문 박물관은 바로 이런 궁금증을 해소해주는 곳이다. 신천지에서 딱 한 채, 상업지구로 리모델링하지 않은 유일한 공간인 이곳은 당시 사람들이 어떤 모습으로 살았는지 보여주는 자그마한 민속 박물관이다. 이 공간의 과거가 보고 싶다면 입장료를 내고 들어갈 만하다. 참고로 재현의 시점은 1920~30년대.

일대회지 一大会址 이따후이쯔

yí dà huì zhǐ Site of the 1st National Congress of the CCP

가족 ★
커플 ★
사진가 ★

위치 지하철 10호선 신천지 新天地역 1·6번 출구에서 왼쪽(북쪽)으로 직진, 두 블록째인 씽예루 兴业路에서 오른쪽으로 가면 왼쪽에 일대회지 입구가 보인다. **주소** 上海市 卢湾区 黃陂南路 374号 **오픈** 09:00~17:00(매표는 16:00까지) **요금** 무료 (내부에서는 사진 촬영 금지) **전화** (021)5388-2171 **지도** p11-B1

1927년 7월 23~30일 중국 공산당의 1차 전당대회가 열렸던 곳. 당시 약관의 나이였던 마오쩌둥도 후난성 湖南省 대표로 참석했다고 한다. 일주일 예정으로 열렸던 당대회는 마지막 날 프랑스 경찰이 눈치를 채자 저장성 자오씽 嘉興의 배 위에서 폐막식을 거행했다. 이곳은 1948년 공산주의 중국이 출범한 이래 중국 공산당 불멸의 성지로 자리 잡았다.

1956년 1차 보수 공사를 거친 일대회지는 1961년 일반에게 개방하며 사회주의 사상 고취를 위한 교육의 장으로 활용하기에 이른다. 내부에는 당시의 긴박했던 회의 광경을 보여주는 미니어처를 비롯해 원형 그대로 복원한 회의장 등이 있다. 하지만 기러상 같은 당시의 중국 공산주의 선구자들을 교육하고 있는 어린 마오쩌둥 미니어처는 결국 중국 공산당사 자체가 마오쩌둥 일대기를 위한 양념이 아닌가 하는 생각마저 들게 한다.

손중산고거·기념관 孫中山故居·纪念馆 쑨중산꾸쥐·지녠관
sūn zhōng shān gù jū jì niàn guǎn Sun Yatsen's Former Residence

가족 ★★
커플 ★★
사진가 ★★★

위치 지하철 10호선 신천지 新天地역 6번 출구에서 푸싱중루 复兴中路를 따라 걸어서 약 10분(600m), 시난루 思南路가 보이면 오른쪽으로 꺾어 들어가면 오른쪽에 손중산고거 孫中山故居가 보인다. **주소** 上海市 卢湾区 香山路 7号 **오픈** 09:00~16:00 **요금** 20元 **전화** (021)6437-2954 **지도** p10-B2

신해혁명의 주역인 쑨원 孫文이 1918~1924년 머물렀던 집. 사실, 신해혁명은 청나라 정부의 군권을 장악한 위안스카이의 협조가 아니었으면 오히려 진압당했을지도 몰랐다. 쑨원은 이 사실을 잘 알았고, 위안스카이가 공화주의자라고 착각했다. 하지만 쑨원의 뒤를 이어 대총통이 된 위안스카이는 생각이 달랐다. 대총통에 취임하고 딱 2년만인 1915년 다시 제정을 선포하고 스스로 중화제국의 초대 황제로 등극한다. 쑨원은 경악했고, 상하이와 광저우를 오가며 다시 한 번 혁명을 준비한다. 상하이의 손중산고거는 쑨원이 광저우와 상하이를 전전하던 시기에 살던 집이다. 프랑스 조계의 여느 저택과 마찬가지로 단정한 3층에 널찍한 정원이 딸려 있다. 원래 이 집은 캐나다 출신의 화교 자본가의 별장처럼 쓰였는데 쑨원에게 기증했다고 한다. 쑨원이 죽고 난 후에는 부인이었던 송칭링이 1937년까지 거주했다고 하니 쑨원가의 발자취가 짙게 밴 곳임은 분명하다.

기념관 내부에는 혁명가로서 파란만장한 삶을 살았던 쑨원의 사진과 자료들이 일목요연하게 진열되어 있다. 쑨원이 사용하던 침실, 주방, 사랑방 등도 당시와 다르지 않은 모습으로 보존되어 있다. 진시황 이후 약 2,500년간 이어온 황제 제도를 철폐하고 서구식 공화정을 수립한 혁명가의 삶은 세상이 변화되기를 바라는 이들에게 영원한 낭만이자 이야기거리다. 반목과 대립으로 점철된 중국 현대사에서 중화인민공화국과 중화민국 정부 모두에게 존경받는 유일한 인물이기에 그 의미는 더 크다고 할 수 있다. 상하이의 주요 역사 유적지처럼 일정한 인원이 모이면 가이드의 인솔로 집단 관람하는 형식이다. 외국인이라고 미리 밝히면 영어로도 설명해준다. 혁명가의 전설적인 이야기를 귀 기울여 들어보자.

푸싱공원 复兴公园 푸씽공위엔
fù xīng gōng yuán Fuxing Park

가족 ★★★
커플 ★★★
사진가 ★★★★

위치 지하철 10호선 신천지역 6번 출구에서 오른쪽으로 돌아 푸싱중루 复兴中路를 따라 직진, 조금 걷다 보면 고가가 있는 큰길이 나온다. 그 길만 건너면 푸싱공원 남문이다. **주소** 上海市 黄浦区 复兴中路 516号 **오픈** 4~9월 05:00~18:00, 10~3월 06:00~18:00 **요금** 무료 **지도** p10-B2

상하이에서 가장 오래된 공원 중 하나로 총면적이 7만 7,000m²에 이른다. 1908년 프랑스의 정원 예술가인 파포트 Papot가 설계했는데, 중국에 현존하는 유일한 프랑스식 정원이기도 하다. 프랑스혁명 기념일인 7월 14일을 공원 개장일로 정했을 만큼 당시 프랑스의 상하이 지배를 상징하는 곳이었다. 프랑스 조계 시절에는 중국인은 물론 프랑스 국적이 아닌 모든 사람의 출입을 통제해 악명이 자자했다. 참고로, 프랑스식 정원은 100퍼센트 인공미가 특징. 이슬람의 영향을 받은 기하학적인 조경이 눈길을 끈다. 이 때문에 프랑스 정원은 하늘에서 내려다봐야 진가를 알 수 있다고 한다. 주공관, 손중산고거와 가깝기 때문에 오가는 길에 들러 지친 다리를 쉬기에는 그만이다. 내부에 인기 있는 카페와 바가 있어 주말과 저녁에는 사람들로 붐빈다.

주공관 周公馆 저우공관
zhōu gōng guǎn Zhou En Lai's Former Residence

가족 ★★
커플 ★★
사진가 ★★★

위치 지하철 10호선 신천지 新天地역 5번 출구에서 푸싱중루 复兴中路를 따라 걸어서 약 10분(600m), 시난루 思南路가 보이면 왼쪽으로 꺾어 1분만 들어가면 왼쪽에 주공관이 보인다. 주소 上海市 黄浦区 思南路 73号 오픈 09:00~17:00(매표는 16:00까지) 요금 무료(하루 입장 300명 제한) 전화 (021)6473-0420 지도 p10-B2

중국에 있는 두 개의 주공관 중 하나. 여기에서 말하는 주공은 중국의 초대 총리를 지낸 저우언라이 周恩来(1898~1976)를 말한다. 주공관은 일본이 패망한 직후인 1946년 중국 공산당의 상하이 지부로 쓰이던 곳이다.

중일전쟁 당시 이념을 떠나 외세에 대항했던 중국인들은 일본이 패망하자 국민당과 공산당의 양대 정당으로 갈려 한 치의 양보도 없는 경쟁을 시작했다. 당시 두 정당은 각각 점령 지역이 달랐고, 하나의 중국을 만들기 위해서는 서로의 존재를 인정해야만 했다. 일본과의 긴 전쟁으로 피폐해진 대중도 최소한 내전만은 막아야 한다는 여론이 절대다수를 차지했다. 결국 두 정당은 상하이와 충칭을 오가며 협상을 벌이는데, 공산당 대표로 국민당과 협상에 나선 이가 바로 저우언라이. 그가 머물렀던 주공관에서 저우언라이는 트루먼 미국 대통령 특사였던 맥콜 장군을 비롯해 국민당 유수의 인사들과 협상을 하고, 주공관 베란다에 올라 기자들에게 협상 내용과 공산당이 견해를 밝혔다. 하지만 협상은 불과 한 달 만에 결렬됐다. 국민당의 침공으로 국공내전이 시작됐고, 당연히 주공관도 폐쇄됐다. 주공관이 현재처럼 저우언라이 기념관으로 변모하게 된 것은 1979년, 저우언라이가 죽고 3년이 지나서다. 내부에는 당시를 기리는 사진 자료들이 전시되어 있는데, 사실 한국인 여행자들의 관심을 끌 만한 것은 없다. 오히려 볼거리는 건물 자체. 전형적인 스페인풍의 3층 별장인데, 원래 주인은 프랑스 출신의 외교였다고 한다. 정원이 꽤 아름다운 편인데 일반인은 출입 금지. 정원 앞에서 풍경을 잠시 조망할 수 있을 뿐이다. 여름에는 창가에 담쟁이덩굴이 자라기도 하는데, 제법 운치 있는 풍경을 연출한다.

화이하이루 淮海路 화이하이루
huái hǎ lù Huaihai Lu

가족 ★★★
커플 ★★★
사진가 ★★★

위치 지하철 1호선 황피난루 黃陂南路역과 연결된다. 주소 上海市 卢湾区 淮海路 요금 무료 지도 p11-C1, p11-B1

여러모로 난징루 南京路와 비교되는 상하이의 대표적인 상업가. 20세기 초 상하이 일대를 지배하던 조계 세력의 두 축 중 하나인 프랑스가 자존심을 걸고 건설했다. 그래서 영국이 심혈을 기울여 건설한 난징루와 곧잘 비교되곤 한다. 즉 난징루가 상하이에 만든 미니 런던의 피커딜리 서커스쯤이라면, 화이하이루는 상하이에 만든 미니 파리의 샹젤리제쯤 된다고 보면 된다. 건설 당시부터 누가 더 화려한가를 놓고 경쟁했던 두 길은 중국이 해방되고 60년이 훌쩍 지난 오늘날까지도 여전하다. 상하이 사람에게 상하이에서 가장 변화한 거리가 어디냐 물으면 반은 난징루, 반은 화이하이루를 꼽는다. 중요한 점은 질문을 살짝 틀어서, 상하이 거주민들이 즐겨 찾는 변화가를 물으면 십중팔구 화이하이루라는 답이 나온다. 엄밀히 말해 난징루는 관광객들을 위한 공간이 된 지 오래다. 난징루를 가득 메운 떡진 머리의 중국인은 누구냐고? 그들도 관광객일 뿐이다. 그저 국적이 중국일 뿐. 진짜 상하이 사람이라면 화이하이루로 간다. 그곳에 그들이 현재 즐겨 찾는 패션과 시대와 유행이 살아있다. 비록 외국인에게는 상대적으로 낯설지만 말이다. 참고로 외국인들이 관심을 가질 만한 고급 브랜드 위주의 백화점은 지하철 1호선 황피난루 黃陂南路역 주변에 몰려 있다.

딘타이펑 鼎泰豊 딘타이펑 dǐng tài fēng

위치 지하철 2호선 황피난루 黃陂南路역 2·3번 출구에서 도보 10분 **주소** 上海市 卢湾区 兴业路 123弄 新天地广场 6号楼 UME 2F **오픈** 월~목 11:00~15:00, 17:00~24:00, 금 11:00~15:00, 17:00~01:00, 토·일 11:00~01:00 **요금** 2인 200元(카드 가능) **전화** (021)6385-8378 **홈피** www.dintaifung.com.tw **지도** p11-B2

타이완에 본점을 둔 샤오룽바오 전문점. 1993년 〈뉴욕 타임스〉가 선정한 세계 10대 레스토랑. 1948년 중국이 공산화되기 직전 상하이의 수많은 상류층이 타이완이나 홍콩으로 탈출했는데, 이들 중에는 중국요리의 명가들도 수없이 많았다고. 딘타이펑 역시 타이완에 정착한 샤오룽바오 장인에 의해 세워진 만두집이다. 간판 메뉴는 샤오룽바오를 위시한 딤섬들. 《터써샤오룽탕바오 特色小笼汤包》는 이 집의 가장 기본 메뉴 중 하나. 약간의 비용이 더 드는 《터써셰펀샤오룽바오 特色蟹粉小笼包》는 게 알과 돼지고기가 배합된 고급스러운 맛을 낸다. 일명 꽃 만두라고 알려진 새우살 샤오마이 《샤로우샤오마이 虾肉烧麦》도 놓치기는 아까운 딤섬이다. 딤섬만으로 뭔가 허전하다면, 짭짤한 쓰촨식 줄기 콩 볶음인 《간벤쓰지토우 干煸四季豆》와 새우 계란 볶음밥인 《샤런단차오판 虾仁蛋炒饭》을 주문해보자.
딘타이펑 분점이 난징시루 상하이상청(上海商城 MAP p4-A1), 징안 케리센터(MAP p4-A2), 푸둥 상하이 세계 금융센터(上海环球金融中心 MAP p6-A1), 쉬자후이 항회광장(港汇恒隆广场 MAP p15-C1)에 있다.

- **간편 메뉴** 特色小笼 돼지고기 샤오룽바오 33元, 蟹粉小笼 게알 샤오룽바오 58元, 虾仁蛋炒饭 새우계란 볶음밥 68元, 担担面 딴딴면 30元, 干煸四季豆 쓰촨식 줄기콩 볶음 30元

하비터 햄버거 哈比特汉堡 The Habit Burger

위치 대한민국 임시정부에서 신천지 지하철역 방향으로 가다가 길을 건너면 보이는 푸싱 소호 复兴soho에 있다. **주소** 上海市 黄浦区 马当路 388号 复兴soho 一层D109-D110 **오픈** 10:30~22:00 **전화** (021)6308-5517 **지도** p11-B2

미국의 컨슈머 리포트가 시행한 최고의 햄버거 첫 번째 시즌에서 전국 1위를 한 햄버거 체인. 우리나라에는 아직 안 들어왔으니 안 먹어보면 아쉬운 그런 브랜드다. 가장 큰 특징은 매장에서 직접 손으로 만드는 패티의 존재. 통 유리를 통해 패티를 빚은 후, 석탄에 굽는 전 과정을 지켜볼 수 있다. 창업 당시부터 불맛, 부드럽고 육즙이 흐르는 패티를 자랑한다. 음료는 주문하면 셀프로 마음껏 마실 수 있고, 그 옆에 있는 칠리페퍼 바에서는 무려 세 종의 미묘하게 다른 맛을 내는 칠리 피클을 담아올 수 있다.
맥주를 주문할 수 있다는 점도, 성인들에게는 기쁜 소식. 퀴노아와 닭가슴살이 가미된 슈퍼푸드 샐러드 Super Food Salad도 추천 메뉴.

- **간편 메뉴** Charburger 차르버거 29元, Mushroom Char with Cheese 버섯 치즈 차르버거 38元, Tri Tip Steak 스테이크 샌드위치 68元, Super Food Salad 슈퍼푸드 샐러드 56元, Tempura Green Beans 그린 빈 튀김 26元

허니문 디저트 Honeymoon Dessert

위치 지하철 10·13호선 신천지 新天地역 1번 출구와 연결 주소 上海市 黃浦区 马当路 245号 新天地时尚·购物中心 B1层 B106 오픈 10:00~22:00 요금 2인 40~80元 전화 (021)6313-0503 홈피 www.honeymoon-dessert.com 지도 p11-B2

홍콩에서 건너온 광동식 전통 디저트 전문점. 광동 사람들이 탕수이 糖水라고 부르는 정통식 디저트의 특징 중 하나는 따끈한 스프의 느낌이 나는 종류가 많다는 것. 생강 설탕물에 찐 고구마를 넣고 떠먹는 디저트가 탕수이의 원형이었다고 한다.

광동 정통 디저트와 열대과일의 조화를 경험해 보고 싶다면 망고 순두부 芒果豆腐花 Mango Tofu Pudding나 따끈따끈한 계란 흰자를 곁들인 아몬드 수프 杏仁蛋白 Almond Tea with Egg White에 도전해보자. 허니문 디저트 분점은 푸동 정대광장(正大广场 MAP p6-A1), 우장루 미식가(四季坊 MAP p4-B1), 쉬자후이 항회광장(港汇广场 MAP p15-C1), 중산공원 롱지몽(龙之梦购物中心 MAP p17-B2), 래플스(来福士广场B1-k16/ MAP p2-B2), 다푸차오역 일월광중심(日月光中心 MAP p13-C2) 등에 있다.

마살라 아트 香料艺术 쌍랴오이슈 xiāng liào yì shù Masala Art

위치 지하철 2호선 난징시루 南京西路역 3번 출구에서 도보 20분 주소 上海市 静安区 大沽路 397号 오픈 11:30~14:00, 17:30~22:30 요금 2인 300元(카드 가능) 전화 (021)6327-3571 지도 p10-A1

레스토랑 밀집 지역으로 새롭게 뜨고 있는 따구루 大沽路에 있는 인도 요리 레스토랑. 마살라 아트와 마살라 데시 Masala Desi라는 식당이 양 옆에 있는데 모두 같은 주인이 운영하고 있다. 마살라 아트는 북인도와 육류 요리 중심이고, 마살라 데시는 남인도와 길거리 요리가 핵심이다. 탄두리치킨 같은 우리에게 알려진 인도요리라면 마살라 아트가 좋고, 덜 맵고 깔끔한 인도요리를 맛보고 싶다면 마살라 데시로 가보자. 현지인보다는 상하이에 거주하는 외국인들이 선호하는 집.

• 간편 메뉴 butter naan 버터 난 29元, murg hyderabadi biryani 남인도풍 치킨 비리야니(영양밥) 68元, shahi dal makhani 렌틸 콩 커리 48元, murg masala 치킨 마살라 커리 68元, jhinga masala 새우 마살라 커리 68元, kurkuri bhindi 오크라 커리 58元, akbar Thali 악바르 탈리, 인도풍 정식 188元

폴래너 브로이하우스 Paulaner Brauhaus

위치 지하철 2호선 황피난루 黃陂南路역 2·3번 출구에서 도보 8분 **주소** 上海市 卢湾区 太倉路 新天地广场 北里 **오픈** 11:00〜02:00 **요금** 2인 150元 **전화** (021)6320-3935 **홈피** www.paulaner-brauhaus.com **지도** p11-B1

본격적인 독일 맥주를 즐길 수 있는 곳. 2001년 신천지에 처음 문을 연 이래, 중국 맥주의 수준을 한 단계 업그레이드 시켰다는 평을 듣고 있을 정도다. 전통 독일 맥주를 표방하는 곳인 만큼 안주도 모두 독일식. 돼지의 넓적다리를 통째로 오븐에 구운 슈바이네학세 Schweinehaxe는 최고의 안주거리로 손꼽힌다. 얼핏 양이 많아 보이지 않지만 잘라 놓으면 제법 푸짐하다. 조금 더 강력한 안주를 원한다면 콤비네이션 Combination을 주문해 보는 것도 방법. 담백하게 구워낸 슈바이네학세와 독일식 소시지가 큰 접시에 가득 나온다. 두 사람이 끼니를 해결할 수 있을 정도의 양. 하지만 무엇보다 추천하고 싶은 것은 역시 하우스 비어. 특히 쌉쌀하고 달짝지근한 맛이 나는 둥켈스는 둘이 마시다 하나가 죽어도 모를 정도. 맥주 애호가라면 반드시 맛볼 가치가 있다. 500cc 한 잔에 80元이나 하므로 물을 들이키듯 벌컥벌컥 마실 수 없다는 게 결정적인 흠. 동양인 여행자에 대한 묘한 차별도 느껴진다.

폴래너 브로이하우스 분점
· 푸동점 上海市 浦东新区 濱江大道 MAP p6-A1

제이지 클럽 JZ club

위치 지하철 13호선 화이하이중루 淮海中路역 3번 출구에서 도보 10분 **주소** 上海市 黄浦区 巨鹿路 158号 B1/F **오픈** 20:00〜02:00(공연에 따라 다름) **요금** 공연마다 다름(무료〜220元), 칵테일 80元, 병맥주 50元 **전화** (021)6431-0269 **지도** p10-A1

2004년 문을 연 상하이 재즈의 명가 제이지 클럽이 158坊 구역으로 자리를 옮기면서 힙하고 대중적인 재즈 바로 거듭났다. 매일 벌어지는 정기공연과 부정기적으로 이루어지는 초청 뮤지션들의 특별공연으로 나눠진다. 올댓 재즈라는 말에 가까울 정도로 장르가 다양한데, 클래시컬한 재즈에서부터 현대적 느낌이 가미된 재즈 록도 공연 프로그램에 포함되어 있다. 재즈 공연을 보며 술 한 잔 하기도 좋고 늦은 시간에는 본격적인 재즈 공연을 감상할 수 있다. 공연 시간대에는 무대가 잘 보이는 자리일수록 추가 금액이 부가된다. 인기 많은 공연이나 늦은 시간에는 스탠딩해야 하는 경우도 있다.

서우차장 敘友茶莊 쉬요우차장

위치 지하철 1호선 황피난루 黃陂南路역 2·3번 출구에서 도보 5분 **주소** 上海市 卢湾区 淮海中路 605호 **오픈** 09:00~22:00 **전화** (021)5306-2258 **지도** p10-B1

1951년 개업한 대표적인 라오푸 老铺(오래된 가게)로 전국에 30개의 지점이 성업 중이다. 등급과 종류에 따라 구분되는 약 60여 종의 차를 취급하고 있는데, 그중 10여 종은 직접 밭을 관리하고 있다고 한다. 중국계 체인 중에서 상당히 믿을 만한 집이다. 보이차 같은 흑차 계열보다는 상하이 일대에서 나는 녹차 계열인 용정차 龙井茶나 철관음 铁观音 같은 반 발효차 그리고 유리포트에 담가두면 꽃이 피어나는 세공 차 계열이 이 집의 주요 아이템이다. 차란 아주 주관적이라 무조건 비싸다고 좋은 게 아니라 자기 입에 맞는 차가 좋은 차임을 잊지 말자.

상하이 탕 上海滩 Shanghai Tang

위치 지하철 1호선 황피난루 黃陂南路역 1·2번 출구에서 도보 8분 **주소** 上海市 卢湾区 太仓路 181弄 新天地广场 15호 **오픈** 10:00~22:00 **전화** (021)6384-1601 **홈피** www.shanghaitang.com **지도** p11-B1

홍콩의 천재적인 의상디자이너 데이비드 탕의 독자적인 브랜드. 치파오의 우아함을 현대에 맞게 재해석한 그의 옷은 이미 할리우드 스타들의 간택을 받으며 서구에서 더 유명세를 떨치고 있다.

상하이 탕은 2003년 고향격인 상하이에 첫 단독매장을 열었다. 때문에 요즘의 상하이 탕은 중국 전통이라기보다는. 중국의 향기가 나는 컨템포러리라는 의미가 더 걸맞아 보인다. 옷 외에도 실크 스카프, 핸드백 등 패션 소품들도 제법 많이 구비되어 있다. 예산이 허락하지 않는 여행자들은 상대적으로 저렴한 패션소품들을 노려보는 것도 좋은 방법.

케이 일레븐 K11 购物艺术中心

위치 지하철 1호선 황피난루역 3번 출구에서 도보 5분 **주소** 上海市 卢湾区 淮海中路 300호 **오픈** 10:00~22:00 **전화** (021)2310-3112 **홈피** www.shanghaik11.com **지도** p11-B1

홍콩에서 온 예술, 인문, 자연을 콘셉트로 만든 쇼핑몰. 크고 작은 전시회가 지하 3층에 있는 아트갤러리에서 열리고 각층마다 작품이 전시돼, 아트갤러리라는 이름에 걸맞은 모습을 보여준다. 볼거리가 풍성한 흔치않은 쇼핑몰로 상하이에선 독보적인 존재다. 클로에, 막스마라, 돌체앤가바나, 버버리 등의 명품 브랜드가 많은 편이고, 여행자 입장에서는 유명 레스토랑인 피자 익스프레스 Pizza Express, 베이커 앤 스파이스 BAKER & SPICE 등의 분점들이 눈에 들어온다. French Connection 신천지에서 딱히 갈 곳을 정하지 못했다면 한 번 정도 방문해보자.

AREA 06

프랑스 조계지

프랑스 조계지 租界地는 상하이의 숨은 보석이나 다름없다. 좁은 도로 사이에 늘어서 있는 플라타너스 물결, 널찍한 정원이 딸린 밝은 미색의 프랑스풍 가옥들, 어디서나 하늘을 올려다볼 수 있는 나지막한 스카이라인, 한산한 거리 풍경……. 인파에 떠밀려 군중의 흐름에 몸을 맡겨야 할 때가 많은 상하이에서 프랑스 조계지는 마치 하나의 거대한 공원 같다.

이러다 보니 상하이 거주 외국인이 선호하는 것은 당연한 일. 길가의 카페, 작지만 내공 있는 레스토랑, 디자이너의 손때가 가득 묻은 앙증스러운 가게들은 이곳을 특별하게 만드는 프랑스 조계지의 알맹이다. 몇 걸음 걷다 윈도 앞에 서서 잠시 구경하다 다시 걷기를 반복하며 조용히 풍경을 음미해 보거나, 이 일대에 촘촘히 박힌 개인 갤러리를 둘러보며 한낮의 여유를 즐겨도 그만이다.

한국과 비교한다면, 아직 사람이 붐비지 않던 시절의 삼청동쯤일까? 적당히 한적하고 사색에 젖곤 했던 예전의 그곳 말이다.

 **지하철** 지하철 1호선 산시난루 陕西南路역과 창수루 常熟路역, 헝산루 衡山路역, 그리고 9호선 자오자방루 肇嘉浜路역과 자산루 嘉善路역, 13호선 화이하이루 淮海中路역, 10호선 상하이도서관 上海图书馆역과 교통대학 交通大学역이 프랑스 조계지와 연결된다.

 버스 도로 폭이 좁고 거미줄처럼 복잡하다. 버스에 따라 정류장 위치도 제각각이라 재빨리 도로 간판을 보고 자신의 위치를 파악할 능력이 없다면 지하철이나 택시를 이용하는 것이 좋다.

 택시 프랑스 조계지는 구역이 넓고 구시가지가 많아 길이 다소 복잡한 편이다. 그러므로 가까운 지하철역까지 이동한 후 택시를 타고 목적지로 찾아가는 방법이 좋다. 물론 걸어도 좋다.

Check List

보자
쓰난맨션 신천지의 고급버전 p266
타이캉루 예술인단지 다양하고 많은 기념품 헌팅 p267
우캉루 20세기 상하이의 건축물들의 보고 p268

먹자
보라주 상하이 요리의 진수를 맛볼 수 있는 서민풍 레스토랑 p275
로스트 해븐 근사하게 완난 요리를 맛볼 수 있는 인기 레스토랑 p276
라 크레페리 프랑스 조계지에서 맛보는 프랑스 크레페와 시드르 p279

사자
퓨어랜드 중국 색채가 강한 선물을 구입하기에 최적의 장소 p283
차미가 고급 중국 차와 세련된 다기가 가득 p284

프랑스 조계지 이렇게 여행하자

Route Guide

❶ 쓰난맨션

도보 15분

❷ 타이캉루 예술인단지

도보 20분

❸ 상하이 공예미술박물관

도보 15분

❹ 쑹칭링고거 · 기념관

도보 10분

❺ 우캉루

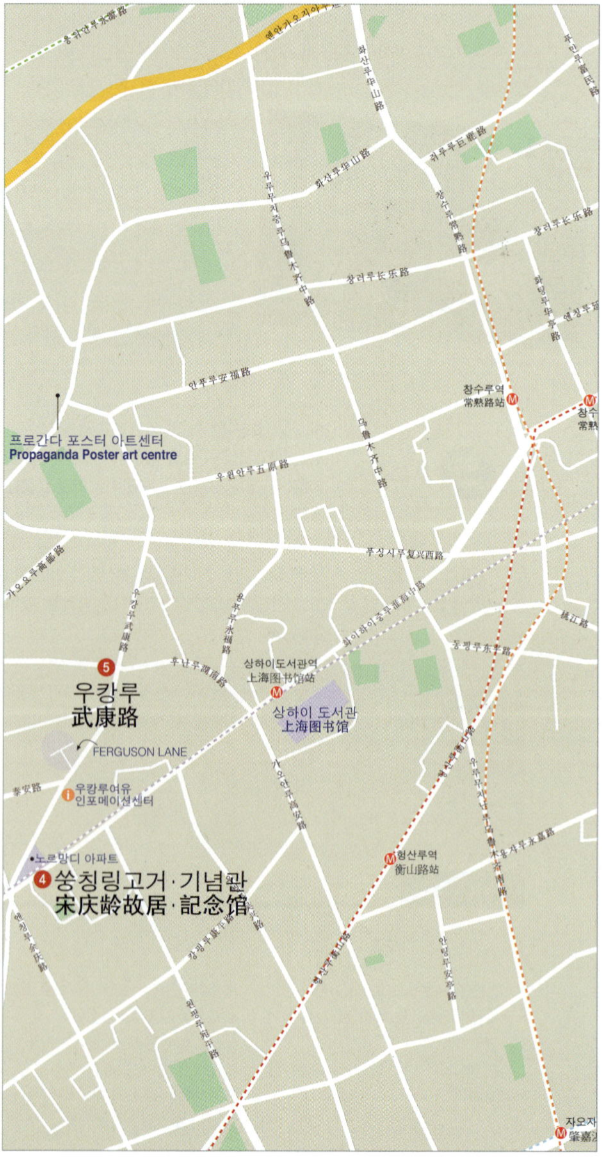

여행 방법

화이하이루 淮海路와 대한민국 임시정부도 과거 프랑스 조계지였던 곳이다. 굳이 구역을 나눈 이유는 이 일대가 워낙 광범위하거니와 상업지 위주인 화이하이루와 과거 주거지였던 이곳의 성격이 다르기 때문이다. 프랑스 조계지 일대는 도로가 좁은 편이고 일방통행 구역이 많아 길이 다소 복잡하다.

쓰난맨션 思南公館 쓰난꿍관
sī nán gōng guǎn Sinan Masions

가족 ★★
커플 ★★
사진가 ★★★

위치 지하철 10호선 신천지 新天地역 1번 출구에서 도보 10분. 또는 지하철 1·10호선 산시난루 陝西南路역 4번 출구에서 도보 15분 주소 上海市 黃浦区 思南路 51号 오픈 09:00~22:00(숍에 따라 다름) 요금 무료 지도 p13-C1

한마디로 말해 제2의 신천지. 1990년대 신천지 개발 이래 상하이의 프랑스 조계지에서 벌어지고 있는 보존형 개발 사례 중 하나. 이미 신천지가 상하이 여행의 필수 관광지로 자리 잡은 지금, 쓰난맨션이 주목받는 이유는 10년에 걸친 건축물 복원 작업과 '신천지의 하이엔드'라는 초럭셔리 콘셉트 때문.

실제로 쓰난맨션은 서민 주거지였던 신천지와 달리, 공무원, 영관급 장교, 유명 예술가들을 위해 조성된 고급 빌라였다. 즉 신천지의 그것에 비해 규모 면에 있어서도 훨씬 넓고 쾌적한 게 특징이다. 아무래도 규모가 크다 보니 리모델링 작업도 무려 10년이나 소요되는 대공사였다고.

호텔과 레스토랑, 카페, 상점이 있는 쇼핑가로 구성되어 있는데, 몇몇 상점은 언제든 전시회를 개최할 수 있을 정도로 규모가 크다. 아무래도 고급 콘셉트인 만큼 입점한 식당들도 상당히 비싼 곳뿐이다. 그중에서 대중적인 인기를 얻고 있는 집은 자체 양조장을 가진 맥주 가게 복싱 캣 브루어리(p.281) 정도뿐이다.

신천지보다 대중적이지 않다는 단점이 있지만, 반대로 신천지처럼 시끌벅적하지 않다는 장점도 있다. 그저 예쁘장한 식민지풍의 건물 사이를 걷는다는 마음으로 방문해도 충분히 만족할 수 있다.

유리예술박물관 琉璃艺术博物馆 류리이수보우관
liú lí yì shù bó wù guǎn Liuli Museum

가족 ★★★★
커플 ★★★★
사진가 ★★★★★

위치 지하철 9호선 다푸차오 打浦桥역 1번 출구에서 타이캉루 泰康路를 따라 오른쪽으로 2분만 걸어가면 된다 주소 上海市 卢湾区 泰康路 25号 오픈 10:00~17:00 요금 20元(사진 촬영 금지) 전화 (021)6467-2268 홈피 www.liulichinamuseum.com 지도 p13-C2

환상적인 중국의 전통 유리공예를 엿볼 수 있는 박물관. 유리공방 琉璃工房이라는 업체에서 자신들의 기술력(?)을 홍보하기 위해 만들었는데, 볼거리로도 훌륭하다. 참고로 2006년 개봉한 중국 영화 〈황후花〉에 나오는 현란한 유리공예가 바로 유리공방의 지원으로 만들어진 소품들이었다고 한다. 투명, 반투명의 재질을 십분 살린 감각적인 색채의 유리공예품은 조명과 사운드에 의해 지배되며 하나의 거대한 비디오아트를 보는 것 같은 착각을 불러일으킨다.

박물관은 크게 8곳의 전시실로 나뉘는데, 전시라기보다는 한 편의 거대한 비디오 아트를 보는 느낌이다. 전시의 전반부가 인공적으로 연출할 수 있는 몽환적 이미지의 끝단으로 치닫는다면, 후반부는 유리공방이 제작한 최우수 작품 전시회 같은 느낌이다. 아름답다, 현란하다는 말이 모자랄 정도로 그 어떤 보석보다 아름다운 유리공예 작품들을 볼 수 있다. 건물 1층은 유리공방의 액세서리, 기념품을 파는 주얼리숍이다. 가격이 제법 호된 편이지만, 한국에서는 보기 드문 장르(?)다 보니 지갑을 여는 여행자가 꽤 많다.

타이캉루 예술인단지 太康路田子坊 타이캉루텐즈팡
tài kāng lù tián zǐ fāng Taikang Road Art Centre

가족 ★★★
커플 ★★★★
사진가 ★★★★

위치 지하철 9호선 다푸차오 打浦桥역 1번 출구에서 작은 길을 건너면 바로 앞이다. 주소 上海市 卢湾区 太康路 210弄 오픈 09:00~22:00(공방에 따라 다름) 요금 무료 지도 p13-C2, 본문 p211

텐즈팡 田子坊으로 더 유명하고, 여행자들에게는 중국의 인사동 같은 느낌으로 다가오는 곳이다. 원래 이 일대는 오래된 룽탕 밀집 지역이었다. 1999년 화가이자 조각가인 첸이페이 陈逸飞가 타이캉루에 아틀리에를 연 것이 효시다. 참고로, 첸이페이는 1999년을 기준으로 본다면 가장 유명한 중화권의 스타 화가였다. 그의 작품인 '양귀비의 꽃 罂粟花'은 홍콩 경매시장에서 무려 3870만 홍콩 달러에 팔려, 당시 중화권 화가 그림 최고가를 기록하기도 했었다. 그런 대가의 아틀리에가 오래된 주택가에 생겼다는 건 당시로써는 파격적인 일. 하지만 놀라운 일은 그다음에 벌어졌다. 마치 유명한 족발집 주변으로 족발집들이 몰려, 족발 거리가 되듯 첸이페이를 따라 중견 예술가들이 앞뒤를 다투며 이 좁아터진 골목에 아틀리에를 구축하기 시작했고, 이들을 위한 카페와 바, 레스토랑이 생기자 여행자들이 몰려들기 시작한 것.

텐즈팡이 상하이의 다른 지역과 가장 차별화되는 점은, 특정 주체 세력의 개발, 또는 재개발이 아니라 자연 발생적이라는 점이다. 각 건물은 현재까지 모두 개인 소유고 몇몇 집에는 (엄청 시끄럽긴 하겠으나) 아직 사람들이 살고 있다. 어쨌든 모든 옛것들이 헐리는 자본의 땅 상하이에서 텐즈팡의 선례는 꽤 인상적이다.

여행자들이 구름처럼 몰리는 탓에 현재 텐즈팡 내 매장을 주도하는 건 각종 상점이다. 소소한 여행자용 기념품 숍에서부터 치파오나 티베트산 액세서리, 젊은 사람들이 좋아하게끔 소포장한 차 茶를 파는 상점들이 좁은 골목을 빼곡하게 메우고 있다.

현재, 텐즈팡은 상하이에서 가장 핫한 지역 중 하나다. 특히, 주말이면 깃발을 든 단체 관광객까지 몰리며 골목은 바늘 하나 꽂을 공간도 없이 가득 차버린다. 엄청난 인파에 대한 두려움이 있다면 일단 주말은 피하자. 유명세에 비해 실망스럽다는 사람도 있지만, 대부분의 여행자들에게 이곳은 상하이에서 가장 매력적인 공간 중 하나임이 분명하다.

우캉루 武康路 우캉루 wǔ kāng lù

가족 ★★★
커플 ★★★★
사진가 ★★★★

위치 지하철 10호선 교통대학 交通大学역 5번 출구 또는 상하이도서관역 1번 출구에서 도보 15분. 또는 화이하이루에서 버스 26 · 911(노서문, 동물원) · 920(노서문, 쉬자후이) · 926(상하이체육관, 쉬자후이)路 등을 타거나 노선문과 화이하이루, 동물원에서 버스 911路를 타고 淮海中路武康路 정류장에서 내려 걸어서 5분 **주소** 上海市 徐汇区 武康路 **요금** 무료 **홈피** www.qjtrip.com/wukangroad **지도** p12-A2

와이탄과 비교할 수 있는 프랑스 조계지 고건축의 보고. 영국에 의해 건설돼 주로 기념비적인 관공서와 상업 건축물이 모인 곳이 와이탄이라면, 우캉루는 실제 사람들이 살았던 저택과 공동 아파트들의 보고다.

길게 뻗은 플라타너스 가로수길 사이로 예쁘장하게 지어진 공공주택과 개인 저택이 여행자들의 궁금증을 자아낸다. 두 곳은 심지어 오늘날의 느낌도 다르다. 와이탄이 대부분 상업지구로 개방돼 부유층의 놀이터로 변했다면, 우캉루는 오늘날까지도 상하이 시민을 위한 삶의 터전 역할을 하고 있다. 하지만 많은 여행자에게 우캉루 산책은 그저 웅장한 느낌의 노르망디아파트를 구경한 후 한적한 가로수길을 걷는 것 말고 더는 없는 것도 사실이다. 바로 우캉루 여행정보센터 武康路旅游咨询中心를 방문하기 전까지는 그렇다.

우캉루 여행정보센터에 있는 모형

우캉루 여행정보센터 武康路旅遊咨询中心

위치 쑹칭링고거 맞은편 길 왼쪽으로 조금 내려가면 노르망디아파트가 나오고 건물을 끼고 돌면 바로 우캉루. 거기에서 조금만 올라가면 오른쪽에 있다. **주소** 上海市 徐汇区 武康路 393号 **오픈** 09:00~17:00 **요금** 무료 **전화** (021)6433-5000

우캉루 여행정보센터는 우캉루에 밀집해 있는 프랑스 조계지의 고건축물을 집중적으로 소개하는 작은 박물관이다.
20세기 초반부터 기록된 일대의 각종 사진과 고건물 미니어처가 주를 이루고 있는데, 차분히 둘러보다 보면, 문득 당장 뛰어나가 예쁘장한 건물들을 눈으로 직접 확인하고 싶은 욕구가 인다. 특히 이곳에서 나눠주는 도보 여행 정보 전단은 꽤 유용하다. 간략한 우캉루 지도에 주요 건물의 이름과 위치가 표시되어 있다. 내부에 쉴 수 있는 의자와 화장실이 있어 잠깐 들어가 쉬기에도 그만이다.

퍼거슨레인 Ferguson Lane

위치 지하철 10호선 교통대학역 5번 출구나 상하이도서관역 1번 출구에서 도보 15분 **주소** 上海市 徐汇区 武康路 376号 **요금** 무료 **홈피** www.fergusonlane.com.cn

푸싱루에서 우캉루를 걷기 시작했다면 중후반부에 퍼거슨레인을 만나게 된다.
상하이 시민 사이에서 퍼거슨레인은 '상하이의 작은 프랑스'라는 별명이 붙어 있다. 이 골목의 터줏대감인 프렌치 레스토랑 프랑크 Franck의 존재 때문. 서빙 스태프까지 프랑스인으로 채운 이 레스토랑 덕분에 상하이 내 프랑스 사람들의 사교장처럼 쓰이며 지금에 이르고 있다. 덕분에 퍼거슨레인에서만큼은 잡화상이나 카페도 메뉴판에 프랑스어를 병기하거나 심지어 안내판도 프랑스어다.
규모는 별로 크지 않지만, 골목 안의 모든 카페와 레스토랑이 테이블을 밖에 배치해 커다란 노천카페 구역 같은 분위기이다. 막상 우캉루에서 입구를 찾기가 쉽지 않으니 주변 건물들의 주소를 눈여겨보다 376号가 나오면 골목을 찾아 안쪽으로 들어가자.

상하이 공예미술박물관 上海工艺美术博物馆
상하이꽁이메이수보우관 shàng hǎi gōng yì měi shù bówù guǎn
Shanghai Museum of Arts and Crafts

가족 ★★★
커플 ★★
사진가 ★★★

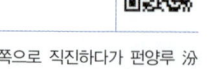

위치 지하철 1·7호선 창수루 常熟路역 2번 출구에서 화이하이중루 淮海中路를 따라 동쪽으로 직진하다가 펀양루 汾陽路가 나오면 우회전, 6~8분 걸으면 왼쪽에 상하이 공예미술박물관이 보인다. **주소** 上海市 徐汇区 汾陽路 79号 **오픈** 09:00~16:00(브레이크 타임 11:00~13:00) **요금** 8元 **전화** (021)6437-2509 **지도** p13-B1

중국 근·현대 공예품과 미술품을 전시하고 있다. 원래는 인간문화재급 장인들을 한데 모은 기술 전수학원이었는데, 2002년 전시 공간을 별도로 마련하며 박물관 용도를 겸하고 있다. 전시 공간에는 공예회화, 골동품, 옥공예, 상아공예, 세각 細刻 등의 주제별 전시실이 마련되어 있다. 전시와 판매를 함께하는 공간이 많아 약간은 어수선한 분위기. 쇼핑을 겸한 단체 관광객도 심심찮게 방문하고 있다.

전시실 한편에서는 일급 장인들이 직접 종이공예 제품을 만들고 있어서 제작 과정 견학도 할 수 있다. 한 가지 더 신경 써서 볼 것은 박물관 건물 자체. 1905년 프랑스 대부호의 저택이었는데, 지금 봐도 전혀 손색없을 만큼 아름다운 건물이다.

상하이 도서관 上海图书馆 상하이투수관
shàng hǎi tú shū guǎn Shanghai Library

가족 ★★★
커플 ★★★★
사진가 ★★★★

위치 지하철 10호선 상하이도서관 上海图书馆역 2·3번 출구가 곧바로 상하이도서관 광장과 연결된다. **주소** 上海市 徐汇区 淮海中路 1555号 **오픈** 08:30~20:30(국경일은 16:00까지), 도서열람카드 신청 08:30~16:30 **요금** 무료(도서열람카드 100元/1년 유효) **전화** (021)6445-5555 **지도** p12-A2

4,850만 권의 장서를 보유하고 있는 세계 7대 도서관 중 하나. 약 38개 열람실과 8개 시청각실, 842개 강의실로 구성되어 있다. 외국 서적은 4층의 외국어 도서·간행물 열람실에 있는데 한국의 몇몇 일간신문도 하루 이틀 정도의 시차를 두고 열람할 수 있다.

인터넷이 많이 보급되지 않던 시절에는 상하이에서 대사관을 빼놓고는 한국 언론을 접할 수 있는 유일한 곳이기도 했다. 참고로, 도서관의 자료를 열람하기

위해서는 회원카드를 만들어야 한다. 상하이에 몇 달쯤 머물 예정이라면 심심한 주말, 외국어 도서·간행물 열람실에서 책에 파묻혀 지내보는 것도 좋겠다. 한국 서적은 손에 꼽을 정도이지만 영어, 일본어 자료는 많다. 관심 분야의 잡지와 서적을 지겹도록 볼 수 있다는 것은 분명 특별한 혜택이다. 스마트폰 시대가 도래하며, 일반 여행자들이 굳이 가야 할 이유가 없는 곳이 되고 말았다.

쑹칭링고거·기념관 宋庆龄故居·記念館 쑹칭링꾸쥐지녠관
sòng qìng líng gù jū jì niàn guǎn Song Qingling's Former Residence

가족 ★★
커플 ★★
사진가 ★★★

위치 지하철 10호선 상하이도서관 上海图书馆역 2·3번 출구에서 화이하이중루 淮海中路를 따라 남서쪽으로 6~8분 걸으면 왼쪽에 쑹칭링고거·기념관이 나온다. **주소** 上海市 徐汇区 淮海中路 1843号 **오픈** 09:00~16:30 **요금** 20元 **전화** (021)6474-7183 **지도** p12-A2

쑨원 孫文의 아내 쑹칭링 宋庆龄이 노년을 보냈던 곳. 쑹칭링은 상하이 대부호의 딸로 태어나 27세 나이 차를 극복하고 아버지의 친구인 쑨원과 결혼한 당대 최고의 신여성으로, 쑨원이 죽은 후에는 그의 뜻을 받들어 평생에 걸쳐 중국의 단합과 사회주의 중국 건설에 매진했다. 재미있는 것은 그녀의 여동생 쑹메이링 宋美龄의 일생. 그녀는 국민당 총통인 장제스의 아내가 되어 언니와는 정치적으로 정반대의 길을 걸었다. 입장이 다른 타이완에서는 쑹메이링이 국모로 떠받들어지고 있으니 자매가 중국과 타이완의 국모를 독차지하고 있는 셈이다.

목련나무에 둘러싸인 널찍한 정원은 쑹칭링의 삶이 상당히 유복했음을 증명하고 있다. 내부는 그녀가 살던 모습 그대로 꾸며져 있다. 벽난로가 설치된 거실, 우아한 홍차 다구들이 1층을 장식하고 있고, 2층에는 침실이 예전 모습 그대로 꾸며져 있다. 특히 쑹칭링이 세계 각국의 원수급 인사로부터 받은 선물들도 전시돼 있는데, 북한의 김일성 주석이 선물했다는 춘향전 액자도 걸려 있어 눈길을 끈다. 쑹칭링에 대한 애정이 없는 우리로서는 그냥 영국식 저택 구경이라고 마음 편히 생각하는 것도 나쁘지 않다.

단중앙구지 团中央旧址 퇀쭁양지우지
tuán zhōng yāng jiù zhǐ

가족 ★
커플 ★
사진가 ★★

위치 지하철 1호선 황피난루 黃陂南路역 1번 출구에서 화이하이중루 淮海中路를 따라 서쪽으로 가면 나온다. 위치가 애매하다. **주소** 上海市 卢湾区 淮海中路 567弄1-6号 **오픈** 09:00~16:30 **요금** 무료 **지도** p13-C1

중국 공산당의 행동파 조직인 공산당청년단(이후 공청)이 설립된 장소. 1920~1940년대 말까지 공청 출신의 공산주의자들이 온몸을 바쳐 공산당을 지켜낸 얘기는 이제 신화에 가까울 정도로 각색되어 현재 중국 젊은이들에게도 삶의 모범적 전형으로 강요될 지경이다. 공청 단장을 지낸 사람은 중앙 정부의 요직으로 진출하는 낙하산 코스였을 정도. 전임 중국 주석인 후진타오 胡錦濤 역시 공청 단장 출신이다. 공산주의의 창시자인 마르크스가 본다면 자본가 출신 공산주의자가 난무하는 황당한 사회주의 국가 중국이지만, 단중앙구지 团中央旧址에서 봉사하는 청년들만큼은 확고한 공산주의자들로 보인다. 전시 내용만을 따지자면 지루할 정도이지만, 요즘도 저런 공산주의자가 있구나 싶은 느낌이 강렬하게 와 닿는다. 물론 밖으로 나오면 사회주의의 흔적은 온데간데없이 사라져버리지만……

적수동상채 滴水洞湘菜 디슈이동샹차이 dī shuǐ dòng xiāng cài

위치 지하철 1·10호선 산시난루 陕西南路역 3번 출구에서 도보 7~10분 **주소** 上海市 卢湾区 茂名南路 56号 **오픈** 11:00~23:00 **요금** 2인 150~250元 **전화** (021)6253-2689 **지도** p13-B1

상하이 후난요리의 원조. 상하이 사람들의 입맛을 고려해 후난에서 먹는 것에 비해 매운맛의 강도는 제한적이지만, 일반적인 입맛이라면 오히려 만족스러워 할 정도의 간이다.

《마오공홍샤오로우 毛公红烧肉》는 상하이의 명물요리 홍샤오로우에 마늘과 고추를 가미 조금 더 매콤하게 만든 요리로 이 집 고기 요리의 상징 중 하나. 《촨카오샤 湘味串烤虾》는 망상원에서도 소개했던 매운 새우 꼬치다. 망상원이 찜 같은 식감인데 비해 적수동상채는 석쇠에 구워낸 느낌이라 맛도 더 있고 물론 가격도 조금 더 비싸다. 《마오스훠바오씨에 毛氏火暴蟹》는 머드크랩을 마늘소스에 볶은 요리로 풍미와 향미가 모두 일품이다. 특히 집게발의 풍부한 게살은 상당한 맛이다.

- **간편 메뉴** 湘味串烧虾 촨카오샤 118元. 毛公红烧肉 마오공 홍샤오로우 48元. 籽然排骨 지란 파이구 58元. 干煸四季豆 쓰촨식 줄기콩 볶음 25元. 清炒空心菜 공심채 볶음 20元. 毛氏火爆蟹 마오스훠바오씨에, 후난식 매운 게 볶음 118元

락신황조 乐新皇朝 러씬황차오 lè xīn huáng cháo

위치 지하철 1·10·12호선 陕西南路역 9·10번 출구에서 연결된다. **주소** 上海市 徐汇区 淮海中路 999号 环贸广场 6楼 L6-608(陕西南路) **오픈** 10:00~22:00 **요금** 2인 150~200元 **전화** (021)5425-2935 **지도** p13-B1

캐주얼한 상하이니스 레스토랑 체인이다. 다른 체인과 달리 분점을 내는데 적극적이지 않은 편이라 식당이 8개뿐이다. 백화점 위주로 영업하는 식당의 경우, 간편함이 맛을 넘어서는 경우가 드문데, 락신황조의 경우 간편함과 수준급 요리라는 두 마리 토끼를 모두 잡았다고 평가 할 수 있는 곳이다.

皇朝小笼은 이 집의 간판 메뉴 중 하나로, 여덟 가지의 다른 맛과 색을 가진 샤오룽바오다. 각각 송로버섯, 푸아그라, 게알, 깨, 마라, 마늘 등의 맛을 내는데, 하나씩 맛보며, 이런저런 맛의 세계를 탐험하는 재미가 쏠쏠하다. 또 하나의 신기한 샤오룽바오는 榴莲小笼이다. 열대과일인 두리안을 넣은 샤오룽바오인데 의외로 맛있다. 다만 두리안 특유의 향을 싫어한다면 그림의 떡.

- **간편 메뉴** 皇朝小笼 이 집의 간판 메뉴, 8가지 샤오룽바오의 맛을 즐기자. 62元. 海鲜酸辣汤 해물 쏸라탕 28元. 麻婆豆腐 마파두부 32元. 皇朝担担拉面 딴딴면 32元. 酸辣汤面 쏸라탕면 35元. 上海油焖笋 굴소스 어린 죽순 볶음 28元

락신황조 분점

- 푸동점 浦东新区 世纪大道 8号 IFC 3F
- 릴 백화점점 静安区 南京西路 1601号 芮欧百货 2层A座

아랑면 阿娘面 아냥몐 ā niáng miàn

위치 지하철 13호선 淮海中路역 1번 출구에서 도보 8분 주소 上海市 卢湾区 思南路 36号(近南昌路) 오픈 11:00~20:00 요금 2인 100元 전화 (021)5306-6604 지도 p13-C1

최고의 쑤저우면 전문점 중 하나. 한때 얇은 면발, 일본의 쇼유라멘과 흡사한 양념장으로 만드는 국물 맛, 그리고 다양한 고명으로 사랑받던 쑤저우면이었지만, 시대의 변화에도 불구하고 전통만을 고수하다 최근에는 고전을 면치 못하는 음식이 되었다. 그러나 백 년의 역사를 자랑하는 쑤저우면 전문점의 폐업이 속출하는 와중에도 아랑면은 꿋꿋하게 프랑스 조계지에서 한 축을 담당하고 있다.

아랑면은 쑤저우면의 장점인 세 가지 미덕, 면, 국물, 고명의 관리에서 다른 집에 비해 월등한 품질을 자랑한다. 특히 간판 메뉴인 게살면 蟹粉面이나 조기면 黄鱼面은 한국에서는 흔히 먹을 수 없는 남다른 맛의 대명사. 별 기대 없이 갔다 우왜 라는 감탄사가 절로 나온다.

현지인들에게나 알려진 집이라, 중국인 식당 특유의 툴툴거림에는 잘 대응해야 한다. 입구에 있는 카운터에서 주문하고, 요금을 지불한 후 빈자리를 찾아서 앉는다. 인기가 많은 집이다 보니 만원일 때가 대부분이고 합석은 기본이다. 면이 나오면 뭐가 나왔다고 소리를 지르는데 못 알아들으면 난감하다. 외국인 티를 팍팍 내고, 비슷하다 싶으면 쫓아가서 영수증 들이밀기 신공을 펼치도록. 이걸 두어 번쯤 하면 그제야 챙겨주긴 챙겨준다. 요리만으로 본다면 강력 추천!

- 간편 메뉴 黄鱼面 조기면 30元, 蟹粉面 게살면 39元, 虾仁面 새우면 24元, 加面 면 추가 2元, 炸猪排 튀긴 돼지갈비 20元

코뮌 Kommune 公社 꽁쓰 gōng shè

위치 지하철 9호선 打浦桥역 1번 출구에서 도보 5분 **주소** 上海市 卢湾区 泰康路 210弄7号 **오픈** 08:00~01:00 **요금** 2인 140~200元 **전화** (021)6466-2416 **홈피** www.kommune.me **지도** 본문 p220

텐즈팡 중앙에서 10년 넘게 자리하고 있는 터줏대감과도 같은 레스토랑. 그 시간 동안 규모도 커져서 가벼운 식사를 판매하는 익스프레스 Express, 커피숍, 바 등으로 영역을 확장했다. 주인이 호주인인데 양식은 물론 베트남 음식까지 취급하는 음식의 종류도 방대하고 맛 또한 훌륭한 편이다. 브런치를 즐기려는 사람도 가볍게 목을 축이려는 사람도 양과 질, 모두 만족스럽다 보니 항상 사람들로 북적인다. 타이캉루 안쪽의 작은 광장을 거의 점거하다시피 하고 있고, 혹서기가 아닌 한 대다수의 손님은 야외를 선호한다.

- **간편 메뉴** Classic Breakfast 서양식 아침 세트 88元. **Pho Noodles** 베트남식 소고기 쌀국수 68元. **Blue Boom Burger** 블루치즈와 모차렐라가 가득 든 치즈 강화형 햄버거 88元.

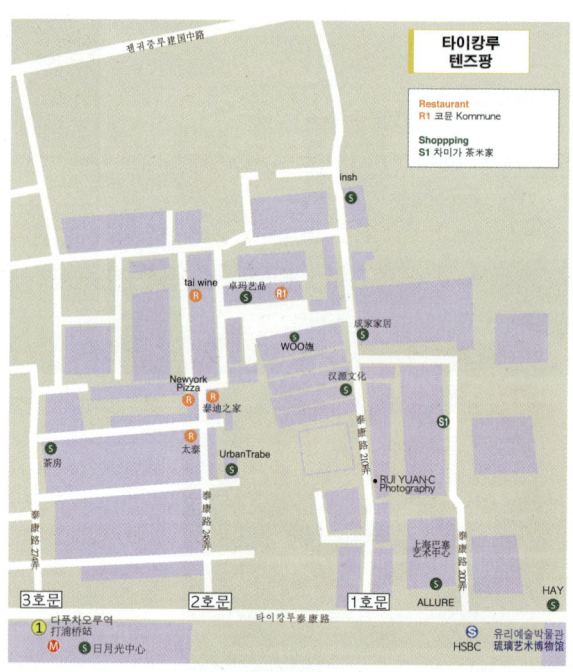

허푸 라오미엔 和府捞面

위치 지하철 1·10·12호선 산시난루 陕西南路역 1번 출구와 연결 **주소** 上海市 黄浦区 淮海中路 939号 巴黎春天 B119号
오픈 10:00~21:00 **전화** (182)6250-6933 **지도** p13-B1

일본식 우동 체인점인 마루가메 제면 丸龟製麵의 영업방식을 차용한 중국식 국수전문점. 쟁반을 들고 매대로 나가 튀김 위주의 사이드 디시, 음료 등을 담고 맨 마지막에 원하는 국수를 주문해 결제하고 번호표를 가지고 테이블로 가서 기다리면 음식을 가져다 주는 시스템이다. 이런 방식을 처음 본다면 좀 당황할 수 있는데, 남들 하는 걸 조금만 유심히 보면 이해할 수 있다. 국수는 일본식과 중국식이 결합된 퓨전 스타일. 중국풍 오리탕 老鸭汤, 새콤매콤한 쏸라탕 酸辣汤, 토마토탕 番茄汤, 베지테리언을 위한 송이탕 松茸素汤 등이 있고, 마지막으로 일본풍의 돼지뼈 국물인 돈코츠탕 猪骨汤이 있다. 위의 국물 베이스에 여러 가지 토핑을 가미한 방식이다. 프랜차이즈 국수치고는 가격이 꽤 하는 편이지만, 고명이 실하기 때문에 깨 든든하다. 사진 메뉴도 있고 영어 병기도 되어 있어 주문하는 데 어려움은 없다.

- **간편 메뉴** 香辣汤肥牛面 매콤한 소고기탕면 37원, 草本汤老2号牛肋面 돈코츠 소고기탕면 49원, 松茸汤菌素面 송이탕 버섯면(채식) 36원, 老火猪油拌面 돼지고기 비빔면 39원

보라주루 保罗酒楼 바오뤄주러우 bǎo luó jiǔ Lou

강력추천

위치 지하철 1·10호선 산시난루 陕西南路역 7번 출구 또는 1호선 창수루 常熟路역 3번 출구에서 도보 15~20분 **주소** 上海市 静安区 富民路 271호, 长乐路 근방 **오픈** 11:30~15:30, 17:00~02:00 **요금** 2인 150~200元 **전화** (021)6279-2827 **홈피** www.baoluojiulou.com **지도** p12-B1

내·외국인에게 모두 인기 있는 집으로 저녁에는 언제나 기다란 줄이 늘어서 있다. 유명세에도 불구하고 주인장이 큰 욕심을 내지 않고 늘 하던 대로 영업한다는 점이 이 집의 가장 큰 장점. 소박한 인테리어와 그에 어울리는 가격이지만, 요리 내공만큼은 만만치 않다.
이 집의 《홍샤오로우 红烧肉烧蛋》와 《상하이차오면 上海炒面》은 자타공인 상하이 최고 레벨의 요리 중 하나로 상하이요리 원형의 맛을 잘 살렸다는 평을 얻고 있다. 기름진 요리에 약하다면 이 구성에서는 뭔가 부족함이 있을 텐데 그때는 쓰촨식의 얼얼한 새우볶음인 《바오뤄터서상라허 保罗特色香辣虾》를 주문해보자. 홍샤오로우의 기름진 느낌을 한 번에 보내버리는 미각적 궁합이 최고이다. 이 외에 게 알을 넣은 고기 경단 스프인 《시에펀스

지토우 蟹粉狮子头)도 즐겨먹는 요리다. 예약을 하는 것이 좋다.

- **간편 메뉴** 瑞士牛排 달착지근한 양념에 구운 소갈비 96元, 保罗生煎 돼지고기 셩젠 30元, 上海炒面 상하이 차오면 22元, 红烧肉拼蛋 홍사오로우 78元, 保罗特色香辣虾 쓰촨식 매운 새우볶음 58元

로스트 해븐 花马天堂云南餐厅 화마톈탕윈난찬팅
huā mǎ tiān táng yún nán cān tīng Lost Heaven

위치 지하철 10호선 상하이도서관 上海图书馆역 1번 출구에서 도보 20분 **주소** 上海市 徐汇区 高邮路 38号 **오픈** 11:30~14:00, 17:30~22:30 **요금** 2인 300元 **전화** (021)6433-5126 **홈피** www.lostheaven.com.cn **지도** p12-A2

감각적인 윈난요리 레스토랑. 불교적 모티브와 오리엔탈의 느낌이 완연한 인테리어로 내·외국인 여행자들에게 큰 인기를 누리고 있다. 윈난요리는 기름과 향료의 사용이 적고 재료의 맛을 살리는 깔끔한 조리법이 특징이라 한국인이라면 누구나 즐길 수 있는 맛이다. 무엇보다 중국에서 가장 많은 소수민족이 사는 지역 중 하나로, 각 민족별로 각기 발달한 요리를 맛볼 수 있다는 것이 장점이다. 이탈리아의 아라비아따 소스를 곁들인 새우요리 같은 느낌의 《란펑황솬라샤 蓝凤凰酸辣虾》는 새콤함과 매콤함이 어우러진 깔끔함이 특기로 먀오족의 요리다. 《윈난예차이뼁 云南野菜餅》은 한국의 부침개를 연상 시키는 요리로 꽤 담백하다. 만약 뜨끈한 국물을 원한다면 한국의 시래기 국 느낌이 나는 《쏸쟈오찌둔칭차이 酸角汁炖青菜》를 흰 밥과 함께 곁들여 보자. 《샤쟝스지또우 虾酱四季豆》는 새우 장에 볶은 어린 강낭콩 요리인데, 아삭하게 씹히는 콩깍지와 짭짤한 장이 흰밥을 부르게 하는 대표적인 요리다. 참고로 이 집의 밥 한 공기는 정말 앙증맞은 사이즈다.

- **간편 메뉴** 云南野菜饼 윈난예차이삥 58元, 蔬菜蛋炒饭 야채계란 볶음밥 60元, 蓝凤凰酸辣虾 란펑황솬라샤 130元, 虾泥春卷 새우 스프링롤 68元

로스트 해븐 분점 · 와이탄 점 上海市 黄浦区 延安东路 17号甲 MAP p3-C2

사찬청 查餐厅 차찬팅 chá cān tīng Cha's Restaurant

위치 지하철 1·10호선 산시난루 陕西南路역 4번 출구에서 도보 10분 **주소** 上海市 卢湾区 思南路 30-4号 **오픈** 11:00~01:20 **요금** 2인 80元 **전화** (021)6093-2062 **지도** p13-C1

상하이에 불고 있는 홍콩 붐을 대표하는 곳 중 하나다. 인테리어나 메뉴 구성은 80년대 홍콩 분위기. 홍콩의 대표적인 볶음면인 《간차오니우허 乾炒牛河》는 넙적한 쌀국수에 소고기를 넣고 볶은 요리다. 약간 두꺼운 쌀국수의 쫄깃함과 숙주의 청량함 그리고 소고기의 담백함이 잘 어우러진 한 그릇 요리다. 《메이펀 米粉》은 국물이 있는 쌀국수다. 면의 종류와 고명(오뎅이나 완탕)을 선택할 수 있다. 고명은 완탕 云吞이나 오징어 오뎅 墨魚丸 정도가 입에 맞는다. 계란으로 래핑한 새우 요리인 《샤런차오화단 虾仁炒滑蛋》은 쌀국수와 곁들이기 좋은 담백한 요리로 반찬삼아 먹기 좋다. 《뽀뤄요우 菠萝油》은 홍콩사람들의 소울푸드 중 하나. 빵 자체의 단맛과 버터의 짠맛을 동시에 즐기는 게 포인트인데, 달콤하다 짭짤해지는 것이야 말로 인생이라고.

- **간편 메뉴** 菠萝油 뽀로요우 9元, 干炒牛河 간치오니우허 42元, 玫瑰豉油鸡 간장소스 치킨 로스트 45元, 鲜虾仁炒滑蛋 달걀새우 오믈렛 58元, 空心菜 공심채볶음 33元, 查餐厅炒饭 볶음밥 44元

포 리얼 PHO REAL

위치 지하철 1·10호선 산시난루 陕西南路역 7번 출구 또는 1호선 창수루 常熟路역 3번 출구에서 도보 15~20분 **주소** 上海市 静安区 富民路 166号 **오픈** 월~금 11:00~14:00, 18:00~22:00 토·일 11:00~15:30, 18:00~22:00 **요금** 2인 100~150元 **전화** (021)5403-8110 **지도** p12-B1

베트남에서 맛볼 수 있는 진짜배기 Real Pho를 먹을 수 있는 음식점. 2인 테이블 10개와 바 Bar가 전부인 자그마한 레스토랑이지만, 요리 내공 자체가 만만치 않기 때문에 밥때가 되면 언제나 긴 줄이 늘어선다. 뜬금없이 높은 천장에 등나무 장식을 달아 포근한 느낌을 연출했다는 점도 눈에 띈다.

대표 요리는 역시 베트남식 쌀국수인 포 《뉴러우탕허펀 牛肉汤河粉》이다. 한국과 달리 생소고기를 국물 위에 띄워서 내오는데, 원래 오리지널 포는 얇게 저민 생고기를 뜨거운 국물에 데쳐 먹는 거라고. 즉 잘못 나온 게 아니니 괜히 항의하지 말자. 무엇보다 점심때 판매하는 런치 세트는 프랑스 조계지에서 가장 경쟁력 있는 메뉴다. 분점이 푸싱중루 复兴中路 1465号에도 있다.

- **간편 메뉴** 牛肉汤粉河 베트남식 소고기 쌀국수 60元, 炸春卷 스프링롤 42元, 越南咖啡 베트남식 커피 26元

미타이 Mi Thai

위치 지하철 1·7호선 창스루역 常熟路역 6번 출구에서 도보 10분 **주소** 上海市 徐汇区 安福路 195号 2F(近乌鲁木齐北路) **오픈** 11:00~14:00, 18:00~23:00 **요금** 2인 150~300元 **전화** (021)5403-9209 **지도** p12-A1

상하이에서 꽤나 핫한 골목인 안푸루 安福路에 있는 모던 타이 레스토랑. 같은 건물의 mr willis나 옆에 있는 빵집 Spicy & Baker와 Sunflour, 화덕 피자로 유명한 La Strada 등 안푸루에는 미타이 외에도 맛난 음식을 먹기 위한 선택의 폭이 다양하다.

미타이의 고객층은 안푸루의 주고객층이기도한 상하이 거주 외국인들로 정통 타이음식보다는 가볍고 세련된 음식들을 선보인다. 굳이 찾아가야 할 맛집은 아니지만 근방에서 가볍게 타이 음식을 깔끔한 분위기에서 먹고 싶다면 추천할 만하다.

평일 점심에는 3가지를 선택해서 먹을 수 있는 세트 메뉴를 98元에 맛볼 수 있다. 단 주변 직장인들로 인해 인산인해를 이루는 것은 감안해야 한다.

- **간편 메뉴** 青木瓜色垃 쏨땀, 파파야 샐러드 68元, **特色咖喱蟹** 크랩커리 188元, **虾酱空心菜** 새우소스, 공심채볶음 56元, **冬阴功汤** 똠얌스프 168元, 芒果椰浆糯米饭 망고 라이스 48元

코코넛 파라다이스 椰香天堂 Coconut Paradise

위치 지하철 2호선 정안사역 9번 출구에서 도보 10~15분 **주소** 上海市 静安区 富民路 38号(近延安中路) **오픈** 11:00~14:00, 17:00~23:00 **요금** 2인 200~300元 **전화** (021)6248-1998 **지도** p12-B1

상하이에서 가장 유명한 타이요리 레스토랑. 유럽풍의 이층 고택을 개조한 집으로, 오리엔탈 느낌으로 치장된 예쁘장한 정원이 딸려 있다. 감각적인 인테리어로 인해, 비즈니스 출장자들을 위한 접대용 레스토랑으로도 인기가 많은 편이다.

와이탄 일대를 제외하고는, 타이레스토랑 중 가장 비싼 메뉴판을 가지고 있지만, 주말이나 저녁시간에는 예약 없이 방문하기 힘들 정도로 인기만점이다. 요리에 대해서는 호불호가 갈리는데, 아무래도 서양인 손님이 많아서인지 매콤하고 톡 쏘는 타이요리 특유의 맛은 살짝 중화된 느낌. 새우장에 볶은 샤장콩씬차이《虾酱空心菜》가 이 집의 간판 메뉴. 일단 이건 시키고 보는 분위기다. 항정살을 석탄에 구워서, 스위트칠리 소스에 찍어 먹는 쩌우징로우《猪颈肉》는 한국에서는 맛보기 힘든 독특한 풍미의 고기구이다. 치킨 그린 커리 루카리지《绿咖喱鸡》도 추천 메뉴 중 하나. 물론 매콤함을 원한다면 똠얌꿍탕《똠얌쿵 冬阴功汤》만 한 것도 없다.

- 간편 메뉴 泰式春卷 타이식 스프링롤 40元, 冬荫功汤 똠얌꿍, 타이식 매운 새우탕 98元, 虾酱空心菜 공심채 새우장 볶음 40元, 绿咖喱鸡 그린 치킨커리 68元, 凤梨炒饭 파인애플 볶음밥 70元

라 크레페리 La Creperie

위치 지하철 1 · 7호선 창스루역 常熟路역 4번 출구에서 도보 10분 주소 上海市 徐汇区 桃江路 1号 오픈 월~금 11:00~23:00, 토 · 일 11:00~24:00 요금 2인 300元 전화 (021)5465-9055 지도 p12-B2

크레페를 전문으로 하는 프랑스식 비스트로. 라 크레페리는 크레페를 파는 사람이라는 뜻이다. 현지 레지던시들은 고기가 들어간 짭조름한 크레페도 선호하지만, 한국인 여행자들에게 크레페는 가벼운 점심을 겸한 달콤한 간식에 가깝다.

단순한 크레페에서부터 아이스크림은 얹은 고급 버전, 브랜디를 섞어 불을 붙여서 조리하는 플레임 Flame 크레페 등 크게 세 가지가 있다. 애플 와인인 시드르 Cidre는 크레페를 제대로 즐기기 위한 필수 음료 중 하나다. 탄산가스의 톡 쏘는 맛과 사과향의 상큼함은 꽤 인상적이다. 점심 때 이 일대를 지나간다면 점심 세트도 함께 즐겨보자. 주말 브런치도 훌륭하다.

상하이 브루어리 Shanghai Brewery

위치 지하철 1·10·12호선 산시난루 陝西南路역 2번 출구에서 도보 9분 **주소** 上海市 徐汇区 东湖路 20号 **오픈** 11:00~02:00 **요금** 2인 200元~ **전화** (021)3356-3996 **홈피** www.shanghaibrewery.com **지도** p13-B1

리퀴드 론드리 쪽에 수제 맥주를 만드는 소규모 양조장을 가지고 있는 레스토랑 겸 펍. 1층과 2층을 널찍하게 사용하고 있어 날씨 좋은 날이면 1층 야외 자리가 특히 인기 있다. 수제 사이더와 과일 맥주 그리고 자체 생산 수제 맥주 등 다양한 맥주를 보유하고 있다.

요리 메뉴가 술만큼 다양한 곳이라, 굳이 주당끼리 방문하지 않아도 된다. 너는 스테이크, 나는 맥주. 술을 좋아하지 않는 일행을 유혹하기 아주 유리한 조건이다. 특히 인기 메뉴는 나초와 버거. 평일은 2시부터 저녁 8시까지, 주말은 4시부터 8시까지 해피아워로 맥주와 와인, 칵테일을 행사가에 먹을 수 있고 햄버거 1+1 이벤트도 자주 한다.

리퀴드 론드리 liquid laundry

위치 지하철 1·10·12호선 산시난루 陝西南路역 2번 출구에서 도보 7분 **주소** 上海市 徐汇区 淮海中路 1028号, 嘉华房2楼, 近东湖路 **오픈** 11:00~00:30 **요금** 2인 230元~ **전화** (021)6445-9589 **홈피** www.theliquidlaundry.com **지도** p13-B1

알코올로 간을 세척하자는 술꾼들의 살벌한 농담을 실제 상호로 쓰는 무시무시한(?) 펍이다. 주 종목은 당연히 맥주. 상하이를 대표하는 복싱 캣 브루어리와 리퀴드 론드리의 자체 크래프트 비어, 베이징의 대약 비어 등 검증된 중국산 크래프트 비어를 비롯해 와인, 위스키 등 말 그대로 온갖 종류의 술을 보유하고 있다.

정통 미국식 페일 에일을 마시고 싶다면, Beverly Hills Hop을, 향이 강한 맥주를 즐긴다면 Sleepless in Saison을 골라보

자. 저자가 개인적으로 추천하는 것은 복싱 캣 브루어리에서 나오는 TKO IPA. 취재만 아니라면 밤새워 마셔보고 싶은 술이다. 안주를 겸할 수 있는 요리는 피자를 비롯한 10가지 종류가 있다. 이름들이 하나같이 특이하니 메뉴판을 잘 해독해볼 것. 주말 저녁 시간에는 예약 필수.

복싱 캣 브루어리 啤酒猫餐厅 Boxing Cat Brewery

위치 지하철 10호선 신천지 新天地역 5번 출구로 나와 도보 15분 **주소** 上海市 复兴中路 519号. 思南公馆26A **오픈** 월~금 17:00~02:00, 토·일 10:00~02:00 **요금** 2인 120元~ **전화** (021)6426-0360 **홈피** www.boxingcatbrewery.com **지도** p13-C1

미세제조 공법의 자체 양조장을 지닌 상하이 맥주계의 떠오르는 신예. 레스토랑과 펍을 겸한 곳으로 하우스 비어의 정수를 즐겨보고 싶다면 단연 추천할 만하다.
미국식 펍을 지향하는 곳으로 수제 버거나 스테이크 같은 메인도 나쁘지 않아 식사를 겸하면서 한 잔 하기에도 그만이다. 이 집의 4 Shot Samplers는 자체 양조장에서 나오는 6가지의 맥주 중 4가지가 160ml 넉잔에 나오는 메뉴다. 이 집 맥주는 도수 자체가 4.9~6.3도 정도라 약간 독한 편. 술이 약하다면, 여기에 안주를 곁들여도 충분한 수준. 프렌치프라이 French Fry 같은 저렴한 안주는 35元부터 시작한다. 또 한 가지 기쁜 소식. 이 집은 해피 아워가 월~목 17:00~20:00, 금~일 15:00~20:00로 상당히 길다. 덕분에 간간히 낮술을 즐기는 레지던시들을 볼 수 있다. 신천지(太仓路 181弄19号)와 용푸루(复兴西路 82号)에 분점이 있다.

천복명차 天福茗茶 톈푸밍차 tiān fú míng chá

위치 지하철 9호선 다푸차오루 打浦桥역 1번 출구와 연결된다. **주소** 黄浦区 徐家汇路 618号 日月光中心广场 B2 **오픈** 10:00~22:00 **전화** (021)6093-8499 **홈피** www.tenfu.com **지도** 13-C2

타이완에서 날아온 잎차 판매 프랜차이즈. 한때 전 중국을 재패했을 만큼 많은 매장을 거느렸다. 천복의 차가 좋냐는 질문에는 입장이 갈린다. 차를 좀 마셔보고, 중국어를 좀 하는 입장에서 천복의 차는 말도 안 되는 고가에 속하지만, 차를 처음 입문하려는 입장에서 중국차를 구입해야 한다면, 그나마 적당한 가격에 안심할 수 있는 퀄리티를 보장하는 곳이기 때문이다. 이런 입장 차이는 기본적으로 차 유통의 불투명성 때문이다. 어쨌든 외국인 입장에서 골치 아픈 흥정 없이 편하게 차를 구입할 수 있는 루트임에는 분명하다. 차라는 게 자기 입에 맞는 게 가장 중요한 주관의 세계다보니, 무조건 비싼 차가 좋은 것도 아니다. 차를 구입하기 전 시음이 가능하며, 세 가지 정도는 별 눈치를 주지도 않으니 천천히 시음하며 나에게 맞는 차를 찾아보자.
(浦东新区 沪南路 2420号 百联东郊购物中心F1), (黄浦区西藏中路 500号 思源商厦 內)에 분점이 있다.

페이유 CM feiyue

위치 지하철 1·7호선 창수루 常熟路역 8번 출구에서 도보 7분 **주소** 上海市 徐汇区 乌鲁木齐中路 206号 **오픈** 10:00~22:00 **전화** 136-7188-2040 **홈피** www.facebook.com/cmfeiyue **지도** p12-A1

1920년대 상하이에서 생산된 고무신, 운동화 브랜드다. 중국인들에게는 중국 최초의 운동화 브랜드로 알려져 있다.
특유의 가벼움과 신축성 그리고 유연함으로 소림사 무술승들이 페이유로 훈련화를 통일하면서 일단 첫 번째 대박을 치고, 급기야 해외의 쿵푸 수련원에서도 페이유의 운동화를 표준 훈련화로 채택하기에 이른다. 이후, 중국의 수많은 노동자와 농민들도 애용하기 시작. 말 그대로 전 국민적 브랜드가 되었다. 그러나 페이유의 운동화는 중국의 경제 부흥 이후, 언제부턴가 농민화, 촌스러운 신발의 이미지에 갇혀버렸고, 청소년들은 나이키 등 해외 브랜드에 열광했다. 회사는 경영위기에 빠졌다. 2005년 상하이 거주 프랑스 기업가인 파트리스 바스티앙 Patrice Bastian은 망해가는 운동화 브랜드 페이유의

가치에 주목했고, 페이유 디자인의 현대화 계획을 세웠다. 2006년 페이유는 프랑스에 선보이고, 소위 대박을 쳤다. 배우 올랜도 블룸은 페이유의 애호가로 알려져 있으며, 뒤늦게 그 가치를 파악한 중국 정부는 2008년 베이징 올림픽 개막식 퍼포먼스에 참가한 모든 예술가들에게 페이유 신발을 신겼다.

컬처 매터스 Culture Matters라는 멀티숍 체인에서 판매하고 있는데, 신천지의 신천지스타일 新天地时尚(B1), 푸민루(富民路 180号), 예원(豫园老街 22号), 타이캉루(泰康路 248弄6号), 난징동루(南京东路 353号 4楼(近山东中路)) 등 매장이 엄청 많아졌다.

퓨어랜드 青兒工舍 Pureland

위치 지하철 9호선 打浦桥 역 1번 출구에서 도보 2분 **주소** 上海市 黃浦区 泰康路 280号 **오픈** 10:00~20:00 **전화** 1893-977-7703 **홈피** www.pureland.cn **지도** 본문 p220

정신 못 차리게 예쁜 세라믹 전문점. 냉장고에 성의 없이 붙여놓은 그런 세라믹이 아니라, 액자에 넣고 벽에 장식할 수 있는 수준의 작품을 볼 수 있는 곳이다. 모든 그림은 직접 붓으로 그린 후 유약을 바르고 재벌구이해서 완성한다. 중국 가마의 본고장인 징더전에서 작업하는데, 세라믹에 대한 고정관념을 다 날려버릴 수 있을 정도로 매혹적이다.

가볍게는 냉장고용 마그네틱이나 컵 받침부터, 인테리어 장식용 걸개 세라믹까지 크기에 따라 다양한 제품이 있다. 퓨어랜드의 여성 캐릭터를 활용한 부채도 판매하는데, 이게 또 매력 덩어리. 무심코 들어갔다 카드를 마구 긁는 비극(!)은 이 집에선 다반사. 케리 파크 사이드 浦东嘉里城에도 분점이 있다.

차미가 茶米家

위치 지하철 9호선 다푸차오역 1번 출구에서 나오면 길 맞은편에 3호문 골목이 있고 오른쪽으로 계속 올라가면 1호문이 나온다. 그 입구로 들어가 조금만 더 걸으면 왼쪽에 있다. 주소 上海市 卢湾区 泰康路 200弄 3号 전화 (021)6473-1086 오픈 10:00~21:00 지도 본문 p220

일종의 명차 편집매장이라고 할 수 있는데, 각지에서 수집한 최고 등급의 중국차들을 전시, 판매, 시음할 수 있다. 매장에 들어서자마자 작은 종이컵에 차를 담아 시음을 할 수 있는데, 차 맛이 보통이 아니다. 이내 흥미를 느끼고 자리에 앉아 본격적인 시음의 세계에 빠지다 보면, 어느새 손에는 뭔가에 홀린 듯 차 한 두통이 들려 있기 마련. 테이블이 있어 차를 주문해 마실 수도 있다. 본격적인 다관이 아니라 어수선한 분위기지만, 역시 맛 하나는 기가 막힌다. 차와 함께 먹는 다과는 이 집에서 직접 만든 제품들이다. 비싼 가격이지만, 역시 그만큼의 값어치를 한다.

마담 마오의 다우리 MADAME MAO's DOWRY

위치 지하철 1·10호선 산시난루 陝西南路역 7번 출구 또는 1호선 창수루 常熟路역 3번 출구에서 도보 15~20분 주소 上海市 静安区 富民路 207号 오픈 10:00~19:00 전화 (021)5403-3551 홈피 madamemaosdowry.com 지도 p12-B1

직역하면 마오 부인의 혼수품. 마오쩌둥만을 주인공으로 한 각종 인테리어, 패션 소품을 판매하는 곳이다. 대약진 운동과 문화혁명의 실패로 60년대 중국을 아수라장으로 만든 주인공이지만 한편에서는 중국 건국의 아버지로 그를 추앙한다. 지금이야 문화 혁명의 진실이 알려져 있지만 당시 서구에선 문화혁명을 낭만적으로 바라보는 지식인이 많았고 그 중에는 20세기 프랑스 최고의 지성이라는 사르트르도 있었다. 마담 마오의 다우리는 엄밀히 말해 딱 이 시기 서양인들의 시각에 추억을 가미한 이른바 노스탤지어를 판매하는 소품 숍이다.

과거 중국의 인민복이나 선전 포스터, 강렬한 마오쩌둥의 인상은 서양인뿐 아니라 우리에게도 묘한 과거의 기억을 끄집어 올리는 재주가 있다. 잠시 30~40년 전의 중국 분위기를 느껴보기에는 그만. 특정 주제에 특화된 '토토의 오래된 물건'이라고 보면 된다. 시대가 바뀌어 공포의 대명사 마오쩌둥이 KFC 앞에 서 있는 영감님 같은 분위기로 소비되는 건 언제 봐도 흥미로운 대목이다.

상하이 트리오 上海组合 Shanghai Trio

위치 지하철 10호선 상하이도서관역 1번 출구에서 도보 12분 주소 上海市 徐汇区 复兴西路 100号 C单元3楼 오픈 10:00~22:00 전화 (021)6443-8901 홈피 www.shanghaitrio.com 지도 p12-A1

중국인이 내세우는 그네들의 장점이 외국인들에게는 불편하게 다가올 수 있다. 이른바 취향의 불일치인데, 그런 불편함을 느꼈다면 상하이 트리오는 가장 먼저 체크해볼 만한 상하이의 패브릭 스토어 중 하나다. 주인장은 프랑스인, 덕분에 중국적 취향이 외국인에게 어떻게 어필하는지에 대한 관점이 날카롭고, 디자인공방의 콘셉트도 그쪽에 맞춰져 있다.

상하이 환마오 iapm 上海环贸广场

위치 지하철 1·10호선 산시난루역 9·10번 출구와 연결 주소 上海市 徐汇区 淮海中路 999号 오픈 10:00~23:00 전화 (021)6311-5588 홈피 www.shanghaiicc.com.cn 지도 p7-B2

가장 성공적으로 중국 진입을 완료한 홍콩계 쇼핑몰. 홍콩에서 iapm은 도심에 있는 대중적인 쇼핑몰이지만, 중국에서는 고급 브랜드로 이미지 변신에 성공했다. 그간 중국 쇼핑몰이 보여줬던 난장판 또는 쓸데없는 최고급 이미지에서 벗어나 친근감 있는 마케팅으로 상하이에서는 가장 핫한 쇼핑몰로 급부상하고 있다. 특히, 긴 영업시간으로 시민들이 늦은 퇴근을 한 후에도 쇼핑할 수 있게 했다는 점은 중국에서 가장 바쁜 도시, 상하이에서는 의미 있는 일이라 할 수 있다. 또한, 홍콩 쇼핑몰 특유의 시즌별 테마 전시, 포토존과 의외로 많은 앉아 쉴 수 있는 공간 덕분에 주말에는 가족 단위로 놀러 오는 상하이 시민들이 있을 정도로 대중친화력을 가지고 있다.

무엇보다 식당 구성이 정말 좋은데, 중국 로컬 프랜차이즈보다는 홍콩이나 싱가포르, 타이완 등 중화권에서 인기를 끄는 분점들이 집중 배치돼 있어 외국인 입장에서도 식당을 찍기(?)에 유리하다. 홍콩에서 미슐랭 레스토랑으로 유명한 광둥요리 전문점 레이가든(4F)을 비롯해, 타이완에서 온 딘타이펑(3F), 완탕면 전문점인 정두 正斗(5F), 홍콩에서 온 딤섬 전문점 도향 稻香(3F)과 돈코츠 라면으로 유명한 잇푸도 一風堂(B1) 등이 인기가 높다.

참고로, 명품 브랜드인 구찌에서 직영하는 구찌 레스토랑이 있어 호사가들에게는 상당한 인기를 누리고 있다. 구찌 카페가 이탈리아와 일본에 있지만 레스토랑은 최초라고.

AREA 07

쉬자후이와 홍차오

'서 씨 집안 사람들이 모여 있다'는 뜻의 특이한 지명은 명대의 대과학자 서광계 徐光啓가 쉬자후이에서 죽은 후 그의 자손들이 모여 살기 시작하면서 붙게 되었다. 우리에게도 잘 알려진 선교사 마테오 리치 Matteo Ricci와 함께 〈천주실의 天主实議〉의 집필에도 관여했던 그는 중국에서 가장 처음 가톨릭으로 개종한 사람이기도 하다. 사정이 이러하니, 중국에서 가장 큰 가톨릭 커뮤니티가 쉬자후이에 있었다는 사실도 그리 놀랄 만한 일도 아닌 셈이다.

홍차오는 수년 전 상하이를 여행한 사람들에게는 당시의 유일한 국제공항이었던 홍차오 국제공항 덕분에 낯설지 않은 지명이다. 상하이가 본격적으로 개발되던 1980년대 초반 가장 먼저 조성된 신시가지로, 커다란 규모의 전시관과 호텔, 쇼핑센터, 외국계 사무실이 많이 들어서 있다. 게다가 홍차오 국제공항과 고속도로를 끼고 있어 푸동과 함께 중국 내 무역 물류를 책임지고 있다. 또한 홍차오는 특히 한국인들에게 특별한 곳이다. 대한민국영사관과 코트라 KOTRA, 한국 기업이 모여 있어 상하이 주재 한국인이 집중적으로 거주하는 곳이기 때문이다. 한국인 외에 일본인들도 이 일대에 모여 사는데, 전원주택풍의 일본인 거주지와 아파트 중심의 한국인 거주지가 두 나라의 경제력만큼이나 상징적이다. 큰 볼거리는 없지만 주거민이 많은 곳답게 백화점과 식당, 호텔이 많아 여행자들에게도 편리한 곳임에는 분명하다.

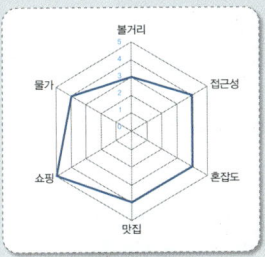

지하철

쉬자후이_ 지하철 1·9호선 쉬자후이 徐家汇역과 1·4호선 상하이체육관 上海体育馆역, 그리고 3호선 자오시루 漕溪路역이 쉬자후이 일대로 연결된다. 상업가를 방문하고 싶다면 쉬자후이역을, 상하이 여유집산중심 上海旅遊集散中心이나 이케아 IKEA를 방문하고 싶다면 자오시루역을 이용하자.

홍차오_ 지하철 10호선이 핵심으로 홍차오 국제공항 1터미널 虹桥1号航站楼역과 홍차오의 중심인 수이청루 水城路역을 연결한다. 1·3호선 중산공원 中山公园역과 3·10호선 홍차오루 虹桥路역, 3호선 옌안시루 延安西路역도 주요 역이다.

버스

쉬자후이_ 상하이 여유집산중심 옆에 시내버스 종합정류장이 있다. 홍차오는 물론이고 프랑스 조계지, 정안사, 와이탄까지 연결이 가능하다. 종점이라서 러시아워만 피한다면 좌석을 충분히 확보할 수 있다.

홍차오_ 홍차오 국제공항 虹桥东交通中心에서 출발하는 941·316路가 홍차오의 주요 지역인 상하이 동물원 上海动物园, 수이청루, 홍차오루, 중산공원, 구베이루 古北路 등을 연결한다.

Check List

보자
쉬자후이 천주교당 상하이의 대표 성당. 영화 〈태양의 제국〉의 무대 p290
롱 미술관 엄청난 양과 규모를 자랑하는 매머드급 미술 박물관 p294
상하이 동물원 중국인들의 보물, 판다 p296

먹자
평양 고려관 북한 음식을 먹을 수 있는 식당 p298
복무소룡하 맵고 화한 맛이 일품인 마라롱샤 전문점 p298
1221 거주민들에게 사랑받는 상하이 레스토랑 p300

사자
데카트론 다양한 종합 스포츠 용품을 판매하는 전문매장 p302
까르푸 생활용품과 먹거리 쇼핑하기 좋다 p302
이케아 비수도권 거주자에게는 여전히 매력적인 이케아 p302
항회광장 쉬자후이의 랜드마크 p303

쉬자후이와 홍차오 이렇게 여행하자

Route Guide

① 상하이 동물원

지하철 2정거장

② 까르푸

택시 20분

③ 두노방

택시 10분

④ 쉬자후이 천주교당

택시 10분

⑤ 롱 미술관

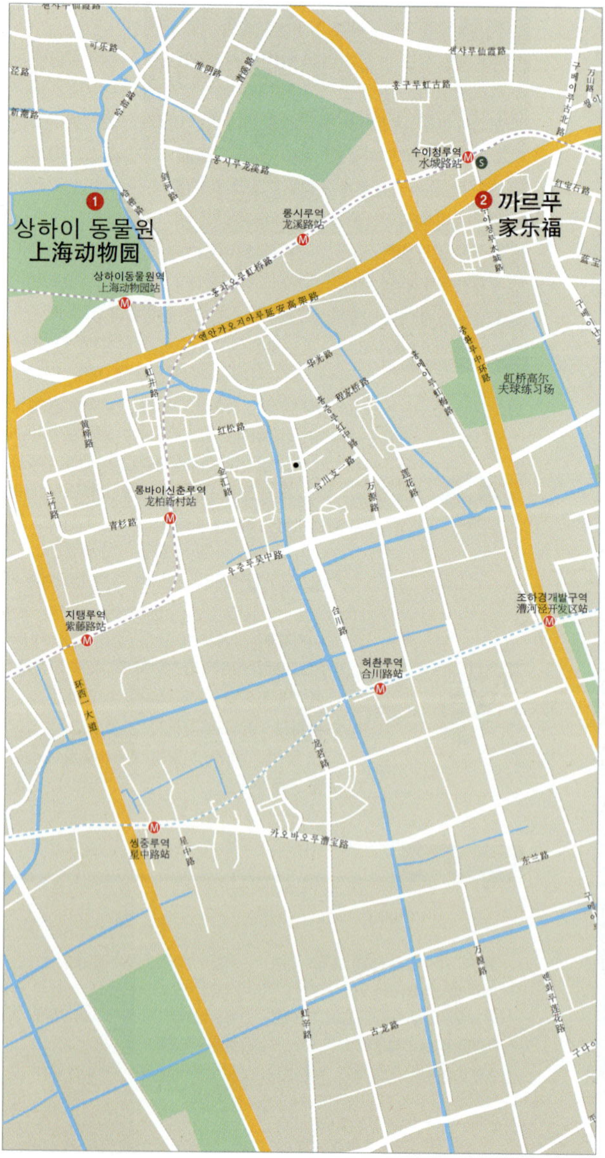

여행 방법

상하이 남쪽의 심장부. 잘 정돈된 현대식 고층아파트가 있는 **주거지역과 쉬자후이** 공원으로 대표되는 상업지구, 그리고 상하이체육관 주변의 스포츠 및 위락지구로 구분된다. **상하이 시의 서쪽에 있는 홍차오**는 대규모 무역전시관과 각국의 영사관, 외국 기업체 등이 집중적으로 모여 있는 지역이다.

쉬자후이 천주교당 徐家汇天主教堂 쉬자후이톈쥬쟈오탕
Xú jiā huì tiān zhǔ jiào táng St. Ignatius Cathedral

가족 ★★
커플 ★★
사진가 ★★★

위치 지하철 1·9호선 쉬자후이 徐家汇역 3번 출구에서 도보 5분 **주소** 上海市 徐汇区 蒲西路 158号 **오픈** 월~금 09:00~16:00, 토 12:00~19:00, 일 09:00~19:00(미사 : 월~금 06:15, 07:00 / 토 06:15, 07:00, 16:30, 18:00 / 일 06:00, 07:30, 10:00, 12:00(영어), 18:00) **요금** 무료 **지도** p15-C1

1896년 건립된 가톨릭 성당으로, 4년 6개월에 걸친 긴 보수공사를 마치고 2017년 12월에 새롭게 오픈했다. 고딕 스타일의 쌍둥이 첨탑이 인상적이며 높이 50, 길이 83, 폭 30미터에 달한다. 중국 공산화 이후의 반종교 정책에도 꿋꿋하게 살아남아 미사를 거행하던 곳이었지만, 문화혁명이 개시된 첫해 홍위병들에 의해 폐쇄되는 비운을 맞았다. 성당으로 난입한 홍위병들은 쉬자후이 천주교당의 첨탑까지 잘라버렸다. 지금의 첨탑은 1982년 중국 정부에 의해 복원된 것. 현재 중국은 기본적으로 종교의 자유를 허용하고 있지만, 로만 가톨릭과의 관계는 그다지 좋지 않다. 교황의 국가인 바티칸 시국이 중국이 아닌 타이완과 수교를 맺고 있는 탓에, 현재 중국 정부가 로마 교황의 권위는 물론 교황이 임명하는 주교의 존재조차 인정하고 있지 않기 때문이다. 그래서 중국의 예수교 구교는 애국교회 愛國敎會라고 불리고 있으며, 주교는 중국 공산당에 의해 임명된다. 즉, 매주 이곳에 모이는 약 2,500명의 신도도 엄밀히 말해 애국교회 소속이라고 보면 된다.

참고로, 중국과의 수교 전제 조건은, 중국이 유일한 정부라는 것을 인정하고 타이완과의 복수 수교를 인정하지 않는다는 것. 즉, 중국과 수교하려면 타이완과의 단교가 우선 전제되어야 한다는 이야기다.

한편 영화광들에게 쉬자후이 천주교당은 또 다른 명소로 각광받는데, 바로 1987년 스티븐 스필버그가 영화화한 〈태양의 제국 Empire of the Sun〉의 무대이기 때문이다. 입장을 위해서는 성당 옆 투어리스트 센터에서 표를 받아야 한다. 단, 복장에 신경 써야 하는데, 치마나 바지 기장이 너무 짧거나 민소매, 샌들 착용 시 입장이 되지 않는다. 실내 촬영은 금지되어 있다.

쉬자후이 공원 徐家汇公园 쉬자후이궁위안
Xú jiā huì gōng yuán Xujiahui Park

가족 ★★
커플 ★★
사진가 ★★

위치 지하철 1·9호선 쉬자후이 徐家汇역 14번 출구에서 도보 5분 **주소** 上海市 徐汇区 衡山路 811号 **오픈** 06:00~20:00 **요금** 무료 **지도** p15-C1

헝산루와 쉬자후이 사이에 있는 총면적 7만 3,000m² 의 근린공원. 상하이에 있는 공원 중 가장 매력적인 곳으로 손꼽힌다. 여행자들의 눈길을 끄는 곳은 크게 세 곳. 백조들이 한가로이 노니는 인공 호수와 공원을 가로지르는 2층 산책로, 그리고 20세기 초반 아시아 최초의

녹음실이 있었던 백대소홍루 百代小红楼가 그것이다. 인공 호수야 중국의 공원 어디에서나 볼 수 있으니 그렇다 쳐도, 2층 산책로만큼은 꽤 참신하다. 공원의 외관을 크게 거스르지 않으면서 공중에 산책로를 놓아 보행자들의 새로운 시야를 배려한 것. 녹지와 시가지의 스카이라인을 동시에 감상하며 산책할 수 있어 색다르다.

용화열사능원 龙华烈士陵园 룽화예스링위안
lóng huá liè shì líng yuán

가족 ★
커플 ★
사진가 ★★

위치 지하철 3호선 룽차오루龙漕路역 1번 출구에서 도보 15분 **주소** 上海市 徐汇区 龙华西路 180号 **오픈** 화~일 09:00~16:30 **요금** 무료 **지도** p15-C1

다소 복잡한 역사를 지닌 용화열사능원은 원래 국민당원들이 공산주의자들을 처형하던 감옥이었다. 1928년 우익 쿠데타 이후 1937년 제2차 국공합작 시기까지 약 800명의 공산주의자와 진보적 지식인들이 이곳에서 처형됐다. 중일전쟁 발발 이후 상하이를 점령한 일본군은 이곳을 접수, 내외국인 수용소로 사용했다. 이때에도 고문과 수용소 내의 열악한 시설 탓에 죽어나간 사람이 약 1만여 명. 1948년 중국을 공산화시킨 현재의 중국 정부는 잔혹함과 피로 물든 이곳에 혁명 열사를 기리는 무덤 공원을 만들었다. 현재 용화열사능원은 무덤 구역인 열사능구, 죽은 이들의 명복을 기리는 열사기념비, 그리고 혁명 열사들의 생을 추모하는 열사기념관으로 구분되어 있다. 피라미드처럼 생긴 열사기념관이 핵심 볼거리. 행적이 분명한 235명의 사진과 업적을 개인 갤러리 형식으로 전시하고 있다. 이들이 만들려던 세상, 혹은 꿈꿨던 이상에 대해 동의하든 동의하지 않든 중요한 것은 자신의 신념을 위해 하나뿐인 목숨을 바쳤다는 점일 것이다.

요즘도 신념에 찬 일부 공산주의자들은 한결같이 진지한 표정으로 열사능원을 방문한다. 그 어떤 서구 사회보다도 더 각박한 자본주의의 땅 상하이에서 그들은 사회주의 혁명을 꿈꾸다 죽어간 갤러리 속의 얼굴들을 보며 무슨 생각을 할까? 열사능원을 방문한 사람마다 한숨 쉬며 되묻는 말이다.

용화사 龙华寺 룽화쓰 lóng huá sì Longhua Temple

가족 ★★
커플 ★★
사진가 ★★

위치 지하철 3호선 룽차오루 龙漕路역 1번 출구에서 도보 15분 주소 上海市 徐汇区 龙华路 2853号 오픈 07:00~17:00 요금 10元 지도 p15-C1

상하이에서 가장 오래된 고찰로, 삼국시대인 242년에 오나라의 손권이 홀로 살아가는 어머니를 위해 지었다고 한다. 용화사라는 이름은 앞으로 56억 7,000만 년 후 이 세상에 와서 중생을 제도할 미륵불이 깨달을 예정인 용화수나무의 이름에서 유래했다. 즉 미륵신앙에 의해 지어진 절이라는 의미. 현재의 건물은 송대의 것으로, 청나라 말기 광서제에 의해 마지막으로 보수가 이루어졌다. 문화혁명 당시 광기의 홍위병들에 의해 극심한 파괴를 당해 오래된 고찰 특유의 느낌은 거의 없다. 그나마 절 앞에 우뚝 솟은 40.4미터의 7층 8각 용화탑 龙华塔이 크게 훼손되지 않은 모습으로 남아 있어, 고찰의 미약한 향기나마 느낄 수 있다. 사원 내부는 남쪽에서 북쪽을 향해 건물을 배치하는 오진전당식 五進殿堂式으로 지어졌다. 즉 남쪽의 미륵전부터 천황전, 대웅보전, 삼성전, 방장실이 일자로 놓여 있다. 가장 중요한 볼거리는 6.5톤의 무게를 자랑하는 용화만종이 안치된 종루다. 참고로 용화만종은 서울의 보신각종처럼 신년맞이 타종을 거행하는 종으로 유명하다. 새해가 되면 타종 행사를 보기 위해 전국 각지에서 관광객이 모여든다. 신년의 종소리를 들으면 그해는 운수대통이라고 하니, 이 시기 상하이를 여행한다면 반드시 들러보자.

진장 놀이공원 锦江乐园 진장러위안 Jǐn jiāng lè yuán Jinjiang Action Park

가족 ★★
커플 ★★
사진가 ★★

위치 지하철 1호선 진장공원역에서 도보 5~7분 주소 上海市 闵行区 虹梅路 201号 오픈 09:00~17:00 요금 60元(놀이기구 2가지 포함), 홈피 www.jjlysh.com 지도 p14-B2

서울대공원 같은 분위기의 어린이 놀이공원. 총면적 11만m²로 서울대공원의 1/65에 지나지 않는다. 2,000만 인구를 자랑하는 상하이에서 놀이공원으로는 거의 유일하다는 사실이 믿기지 않을 정도. 하지만 회전목마, 원형 관람차, 롤러코스터, 급류 표류, 바이킹, 자이로드롭 등 한국에서 볼 수 있는 웬

만한 놀이기구는 모두 갖추고 있다. 평일에는 유치원 단체손님이 많아 아이들이 내는 다양한 소리(울고 웃고 칭얼대고 자지러지는)를 모두 들을 수 있다.

시설은 한국보다 뒤떨어진 편이지만 요금은 비슷하다. 여행이 길어져서 너무너무 무료하거나, 중국의 오지를 수개월째 여행하다 도회풍의 놀이기구가 타고 싶어진다면 들러보자. 일반적인 여행 루트로 넣기에는 너무 밍밍한 게 사실.

상하이 식물원 上海植物园 상하이 즈우위안
Shàng hǎi zhí wù yuán Shanghai Botanical Gardens

가족 ★★
커플 ★★
사진가 ★★

<u>위치</u> 지하철 3호선 스룽루 石龙路역 남쪽 입구에서 도보 10~15분이면 4호문이 나온다. <u>주소</u> 上海市 徐汇区 龙吴路 1111号
<u>오픈</u> 06:00~17:00 <u>요금</u> 15元(분경원 7元, 열대식물 온실 30元, 난초정원 7元, 통합 입장권 40元) <u>홈피</u> www.shbg.org <u>지도</u> p15-C2

쉬자후이에서 남쪽으로 약 3km 떨어진 곳에 있는 상하이식물원은 약 80만 m²의 부지와 5,000여 종의 보존 식물을 자랑하는 상하이의 허파와도 같은 곳이다. 열대식물 온실, 대나무정원, 목련정원, 난초정원, 계수나무정원 등 14개 구역으로 나뉘어 있다. 온실을 위주로 한 잘 정돈된 현대식 식물원을 생각한다면 다소 실망스러운 편. 1978년 완공 이래 큰 변화 없이 현재까지 이어지고 있기 때문이다. 많은 사람이 가장 흥미 있어 하는 곳은 각종 분재를 모아둔 분경원 盆景园. 일본식 분재에 대항해 상하이류 매파 분재 上海流 梅派 盆栽라는 중국풍의 새로운 분재 유파도 상하이 식물원을 기반으로 등장했기 때문이다.

아이들이 좋아할 열대식물 온실은 입장료에 비해 볼거리가 별로 없는 편이다. 외관은 화려하고 멋져 보이지만, 내부의 열대식물은 종류가 빈약하고 미비한 관리로 방치된 밀림 같은 모양새를 하고 있다. 온실을 조망할 수 있는 전망대를 만들어놓았지만, 정작 볼 게 별로 없다는 게 문제. 상하이 식물원의 가장 큰 장점은 넓은 부지에 펼쳐진 녹지다. 일상에 지친 사람이라면 자연에 파묻혀보자. 사방에 둘러싸인 녹지는 사람을 기분 좋게 하기에 충분하다.

롱 미술관 龙美术馆 롱메이수관 lóng měi shù guǎn

위치 지하철 7·12호선 용화중루 龙华中路역 5번 출구에서 도보 12분 **주소** 上海市 徐汇区 龙腾大道 3398号 **오픈** 화~목·일 10:00~18:00 / 금·토 10:00~21:00 **휴무** 월요일 **요금** 전시마다 다름 **전화** (021)6422-7636 **홈피** www.thelongmuseum.org/cn **지도** p15-C1

중국의 억만장자이자, 슈퍼 컬렉터 중 하나로 손꼽히는 선라인 그룹의 류이첸과 왕웨이 부부가 운영하는 매머드급 미술 박물관. 상하이에는 지금 소개하는 웨스트 와이탄과 푸동, 그리고 충칭 등 세 곳에 있다. 2015년 한겨레신문과 인터뷰한 왕웨이는 한국의 리움 미술관을 보고 설립 의지가 생겼다고 했는데, 이미 규모 면에서는 리움 미술관을 훨씬 뛰어넘은 모습이다.

웨스트 와이탄의 롱 미술관만 해도 부지 약 33,000㎡, 전시 면적은 약 16,000㎡에 이른다. 롱 미술관이 벤치마킹했다는 리움 미술관이 2,314㎡이니 부지 면적만 14배 차이다. 컬렉션도 어마어마한데, 참고로 왕웨이는 한국 미술작품도 싹쓸이하는 큰 손으로 손꼽힌다. 우리가 교과서에서나 보던 강희, 용정, 건륭제 초상화를 비롯해 국보급 고미술과 당대를 좌우하는 현대 미술가들의 걸작들이 발에 차이듯 전시되어 있다.

참고로, 미술관 건물은 중국을 대표하는 건축가 리우이춘의 작품이라 여러모로 주목받는데, 특히, 용이라는 이름에 걸맞게 용의 비늘을 형상화한 외관 유리벽이 인상적이다. 미술 애호가뿐만 아니라 건축 애호가들에게도 호감을 살 수 있는 대목이다. 미술관 입장권을 부설 롱 카페에 제시하면 커피 무료 쿠폰을 준다.

유즈 미술관 余德耀美术馆 위더야오메이수관 _{yú dé yào měi shù guǎn}

위치 지하철 11호선 윈진루 云锦路역 1번 출구에서 도보 10분 또는 지하철 11·12호선 용화 龙华역 1번 출구에서 도보 15분 주소 上海市 徐汇区 丰谷路 35号 오픈 화~일 10:00~21:00 휴무 월요일 요금 전시마다 다름 전화 (021)6426-1901 홈피 www.yuzmshanghai.org 지도 p15-C2

비행기 격납고를 개조한 공간에 만든 미술관. 롱 미술관과 함께 웨스트 와이탄 지역의 양대 미술관으로 손꼽힌다. 중국계 인도네시아인인 슈퍼 컬렉터 위더야오 余德耀의 개인 미술관으로 약 9,000㎡의 면적을 차지하고 있다. 온갖 장르를 다 소화하는 롱 미술관과 달리 현대 미술만을 취급하는 곳으로 널찍하게 뽑힌 전시실 덕에 설치미술 전시가 대세를 이루고 있다.

개관 당시에는, 랜덤 인터내셔널이 제작해 런던의 바비칸 센터와 뉴욕의 MoMA에서 폭발적인 인기를 끌었던 레인 룸 Rain Room을 유치, 언론의 집중적인 관심을 받았다. 꽤 비싼 입장료에 사전 예약제를 시행했음에도 표를 구하지 못해 난리였다고. 비싼 입장료 때문인지 초대형 기획전이 아닌 경우에는 상대적으로 한가하다. 설치미술의 특성상 사진을 찍으려는 커플들의 방문이 잦다는 것도 특징이라면 특징. 원칙적으로 사진 촬영은 엄격히 금지되지만 말이다.

상하이 동물원 上海动物园 상하이동우위엔
Shàng hǎi dòng wù yuán Shanghai Zoo

가족 ★★★
커플 ★★★
사진가 ★★★

위치 지하철 10호선 상하이동물원 上海动物园역에서 하차 주소 上海市 长宁区 虹桥路 2381号 오픈 07:30~18:00 요금 40元 지도 p14-A1

상하이에서 가장 오랜 역사를 자랑하는 동물원으로 1955년 겨우 46마리의 동물로 개장했다. 현재 500종 6,000마리의 동물을 보유하고 있는데, 그중 100여 종은 보호 대상에 등재된 희귀종이다. 너구리와 판다를 반쯤 섞어놓은 모습의 레서판다와 자이언트판다는 상하이 동물원의 최고 자랑거리. 그 밖에도 화남호랑이, 황금원숭이 등 진기한 동물들이 관람객을 기다리고 있다. 상하이 야생동물원이 더 흥미진진한 면이 있지만, 시내에서 멀리 떨어진 탓에 대부분의 여행자들은 상하이 동물원을 더 선호한다.

원래 상하이 동물원 부지는 식민지 시대 영국인들이 건설한 골프장이었다고 한다. 현재에도 약 600종, 10만 그루의 나무가 자라고 있는 상하이의 대표적인 생태녹지공원이기도 하다. 상하이 식물원보다도 더 많은 종류의 식물이 자생하고 있다는 사실을 알게 된다면, 상하이 동물원을 방문해야 하는 이유는 더 커지는 셈이다.

쑹칭링능원 宋庆龄陵园 쑹칭링링위엔
Sòng qìng líng líng yuán Song Qingling

가족 ★★
커플 ★★
사진가 ★★

위치 지하철 10호선 쑹위엔루 宋园路역 2번 출구에서 도보 5분 주소 上海市 长宁区 宋园路 21号 오픈 08:30~16:30 요금 무료 홈피 www.shsoongching-ling.com 지도 p15-B1

쑨원 孫文의 부인이었던 쑹칭링 宋庆龄의 무덤이 있는 곳. 원래 이름은 만국공동묘지 万国公墓로 상하이 조계 시절 외국인들의 공동묘지였다. 1981년 사망한 쑹칭링이 묻히면서 이름도 쑹칭링링위엔 宋庆龄陵园으로 바뀌었고, 연 1,000만 명 이상의 참배객이 그녀의 무덤에 헌화한다고 한다. 능원 북쪽의 외국인 묘지 구역에는 임시정부 대통령을 지낸 박은식 朴殷植 선생을 비롯해 신규식 申圭植, 노백린 盧伯麟, 김인전 金仁全, 안태국 安泰国 등 독립운동가 19인의 무덤이 있었다. 그중 위치가 확인된 것은 단 5곳뿐, 나머지는 어디에 묻혀 있는지도 모르는 상황이다. 중국이 공산주의화되면서 외국인 묘역에 묻힌 모든 외국인을 제국주의자로 간주, 의도적으로 훼손을 가했고, 한국 또한 중국과 적대국이었기 때문이다. 꽃도 십자가도 없이 40년간 방치된 '확인 가능한 5구의 유해'는 1993년에 동작동 국립묘지로 이장되었다. 현재 무덤이 있던 자리에는 초라했던 당시를 보여주는 초석만이 쓸쓸하게 서 있을 뿐이다.

장풍해양세계 长风海洋世界 창펑하이양스지
Cháng fēng hǎi yáng shì jì Changfeng

가족 ★★★
커플 ★★★
사진가 ★★★

위치 지하철 2호선 웨이닝루 威宁路역 2번 출구에서 택시로 10분 이내 주소 上海市 普陀区 大渡河路 451号 长风公园 4号门 오픈 09:00~17:00 요금 160元 지도 p16-A1

중국 최초로 해양과 수족관을 주제로 한 테마파크. 뉴질랜드의 선진 기술을 도입하여 건설 당시에는 수족관의 신기원을 열었다는 평을 듣기도 했었다. 규모는 푸동에 있는 상하이 해양수족관 上海海洋水族馆보다 작지만, 좀 더 친환경적인 어류 관리 시스템으로 생기 만발의 해양생물들을 관람할 수 있다. '무죄의 종신형'이라는 이유로 동물원이나 수족관의 관람을 기피하는 사람도 장풍해양세계를 본다면 마음을 되돌릴지 모른다. 교육적인 배려는 장풍해양세계의 특징이다. 수조 안에서 여러 가지 퍼포먼스를 벌이는 다이버들 또한 흥미를 배가시킨다. 규모보다 관람 조건이나 주변 환경을 더 고려한다면 장풍해양세계가 상하이 제일의 수족관이라는 주장도 설득력이 있어 보인다.

복무소룡하 复茂小龙虾 푸마오샤오룽샤 fù mào xiǎo lóng xiā

위치 지하철 4호선 동안루 东安路역 3번 출구 또는 상하이체육관 上海体育馆역 1번 출구에서 도보 7분 **주소** 上海市 徐汇区 宛平南路 400号 **오픈** 11:00~24:00 **요금** 2인 100元 **전화** (021)5425-0431 **홈피** www.xiaxie.com **지도** p15-C1

상하이에서 가장 유명한 마라롱샤 전문 체인. 매운 요리를 즐기지 않는 상하이에 상륙해 적극적인 마케팅으로 매운맛의 가치를 일깨운 선구자라는 극찬을 받고 있는 집이다. 친척뻘의 갑각류인 상하이 게가 최고급 요리라면 마라롱샤는 서민들을 위한 요리로 많은 이들의 사랑을 받고 있다. 상하이 사람들은 마라롱샤의 제철은 여름이라고 하는데, 한국에서 말하는 이열치열과 같은 원리(?)라고 생각하면 된다.

사진으로 된 메뉴가 있어 요리 선택에 큰 무리가 없다. 가장 대표적인 요리는 《스싼샹롱샤 十三香龙虾 Middle ShiSan Xiang Crayfish》다. 가재의 특성상 머리를 떼고 나면 발라내고 먹을 살이 별로 없는데, 화병이 걸릴 정도로 속이 터진다면 비싼 대신 큰 가재가 나오는 《스싼향따롱샤 十三香大龙虾》를 주문하면 된다. 갯가재 소금구이인 《자오얀한냐오샤 椒盐瀚尿虾》도 홍콩으로 가면 4~5배쯤 비싸지는 요리 중 하나. 요리의 특성상, 맥주는 필수다.

- **간편 메뉴** 手抓小龙虾 이 집의 간판 메뉴 1, 가장 일반적인 형태의 마라롱샤 108元, 十三香龙虾 이 집의 간판 메뉴 2, 13가지 향이 첨가된 마라롱샤 108元, 椒盐龙虾 후추소금 마라롱샤(덜 매운맛) 98元, 至尊龙虾十三香 제일 큰 사이즈의 쓰산샹롱샤 228元, 龙虾泡饭 마라롱샤 죽 25元

푸마오 샤오룽샤 분점
- 정안사점 上海市 静安区 胶州路 32号 1F MAP p4-A2
- 화이하이점 黄浦区 陕西南路 141号(2층) MAP p13-B1
- 푸동점 上海市 浦东新区 崂山路 692号 MAP p6-B2

평양 고려관 平壤高丽馆 핑랑가오리관
ping rāng gāo li guǎn

위치 지하철 10호선 이리루 伊犁路역 3번 출구 또는 수이청루역 2번 출구에서 도보 15분, CITIC BANK건물 2층 **주소** 上海市 长宁区 古北路 1088 **오픈** 11:00~22:30 **요금** 2인 150~400元 **전화** (021)6278-1606 **지도** p14-B1

평양에 있는 2대 호텔 중 하나인 고려호텔에서 직영하는 집이다. 최근 남북관계의 훈풍으로 인해 북한 요리에 대한 관심이 높은 편인데, 상하이 기준에서는 가장 정통의 북한 요리를 맛볼 수 있는 집에 속한다. 냉면에 대한 기

대치가 높을 텐데, 이 집은 남한식의 뽀얀 소고기, 동치미 육수가 아니라 비빔냉면에 육수를 부은 듯한 느낌이다. 외려 진짜 평양냉면을 맛보면 대부분 어리둥절한 반응을 보일 것이다. 현대의 북한에서 말하는 평양냉면은 이런 식이 아니라고.

가을철에는 송이버섯구이를 맛볼 수도 있는데, 한국 기준으로는 꽤 저렴한 편. 물량이 있다면 한 번 시도해 볼만하다. 문화체험 수준에서 접근하자. 내부는 물론 메뉴 촬영도 금지. 자신이 주문한 요리를 찍는 건 허용된다. 뭐 북한이니까. 푸동의 통마오 호텔 通茂大酒店에 분점이 있다.

- **간편 메뉴** 평양냉면 40元, 닭고기온반 38元, 종합김치 40元, 조선동해성게찜 38元, 소라전골 68元, 세겹살배추쌈 78元, 조선송이버섯은자구이 298元

두노방 豆捞坊 또우라오팡 dòu lāo fáng Dolar Shop

인치 지하철 1호선 쉬자후이역 14번 출구, 9호선 쉬자후이역 15번 출구에서 도보 5분, 汇金百货 8층 **주소** 上海市 徐汇区 徐家汇 肇嘉浜路 1000号 汇金百货 F8 **오픈** 10:00~21:00 **요금** 2인 200~300元 **전화** (021)5424-5577 **홈피** www.dolarshop.com **지도** p15-C1

서민들의 만찬요리 훠궈의 고급화를 선언한 중·고급 훠궈 레스토랑. 차별화된 고급스러운 식재와 트렌디한 인테리어, 그리고 1인 훠궈라는 독특한 개념으로 상하이의 젊은 층들을 공략하고 있다. 일반적인 훠궈 전문점의 주문서 체크 방식을 탈피. 고급 레스토랑의 메뉴판으로 구성했다는 점도 돋보인다.

가장 먼저 고를 것은 국물. 일반적인 훠궈의 화끈함을 원한다면 《찬샹마라궈 川香麻辣锅》를, 독특함을 원한다면 매콤한 커리 국물인 《타이스카리궈泰式咖喱锅》나 담백한 돼지 뼈 국물인 《튄꾸농탕궈 豚骨浓汤锅》도 즐겨볼 만한 맛이다. 국물 주문 후, 메뉴판을 보고 식재를 고르자. 훠궈 장은 샐러드 바 분위기의 중앙 바로 가서 자신이 원하는 스타일로 만들어 오면 된다. 중국이니만큼 훠궈 장부터 기본 상차림의 땅콩까지 모두 비용이 청구된다는 사실은 잊지 말자. 훠궈 초심자가 접근하기에는 좋은 집이다. 훠궈 외에 간단한 딤섬, 디저트도 즐길 수 있다.

- **간편 메뉴** (국물) 川香麻辣锅 찬샹마라궈 22元, 养生菌王汤 버섯탕 18元 (고명) 娃娃菜 작은 배추 15元, 炸腐皮 두부피 20元, 土豆片 감자편 9元, 野生竹笙 야생 죽순 35元, 香菇 표고버섯 15元, 秘制牛肉片 소고기 38元, 相间肥牛 소고기(차돌박이) 59元, 豆捞大虾仁 수제 새우 어묵(반죽을 수저로 떠서 탕에 넣는다) 59元, 特色墨鱼滑 수제 오징어 어묵(반죽을 수저로 떠서 탕에 넣는다) 45元

두노방 분점
- 푸동 국제미식성점 上海市 浦东新区 张杨路 3611号 金桥国际商业广场 MAP p6-A2
- 다닝국제상업광장점 上海市 闸北区 共和新路 1978号 大宁国际商业广场 9栋 3F MAP p18-B1
- 구베이 완커광장점 上海市 长宁区 水城南路 17号 万科广场 北3F MAP p14-B1
- 인민광장스마오점 上海市 黄浦区 南京东路 819号上海世茂广场 5층 MAP p2-B2

1221

위치 지하철 2·11호선 장수루 江苏路역 4번 출구에서 택시로 5~10분. 番愚路 입구 **주소** 上海市 长宁区 延安西路 1221号 泛太大厦 **오픈** 11:30~14:00, 17:30~23:00 **요금** 2인 300元(카드 가능) **전화** (021)6213-6585 **지도** p17-C2

오랜 기간 상하이 거주 외국인들이 가장 사랑하는 상하이요리 전문 레스토랑 중 하나였고 지금도 그렇다. 지하철로 연결하기 애매한 위치지만 많은 미식가들은 귀찮음을 무릅 쓰고 방문한다. 상하이와 쓰촨 등 두 가지 요리를 선보이는데, 개성만점의 창작 요리도 꽤 있기 때문에 메뉴판을 탐험하는 재미가 있다. 대표적인 요리 중 하나는 《썅수야 香酥鸭》로 철판에 지져낸 오리 구이 정도로 해석할 수 있겠다. 베이징 카오야가 달콤한 맛으로 먹는다면, 1221의 썅수야는 고기 자체의 맛을 더 중시한다. 《마이상수 蚂蚁上树》는 튀긴 면에 소스를 부으면 촉촉한 면 요리로 변신하는 신기한 메뉴다. 맛은 단순한 편이지만, 눈앞에서 변하는 변신과정이 흥미 있어 한 번쯤 주문하게 된다. 짭짤한 줄기콩 볶음인 《간벤스지또우 干煸四季豆》는 위의 두 요리가 살짝 느끼하다고 느껴질 경우, 입맛을 구제해 줄 수 있는 비상 아이템이다.

- **간편 메뉴** 水煮牛肉 수이지뉴로우 128元, 干煸四季豆 줄기콩 볶음 36元, 上海炒面 상하이 차오면 32元, 红烧肉拼蛋 홍샤오로우 88元, 香酥鸭 쌍수야 88元

본가 本家

위치 지하철 3·4호선 延安西路역 2번 출구에서 도보 10~15분. New Star 스파 건물 5층으로 전용 입구의 엘리베이터를 타고 5층으로 간다. 건물이 크고 복잡해 입구가 잘 눈에 띄지 않을 수 있다. **주소** 上海市 天山路 1900号 环东华时尚休闲中心 5F **오픈** 11:00~14:00, 17:00~22:00 **요금** 2인 150元~ **전화** (021)6259-1189 **지도** p17-B2

현재 중국에서 가장 뜨는 한식당 체인으로 우중루 코리아타운이 1호점이다. 베이징, 광저우 등 웬만한 대도시에는 모두 분점이 있다. 상하이에는 분점들이 주로 외곽에 몰려 있는데, 그나마 여기에 소개하는 텐산루점이 시내에서는 가장 가까운 편이다. 일반적으로 중국인이 바

라보는 한식은 바비큐에 가깝다. 한국처럼 고기만 굽는 게 아니라 옥수수도 굽고, 떡도 굽고, 감자도 구워먹는다.

본가도 바비큐 위주의 한식당이라는 점에선 별로 다르지 않지만, 다양한 쌈채소를 한가득, 예쁘게 담아낸다는 점에서 확실히 차별화를 시키며 성공가도를 달리기 시작했다.

대표 메뉴는 달콤한 소스에 재여 나오는 우삼겹. 아무래도 금방 익혀 먹을 수 있다 보니 고기 굽는 스킬(?)이 크게 필요 없고, 무난한 양념 덕분에 인기를 누리는 듯. 물론 다양한 쌈 채소는 건강식처럼 보이게 하는 효과도 있어 보인다. 한식이 그립다면, 그 중에서도 한국식 고기가 먹고 싶다면 아주 괜찮은 선택이다. 찌개를 추가하고 공기밥을 곁들이면 든든하다. 중국에서 파는 것치고 찌개도 맛있는 편이다. 분점이 푸동(MAP p6-B2), 우중루(MAP p14-A2)에도 있다. 모든 지섬에서 한글 메뉴판을 비치하고 있기 때문에 '간편 메뉴'는 따로 소개하지 않는다.

상하이노짠 上海老站 상하이라오짠 shàng hǎi lǎo zhàn

위치 지하철 1호선 쉬자후이 徐家汇역 5번 출구에서 도보 2분 **주소** 上海市 徐汇区 漕溪路 201号 **오픈** 11:30~13:30, 17:30~21:30 **요금** 2인 300~400元(카드 가능) **전화** (021)6427-2233 **지도** p15-C1

식민지 시대 수도원으로 지어진 건물을 통째로 매입해 우아하고 아름다운 식당으로 개조했다. 식당 뒤뜰에 있는 증기기관 객차 한 량 때문에 '상하이 옛 역'이라는 특이한 식당이름이 되었다고. 객차는 특별 손님들을 위한 별실처럼 쓰이고 있다.

상하이 가정식 요리를 표방하는데, 전체적인 메뉴 구성은 해물 위주의 비싼 요리 중심이다. 대중적으로 가장 인기 있는 요리 중 하나는 다자셰 알을 넣은 부드러운 두부 요리인 《셰펀또우푸 蟹粉豆腐》, 민물 새우살을 담백하게 볶아낸 대표적인 상하이요리 《칭차오샤런 清炒虾仁》이다. 밤과 닭고기를 홍샤오 소스에 졸인 《리찌찌바오 栗子鸡煲》도 추천 메뉴 중 하나다.

- **간편 메뉴 蟹粉豆腐** 게알 두부 32元, **上海熏鱼** 상하이식 훈제 생선 조림, 짭짤하고 단맛 58元, **清炒虾仁** 민물새우살 볶음, 깔끔한 맛 168元, **栗子鸡煲** 밤+닭고기 조림 88元

데카트론 迪卡侬 Decathlon

위치 지하철 2호선 베이신징루 北新泾路역에서 택시로 기본요금. 바이리엔 百联가자고 하면 된다. 주소 上海市 长宁区 仙霞西路 88号 百联西郊购物中心 1F 1310号 오픈 10:00~22:00 전화 (021)6238-5511 지도 p14-A1

철인 10종 경기라는 의미를 가진 종합 스포츠용품 전문점. 1976년 프랑스에서 첫 문을 연 이래 현재에는 21개국, 606곳에 매장을 가지고 있다. 중국에는 현재 약 41개의 매장이 있다. 상호만큼 다양한, 거의 지구상에 존재하는 모든 스포츠·레저용품을 취급한다고 보면 된다. 우리가 익히 아는 나이키, 아디다스 같은 주요 브랜드부터 잘 알려지지 않은 유럽 내 스포츠 브랜드까지 종류나 양에 있어서 비교불허. 조깅, 등산은 물론 낚시, 자전거, 실내 운동기구, 오토바이 헬멧까지 취급한다. 가격은 아주 좋은 편. 데카트론 덕분에 중국에서 아웃도어 쇼핑은 해볼 만하다는 이야기가 나올 정도다.

데카트론 분점 • 푸동 화무지(银霄路 393号) • 바오띠광장(大连路 588) • 공화신루(共和新路 3228号)

까르푸 家乐福 자러푸

위치 지하철 10호선 수이청루 水城路역 2번 출구에서 도보 10분 주소 上海市 长宁区 水城南路 268号 오픈 08:30~23:00 전화 (021)6278-1944 홈피 www.carrefour.com.cn 지도 p14-B1

가장 많은 매장수를 자랑하는 창고형 할인매장. 1층에 있는 푸드 코트 대식가는 마땅한 레스토랑을 찾기 애매할 때 한 끼를 때우기 가장 좋은 공간 중 하나. 매장에서는 참기름이나 말린 버섯, 중국차와 같은 중국산 농산 가공품을 괜찮은 가격에 구입할 수 있다. 중국산 농산물·농산물 가공품에 대한 불신에 대해서 한마디 하자면, 사실 한국에 유독 저품질 제품이 집중적으로 들어온다고 보는 것이 타당하다. 일본 사람들은 품질을 보여주고 맞춰달라고 부탁하고, 한국 사람들은 가격을 제시한 후 가격에 맞추라고 부탁한다는 이야기는 중국에서도 유명하다. 한국에서는 철수했지만, 중국에서 까르푸는 그냥 중국의 마트에서는 어떤 물건을 팔까라는 단순한 호기심으로도 방문해볼 만한 가치는 충분하다.

까르푸 분점 • 중산공원 龙之梦购物中心 B2층 • 쉬자후이 이산루 光启城 • 푸동 大拇指广场内 • 홍커우 축구장 凯德龙之梦

이케아 IKEA

위치 지하철 3호선 차오시루 漕溪路역 3번 출구에서 도보 5분 또는 1·4호선 상하이체육관 上海体育馆역 7번 출구에서 도보 10분 주소 上海市 徐汇区 漕溪路 126号 오픈 10:00~22:00 전화 (021)5425-4532 홈피 www.ikea.com.cn 지도 p15-C1

최근 한국에도 오픈한, 스웨덴에 본사를 둔 세계 최대 규모의 창고형 홈 인테리어 & DIY 매장. 한국보다는 수월하게 쇼핑을 즐길 수 있어 쉬자후이 쪽에 갈 일이 있다면 겸사겸사 방문해 보는 것도 좋을 듯. 부속 식당에서 샐러드와 미트볼, 덮밥, 케이크 등을 저렴한 가격에 즐길 수 있다는 것도 장점.

천산차성 天山茶城 톈산차청

위치 지하철 4호선 중산공원 中山公园역 3번 출구 또는 4호선 엔안시루역 1번 출구에서 도보 15분 주소 上海市 长宁区 中山西路 518号(玉屏南路 입구) 오픈 09:00~18:00(매장마다 다름) 지도 p16-B2

상하이 3대 차시장 중 하나. 차와 다구만을 판매하는 복합 상가로 60여 곳의 매장이 성업 중이다. 차시장은 대부분 주인장이 산지와 연결되어 있는 경우가 많다. 물론 수요가 있다 보니 이런저런 차들을 취급하긴 하지만 이런 매장의 핵심은 어떤 차를 전문적으로 취급하는지를 파악하는 것이다. 중국어가 능통하고 중국차에 대한 전문적인 지식이 있다면 차를 구입하는데 이곳보다 더 좋은 곳은 없다.

항회광장 港汇广场 강후이광창

위치 지하철 1·9·11호선 쉬자후이 徐家汇역 11·12·17·19번 출구와 연결된다. 주소 上海市 徐汇区 虹桥路 1号 오픈 10:00~22:00 홈피 www.grandgateway66.com 전화 (021)6407-0111 지도 p15-C1

쉬자후이의 랜드 마크. 공상과학 만화영화에 등장하는 과학기술연구소처럼 생긴 외관의 백화점이다. 1999년 12월 28일에 개업해서 상하이 시민들은 20세기의 마지막 백화점이라는 애칭으로 부르기도 한다. 쉬자후이 최대, 상하이 3위의 명품백화점으로 손꼽히는 항회광장에는 Swalovski, Calvin Klein, Sisley, Vero Moda, Belle, Bugatti 같은 브랜드들이 입점해 있다. 식당가도 다양한 종류의 음식들을 먹을 수 있어 인기다. 맛집에 소개한 식당 1층 레이디엠, 폴 라파예트, 더 부처스 버거, 5층 딘타이펑, 피자익스프레스, 사이공마마, 6층 항려찬청 港丽餐厅, 허니무 디저트, 소남국, 제이드 가든, 심플리타이도 이곳에 분점을 두고 있다. 지하 1층에 있는 슈퍼마켓은 주변 거주민들의 고급식자재 헌팅 장소로도.

AREA 08

일본 조계지와 상하이역

원래 국제 조계지의 일부였지만 홍커우를 중심으로 3~4만 명의 일본인이 집단 거주하며, 일본 조계라는 이름으로 더 유명해졌다. 사실, 이런 지역구분법이 상하이에 사는 중국인들에게는 수치스러울 수도 있겠지만, 이 일대를 달리 표현할 방법은 없다. 상하이 시의 행정구역은 관료들의 편의를 위해 나눈 것으로 문화적, 역사적 공통성이 없기 때문이다.

많은 한국인은 일본 조계지라는 상징적 지명만으로도 이 지역에 대한 묘한 거부감을 느낀다. 하지만 오히려 일본 조계지는 아시아 민족해방운동의 상징과도 같은 곳이었다. 일제강점기에 있던 한민족에게 해방의 꿈을 꾸게 해주었던 거사 巨事가 윤봉길 의사에 의해 일본 조계지인 구 홍커우공원 虹口公園에서 일어났으니 말이다. 일본에 맞서 중국 인민들의 대단결을 주장한 중국 근대문학의 아버지 루쉰 魯迅의 진한 채취가 배어 있는 루쉰고거 魯迅故居도 일본 조계지에 있다. 무엇보다 여행자들에게 일본 조계지는 예원과 함께 예전 상하이의 모습을 가늠해볼 수 있는 예스러운 흔적이 많이 남아 있는 곳이다. 아직도 변두리인 탓에 상하이 전통, 일본식 가옥이 거리마다 즐비하고, 골목골목 힘든 세상을 살아가는 시민들의 굵은 땀방울을 엿볼 수 있다.

지하철 지하철 3·8호선 홍커우축구장 虹口足球场역과 4·10호선 하이룬루 海伦路역, 상하이 上海站역이 핵심이다.

버스 버스 18路가 노서문(肇周路)과 인민광장(福州路)에서 四川北路山阴路와 루쉰공원 魯迅公园을 연결한다. 정안사에서 일본 조계지를 연결하는 버스가 꽤 있다

택시 애매한 거리는 택시를 타는 것도 한 방법이다. 시간 여유만 있다면 10~20분 정도는 걷는 것도 좋지만 초행길을 헤매는 일도 비일비재하다. 특히 모간산루 예술단지 m50 创意园가 대중교통으로 한 번에 연결되지 않아 근처 지하철역에서 택시를 이용하는 게 편하다

Check List

보자
1933 라오창팡 도살장이였던 건물로 웅장함과 독특함이 매력적이다 p308
매정 윤봉길 의사의 도시락폭탄 의거가 일어난 루쉰 공원내 기념관 p310
모간산루 예술단지 중국 최대의 순수예술종합단지 p312
옥불사 상하이 최고 사찰 p312

먹자
만수재 주변 현지인들에게 인기 있는 샤오룽바오 명가 p313
아지센 라멘 일본에 본점을 둔 일본 라면 전문점 p313

사자
스핀 생활 자기 그릇을 구입하고 구경하기에 그만 p314

일본 조계지와 상하이역 이렇게 여행하자

Route Guide

① 1933 라오창팡

택시 10분

② 루쉰공원(매정)

도보 5~10분

③ 루쉰고거

도보 10분

④ 둬룬루 문화명인가

택시 20분

⑤ 옥불사 · 모간산루 예술단지

여행 방법

와이탄과 외백대교의 북쪽, 상하이역과 구 훙커우공원을 모두 포괄하는 이 지역에는 윤봉길 의사가 일본 천황을 향해 도시락 폭탄을 던진 훙커우공원과 현재에도 크게 달라지지 않은 일본식 목조 가옥, 상하이를 대표하는 사찰인 옥불사와 모간산루 예술단지 등 다양한 볼거리가 넘쳐난다.

1933 라오창팡 1933老场坊 1933 lǎo chǎng fáng

가족 ★★★
커플 ★★★★
사진가 ★★★★

위치 지하철 4 · 10호선 하이룬루 海伦路역 2 · 3번 출구에서 도보 10분 주소 上海市 虹口区 溧阳路 611号 오픈 08:30~22:00 요금 무료 전화 (021)6888-1933 홈피 www.1933shanghai.com 지도 p19-C1

오래된 건물을 단장해 상업지구로 만드는 것은 이제 상하이에서 무척 흔한 일이지만, 그럼에도 1933 라오창팡은 상당히 흥미 있는 구역이다.

성채 같은 육중함이 느껴지는 이 공간은, 이름처럼 1933년에 처음 지어졌는데 원래 용도는 소를 잡는 도살장이었다고 한다. 한때 소의 울음소리와 선혈이 낭자했던 곳마저 상업 공간으로 만들어버린 이들의 감성은 정말 탁월하다.

내부는 당시의 분위기를 연출하려는 듯 조도를 제한한 탓에 상당히 어둡고, 계단은 기하학적이거나 초현실적인 느낌마저 든다. 계단을 따라 건물의 옥상까지 오를 수 있고, 옥상에서 바라보는 상하이 구시가지의 낡디 낡은 모습 또한 인상적이다. 각층을 연결하는 완만하고 구불구불한 통로는 도살장으로 가는 소 떼가 정체되는 것을 막으려고 일부러 빙빙 돌게 만든 것이라고 한다.

이 길을 따라 걸으며 상상력을 발휘해보자. 환경이나 디자인이 워낙 독특해서 웨딩 촬영을 하는 커플도 즐겨 찾는데, 그때마다 이 건물의 과거를 생각하면 묘한 기분이 든다. 웨딩 촬영 전문점을 비롯해 레스토랑과 기념품점이 있고, 몇몇 레스토랑의 분위기는 끝내준다.

루쉰고거 魯迅故居 루쉰구쥐

lǔ xùn gù jū Former Residence of Luxun

가족 ★★★
커플 ★★★
사진가 ★★

위치 지하철 3·8호선 훙커우축구장 虹口足球场역 1번 출구에서 루쉰 공원 정문을 지나 도보 10~15분 **주소** 上海市 虹口区 山阴路 132弄 9号 **오픈** 09:00~16:00 **요금** 8元 **지도** p19–C1

루쉰이 생애의 마지막 3년을 머물렀던 집. 1933년 4월 11일~1936년 10월 19일 죽을 때까지 살았던 곳이다. 빨간색 벽돌로 지어진 3층짜리 공동주택으로 1층은 응접실과 식당, 2층은 루쉰의 침실과 창고, 3층은 아이 방과 손님용 방으로 꾸며져 있다. 루쉰은 1936년 2층 침실에서 마지막 숨을 거뒀다고 한다. 그래서 루쉰을 기억하는 이들에게 이 침실은 아주 특별하다. 침실에 멈춰서 눈시울을 붉히는 사람들을 요즘도 볼 수 있을 정도다.

루쉰이 머물던 당시를 그대로 보존하고 있어 루쉰기념관이나 루쉰 묘보다 루쉰을 더 가까이 느낄 수 있는 곳. 일정 인원의 관람객이 모이면 가이드가 인솔해 단체로 둘러볼 수 있다.

루쉰은 어떤 사람?

Talk

1881년 샤오싱 绍兴의 한 선비 가문에서 태어난 루쉰의 본명은 저우수런 周樹仁. 부잣집 도련님으로 곱게 자란 그가 사회적 눈을 뜨게 된 것은 13세가 되던 해였습니다. 바로 가문의 몰락이었죠. 조부의 투옥과 부친의 죽음은 어린 루쉰으로 하여금 기존 질서에 대한 회의와 중국의 암울한 현실에 눈뜨게 했습니다.

처음 그가 생각해낸, 남에게 도움을 줄 수 있는 길은 의사. 아파도 병원조차 가지 못하고 죽어가는 동포들을 위해 의술을 펴기로 결심한 것입니다. 하지만 일본군에게 죽음을 당하는 중국인들에 관한 필름을 보면서도 남의 일인 양 시시덕거리는 동료들을 보고 그는 좌절합니다. 중국인들에게 가장 중요한 것은 자신의 이익만을 위해 사는 돼지의 삶이 아니라 사람다운 모습을 한 인간의 모습을 찾게 하는 것임을 깨닫게 된 거죠. 그는 메스를 집어던지고 펜을 들었습니다. 바로 문학을 통해 세상과 인간의 변혁을 꿈꾼 것입니다.

그의 첫 작품 〈광인일기 狂人日記〉는 바로 봉건 중국의 허위를 신랄하게 비판합니다. 특히 루쉰은 〈광인일기〉를 통해 중국인들이 타도해야 할 대상 일순위로 유교를 지목합니다. 〈광인일기〉의 성공을 바탕으로 그는 더욱더 집필에 몰두, 1921년에는 대표작으로 손꼽히는 〈아큐정전 阿Q正傳〉을 발표하죠. 당시 중국은 변화의 소용돌이 속에 있던 사회. 신해혁명으로 2,000년에 걸친 봉건제는 붕괴되었지만, 혁명 정부는 나약했고 세상은 변하지 않았습니다. 〈아큐정전〉은 혁명 이후의 지지부진한 변화에 대한 루쉰의 분노와 좌절을 그리고 있습니다. 급변하는 중국의 현실은 루쉰이 단지 글만 쓰는 작가로 남길 원치 않았습니다. 일본은 중일전쟁을 일으켰고, 중국은 국민당과 공산당으로 두 쪽이 난 채 자기들끼리 싸우느라 정신이 없었습니다. 죽음이 다가오는 것조차 무시한 채 죽기 전날까지 중국의 힘을 하나로 합쳐 일본에 대항하기 위한 고민을 해온 것이 바로 그의 삶이었습니다. 문학가이자 운동가로, 한 치의 쉼도 없는 치열함 속에서 루쉰은 55세를 끝으로 영면에 들어갔습니다. 물론 그가 바라던 '신중국'이 과연 어디쯤 왔는가는 고민해볼 필요가 있겠지만 말입니다.

'희망은 본래 있다고 할 수 없고, 없다고도 할 수 없다. 그것은 마치 땅 위에 난 길과 같다. 사실 지상에는 원래 길이 없었다. 가는 사람이 많아지면 길이 되는 것이다.' –루쉰의 단편 〈고향 故鄕〉 중에서

루쉰공원 鲁迅公园 루쉰 공위안
lǔ xùn gōng yuán Luxun Park

가족 ★★★
커플 ★★★
사진가 ★★★

위치 지하철 3·8호선 홍커우축구장 虹口足球场역 1번 출구에서 도보 5분 **주소** 上海市 虹口区 四川北路 2288号 **오픈** 06:00∼18:00 **요금** 무료 **지도** p19-C1

중국의 대문호 루쉰 鲁迅(1881∼1936)의 무덤이 있는 기념공원. 우리에게는 홍커우공원으로 더 잘 알려졌는데, 1932년 윤봉길 의사가 일본 왕의 생일을 폭탄으로 축하한 현장이기 때문이다. 중국 정부는 근대의 선구자 루쉰을 기리는 의미에서 홍커우공원을 루쉰공원으로 개명했다. 당시 중국의 국가주석이었던 마오쩌둥은 확고한 루쉰 찬양자로서 이 일대의 성역화를 명령했다고 한다. 공원 내부에는 루쉰의 일생과 업적을 정리한 기념관과 이역만리 타국에서 조선 민족의 기개 氣慨를 만방에 과시한 윤봉길 의사의 기념관 매정 梅亭이 있다.

루쉰기념관 鲁迅记念馆 루쉰지녠관   가족 ★★★ 커플 ★★★ 사진가 ★★★

오픈 09:00∼16:00 **요금** 무료

근대화에 대한 열망에도 불구하고 끊임없는 외세의 침입으로 갈팡질팡하던 중국인들에게 루쉰은 시대에 부응하는 지식인의 표상이었다. 작가는 작품으로 말할 뿐이라지만, 루쉰은 시대를 초월한 실천적인 문인이었다. 대표적인 반일운동인 5·4운동에서 주도적인 역할을 하며, 젊은이들을 계도하는 일에도 앞장선 것. 특히 일본에 맞서기 위해 민족의 대단결을 주장한 것이 그의 가장 뛰어난 업적 가운데 하나다.

2층으로 이루어진 기념관의 대부분은 루쉰의 전 생애를 서술하는데 할애하고 있다. 특히, 그가 쓴 책들의 내용을 다양하게 표현해 놓은 전시물들은 관람객들의 흥미를 유발시키기까지 한다. 출구 쪽에는 전 세계 96개 언어로 번역된 루쉰의 작품들을 전시하고 있는데, 한국은 물론 북한의 출판물까지 엿볼 수 있다. 기념관에서 공원 안쪽으로 더 들어가면 루쉰의 무덤을 만날 수 있다. 원래 루쉰의 무덤은 상하이 교외에 있는 만국공동묘지 万国公墓에 있었는데, 루쉰 공원 성역화 사업이 이뤄지며 1956년에 이장된 것이라고 한다. 묘 앞에 있는 루쉰 동상은 1961년 루쉰 탄생 60주년을 기념해서 만든 작품이다. 편안하게 세상을 응시하는 루쉰의 시선이 인상적인데, 비석에 새겨진 '루쉰선생묘 鲁迅先生之=墓'라는 비문은 마오쩌둥의 작품이다.

매정 梅亭 마이딩

오픈 07:30∼18:00(1∼6월, 10∼12월), 07:30∼18:30(7∼9월) **요금** 15元

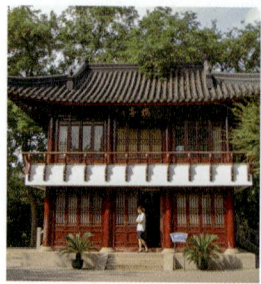 

윤봉길 의사가 폭탄을 투척한 장소에 세워진 작은 기념관이다. 거사 직후 중화민국의 총통이던 장제스는 '백만 대군도 하지 못한 일을 한 사람의 조선인이 해냈다.'며 극찬했다. 사실 윤봉길 의사의 폭탄 투척 전까지 중국인들은 조선인을 일본인의 2중대쯤으로 보며, 의심어린 눈초리로 바라보고 있었다고. 폭탄 투척 직후 중국 정부는 대한민국 임시정부에 대한 전폭적인 지원을 약속하게 되었

고, 후일 광복군 창설의 매개로 작용하게 된다. 하지만 공정한 중재자임을 자처하던 유럽과 미국은 이 사건을 테러로 규정한 일본의 편을 들며 임시정부를 몰아세워, 결국 임시정부는 상하이를 떠나게 된다. 한때 전 중국과 한반도를 환호하게 했던 사건의 진원지지만, 1994년 이전까지만 해도 안내 표석하나 없이 방치되고 있었다. 뒤늦게 이 사실이 알려지며 한바탕 난리 법석을 떤 후에야 지금의 초라한 기념관이나마 들어서게 되었다고. 윤봉길이 농촌운동에 투신했던 시절 야학교재로 사용하던 '농민독본', 독립운동을 위해 중국으로 온 후, 어머니께 쓴 자필편지, 윤봉길 의사와의 만남을 기록한 백범일지 발췌본, 의거 후 '폭탄 살인범'으로 표현한 일본의 신문기사, 거사 직전본인의 심정을 기록한 시 詩 등이 내부의 주요 볼거리들이다. 특히 자필 기록들은 여유 있게 읽어보길 권하고 싶다. 조국을 위해 죽기를 결심한 사나이의 쓸쓸함, 비장함, 고뇌가 한데 어우러진 문장들을 대하다보면 가슴이 뭉클해진다.
'너희도 만일 피가 있고 뼈가 있다면 반드시 조선을 위하여 용감한 투사가 되어라. 태극의 깃발을 높이 드날리고 나의 빈 무덤에 찾아와 한 잔 술을 부어 놓으라……'
–거사 이틀 전 어린 두 아들에게 쓴 자필 유서 중 발췌–

둬룬루 문화명인가 多伦路文化名人街 뒤류루웬화밍런제

Duō lún lù wén huà míng rén jiē Duolun Lu Culture Street

가족 ★★★
커플 ★★★★
사진가 ★★★★

위치 루쉰공원 정문에서 도보 10~15분 주소 上海市 虹口区 多伦路 요금 무료 지도 p19-C1

일본 조계지에 있는 문화 거리. 모든 건물을 명·청시대의 느낌으로 재건한 예원 일대와 달리 둬룬루 多伦路는 조계지 시절의 거리를 되살리는 데 치중했다. 원형을 보존한 채로 보수한 근대 건축물들이 지난 시기의 분위기를 또렷하게 재현하고 있다. 처음 둬룬루를 재개발할 당시 상하이 시의 문화부 관리들이 서울 인사동을 방문, 둬룬루 개발의 모델로 삼았다고 한다. 나지막한 건물들은 골동품점, 카페, 식당으로 채워져 있으며, 고풍스러운 분위기를 자아낸다. 인사동과 차이점이 있다면 둬룬루는 100퍼센트 보행거리라는 것.
참고로 둬룬루 문화명인가 多伦路文化名人街에는 그냥 지나치기 아까운 몇몇 건물이 있다. 가장 대표적인 것은 훙더탕 鴻德堂. 1924년에 지은 이 건물은 상하이에 있는 교회 중에서 가장 특이한 모습이다. 붉은 벽돌이 층층이 쌓인 모습은 중국식 불탑 건축 양식인 전탑과 아주 흡사하다. 지붕에 놓여 있는 2층의 기와 또한 일품. 가장 중국적인 교회 건축이라는 평에 절로 고개가 끄덕거려질 정도다.
상하이 현대 미술에 관심이 있다면 훙더탕 바로 옆에 있는 상하이둬룬현대미술관에 들러보자. 3층에 걸쳐 각기 다른 실험적인 주제의 전시물을 접할 수 있을 것이다.

옥불사 玉佛禅寺 위푸찬쓰

yù fó sì chán Yufo Temple

가족 ★★★
커플 ★★★
사진가 ★★★

위치 지하철 13호선 江宁路역 2번 출구에서 도보 10분. 또는 정안사에서 버스 830路를 타고 다섯 번째 정류장인 陕西北路 安远路에서 내려 도보 3분 **주소** 上海市 普陀区 安远路 170号 **오픈** 08:00~16:00 **요금** 20元(매월 음력 1, 15일 5元), 옥불 친견료 10元 **홈피** www.yufotemple.com **지도** p18-A2

상하이에서 가장 유명한 불교 사원. 상하이 10대 명소 중 상위권에 랭크된 곳으로 여행자들의 발길이 끊이지 않는다. 혼란하던 19세기, 혜근 惠勤은 불법을 통해 세상을 구하겠다는 신념으로 쓰촨과 티베트를 거쳐 인도까지 가 수행을 했다고 한다. 수행의 결과였을까? 미얀마를 거쳐 돌아오던 중 혜근은 5존의 옥불상을 얻게 된다. 1882년 상하이에 정착한 혜근은 순백의 옥불상을 안치하기 위해 옥불사를 창건했다. 기댈 곳이 절실히 필요했던 상하이 사람들은 옥불의 아름다움에 열광적으로 빠져들었다. 불교 신자들에 의해 대대적인 사원 증축이 연이어 벌어졌고, 옥불사는 상하이 최고의 사찰로 확고부동한 자리를 차지했다. 송나라의 궁전 양식을 전면적으로 도입한 현재의 건물은 1918년에 중수한 것이다. 마르고 닳지 않을 것 같은 옥불사의 영화는 1948년 중화인민공화국의 건국 이후에도 이어졌다. 다른 사찰들이 강제 폐쇄되는 상황에서 옥불사는 '혁명 열사의 넋을 위로하는 진혼제'와 같은 이벤트를 성공시키며 생존을 보장받을 수 있었던 것. 입구에 들어서자마자 보이는 건물은 천왕당 天王堂, 그 뒤로 보정 寶鼎, 대웅보전 大雄寶殿, 반야장실 船若丈室이 나온다. 많은 여행자가 친견하고 싶어 하는 옥불은 선약장실 2층에 안치되어 있다. 높이 195센티미터의 좌상인데, 그간 목불과 금불상만 보아온 사람에게는 문화적 충격이라고까지 할 정도로 우아한 곡선과 우윳빛 피부가 인상적이다. 옥으로 만든 또 한 존의 와불상이 반야장실 원편의 와불당 臥佛堂에 모셔져 있으니 빼놓지 말고 친견하도록 하자.

모간산루 예술단지 m50创意园 m50창의위엔

chuàng yì yuán Moganshan Lu

가족 ★★★
커플 ★★★★
사진가 ★★★★

위치 상하이역 또는 옥불사에서 택시 10~15분 또는 지하철 13호선 장닝루 江宁路역 2번 출구에서 도보 10분 또는 3호선 중탄루 中潭路역 2번 출구에서 도보 10분 **주소** 上海市 普陀区 莫干山路 50号 **오픈** 10:00~17:00경 **요금** 무료 **홈피** www.m50.com.cn **지도** p18-B2

중국에서 가장 큰 순수예술 종합단지. 중국에 있는 대부분의 예술단지가 그러하듯, 폐공장 터에 하나둘 아티스트들의 공방이 자리 잡기 시작해 오늘날까지 이르고 있다. 공방마다 성격이 조금씩 다르지만, 전위적인 비디오아트에 심취한 그룹도 있을 정도로 예술적 폭이 다양하다. 현재 모간산루 예술단지에는 모두 18개의 독립적인 디자인센터가 있고, 이 센터들은 규모에 따라 다르지만 각각 18~40명의 아티스트가 소속되어 있다. 비슷한 길을 걸었던 베이징의 798이 완벽하게 상업 자본과 투기꾼들에게 점령된 데 비해 모간산루 예술단지는 아직도 초기, 공장 부지 안으로 들어와야 했던 가난한 예술가들의 건강함을 상당 부분 유지하고 있고, 예술단지 초기에 둥지를 틀었던 많은 수의 예술가들도 이 공간에 남아 있다. 급격한 상업화의 길을 걷지 않고 있다는 점만으로도 모간산루 예술단지는 상하이에서 가장 볼만한 예술구로 언급될 만하다.

만수재 万寿斋 완쇼우짜이 wàn shòu zhāi

위치 지하철 4·10호선 하이룬루 海伦路역 7번 출구에서 도보 15분, 루신 고거 근처 주소 上海市 虹口区 山阳路 123호 오픈 05:00~22:00 요금 2인 25~40元 지도 p19-C1

루신 고거 근처에 있는 샤오룽바오의 명가. 여행자들보다는 현지인들의 절대적인 지지를 받는 곳으로 찾기가 좀 어렵다. 영업시간이 상당히 긴데, 그럼에도 불구하고 언제나 가게는 손님으로 꽉 차 있다. 이 집은 샤오룽바오를 저울에 달아 판다. 1량 兩(50g)에 6元인데, 성인 남자라면 2량은 먹어야 간에 기별이 간다. 물만두국인 《싼셴훈둔 三鲜馄炖》(훈둔이 남쪽으로 가면 완탕이 된다)도 추천 메뉴 중 하나. 가격은 요즘 상하이 물가라 믿어지지 않을 정도로 싸다. 시내에 머물며 굳이 찾아갈 정도의 맛집은 아니지만, 일본 조계지 쪽에 머문다면 추천하고 싶다.

• 간편 메뉴 鲜肉小笼 돼지고기 샤오룽바오 8元, 三鲜馄饨 만둣국 14元, 葱油拌面 파기름 비빔면 7元, 咖喱牛肉面 카레 소고기 면 21元

아지센 라멘 味千拉面 웨이첸라멘 wèi qiān lā miàn

위치 지하철 1·4호선 상하이역 上海站역 4번 출구로 나오면 있다. 주소 上海市 闸北区 梅园路 360호 环龙商场 1층 오픈 10:00~23:00 요금 2인 50~100元 전화 (021)5181-0982 지도 p18-B2

1968년, 일본 구마모토현의 메이농이라는 타이완 출신 화교에 의해 설립된 일본 라멘 체인점. 현재, 일본에 82곳을 비롯해, 중국 536, 홍콩 33곳이라는 초대형 프랜차이즈로 성장했다.

일본 라멘이라는 장르가 의외로 까다로운 면요리인데, 아지센은 규격화, 자동화에 성공하며 어느 분점이나 거의 같은 맛을 낼 수 있는 경지를 이룩했다. 분점에 따라 면 삶기의 정도가 약간 다른 점을 제외하면 거의 동일한 맛을 낸다. 메뉴도 상당히 다양한데, 일부 현지화된 메뉴도 있어 상하이의 젊은이들 사이에서도 인기 만점. 요시노야와 함께 가장 성공한 일본계 프랜차이즈라고 보면 된다. 원채 분점이 많아 이곳 저곳에서 볼 수 있고, 대부분 실패할 확률이 적다. 추천 메뉴는 오늘의 아지센을 있게 한 오리지널 메뉴인 아지센 라멘 味千拉面을 꼽을 수 있다. 돼지 뼈를 우려낸 전형적인 돈코츠 라멘으로 차슈도 꽤 잘 익혀서 나온다.

• 간편 메뉴 招牌拉面 간판 메뉴, 돈코츠 라멘 37元, 酸酸辣辣面 쌘쌘라라면, 맵고 시큼한 맛 33元, 麻辣牛肉拉面 매운 우육면 39元, 味千煎饺 교자 13元

아지센 라멘 분점
· 롱양점 上海市 浦东新区 银霄路 393호
· 타이캉루점 上海市 黄浦区 徐家汇路 618호 日月光中心广场 B2F MAP p13-C2
· 신계계성점 上海市 黄浦区 南京西路 2-68호 新世界城 2층 MAP p5-C1

스핀 Spin 旋

위치 지하철 7호선 다창진 大场镇역 1번 출구에서 도보 15분 주소 上海市 沪太支路 538号 5i Center飞马旅二期 D2楼1F 오픈 11:00~19:00 전화 (021)6279-2545 홈피 spinceramics.com 지도 상하이전도-B1

중국산 명품 생활자기 전문점. 홍콩 출신으로 뉴욕에서 디자인을 공부한 게리 왕 Gary Wang이 수석 디자이너로 일하고 있다. 상하이뿐만 아니라 베이징, 싱가포르, 미국에 숍이 있을 정도로 글로벌한 인기를 자랑한다. 상하이 매장이 시 중심에서 외곽으로 이전해 방문하기 만만치 않지만, 지하철역에서 멀지 않아 그나마 위안이 된다. 스핀은 일상생활에서 흔히 접할 수 있는 머그컵이나 접시, 다구 등을 놀라울 정도로 감각적으로 재해석해내고 있다. 실생활에 쓸모 있는, 그러면서도 화려함을 최대한 절제하면서 핵심을 표현해내는 능력은 그야말로 탁월하다. 자기들은 대부분 중국 최고의 명품 가마인 징더전에서 구워내고 있다. 참고로 징더전은 송대 이후 중국 가마의 대명사처럼 굳어진 곳으로 상하이 박물관에도 다수의 징더전 제작 자기들이 국보급 대접을 받으며 전시되고 있다. 단순한 매장이라기보다는 그 자체로 갤러리다. 간간히 실용성과 무관한 인테리어용 채색 자기들도 전시되고 있는데, 이런 것들은 가격 자체가 천장 위에 붙어 있다. 한국과 비교해도 상당한 가격경쟁력이 있는 집이다.

AREA 09

상하이의 교외
자딩과 쑹장

상하이에서 북서쪽으로 20킬로미터 떨어진 자딩 嘉定과 남서쪽으로 30킬로미터 거리에 있는 쑹장 松江은 엄청난 크기를 자랑하는 외곽 지역으로 상하이의 위성도시 역할을 톡톡히 하고 있다.

자딩에는 볼만한 운하가 있고, 운하 주위로는 제법 많은 유적이 있다. 중국 정원에 관심이 있다면 자딩의 고의원 古倚园도 체크해야 할 곳 중 하나. 2004년에 시작한 상하이 F1그랑프리 경기장 상하이 국제서킷도 유명하다. 신흥 도시의 활기가 넘쳐나는 쑹장의 핵심 볼거리는 모두 번화가인 중산루 中山路에 집중적으로 몰려 있다. 그중 볼 만한 곳으로는 송대 유적이자 도시의 랜드마크이기도 한 방탑 方塔과 백거이를 기념해 만들었다는 강남 정원 취백지 醉白池가 있다. 쑹장 북쪽에 있는 서산 西山은 삼림공원과 웅장한 서산대성당으로 유명하다. 강남 지방 어디서나 볼 수 있는 고만고만한 사원과 강남 정원이 지겹다면 쑹장 시내의 볼거리들은 건너뛰고 서산에만 집중하는 것도 방법이다.

 지하철 지하철 11호선이 자딩의 주요 지역을 연결한다. 상하이 고의원찬청 上海古倚园餐厅을 가기 위해서는 난샹 南翔역에서 시내로 가기 위해서는 자딩북 嘉定北 또는 자딩서 嘉定西역에서 내리면 된다. 또 지하철 9호선의 종점인 쑹장신성 松江新城역과 쑹장대학성 松江大学城역이 주요 지역을 연결한다.

 택시 상하이 외곽이다 보니 시내보다는 대중교통이 미흡한 편. 지하철과 택시를 적절히 조합해서 다니는 게 현명하다.

Check List

보자
- **종서각** 아시아에서 가장 아름다운 서점 p317
- **고의원** 예원과 함께 상하이 5대 명원 p318
- **법화탑** 정상에서 바라보는 자딩의 전망 p320
- **상하이 국제서킷** 세계 최고의 자동차경주대회인 포뮬러 F1 p320
- **서산 국가 삼림공원** 상하이 제일의 삼림공원 p321

먹자
- **상하이 고의원찬청** 상하이 대표 음식 샤오룽바오의 원조 p319

여행 방법

상하이 외곽에 속하는 자딩과 쑹장 지역은 일반 여행자가 꼭 가야 하는 필수 관광지는 아니다. 상하이에 오래 머물며 도심을 잠시 떠나고 싶은 사람, 예원같이 관광객이 북적이는 강남 정원보다는 여유로움을 즐길 수 있는 강남 정원을 찾고자 하는 사람이 하루를 보내기에 좋다. 바삐 움직이고자 한다면 건너뛰도록 하자.

종서각 鍾書閣 중수거 zhōngshūgé

위치 지하철 9호선 쑹장대학성 松江大学城역 하차, 택시 25元 주소 上海市 松江区 三新北路 900弄 泰晤士小镇 930号 오픈 월 11:00~21:00, 화~일 10:00~21:00 요금 무료 전화 (021)6766-1899 지도 지하철 노선도 참고

영국풍 정원주택가인 템즈 타운 Thames Town에 자리 잡은 서점이다. 2013년 개관했는데, 개업 즉시 중국뿐만 아니라 아시아에서 가장 아름다운 서점이라는 찬사를 독점하며 상하이 국제실내설계전 금상을 받았다. 서점 주인인 진하오는 교장까지 역임한 교직원 출신인데, 1995년 최초로 서점업계에 진출, 현재는 중국 각지에 약 17개의 서점을 보유하고 있다. 우리나라 사람 입장에서야 가봐야 중국어책만 가득한 곳일지 모르지만, 책을 좋아한다면, 또는 각국의 서점을 거닐며 그 지역의 분위기를 느껴보고 싶다면 중수거는 단연 추천할 만한 곳이다. 내부로 들어가자마자 느껴지는 풍경은 벽도 바닥도, 천장도 책으로 채워진 낯선 공간이다. 강화유리 안에 가지런히 꽂힌 책을 딛고 앞으로 나가는 느낌, 그런 계단으로 오르는 기분. 예쁘장하게 꾸민 어린이 서가나, 대나무 죽간의 느낌이 완연한 2층의 고서가, 마치 성당을 서점으로 꾸민 듯한 몇몇 공간은 인상적이라는 표현만으로는 부족하다. 참고로, 이 일대는 한국으로 치자면 '쁘띠프랑스' 같은 곳이다. 그래서 봄이나 가을이면 야외 촬영을 하는 신랑 신부들로 넘치고, 이들을 위한 카페촌도 꽤 활성화된 상태. 즉 중수거로 가는 여정도 꽤나 재미있다는 이야기다. 서점 안에 있는 카페에서는 커피와 와플 같은 한국의 커피숍에서 흔히 볼 수 있는 먹을거리를 판매한다. 최근 지하철 7·12호선 룽화중루 龙华中路역과 바로 연결되는 쇼핑몰 绿地缤纷城购物广场 안에 분점이 생겼다.

고의원 古倚园 구이위안 gǔ yǐ yuán Guyi Garden

가족 ★★★
커플 ★★★
사진가 ★★★

<u>위치</u> 지하철 11호선 난샹 南翔역에서 도보 20분 <u>주소</u> 上海市 嘉定区 南翔鎭 沪宜公路 218号 <u>오픈</u> 08:00~16:00 <u>요금</u> 12元 <u>홈피</u> www.guyigarden.com <u>지도</u> 상하이전도-A1

예원과 함께 상하이 5대 명원 중 하나. 명나라 만력 연간인 1573년에 창건했다. 창건 당시의 이름은 의원 倚园으로 시경 詩经에 나오는 '녹죽의의 綠竹倚倚'라는 시구에서 따왔다고 한다. 녹죽의의는 대나무가 울창하다는 뜻. 실제로 고의원에는 자줏빛이 도는 자죽 紫竹을 비롯해 방죽 方竹, 담죽 淡竹, 나한죽 罗汉竹 등 10여 종의 대나무가 자생하고 있다.

정원 내부는 거대한 원앙호 鴛鴦湖를 기준으로 동서남북에 각각 주요 건물들이 배치되어 있다. 호수 서쪽의 백학정 白鶴亭, 북쪽의 불계주 不系舟와 당경첩 唐經帖, 그리고 동쪽의 매화청 梅花厅이 그것이다. 그중 백학정은 고의원에 현존하는 가장 오래된 명대 건축물로 사료적 가치가 높다. 불계주는 호수 위에 떠 있는 배 모양의 건물로 베이징 이화원에 있는 석방의 모델이기도 하다. 썰렁하게 생긴 당경첩은 당나라 때의 비석. 비석에는 유교 경전이 새겨져 있다고 하는데 1,200년의 세월 동안 비바람에 마모되어 알아볼 수 있는 글자는 하나도 없다.

아름다운 원앙호의 전경을 감상할 수 있는 매화청은 고의원의 본관 건물인 셈. 모든 사물이 연녹색으로 피어나는 봄에 느낌이 가장 뛰어나다고 한다. 봄에 상하이를 방문할 여행자라면 둘러볼 만한 곳 중 하나. 매화청을 마주 보고 오른쪽으로 돌아가면 작은 연못 하화지 荷花池와 가느다란 탑신이 인상적인 보동탑 普同塔이 나온다. 중국 전형의 불탑 양식인 전탑이 아닌, 한국식 석탑에 가까운 모습을 하고 있어 여행자들의 궁금증을 자아낸다. 탑신에 새겨진 조각은 섬세하기로 유명하니 빠뜨리지 말고 감상하자.

샤오룽바오쯔의 원조, 상하이 고의원찬청   Talk

고의원의 남쪽 대문 입구, 왼쪽에 샤오룽바오쯔 小龙包子의 원조 간판을 달고 있는 상하이 고의원찬청 上海古猗园餐厅이라는 식당을 보게 됩니다. 이 집이야말로 샤오룽바오쯔의 진정한 원조인데요. 때는 1871년, 자딩 마을에는 찹쌀떡 가게를 하던 황명현 黃明賢이라는 사람이 살았답니다. 어느 날 고의원에 놀러 온 수많은 중국인이 점심때, 마땅히 먹을 것이 없어 우왕좌왕하는 것을 보고 전업을 결심, 만두 노점상을 차립니다. 매일 아침 일찍 만두를 빚어 바구니에 담고 기다란 대나무에 꿰어서 고의원 앞으로 나간 거죠. 결과는 대박. 한동안 황명현은 돈 세느라 손가락이 부르틀 정도였답니다. 하지만 예나 지금이나 중국은 카피의 천국. 황명현의 성공을 본 마을 사람들이 줄줄이 만두 장사로 전업, 이내 고의원 앞은 경쟁이 치열해지게 됩니다. 요즘처럼 원조를 내세울 수도 없는 시대, 황명현은 똑같은 품종으로 경쟁하면 승산이 없다는 것을 깨닫고 고기만두 개량 작업에 들어갑니다. 비상한 비즈니스 감각을 타고났던 것으로 보이는 그는 이내 기존 만두의 몇 가지 단점을 발견합니다. 즉, '너무 커서 작은 입이 미덕인 중국 여자들은 만두를 기피한다. 게다가 만두를 작게 만들면 더 많이 줄 수 있으므로 일반인들도 좋아한다. 또한 고의원에 놀러 오는 사람들은 부자들이니 이를 고급화하자'였답니다.

그는 찹쌀떡 장수였던 전직을 살려 만두피에 찹쌀을 섞어 쫄깃쫄깃하게 만듭니다. 찰기가 있어 만두피도 예전보다 훨씬 얇아질 수 있었지요. 게다가 쉽게 붙지 않기 때문에 고기의 육즙을 한동안 만두소에 담아둘 수 있다는 사실도 발견했습니다. 만두소도 다양화 해서 게살만두, 새우만두 등을 만들었죠. 만두 한 개 빚는 데 소요되는 밀가루를 5그램 이내로 줄인 획기적인 크기의 샤오룽바오쯔가 탄생한 것입니다. 그가 다시 대나무를 메고 나간 날, 다른 사람들은 장사를 못했다고 합니다. 그야말로 대성공. 얼마 지나지 않아 고의원 앞에 어엿한 가게, 바로 지금의 상하이 고의원찬청을 차리게 된 것입니다. 이후 황명현의 샤오룽바오쯔는 멀리 상하이까지 소문이 났는데요, 결국 상하이 성황묘의 도사들이 황명현을 스카우트해 한동안 상하이에 머물며 샤오룽바오쯔 가게를 운영하게 합니다. 그곳이 바로 예원에 있는 남상만두점 南翔饅头店인 거죠. 자, 이미 남상만두점의 샤오룽바오쯔를 맛보셨을 테니 원조의 손맛과 비교해 볼까요?

법화탑 法华塔 파화타 fǎ huá tǎ Fahuata

가족 ★★★
커플 ★★★
사진가 ★★★

위치 지하철 11호선 자딩북 嘉定北역에서 택시로 10분 **주소** 上海市 嘉定区 南大街 349号 **오픈** 08:00~11:00, 13:30~16:00 **요금** 6원 **지도** p20

남송시대인 1205~1207년 사이에 건설된 높이 40미터의 7층 불탑. 창건 당시의 이름은 금사탑 金沙塔이었다고 한다. 원래는 거의 허물어져 가던 것을 1996년 대대적인 복원 공사를 거쳐 오늘날의 모습으로 탈바꿈했다. 탑 내부로 오를 수 있다는 것은 정말 매력적인 일. 정상에서 바라보는 자딩의 나지막한 모습과 멀리 이어지는 지평선은 중국의 광활함을 느껴볼 수 있는 더없는 기회다.

한편, 1996년 원래의 법화탑을 허물다 발견된 지하 궁전은 중국 고고학계를 놀라게 한다. 지하 궁전에서 송·원·명 시대의 불상과 불경 판본 그리고 옥기들이 쏟아져 나왔기 때문이다. 발굴된 유물들은 현재 법화탑 옆에 있는 역사진열관 历史陈列馆에 고스란히 모셔져 있다. 법화탑을 재건하지 않았다면 언제까지 땅속에 묻혀 있었을 보물들을 감상하는 재미 또한 잊지 말자. 법화탑 입구 쪽에 있는 구웨이진기념관 顾维钧纪念馆은 20세기 중국 외교사를 길이 빛낸 외교관 구웨이진을 기리는 곳이다. 주변에 상하이 명원인 회룡담공원 汇龙潭公园과 추하포 秋霞圃가 있어 함께 둘러볼 수 있다.

상하이 국제서킷 上海国际赛车场 상하이궈지사이처창
Shàng hǎi guó Jì sài chē chǎng

가족 ★★
커플 ★★
사진가 ★★★

위치 지하철 11호선 상하이서킷 上海赛车场역 **주소** 上海市 嘉定区 伊宁路 2000号 **오픈** 08:00~17:00 **요금** 경기나 행사에 따라 차이가 있다. **홈피** www.formula1.com **지도** p20

아시아의 디트로이트를 꿈꾸는 상하이 시의 야심작. 자동차 경주의 꿈이라고 일컫는 F1그랑프리 경기장이다. 2004년 제1회 대회를 시작으로 지금까지 꾸준히 성장해온 상하이 F1그랑프리는 상하이 최대의 스포츠 행사로 자리매김하는 데 성공했다. 상하이에서 숙소 요금이 가장 비쌀 때는 F1 기간이라는 말이 나올 정도. 3억 달러를 들인 경기장의 총연장은 약 5.4킬로미터. 14번의 급커브가 있는 고난도의 코스라고 한다. 상하이 F1그랑프리는 일 년에 한 번 개최하지만, 상하이 국제서킷에서는 수시로 다양한 이벤트를 개최한다. 경기가 없을 때는 차량 정비소, 프레스룸 등을 둘러볼 수 있다. 자동차 경주에 관심 있는 사람이라면 제법 흥미 있는 시간이다.

서산 국가 삼림공원 佘山国家森林公园 서산궈자선린공위안
shé shān guó jiā sēn lín gōng yuán Sheshan National Forest Park

가족 ★★★
커플 ★★★
사진가 ★★

위치 지하철 9호선 서산 佘山역 1번 출구에서 버스 松江92路를 타면 된다. 동서산은 정류장 선린공위안 森林公园에서, 서서산은 정류장 서산 佘山에서 내린다. **주소** 上海市 松江区 佘山国家森林公园 **오픈** 08:00~16:00 **요금** 서서산 40元, 동서산 45元

남송시대인 1205~1207년 사이에 건설된 높이 40미터의 7층 불탑. 창건 당시의 이름은 금사탑 金沙塔이었다고 한다. 원래는 거의 허물어져 가던 것을 1996년 대대적인 복원 공사를 거쳐 오늘날의 모습으로 탈바꿈했다. 탑 내부로 오를 수 있다는 것은 정말 매력적인 일. 정상에서 바라보는 자딩의 나지막한 모습과 멀리 이어지는 지평선은 중국의 광활함을 느껴볼 수 있는 더없는 기회다.

한편, 1996년 원래의 법화탑을 허물다 발견된 지하 궁전은 중국 고고학계를 놀라게 한다. 지하 궁전에서 송·원·명 시대의 불상과 불경 판본 그리고 옥기들이 쏟아져 나왔기 때문이다. 발굴된 유물들은 현재 법화탑 옆에 있는 역사진열관 历史陈列馆에 고이 스란히 모셔져 있다. 법화탑을 재건하지 않았다면 언제까지 땅속에 묻혀 있었을 보물들을 감상하는 재미 또한 잊지 말자. 법화탑 입구 쪽에 있는 구웨이진기념관 顾维钧纪念馆은 20세기 중국 외교사를 길이 빛낸 외교관 구웨이진을 기리는 곳이다. 주변에 상하이 명원인 회룡담공원 汇龙潭公园과 추하포 秋霞圃가 있어 함께 둘러볼 수 있다.

취백지 醉白池 쭈이바이쯔 zuì bái chí

가족 ★★
커플 ★★
사진가 ★★

위치 지하철 9호선 취백지 醉白池역에서 하차 **주소** 上海市 松江区 人民南路 64号 **오픈** 08:00~17:00 **요금** 12元

상하이 5대 정원 중 하나로 1644~1662년 사이에 세워졌다. 당시의 궁정화가였던 고대신 顾大申은 예술과 술을 인생의 2대 화두로 삼았던 인물로, 당나라 시대의 대문학가 백거이 白居易에 대한 존경이 남달랐다고 한다. 백거이는 별명이 취음거사 醉音居士일 정도로 술과 음악에 관한 한 특별했던 존재. 즉, 고대신은 백거이와 자신을 동률의 천재로 인식했던 셈이다. 취백지라는 이름은 송대의 문학가이자 당대의 술꾼인 소동파의 〈취백당기 醉白堂記〉에서 따온 말이다.

전체 면적이 5만 제곱미터에 달하는데, 그중 1/3은 연못과 운하로 이루어져 있다. 그래서 여름이면 뱃놀이를 즐기기 위해 상하이에서 인파가 몰려들 정도다.

ACCOMMODATIONS

상하이 숙소

다양하고 폭이 넓다　중국 제일의 경제도시이자 관광도시인 상하이는 언제나 여행자들과 출장자들로 넘쳐난다. 매년 수백 개의 호텔이 새로 오픈하고, 또 상당수의 호텔이 폐업을 선언한다. 인기 있는 몇몇 호텔들은 여행 한 달 전부터 예약하지 않으면 방을 구하기가 힘들 정도지만, 최성수기만 피해 간다면 방이 없어 발을 동동 구르는 일은 거의 없다.

클래식　조계시대에 지어진 상당수의 건물이 재건축할 수 없는 보호유산으로 지정된 터라, 상하이에서는 신축 호텔보다는 오래된 건물을 리모델링해 개조한 곳을 쉽게 만날 수 있다. 고급 호텔은 중후한 외관과 현대적인 내부 시설을 접할 수 있지만, 중급 호텔 아래로 내려가면 중후함보다는 낡은 시설이 더 눈에 띄는 경우가 많다. 신축 호텔을 원한다면 신시가인 푸동이나 시 외곽으로 빠지는 게 더 현명하다.

보증금제 야진 押金　신뢰부족의 문제로 보이는데, 중국의 호텔들은 투숙 시 방값의 몇 배에 해당하는 보증금을 걸어야 한다(호텔마다 정해진 보증금액이 있다). 예전에는 하루 방값의 2~3배에 해당하는 현금을 걸었으나 최근에는 신용카드로 먼저 결제를 할 수도 있다. 신용카드로 보증금을 결제할 경우, 체크아웃 시 선결제비용을 취소해 준다. 금액이 적지 않은 편이라 국외 카드 이용 한도가 적다면 현지에서 난감해질 수도 있다는 점을 알아두자. 현금을 보증금으로 걸었을 때는 영수증을 써주는데, 체크아웃 시 반드시 제출해야 돈을 환급받을 수 있다.

중저가 체인 호텔의 급증　체인 호텔인 모텔 168이 대성공을 거둔 이후, 상하이를 포함한 중국 전역에서 체인 호텔들이 성업 중이다. 체인 호텔은 표준 가격의 엄수, 같은 설비와 인테리어로 어딜 가던 평균의 설비를 자랑한다.

밍타운 난징로드 유스호스텔 南京路靑年旅舍

난징루칭녠뤼스 Ming town Nanjing Road Youth Hostel

위치 지하철 2·10호선 난징동루역 1번 출구로 나와 오른쪽으로 꺾어 도보 5분 주소 上海市 黃浦區 天津路 258号 요금 도미토리 65~90元, 더블 280~340元, 패밀리 룸 330元 전화 (021)6322-0939 지도 p3-B1

최고의 위치를 자랑하는 유스호스텔로 최근 배낭여행자들이 가장 선호하는 숙소다. 5층으로 이루어진 유스호스텔의 규모는 꽤 큰 편으로 1층은 예쁜 카페로 꾸며져 여행자들의 만남의 장소 구실을 톡톡히 하고 있다. 난징동루역에서 가깝지만 찾아가는 길이 조금 복잡하다고 느낄 수 있다. 미리 지도를 잘 확인하고 걷도록 하자. 코앞에 두고 빙빙 돌 수 있다.

다른 곳의 도미토리는 화장실이 바깥에 있는 경우가 많은데, 이 집은 화장실과 세면대가 안에 있다는 게 큰 장점이다. 도미토리에 머물 예정이라면 가장 먼저 고려해 보자. 인민광장역 11번 출구에서 도보 8분 거리에 밍타운 이 투어 유스호스텔 明堂上海新易途靑年旅舍 문섬이 있는데 이 집도 못지않은 인기를 누리고 있다.

캡틴 유스호스텔 船長靑年酒店 환장칭녠주뎬

위치 지하철 2·10호선 난징동루역 3번 출구에서 도보 10분 주소 上海市 黃浦區 福州路 37号 요금 도미토리 75元, 더블 281~1,200元 전화 (021)6323-5053 지도 p3-C2

상하이 배낭여행자들의 고향으로 와이탄에서 엎어지면 코 닿을 곳에 있다. 캡틴 유스호스텔이 낡아 볼품없는 숙소인 것은 사실이지만 위치가 워낙에 좋고 가격이 저렴하다보니 아직까지도 찾는 이들이 많다. 이 집의 주제는 해적이다. 그래서 이름도 선장 청년주점. 도미토리의 공식 명칭은 Sailer's Bunker, 즉 선원실이라는 얘기. 계단을 장식한 구명 튜브를 보고 있으면 '내가 진짜 배 안에 있나?' 싶을 정도다.

친절도 면에서 여행자들의 불만 어린 목소리가 증폭하는데, 좋게 말하면 아주 사무적이라고 보는 게 좋을 듯하다(일반적인 중국의 유스호스텔은 외국인들에게 아주 친절하다). 2층에 있는 더블룸은 낡은 감이 조금 들지만 널찍하고 큰 창으로 인해 밝다. 단, 오래된 숙소다 보니 낡은 감은 숨기기 힘들어 보인다.

ACCOMMODATIONS

밍타운 이투어 유스호스텔 上海新易途国际青年旅舍 Mingtown Etour Youth Hostel

위치 지하철 1·2·8호선 인민광장역 11번 출구에서 스타벅스를 지나 도보 8분, 멀리서도 보이는 뾰족한 JW메리어트 뒤편 주소 上海市 黃浦区 江阴路 55号 요금 도미토리 90~100元, 더블 280~600元 전화 (021)6327-7766 지도 p5-C1

인민광장 지척에 있는 경제적인 숙소. 일단 지하철역에서 엎어지면 코 닿을 거리인 데다, 위치 또한 어디로 움직이던 아주 편리해서 여행 목적의 방문자들에게 인기가 높다. 특히, 단독 여성 여행자들에게는 여성 전용 도미토리의 존재 하나만으로도 일단 합격. 안타까운 점은 이런 장점이 누구에게나 마찬가지이기 때문에 꽤 일찌감치 예약에 나서지 않으면 조기에 매진된다는 것. 상하이 유스호스텔의 더블룸은 약간은 부티크 호텔 같은 느낌이 있는데, 그건 여기도 마찬가지다. 다만 1층의 방들은 습하다는 보고가 있으니 가급적 2층 방을 이용하는 것을 권하고 싶다. 널찍하고 아기자기한 공용 공간은 꽤 유용하다.

상하이 블루 마운틴 번드 유스호스텔 Shanghai Blue Mountain Bund Youth Hostel

위치 지하철 2·10호선 난징동루역 1번 출구에서 도보 6분 주소 上海市 黃浦区 山西南路 350号 요금 도미토리 90~150元, 더블 458~699元 전화 (021)3366-1561 지도 p3-B1

난징동루 보행가 근처에 있는 유스호스텔이다. 층별로 다른 숙소가 입점해 있는 건물의 한 층을 임대해 운영하고 있다. 장단점이 확연하게 갈리는 곳인데, 먼저 장점은 난징동루에서 엎어지면 코 닿을 거리에 있다는 것. 숙소에서 도보 3분 거리에 가장 번화한 거리가 있다는 장점은 탁월하다. 최소한 택시기사가 여길 모를 가능성도 없고, 최소한 근처까지는 어떻게든 갈 수 있으니 말이다. 단점은 다른 유스호스텔과 달리 독립된 건물이 아니다 보니 한계가 명확하다. 더블룸은 가격에 비해 정말 좁은 편이고, 도미토리도 빽빽하다. 사실 유스호스텔이라는 숙박 시설에 대해 별반 기대하지 않으면 감내할 수 있지만, 그러기에는 상하이의 몇몇 유스호스텔이 너무 예쁘장하게 생겼다.
세탁기, 공용 공간, 공동욕실 등의 부대시설은 일반적이다. 공동욕실의 경우 남녀 공용(입구가 같은)이라 초기에 멘붕이 올 가능성이 있다. 한국인들이 꽤 선호하는 곳이다.

피닉스 호스텔 上海老陕客栈 The Phoenix

위치 지하철 대세계역 1번 출구에서 도보 5분 또는 지하철 1·2·8호선 인민광장역 1번 출구에서 도보 10분 주소 上海市 黃浦区 云南南路 17号 요금 도미토리 95~105元, 싱글 278元, 더블 388~496元 전화 (021)6328-8680 지도 p2-B2

미식거리로 유명한 윈난루에 있는 호스텔로 주변에 편의점, 레스토랑이 많다. 오래된 건물에 있는 숙소지만 관리를 깨끗이 하고 있는 편이다.
가격차이가 많이 나지 않는 싱글 방이 있다는 것과 방이 크다는 것이 특징이라면 특징. 무선 인터넷 사용이 가능하고, 스태프들도 외국인에게 호의적이다. 5층에 있는 오픈 카페에서 맥주 한 잔과 함께 하루를 마무리하기에 좋은 곳이다. 가장 많은 불만은 온수가 나오는 속도가 더디다는 점인데, 한참 틀어놓고 있어야 뜨거운 물로 바뀐다.

르 투어 트래블러스 레스트 유스호스텔
上海乐途静安国际青年旅舍 Le Tour Traveler's Rest Youth Hostel

위치 지하철 2호선 정안사역 3번 출구에서 도보 15분 주소 上海市 静安区 胶州路 319弄36号 요금 도미토리 100元, 더블 340~420元 전화 (021)6267-1912 지도 p4-A1

정안사 뒤쪽, 주거 구역에 있는 유스호스텔이다. 초행에 찾기가 좀 어렵다는 단점을 빼고는 여러모로 가성비가 좋은 편이다. 무엇보다 도시 중심에 이런 프랑스풍 주거지가 남아 있다는 점이 놀랍다. 도미토리는 남성용과 여성용으로 나뉘는데, 나쁘지 않은 2층 침대에 공용 책상이 놓여 있는 등 도미토리치고는 시설이 괜찮다. 객실도 방 자체는 널찍한 편이다. 조금은 낡았지만, 잘 관리된 학생 기숙사 느낌. 교통은 편리하기도 하고 불편하기도 하다. 지하철 정안사역과 500m가량 떨어져 있어, 역까지 걷는 10~15분 정도의 시간이 게으름뱅이들에겐 단점으로 작용할 수도 있다. 하지만, 가로수가 우거진 길이라 걷기에 마냥 나쁘지만은 않다. 게다가 정안사역은 시내로 나가기가 편하다는 장점이 있다.

24K 국제연쇄주점 24K 国际连锁酒店

위치 지하철 1 · 2 · 8호선 인민광장역 3 · 15번출구에서 노로 / 분 주소 上海市 黄浦区 福州路 555号 요금 더블 326~588元 전화 (021)5150-3588 홈피 www.24khotels.com 지도 p2-B2

체인 호텔이다. 순금을 뜻하는 24K는 그만큼의 고품격 서비스를 상징한다고 하는데, 이 책에서 소개하는 지점은 서비스보다는 환상적인 위치가 더 강점이다.
유스호스텔보다 중국인 손님 비중이 높고 이용하는 사람들의 나이대가 높은 편이지만, KFC를 비롯해 맥도날드, 현지 슈퍼마켓 등 주변 환경이 상당히 좋다. 체인 호텔답게 상하이 기차역과 인민광장에도 분점이 있다.

모텔 168 莫泰168 Motel 168 (上海新天地徐家汇路店)

위치 지하철 8 · 9호선 루자방루 陆家浜路역 7번 출구에서 도보 7분 주소 上海市 黄浦区 徐家汇路 3-7号 요금 더블 256~339元(아침 포함) 전화 (021)5108-8007 홈피 www.motel168.com 지도 p11-C2

상하이에 등장한 체인 호텔의 원조. 현재는 상하이에만 100개가 넘는 지점이 있을 정도로 어디가나 눈에 띄는 친근한 상표다. 건설 당시 한국의 러브호텔 실내장식을 참고 했다고 하는데, 이미 10년 전 일이라 내부 실내장식이 그렇게 눈에 띄진 않는다.
침대가 다른 비슷한 가격대의 숙소에 비해 약간 큰 편이다, VOD 설비가 완비된 TV, 객실 내 인터넷 사용(유료인 곳과 무료인 곳이 있다) 등 기본 설비가 충실한 편이다. 가끔 특가 방이라는 이름으로 폭탄 세일을 하기도 한다. 저렴한 가격이라면 방이 지하에 있거나 창문이 없는 경우가 있으니 사전에 확인하고 예약하도록 하자.

ACCOMMODATIONS

록 & 우드 유스호스텔 老木国际青年旅舍 Rock & Wood International Youth Hostel

위치 지하철 3·4호선 옌안시루역 1번 출구 또는 지하철 2·3·4호선 중산공원역 2번 출구에서 도보 10~15분 주소 上海市 长宁区昭化路 615号 요금 도미토리 95~100元, 더블 250~330元 전화 (021)3360-2361 홈피 www.rockwood.hostel.com 지도 p17-C2

여유 있는 일정이라면 시내 중심에서 조금 벗어난 곳에 위치한 록 & 우드 유스호스텔을 추천한다. 도미토리도 나쁘지 않지만 록 & 우드 유스호스텔의 가장 큰 장점은 별채에 있는 럭셔리 더블 룸. 넓은 방의 크기와 소박한 1층 베란다는 여행의 여유를 주기에 충분하다. 워낙 인기가 많은 숙소다보니 예약은 필수. 숙소 주변에 저렴한 마사지숍이 많다는 것도 장점이다.

진쟝인 锦江之星 (人民广场淮海东路店)

위치 지하철 대세계역 2번 출구에서 도보 5분 또는 지하철 1·2·8호선 인민광장역 1번 출구에서 도보 10분 주소 上海市 黄浦区 云南南路 293号 요금 더블 312~473元 전화 (021)6326-2200 홈피 www.jinjianginns.com 지도 p8-A1

진쟝 그룹에서 운영하는 경제적인 여관 체인점. 상하이 곳곳에 92개의 체인이 있다. 객실은 소박하지만, 매우 깨끗하다. 외국인들의 발길도 부쩍 잦아져서 도심에 있는 분점들은 어느 정도 영어로 의사소통도 가능하다. 황포구에 8개의 분점이 있고 와이탄 분점(四川中路 630号)과 함께 원난루에 위치한 금강지성이 최근에 지어져 시설이 좋은 편이다. 가장 저렴한 여관 체인을 만들겠다는 진쟝 그룹의 꿈은, 상하이 호텔들의 과도한 할인 경쟁으로 쉽사리 이루어질 수 없을 것 같다.

한팅주뎬 汉庭酒店 한팅주뎬 (南京东路店)

위치 2·10호선 난징동루역 3번 출구에서 도보 3분 주소 上海市 黄浦区 山东中路 230号 요금 더블 366~436元 전화 (021)6322-1999 홈피 www.htinns.com 지도 p3-B2

2012년에 새로 공개한 호텔로 상하이 관광의 핵심인 난징둥루 보행가 지척에 있다. 짧은 일정의 자유여행자라면 환상적인 위치와 지하철역 바로 옆이라는 장점이 빛을 보게 된다.
참고로 한팅 汉庭은 중국 전역에서 체인으로 운영하고 있는데 상하이에만 100개가 넘는다. 즉 상하이 곳곳 한팅이 없는 곳이 없다고 보면 된다. 시내라면 2개의 분점을 거느리기도 한다. 위치와 설립연도에 따라 가격 차이가 있다. 등급에 따라 쾌첩 快捷, 주점 酒店, 객잔 客栈 세 종류로 나뉜다.

중급 숙소

홀리데이 인 익스프레스 자베이 上海北方快捷假日酒店 Holiday Inn Express Zhabei

위치 지하철 1·4호선 상하이역 3번 출구에서 도보 15분 주소 上海市 中兴路 1738号 요금 더블 342~513元 전화 (021)3617-9999 지도 p18-B2

2008년에 개업한 26층 건물, 472개의 객실을 보유한 전형적인 비즈니스 호텔이다.

홀리데이 인 익스프레스는 지점마다 가격 차이가 꽤 나는 편인데 책에 소개한 자베이점은 저렴한 편에 속한다. 중급 호텔다운 안정적인 설비를 자랑하는데, 아무래도 유동인구가 많은 탓에 몇몇 방은 손님들에게 시달린(?) 흔적이 확연하다. 중급 숙소에는 당연히 있어야 할 냉장고가 없다는 것도 단점 중 하나. 상하이역 뒤편(북광장)에 있어 초행길이거나 공항버스가 내려주는 상하이역 남광장 쪽에서는 찾아가기가 쉽지 않다. 택시를 타고 한자로 된 주소를 보여주는 것이 무거운 짐들고 고생하지 않는 길이다.

참스 호텔 Charms Hotel

위치 지하철 1·2·8호선 인민광장역 6·14·19번 출구에서 도보 7분 주소 上海市 黄浦区 九江路 619号 요금 더블 680(398)~1,280(680)元 전화 (021)5359-4900 지도 p2-B2

2002년에 개업한 호텔, 위치 하나는 환상적이다. 10만 원가량의 숙박비를 내고 적당한 시설과 편리한 교통편을 원한다면 꽤 경쟁력이 있다고 볼 수 있다. 다만 가장 저렴한 방은 창문이 없는 경우도 종종 있는데, 이런 방을 선호하지 않는다면 고려해 봐야 한다. 방에서 잠깐 자고 중간에 잠깐 들어와 쉬며 상하이 관광에 매진할 사람에게 추천. 모텔이라고 생각하면 맘 편할 듯. 로비에서 무선 인터넷 사용이 가능하다.

오궁대주점 吳宮大酒店 우궁다주뎬

위치 지하철 2·10호선 난징동루역 4번 출구에서 도보 6분 주소 上海市 福州路 431号 요금 더블 550~620元 전화 (021)6326-0303 홈피 www.sh-wugong.com 지도 p3-B2

상하이 서성과 마주 보고 있는 3성급 호텔. 1931년에 지어진 오래된 호텔이지만 2012년에 증·개축 작업을 마쳐 한결 깔끔해졌다. 한때 일본인 여행자들이 선호하던 집 중 하나였고, 최근에는 중국인 단체 관광객들도 못지않게 좋아한다. 설비 면에서 특출나게 눈에 띄는 장점은 없지만 난징동루 보행가와 도보 2분, 와이탄을 도보로 연결할 수 있다는 점은 이 집 최고의 장점이다.

ACCOMMODATIONS

SSAW 부티크 호텔 상하이 번드
中星君亭酒店 SSAW Boutique Hotel Shanghai Bund

위치 지하철 10호선 예원역 4번 출구에서 도보 5분 주소 上海市 黃浦区 人民路 839号 요금 더블 727~1,178元 전화 (021)6326-5666 지도 p8-A1

2010년에 개업한 호텔로 예원이 바로 옆이고 인민광장이나 다른 명소로 이동하기 편리한 위치. 지은 지 얼마 안 된 숙소다 보니 전체적으로 깔끔하고 방의 크기도 널찍하다. 방에 LAN 케이블이 있어 랩톱 사용자들은 무료 인터넷을 사용할 수 있으며 캡슐커피 머신도 마련되어 있다. 별거 아니게 느낄 수 있지만, 냉장고 안에 들어 있는 몇 가지의 음료와 과자는 무료 서비스다. 창가에 마련된 의자에 앉아 편하게 잡담을 나눌 수 있는 여유가 느껴지는 호텔이다. 600元 이하의 가격에 예약할 수 있다면, 추천.

레이폰트 다운타운 호텔 上海徐汇瑞峰酒店 Rayfont Downtown Hotel

위치 지하철 9호선 다푸차오역 3번 출구 또는 지아산루역 2번 출구에서 도보 5~7분 주소 上海市 徐汇区 肇嘉浜路 7号 요금 더블 408~781元 전화 (021)5407-7000 지도 p13-C2

호텔인데 아파트 단지 안에 있다. 그것도 아파트 한 동이 호텔로 쓰이고 있다. 2007년 개업한 이 특이한 호텔은 집 같은 안락함 그리고 특이한 숙박환경을 원하는 여행자들에게 꾸준한 인기를 누리고 있다. 총 37층, 497개의 객실을 자랑한다. 객실은 아파트의 층을 통으로 뚫어서 다시 방을 재배열하는 식으로 이루어졌기 때문에 아파트 같다는 느낌은 별로 없다. 다만 스위트룸의 경우 아파트 한 호를 모두 사용해 집 같은 느낌이다. 특히 널찍한 거실과 주방설비 덕분에 장기 거주자들에게는 인기 만점.
각종 사이트를 통한 이런저런 할인 행사가 많은 집이라 가끔 깜짝 놀랄 저가에도 예약할 수 있다. 타이캉루가 지척이라 프랑스 조계지 위주로 여행하고 싶은 여행자에게는 더 없이 안성맞춤. 스태프들의 표정이 권태롭다는 점을 뺀다면 여러모로 만족스럽다.

루이타이 징안 호텔 瑞泰静安酒店 Ruitai Jingan Hotel

위치 지하철 2호선 난징시루역 4번 출구에서 도보 1분 주소 上海市 静安区 泰兴路 178号 요금 더블 417~1,300元 전화 (021)6272-2222 지도 p4-B1

지하철 2호선 난징시루역 바로 옆에 있어 위치가 훌륭하다. 또한 시내 중심에 있다 보니 주변이 전부 식당과 카페, 쇼핑센터로 이루어져 있다는 것도 장점이다.

최고라 말할 수는 없지만, 위치와 가격을 고려한다면 이해할 만한 수준이다. 다만 저가 방은 창문이 없다. 창문의 유무로 방값에 차등을 두고 있으므로 답답함을 싫어한다면 한 번 더 따져볼 일이다.

코트야드 바이 메리어트 상하이 푸시 上海浦西万怡酒店
Courtyard by Marriott Puxi

위치 지하철 1・12・13호선 汉中路역 1・4번 출구에서 도보 5분 주소 上海市 闸北区 恒丰路 338号 요금 더블 758~1,300元 전화 (021)2215-3888 홈피 www.puxicourtyard.com 지도 p18-B2

4성급 호텔 중에서는 가성비가 괜찮은 숙소 중 하나다. 코트야드는 매리어트 호텔 중에서 비즈니스호텔로 분류되는 등급으로, 도심보다는 약간 외곽에 있는 편이다. 설비나 시설 면에서 비즈니스호텔치고는 호사스러운 편이고 5성에는 못 미치는데, 매리어트가 직접 관리한다는 점에서 확실한 몇 가지의 강점이 있다.

일단 중국계 호텔에 비해 침구 세트가 좋은 편이다. 즉, 일본 등지를 여행하며 머물렀던 비즈니스호텔을 생각하면 여기는 무척 안락한 편이다. 객실은 약간 길쭉하다 싶은데, 머무르는데 불편하지 않은 넓은 크기를 자랑한다. 4성 호텔에 걸맞게 피트니스 센터와 실내 수영장도 갖추고 있다. 식당은 직영이 세 곳인데 모두 캐주얼 정도의 드레스 코드만 요구하기 때문에 여행자들이 이용하기에 적당하다.

ACCOMMODATIONS

골든 튤립 번드 뉴 아시아 上海新亚大酒店 New Asia Hotel

위치 지하철 10·12호선 天潼路역 3번 출구에서 도보 4분 주소 上海市 虹口区 四川北路 天潼路 422号 요금 더블 599~705元 전화 (021)6324-2210 홈피 http://newasiahotelshanghai.com 지도 p3-B1

와이탄이 보이는, 쑤저우허 苏州河 변에 있는 숙소. 1936년에 지은 아르데코풍 건물을 개조해 숙소로 만들었다. 지은 지 80년이 훌쩍 넘은 오래된 건물이지만, 대대적인 리모델링을 거치며 고풍스러움과 현대적인 편리함을 겸비한 호텔로 거듭났다. 주변에 어마어마한 가격대의 호텔들이 즐비한데, 상대적으로 저렴하다는 점도 눈에 띈다. 방에 따라 다르지만 전망도 보이고, 와이탄과 이 정도 거리를 유지하며 이 가격대를 유지한다는 건 사실 놀라운 일이다.

방이 아주 넓은 편은 아니지만, 책상과 소파가 있는 등 기본 내장은 충실하고 침구도 가격대비 훌륭한 편이다. 단, 저렴한 방의 경우 미니바가 없다는 게 거의 유일한 흠. 호텔에서 나오면 바로 옆에 편의점이 있다.

애스터 하우스 호텔 浦江饭店 ASTOR HOUSE HOTEL

위치 지하철 2·10호선 난징동루역 6·7번 출구에서 도보 15~20분 주소 上海市 黃浦区 黃浦路 15号 요금 더블 798~980元 전화 (021)6324-6388 홈피 www.pujianghotel.com 지도 p3-C1

1846년에 지어진 상하이에서 가장 오래된 호텔 중 하나로 상하이의 근대사와 운명을 같이 한 곳으로 손꼽힌다. 특히 중국 최초로 전화가 가설된 건물이라는 타이틀은 포강반점의 역사적 의미가 얼마나 큰가를 말해주는 증거이기도 하다. 당시 유일한 근대 호텔이었던 덕분에 포강반점은 버트런드 러셀, 찰리 채플린, 알베르트 아인슈타인 같은 당대의 내로라하는 명사들이 투숙했던 곳이기도 하고 현재는 단골 영화 촬영지로도 명성이 높다.

오랜 역사 탓에 지레 겁먹지는 말자. 호텔 고시 가격은 어마어마하지만, 이런저런 할인이 늘 따라붙어 실제 문턱은 그리 높지 않다. 2006년 증·개축을 거치며 엘리베이터, LAN 케이블을 비롯해 일부 객실에서는 무선 인터넷도 가능할 정도로 현대화했다. 보석같이 치장한 화려한 로비와 반짝이는 마룻바닥에서 역사의 온기와 세월의 이야기를 들어보자. 호텔 2층에 있는 갤러리는 포강반점의 역사를 기록한 일종의 갤러리다. 일반에게 공개되어 있으니 머물지 않더라도 한 번쯤 방문해보자.

고급 숙소

풀만 상하이 스카이웨이 上海斯格威铂尔曼大酒店 Pullman Shanghai Skyway

위치 지하철 9호선 다푸차오역 2번 출구에서 도보 2분 주소 上海市 卢湾区 打浦路 15号 요금 더블 1,268(808)~ 2,068(1,757)元 전화 (021)3318-9988 지도 p13-C2

역시 프랑스 계인 Actor 그룹의 호텔로, 그랜드 머큐어와 같은 등급의 호텔 체인이다. 2007년에 지어졌는데 총 52층 약 645개의 객실을 보유하고 있다. 프랑스 조계지에 있어 사람에 따라 외지다고 느낄 수도 있지만, 최근 상하이 여행의 경향을 읽는다면 결코 나쁜 위치는 아니다. 객실은 5성 호텔치고는 약간 소박한 느낌이지만, 편안하게 머무는 데 부족함은 없다. 방에 LAN이 깔려 있어 랩톱 사용자들은 인터넷을 이용할 수 있다.

르 로열 메르디앙 上海世茂皇家艾美酒店 Le Royal Meridien

위치 시하철 I·2·8호선 인민광장역 19번 춘구루 나우면 바로 난징동루 보행가와 만난다. 오른쪽에 있는 큰 건물 11층이 로비다. 주소 上海市 黄浦区 南京东路步行街 789号 요금 더블 1,323~2,530元 전화 (021)3318-9999 지도 p2-B2

난징동루를 대표하는 호텔 중 하나다. 인민공원과 난징동루 중간에 있어 위치 하나는 끝내준다. 총 761개의 방을 가지고 있는데, 5성 호텔치고 방이 그리 넓은 편은 아니다. 호화 부대시설보다는 창밖으로 펼쳐지는 화려한 전망이 이 호텔의 포인트. 특히 유리벽면의 실내 수영장은 르 로열 메르디앙의 자랑거리 중 하나다. 에어텔 상품도 있으니 알뜰 여행자라면 웹의 세계를 방황해보자.

상하이 숙소 331

ACCOMMODATIONS

롱지몽 호텔 上海龙之梦大酒店 Longemont Hotel Shanghai

위치 지하철 3호선 옌안시루역 또는 지하철 2·6호선 장쑤루역 또는 지하철 10호선 교통대학역에서 택시로 5~10분 주소 上海市 长宁区 延安西路 1116号 요금 더블 1,113(960)~1,619元 전화 (021)6115-9988 지도 p17-C2

옌안로 고가를 지나다 보면 언제든지 발견할 수 있는 순청색 고층 건물, 총 57층 511개의 규모를 자랑하는 대형 호텔이다. 일단 설비 면에서는 어지간한 5성급과 비교해도 손색이 없는데, 가격은 그에 비해 꽤 저렴하다. 가장 작은 방이 43㎡인 만큼 방이 좁다는 불만은 들을 수가 없다. 침구 선정에도 꽤 공을 들였는데, 5성이라고는 하지만 이 정도 가격이면 상하이 최고의 가성비라 할 수 있겠다.

전망은 비록 시티 쪽으로만 나 있지만, 저 멀리 푸동까지 훤히 보여 날씨가 맑을 때는 제법 괜찮은 상하이의 스카이라인을 덤으로 감상할 수 있다. 부설 실내수영장도 꽤 인상적인데, 사선의 천장을 통해 자연광이 그대로 물속으로 투영되도록 설계했다. 실내수영장이지만 실외수영장 같은 느낌이 나는 것도 이 때문이다.

다만, 이 끝내주는 가성비가 가능한 이유는 약간 애매한 위치에 있다는 것이다. 옌안로 고가 바로 옆, 대로변에 있긴 하지만, 지하철로 이동하는 여행자들에게는 역까지 걷기에는 좀 성가신 거리다. 그래서 택시는 롱지몽에 머무는 동안 여행을 위한 필수 수단이다.

오쿠라 가든 호텔 花园饭店 화위엔판뎬 Okura Garden Hotel

위치 지하철 2호선 산시난루 陕西南路역 하차 도보 3분 주소 上海市 黃浦区 茂名南路 58号 요금 더블 1,200(980)~2,658(1,026)元 전화 (021)6415-1111 홈피 www.gardenhotelshanghai.com 지도 p13-B1

프랑스 조계지에 있는 일본계 5성 호텔. 일본인 단체 관광객들이 가장 선호하는 호텔이라 이 일대에서는 언제나 일본인들을 볼 수 있다. 프랑스풍의 외관이지만, 내부는 일본식 실내장식과 프랑스 건축양식이 뒤섞여 있다. 로비와 각 층을 연결하는 우아한 계단이 특히 인상적이다. 지은 지 20년이 넘은 호텔이라 객실은 약간 낡은 감이 있는데, 공들인 관리로 이를 가리고 있다. 친절도는 상당한데, 아무래도 일본식 몸가

짐에 익숙한 분위기. 무뚝뚝한 중국인 스태프만 보아왔다면 나름 새로운 경험이다. 일식으로 나오는 조식뷔페는 정갈하고 깔끔하다.

밀레니엄 호텔 홍차오 상하이 上海千禧海鸥大酒店

Millennium Hotel Hongqiao Shanghai

위치 지하철 10호선 수이청루역 水城路역 2번 출구에서 도보 7~10분 주소 上海市 长宁区 延安西路 2588号 요금 더블 1,500(840)~2,739(1,280)元 전화 (021)6208-5888 지도 p14-B1

홍차오 지역의 핫한 호텔 중 하나로 2007년 개업했다. 5성 호텔치고는 조금 작은 약 300개의 객실을 보유하고 있는데, 땅값이 상대적으로 저렴한 위치 탓에 상당히 넓은 객실 크기를 자랑한다.
참고로 이 일대는 한국인들이 모여 사는 일종의 코리아타운이기도 하다. 교민들이 길들(?)여 놓은 훌륭한 가성비의 마사지 가게를 근처에서 이용할 수 있다는 점은 이 호텔이 가진 의외의 장점이다. 2층의 부설 레스토랑은 점심 나절의 딤섬 뷔페로도 유명하다.

힐튼 상하이 홍차오 上海虹桥元一希尔顿酒店 Hilton Shanghai Hongqiao

위치 지하철 10호선 수이청루역 2·3번 출구에서 택시로 10분 주소 上海市 闵行区 红松东路 1116号 요금 더블 900~1,200元 전화 (021)3323-6666 지도 p14-B1

2010년에 공개한 5성 호텔로 총 674개의 객실을 갖춘 대형 호텔이다. 한국·일본인 거주지역과 가깝다 보니 아무래도 투숙객들도 한국·일본인 위주다.
홍차오에 있는 숙소들의 미덕인 넓은 방은 힐튼 상하이 홍차오에서도 유효하다. 많은 한국인 여행자들에게 입에 맞는 조식 뷔페로 명성이 높은데, 손님의 구성 상 상당수의 한식과 일식이 아침 뷔페에 포함되어 있기 때문이다.
여행자보다는 이 일대에서 볼일이 있는 비즈니스 여행자들에게 더 최적화된 느낌이지만, 약간의 택시 이용을 고려하는 여행자들에게도 나쁘지 않은 선택으로 보인다.

ACCOMMODATIONS

도르셋 상하이 上海帝盛酒店 Dorsett Shanghai

위치 지하철 2호선 世纪公园역 4번 출구와 연결된다. 주소 上海市 浦东新区 花木路 800号 요금 660~1,106元 전화 (021)3852-2222 홈피 www.dorsetthotels.com/shanghai 지도 p7-B2

홍콩에 본점을 둔 중급 호텔 체인. 중국에는 4곳이 있는데, 상하이가 중국 1호점이다. 부티크 호텔이 한참 문을 열던 시절에 지어진 숙소라 당시 기준으로는 부티크였을지 모르나. 지금 기준으로는 그냥 예쁜 호텔에 가깝다.
객실의 크기는 적당한 수준이다. 제일 작은 방인 디럭스 시티뷰가 30㎡. 모든 방의 일부 면이 통유리로 되어 있어 채광상태가 상당히 좋다는 건 장점이다. 시티뷰는 풍경이 단조롭지만, 파크뷰 룸으로 가면 세기공원의 녹지 덕분에 마음이 편안해진다.
중급에 속하는 가격대다 보니 특별한 부대시설은 없다. 수영장은 없고, 그나마 피트니스 센터가 투숙객들을 기다리고 있다. 교통은 꽤 좋은 편으로 지하철 세기공원역과 바로 연결된다. 번화가는 아니지만 주변에 편의점, 슈퍼마켓과 스타벅스가 있어 크게 불편하지는 않다.

웨스틴 호텔 上海威斯汀大饭店 웨이스팅다판뎬 The Westin Bund Center Shanghai

위치 2·10호선 난징동루역 3번 출구에서 도보 10분 또는 지하철 10호선 예원역에서 도보 10분 주소 上海市 黄浦区 河南中路 88号 요금 더블 3,232(1,103~1,800)元 전화 (021)6335-1888 홈피 www.westinshanghai.com 지도 p3-C2

와이탄과 난징동루, 예원 주변의 경계표, 밤에 레이저를 발사하는 연꽃 모양의 건물을 봤다면 바로 거기가 웨스틴 호텔이다. 개업 당시 푸동의 하얏트와 함께 상하이에서 제일 비싼 호텔 경쟁을 벌였으나, 이제는 그도 옛날이야기가 되었다.
건설 당시 아낌없이 쏟아부었다는 최고급 내장재들은 지금 봐도 경탄스럽다. 프로모션 세일 기회를 노려보면 좋을듯.

왕보화대주점 王宝和大酒店 왕바오허다주뎬 Central Hotel

위치 지하철 2·10호선 난징동루역 1·4번 출구에서 도보 5분 또는 지하철 1·2·8호선 인민광장역 19번 출구 난징동루 보행가 시작점에서 도보 7~10분 주소 上海市 黄浦区 九江路 555号 요금 더블 1,798(673)~2,004(950)元 전화 (021)5396-5000 홈피 www.centralhotelshanghai.com 지도 p2-B2

상하이 게로 유명한 왕보화대주점이 숙박업까지 진출했다. 개별여행자보다는 단체여행자들이 더 많이 투숙하고, 호텔도 그쪽에 더 집중하는 분위기. 난징동루에서 엎어지면 코 닿을 곳에 위치한 장점과 난징동루의 숙소 중 객실이 가장 널찍한 점 외에 별다른 장점은 눈에 띄지 않는다. 2011년 증·개축을 단행해 말끔한 느낌도 덤으로 느낄 수 있다.

소피텔 하이랜드 海仑宾馆 하이룬빈관 Sofitel Hyland Shanghai

위치 지하철 2·10호선 난징동루역 1·4번 출구에서 도보 5분 또는 지하철 1·2·8호선 19번 출구 난징동루 보행가 시작점에서 도보 7~10분 주소 上海市 黄浦区 南京东路 505号 요금 더블 1,813(637)~2,004(1,426)元 전화 (021)6351-5888 홈피 www.accorhotels-asia.com 지도 p2-B2

난징동루 보행가의 랜드마크 중 하나. 앞서 소개한 그랜드 머큐어, 풀만과 같은 Actor 그룹의 호텔이다. 90년대 지어진 호텔 특유의 화려함이 인상적이지만, 세월의 흐름에서 벗어나지는 못했다. 반짝반짝하는 새집을 좋아하는 사람에게는 안 어울릴 수 있지만, 잘 관리한 오래된 저택을 연상한다면 마음에 든다.

참고로 난징동루 일대의 호텔들은 대부분 비슷한 시기에 지어졌는데, 그런 점에서 따져 본다면 소피텔은 이 일대에서 관리 상태가 제일 나은 수준이다. 전망좋은 실내 수영장과 난징동루, 와이탄, 인민광장이 한눈에 들어오는 스카이라운지도 여행자들에게 꽤 유명하다. 도회적인 느낌을 선호한다면 선택해보자.

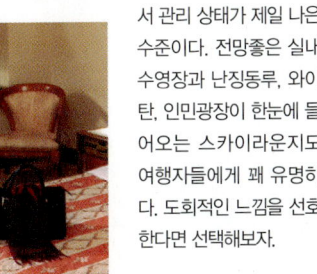

ACCOMMODATIONS

구샹 호텔 상하이 上海古象大酒店 샹하이구샹다주뎬

위치 지하철 2·10호선 난징동루역 1·4번 출구에서 도보 8분 또는 지하철 1·2·8호선 인민광장역 14·19번 출구에서 도보 10분 주소 上海市 黃浦區 九江路 595号 요금 더블 1,600(683)~2,291(1087)元 전화 (021)3313-4888 지도 p2-B2

제법 멋진 외관을 가지고 있지만, 난징동루 보행가 안쪽에 들어가 있어 뜻밖에 잘 눈에 띄지 않는다. 기형적인 모양의 왕보화대주점 건너편에 있다고 생각하는 게 더 찾기 쉽다.

객실의 상태, 넓이로만 따진다면 이 일대의 4성 호텔 중 최고 수준이다. 깔끔하고 고급스러운 객실과는 달리 부대시설은 부족한 편. 사우나와 헬스클럽을 제외하고는 이렇다 할 설비가 없다. 부설 식당도 중국식 레스토랑뿐이다. 편안한 방이 호텔 선택의 최우선이라면 고려해보자.

헝산 몰러 빌라 衡山馬勒別墅飯店 헝산마러베수판뎬 Hengshan Moller Villa

위치 지하철 1·10호선 산시난루 陝西南路역 2번 출구에서 도보 10분 주소 上海市 静安区 陝西南路 30号 요금 더블 1,500(850)~4,200(1,876)元 전화 (021)6247-8881 홈피 www.mollervilla.com 지도 p4-A2

1936년 지어진 상하이의 식민지 시대 건축 중 가장 특이한 건물이다. 1919년 빈털터리로 상하이에 흘러들어온 에릭 몰러 Eric Moller는 우연히 산 마권이 1등에 당첨되며 행운이 따르기 시작했다. 불과 10년 사이 상하이 제일의 부호로 떠오른 그는 어느 날 우연히 꾼 꿈속의 건물을 건설하기 시작했다. 그 건물이 바로 상하이 유일의 스칸디나비안 건축물인 헝산 몰러 빌라. 신데렐라나 백설공주 등 동화 속 공주의 삶을 꿈꿔본 적이 있다면, 헝산 몰러 빌라에서의 하룻밤은 그 꿈의 실현이다. 외관부터 범상치 않은 헝산 몰러 빌라의 진가는 내부. 소공녀에나 나올 직한 저택의 이미지를 그대로 간직하고 있는데, 방마다 달린 화려한 샹들리에, 붉은색 카펫, 반투명의 차양이 속을 비춰주는 침대는 환상 그 자체다. 2호관은 1호관의 부담스러운 가격을 탈피한 경제적인 숙소다. 적당히 클래식하고, 편의 시설 부분은 현대화한 게 특징. 인터넷과 업무를 즐길 수 있는 컴퓨터도 각 객실에 비치되어 있다.

건국빈관 建国宾馆 징궈빈관

위치 지하철 1·9호선 쉬자후이 徐家汇역 하차 도보 3분 **주소** 上海市 漕溪北路 439号 **요금** 더블 1,500(521)~3,000(968)元 **전화** (021)6439-9299 **지도** p15-C1

쉬자후이 상업가에 있는 4성 호텔로 453개의 객실을 보유하고 있다. 1993년 쉬자후이 건설 붐을 타고 개업. 2004년까지만 해도 쉬자후이에 있는 4성 호텔 중 저렴한 곳에 속했으나, 2007년 보수 공사 이후 요금을 대폭 인상했다. 다른 호텔에 비해 객실이 널찍한 편. 황금빛을 적당히 섞은 실내장식은 고급스러움을 더한다. 멋진 전망이 없다는 게 흠이라면 흠. 비즈니스 센터는 건국빈관에서 상당히 공을 들이는 시설로 실시간 번역, 타자 등의 업무보조가 가능하다. 일 때문에 상하이를 방문해야 한다면 추천할 만하다.

르네상스 양쯔강 상하이 上海扬子江万丽大酒店

양쯔장완리다주뎬 Renaissance Yangtze Shanghai

위치 지하철 10호선 伊犁路역 1번 출구에서 도보 15분 **주소** 上海市 长宁区 延安西路 2099号 **요금** 더블 1,909(1,088)~2,100(1,280)元 **전화** (021)6275-0000 **지도** p31-하

훙차오 개발구의 중심에 있는 5성 호텔로 1990년 개업 후 2011년 증·개축을 마쳤다. 총 33층, 554개에 달하는 호화로운 객실을 보유하고 있다. 애초 호텔을 건설하던 1990년만 해도 훙차오 일대의 개발 계획은 지금을 압도했다. 하지만 푸둥이 새롭게 뜨며 약간은 찬밥이 된 분위기랄까?
르네상스 양쯔강 상하이는 정말 공들여 지은 건물. 건설 당시를 기준으로 본다면 '최고급 숙소' 카테고리에 들어가야 정상이다. 상대적으로 저렴한 가격에 최상의 설비를 경험하고 싶다면 선택해보자. 이제는 지하철도 생겨서 교통도 나쁜 편이 아니다.

ACCOMMODATIONS

화평반점 和平饭店 허핑판뎬 Fairmont Peace Hotel

위치 지하철 2 · 10호선 난징동루역 7번 출구에서 도보 5분 주소 上海市 黄浦区 南京东路 20号 요금 더블 1,840~2,500(1,280), 9개국 특별 스위트룸 8,740元 전화 (021)6138-6888 홈피 www.fairmont.com/peace-hotel-shanghai 지도 p3-C1

상하이 호텔의 살아있는 역사. 1930년 아편무역으로 성공한 유대인 자본가 빅터 사순에 의해 캐세이 호텔 Cathay Hotel이라는 이름으로 개업했다. 와이탄의 대표적인 건물로 상하이를 대표하는 사진 속에 심심찮게 등장하기도 한다.

화려한 30년대풍의 샹들리에, 목재로 이루어진 내장재 등 호텔 안에 있다 보면 타임머신을 타고 과거로 여행하는 듯한 느낌을 받는다. 9개국 특별 스위트룸이라는 독특한 방이 있는데, 영국 · 미국 · 일본 · 중국 · 인도 등 주요 9개국의 전통 실내장식을 활용한 운동장만한 방이다. 인도식 스위트룸은 아름다운 금장 공작이, 영국식 스위트룸은 빅토리아 시대의 고가구가 벽면의 한 부분을 장식하고 있다. 고전적 아름다움을 방이라는 작은 공간에 표현했다는 점에서 하나의 예술작품이라고도 볼 수 있을 정도로. 가장 비싼 방인만큼 황푸 강 쪽으로 전망이 나 있음은 물론이다. 일반 더블룸은 5성 호텔이라고 보기에는 상당히 저렴한 편이다. 적은 돈으로 5성의 시설을 즐기고 싶다면 주저 없이 머물러 보자. 현대적인 5성 호텔과는 또 다른, 장엄한 우아함을 즐길 수 있다.

2010년 페어몬트 호텔 그룹이 인수한 후 개선됐는데, 고전적인 우아함에 현대적인 편의성을 더해서 재개장 했다. 70세 이상의 노인들로 이루어진 '더 재즈 밴드'와 옥상의 루프 탑 카페인 'Shanghai Night Bar' 방문을 핑계 삼아 호텔 구경을 할 좋은 기회를 마다하지 말자.

> 최고급 숙소

포트만 리츠칼튼 波特曼丽嘉酒店 포터만리지아주뎬 Portman Ritz Carlton

위치 지하철 2·7호선 정안사 静安寺역 3번 출구 또는 지하철 2호선 난징시루역 1번 출구에서 도보 10분 주소 上海市 静安区 南京西路 1376号 요금 더블 3,245(1,450)~5,728(3,278)元 전화 (021)6279-8888 지도 p4-A1

상하이의 5성 호텔 중에서도 최고 클래스에 속하는 호텔로 여행자들에게는 서커스장으로 유명한 상하이 상성 上海商城 안에 있다. 세계적인 호텔 평가기관에서 주관한 상 기준으로 상하이의 호텔 중 가장 많은 수상경력을 가지고 있다는 것이 최고의 자랑거리이다. 특히 체계적인 직원관리를 통한 서비스는 세계적으로도 손꼽히는 수준. 무뚝뚝한 중국인을 상상했다면, 적어도 포트만 리츠칼튼에서는 먼 나라의 얘기다. 호텔 외관을 비롯한 전체적인 개념은 웅장함이다. 분수와 중국 전통의 조각들이 자리 잡고 있는 호텔 입구는 마치 황제의 능묘 속으로 들어간다는 느낌이 들 정도. 대부분의 실내장식 소품들은 중국 역대 조각, 문양, 회화, 서예에서 빌린 것들이다. 거대한 공간을 활용한 상하이 최대의 실내수영장과 헬스클럽 또한 빼놓을 수 없다. 투숙객들은 물론 공짜. 주저 없이 이용해보자.

참고로 현재 리츠칼튼의 최대 경쟁자는 리츠칼튼이다. 무슨 말이냐면 푸동 지구에 리츠칼튼 푸동이 개장했는데, 포트맨이 운영할과는 다른 관능적인 콘셉트로 여행자들의 주목을 받고 있기 때문. 다른 호텔 체인보다 마니아층이 비교적 두터운 리츠칼튼인지라 내부 경쟁이 정말 치열하다. 남성적 웅장함을 선호한다면 포트맨을, 감각적인 현대풍의 디자인을 선호한다면 푸동의 리츠칼튼을 선택하자.

쉐라톤 상하이 홍커우 上海虹口三至喜来登酒店 Sheraton Shanghai Hongkou Hotel

위치 지하철 4·10호선 하이룬루 海伦路역 6번 출구에서 도보 5분 주소 上海市 虹口区 四平路 59号 요금 더블 1,300(780)~元 전화 (021)2601-0088 지도 p19-C1

아직 대규모의 개발이 진행되지 않은 일본 조계지 쪽에서 단연 돋보이는 숙소다. 2011년에 개관했는데, 아직 친환경 소재로 건물을 공사하지 않는 중국의 특성상, 새집 냄새 때문에 개업 초기에는 말이 많았으나 현재 이 문제는 해소된 것으로 보인다.
지하철과 연결이 쉬운 편이지만(지하철 한 번으로 난징동루, 예원, 신천지, 프랑스 조계지가 한 번에 연결된다) 지도상에서는 살짝 외진 탓에 가격은 상당히 괜찮다. 신설 5성 숙소 중 가격으로 따진다면 확실히 수위권. 5성 호텔에 걸맞은 부대시설과 서비스를 생각한다면 꽤 매력적이다. 깔끔함을 추구하는 여행자라면 먼저 고려해볼 만한 가치가 있다.
호텔 주변은 단층의 구시가와 아파트 촌이 섞여 있는데, 1933 라오창팡으로 연결되는 구시가는 한 번쯤 걸어볼 만하다. 서민의 향기와 소박함, 그리고 낯선 이들에 대한 수줍은 친절함이 배어 있다.

ACCOMMODATIONS

상하이 홍타 호텔 上海红塔豪华精选酒店

상하이홍타하오화징순주뎬 Hongta Hotel-A Luxury Collection

위치 지하철 2·4·6·9호선 스즈다오역 7번 출구에서 도보 15분 또는 지하철 4호선 푸뎬루 浦电路역 4번 출구에서 도보 8분 주소 上海市 浦东新区 东方路 889号 요금 더블 3,435(880)元, 스위트 3,913(1,388)元 전화 (021)5050-4567 홈피 www.starwoodhotels.com 지도 p6-B2

세인트 레지스 호텔을 소유한 그룹인 스타우드에서 세인트 레지스를 상하이 홍타 호텔로 이름을 바꾸고 새롭게 오픈했다. 쉐라톤, 더블유 호텔, 웨스틴, 메르디앙 등을 소유한 호텔 그룹 스타우드답게 상하이 홍타 호텔의 시설과 서비스 또한 최상급이다.

'영국 귀족 저택 분위기의 재현'을 객실 디자인의 신조로 삼고 있을 만큼 객실 분위기도 고품격이다. 원목으로 짠 깔끔한 테이블과 내장 가구, 날렵한 곡선이 인상적인 침대는 전체적으로 갈색 톤을 띄고 있어 편안한 느낌을 주고 방마다 걸려 있는 현대 미술 작품들이 분산된 시선을 모아주는 역할을 한다. 한마디로 정갈함 그 자체가 개념인 셈. 그밖에 객실 요금을 최대한 단순화시켜 고객들의 편의를 도모한 것도 장점이다. 상하이에 좋은 호텔들이 급속도로 늘어나고 있지만 클래식한 분위기의 서비스는 결코 다른 호텔에 뒤지지 않는다.

그랜드 하얏트 金茂君悦大酒店 진마오쥔예다주뎬 Grand Hyatt

위치 지하철 2호선 류자쭈이 陆家嘴역 1·6번 출구에서 도보 5~10분 주소 上海市 浦东新区 世纪大道 88号 요금 더블 3,500(975)~3,910(1,200)元 전화 (021)5049-1234 홈피 www.shanghai.grand.hyatt.com 지도 p6-A1

푸동 개발의 대표적 상징인 금무대하. 53~87층에 있는 5성 플러스급 호텔. 한때 세계에서 가장 높은 호텔로 기네스북에 등재되기도 했었다. 많은 사람에게 상하이의 그랜드 하얏트는 첫째도 전망, 둘째도 전망, 셋째도 전망이다. 건설 당시 세계에서 4번째로 높았던 빌딩의 상층부에 있는 탓에 어디에서건 상하이 시내가 내려다보였다. 모든 객실이 밖의 전망을 감상하게끔 설계되어 있는데, 와이탄 쪽으로 창이 난 방은 약간씩 더 비싸다.

객실뿐 아니라, 부설 수영장, 헬스클럽, 식당, 바 등 모든 공간마다 통유리를 사용, 밖을 바라볼 수 있게 설계했다. 상하이 야경이 100만 불이라면 그랜드 하얏트에서 바라보는 야경은 101만 불이라는 농담이 달리 나오게 아니라는 얘기. 하지만 최근 그랜드 하얏트 옆에 강적 리츠칼튼 푸동이 들어서며 여러모로 밀리는 분위기다. 방의 크기도 5성 호텔치고 작고 지은 지 10년이 넘다 보니 시설도 조금 오래된 느낌이다. 전망을 위해서라면 1박 2일 맛보기로 머무는 것도 방법. 다행히 홍보 등을 통한 가격할인 행사가 종종 이루어지고 있다.

푸동 샹그릴라 호텔 香格里拉大酒店 샹거리라다주뎬 Shangri-la Pudong

위치 지하철 2호선 류자쭈이역 1번 출구에서 도보 10분 주소 上海市 浦東新区 富城路 33号 요금 더블 2,977(1,360)~4,417(3,048)元 전화 (021)6882-8888 홈피 www.shangri-la.com 지도 p6-A1

황푸 강과 인접해 있는 5성 플러스 급의 호텔로 1998년 개업한 구관과 2005년 가을 공개한 신관 등 두 개의 건물로 나뉘어 있다. 두 건물의 객실 수를 합치면 1,000개가 넘으니 상하이

에서 가장 큰 5성 호텔인 셈. 진한 베이지색의 단순하고 깔끔한 디자인이 특징. 객실에 들어서면 안락함이 들 정도로 편안한 시각적 배치가 인상적이다. 화려함보다 정갈한 분위기를 원한다면 추천하고 싶다. 무엇보다, 사람에 대한 세심한 배려가 돋보이는 객실 설비는 샹그릴라 호텔의 자랑. 심지어 이슬람교 신자들을 위해서 화장실의 변기가 두 종류일 정도다.

최근 노트북을 휴대하는 비즈니스 여행자들의 추세를 고려 개인 금고는 17인치의 맥북프로도 들어갈 수 있게끔 설계되어 있다. 무엇보다 돋보이는 부분은 금고 안의 전기 콘센트, 보관하면서 노트북을 충전하라는 의미라고 한다. 지은 지 오래된 감이 있지만, 워낙 잘 관리하고 있는 호텔이다 보니 낡았다는 느낌은 크게 들지 않는다. 상하이 뷔페의 지존으로 오랫동안 사랑받고 있는 이 카페 Yi Cafe도 잊지 말자. 해산물이 다양한 것이 특징.

인터콘티넨탈 상하이 푸동 上海錦江汤臣洲际大酒店

씬아탕첸저우지다주뎬 Intercontinental Shanghai Pudong

위치 9호선 商城路역 1번 출구 또는 2·4·9호선 스즈다오역 12번 출구에서 도보 7~15분 또는 지하철 9호선 상청루 商城路역 1번 출구에서 도보 5~10분 주소 上海市 浦東新区 張楊路 777号 요금 더블 880~2,139元 전화 (021)5835-6666 홈피 www.intercontinental.com 지도 p6-A1

1996년 개업한 푸동 최초의 5성 호텔. 원체 신규 호텔이 속속 건설되는 관계로 이미 낡은 호텔 취급을 받는다. 하지만 모든 게 번쩍번쩍 광이 나는 방을 원하지 않는다면 머물기에 부족함이 없는 것도 사실. 객실의 주요 설비들은 2004년 모두 교체해, 그나마 낡은 감을 가리고 있다.

인터콘티넨탈 호텔이 속한 동팡루 주변은 상하이 시 정부가 야심 차게 건설하는 최고의 비즈니스 거리. 그래서 교통이나 입지조건은 좋은 편이다.

좀 더 좋은 시설의 인터콘티넨탈을 원한다면 상하이역이 있는 자베이의 인터콘티넨탈 푸시를 알아보자.

ACCOMMODATIONS

반얀트리 상하이 온 더 번드 上海外滩悦榕庄酒店 Banyan Tree Shanghai on the Bund

위치 지하철 4호선 大连路杨역 또는 树浦路역에서 택시로 5분 주소 上海市 虹口区 公平路 19号 요금 더블 4,600(1,730)~9,583(5,195)元 전화 (021)2509-1188 지도 p6-A1

2012년 10월, 도시형 리조트를 지향하는 반얀트리 상하이 온 더 번드가 오픈. 현재까지 상하이에서 가장 럭셔리한 호텔로 고급 5성이라 불리며 주목을 받고 있다.

최고급 호텔치고는 아주 적은 130개의 객실만을 보유하고 있는데, 모든 방이 황푸 강으로 향하는 전망을 가지고 있다. 위치가 와이탄 북쪽인지라 강과 함께 와이탄도 한눈에 들어오니 전망 하나로만 본다면 상하이 제일이라고 해도 손색이 없다.

원래 휴양지에 주로 건설하던 반얀트리 계열의 숙소들이 최근 들어 도심 속 휴양이라는 개념을 가지고 대도시로 속속 들어오고 있는데, 이게 어떻게 어필할 지는 아직 미지수. 어쨌건 설비 면에서는 현존하는 상하이 호텔 중 최고라고 볼 수 있다. 아직 택시기사들도 위치를 잘 모르니 호텔 명함은 반드시 휴대하고 다니는 것이 좋다.

더 워터하우스 上海水舍酒店 The Waterhouse at South Bund

위치 지하철 9호선 소남문역 3번 출구에서도 도보 15분 또는 택시로 5분 주소 上海市 黃浦区 毛家园路 1-3号 요금 더블 2,500(1,300)~3,800(1,600)元+15% 전화 (021)6080-2988 홈피 waterhouseshanghai.com 지도 p9-C2

각기 다른 19개의 객실을 보유하고 있는 상하이에서 가장 잘나가는 부티크 호텔. 1930년대 일본군 사령부로 쓰였던 3층짜리 콘크리트 건물에 녹슨 상태를 유지하는 산화 강판을 이용해 독특한 건물로 재탄생했다. 재개발을 앞둔 폐가 같은 외관이라 안과 밖의 모습이 극과 극이다.

호텔 내부도 상당히 독특한데, 요소마다 쓰인 노출 콘크리트 소재는 거친 느낌과 감각적 느낌을 동시에 제공한다. 모든 내장재가 각각 디자이너의 이름이 붙은 단독 제품이라 실내장식에 관심이 있는 사람이라면 최고의 호텔이다(물론 사람의 눈은 제각각인지라 거슬린다는 사람도 있다). 1층에 있는 부설식당 테이블 넘버 원 Table No.1은 상하이에서 가장 잘나가는 프렌치 레스토랑 중 하나. 옥상에 있는 바에서 바라보는 와이탄과 푸동의 전망도 근사하다.

안다즈 신천지 상하이 Andaz Xintiandi Shanghai

위치 지하철 2호선 황피난루역 2·3번 출구에서 도보 5분 **주소** 上海市 黄浦区 嵩山路 88号 **요금** 더블룸 1,980~4,020元 **전화** (021)2310-1234 **지도** p11-B1

하얏트 그룹은 등급에 따라 파크, 안다즈, 그랜드, 리젠시 등으로 나뉘는데, 안다즈의 특징은 현지 문화와의 동화. 상하이에서 가장 상업적인 곳이지만, 전통을 보존하면서 근대화를 이룩한 신천지에 하얏트 안다즈가 자리 잡게 된 것은 바로 이런 이유다.

상하이 호텔 중에서도 가장 넓은 축에 속하는 하얏트 안다즈에서 투숙객을 사로잡는 건 신구의 조화. 감각적인 외관을 뒤로 한 내부는 잘 알려지지 않은 상하이의 대중문화를 감각적으로 투영했다.

사이버틱한 수영장이 지하에 있는데 안다즈의 이런 분위기를 충분히 느끼게 해주는 곳이기도 하다. 부설 레스토랑은 총 6개로, 그중에서 에끌레어 Eclair를 전문으로 취급하는 부설 베이커리 겸 카페 에끌레어 ECLAIR가 눈에 띈다.

상하이 주메이라 히말라야 호텔

上海卓美亚喜玛拉雅酒店 Shanghai Jumeirah Himalayas Hotel

위치 지하철 7호선 화무루역 花木路역 3번 출구에서 도보 2분 또는 룽양루역에서 택시로 5~7분 **주소** 上海市 浦东新区 梅花路 1108号 **요금** 더블 3,682(1,200)~4,072(2,088)元 **전화** (021)3858-0888 **지도** p7-C2

두바이의 국영기업인 주메이라 그룹이 만든 해외 호텔 1호점으로 독특한 디자인으로는 어디에 내놔도 뒤지지 않는다. 설계는 일본의 건축가 이소자키 아라타 磯崎 新가 했는데, 일본 이바라키 현의 아트 타워, 카타르에 있는 웨일 코넬 메티컬 컬리지 등 누가 봐도 특이하다 싶은 건축물만 설계한 인물이다.

다른 호텔에 비해 목재를 많이 사용해서 포근한 느낌이 난다. 특히, 나뭇결을 잘 살린 조명이나, 의자는 이 호텔이 인테리어 소품에 상당히 많은 관심을 기울였다는 사실을 알 수 있다. 무엇보다 가장 저렴한 방의 경우도 넓이가 40㎡에 달할 정도로 넓은 편이다.

푸동 안쪽, 상하이 뉴엑스포 인터내셔널 센터 옆에 있어 주로 비즈니스 여행자들이 머물지만, 사실 여행자들에게도 손색이 없다. 지하철역과 연결이 가능하기 때문에 교통도 좋은 편. 또한, 실내수영장 등 부대시설도 충실한 편이다. 부설식당은 5개가 있는데, 이 중 4개가 수상 경력을 가지고 있다. 특히, 상하이 요리를 전문으로 하는 Shang-High와 뷔페식당 로비 라운지는 추천할 만하다.

ACCOMMODATIONS

풀리 호텔 엔 스파 璞丽酒店 The Puli Hotel and Spa

위치 지하철 2·7호선 静安寺역 4번 출구로 나와 릴백화점 오른쪽으로 돌면 나오는 제이피모건 건물 바로 뒤 주소 上海市 静安区 常德路 1号 요금 더블 2,380~6,164元 전화 (021)3203-9999 홈피 www.thepuli.com/en/ 지도 p4-A2

229개의 방을 가지고 있는 신축 호텔. 디자인에 관해 일가를 이룬 호텔만 가입할 수 있다는 디자인 호텔의 멤버 중 하나로, 호텔을 상징하는 시그니처 향을 선정하는 데만 몇 달이 걸렸다는 말이 나올 정도로 공들인 티가 가득하다.

일단 대나무와 녹색으로 가득한 호텔 입구에서부터 뭔가 다른 느낌. 전체적인 디자인 기조는 크게 두 가지로, 숲과 벽돌이다. 안 어울릴 것 같은 두 이미지는 의외로 숲속에 숨어 있는 오두막 같은 느낌을 주는데, 이런 분위기는 객실까지 이어진다. 도심 속의 힐링이 이 숙소가 전체적으로 추구하는 느낌이다. 또한, 미니바가 무료라는 것은, 풀리 호텔 엔 스파의 차별적인 서비스 포인트. 위치도 훌륭하다. 유일한 단점이라면 높은 가격. 진정 넘어야 할 난관인 셈이다.

월도프 아스토리아 상하이 온 더 번드

上海外滩华尔道夫酒店 Waldorf Astoria on the bund

위치 지하철 2·10호선 난징동루역 7번 출구에서 도보 15분 주소 上海市 静安区 中山东路 2号 요금 더블 1,688~2,450元 전화 (021)6322-9988 지도 p3-C2

월도프 아스토리아는 열세 개의 호텔 브랜드를 가진 힐튼 호텔 그룹에서도 플래그십이라고 할 수 있는 호텔에만 붙이는 칭호다. 아시아에는 단 두 곳, 상하이와 베이징에만 있다. 2006년 최초 런칭했고 정식 이름은 월도프 아스토리아 컬렉션. 무려 호텔 이름에 컬렉션이라는 단어가 붙는다. 당연히 상하이에서 가장 호사스러운 호텔을 고르라면, 가장 먼저 손에 꼽는 호텔 중 하나다.

푸동의 마천루가 정면에 보이는 환상적인 위치. 100년 고택을 솜씨 있게 개조한 덕분에 느껴지는 근대적 중후함과 현대적 편리함의 조화. 펜트하우스를 통째로 옮겨놓은 것과 같은 편안함이 이곳의 자랑거리다. 최고급 브랜드답게 모든 객실의 욕실용품은 페라가모로 통일되어 있다. 전망에 따라 시티뷰와 리버뷰로 나뉘는데, 푸동의 압도적인 풍경을 감상하고 싶다면, 방의 등급을 올리는 것보다, 리버뷰로 지정하는 게 낫다.

객실은 가장 작은 퀸베드 룸도 45~50㎡. 농구할 목적이 아니라면 객실이 비좁다는 생각은 들지 않는다. 조식이 상당히 유명하므로, 가급적 조식을 포함해 예약하도록 하자. 부설 레스토랑 Pelham's는 상하이에서 가장 유명한 프렌치 레스토랑 중 하나다. 런치의 경우 338元에 네 가지 코스를 즐길 수 있으니 여유가 된다면 도전해보자.

만다린 오리엔탈 푸동 상하이 上海文华东方酒店 Mandarin Oriental Pudong Shanghai

위치 지하철 2호선 류자쭈이 陆家嘴站 1번 출구에서 도보 15분 주소 上海市 黃浦新区 浦东南路 111号 요금 더블 2,069~2,988元 전화 (021)2082-9888 지도 p6-A1

만다린 오리엔탈 호텔의 상하이 지점. 황푸 강을 마주 보는 푸동 지구, 동방명주 북쪽에 있다. 2014년 오픈한 곳으로 일단 새 호텔 특유의 깔끔함 그리고 현대적 설비가 눈길을 끈다. 만다린 오리엔탈 호텔은 원래 서양인들에게 동양적인 분위기를 보여주는 콘셉트로 승부하는데, 상하이 지점의 경우는 기존의 인테리어 기조와는 좀 다른, 오히려 모던함을 강조하고 있다. 널찍한 객실과 훌륭한 인테리어, 객실 비품, 수준 높은 서비스 등 만다린 오리엔탈의 흠을 잡기란 쉽지 않다. 굳이, 단점을 찾아보자면, 가장 가까운 류자쭈이역 및 편의점까지의 도보 거리가 꽤 멀다는 점이다. 하지만, 이 또한 관광 목적으로 방문한 여행자에게 약간의 불편함이 있을 뿐, 비즈니스 여행자에게는 크게 문제 될 일이 아니다. 조식이 훌륭한 편이니, 금액 차이가 크지 않다면 조식 옵션을 꼭 선택하자.

Part 4
근교 가이드

강남 수향마을
쑤저우
항저우
황산

강남 수향마을 어떻게 즐기면 될까?

지금으로부터 1400년 전, 당시로서는 무모해보이던 대 역사가 중국 땅에서 일어났다. 그건 바로 곡창이던 항저우로부터 무역의 중심지로 급부상한 오늘의 베이징까지 물길을 잇는 이른바 대운하사업이었다. 지금처럼 고속도로와 철도가 연결된 시대야 대운하가 시대착오적인 삽질 행정의 대명사지만, 이 당시 물길은 대규모 물류를 이동할 수 있는 유일한 통로였다. 대운하를 강행한 수나라는 연이은 토건사업과 고구려 원정의 패배로 멸망해 버렸지만, 이후 중국왕조에 있어 항저우와 베이징을 잇는 경항대운하는 중국의 젓줄. 중국 물류의 일 번지가 되었다. 저우짱 周庄, 통리 同里, 우쩐 乌镇, 시탕 西塘과 같은 강남의 수향마을은 이 경항대운하의 지류, 쌀의 수송을 위해 곳곳을 거미줄처럼 연결한 물길의 중심에 있는 작은 마을들이다. 한때 물류의 중심으로, 골목의 강아지까지 돈을 물고 다닐 정도의 번영을 누렸지만, 느려진 물길이 천대받는 오늘날 이 곳은 과거의 기억만을 간직한 채, 예스럽게 늙어가는 예쁘장한 관광지이자 덜 인공적인 민속촌에 가깝다.

물길을 따라 수변에 집들이 줄지어 들어선 탓에 수향마을 안에는 수많은 돌다리가 있다. 어느 곳은 건너다니기 무서울 정도로 모양만 갖췄지만, 간혹 마을의 어떤 부호가 기부했다는 주요 다리는 곤돌라가 지나다닌다는 베네치아의 여느 다리 못지 않은 우아한 아치를 뽐낸다. 한자문화권답게 다리마다 붙어 있는 멋들어진 이름은 일개 여행자를 풍류객으로 만들어 버릴 만큼 문학적이다. 도시의 풍경에 피곤해질 때쯤, 하루 짬을 내 다녀오는 수향마을 산책은 상하이 여행을 풍성하게 만드는 비결이다.

강남 수향마을 가기

내국인 관광객이 급증해서 요즘은 수향마을로 연결되는 이런저런 교통편이 많이 생겼다. 심지어 불과 몇 년 전까지 하루 두세 대 운행하던 시외버스도 이제는 시간마다 한 대 정도는 운행할 정도로 여건이 좋아졌다.

쉬자후이 상하이 여유집산중심 Map p15 - C1

위치 지하철 3호선 자오시루 漕溪路역 3번 출구로 나오면 바로 오른쪽에 있다. 또는 지하철 1·4호선 상하이 체육관 上海体育館역에서도 도보 10분이면 충분히 연결된다. **주소** 上海市 徐汇区 中山西路 2368号, 上海旅遊集散中心 **전화** (022)6426 5555

투어버스

투어버스는 상하이 여유집산중심 上海旅遊集散中心에서 출발한다. 여유집산중심은 시내에 다섯 곳이 있는데 이용 빈도가 높은 곳은 최근에 새로운 건물로 이전한 쉬자후이 상하이 체육관 앞의 여유집산중심이다. 이 외에도 훙커우 축구장 옆, 난푸대교 앞, 상하이역 북쪽에도 분점이 있다.
목적지에 따라 하루 운행편수가 1~2대로 적을 수 있고, 주말처럼 이용객이 늘어날 때에도 원하는 시간대의 좌석을 구하기가 어렵다. 일정에 쫓기는 여행자라면 미리 예매해두는 것이 안전하다.

시외버스

상하이, 쑤저우, 항저우 시외버스 터미널에서 수향마을로 시외버스가 다닌다. 수향마을 여행은 보통 고풍스러운 타임슬립 투어를 즐기려는 사람들이 선택하는데, 반드시 어디를 정해서 가기보다는 자신의 현재 위치에 따라 결정하는 경우가 많다. 즉, 내 위치와 가장 가까운 수향마을을 찾고, 그곳으로 가는 교통편을 파악하면 된다. 버스가 드물긴 하지만 수시로 운행하는 데다 최근에는 수향마을에서 1박을 선호하는 추세라 많은 여행자가 당일치기 투어버스보다는 시외버스에 몸을 싣는다.

각 도시에서 수향마을까지의 거리

	저우좡	퉁리	우전	시탕
상하이	8km	91km	127km	80km
쑤저우	45km	27km	70km	63km
항저우	154km	137km	81km	127km

강남 수향마을에서 놀기

수향마을에서 배를 안 탄다면, 수향마을을 방문하는 보람 중 절반을 뚝 떼어 내는 것과 다르지 않다. 배를 타고 즐기는 수향마을 재미는 각별하기 때문. 간혹 돈을 받고 노래를 불러주는 뱃사공을 만날 수도 있고, 스쳐지나가는 맞은편 배에 맘에 드는 운명의 사람을 만날 수도 있다. 짧은 뱃놀이이긴 하지만, 전기가 아닌 사람이 직접 노를 젓는 방식이기 때문에 운치만큼은 최고. 배 위로 지나가는 석조다리를 여행자들이 상상하는 수향마을의 풍경 바로 그것이다. 1명이 타건 8명이 타건 요금이 같으므로 적극적으로 동료를 물색해보자.
강변가나 분위기 좋은 차관에 앉아 차 한 잔의 여유를 맛보는 것도 즐겁다. 바삐 움직이는 사람들을 보

고 있으면 내주변의 시간만이 천천히 가는 놀라운 경험을 하게 된다.

유람선 투어
- 요금 120元(1대) · 소요시간 20~30분 정도

AREA
01

저우좡
周庄

주소 江苏省 苏州 昆山市 周庄镇 **요금** 110元 **오픈** 08:00~19:00 **전화** (0512)5721-1699 **홈피** www.zhouzhuang.net

상하이에서 60km, 쑤저우에서 남동쪽으로 38km 떨어진 저우좡은 가장 초기에 개발된, 대표적인 수향마을이다.

세월이 흐르고 있음을 망각한 듯만 모양새의 운하와 다리, 옛 저택, 순전히 사공의 힘이 들어가야 움직이는 나룻배. 이 속에서 자연스레 어울려 살아가는 사람들의 모습은 그 자체로 인상적이다. 참고로 저우좡은 최근의 유행에 따라 급조된 수향마을이 아니다. 봉건시대부터 '강남 풍경은 천하제일이고, 저우좡 풍경은 강남제일'이라는 말이 있었을 정도로 관광지로서 저우좡의 역사는 상당하다.

100여 채에 달하는 명·청시대의 옛 저택과 운하를 가로지르는 24개의 돌다리는 그 자체로 한 폭의 그림이자, 뛰어난 건축사적 의미를 지닌다고 하니 빼놓으면 정말 후회할지도.

 시외버스

상하이 푸동 시외버스터미널 浦东长途汽车客运总站에서 06:10(48元) 그리고 상하이역 뒤에 있는 상하이 시외버스터미널 上海长途汽车客运总站에서 07:20, 08:30, 10:10, 12:00, 14:20, 16:20(29~34元)에 저우좡 행 버스가 있다. 쑤저우 북 버스터미널 苏州汽车北站에서 07:15~18:20, 17대(16元). 그리고 쑤저우역 북광장 버스터미널 北广场站에서 07:00~18:05, 17대(16元)에 저우좡 행 버스가 있다. 상하이나 쑤저우로 돌아오는 버스는 16:00~17:00 정도에 끊긴다. 만약 버스를 놓쳤다면 쿤산 昆山으로 가 버스를 갈아타자.

 투어버스

상하이 여유집산중심 上海旅遊集散中心에서 타면 된다. 일정은 08:45(출발 시간)~15:15(돌아오는 시간). 요금은 저우좡 입장료가 포함된 160元이다. 운행시간 변동이 잦은 편이다. 전날 방문해 예약해두는 편이 안전하다.

전복사 全福寺 취안푸쓰 quán fú sì

저우좡 마을 최남단에 있는 자그마한 호수 남호 南湖 한가운데 위치한 불교 사원. 호수에 떠 있는 자그마한 섬 같은 느낌으로, 235m에 달하는 전복공교 全福拱桥를 통해 연결된다. 아치형의 다리와 수면 위로 반사된 사찰의 아름다움이 상당하다. 호사가들에 의하면 봄, 여름, 가을, 겨울 각기 다른 풍경을 뽐낸다고.

1086년에 건설된 전복사는 오늘날의 저우좡을 만든 일등공신. 절이 생기면서 외지인들이 모여들어 오늘날과 같은 수향마을 저우좡을 만들었다고 한다.

건설 당시에도 빼어난 아름다움 탓에 수중불국 水中佛国이라고 불렸다. 사람에 따라 물을 테마로 한 중국 정권 졸정원의 불교 사찰 버전이라고 말하기도 한다.

1950년대 모든 사찰이 폐쇄되며 식량 창고로 개조되었던 비운의 역사도 가지고 있다. 현재는 완벽하게 복원. 전복사의 자랑이라는 21개의 금불상과 5m 청동불상도 긴 도피의 시간(?)을 끝내고 제자리에 앉아 여행객들을 맞이하고 있다.

심청 沈厅 선팅 shěn tīng

부안교 富安桥 동쪽에 있는 심청은 원나라 말과 명나라 초기의 부호 심만삼 沈萬三의 후예들이 지은 전통가옥이다. 대대로 심 씨 가문의 고택이었는데, 지금은 저우좡의 역사를 보여주는 박물관으로 개조해 개방하고 있다. 저우좡에 남아 있는 전통 가옥 중 가장 큰 규모인 2,000㎡로 7개의 정원과 100여 개의 방으로 구성된다. 심청은 크게 전·중·후 세 부분으로 나뉘는데 초입에 해당하는 첫 번째 구역은 운하와 집의 경계점으로 배를 정박하거나 빨래를 하는 장소다. 오로지 수향마을에서만 볼 수 있는 구조다. 두 번째 구역은 손님을 접대하는 공간으로 사랑방과 행사를 치루는 홀 등이 있다. 심청의 가장 뒷부분에 해당하는 세 번째 구역은 일상생활을 하는 곳으로 가족들이 머물던 건물들이 있다. 그 당시의 화려한 부엌을 자세하게 볼 수 있어 사람들 발길을 한동안 잡아둔다.

장청 张厅 장팅 zhāng tīng

세덕교 世德桥와 영안교 永安桥 남쪽에 있는 장청은 심청과 함께 저우좡을 대표하는 고택 중 하나. 명나라 초기 서달 徐達의 집이었으나 장 张 씨 가문에 집을 판 후, 장청 张厅으로 불리게 되었다. '백목련 집'이라는 애칭도 가지고 있는데, 봄이 오면 목련이 피고, 많은 제비들이 날아들어 새끼를 낳는다고 한다. 만물의 생명이 솟아나는 봄에 장청도 활기를 찾는 것이다.

장청의 가장 큰 특징은 집안으로 물길을 끌어들인 것. 배를 타고 집 뒤뜰까지 들어갈 수 있는 구조로 집안에 작은 부두가 마련되어 있는 것처럼 보인다. 공간도 널찍해 방향을 돌리거나 2대 이상의 배가 함께 정박할 수도 있다. 500년 이상 된 집이라고 보기엔 건축적 독창미가 돋보인다.

징허도원 澄虛道院 청쉬다오위안 chéng dèng dào yuàn

송대에 지어진 도교사원으로 900년의 역사를 자랑하고 있다. 1500㎡의 부지를 점유하고 있는데, 사당들이 많아 그리 넓다는 느낌은 들지 않는다. 현세 기복적 성격의 토속신앙 위주인 곳이다보니 무엇이건 비는 사람 한 둘은 경내에 늘 있다고 보면 된다. 검정색 옷을 입은 중국 무술영화 속에서나 나올 것 같은 사람들은 징허도원의 도사들이다.

옥황각 玉皇閣, 문창각 文昌閣, 성제각 圣帝閣이 핵심. 이중 옥황각은 불교 사찰로 치자면 대웅전에 해당하는 곳이다. 전설의 고향에서 등장하는 하늘나라의 왕, 옥황상제를 모신 곳이다. 한국에는 거의 없는 도교 사원이니 만큼 찬찬히 둘러보다 보면 흥미를 느낄 수 있는 여지들을 발견하게 된다.

쌍교에 얽힌 이야기

저우장이 세상에 이름을 알리게 된 것은 미국에서 유학 중이던 화가 진일비 陳逸飛의 그림 때문이랍니다. 진일비는 미국에서 고향을 그리워하며 '고향의 추억 故鄕的回憶'이라는 그림을 그리게 되는데요, 그림의 주인공은 다름 아닌 저우장의 쌍교 双桥였습니다.

전시회에서 크게 호평을 받은 이 그림은 84년, 미국의 석유회사 회장이 덩샤오핑에게 선물하며 세계적인 주목을 받기에 이릅니다. 그림 속의 평화롭고 아름다운 도시가 어디인지 모두들 궁금했죠. 저우장은 이런 사람들의 관심 속에서 세상에 나오게 된 것입니다. 참고로 쌍교는 두 개의 다리, 세더교와 영안교가 ㄱ자 모습으로 놓여 있는 것을 말합니다. 보는 각도에 따라 각기 다른 아름다움을 뿜어낸다고 하니 반드시 확인해보세요.

미루 迷楼 미러우 mí lóu

정봉교 貞丰桥 맞은편에 있는 미루는 청나라 때 지어진 덕기주점 德记酒店이라는 작은 술집이었다. 때는 1920년대. 술을 좋아하던 문인, 류아자 柳亚子, 진거병 陈去病, 왕대각 王大觉, 비공직 费公直 4명은 매일 미루에 모여 술과 음악을 즐기며 시를 읊었다고 한다. 이들은 후에 혁명가들의 문학단체인 남사 南社의 발기인이 되기도 하는데, 〈미루집 迷楼集〉이라는 시집을 내면서 미루는 더욱 유명해지게 되었다.
문학가들이 운치 있는 이곳에서 시를 지었다는 것은 어쩌면 당연한 일. 아름다운 도시 저우좡은 화가에게 그림을, 시인에겐 시를 선사하는 그런 곳이다.

고희대 古戏台 구시타이 gǔ xì tái

무대가 마련되어 있는 고희대에서는 매일 작은 공연이 펼쳐진다. 운이 좋다면 간단한 경극을 관람할 수 있다는 이야기. 입구로 들어서면 오른쪽에 커다란 무대가 있고 맞은편에 ㄷ자로 2층 건물이 있다. 2층의 일부는 경극박물관으로, 무대 의상과 액세서리 등을 진열해 놓았다. 무대가 잘 보이는 곳은 관람석. 차를 마시며 경극을 감상할 수 있게 꾸며 놓았는데, 평상시에는 오픈하지 않는다. 무대 뒤의 작은 방에서 배우들이 화장을 하고 바로 무대에 등장한다. 무대나 관람석이 워낙 넓어 관람자들이 많지 않을 때는 다소 썰렁하기도 하지만, 일상에 녹아 있는 전통이 부럽기만 하다.

AREA 02

통리
同里

주소 江苏省 苏州 吴江市 同里镇 同里风景区 **오픈** 07:30~17:30 **홈피** www.tongli.net **요금** 100元

쑤저우에서 남동쪽으로 30㎞ 떨어진 통리는 도시의 소란스러움에 역정이 난 여행자들이 한숨을 돌릴 수 있는 아늑한 곳이다.
명청 시대의 분위기를 고스란히 간직한 통리의 좁은 골목을 걷다 보면 그 건너편은 여지없이 운하와 다리가 이어진다. 넓지 않은 곳이기 때문에 둘러보는 데 고작 서너 시간이면 충분하다. 시간은 잠시 잊고 여유를 즐겨보자. 강남의 수향 水乡 중에서도 가장 아담하고 아기자기한 곳이 많은 통리이다 보니 자주 영화 촬영지로 쓰이기도 한다. 〈홍루몽〉, 〈풍월〉, 한국영화 〈비천무〉 등이 이곳을 배경으로 삼았다. 인적 드문 곳을 걷다 보면 영화 〈풍월〉에서 '장국영이 뛰어다니던 길이 아니었을까?' 하며 영화 속 장면 장면을 되짚게 된다.
통리의 볼거리는 크게 1원, 2당, 3교로 나눈다. 1원 园은 퇴사원, 2당은 명청대에 지어진 대표적인 고택 숭본당 崇本堂과 가음당 嘉荫堂, 마지막으로 3교는 운하에 놓인 아름다운 돌다리인 태평교 泰平桥, 길리교 吉利桥, 장경교 长庆桥를 말한다.
쑤저우 지방의 서사음악 장르인 탄사 弹词의 단골 레퍼토리인 '진주탑 珍珠塔'의 실제무대도 빼놓기 아까운 볼거리. 탄사는 음악의 선율에 옛날 이야기를 풀어주는 일종의 악극으로 문맹이 많던 시절 이야기를 전달하는 방식이었다고 한다.

🚌 시외버스

상하이 시외버스터미널 上海长途汽车客运总站에서 통리로 가는 버스가 07:00~18:15, 16대(35元) 운행 중이다. 통리는 행정구역상 쑤저우에 속하기 때문에 쑤저우와도 연결이 원활하다. 쑤저우 북버스터미널 苏州汽车北站에서 07:25~15:50, 8대, 쑤저우역 북광장 버스터미널에서는 06:10~18:15, 16대(8元)가 운행하고 있다. 시내버스로도 갈 수 있지만, 너무 오래 걸려서 권하고 싶지 않다.

항저우 북버스터미널 杭州汽车北站에서 07:45, 11:25, 13:00, 15:50(53~67元)에 통리 행 버스가 있다.

🚌 투어버스

상하이 여유집산중심 上海旅遊集散中心에서 08:45(출발 시간)~15:45(돌아오는 시간)에 버스가 있다. 요금은 통리 입장료가 포함된 130元이다. 운행시간 변동이 잦은 편이다. 전날 방문해 예약해두는 편이 안전하다.

통리 돌아다니기

통리 버스터미널에서 수향마을인 통리 고진까지는 약 1.2㎞, 걷기에도 택시를 타기에도 참 애매한 거리다. 투어버스도 비슷한 상황인데, 투어버스 정류장이라 해도 200m 정도밖에 차이가 나지 않기 때문에 1㎞ 걷기는 매한가지다. 미니버스가 해당 구간을 운행하지만, 1인 5元이나 받는다.

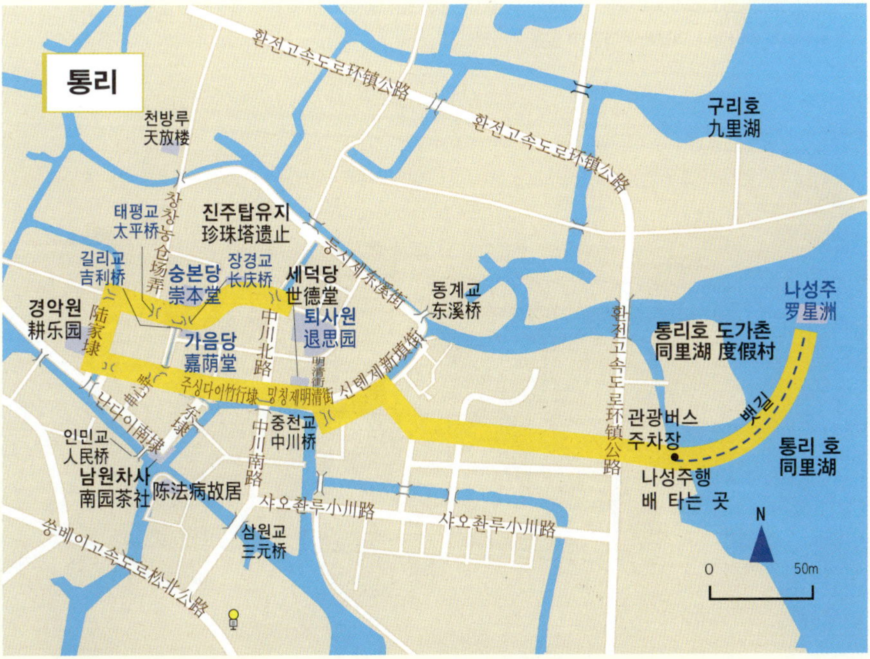

나성주 罗星州 뤄싱저 luó xīng zhōu

통리호 同里湖 초입에 있는 작은 섬으로 불교와 도교, 유교를 결합한 복합적인 사원이 있는 것으로 유명하다. 섬은 사원들과 정원이 전부일 정도로 아담한 크기. 관음사 觀音寺와 대웅보전 大雄寶殿이 초입에 자리하며 불교신자들을 맞이한다. 90元 가량을 지불하면 꽤 커다란 향을 피울 수 있는데, 중국인들은 서슴지 않고 그 큰 향을 피우곤 한다.

옆 뜰로 넘어가면 도교사원인 문창전 文昌殿이 나온다. 2층으로 오르면 마음의 평안함을 준다는 종을 10元에 칠 수 있다. 종을 쳐서 마음의 평안함을 얻지 못하겠거든 2층에서 전망만 감상해도 좋다.

이른 아침, 통리호와 나성주 사이에는 안개비가 뿌려지는 날이 있는데, 이 때의 풍경을 '나성청우 羅星聽雨'라 부르며 특별하게 취급한다. 머물게 된다면 그 날을 기다려보자.

퇴사원 退思园 투이쓰위안 tuì sī yuán

청대에 지어진 퇴사원은 관직에서 물러나게 된 임난생 任 쯔生이 고향으로 돌아와 지은 집으로 자신의 처지를 빗 대, 집의 이름을 "퇴사 退思"라고 지었다. 설계자 원용 袁 龙은 정자 亭, 무대 台, 건물, 누각 阁, 복도 廊, 골목 坊, 다리 桥, 홀 厅, 당 堂이 집에 모두 갖추어져 있는 독특한 구조의 퇴사원을 짓게 된다.

여행자들이 맨 처음 가는 곳은 손님을 접대하는 홀, 홀을 지나면 첫 번째 만나는 건물인 고진명원 古鎮名园이 나온 다. 고진명원은 사방으로 둘러진 큰 건물로 1층 한편에 석 고문이 하나 있다. 네모난 벽돌로 쌓아 만들었는데 방화를 방지하는 목적이었다고. 통리에 남아 있는 유일한 명청 시 대의 건물이라고 하니 유심히 보도록 하자.

뒤에 있는 세한거 歲寒居라는 건물은 세한삼우도 歲寒三 友图를 보고 지은 것에서 유래한다. 참고로 세한삼우란 추운 겨울에도 파릇하게 피어나는 소나무, 대나무 그리고 매화를 뜻하는데, 중국 회화에서 자주 다루는 소재 중 하 나이다.

퇴사원의 핵심은 뭐니뭐니 해도 연못이 있는 정원. 연못을 중심으로 퇴사초당 退思草堂과 회랑, 그리고 작은 산 과 정자, 배 모양의 건물 요강일가 闹红一舸, 회랑 순으로 이어지며 사방을 두르고 있다. 건물들은 마치 물에 떠 있는 착각을 불러일으킬 정도로 아름답고 환상적이다. 사방에 물과 나무, 하늘이 있어 계절의 맛을 즐기기에 그 만이다. 대표적인 강남 고전 조경림으로 2001년 세계문화유산에 지정됐다.

가음당 嘉荫堂 자인탕 jiā yīn táng

1922년에 명대 건축양식으로 지어진 주택. 전체적인 분위기는 편안하고 정갈하다. 거문고와 비슷한 대로 만든 악 기인, 추 筑를 본떠 지은 가음당은 사모청 纱帽厅이라는 별칭을 가지고 있기로도 유명하다.

숭본당 崇本堂 충번탕 chóng běn táng

1912년 전유 钱幼라는 사람이 고 씨의 집을 사들여 새롭게 지은 저택으로 건물 내부에 있는 목조 부조들이 유명하다. 수백 개의 목조들은 각기 다른 모양새를 하고 있다. 건물의 창틀에는 길거나 짧은 이야기들이 얽혀 있고 특히 중국 고전 소설 중 하나인 "홍루몽십이금채도 红楼梦十二金钗图"도 새겨져 있어, 중국 문학에 조예가 깊은 여행자들을 설레게 한다.

숭본당의 건축 구조는 꽤 과학적이다. 건물과 건물 사이에 작은 마당이 왜 있을까 싶은 의구심이 드는데, 통풍과 채광을 위해서라고 한다. 대부분이 목조건물이지만 건물 사이사이에 공간이 있어 큰 불로 이어지는 것을 막아 준다고 한다.

관음사소제관 觀音寺素齋館의 국수

사찰 내, 깊숙한 곳에 자그마한 식당이 하나 있답니다. 끼니때가 되면 머리에 수건을 두른 동네 분들이 줄을 지어 나성주 행 배에 오르십니다. 이분들의 목적은 사원에서의 기도도 있지만 식당에서 맛난 국수를 먹는 일이 더 커 보입니다.

절 음식답게 담백한 맛을 자랑하는 국수에는 버섯과 두부, 죽순 이 가득 들어 있어 영양도 만점이랍니다. 맛 또한 둘이 먹다 하나 죽어나 가도 모를 지경이니, 주민들이 줄지어 배를 탈 만하죠!!

3교 三桥 싼챠오 sān qiáo

물의 도시 통리에는 많은 다리가 있다. 하지만 그 중에서 가장 아름답고 견고한 3개의 다리 태평교, 길리교, 장경교를 최고로 친다. 각각의 다리에는 평화와 고요함의 상징 태평 泰平, 행운의 상징 길리 吉利, 축하의 상징 장경 长庆의 의미가 있다. 그래서 통리 사람들은 다리를 건너는 것을 상서로운 일로 여겼다고. 또한 3개의 다리를 모두 건너면 행운이 따른다고 전해지고 있다.

혼례나 과거급제와 같이 좋은 일이 생기면 다리를 건너는 행사가 이내 치러지곤 한다. 현재에도 당시의 모습을 재현하기 위해 혼례 가마꾼이 다리 앞에서 장사를 하고 있다. 원한다면 돈을 지불하고 행운과 기념사진을 얻을 수 있으니 3교는 통리의 보물임이 확실하다.

강남 수향마을

AREA 03
우젠
乌镇

주소 浙江省 嘉兴桐乡市 乌镇镇 **오픈** 07:00~16:00(티켓 판매) **요금** 동책 120元, 서책 150元, 동책+서책 200元 **홈피** www.wuzhen.com.cn

현대 중국문학을 대표하는 리얼리즘 작가 마오둔 茅盾의 고향. 예부터 명인들을 많이 배출한 곳으로도 유명한 우젠은 강남 6대 수향마을 중 하나로 수향마을 중 가장 늦게 개발됐다. 우젠이라는 지명을 해석하면 까마귀들의 마을이라는 뜻. 마을의 벽을 습기로부터 보호하기 위해 검은색 도료를 발랐는데, 이 덕에 마을 전체의 풍경이 검다 해서 붙은 이름이다. 우젠 마을 한가운데를 관통하는 십자형 수로는 우젠을 동·서·남·북으로 나눠 놓았는데 각각 동책 东栅·서책 西栅·남책 南栅·북책 北栅이라 부른다. 2001년 동책의 관광지 개발이 성공하면서 2006년 서책도 새롭게 개장하기에 이른다. 동책은 다른 수향마을과 비슷한 분위기. 청대의 거리와 민가 그리고 고택 등 소소한 볼거리들이 있다. 대규모 리조트가 들어선 서책은 화려한 야경으로 유명하다.

 시외버스

상하이 남버스터미널 上海长途客运南站에서 07:35~18:05(12대, 55元, 3~4시간 소요)에 우젠 행 버스가 있다.
항저우 시외버스터미널 杭州客运中心站에서 07:00~18:20(23대, 34元)에 우젠 행 버스가 있다.

 투어버스

상하이 여유집산중심 上海旅遊集散中心에서 09:00(출발 시간)~15:30(돌아오는 시간)에 버스가 있다. 요금은 우젠 입장료가 포함된 188元. 운행시간 변동이 잦은 편이다. 전날 방문해 예약해두는 편이 안전하다.

 기차

홍차오 공항에서 바로 우젠으로 가려면 홍차오 기차역에서 기차를 타고 통상 桐乡역(33~67분 소요)으로 간다. 역 앞에서 K282번 버스(30분 소요)를 타고 乌镇景区(西栅)에서 내리면 된다.

서책 西栅

어떤 여행지는 낮보다 밤이 훨씬 아름답다. 지금 말하는 서책이 그렇다. 맨송맨송한 낮 시간이 흐르고 어둠이 깔리기 시작하면 오래된 건물들이 하나둘 불을 밝히는데, 그때부터 서책은 '피어나기' 시작한다. 한낮의 붐빔이 사라진 고요한, 불빛만 존재하는 수향마을의 정취는 100~200년쯤의 어느 시점으로 급하게 소환된 느낌. 운치 빼곤 아무것도 남지 않은 다리와 오래된 돌길, 어디선가 들리는 가마우지 우는 소리.

단체 관광객이 모두 빠져나간 밤의 정취를 느껴보고 싶다면 숙박은 필수. 저렴한 도미토리부터 오래된 고택을 개조한 부띠끄 호텔까지 서책에서 머물 수 있는 방법은 많다. 숙소를 예약하면 서책 입구 리셉션에서 체크인하게 되는데, 체크인을 마치면 예약한 숙소까지 무료 셔틀을 태워준다. 꽤 편리하다.

우젠 돌아다니기

우젠 버스터미널에서 시내버스 K350번을 타면 서책으로 갈 수 있다. 서책과 동책을 오갈 때는 무료 셔틀(09:00~16:00)을 이용한다.

서책에서 먹고 자기

안 먹어본 사람은 있지만 한 번만 먹은 사람은 없다는 전설의 주전부리, 무 튀김(3元)이 있다. 고작 무로 만든 간식거리가 뭐가 맛있을까 생각할지 모르는데(저자들도 그랬듯) 한 입 베어 물면 동공이 확대된다. 채친 무와 무 퓨레를 섞어 튀긴 고로케(그냥 고로케라고 부른다)와 무 퓨레를 넣고 만 춘권의 두 가지 형태가 있다. 사람이 몰리는 시간이라면 이거 하나 먹기 위해 40분~1시간씩 줄을 서야 한다. 가게는 滋啦啦油煎铺子(西栅大街 499号) 입구에서 한참 안쪽에 위치하고 있다.

매표소 쪽 입구 초입에 있는 우젠 통안객잔 乌镇通安客栈 Wuzhen Tong An Inn (西栅大街 129号)은 12-20만 원 룸 컨디션도 좋고 조식도 양호하다.

동책 东栅

공생조방 公生糟坊 공성자오팡 gōng shēng zāo fáng

우젠 최고의 특산품인 삼백주 三白酒를 양조하는 공생조방 公生糟坊으로 주당들에게 반가운 곳. 제조업이 발달했던 우젠에는 꽤 많은 술 공장이 있었는데 그중 고공생 高公生, 순흥 顺兴, 영성 永盛 등 3개 공장이 유명했다. 우젠의 양조기술은 14세기에 접어들며 꽃을 피우게 되는데, 바로 삼백주가 명나라 개국 연회 때 연회 상에 오르며 황제 주원장의 칭송을 받기에 이른 것. 남성의 양기를 돋우는데 최고라는 민간 속설 탓에 최근에도 상당한 인기를 누리고 있다.

공생조방의 뜰에 놓인 수백 개의 양조 항아리는 그 자체로 거대한 장관이다. 당연히 작은 매장을 통해 술을 구입할 수도 있다.

마오둔 고거 茅盾故居 마오둔구쥐 máo dùn gù jū

중국 근대문학의 지도적 역할을 했던 유명작가 마오둔이 태어나서 13세까지 자란 집으로 중국정부에 의해 보호되는 문물보호 단위이기도 한다. 침실, 서재, 응접실 등 마오둔이 살던 그 모습 그대로 재현해 놨다. 뒤쪽에 있는 후원은 1934년 잠시 고향으로 돌아온 마오둔이 직접 설계한 일본식 건물이라고. 마오둔 고거 옆에는 그가 다녔던 모교인 입지서원 立志书院이 있는데 현재 마오둔 기념관으로 사용하고 있다. 참고로 마오둔은 루쉰에 버금가는 중국의 현대 문학가로 추앙받는 인물이다. 그의 이름을 딴 마오둔 문학상은 중국에서 비교 대상이 없을 정도로 독보적인 위치다.

향산당약점 香山堂药店 샹산탕야오뎬 xiāng shān táng yào diàn

우젠은 중의학이 발달해 큰 약방이 꽤 여러 집 있었다고 한다. 동책의 향산당 香山堂, 서책의 헝익당 恒益堂, 남책의 삼다당 三多堂, 북책의 인수풍 人寿丰 등이 그것. 그중 향산당약점은 동책에 있는 약방으로 청대 약방을 재현해 놓은 곳이다. 보통 기념 촬영지로 방문하게 된다.

고희대 古戏台 구시타이 gǔ xì tái

주기적으로 작은 공연이 이루어지는 무대로 옛날 모습을 재현해 놓았다. 작은 광장과 소규모 극장 같은 무대가 어우러져 오후가 되면 사람들이 하나둘 모여 우젠에 생기를 불어 넣어준다.

서책에는 강 위에 수상무대가 있다. 옛날에는 수상무대가 마을을 돌아다니며 공연을 했었다고. 서책의 수상무대는 동책의 고희대와 함께 우젠의 오락거리를 제공하고 있다.

AREA 04

시탕
西塘

주소 浙江省 嘉兴市 嘉善县 西塘古镇 Open 08:00~17:00 (여름), 08:00~16:30(겨울) **홈피** www.xitang.com.cn **요금** 100元

저우좡과 통리에 이어 새롭게 각광받고 있는 강남 수향마을. 이른바 강남 8진이라는 여덟 개의 수향마을 중 가장 개발이 더딘 곳 중 하나였다. 개발이 늦었다는 뜻은 다시 말해 여행자들이 상상하는 수향마을의 원형이 남아 있다는 이야기. 좁은 수로 사이로 펼쳐진 좌판 속의 웅성거림과 풍경을 완성시켜주는 아치형의 돌다리, 수면에 반사되는 능수버들의 하늘거림은 여행자들의 마음 속에 평화라는 두 글자를 새겨 넣어준다.

이런 시탕의 아름다움에 반한 것은 일반 여행자들 뿐만은 아닌 듯, 2006년 개봉한 탐 크루즈 주연의 영화 〈미션 임파서블 3〉 속 수향마을 풍경이 시탕임이 밝혀지며, 주말이면 중국 각지에서 몰려온 관광객들로 북새통을 이루고 있다.

 시외버스

상하이 남버스터미널 上海长途客运南站에서 06:43~17:49, 20대(36~37元)에 시탕 행 버스가 있다. 쑤저우역 북광장 버스터미널 北广场站에서 07:20~17:30, 8대(35元) 그리고 쑤저우 남버스터미널 苏州汽车南站에서 07:50~17:55, 8대(35元)에 시탕 행 버스가 있다. 항저우 시외버스터미널 杭州客运中心站에서 06:55~18:15, 16대(45~52元)에 시탕 행 버스가 있다.

 투어버스

상하이 여유집산중심 上海旅遊集散中心에서 09:00(출발 시간)~16:30(돌아오는 시간)에 버스가 있다. 요금은 시탕 입장료가 포함된 150元이다.

연우장랑 煙雨長廊 얜위창랑 yān yǔ cháng láng

수향마을 시탕의 메인 로드. 운하를 따라 조성된 1km 내외의 상점거리로, 비를 막기 위해 지붕이 설치된 것이 특징이라면 특징이다. 그다지 별스러워 보이지 않는 것도 사실. 하지만 장랑으로 인해 거리 한편에 테이블 몇 개를 늘어놓고 장사하는 집이 생겨나며 볼만한 거리풍경을 만들었다는 점을 부정하기는 힘들어 보인다. 또 비가 오는 날 우산 없이 비를 피하며 둘러볼 수 있다는 점도 어쨌거나 장점인 셈이다.

위치가 위치이다 보니 연우장랑 주변에 찻집, 식당, 기념품점, 군것질 거리들이 몰려 있다. 슬슬 돌아다니며 몫 좋은 곳을 찾아 잠시 쉬는 것도 좋을 듯.

다리 桥 차오 qiáo

수향마을의 풍경을 완성하는 최고의 완소 아이템은 역시 고풍스러운 모습을 하고 운하를 가로지르는 석조 다리를 꼽을 수 있다. 시탕에는 각각 멋들어진 이름을 가지고 있는 석조다리가 무려 15개에 이른다. 이들 다리들은 굳이 찾아다니지 않아도 볼거리를 보러 다니면 절반 이상은 거치게끔 되어 있다.

만약 사진가라면 시탕 서쪽에 있는 환수교 环秀桥 만큼은 기억해두자. 시탕에 있는 다리 중 유일하게 배와 마을, 하늘이 어우러진 사진을 찍을 수 있는 포인트이기 때문이다. 이 외에도 3곳의 운하가 만나는 영녕교 永宁桥, 안경교 安境桥, 안수교 安秀桥도 아름답기로는 시탕에서 둘째가라면 서러운 곳으로 특히, 영녕교는 시탕의 대표 포토존이다.

성당 圣堂 셩탕 shèng táng

관제 关帝(삼국지의 관우)를 모신 도교사원으로 1575년 최초로 세워졌다. 중국에서 가장 중요한 토속신 가운데 하나로 등극한 관우의 위상을 엿볼 수 있는 곳이다. 참고로 불패의 명장이자, 충의 忠义의 대명사인 관우는 현재 중국인들이 학문과 재물의 신으로 숭상하고 있다. 매년 설이 되면 시탕 일대의 모든 상인들이 모여 대규모 제사를 지낸다고 하는데, 평소에는 그저 조용할 뿐이다. 관우 외에 재물의 신, 어부의 신 천후 天后 등도 모시고 있다. 사당의 노란 담장과 파란 하늘의 색채 때문에 아마추어 사진가들의 사랑을 받는 곳이기도 하다.

예택 倪宅 니짜이 ní zhái

시탕마을 최고의 인물(?)인 니텐쩡 倪天增이 살던 집. 참고로 니텐쩡은 문학가 출신으로 상하이 부시장까지 올랐던 입지전적 인물이다. 원체 지방민들의 자랑거리였던 만큼, 현 정부의 자발적인 결의를 거쳐 그가 살던 집을 보존하게 되었다고 한다. 수로를 끼고 있는 아름다운 고택으로, 약 5개의 방이 있다. 민속촌에 들어온 기분으로 슬슬 둘러보면 된다.

강남 기와 진열실 江南瓦當陳列室

구색 맞추기 위주인 시탕의 볼거리 중에서도 가장 허품이 나는 곳. 강남 일대에서 출토된 약 3,000여 점의 기와를 전시하고 있는 곳이다. 각 시기별로 분류된 기와와 기와에 새겨진 각기 다른 문양들이 감상 포인트. 건너뛰어도 무방한 곳이다.

단추박물관 钮扣博物馆 뉴커우보우관 niǔ kòu bó wù guǎn

여행자들에게 시탕은 아름다운 수향마을이지만, 중국의 의류업계 관계자라면 시탕하면 단추를 떠올린다. 한나라 시대부터 생겨나기 시작한 시탕의 단추 산업은 명청대 황실로 독점 납품하며 꽃을 피우기 시작했다. 박물관 안에는 명청대 생산한 골동(?) 단추들이 고스란히 전시되어 있다. 서양식의 동그란 플라스틱 단추만을 생각한다면 오산. 금, 은, 옥, 동물 뼈 등 장신구 버금하게 화려한 단추들을 만날 수 있다. 시탕의 박물관 중 가장 흥미 있는 장소임에는 분명하다.

서원 西园 시위안 xī yuán

전형적인 강남 정원. 명대 이후, 시탕 최고의 부자가문으로 손꼽혔던 주 씨 집안의 저택이기도 하다. 비록 작은 규모긴 하지만 물(호수), 나무(숲), 돌(산)이라는 중국 정원이 가져야 할 기본적인 3요소를 고루 갖추고 있는데다, 볼거리 측면에서도 가장 훌륭하기 때문에 시탕을 찾아온 어지간한 여행자들은 모두 방문하는 곳이다. 작은 돌산 위의 정자와 그 아래로 흐르는 도랑, 작은 대나무 숲이 전부이긴 하지만, 작은 공간을 참 아기자기하게 꾸며놨다는 느낌이다. 가운데 길 하나를 두고 두 개의 건물이 붙은 형태로, 정원이 없는 반대쪽은 도장과 수제 부채를 진열하는 작은 전시관이 마련되어 있다.

취원 醉园 쭈이위안 zuì yuán

중국에서 가장 작은 강남 정원 중 하나. 정원이라기보다는 정원 모양의 미니어처라고 보는 편이 좋다. 송나라 시절 육군 최고 사령관까지 올랐으나, 명대에 이르러 평범하게 전락한 왕 씨 가문의 저택으로 1칸의 건물과 두 칸의 정원으로 이루어져 있다.

사람 상반신보다도 작게 꾸며놓은 가산 假山의 앙증맞음은 나름의 매력이 있다. 이 때문일지 여성 여행자들이 상당히 좋아하는 곳 중 하나다. 혹자의 말에 의하면 이곳에서 일본식 분재가 탄생했다고도 하는데, 물론 믿거나 말거나 수준의 이야기다.

호국수량왕묘 护国随粮王庙 후궈수이량왕먀오 hù suí guó liáng wáng miào

때는 명말, 전란으로 뒤숭숭하던 시대에 시탕 일대는 큰 가뭄에 시달렸다고 한다. 하지만 중앙정부는 이런 어려움을 모른 채, 예년과 똑같은 양의 양곡을 베이징으로 수송시켰다.

굶어죽는 사람들을 헤치고 쌀을 운반해야 했던 초급 관리 칠노야 七老爺는 결국 자신의 양심에 맞는 조치를 취한다. 쌀을 풀어 백성들을 살린 것.

이 사건 직후, 그는 국고를 빼돌린 죄로 사형을 당하게 된다. 호국수량왕묘는 그의 사후, 그를 기리기 위해 주민들이 십시일반 돈을 모아 세운 사당이다. 그리고 17세기 청나라 정부에 의해 선행의 주인공으로 명예직 직책이나마 왕에 봉해지고 명예를 회복하게 되었다.

지금도 매년 음역 4월 3일, 칠노야의 탄생일이 되면 호국수량양묘에서 성대한 제사가 치러진다.

쑤저우, 항저우, 황산 어떻게 가면 될까?

상하이 주변만 둘러볼 예정이라면 그저 지하철, 투어버스 이용법 정도만 알면 되지만, 아예 근교로 나갈 예정이라면 중국의 고속버스, 기차 시스템을 약간은 이해해야 한다.

고속열차는 상하이 홍차오역 上海虹桥站, 일반 열차는 상하이역 上海站에서 주로 출발한다. 2010년 고속철이 개통되면서 주요 역은 상하이 역에서 상하이 홍차오역으로 이동하는 추세다.

드디어 외국인도 중국 기차표를 인터넷으로 발권할 수 있게 되었다. 글을 쓰는 시점에서는 중국의 온라인 여행사인 Trip.com이 중국 기차표의 해외 거주 외국인 발권 업무를 독점하고 있다. Trip.com은 한국어 사이트는 물론 구글 · 애플 스토어에 앱도 올려놓고 있다. 중국내 여행을 위한 최대 난관이 수십 년 만에 어이없이 사라져 버린 셈이다.

웹페이지 kr.trip.com

기차표 구입하기

기차표 구하는 방법은 크게 두 가지다. 역으로 가서 기차표를 구매하는 방법과 또 하나는 온라인 여행사 Trip.com을 통해 구매하는 것. 예전에는 외국인이 온라인으로 기차표를 구매할 수 없었기 때문에 무조건 역으로 가야만 했다. 기차역까지 가는 차비와 소요되는 시간을 생각한다면, 굳이 이래야 할 어떤 이유도 없다. trip.com에서 중국 기차표를 구입하기 위해 필요한 정보는 여권 번호와 신용카드뿐. 회원 가입을 하지 않아도 발권이 가능하다.

기차 火车

상하이역에서 출발하는 기차노선(시발열차 기준)

목적지	운행	소요시간	요금
쑤저우	05:48~23:46, 매일 102편	23분~1시간 20분	145~128.5元
항저우	08:15, 09:38, 17:54, 매일 3편	1시간 29분~1시간 42분	92.5~278.5元
황산	20:16, 하루 1편	10시간 55분	93~267元

상하이남역에서 출발하는 기차노선(시발열차 기준)

목적지	운행	소요시간	요금
항저우	04:23~23:30, 매일 43편	1시간 30분~3시간 22분	28.5~233元

상하이 홍차오역에서 출발하는 기차노선(시발열차 기준)

목적지	운행	소요시간	요금
쑤저우	06:03~21:33, 매일 80편	23분~1시간 38분	25.5~121.5元
항저우	06:01~21:30, 매일 63편	45분~1시간 31분	46.5~219.5元
황산	08:42, 18:07, 매일 2편	4시간 8분~4시간 33분	304~948元

기차표의 교환

온라인 예매를 하면 예약번호가 화면에 뜬다. 이 예약번호를 일단 메모해두자. 그리고 출발 당일 기차 출발 최소 1시간 전쯤 역으로 가서, 여권과 예약번호를 주고 기차표를 받아야 한다. 역에 도착해 '售3天内各站车票' 혹은 '售票处'라고 쓰여 있는 창구로 가서, '취이피야오 取票'라고 말하고 여권과 예약번호를 제시하면 표를 발행해 준다.

짐 검사

중국의 기차역은 거의 공항과 비슷한 시스템이라고 보면 된다. 대부분의 경우 역에 진입할 때부터 엑스레이 탐지기에 짐을 밀어 넣어야 할 수도 있고, 플랫폼으로 기차 타러 가기 전에도 다시 한 번 짐 검사를 할 수도 있다. 티베트나 신장 위구르 자치구역에서 분리 독립, 그리고 해당 지역의 독립운동가들이 한족들을 대상으로 벌이는 테러를 방지하기 위함이다. 대부분 짐 검사는 설렁설렁한 수준이지만 운 나쁘게 고위층이 그 즈음에 해당 역을 방문하면 말도 안 되게 빡빡해질 수 있고, 이런 날은 1시간 전에 역에 나가서는 모든 일처리를 못할 수도 있다. 참고로 플랫폼으로 진입하기 위한 검표 과정에서도 가끔 여권 등 신분증을 제시해야 할 수도 있으니 여권은 꺼내기 쉽고 안전한 곳에 잘 보관하도록 하자.

기차표 현장 구매

국경일이나 명절 기간과 러시아워만 피하면 상하이↔항저우, 상하이↔쑤저우 구간은 굳이 온라인 예매를 하지 않고, 역에서 현장 구입도 가능하다. 운행 기차가 원체 많기 때문에 조금 기다릴 생각만 하면 되기 때문이다. 기차표 구입 창구는 앞서 설명한 기차표 교환 창구인 '售票处'로 가면 된다. 중국어를 전혀 못한다는 가정 하에 일단 ctip.com 앱을 검색해 원하는 출발 시간과 기차 번호를 쪽지에 적어서 창구에 제출하면 된다. 어차피 '售票处'에서 줄서는 건 마찬가지라 시간 면에서 별 손해라는 느낌은 들지 않는다. 다만 국경일이나 명절 기간이라면 현장 구매는 곤란하다. 무조건 사전 예매해 표를 확보해 놓도록 하자.

버스 汽车

솔직히 버스는 기차표를 구할 수 없는 비상의 상황이 아니면 굳이 이용할 이유가 없다. 더 느리고, 덜 쾌적하며 버스터미널의 사정도 상당히 혼란스럽다. 상하이에서 항저우, 쑤저우와 연결되는 버스터미널은 꽤 여러 개이긴 한데, 가장 쾌적하게 이용할 수 있는 곳은 상하이 남버스터미널 이라고 할 수 있는 상하이 커윈난짠 上海客运南站南站이다.

상하이 남버스터미널에서 출발하는 버스 노선

목적지	운행	소요시간	요금
쑤저우	06:39~17:25, 매일 10편	1시간 30분~2시간	38元
항저우	07:00~18:30, 매일 15편	3시간	68~115元
황산(황산풍경구)	07:27, 09:37, 10:27, 14:49, 15:27 매일 5편	5~6시간	135~148元

AREA 01

쑤저우
苏州

"하늘에 천당이 있다면, 땅에는 쑤저우가 있다"는 말이 있을 만큼, 고대이래, 중국인이라면 누구나 한 번쯤 가 보고 싶어 하는 아름다운 도시. 말 그대로 지상낙원의 대명사였다. 옛 시가지 곳곳을 흐르는 운하와 그 사이를 왕래하는 작은 배들. 우아한 곡선미를 자랑하는 아치형 다리는 오늘날까지도 여행자들에게 어필하는 구석이 있다.

쑤저우가 본격적인 발전의 기틀을 마련한 것은 7세기 초 수나라 때, 항저우와 베이징을 연결하는 경항대운하 京杭大运河가 개통되면서다. 물길이 열려 강남과 강북의 교역이 획기적으로 증가하고, 쑤저우는 중계무역과 물자운송으로 막대한 부를 쌓았고, 수천 년 동안 이어진 영광은 오늘날에도 계속되고 있다.

1980년대 상하이를 시작으로 불붙은 경제개발은 쑤저우의 근대화를 촉진했다. 급속한 산업화는 쑤저우의 상징인 운하를 오수범벅의 시궁창으로 만들었지만, 최근 들어 상대적으로 공해가 적은 IT 산업과 컴퓨터 제조업에 눈을 들린 것은 그야말로 현명한 선택이었다. 현재 쑤저우는 상하이 다음 가는 공업도시지만 전통과 현대의 조화라는 쉽지 않은 과제를 해결한 탓에, 오늘날까지도 중국인들이 가장 많이 살고 싶어 하는 곳으로 꼽힌다.

기차

일반열차는 상하이역과 쑤저우역 사이를, 고속철은 상하이 훙차오역과 쑤저우북역 사이를 주로 연결한다. 상하이 훙차오역은 상하이 훙차오공항과 연계되는 곳이라 교통이 그리 나쁘진 않지만 쑤저우 북역은 좀 외진 편이다. 운 나쁘게 쑤저우북역에 떨어졌어도 걱정할 필요는 없다. 시내버스가 쑤저우북역과 쑤저우 시내 사이를 운행하고 있다. 문제라면, 시내까지 시간이 꽤 걸린다는 것.

시외버스

상하이 남버스터미널 上海长途南站에서 쑤저우로 매일 10편의 버스가 운행한다. 하지만 고속 열차에 비해 3배나 이동 시간이 길기 때문에 아주 특별한 상황이 아니라면 버스를 고집할 이유는 전혀 없다. 쑤저우에는 크게 남버스터미널 汽车南站과 북버스터미널 汽车北站이 있다. 상하이와 항저우로 이동할 예정이라면 어느 터미널을 이용해도 상관없다. 참고로 북버스터미널은 쑤저우역에서 엎어지면 코 닿을 거리라 대부분의 여행자들이 선호한다.

기차 노선

출발역	도착역	운행	소요시간	요금
상하이역	쑤저우역	05:48~23:46, 매일 106편	G차 25~41분, K차 1시간~1시간 20분	K, T차 14.5元(硬座 딱딱한 의자) D차 25.5元(二等座 좌석 2등칸) G차 34.5元(二等座 좌석 2등칸)~121.5元(商務座 비즈니스 좌석)
상하이 훙차오	쑤저우역	06:13~21:42, 매일 57편	G차 25~40분, D차 34~55분	
상하이 훙차오	쑤저우북역	06:10~20:13, 매일 57편	G차 23~44분	
항저우역	쑤저우역	10:04~19:39, 매일 12편	G차 1시간 57분 K차 2시간 28분~3시간	K차 41.5元(硬座) D차 82元(二等座) G차 110元(二等座)~341.5元(商務座)
항저우동역	쑤저우역	02:11~20:43, 매일 22편	G차 1시간 22분~1시간 47분 K차 3시간 20분~5시간	
항저우동역	쑤저우북역	07:38~19:12, 매일 7편	G차 1시간 28분~1시간 45분	
황산역	쑤저우역	07:34, 20:08 매일 2편	K차 9시간 31분~9시간 51분	K차 81元(硬座) ~231元(軟臥 푹신한 침대)

버스 노선

출발지	도착지	운행	소요시간	요금
상하이 남버스터미널	쑤저우 북버스터미널	07:07~16:47, 6대	2시간	38元
상하이 시외버스터미널	쑤저우 남버스터미널	06:39~17:25, 10편	2시간	38元
항저우 북버스터미널	쑤저우 북버스터미널	07:20~19:00, 15편	3시간	73元
황산 여객터미널	쑤저우	07:00, 11:00, 13:10, 매일 3편	8시간	132元

쑤저우 돌아다니기

시내교통에는 정답이 없다. 상황에 따라 지하철, 버스, 택시, 도보를 모두 넘나들어야 시내 관광이 가능하다. 구시가지의 주요 정원만 볼 계획이라면 뭔가를 타기에는 짧고, 걷기에는 조금 성가신 거리다. 대부분 고민하다 걷는 걸 선택한다.

관광지와 연계되는 쑤저우 지하철 역

역명	호선	연결되는 스폿
쑤저우역 苏州火车站	1,4호선	쑤저우역, 북버스터미널
쑤저우 북역 高铁苏州北站	1호선	쑤저우 북역
린둔루역 临顿路站	1호선	현묘관
상먼역 相门站	1호선	핑장루
광지난루역 广济南路	1호선	산탕제
시루역 石路站	2호선	유원

지하철

지하철 1, 2, 4호선이 개통했고, 2019년에 3호선, 2021년에 5호선이 개통될 예정이다. 지하철은 생겨나고 있지만, 대부분의 노선이 관광지를 비켜가기 때문에 여행자 입장에서는 별로 쓸모가 없는 편이다. 특히, 주요 볼거리들이 모두 쑤저우 고성 안에 있는데, 고성 구역은 전체가 모두 문화재 덩어리다 보니 지하철 공사가 아예 불가능해져버렸기 때문.
즉, 쑤저우는 이전이나 지금이나 버스와 지하철, 택시를 모두 연계해야 여행이 편해진다.

운행 07:00~21:35 **요금** 2~6元

시내버스

시내버스 노선이 상당히 잘 짜여 있고 이용도 편리하다. 여행지만 연결해주는 여우 游 버스만 활용해도 쑤저우 여행은 충분히 가능하다.
버스 탑승법은 한국과 동일하다. 유일한 차이가 있다면, 중국 버스는 안내양이 있는 일부 노선을 제외하고는 거스름돈을 주지 않는다는 점. 미리 동전을 준비하자.

시내버스 노선

노선 번호	노선	운행	요금
游1	호구虎丘首末站(기점/종점) – 쑤저우역 북광장 苏州站北广场公交枢纽 – 쑤저우 박물관 苏州博物馆(졸정원–사자림) – 현묘관 玄妙观 – 유원 留园 – 호구虎丘首末站(기점/종점)	05:30~21:00	2元
游2	호구虎丘首末站(기점/종점) – 쑤저우역 남광장 苏州站南广场 – 북버스터미널 汽车北站北 – 쑤저우 박물관(졸정원–사자림)苏州博物馆(拙政园·狮子林) – 쌍탑 双塔 – 반문 풍경구 盘门景区北	05:45~18:45	1元

택시

아무리 알뜰한 여행자라도, 기차역이나 버스터미널에서 내린 후, 숙소까지는 택시를 타게 된다. 대도시치고는 택시 요금도 저렴한 편이라 일행이 있다면 꽤 자주 이용하게 된다.

중국어 병음을 이해하지 못하는 한, 아무리 책에 나오는 현지 지명을 읽어 줘봐야 기사들은 못 알아듣는다. 수첩에 한자를 크게 적어주거나 스마트폰으로 해당 지명을 입력해서 보여주는 게 가장 좋은 방법이다.

택시 운행 초행 3㎞까지 10元, 이후 1㎞마다 1.8元 가산. 22:00~05:00사이에는 20% 할증.

자전거

볼거리가 몰려 있는 구시가 위주로 돌아다닐 예정이라면 자전거는 최고의 교통수단이다. 무엇보다 아직까지 중국의 도로는 차도의 한편을 자전거 전용 도로로 내어준 상태라 씽씽 달리는 중국의 자동차로부터 상당부분 보호가 가능하다. 다만 운전 실력이 보통 이하라면 러시아워 때는 자전거 운전(?)을 삼가는 게 좋다. 자출족의 비중이 엄청나기 때문에 자전거끼리의 트래픽도 상상 이상이다.

모든 유스호스텔에서는 자전거를 대여하고, 핑장루 平江路 일대는 자전거포가 지천이다. 일반적으로 하루 30元이면 대여가 가능하다. 단, 여권을 맡기거나 500元 가량의 보증금을 내야 하는데, 가급적 돈으로 해결하는 것이 낫다.

쑤저우 이것만은 꼭 보자!

중국의 4대 명원 名園 가운데 2개가 쑤저우에 있다. 중국 정원을 빼고 쑤저우를 생각하기란 쉽지 않은 일. 특히 졸정원 拙政园과 유원 留园은 쑤저우에 왔다면 반드시 봐야 할 핵심 볼거리. 그 밖에도 오나라 왕 합려 阖庐의 무덤인 호구 虎丘와 한시 〈풍교야박 楓橋夜泊〉의 무대인 한산사 寒山寺도 쑤저우 핵심 볼거리. 물론 운하와 함께 살아가는 중국인들의 삶을 엿보는 재미 또한 빼놓을 수 없다. 여유가 있다면 볼거리와는 별도로 하루쯤 시간을 내어 지도를 들고 시내 곳곳을 다녀보자.

Route Guide

졸정원

도보 10분

쑤저우 박물관

도보 20분 또는 자전거 릭샤 10분(15元정도)

북사탑

버스 40분 또는 택시 15분

유원

버스 30분

호구

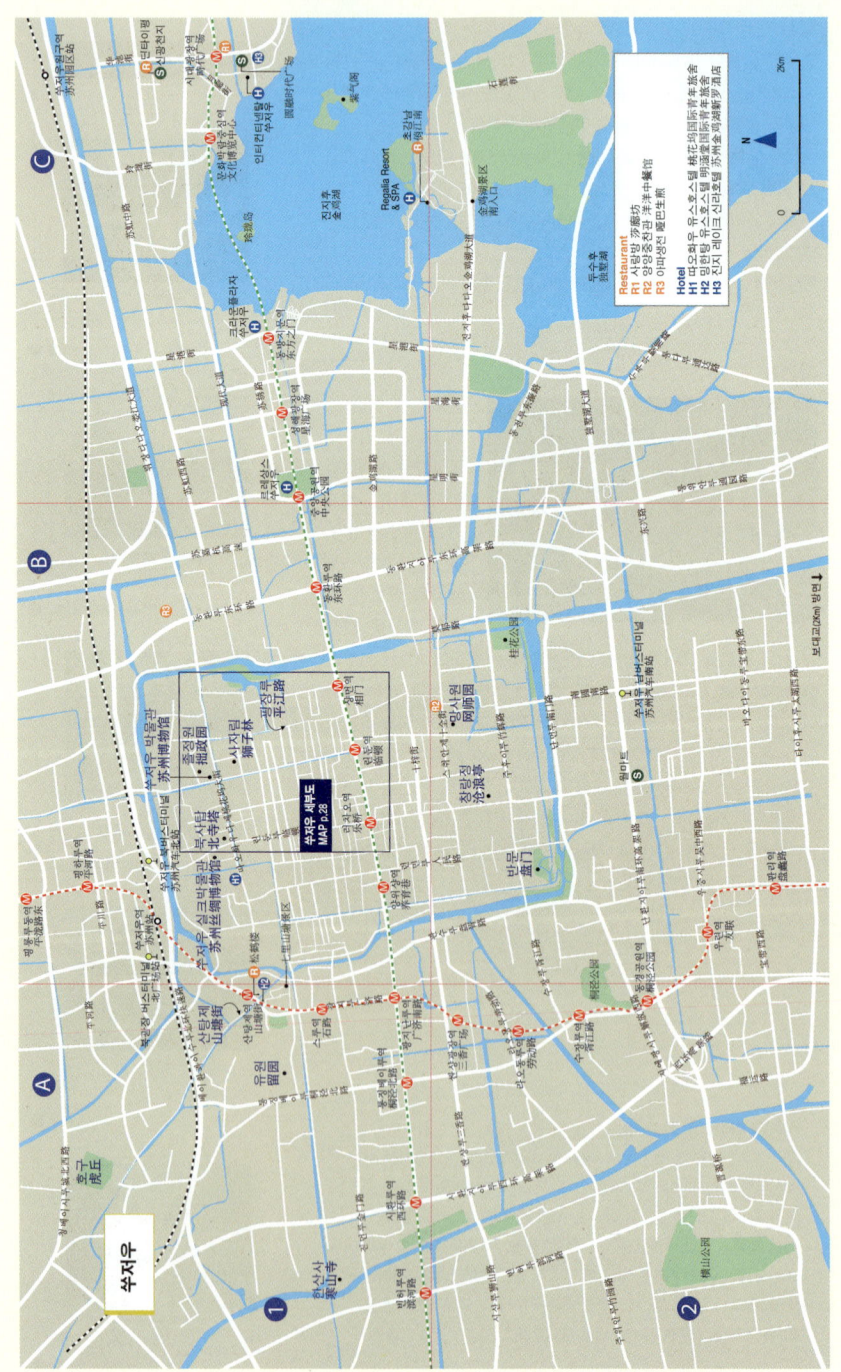

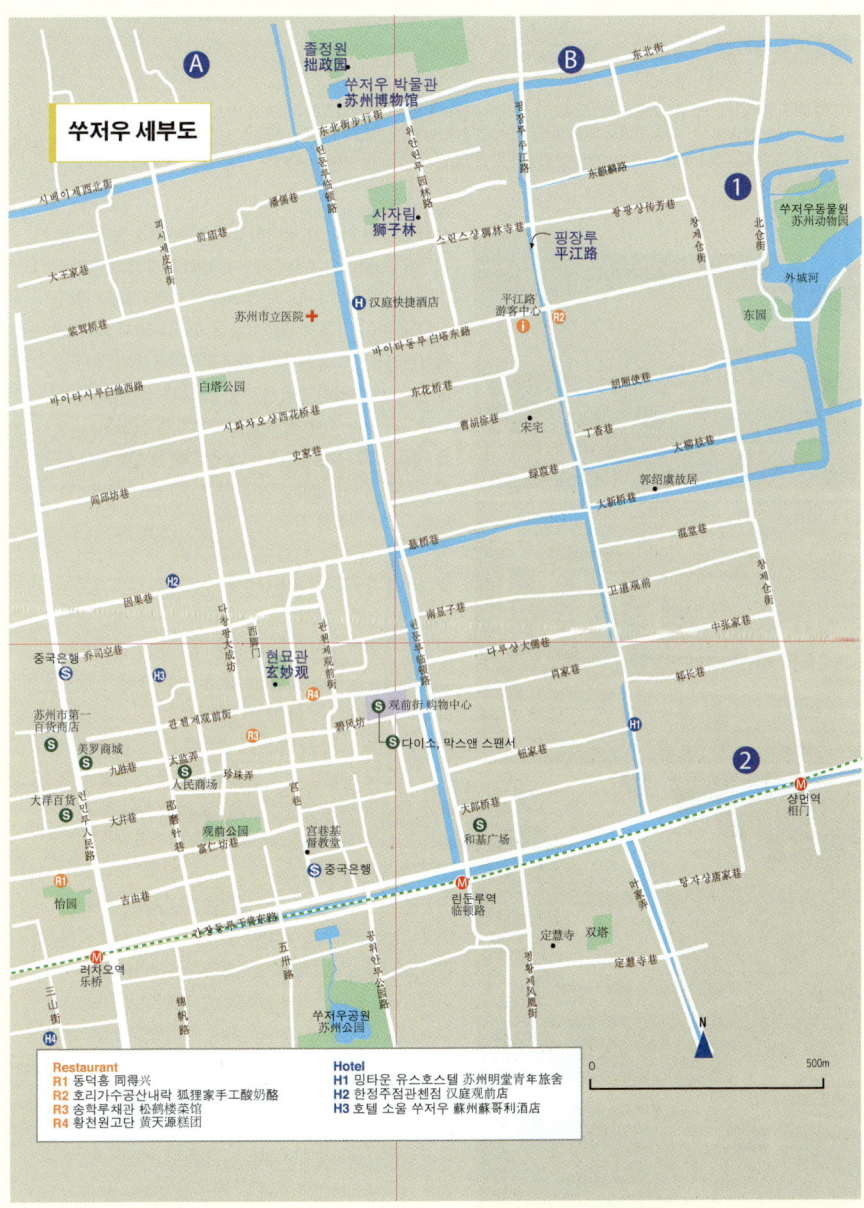

졸정원 拙政园 쥐정위안 zhuō zhèng yuán ★★★★

위치 쑤저우역 북광장 · 호구 · 유원에서 버스 游1번 또는 쑤저우역 남광장 · 북버스터미널에서 버스 游2 · 游5 · 178 · 202 · 529번 또는 남버스터미널 · 망사원에서 버스 811路 를 타고 苏州博物馆 정류장 또는 皮市街北 정류장에서 하차 **주소** 苏州市 平江区 东街 178号 **오픈** 07:30~17:00 **요금** 성수기 90元, 비수기 70元 **전화** (0512)6751-0286 **홈피** www.szzzy.cn/En **지도** p28-A1

중국 정원의 자존심. 베이징 이화원 颐和园. 청더의 피서산장 避暑山莊. 쑤저우의 유원 留园과 함께 중국의 4대 명원 중 하나다. 1512년 정계에서 실각한 어사 왕헌신 王献臣이 낙향의 원통함을 달래기 위해서 지었다. 졸정원이라는 이름은 서진 시대의 문장가 반악 潘岳이 쓴 한거부 閑居賦라는 시의 한 구절이다. 한거부에는 벼슬하지 않는 이유 중 하나로 어리석은 자들이 정치를 하고 있기 때문이라며, 현실 정치를 냉소하는 대목이 나온다. 이 구절이 아마 왕헌신의 마음을 대변했던 모양. "나는 실각한 게 아니라 더러운 정치판을 떠난 거야."

졸정원은 중국 정원 3대 특징인 수목 · 물 · 암석 가운데 물의 이미지를 극대화시킨 것이 특징. 정원의 절반 이상이 호수로 이루어진 것도 이 때문이다. 정원 내부의 누각과 회랑은 모두 물가에 건설됐다. 물속에 비친 이미지를 함께 감상하라는 설계자의 의도라고.

정원 내부는 크게 동원 东园, 중원 中园, 서원 西园의 세 구역으로 나뉜다. 이중 중원의 원향당 远香堂은 졸정원 최고의 하이라이트. 사방으로 트인 창을 통해 다양한 각도로 정원을 감상할 수 있게 된 건축적 배치가 인상적이다.

원향당 창 중 몇 개는 하얀 비단을 문풍지로 사용하고 있다. 하얀 비단 속에 비쳐진 풍경은 요즘 디지털 카메라에 장착되는 이른바 뽀샤시 효과와 흡사하다.

마지막으로 졸정원 감상에서 빼놓지 말아야 할 것은 호수와 정자 사이를 연결하는 수많은 다리들이다. 대부분의 다리가 직선이거나 아치형인데 비해, 졸정원의 다리들은 5~6번 정도 꺾여 있다. 꺾인 포인트는 각기 다른 감상 포인트. 즉, 한 번 꺾임이 있을 때마다 주위를 돌아보며 정원의 변화를 감상하라는 의도라고 한다.

맑은 날 방문한다면 정원의 설계의도대로 제대로 된 감상이 가능하지만, 잔뜩 찌푸린 날이라면 가이드북을 던져버릴지도 모른다. 그만큼 날씨에 대한 편차가 아주 심한 명소다.

쑤저우 박물관 苏州博物馆 쑤저우보우관 sū zhōu bó wù guǎn ★★★

위치 쑤저우역 북광장 · 호구 · 유원 · 현묘관에서 버스 游1路 또는 쑤저우역 남광장 · 북버스터미널 · 호구에● 버스 游2路 또는 쑤저우역 북광장 · 북버스터미널에서 버스 游5路를 타고 苏州博物馆 정류장에서 하차 **주소** 苏州市 平江区 东北街 204号 **오픈** 화~일 09:00~17:00 **요금** 무료 **전화** (0512)6757-5666 **지도** p28-A1

중국에서 가장 인상적인 시립 박물관 중 하나로, 프랑스 루브르박물관의 유리 피라미드를 설계한 중국계 미국인 건축가 야오밍 페이의 작품이다.
졸정원 앞에 지어야 하는 쑤저우 박물관을 그는 완전히 자기만의 방식으로 해석했다. 장기인 유리는 동일하게 주요 소재로 활용된다. 곡선은 극단적인 직선으로 단순화 되었는데, 일정한 패턴을 유지하며 중국 강남 건축의 맛 또한 제대로 살려냈다. 선의 교차 배열만으로도 다양한 묘사가 가능해졌다.
통유리 건물답게 채광은 환상적이고, 빗살무늬가 매력적인 회랑은 해의 위치에 따라 기묘한 빛의 그림자를 연출해낸다. 박물관 안에 있는 중국식 정원 또한 단순한 가운데 중국 정원의 아름다움을 잘 살려냈다는 평가를 받는다. 물을 베이스로 한쪽 벽에는 거친 산맥을, 가장자리에는 대나무를 배치해 한껏 멋을 살렸다.
건축만으로도 충분히 가치 있는 곳이지만 중국에서 가장 오랜 역사를 지닌 도시 중 하나인 쑤저우 일대에서 출토된 고고학적 유물부터 도자기, 상아 예술작품, 회화를 비롯해 부채 공예까지 다양한 예술장르를 접할 수도 있다. 국보급이라기보다는 귀족풍의 사치스러운 생활 소품이 주를 이루고 있는데, 아름다운 박물관 내부를 둘러볼 요량으로라도 반드시 감상해볼 만하다. 무엇보다 기쁜 소식은 이 엄청나게 멋진 박물관이 공짜라는 것. 마지막으로 박물관을 둘러보다 보면 자연스레 1960년에 세워진 구관과 연결되는데, 이 구관 또한 나름의 볼거리다. 바로 19세기 말 중국의 강남지역 일대를 혁명의 열기로 들끓게 했던 태평천국의 충왕 忠王 이수성의 관저였다. 충왕이 앉았다는 황금의자는 그 당시의 모습 그대로 재현되었다고 하는데, 봉건왕조와 다른 이상을 가지고 봉기한 그들의 지도부조차 황금의자를 선호했다는 사실은 권력의 속성을 말해주는 듯해 씁쓸하기까지 하다. 이런 사연 탓에 유난히 태평천국 太平天國이라는 글자가 건물 곳곳에서 발견된다.

사자림 狮子林 스쯔린 shī zi lín ★★★

위치 졸정원에서 도보 10분 또는 쑤저우역 북광장 · 호구 · 유원 · 현묘관에서 버스 游1路 또는 쑤저우역 남광장 · 북버스터미널 · 호구에서 버스 游2路 또는 쑤저우역 북광장 · 북버스터미널에서 버스 游5路를 타고 苏州博物馆 정류장에서 하차 **주소** 苏州市 平江区 园林路 23号 **오픈** 07:30~17:00 **요금** 성수기 40元, 비수기 30元 **전화** (0512)6777-3263 **지도** p28-B1

쑤저우의 4대 명원 중 하나. 원래는 원나라 때의 고승인 천여선사 天如禅师가 스승인 중봉화상 中峰和尚을 위해 건립한 사찰이라고 한다. 천여선사는 스승이 젊은 시절 수행했던 천목산 天目山의 사자암 狮子巖과 비슷한 환경을 만들기 위해 인공적인 돌산을 조성했다. 앞서 언급한 졸정원이 물이 테마라면, 사자림은 돌이 테마라고 보면 된다. 거친 중국의 산맥을 인공적으로 표현하기 위해 사용한 것은 태호석 太湖石이라는 돌이다.

참고로 태호석은 호수 속에 있는 석회암의 일종으로, 오랜 시간 물의 흐름 속에서 부식돼 주름과 구멍이 많은 기묘한 모습을 한 것이 특징. 때문에 사자림은 스승을 위해 자연을 창조한 정성과 모든 자연을 인위적으로 꾸미려한 오만함이 동시에 느껴진다.

정원을 거닐다보면 중국인들이 두리번거리며 무언가를 찾고 있는 모습을 발견할 수 있다. 사자 모양의 돌인 사자암을 찾는 것. 사자 모양의 돌들이 꽤 여러 곳에 있으므로 바쁜 일정이 아니라면 보물찾기에 같이 참여해보는 것도 꽤 재미있다.

졸정원에 비하면 턱없이 작은 규모에 유명세 또한 떨어지기 때문에 관람객이 적은 편이지만 번잡한 곳을 싫어하는 성격이라면 사자림이 더 마음에 들지도 모른다.

쑤저우 실크 박물관 苏州丝绸博物馆 쑤저우쓰처우보우관 ★★★
sū zhōu sī chóu bó wù guǎn

위치 쑤저우역 북광장에서 버스 1 · 游1 · 游4 · 8 · 33 · 38 · 54路를 타고 平门 정류장 또는 平门东정류장에서 하차 후 도보 3분 **주소** 苏州市 平江区 人民路 2001号 **오픈** 09:00~16:45 **요금** 무료 **전화** (0512)6753-6506 **지도** p24-B1

전통적으로 쑤저우는 중국 제일의 비단 생산지. IT산업과 관광산업의 활황 속에서도 오늘날까지 그 전통을 이어오고 있다.

실크 박물관은 중국이 원조인 실크 산업의 어제와 오늘을 보여주는 흥미로운 곳이다. 고대에서 현대까지 이어지는 다양한 실크 제품들과 제작 과정 등을 상세히 보여주는데, 패션에 관심이 많은 여행자라면 둘러볼만 하다. 항저우의 실크 박물관에 비해 규모는 작지만 더 알차기 때문이다. 박물관 내의 상점에서 100% 쑤저우 산 실크 제품들을 구입할 수 있다. 도저히 중국 물가라 믿어지지 않는 가격표를 붙이고 있는데, 품질은 우수한 편이다.

북사탑 北寺塔 베이쓰타 ★★★

위치 실크 박물관에서 도보 10분 쑤저우역 북광장에서 버스 1·游4路를 타고 北寺塔 정류장에서 하차 후 도보 3분 주소 苏州市 平江区 人民路 1901号 오픈 07:45~18:00 요금 25元(탑 10元) 지도 p24-B1

원래의 이름은 북탑보은사 北塔报恩寺. 위·촉·오 삼국이 중국의 패권을 겨루던 그 시절, 오나라의 손권 孙权에 의해 지어진 불교 사원으로 손권이 어머니인 오씨 부인을 기리기 위해 건설했다고 한다.
참고로 손권의 아버지 손견이 요절을 한 탓에 오씨 부인은 생애의 반 이상을 홀로 지냈어야 했다. 이후 오나라의 초대 황제가 된 손권은 자신의 부모를 시황제로 격상시키며 일종의 성역화 작업을 벌이는데, 북탑보은사도 바로 이 시기의 산물이다. 지금 봐도 랜드마크로서의 가치가 충분한 76m의 북탑이 1700년 전의 눈으로는 얼마나 거대했을까? 라는 상상을 해보는 것도 제법 흥미로운 일이다.
누각식 불탑인 탓에 내부의 계단을 통해 탑의 상단으로 오를 수가 있고 각 층마다 아래를 조망할 수 있는 난간이 설치되어 있다.

탑 아래 펼쳐진 보은사의 뜰과 물결치듯 뻗어 있는 기와 지붕의 아름다운 곡선은 계절에 상관없이 우아함과 한적함을 자랑한다. 물론 주변에 휴대전화에 대고 소리를 질러대는 중국인 관광객이 없다면 말이다.

망사원 网师园 왕스위안 wǎng shī yuán ★★

위치 쑤저우역 북광장에서 버스 202·529路 또는 쑤저우 박물관·북버스터미널에서 버스 55路 또는 남버스터미널에서 529·811路를 타고 网师园 정류장에서 하차 주소 苏州市 沧浪区 带城桥路 오픈 08:00 ~17:00 요금 성수기 40元, 비수기 30元 전화 (0512)6529-3190 지도 p24-B1

압축의 묘미를 보여주는 쑤저우 4대 명원 중 하나. 크기와 규모로 승부하는 일반적인 중국 정원과는 달리, 작고 아담함에서 오는 편안함이 강조된 곳이다.
송대에 지어진 만권당 万卷堂을 청대의 송종원 宋宗元이 사들여 개인 정원으로 조성한 것이 망사원의 유래. 참고로 송종원은 관료 사회에 염증을 느끼고 스스로 낙향한 전직 관료 출신의 선비다. 번잡한 세상일을 걷어버린 그는 차라리 어부가 되어 자유로운 삶을 살고 싶다는 소망을 담아 '늙은 어부의 정원'이라는 뜻의 망사원이란 이름을 지었다고 한다.
정원 내부는 담백한 주인의 성품을 반영하는 듯 화려함과는 거리가 멀다. 작은 부지 위에 비대칭적으로 조성한 아기자기한 정원은 한국인의 정서에 와 닿는 부분이 많다.

창랑정 沧浪亭 창랑팅 cāng làng tíng ★★

위치 쑤저우역 남광장·북버스터미널·호구·반문풍경구에서 버스 游2路 또는 쑤저우역 북광장·북탑사에서 버스 游4路 또는 남버스터미널에서 버스 101·308路를 타고 三元坊 정류장에서 하차 후, 도보 5분 **주소** 苏州市 沧浪区 沧浪亭街 3号 **오픈** 08:00~17:30(매표는 17:00까지) **요금** 성수기 20元, 비수기 15元 **전화** (0512)6519-4375 **지도** p24-B2

쑤저우에서 가장 오래된 정원으로 1천 년의 역사를 자랑한다. 원래 오나라 광릉왕의 별장이었는데, 북송시대의 시인 소순흠 苏舜钦이 사들여 정원으로 조성했다고 한다. 현존하는 모든 정원의 모범이 된 창랑정은 울창한 수목과 물의 조화가 인상적인 곳이다. 창랑정은 작은 규모를 보완하기 위해 차경 借景이라는 기법을 최초로 도입한 것으로 유명하다. 참고로 차경이란 주변 경치를 이용해 정원의 규모를 커보이게 하는 기법. 예를 들어 정원에서 볼 수 있는 가까운 산이 있다고 가정하면, 산이 있는 방향에 연못을 파고 나무를 집중적으로 심는 것이다. 사람이 연못을 쳐다보면 나무와 함께 산까지 같은 구역인 양 착각을 하게 된다는 것. 즉, 정원 바깥의 사물도 정원의 장식물로 사용한 셈이다. 별거 아닌 듯하지만, 이후 중국 정원 건축의 가장 중요한 기법으로 자리 잡았다고. 요즘도 바다와 맞닿은 고급 호텔 부설 실외 수영장을 더욱 커 보이게 만드는 착시효과로, 이 기법을 종종 응용한다. 고대에 완성된 기법 중에서 현재까지 응용하는 보기 드문 사례이기도.

유원 留园 류위안 liú yuán ★★★★

위치 쑤저우역 북광장·호구·쑤저우박물관에서 버스 游1路 또는 산탕제에서 버스 85·317路 또는 남버스터미널에서 버스 933路를 타고 留园 정류장에서 하차 **주소** 苏州市 金阊区 留园路 338号 **오픈** 07:30~17:00 **요금** 성수기 55元, 비수기 45元 **전화** (0512)6557-9466 **지도** p24-A1

졸정원과 함께 중국 4대 정원 중의 하나. 명대인 1525년 서시태 徐時泰의 개인 정원으로 건립되었다. 건립 당시의 이름은 동원 东园. 청대인 19세기 말 쑤저우에 있는 모든 정원의 장점을 배합해 재건축한 후, 유원이라는 이름으로 재건된다.
중원·동원·서원·북원 등 총 4구역으로 이루어진 유원의 가장 큰 특징은 700m에 달하는 복도식 통로를 통해 서로 연결된다는 것. 하나의 거대한 화랑이라고 생각하면 이해가 빠를 것이다. 통로를 따라 걸으며 '창이라는 액자'를 통해 인공적으로 조성된 자연을 감상하는 거대한 갤러리인 셈이다. 가장 나중에 조성된 정원답게 졸정원의 '물'과 사자림의 '돌'을 모두 볼 수 있다는 것도 빼놓을 수 없는 특징이다.
정원의 북동쪽에 있는 관운봉 冠云峰은 높이 6.5m, 무게 5t의 거대한 태호석이다. 유원의 상징과 같은 존재로 늘 기념촬영을 하려는 중국인들이 반쯤 점거하고 있다. 조용한 분위기에서 감상할 수 없음이 안타까울 따름이다.

현묘관 玄妙观 쉰안먀오관 xuán miào guān ★★

위치 지하철 1호선을 타고 린둔루 临顿路역 4번 출구에서 도보 10분 주소 苏州市 平江区 观前街 94号 오픈 07:30~17:30 요금 10원 전화 (0512)6777-5479 지도 p28-A2

쑤저우 구시가 최대의 번화가인 관첸제 观前街에 위치한 도교 사원. 도참사상이 중국을 휩쓸던 276년 건립된 후, 몇 차례의 전란을 겪어 오늘날에는 산문 山门과 삼청전 三淸殿만이 남아 있다. 이중 삼청전은 1179년 재건된 핵심 건물. 현재 중국에 남아 있는 도관 중 가장 오래된 건물로 손꼽힌다. 60개의 기둥이 지탱하고 있는 웅장한 이중 지붕이 인상적이다. 현묘관 주위에는 상가와 식당들이 집중적으로 밀집해 있어, 여행자라면 한두 번쯤 스쳐지나가게 된다.

반문 盘门 판먼 pán mén ★★★

위치 쑤저우역 북광장 · 북사탑 · 창랑정 · 창랑정(三元坊)에서 버스 1路를 타고 南门 정류장에서 하차 후 도보 10분 주소 苏州市 沧浪区 盘门景区 오픈 07:30~18:00(매표는 17:30까지) 요금 40元 전화 (0512)6526-0004 지도 p24-B2

쑤저우 고성 내에 남아 있는 유일한 성문으로 2,500년의 역사를 자랑하고 있다. 현재 남아 있는 반문은 1351년 원나라 때 재건한 것이다. 성문과 성벽 자체는 중국 내 다른 성들과 크게 다를 게 없지만 주변의 운하와 어우러지면서 독특한 분위기를 내고 있다. 반문 앞 운하에 있는 아름다운 아치형 다리인 오문교 吴门桥, 북쪽에 있는 서광사탑 瑞光寺塔과 함께 반문삼경 盘门三景이라고 하는데, 해질녘 석양과 함께하는 반문삼경의 명성이 자자하다고 하니, 반드시 방문해보자.

한산사 寒山寺 한산쓰 hán shān sì ★★

위치 쑤저우역에서 택시로 10~15분 또는 쑤저우역 남광장에서 버스 游3 · 40路 또는 쑤저우역 북광장 · 북버스터미널에서 버스 10路 또는 망사원에서 버스 931路를 타고 来凤桥정류장에서 하차 후, 북쪽으로 300m만 올라오면 사거리가 나온다. 여기서 왼쪽 길을 따라 다시 300m만 걸어가면 한산사 입구가 보인다. 주소 苏州市 金阊区 枫桥大街 98号 오픈 08:00~18:00 요금 20元 전화 (0512)6723-6213 지도 p24-A1

한시 풍교야박 枫桥夜泊의 무대로 널리 알려져 있다. 참고로 풍교야박의 저자인 장계 张继는 과거에서 내리 3번을 떨어진 4수생이었다. 실의와 좌절을 안고 돌아가는 귀향길에 멀리서 들리는 한산사의 종소리가 가슴을 후벼 팠음은 너무나 당연한 일. 우연히 당시의 마음을 읊은 시는 말 그대로 대박이 났다. 이 시 구절에 매료되어 한산사를 방문한 장계의 팬 중에는 청나라의 황제 강희제도 끼어 있었다고 한다.

4수생 장계의 심금을 울린 문제의 종은 이미 사라진 지 오래되었고, 현재 남아 있는 종은 20세기 초에 새로 제작된 것이다. 풍교야박에 등장하는 또 다른 무대인 풍교 枫桥는 풍교풍경성구 枫桥风景胜区에 25元의 입장료를 내고 들어가야 볼 수 있다.

마지막으로 비운의 4수생 장계는 이 시를 쓸 당시 이미 오십줄이었다고 한다. 당시의 평균수명을 고려하면, 답 없는 상황이었겠지만, 장계는 포기하지 않았다. 결국, 그는 과거에 급제, 6품인 의랑까지 오른 후 사망했다고 하니, 중국판 칠전팔기의 주인공이 아닐지.

> **풍교야박**
> 月落烏啼霜滿天
> 달 지자 까마귀 울고,
> 서리는 하늘에 가득한데,
> 江楓漁火對愁眠
> 강가 단풍나무와 고깃배의
> 불을 보며 잠 못 이루네!
> 姑蘇城外寒山寺
> 쑤저우 성 밖 한산사의
> 夜半鐘聲到客船
> 자정을 알리는 범종소리는
> 나그네의 뱃전에 부딪치네.

보대교 宝带桥 바오다이차오 bāo dài qiáo ★★

위치 쑤저우역 북광장 · 북사탑에서 버스 1路 또는 남버스터미널에서 버스 3路 또는 쑤저우박물관 · 망사원에서 버스 55路를 타고 石湖东路 정류장에서 하차 후 도보 10~15분 **주소** 苏州市 吴中区 **오픈** 24시간 **요금** 무료

쑤저우시 남동쪽 운하에는 53개의 아치를 가진, 길이 317m의 석교가 있다. 중국에 현존하는 석교 중 가장 긴 것으로 알려져 있다. 알려진 건립 연대는 지금으로부터 1400년 전인 수나라 양제 시대. 경항대운하를 조성하는 과정에 건설됐을 거라 추측된다. 현재의 석교가 만들어진 것은 당나라 때의 일인데, 그래도 족히 1200년 전으로 거슬러 올라간다. 다리 자체의 아름다움도 아름다움이지만 더 놀라운 사실은 이 다리가 현재에도 마을 주민들에 의해 이용되고 있다는 것. 다리에 앉아 천 년의 세월을 싣고 가는 쑤저우 운하의 모습을 감상해 보도록 하자. 외진 곳에 있다 보니 너무 늦은 시간에 방문하는 것은 좋지 않다.

핑장루 & 산탕제 平江路 & 山塘街 ★★★

위치 핑장루 가는 방법 지하철 1호선 相门역 3번 출구에서 도보 15분 산탕제 가는 방법 쑤저우역에서 택시로 10분 또는 지하철 1호선 广济南路역 2 · 6번 출입구에서 택시로 5분 **주소** 苏州市 平江区 平江路 & 苏州市 金阊区山塘街 **오픈** 24시간 **요금** 무료 **지도** p28-B1, **지도** p24-A1

쑤저우에 있는 미니 수향마을이자 쇼핑가. 사진 엽서 속에서 쏙 빼낸 것 같은 앙증맞은 거리와 유유히 흐르는 운하의 정취, 그리고 개성적인 쇼핑가로서의 장점을 동시에 지니고 있다. 두 지역 모두 개발이 되기 시작한 건 얼마 되지 않았지만, 최근에는 쑤저우의 4대 정원만큼 유명세를 타며 핫 스폿으로 떠오르고 있다. 이제는 많이 현대화된 쑤저우와, 조금은 불편한 근교 수향마을의 장점을 한 가지씩 쏙 빼왔다고 생각하면 된다. 쑤저우 일대의 신랑 신부들에게는 이 일대에서 가장 예쁜 웨딩 촬영지로도 명성이 높은 편. 호구에서 산탕제까지는 유람선(20분, 45元)도 운항 중이다. 두 곳 모두 야경이 깜짝 놀랄 만큼 예쁘다.

호구 虎丘 후추 hŭ qiū ★★★

위치 쑤저우역에서 택시로 15~20분 또는 버스 游2·146路를 타고 虎丘 정류장에서 하차 후 도보 10분 **주소** 苏州市 金阊区
오픈 07:30~18:00 **요금** 80元 (비수기 60元) **지도** p24-A1

오나라 왕 합려 阖庐의 무덤. 쑤저우의 볼거리 중 가장 전설이 많은 곳으로 얽힌 이야기만 모아도 '어린이 명작동화' 한 질이 나올 정도다. 원래 이름은 해통산 海通山인데, 합려의 장례식 3일째 되는 날 백호가 나타나 무덤가에 꿇어앉아 호구라는 이름이 붙었다고 한다.

현재 호구 일대는 쑤저우에서 가장 매력적인 공원으로 조성되어 있다. 야트막한 동산으로 오르는 모든 구간마다 이야기가 서려 있는 볼거리들이 있어 관람객들 입장에서는 중국 전설 테마파크 같은 느낌이기도 하다.

입장료를 내고 오르막을 오르다보면 오른쪽에 아주 작은 우물이 하나 보인다. 감감천 憨憨泉이라는 샘인데, 눈먼 동자승이 이 물로 눈을 씻고 실명을 극복했다는 전설로 인해 전국의 눈병 환자들이 몰려드는 곳이다. 또 조금 오르다보면 왼쪽에 시검석 试剑石이라는 바위가 나온다. 일찍이 2500년 전부터 도검류 마니아였던 합려는 당대 최고의 대장장이 간장 干將을 등용, 명검을 만들게 하곤, 자기가 시험하는 게 취미였다고.

이 시검석도 합려가 새로 만든 칼을 시험한 자리라고 한다. 그야말로 칼로 돌을 두부 자르듯 했다는 이야기인데, 뭐 물론 믿거나 말거나다.

약간 더 올라가면 첫 번째 언덕의 끝이 보일 때쯤 넓은 풍경이 펼쳐지고, 바로 앞에는 작은 샘도 보인다. 이 넓은 공간의 이름은 천인석 千人石. 진나라 때 승려인 생공 生公이 1,000여 명의 대중 앞에서 설법을 했다는 장소다.

호구 정상에 있는 호구탑 虎丘塔은 높이 47.5m의 웅장한 7층 8각 탑인데, 문제는 400년 전부터 삐딱(?)해지고 있다는 것. 동쪽으로 약 3.5° 가량 기울어져 있는데, 탑이 워낙 크기 때문에 기운 징도가 확연히 드러난다.

쑤저우 387

동덕흥 同得兴 동더씽

주소 苏州市 平江区 人民路 嘉馀坊 6号 **오픈** 06:00~13:00 **요금** 2인 50元 **전화** (0512)6511-3808 **지도** p28-A2

전통 국수집. 괜찮은 맛과 저렴한 가격이 어우러진 곳으로 현지인들에게는 유명한 집이다. 부드러운 면발이 감상 포인트 중 하나인데, 한국인의 입맛에는 탄력이 부족하다는 느낌이 들기도 한다. 메뉴가 상당히 다양한데, 동물 내장들이 고명으로 들어간 면은 한국인의 입맛에 역하다고 느낄 수 있다. 기름에 튀긴 생선살이 들어간 爆鱼面, 장어가 든 爆鳝面이 적당하다. 영업시간이 상당히 짧으니 유의하자.

사랑방 莎廊坊 샤랑팡

위치 지하철 1호선 时代广场역 하차 2번 출구로 나오면 시대광장 쇼핑센터가 나온다. 11동을 찾아가자. **주소** 苏州市 工业园区 旺墩路 268号 圆融时代广场 天幕东街11幢 1-2楼 **오픈** 11:00~22:00 **요금** 2인 100~250元 **전화** (0512)6696-6277 **지도** p25-C1

한국인이 운영하는 중·고급 한식당. 대형 쇼핑센터에 입점해 있는데, 손맛도 괜찮고 상차림도 정갈해 한식 레스토랑이라고 불러도 손색이 없을 듯하다. 단, 돌솥 비빔밥이 40元이나 할 정도로 가격이 만만치 않다. 오랜 기간 고기에 굶주렸다면 88元짜리 소갈비+냉면이 나오는 메뉴도 괜찮은 편이다. 한식을 먹어야 할 필요가 있다면 가장 먼저 고려해보자.

송학루채관 松鹤楼菜馆 쑹허러우차이관

주소 苏州市 平江区 太监弄72号 **오픈** 10:00~22:00 **요금** 2인 300元 **전화** (0512)6770-0688 **지도** p28-A2

쑤저우 요리 전문점. 한때 궁중음식 재료를 제공하는 지방으로 명성에 떨치던 쑤저우는 풍부한 물산을 바탕으로 중국 요리계를 평정했다. 장강의 생선과 신선한 채소를 배합한 담백한 요리를 특징으로 한다.
200년의 역사를 자랑하는 송학루채관의 대표 메뉴는 쏘가리 탕수육이라 번역할 수 있는 쑹수구이위 松鼠桂鱼. 민물생선요리 중에서는 가장 고급에 속한다고 한다. 이 외에도 깔끔하게 볶은 새우요리인 清炒虾仁, 게 알이 든 두부요리인 蟹黄豆腐도 인기 만점이다. 산탕제에도 분점이 있는데 분점도 평이 좋은 편이다.

황천원고단 黄天源糕团 황톈위안가오단

주소 苏州市 平江区 观前街 86号 **오픈** 09:00~20:00 **요금** 각종 떡 5~10元 **전화** (0512)6727-7033 **지도** p28-A2

쑤저우 전통 떡집. 찰떡과 무지개떡 같은 쌀떡을 커다랗게 만들어 무게로 달아 판다. 찰떡에는 녹두나 팥이 소로 들어 있으며, 쌀떡이나 찰떡 모두 한국 떡과 달리 떡 자체에 간이 안 돼 있어 싱겁다. 한국 떡만 못하다는 평이지만, 이 지역 명물 요리이기 때문에 문화 체험의 의미로 하나쯤 사먹어 볼 것을 권하고 싶다. 다행히 값은 아주 저렴하다.

호리가수공산내락 狐狸家手工酸奶酪 후리지아소우공쫜나이라오

주소 苏州市 平江区 平江路 256号 오픈 10:00~20:00 요금 2인 30元 전화 없음 지도 p28-B1

수제 요구르트 전문점. 직접 운영하는 목장에서 우유를 받아와 매일 요구르트를 만든다. 유리병에 종이로 감싸 빨대를 꼽아주는데 수제 요구르트 특유의 풍부하고 진한 맛이 일품이다. 오리지널 요구르트 原味手工酸奶가 가장 인기 있지만, 신맛을 싫어한다면 고소한 헤이즐넛 요구르트 榛果酸奶에 도전해보자. 그날 만든 요구르트가 다 떨어지면 언제든 문을 닫는다. 마지막으로 맛있다고 여러 개 먹으면 대장 활동이 과하게 활성화되니 주의 할 것.

양양중찬관 洋洋中餐馆

위치 망사원에서 도보 5분 주소 苏州市 沧浪区 十全街 420号 오픈 10:00~21:30 요금 2인 100~200元 전화 (0512)6519-2728 지도 p24-B2

원래는 만두집으로 시작했는데, 마땅히 먹을 만한 곳이 없는 쑤저우 구시가의 특성상, 우연찮게 외국인 여행자들이 몰리며, 현재는 외국인 여행자들에게 가장 유명한 쑤저우 중국식당이 되었다. 이런 식으로 유명세를 타면 장사는 나 몰라라 하는 경향이 있는데, 다행히 이 집은 요리에 대한 초기 열정을 놓치지 않았다. 오히려 당시에 유행하는 각종 요리들을 모두 흡수해, 이제는 백화점식 메뉴판을 자랑하는 식당이 되었고, 요리들도 전체적으로 무난한 수준을 유지하고 있다. 아무래도 만두집이니 만두가 제일 유명하지만, 중국의 온갖 지역 음식을 망라하고 있는 요리부도 나쁘지 않다.

- 간편 메뉴 上海生煎包 상하이 셩젠 16元, 四季豆干烧 매콤하게 볶은 줄기콩 18元, 酸辣汤 쏸라탕 18元, 红烧肉 상하이식 긴짱 돼지고기 졸임 38元

아빠셩젠 哑巴生煎 야바셩젠

주소 苏州市 工业园区 东环路 苏安新村24幢 맞은편(苏安新村农贸市场 근처) 오픈 05:30~18:30 요금 2인 25元 전화 (0512)6741-0674 지도 p25-B1

상하이 일대의 전통 만두 일종인 셩젠 전문점이다. 쑤저우 제일의 셩젠이라는 평을 받는 집으로 대표 메뉴인 아빠셩젠 哑巴生煎을 비롯해 만둣국의 훈둔 泡泡小馄饨, 소고기 당면탕 牛肉粉丝汤도 인기 만점이다. 현지인들에게도 절대적 지지를 받는 음식점이라 밥때건 아니건 붐빈다.

재미있는 놀거리

운하도시 쑤저우 최고의 놀거리는 바로 운하 사이를 헤집고 들어가는 뱃놀이다. 육지에서 내려다보는 운하의 모습과 배를 타고 운하 안으로 들어온 풍경은 드라마틱할 정도로 느낌이 다르다. 배를 타고 운하 속으로 들어가 보자. 운하 양쪽의 풍경. 머리 위로 지나가는 수백 년 된 다리와 햇볕에 반사된 물가의 눈부심 속에서 사람들이 살아가는 모습을 바라보자. 보트 승선장은 시내에 몇 곳이 있는데, 가장 접근성이 좋은 곳은 쑤저우 실크 박물관 건너편에 있는 The Pinjiang Canal Tour 平江河水上游다. 배는 합승 형식으로 사람이 차면 출발하는데, 1인 30元으로 요금이 고정되어 있다. 운하를 한 바퀴 돌고 다시 탄 곳에 내려주기 때문에 길을 잃거나 할 일도 없다. 만약 수향마을을 방문할 예정이라면 건너뛰어도 무방하다.

많은 여행자들이 상하이를 기점으로 해서 당일치기로 방문하는 곳이지만, 유스호스텔을 비롯해 숙박 사정도 나쁘지 않다. 유스호스텔에서 5성 호텔까지 입맛에 맞게 고를 수 있다.

따오화우 유스호스텔 桃花坞国际青年旅舍 Taohuawoo Inte'l Youth Hostel

위치 쑤저우역에서 택시 15元 이내 주소 苏州市 平江区 桃花坞大街158号 요금 도미토리 50~60元, 더블 140~160元 전화 (0512)6772-0007 지도 p24-B1

오래된 고택을 개조한 유스호스텔. 침대가 조금 삐걱거리는 걸 제외한다면 만족스러운 객실. 인터넷을 비롯해 세탁기도 무료로 이용할 수 있다. 여성 전용 도미토리가 별도로 운영된다는 점도 장점. 중국인 손님 위주로 돌아가는 곳이지만, 스태프들은 영어로 의사소통이 가능하다.

밍한탕 유스호스텔 明涵堂国际青年旅舍

위치 지하철 2호선 山塘街역 3번 출구에서 도보 10분 주소 苏州市 广济路 新民桥堍 요금 도미토리 50~60元, 더블 198~248元 전화 (0512)6583-3331 지도 p24-A1

쑤저우에서 가장 오래된 유스호스텔 중 하나. 콘크리트 건물로 보이지만 내부는 상당히 고풍스럽게 꾸며져 있다. 설비가 낡은 대신 도미토리 요금이 약간 저렴한 편이다. 객실 청소에 대한 말이 좀 있긴 한데, 유스호스텔의 청결도 기준이 원체 달라서 판단하기 어려워 보인다. 우리가 조사할 때는 무난한 수준이었다.

밍타운 유스호스텔 苏州明堂青年旅舍 Suzhou Mingtown Suzhou Youth Hostel

위치 지하철 1호선 린둔루 临顿路역 또는 샹먼 相门역에서 도보 10분 주소 苏州市 平江区 平江路 28号 요금 도미토리 65~70元, 더블 210~240元 전화 (0512)6581-6869 지도 p28-B2

최근 핫 플레이스로 뜨고 있는 핑장루에 위치한 유스호스텔. 오래된 가옥을 개조한, 이미테이션이 아니라 진짜 중국 전통의 느낌이 물씬 풍기는 곳이다. 외국인 여행자들의 선호도가 유독 높은 집으로 언제나 붐빈다. 무선 인터넷 등 유스호스텔이 제공하는 기본적인 서비스도 모두 완비. 며칠 쑤저우의 풍경 속에 숨어들고 싶다면 추천할 만하다.

한정주점관첸점 汉庭观前店 Hanting Express

위치 쑤저우역에서 택시 22元 이내 주소 苏州市 平江区 因果巷 23号 요금 185~319元 전화 (0512)8777-9388 홈피 www.htinns.com 지도 p28-A1

저가 체인 호텔 중 하나인 한팅 익스프레스의 관첸가 분점. 전형적인 비즈니스 호텔 분위기인데, 다행히 객실은 가장 저렴한 방을 제외하고는 꽤 널찍한 편이다. 객실까지 무선 인터넷이 들어오지 않는다는 게 흠. 로비에서는 무료로 무선 인터넷 사용이 가능하다. 스태프의 영어 실력은 신통치 않다.

호텔 소울 쑤저우 蘇州蘇哥利酒店 Hotel Soul Suzhou

위치 지하철 1호선 乐桥역 7번 출구에서 도보 10분 **주소** 苏州市 姑苏区 乔司空巷 27-33号(观前街粤海广场) **요금** 더블 384~419元 **전화** (0512)6777-0777 **홈피** http://www.hotelsoul.com.cn **지도** p28-A2

중국 3대 정권의 존재 때문일까? 쑤저우의 호텔은 설사 해외 브랜드라 해도 중국풍에 지나치게 집착하는 경향이 있었다. 물론 이런 오리엔탈리즘 디자인들은 여행자에게 참신하게 다가오지만, 반복해서 방문하다 보면 쑤저우의 호텔은 왜 이리 천편일률적일까? 라는 생각을 하게 된다. 별다른 변경 없이 중국풍의 무분별한 추종이랄까? 소울 쑤저우는 이런 쑤저우 호텔들이 가진 디자인적 편향성에 대한 의문에서부터 시작한다. 중국의 문양을 적극적으로 활용한 건 맞지만, 현대적인 소재를 이용해 독특한 재해석을 거쳤다. 시크함과 전통 문양이라는 이질적인 두 단어를 그럴듯하게 조합하는 디자인은 언제 봐도 새롭다.

객실의 최저 크기는 30㎡부터 시작하는데 가격을 생각한다면 상당히 널찍하다. 기본 디자인에 보라를 기본 색조로 썼을 정도로 객실의 느낌은 시첫말로 튄다. 아주 비싼 내장재를 쓰지는 않았지만, 적당히 고급스럽고, 디자인적인 면에 신경을 썼다는 점이 느껴진다. 두 개의 부설 식당과 한 개의 바가 있다. 객실은 총 220개.

진지 레이크 신라 호텔 苏州 金鸡湖新罗酒店 Jinji Lake Shilla Hotel

위치 지하철 1호선 시대광장 时代广场역 1번 출구에서 도보 10분 **주소** 苏州市 苏州工业园区 旺墩路 现代休闲广场 **요금** 880元~1,550元 **전화** (0512)6296-8888 **홈피** http://www.suzhoushilla.com **지도** p25-C1

한국계 고급 호텔. 세계적인 체인으로 중국 진출을 했는데 아직까지는 성공적인 것으로 보인다. 5성 호텔이 갖고 있어야 할 모든 편안함을 함께 갖추고 있다. 호숫가에 있어 전망도 남다른 편이다. 아직 개업 초기긴 관세로 프로모션이 상당히 많고, 호텔 할인 사이트를 잘 이용하면 시기에 따라 1박당 US$110 정도에도 투숙이 가능하다.

쑤저우의 백화점

약 400만의 인구를 자랑하는 쑤저우는 중국에서도 손꼽히는 현대풍의 도시입니다만. 사실 여행자들이 쑤저우를 다녀보면 중세풍이 느껴지는 오래된 도시로서의 느낌이 더 강하죠. 왜 그러냐면 볼거리들이 모두 옛날 쑤저우 성이었던 구역에 몰려 있기 때문. 쑤저우의 주민들이 사는 현대화된 상업가는 시내 동쪽에 별도로 조성되어 있답니다. 지하철 기준으로 설명하자면, 후빈신천지 湖滨新天地라는 초대형 쇼핑몰과 연결된 동방지문 东方之门역 그리고 상하이에도 있는 백화점인 구광백화점, 시대광장과 연결되는 시대광장 时代广场역 등입니다. 상하이와 마찬가지로, 쑤저우의 백화점도 한국인이 반드시 구입해야 하는 그 무엇은 없습니다. 오히려 고급 레스토랑 셀렉션으로 이용하기에 더 좋을 뿐입니다. 참고로 호숫가에 있는 후빈신천지 분수쇼가 꽤 유명하니 시간이 나면 구경삼아 놀러가 보세요.

AREA 02

항저우
杭州

저장 성 浙江省의 성도, 쑤저우 苏州와 함께 중국에서 가장 살기 좋은 도시, 즉 '쑤저우에서 태어나 항저우에서 사는 것이 인간의 행복'이라는 중국 격언의 주인공이다.

중국의 역사가 시작된 이래 굶주린 적이 없다는 도시가 바로 항저우다. 경항대운하의 시작점이기도 한 이곳은 북방으로 보내는 모든 물류가 모였던 고대 중국 최대의 유통 허브 hub였다. 특히 12세기 북방의 금나라에 밀려난 남송 정권이 수도로 삼으며 화려한 귀족문화의 꽃을 피우기도 했다. 항저우를 대표하는 볼거리 서호 西湖가 본격적인 관광지로 꾸며진 것도 이 시기다.

1980년대 일찌감치 개혁, 개방의 전진기지로 선정, 현대화에 성공한 탓에 사실 고풍스러움은 서호와 항저우 외곽의 몇몇 곳을 제외하고는 발견하기가 쉽지 않다. 어떤 점에서 항저우의 매력은 지금까지 이어지는 번영의 연속성일지도 모른다. 우리가 여행을 하며 만나는 수많은 역사 유적지들은 그저 과거고 그 옛날의 번영이었다. 요즘 들어 가장 주목받는 상하이는 사실상 150년 역사를 지닌 신흥도시에 가깝다. 항저우는 아주 드문 케이스다. 최소 1,300년 전부터 지금까지 중궁의 중심, 말 그대로 천년의 영화를 누리고 있는 전 세계에 몇 안 되는 도시다.

🚆 기차

상하이남역과 상하이 홍차오역에서 항저우로 기차가 연결된다. 일반적으로 상하이남역은 일반 열차가, 홍차오역에서는 KTX급에 해당하는 초특급 열차가 출발한다.

많은 기차가 항저우동역 杭州东站을 이용하지만 항저우역 杭州站도 무시할 수는 없다. 그나마 항저우동역에 지하철 1호선과 4호선이 개통되어 이용에 큰 어려움은 없다.

🚌 시외버스

상하이로의 연결은 기차가 월등히 낫고, 쑤저우는 기차나 버스 모두 엇비슷하다. 항저우의 주요 버스터미널은 5개나 있는데, 여행자들이 이용할 만한 곳은 상하이, 쑤저우와 연결되는 북버스터미널 北汽车站과 황산의 관문도시 툰시로 연결되는 북버스터미널 北汽车站, 그리고 수향마을인 우전으로 연결되는 여객버스터미널 客运中心站이다.

Check List
- 서호 西湖
- 영은사 灵隐寺
- 용정차 龙井茶

기차 노선

출발역	도착역	운행	소요시간	요금
상하이 홍차오역	항저우동역	06:00~21:05, 매일 119편	G차 45분~1시간 10분 D차 1시간 1분~1시간 42분	K, T, Z차 28.5元(硬座 딱딱한 의자) D차 56元(二等座 좌석 2등칸)~89元(一等座 좌석 1등칸) G차 73元(二等座), 117元(一等座), 219.5元(商务座 비즈니스 클래스)
상하이 남역	항저우동역	04:56~20:42, 매일 33편	K, T, Z차 1시간 46분~2시간 30분	
상하이 홍차오역	항저우역	06:35~21:30, 매일 13편	G차 58분~1시간 21분	
쑤저우역	항저우역	02:26~21:39, 매일 12편	K, T, Z차 3시간 13분~5시간 37분 G차 1시간 50분	K, T, Z차 41.5元(硬座) D차 87元(二等座), 139元(一等座) G차 110元(二等座), 178.5元(一等座), 341.5元(商务座)
쑤저우역	항저우동역	03:11~17:24, 매일 20편	K, T차 3시간 34분~4시간 20분 D차 1시간 39분~2시간 6분 G차 1시간 35분~2시간 4분	
쑤저우북역	항저우동역	08:25~19:09, 매일 12편	G차 1시간 26분~2시간 3분	
황산북역	항저우동역	08:14, 13:50, 매일 2편	G차 3시간 1분~3시간 9분	G차 231元(二等座), 388元(一等座), 729元(商务座)

버스 노선

출발지	도착지	운행	소요시간	요금
쑤저우 북버스터미널	항저우 북버스터미널	07:05~19:00, 14편	2시간 30분~3시간	73元
황산 버스터미널	항저우 서버스터미널	07:10~17:50, 12편	3시간	90元

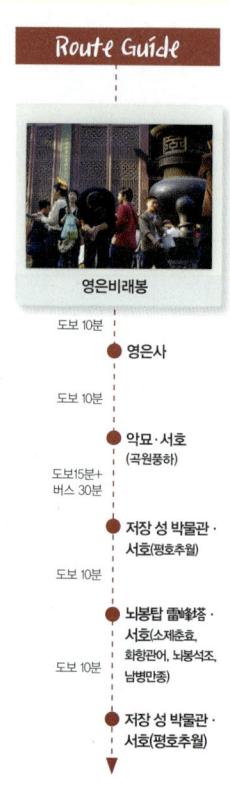

Route Guide

영은비래봉

도보 10분
● 영은사

도보 10분
● 악묘·서호
(곡원풍하)

도보15분+
버스 30분
● 저장 성 박물관·
서호(평호추월)

도보 10분
● 뇌봉탑 雷峰塔·
서호(소제춘효,
화항관어, 뇌봉석조,
남병만종)

도보 10분
● 저장 성 박물관·
서호(평호추월)

항저우 돌아다니기

만약 당일치기로 항저우를 방문했다면 서호 주변을 둘러보는 데도 하루가 소요된다. 이 경우는 서호까지 택시로 이동한 후, 자전거를 대여해 주변을 둘러보는 것이 가장 합리적이다. 만약 며칠을 머물며 항저우의 구석구석을 여행하고 싶다면, 몇 개의 버스 노선 정도는 파악을 해두는 것이 좋다.

지하철

2012년 최초 개통한 항저우 지하철은 현재 1, 2, 4호선이 개통중인데, 2019년 5호선, 2020년 6, 9호선 등 줄지어 개통이 예정되어 있어, 조만간 대중교통의 중요도에 있어 버스를 제칠 것으로 보인다. 아래는 지하철을 이용해서 갈 수 있는 주요 지점들이다.

관광지와 연계되는 항저우 지하철 역

역명	호선	연결되는 스폿
펑치루 凤起路, 롱쌍루 龙翔桥, 딩안루 定安路 역	1호선	서호
청짠 城站	1호선	항저우 역
항저우 동역 火车东站	1, 4호선	항저우 동역

시내버스

다양한 버스 노선이 있고, 몇몇 노선은 여행자들을 위한 코스가 아닌가 싶을 정도로 각 지점의 볼거리를 정교하게 연결하고 있다. 버스를 탑승하고 하차하는 방법은 한국과 동일하다. 중국의 시내버스는 지폐를 투입해도 잔돈을 거슬러 주진 않으니 미리 잔돈을 준비해야 한다. 버스요금은 대부분 2~3元이고 교외버스의 경우는 5元까지 가산된다.

시내버스 노선

노선 번호	노선	운행	요금
Y2	항저우 역 城站火车站—철왕사 钱王祠—청파문 清波门(유랑문앵)—정사 净寺(남병만종, 뇌봉석조)—소제 苏堤(소제춘효, 화항관어)—영은 灵隐(영은비래봉, 영은사)	08:00~18:00	3元
Y10	저장성 박물관 浙江博物館—서냉교 西泠桥—갈영 葛泠(단교잔설)—철왕사 钱王祠—청파문 清波门(유랑문앵)—장교 长桥—정사 净寺(남병만종, 뇌봉석조)—소제 苏堤(소제춘효, 화항관어)—동물원 动物园	08:00~18:00	2元
4	청파문 清波门(유랑문앵)—정사 净寺(남병만종, 뇌봉석조)—소제 苏堤(소제춘효, 화항관어)—동물원 动物园—호포 虎跑(호포천)—육화탑 六和塔—송성 宋城	06:00~21:30	2元
7	항저우 역 城站火车站—갈영 葛岭(단교잘설)—악묘 岳庙(곡원풍하, 평호추월)—홍춘교 洪春桥(쌍봉삽운—영은 灵隐(영은비래봉, 영은사)	05:00~21:30	3元
52	소제 苏堤(소제춘효, 화항관어)—정사 净寺(남병만종, 뇌봉석조)—승리극원 胜利剧院(항저우 대한민국 임시정부)—갈영 葛岭(단교잔설)—악묘 岳庙(곡원풍하, 평호추월)	08:00~18:30	2元

서호 西湖 시후 Xī hú ★★★★

위치 항저우역 城站火车站정류장에서 7 · K7路를 타고 少年宫 · 岳庙 정류장에서 하차 **주소** 杭州市 西湖区 西湖风景区 **오픈** 24시간 **요금** 무료 **지도** p26-B2, p27-B2

항저우 최고의 볼거리로 동서 3.2㎞, 남북 2.8㎞에 달하는 거대한 인공호수다. 중국의 4대 미녀 중 하나인 서시 西施의 아름다움에 비견된다는 의미에서 서호라는 이름이 붙었다고 한다.

중국의 전 시대를 통틀어서 가장 많은 시인과 화가들에게 창조적 영감을 불어넣은 것으로도 유명한데, 특히 당나라 때 장한가 长恨歌로 이루지 못한 사랑의 슬픔을 노래한 백거이 白居易와 당송팔대가의 한 명인 소동파 苏东坡는 서호를 단지 호수가 아닌 중국문학의 살아 있는 보고로 만든 대표적 인물. 이 둘은 항저우의 지방관을 역임했는데, 재임 기간에 서호에 있는 2개의 제방인 백제 白堤와 소제 苏堤를 쌓은 것으로도 기억된다.

서호의 아름다움은 흔히 서호십경 西湖十景이라는 10개의 볼거리로 대표된다. 서후십경은 경우에 따라 특정 계절이나 날씨에만 볼 수 있는 것도 있으므로 10가지의 절경을 모두 즐기기란 불가능하다.

서호십경, 여기서 보면 된다!

소제춘효 小堤春曉 (봄)

소동파가 재임 시절 만들었다는 제방인 소제에서 보는 안개 낀 봄날 아침의 풍경이다. 정확하게는 해가 뜨기 직전이라고 하니 이른 새벽이다. 봄비를 머금은 수양버들과 안개의 앙상블이 환상이다.
베스트 시즌 3월 **가는 방법** 버스 Y2 · 4 · Y10 · 87 · 314 · 315 · 334路를 타고 苏堤 정류장에서 하차

곡원풍하 曲院风荷 (여름)

여름밤 호수의 연꽃이 만개해 향을 진동시킬 때를 나타낸 말. 잘 익은 술보다 더 진한 향으로 사람을 취하게 한다. 호수 북쪽 비정 碑亭에서 감상할 수 있는 광경이다.
베스트 시즌 6~8월 **가는 방법** 7 · 27 · 51 · 52 · 118路를 타고 岳庙 정류장에서 하차 후, 악묘를 등지고 호수 쪽을 바라보면 연꽃 밭이 보이는데, 여기가 곡원풍하다.

단교잔설 断桥残雪 (가을)

한겨울의 정취. 백제 끝에 있는 아치형의 돌다리에 눈이 내린 후, 가운데부터 녹기 시작하는 모습을 묘사한 것. 눈 녹는 모습이 마치 다리가 끊어진 것 같다고 한다. 경극의 주요 레퍼토리인 백사전 白蛇传에서 두 주인공이 만나는 곳이기도 하다. 참고로 항저우는 겨울에도 눈이 거의 내리지 않기 때문에 단교잔설을 감상하는 것은 몇 년에 한 번 있을까말까한 진귀한 일이다. 여행 중 단교잔설을 볼 수 있는 기회가 온다면 그 해 토정비결은 보나마나 대박이다.
베스트 시즌 1월 **가는 방법** 7 · 27 · 51 · 118 · Y10路를 타고 葛岭 정류장에서 하차 후 도보 4분

평호추월 平湖秋月  (겨울)

백제의 서쪽 끝에 있는 정원인 평호 平湖에서 바라보는 가을날 보름달의 운치를 뜻한다. 맑은 날이라면 하늘과 호수에 하나씩 떠 있는 두 개의 달을 감상할 수 있다.
베스트 시즌 10~11월 **가는 방법** 버스 7 · 27 · 51 · 52 · 118路를 타고 岳庙 정류장에서 하차 후 도보 10분

화항관어 花港观鱼 (봄)

봄의 정취를 만끽할 수 있는 곳. 떨어지는 목련 꽃잎을 감상하며 붉은 잉어가 노니는 연못을 감상한다는 의미다. 소제 초입에 있는 남호 南湖라는 호수(소제로 인해 막혀버린)의 풍경이다.

베스트 시즌 3월 **가는 방법** 4·51·52·87·314·334·Y2·Y10路를 타고 苏堤 정류장에서 하차

유랑문앵 柳浪闻莺 (봄)(여름)

서호 동쪽에 있는 공원. 버드나무 가지에서 지저귀는 꾀꼬리 소리를 뜻하는 말이다. 늘 인파가 북적대는 지금은 스피커가 꾀꼬리 소리를 대신한다.

베스트 시즌 3~10월 **가는 방법** 버스 Y2·4·Y10·12·42·102·124·133路를 타고 清波门 정류장에서 하차

쌍봉삽운 双峰挿云

서호에서 바라보는 남고봉 南高峰과 북고봉 北高峰의 모습이다. 안개 낀 아침 링인루 灵隐路에 있는 홍춘교 洪春桥에서 바라보는 수묵화와 같은 풍경을 최고로 친다.

베스트 시즌 2~3월 **가는 방법** 버스 7·27·87·103·122·197·807路를 타고 洪春桥 정류장에서 하차 후, 남쪽으로 50m쯤 내려가면 홍춘교라는 다리가 보인다. 여기서 동쪽(서호 반대편, 영은사 방향)을 보면 두개의 커다란 산이 있는데, 이게 바로 남고봉과 북고봉이다.

삼담인월 三潭印月

서호 한가운데 떠 있는 섬인 소영주 小瀛州를 바라보는 풍경으로 추석날 밤에만 볼 수 있다. 하늘에 달이 뜨면 호수 남쪽에 있는 3개의 석등에 불을 밝힌다. 이 불빛이 호수 수면에 반사되

어 마치 3개의 달이 뜬 것처럼 보인다고 한다. 소영주에서 보는 게 아니라 서호 동쪽의 언덕에서 소영주를 바라봐야 완성되는 풍경이다.

베스트 시즌 9~10월 **가는 방법** 소제 苏堤에서 소영주로 유람선(1인 5元)이 운행한다.

남병만종 南屏晚钟

서호 밖 남쪽에 있는 정자사 净慈寺에서 저녁 종을 칠 때, 산과 호수에 소리가 울려 퍼지는 것을 표현한 말. 요즘은 자동차가 많기 때문에 결코 느낄 수 없는 정취다.

베스트 시즌 1년 내내 **가는 방법** 버스 Y2·4·Y10·87·315路를 타고 净寺 정류장에서 하차

뇌봉석조 雷峰夕照

서호 남쪽에 있는 영봉산 灵峰山의 탑이 석양에 물들어 서호에 비치는 모습으로 영봉산에 올라가야 즐길 수 있다. 사철 즐길 수 있는 풍경이지만, 스모그가 많은 현재 항저우의 날씨 상, 가을이 그나마 확률이 가장 높다. 정자사에서 바라보면 된다. 즉 남병만종과 같은 위치인 셈이다.

베스트 시즌 9~10월 **가는 방법** 버스 Y2·4·Y10·87·315路를 타고 净寺 정류장에서 하차

악묘 岳庙 웨먀오 yuè miào ★★★

위치 영은 灵隐 · 항저우역 城站火车站 정류장에서 버스 7路를 타고 岳庙 정류장에서 하차 주소 杭州市 西湖区 北山路 80号 오픈 07:30~17:30 요금 25元 지도 p26-B1

남송의 명장 악비 岳飞(1103~1142)를 기리는 사당. 악비는 관우와 함께 중국인들이 가장 숭배하는 장군이다. 12세기 금에 의해 수도 카이펑을 함락당한 송은 항저우로 수도를 옮기고 남송 왕조를 건국한다. 평소 오랑캐라 얕보던 북방민족에게 수도를 빼앗긴 한족들은 자존심에 큰 상처를 입었는데, 다행히 명장 악비의 활약으로 빼앗긴 땅의 일부를 찾는다. 이미 온 백성의 영웅이 된 악비는 여세를 몰아 금나라를 몰아내자고 주장하지만, 강력한 현실론자이던 재상 진회 秦檜의 반대로 인해 번번이 고배를 마신다. 주전파와 화의파의 정면충돌은 병약한 황제에 의해 화의파의 승리로 끝나고 악비는 처형당한다. 만약 악비의 주장대로 금나라와 일전을 벌였을 때 남송이 이길 수 있었을까? 라는 질문은 수많은 역사학자들의 화두였을 정도로 한족들에게는 아쉬운 사건이다.

악묘 내부에는 악비를 기리는 기념관과 가묘가 조성되어 있다. 재미있는 것은 가묘 근처에 악비를 죽음으로 이끈 진회의 동상이 있는데, 거의 모든 한족들이 침을 뱉고 지나간다. 문화재 당국에서도 제발 침 좀 뱉지 말라고 호소하는 듯 간판을 붙여놓았지만, 한족들은 거들떠보지도 않는다. 보고 있자면 안쓰럽기(?)까지 하다.

저장 성 박물관 浙江省博物馆 저장성보우관 Zhè jiāng shěng bó wù guǎn ★★

위치 악묘 岳庙에서 약 1.1km 정도 떨어져 있다. 택시를 타면 기본요금. 걸으면 15분가량 소요된다. 주소 杭州市 西湖区 浙江省博物馆 오픈 08:45~16:45 요금 무료 전화 (0571)8798-0281 지도 p26-B1

저장 성 성립박물관으로 1929년 최초 개장했다. 중국의 대표적인 신석기 문화인 양저문화 良渚文化의 유물을 시작으로 명·청대의 예술작품까지 무려 10만 점 가량의 유물들이 전시되고 있어 박물관 마니아들에게는 빼놓을 수 없는 볼거리.

'풍요'로 대변되는 강남의 문화를 가장 잘 엿볼 수 있는 곳이기도 하다. 특히 저장 성 박물관만의 볼거리라 할 수 있는 청자관 青瓷馆은 중국 청자의 진면목을 볼 수 있는 좋은 기회다.

영은비래봉 靈隱飞來峰 링인페이라이펑 líng yǐn fēi lái fēng ★★★

위치 항저우역 城站火车站정류장에서 버스 Y2·7路를 타고 靈隱 정류장에서 하차. 버스는 산 입구에서 정차한다. **주소** 杭州市 西湖区 靈隱路 **오픈** 06:00~17:00 **요금** 45元 **지도** p26-A2

서호에서 서쪽으로 2km 떨어진 곳에 위치한 작은 동산. 해발 209m로 산이라고 말하기 민망할(?) 정도지만, 온통 분지로 이루어진 항저우에서는 당당한 산봉우리라고 한다.
오대부터 원대에 걸쳐 조성된 338개의 불상이 산 곳곳에 숨어 있어 여행자들의 보물찾기(?)를 돕고 있다. 대부분의 불상들이 세월의 풍파에 시달린 흔적이 역력하지만, 남송시절 세워진 대두미륵불 大肚弥勒佛과 청림동 靑林洞의 서쪽 암벽에 있는 서방삼성 西方三聖좌불상은 뛰어난 예술성을 인정받는 명작이니 반드시 감상하도록 하자. 한국으로 치자면 경주 남산 느낌.

영은사 靈隱寺 링인쓰 líng yǐn sì ★★★

위치 영은경구 靈隐景区 입장료를 내고 들어가면 안쪽으로 도보 15분 내외 **주소** 杭州市 西湖区 靈隱路 法云弄 1号 **오픈** 07:00~17:00 **요금** 30元 **전화** (0571)8796-8665 **지도** p26-A2

중국 선종의 10대 사원이자, 1,700년의 역사를 자랑하는 항저우 제일의 고찰. 326년 기묘한 기운에 이끌려 항저우까지 오게 된 인도 스님 혜리 慧理가 창건했다. 영은사라는 이름은 신령함이 숨어 있다는 뜻이다. 한때 3,000명의 승려들이 거주했을 정도로 대사찰이었지만, 문화대혁명 기간에 파괴 직전까지 몰렸다. 투철한 공산주의자들의 눈에 영은사는 민중들을 바보로 만드는 아편 그 자체였기 때문. 일단의 홍위병들이 영은사를 가루로 만들기 위해 돌진하는 순간, 당시 중국의 제2인자 저우언라이 主恩來가 제동을 걸었다고 한다.
1,700년 된 고찰의 생명은 겨우 유지됐지만, 사찰은 폐쇄됐고 당시의 승려들은 모두 집단농장으로 끌려가 강제로 결혼까지 하게 했다. 사원이 다시 문을 연 것은 문화혁명이 실패로 끝난 1980년대 초. 하지만 당시의 상처가 아직도 남아 있는 듯하다.
현재 사원 내부에는 오나라 시대의 유물이라 추정하는 8각 9층의 석탑을 비롯해 비교적 최근에 세워진 대웅보존이 웅장한 모습을 드러내고 있다. 전각 내부에 있는 24.8m의 인상적인 불상은 1956년의 작품이다. 저장 미술대학의 교수들과 조각가들에 의해 만들어진 합작품으로 20세기에 만들어진 불상 중 첫 번째로 손꼽히는 걸작. 한국의 불상과 같이 정돈되고 고요한 분위기가 인상적이다.

호포천 虎跑泉 후파오취안 hǔ páo quán ★★

위치 정사 净寺에서 버스 4 · 315 · 334路를 타고 虎跑 정류장에서 하차 또는 청파문 清波门에서 버스 4路를 타고 虎跑 정류장에서 하차 **주소** 杭州市 西湖区 虎跑路 39号 **오픈** 06:00~18:30 **요금** 15元

용정 龙井, 옥천 玉泉과 함께 항저우의 3대 명천 名泉으로 손꼽힌다. 용정차를 호포천의 물로 우리는 것을 서호쌍절 西湖双绝이라고 하는데, 그만큼 물맛이 끝내준다는 뜻.

믿거나 말거나 한 얘기지만 당나라 때 어떤 스님이 호랑이를 시켜 샘을 판 것이 호포천의 유래라고 한다. 조사에 의하면 미네랄 성분이 뛰어나기 때문에 많이 마실수록 좋다고 한다. 어차피 입장료도 지불했으니 마음껏 마셔주도록 하자. 단 긴 줄은 감수해야 한다.

항저우 대한민국 임시정부 杭州大韩民国临时政府旧址 항저우 다한민궈린스정푸쥐즈
Háng zhōu dà hán mín guó lín shí zhèng fǔ jiù zhǐ ★★★

위치 항저우역에서 지하철 1호선을 타고 龙翔桥역 B출구로 나온 후 도보 10분 또는 항저우역 城站火 车站정류장에서 버스 7路를 타고 东坡路平海路口 정류장에서 하차 후 도보 7분 또는 항저우역 城站火 车站정류장에서 버스 7 · 155 · 290路를 타고 胜利剧院 정류장에서 하차 후 도보 5분 **주소** 杭州市 上城区 长生路 55号 **오픈** 09:00~16:30 **요금** 12元 **전화** (0571)8706-4301 **지도** p27-C1

1919년부터 약 13년간 이어진 상하이 임시정부 시절은 1932년, 이봉창과 윤봉길이 도쿄와 상하이에서 벌인 두 건의 폭탄 투척으로 인해 종지부를 맺는다. 지리멸렬했던 상하이 임시정부의 위상을 일거에 올려주는 사건이 되었지만, 그와 함께 일본에 의한 본격적인 탄압국면이 시작되었다.

임시정부는 1932년을 기점으로 피난 생활을 시작하는데, 항저우는 바로 그 첫 번째 피난지. 1932년 5월부터 1935년 11월까지 약 3년간 머물렀던 곳이다. 크지 않은 2층 건물로 1, 2층 합쳐 모두 4개의 전시관으로 꾸며져 있다. 전시 내용은 상하이 임시정부와 크게 다르지 않은 분위기다. 사실 전시관만 보면 피난 생활이라 해도 임시정부의 규모가 꽤 컸다고 생각할 수 있는데, 전시관을 크게 만들었을 뿐, 당시 쓰던 임시정부 건물은 현재 전시관 한 개 분량에 해당된다고. 이때부터 시작된 임시정부의 피난은 1945년 충칭에서 해방을 맞이하기까지 추가로 5곳의 도시를 더 전전하게 된다. 2015년 개봉된 한국영화 〈암살〉에서 백범 김구와 약산 김원봉이 처음 만나 암살을 모의하던 시기가 바로 이즈음이다. 물론 촬영은 다른 곳에서 했지만 말이다.

육화탑 六和塔 liù hé tǎ ★★★

위치 호포천 虎跑泉에서 버스 5路를 타고 六和塔 정류장에서 하차 주소 杭州市 西湖区 六和塔 오픈 06:00~18:30 요금 20元(탑 10元) 전화 (0571)8659-1401

항저우를 흐르는 첸탕 강 钱塘江의 위용을 감상할 수 있는 7층 8각 탑으로 높이가 60m에 이른다. 970년 불법의 힘을 빌려 첸탕 강의 범람을 막고자 건립했다고 한다. 음력 8월 18일이 되면 바닷물이 첸탕 강으로 역류하는 모습을 볼 수 있는데, 중국인들은 전강관호 钱江观湖라는 이름을 붙여 제법 먼 곳에서도 원정관광을 온다.
육화탑 뒤에는 중국에 있는 모든 탑들을 모아놓은 공원이 조성되어 있다. 다민족 국가이다 보니 탑들의 모양도 각양각색. 티베트 탑부터 타이족의 탑까지 다양한 탑을 구경할 수 있다. 탑에 특히 관심이 많은 사람들이라면 시간을 투자해 둘러볼 만하다.

송성 宋城 쏭청 Sòng chéng ★★

위치 청파문 清波门 · 정사 净寺 · 소제 苏堤 · 동물원 动物园 · 호포 虎跑 · 육화탑 六和塔에서 버스 4路를 타고 宋城 정류장에서 하차 주소 杭州市 西湖区 之江路 148号 오픈 09:00~20:30 요금 280 · 300 · 480元 전화 (0571)8731-3101

중국 전역에서 테마 파크 사업을 벌이는 송성그룹의 항저우 분점. 중국의 문화적 황금시기인 송나라 시대의 풍경을 전문으로 재현한 놀이 공원이다. 엄밀히 말하면 덜 진지하고 흥겨운 민속촌 정도. 송성 자체보다는 저녁나절 3회 송성천고성 宋城千古城이라는 공연이 더 유명하다. 총 4부로 구성된 송성천고성은 문화와 역사를 배경으로 하는 테마파크의 방향성을 잘 보여주는 공연이다.
1부는 화려함이 특징으로 남송시절의 궁중 연회를 보여준다. 2부는 갑자기 격정적인 서사시로 변하는데, 바로 남송의 비극적 영웅인 악비가 등장 금나라와의 전투 신을. 3부는 강남지방의 전설이자 경극의 주요 소재인 백사전의 하이라이트 공연, 4부는 무국적 전 세계 민속무용이 펼쳐진다. 앞뒤 연관성은 별로 없지만, 연출력과 중국 특유의 물량 공세, 화려한 색감만큼은 상당히 훌륭한 편. 깊게 생각하지 않고 즐기기에는 적당하다.

농당리 弄堂里 농탕리 nòng táng lǐ

위치 지하철 1호선 龙翔桥역 D1 출구에서 도보 5분 **주소** 杭州市 湖滨区 延安路 258号 湖滨银泰 2期3FA301 **오픈** 10:30~21:00 **요금** 2인 120元 **전화** (0571)8587-0517 **지도** p27-C1

항저우 제일의 백화점인 IN77 3층에 있는 장난요리 전문점이다. 항저우에서 시작한 프랜차이즈로 항저우에만 12곳의 분점이 있다. 우리나라의 캐주얼한 패밀리 레스토랑 느낌인데, 백화점에 입점한 레스토랑치고는 저렴한 편이고 음식도 깔끔하다.

다른 중국 식당과 비교하면 메뉴가 단출한 편이지만, 그래도 100가지는 된다. 본격적인 요리 전문점이라기보다는 쌀밥에 다양한 음식을 즐길 수 있는 밥집에 가깝다고 보면 된다. 대부분의 음식이 무난한 맛. 서호 주변에서 마땅히 먹을 데를 못 찾았다면, 일단 방문해보자. 관광지다 보니 피크 시간대는 긴 줄이 늘어선다.

- **간편 메뉴** 东坡肉 동파육 38元, 龙井虾仁 용정차를 곁들인 민물새우 볶음 68元, 美极小黄鱼 대파 조기튀김 19元, 梭子蟹炒年糕 꽃게 떡볶음 19元

판가량 로씨에빠오 胖哥俩肉蟹煲 팡거랴로씨에빠오 pàng gē liǎ ròu xiè bāo

위치 지하철 1호선 龙翔桥역 D1 출구에서 도보 5분 **주소** 杭州市 湖滨区 延安路 258号 湖滨银泰 in77C 2区 B1层 B032号 (吴山路) **오픈** 11:00~21:30 **요금** 2인 120元 **전화** (0571)8587-0447 **지도** p27-C1

최근 항저우에서 가장 핫한 레스토랑으로 깐궈 干锅 전문점이다. 깐궈는 쓰촨에서 유래됐는데, 한국의 철판 두루치기와 여러모로 흡사한 요리다. 다양한 재료를 넣고 철판에 자작하게 볶아내면 되는지라 양념이나 식재의 이용이 자유롭고, 그러다 보니 깐궈라는 요리는 규정된 형식이 없는 꽤나 자유로운 요리가 되어버렸다.

가장 인기 있는 요리는 상호에도 있는 로씨에빠오 肉蟹煲다. 작은 게와 닭발 그리고 떡이 어우러진 요리인데, 한국 찜닭의 영향을 많이 받은 듯 모양새도 맛도 찜닭과 흡사해 한국인 여행자들도 열광하는 분위기다. 닭발을 무척 선호하는 곳이라 다른 빠오 煲요리를 시켜도 닭발은 모두 들어 있다. 모든 요리는 매운맛의 정도를 결정할 수 있다. 매콤함을 즐긴다면 중간 매운맛 中辣 정도를 선택하면 만족스럽다.

- **간편 메뉴** 肉蟹煲 로씨에빠오 소 108元 / 대 158元, 明虾煲 새우빠오 소 98元 / 대 138元, 胖哥俩冷面 판가량 냉면 8元, 酸梅汤 차가운 매실탕 잔 8元 / 병 22元

라오토얼 老头儿 lǎo tó ur

위치 지하철 1호선 龙翔桥역 C4 출구에서 도보 7분 **주소** 杭州市 上城区 湖滨商圈 湖滨路 6号 **오픈** 09:00~21:00 **요금** 2인 100元 **전화** (0571)8577-9117 **지도** p27-C1

지역의 대표 요리인 요우바오샤 油爆虾를 전문으로 하는 캐주얼 레스토랑이다. 참고로, 요우바오샤란 생새우를 순간적으로 강한 불에 화르르 볶아내는 요리. 맛이 없을 수 없는 대표 밥반찬이다. 관광 구역이라 할 수 있는 서호 초입에 있지만, 현지인들 선호도도 꽤 높아, 밥때가 되면 발 디딜 틈이 없을 정도로 붐빈다.

요우바오샤 외에 소소한 반찬용 요리들도 짭짤하고 맛있는 편. 다만, 이 집에서 요리를 즐기기 위해서는 넘어야 할 난관이 하나 있는데, 위챗 WeChat이라는 중국판 카카오톡 계정이 있어야 주문할 수 있다는 점. 무슨 말이냐면, 식탁 앞의 큐알코드를 인식시키면 위챗과 연동되는 디지털 메뉴판이 나오고 이를 통해 주문해야 한다. 편리하긴 하지만, 한국인의 경우 전혀 쓰지 않던 앱이라 좀 당황스럽다. 즉, 인터넷이 연결되어 있지 않으면 이용 불가. 중국은 참 별별 식당이 다 있다.

- **간편 메뉴** 干炸带鱼 갈치 튀김 26元, 酸辣土豆丝 새콤 매콤 감자채 볶음 10元, 杭州老头儿油爆虾 요우바오샤 62元, 特色炒粉丝 중국식 잡채 20元, 葱香花蛤 바지락 볶음 23元

항저우주가 杭州酒家

위치 지하철 1호선 龙翔桥역 C4 출구에서 도보 5분 **주소** 杭州市 西湖区 延安路 205号 1-3F(延安路邮电路口) **오픈** 11:30~14:30, 17:30~21:30 **요금** 2인 100元 **전화** (0571)8708-7123 **지도** p27-C1

항저우를 대표하는 지역 요리 전문점. 최고의 동파육과 거지닭을 맛볼 수 있는 명물 레스토랑이다. 가끔 중국이란 나라에 대해서 놀랍다고 느낄 때가 있는데, 수십 년 된 노포가 어느 날 갑자기 현대적인 인테리어로 탈바꿈할 때도 그렇다. 항저우주가 또한 무려 85년이라는 오랜 역사에 비해 레스토랑 분위기는 최신 유행이 가미된 감각적인 느낌이다. 물론, 전통 기법대로 요리한다는 주방의 분위기는 사뭇 다르지만 말이다. 한국의 유명 셰프가 운영하는 식당의 '동파육을 제대로 안 먹어보고 만든 게 분명한 편육 모양의 동파육은 머릿속에서 지워버려라. 이게 진짜다.

- **간편 메뉴** 东坡肉 동파육 16元, 纹丝豆腐 실두부탕 3元, 辣炒花蛤 매콤하게 볶은 바지락 19元, 龙井虾仁 용정차잎과 함께 볶은 민물새우 69元

녹차 綠茶 루차

주소 杭州市 西湖区 龙井路 83号 **전화** (0571) 8788-8022 **오픈** 11:00~22:00 **요금** 2인 120元 **지도** p26-B2

녹차요리 전문점. 용정차의 본고장답게 모든 요리에 찻잎을 가미했다. 찻잎의 맑은 향은 특히 육류요리에서 비릿함과 느끼함을 없애는 효과가 있다. 때문에 중국요리가 입맛이 맞지 않는 사람도 이 집에서만큼은 한번 도전해 볼 만하다.
중국식 쏘가리탕인 농푸둔위 农夫炖鱼, 녹차를 가미한 돼지고기 바비큐 루차카오로우 绿茶烤肉, 불맛이 강한 새우볶음 훠얀샤 火焰虾가 일반적으로 많이 먹는 요리들이다. 건강한 중국식을 표방한다면 방문해보자.

루외루 楼外楼 러우와이러우

주소 抗州市 西湖区 孤山路 30号 오픈 11:30~20:00 요금 2인 150~230元 전화 (0571) 8796-9023 지도 p26-B2

160년의 역사를 자랑하는 항저우 제일의 레스토랑. 항저우를 배경으로 하는 각종 문학 작품에도 등장할 정도의 루외루는 항저우 요리의 상징과도 같은 곳이다. 진리의 요리는 항저우의 지방관을 역임했던 소동파가 만들었다는 동포로우 东坡肉다. 입맛에 따라 다 먹기는 느끼할지도 모르겠지만, 두세 입까지는 이런 맛이 있었나 싶을 정도로 독특한 맛과 질감을 선사한다. 거지가 우연히 발견한 맛에서 유래한 쟈오화지 叫化鸡도 특유의 담백함으로 인해 각광받는 요리다. 중국인이라면 누구나 주문하는 민물 생선 요리인 시후추위 西湖醋鱼는 보편적인 한국인들의 입에는 별로다.

외파가 外婆家 와이파지아 The Grandmother's Restaurant

주소 抗州市 西湖区 马膝路 6-1号 오픈 10:00~14:00, 16:30~21:00 요금 2인 280~100元 전화 (0571)8805-1987 지도 p27-B1

가정요리 전문점. 현지인들에게는 유명한 집으로, 밥때는 1시간 정도 줄 설 각오를 해야 하고, 주말에는 그냥 방문하지 않는 것이 더 좋다. 마파두부 麻婆豆腐, 볶은 당면 炒粉丝, 뚝배기 새우 沼虾煲, 돼지고기 삼겹살 찜인 동포로우 东坡肉 같은 일반적인 밥반찬용 요리가 이 집의 자랑거리. 가격이 전혀 부담되지 않기 때문에 한두 개 실패할 각오를 하고, 사진 메뉴판을 뒤적거리면서 마음껏 시켜보자.

지미관 知味观 즈메이관

주소 抗州市 上城区 仁和路 83号 오픈 08:00~22:00 요금 2인 60~200元 전화 (0571)8706-5871 지도 p27-C1

항저우 전역에 약 40여 곳의 분점을 거느리고 있는 로컬 요리 레스토랑. 샤오룽바오, 볶음밥 炒饭 등 저렴한 한 끼 요리부터 동포로우, 시후추위 같은 항저우 전통요리까지 엄청난 메뉴를 포괄하고 있다. 대중적인 체인이긴 하지만 요리 실력이 아주 빼어나다기보다는 주변에 적당한 레스토랑이 보이지 않을 때 실패 확률을 최소화 하면서 적당히 한 끼를 해결할 수 있는 집으로 이해하자.

해저로훠궈 海底捞火锅 하이디라오훠궈

주소 抗州市 上城区 延安路135号 涌金广场 5楼 오픈 24시간 요금 2인 250元 전화 (0571)8708-8050 지도 p27-C2

전국적인 훠궈 체인망. 믿을 수 있는 식재의 사용, 위생적인 처리를 전면에 내세운 신개념의 훠궈 전문점이다. 훠궈 집 치고는 약간 비싼 가격대지만, 그걸 감수할 만한 수준의 훠궈 탕과 식재를 선보인다. 주문 즉시 그자리에서 뽑아주는 수타면도 인기 만점. 달짝지근한 상하이 요리가 지겹다면 강력 추천할 만하다.

청등차관 青藤茶館 칭덩차관

위치 지하철 1호선 龙翔桥역 또는 定安路역에서 도보 10~15분 주소 杭州市 上城区 南山路 278号 元华广场 2楼 요금 2인 180元~ 전화 (0571)8702-2777 지도 p27-C2

항저우식 차관. 참고로 항저우식 차관이란 차를 주문하면 각종 스낵들을 뷔페식으로 무제한 제공하는 스타일의 찻집을 뜻한다. 말이 스낵이지 과일부터 만두, 견과류 심지어 건어물까지 있어 매끼 요리를 맛봐야 하는 여행자가 아니라면 적당히 한 끼를 해결하기에도 충분하다. 그렇다 보니 우리 눈에는 샐러드바 같은 느낌마저 든다. 조용하게 차를 마시는 분위기보다는 왁자지껄 떠들며 샐러드바를 즐기는 마음으로 방문하자. 서호 근처에 있어 방문하기에도 쉽다.

화차관 和茶馆 허차관

주소 杭州市 紫金港路 21号 西溪天堂 悦榕庄酒店 内 오픈 10:00~22:00 요금 2인 250~350元 전화 (0571)8782-9711 지도 p26-A1

고급스러운 느낌의 항저우식 차관이다. 입구부터 내부까지 거대한 고가구 전시관을 방문한 듯한 착각에 빠지게 되는데, 주인장이 평생을 걸쳐 모은 고가구들이라고. 전직이 화가인 덕에 항저우 문화예술인들의 사교무대이기도 하다.

차 값은 도도거차루에 비해 비싼 편이지만, 그만큼의 값어치를 한다. 역시 차를 주문하면 다양한 다식이 무제한으로 제공된다. 찻잎은 두 번까지 리필이 가능하다.

용정차 龙井茶를 고르는 4가지 방법

용정촌은 중국 제1의 명차인 용정차를 생산하는 곳. 4월 초부터 햇차가 나오기 시작하니, 이 시기에 항저우를 방문했다면 용정촌을 들러보자. 차를 사지 않아도 마을 가득 풍기는 차향과 온통 초록으로 물든 차밭을 보는 것만으로도 흥겨운 일이기 때문. 좋은 용정차를 구입하기 위해서는 몇 가지 확인해야 할 것들이 있다.

우선 밝은 곳에서 찻잎을 본다. 고급차라면 연두 빛에 황색이 은은하게 감돌며 부스러기나 탄 잎이 없어야 한다. 두 번째는 차향을 맡는 것. 주인이 내온 유리잔에 차를 넣고 더운물을 10% 따른다. 잔을 빠른 속도로 돌려 찻잎을 젖어들게 하면서 올라오는 향을 맡는다. 이때 구수한 향보다는 맑고 상큼한 향이 나는 것이 좋다. 세 번째로 확인할 것은 찻물의 색깔이다. 나머지 물 70% 정도를 더 붓고 찻잎이 가라앉을 때를 기다리며 색을 관찰한다. 물론 맑고 연한 녹색의 찻물이 좋은 것이다. 여기까지의 테스트가 마음에 들었다면 30초에서 1분 후 맛을 보자. 떫거나 잡맛이 나는지 확인하면 된다.

이 정도가 되면 상인도 손님의 수준을 파악. 터무니없이 높은 가격을 부르진 않을 것이다. 4월초 용정촌에서 판매되는 차는 500g 한 근에 200~1,800元 정도이다. 그러나 차가 정말 용정촌에서 만든 것인지 일반 여행자들이 알아내기는 힘들다.

인상서호 印象西湖 인씨앙시후 Impression Westlake

주소 杭州市 西湖区 杨公堤 29号 오픈 공연시간 19:45~20:45 요금 248~600元 전화 (0571)8796-2222 홈피 www.hzyxxh.com 지도 p26-B1

서호를 배경으로 한 장이모 감독의 초대형 판타지. 중국 5세대 감독의 대표기수이자 2008년 베이징 올림픽 개막식의 총연출을 담당했던 장이모는 최근 들어 영화보다는 초대형 쇼에 더 관심을 기울이고 있다. 인상서호는 중국 남부 꾸이린 桂林, 리장 麗江에 이은 장이모판 쇼의 세 번째 작품이다.

별도의 무대가 있는 게 아니라 중국의 아름다운 자연 그 자체에서 찾는 독특함에 중국만 할 수 있는 대규모 인원을 동원한 스펙터클 그리고 현지 역사와 어우러진 스토리텔링으로 인해 중국인뿐 아니라 외국인 여행자들에게도 상당한 호평을 받고 있다.

인상서호는 서호를 배경으로 한 항저우의 옛 전설인 백사전을 테마로 하고 있다.

호팡 유스호스텔 荷方青年旅舍 Hofang Int' Youth Hostel

위치 지하철 딩안루 定安路역 D출구에서 도보 15분 또는 택시를 타고 꾸로우 鼓楼로 가자고 하고 내려서 도보 7분 주소 杭州市 上城区河坊街 大井巷 67号 요금 도미토리 80元, 더블 288~358元 전화 (0571)8707-9290 지도 p27-C2

항저우역 쪽에 있는 유스호스텔. 비좁은 느낌이지만 스태프들의 영어 능력이 훌륭해 외국인 여행자들이 선호하는 곳이다. 보행가 안쪽에 있어서 몇 발만 걸어 나가도 레스토랑, 커피숍 등 온갖 여행자 편의 시설을 만날 수 있다. 숙소 상태보다는 위치의 이점이 더 강하다. 무선 인터넷 무료.

항저우 오산역 청년여사 杭州吴山驿青年旅舍 Wushanyi Youth Hostel

주소 杭州市 上城区 中山中路 322号 요금 도미토리 80元, 더블 248~268元 전화 (0571)8701-8790 지도 p27-C2

외국인 친화적인 유스호스텔로 호팡 유스호스텔과 같은 집에서 운영한다. 오래된 가옥을 개조했는데, 도미토리는 이 쪽이 더 낫다. 객실 중에 몇몇 방은 다락방이고, 어떤 방은 침대가 없이 매트리스(일본식 객실이라고 주장한다)가 깔린 경우도 있다. 다락방에서 나름의 운치를 느끼는 여행자도 있고, 많이 실망하는 사람도 있다. 무선 인터넷 무료.

과객 청년여사 过客青年旅馆 West Lake Youth Hostel

주소 杭州市 西湖区 南山路 62-3号 **요금** 도미토리 60~70元, 싱글 170元, 더블 230~280元 **전화** (0571)8702-7027 **지도** p27-B2

서호 남쪽 뇌봉탑 근처에 있는 숙소로, 유스호스텔 중에서는 가장 서호와 가깝다. 객실은 전체적으로 타이트한 느낌이지만, 정원이 넓어 부족한 부분을 메우고 있다.
더블 룸의 가격 차이는 창의 유무인데, 가급적이면 10元 더 주고 창이 있는 방을 얻는 게 훨씬 낫다. 당연히 무선 인터넷은 무료.

파드 인 杭州布丁西湖店 Pod Inn

주소 杭州市 西湖区 曙光路 外东山 弄5号 **요금** 더블 179~259元 **전화** (0571) 8738-2888 **홈피** www.podinns.com **지도** p26-B1

경제적인 저가 호텔 체인. 일반적으로 외국인을 받지 않는 곳이지만, 서호점은 외국인 여행자들에게도 개방되어 있다. 극소수의 외국인 개방 호텔을 지정한 탓에 스태프들이 영어도 하고, 상당히 친절하다. 객실도 방이 약간 좁은 듯 하지만 청소 상태가 훌륭하고 무엇보다 무료 와이파이는 꽤나 유용하다. 유스호스텔보다 약간 좋은 곳을 원한다면 만족할 수 있다.

더 이스트 호텔 항저우 杭州逸酒店 East Hotel Hangzhou

위치 지하철 4호선 西湖文化广场역에서 택시로 5분 **주소** 杭州市 拱墅区 湖墅南路 198号(近文晖路) **요금** 더블 655~767元 **전화** (0571)8809-9999 **홈피** www.theeasthotel.com.cn **지도** p27-B1

최근 1~2년 사이 항저우에서 가장 핫한 호텔 중 하나다. 등급은 4성으로 분류되는데, 4성치고는 실내 수영장 같은 부대시설이 약한 편. 대신 객실 설비에 모든 걸 집중한 탓에 '호텔=편히 잠자는 곳'이라고 생각하는 여행자는 이곳이 더 맞을지도 모른다. 객실은 최소 54㎡로 엄청나게 넓고, 여기에 욕실이 16㎡를 차지한다. 5성 호텔에서나 볼 수 있는 욕실 내 19인치 TV 장착, 냉장고에 있는 모든 음료 무료 같은 서비스가 따라온다.
침구에도 상당히 신경을 썼는데, 면화 중에서 최고급으로 분류하는 이집트산 80수짜리 침대보를 만날 수 있다. 부대시설은 부족하지만, 객실만 놓고 본다면 약간 처지는 5성급이라고 해도 과언이 아닐 정도.
가볼 만한 시설로는 항저우 요리 전문점인 East Cafe와 특이하게도 호텔 부설 다관인 The Tea House가 있다. 투숙객이라면 이곳에서 중국차에 입문해 보는 것도 좋은 방법이다. 여러모로 추천할 만하다.

포 시즌스 호텔 앳 웨스트 레이크 杭州西子湖四季酒店 Four Seasons Hangzhou at West Lake

주소 杭州市 西湖区 灵隐路 5号 **요금** 2,800~5,256元 **전화** (0571)8829-8888 **홈피** www.fourseasons.com **지도** p26-B1

서호자락에 있는 최고급 호텔. 일반적으로 전통적인 저택 느낌으로 방을 꾸미는 포 시즌스가 서호에서는 과감하게 중국풍의 느낌으로 변신했다. 객실은 서구식 안락함과 중국식 인테리어의 웅장함이 잘 조화되어 있다. 럭셔리 여행을 계획했다면 이 호텔은 항저우에서 가장 좋은 옵션 중 하나다.

AREA 03

황산
黃山

안후이 성 남부에 있는 황산은 해발 1,860m의 연화봉 莲花峰을 중심으로 주위에 71개의 봉우리를 거느리고 있는 중국 제일의 명산이다. '황산에 오르니 천하에 산이 없더라 归來黃山不看岳'라는 말이 있을 정도로 수묵화를 방불케 하는 신비로운 봉우리와 여백이 살아숨쉬는 아름다움을 자랑한다. 1990년 UNESCO 세계자연유산에 등재되던 시절만 해도 황산은 오로지 산 자체만 조명을 받는 분위기였지만, 해를 거듭할수록 주변 봉우리들과 계곡, 마을까지 주변 볼거리들이 점점 확장되는 추세다.

🚌 시외버스

상하이, 항저우, 쑤저우에서 모두 버스가 연결된다. 황산 쪽에는 두개의 버스 터미널이 있다. 하나는 황산역과 가까운 툰시 屯溪에 있는 황산시 버스터미널 黃山市汽车客运总站이고 또 하나는 황산 풍경구 앞에 있는 황산 풍경구 버스터미널 黃山风景区集散中心이다.

🚄 기차

고속열차역인 황산북역 黃山北站이 생기며 상하이에서 12시간 걸리던 거리가 4시간대로 획기적으로 단축됐다. 상하이에서 출발한 기차 K8418/K8419가 쑤저우를 거쳐 황산역을 연결하고 고속열차인 G1509, G1519는 상하이 홍차오역을 출발해 항저우동역을 거쳐 황산북역으로 향한다. 황산역이라는 이름 때문에 황산 바로 지척에 역이 있을 거라 착각하기 십상인데, 황산역과 관광지인 황산 풍경구는 50km 정도 떨어져 있다. 황산북역은 황산역에서 15km쯤 떨어져 있는데, 다행히 황산풍경구와 더 가까운 곳에 있다. 황산북역 서쪽 광장에 있는 황산북역터미널 黃山北站客运枢纽에서 황산과 홍촌행 버스를 이용할 수 있다.

황산북역→황산 남대문 黃山南大门(탕커우) 행 버스
· 운행 09:00~19:00, 1시간 간격(20元, 1시간 소요)

황산역→황산 풍경구행(황산 남대문) 버스
· 운행 약 06:30~17:30, 사람 차면 수시운행 · 요금 20元

황산북역→황산 풍경구행(황산 남대문) 버스
· 운행 09:40, 12:20, 13:20, 14:40, 15:40, 16:20, 17:20, 18:20, 19:20, 매일 9차례 여러 대 동시 출발 · 요금 20元

황산시 버스터미널→황산 풍경구행(황산 남대문) 버스
· 운행 약 06:30~17:30, 사람 차면 수시운행 · 요금 20元

A: 황산시 버스터미널 B: 황산 풍경구 버스터미널

A장점	연결 버스가 많음. 주변에 숙소와 레스토랑도 많음. 홍춘이나 시디로 연결이 수월
A단점	황산을 등반하려면 버스로 1시간가량 이동해야 함
B장점	황산과 매우 가까움. 숙소가 비싸지만 산장 느낌으로 자연을 만끽할 수 있음
B단점	저렴한 숙소가 드물고 외곽에 숙소를 잡으면 택시비 추가 발생

기차 노선

출발지(출발 시간)	도착지(도착 시간)	기차번호	소요시간	요금
상하이훙차오 上海虹桥(08:42)	황산북 黄山北13:15)	G1509	4시간 33분	2등 좌석 二等座 304元 1등 좌석 一等座 505.5元
상하이훙차오 上海虹桥(18:07)	황산북 黄山北22:15)	G1519	4시간 8분	비즈니스 좌석 948.5元
상하이 上海(20:16)	황산 黄山07:11)	K8418	10시간 55분	딱딱한 의자 硬座 93元 딱딱한 침대 硬臥 174元 포근한 침대 軟臥 263元
항저우둥 杭州东(09:49)	황산북 黄山北13:15)	G1509	3시간 26분	2등 좌석 二等座 231元 1등 좌석 一等座 388.5元
항저우둥 杭州东(19:13)	황산북 黄山北22:15)	G1509	3시간 2분	비즈니스 좌석 729元
쑤저우 苏州(18:02)	황산 黄山03:21)	K36	9시간 19분	딱딱한 의자 硬座 81元 딱딱한 침대 硬臥 154元
쑤저우 苏州(21:14)	황산 黄山07:11)	K8418	9시간 57분	포근한 침대 軟臥 231元
황산북 黄山北(08:14)	상하이훙차오 上海虹桥(12:22)	G1517	4시간 8분	2등 좌석 二等座 304元 1등 좌석 一等座 505.5元
황산북 黄山北(13:50)	상하이훙차오 上海虹桥(17:56)	G1507	4시간 6분	비즈니스 좌석 948.5元
황산북 黄山北(08:14)	항저우둥 杭州东(11:15)	G1517	3시간 1분	2등 좌석 二等座 231元 1등 좌석 一等座 388.5元
황산북 黄山北(13:50)	항저우둥 杭州东(16:59)	G1507	3시간 9분	비즈니스 좌석 729元
황산 黄山(20:08)	상하이 上海(08:03)	K8420	11시간 55분	딱딱한 의자 硬座 93元 딱딱한 침대 硬臥 174元 포근한 침대 軟臥 263元
황산 黄山(07:34)	쑤저우 苏州(17:05)	K34	9시간 31분	딱딱한의자 硬座 81元 딱딱한침대 硬臥 154元
황산 黄山(20:08)	쑤저우 苏州(05:59)	K8420	9시간 51분	포근한침대 軟臥 231元

버스 노선

출발지	도착지	운행	소요시간	요금
상하이 남버스터미널 长途客运南站	황산시 버스터미널(툰시) 黄山市汽车客运总站	07:27, 08:37, 09:37, 10:27, 14:49, 15:27 매일6편	약 5~6시간	176元
상하이 남버스터미널 长途客运南站	황산 풍경구 버스터미널 黄山风景区集散中心	10:27, 14:49, 매일2편	약 6시간 30분	192元
항저우 서버스터미널 杭州西站	황산 풍경구 버스터미널 黄山风景区集散中心	08:00, 09:50, 12:40, 14:10, 15:10, 17:45 매일6편	약 4시간	112~168元
쑤저우 남버스터미널 苏州汽车南站	황산시 버스터미널(툰시) 黄山市汽车客运总站	05:40, 07:20 매일2편	약 5시간	164元

Route Guide

황산 대문

↓ 미니버스 20분

운곡사

↓ 케이블카 10 +
도보 2시간 30분

백아령

↓ 도보 30분

시신봉

↓ 도보 20분

북해

Route Guide

청량대

↓ 도보 40분

비래석

↓ 도보 30분

광명정

↓ 도보 40분

연화봉

↓ 버스 50분

옥병루

↓ 케이블카 10 +
도보 2시간 30분

자광각

황산 개별 여행의 요령

황산시(툰시)에 숙소를 예약하는 일정

황산시에 숙소를 잡는다는 것은 첫째, 유스호스텔 등 저가 숙소 선호자, 둘째, 황산과 함께 홍춘이나 시디 같은 주변 마을을 둘러볼 만한, 3박 정도 시간이 나는 여행자라는 의미이다. 일단 황산시 버스터미널이나 황산역에 도착한 후, 툰시 라오제로 이동한다. 하루 동안 머물며 라오제를 둘러보며 소일하다. 다음날 아침 홍춘과 시디를 둘러본다. 황산 등반은 사흘째 아침에 시작한다. 일찍 체크아웃을 한 후, 배낭을 메고 황산으로 향하는데, 황산행 버스는 무조건 첫차를 타는 게 유리하다. 사흘째 숙박은 황산에서, 나흘째 하산 후, 다른 도시로 이동하면 된다.

황산 풍경구에 숙소를 예약하는 일정

짧은 일정으로 황산만 둘러볼 예정이라면, 황산 산등성이에 있는 북해에 숙소를 잡아야 한다. 물론 이른 아침에 도착하고 다음날 오후에 출발하는 교통편과 북해에

Check List
연화봉 连花峰
운해 云海
서해대협곡 西海大峡谷

마녀 Say

황산에 오를 때 이것만은 꼭!
산 위와 산 아래의 날씨는 전혀 다릅니다. 산 아래는 화창한 날씨여도 해발 1,000m를 넘어가면 그야말로 변화무쌍. 도통 종잡을 수 없는 날씨가 이어지죠. 게다가 아예 정상으로 가면 한 여름에도 간간히 영하의 수은주를 보일 때가 있을 정도로 춥습니다. 윈드재킷과 모자 정도는 필수품. 가벼운 스웨터 정도를 챙기는 것도 도움이 됩니다. 또 하나 준비해야 할 것은 비상식량. 산 위에서는 적당한 먹을거리를 찾기도 힘들 뿐 아니라 가격 또한 몇 배를 호가합니다. 고열량의 비상식량은 필수품.

있는 숙소 예약은 필수다. 첫날은 정오 전에 케이블카를 탑승해야 한다. 명절이나 극성수기라면 무리한 일정일 수 있다. 후산코스로 북해까지 오른 후 체력과 시간이 허락한다면 서해대협곡까지 다녀온다. 다음날 일찍 전산코스나 서해대협곡 코스로 하산하면 대략 정오~오후 2시 사이.

황산 돌아다니기

황산의 볼거리는 황산 그 자체와 황산 주변의 인상적인 작은 마을로 나눌 수 있다. 이중 황산은 크게 2개의 구역으로 나뉘는데, 케이블카와 미니버스를 적극적으로 이용한다 해도 이틀 가량이 소요된다. 즉 황산 주변까지 어느 정도 둘러보고 싶다면 사흘 정도를 잡는 게 좋다. 만약 1박 2일 정도의 짧은 여정이라면 황산 여행의 백미라 할 수 있는 케이블카와 도보를 연계해 북해 쪽에 숙소를 잡은 후 1박을 하고, 이튿날 하산해, 훙춘이나 시디 중 한 도시를 둘러본 후, 저녁 버스나 밤기차를 타고 다른 도시로 이동할 수도 있다. 하지만 무리한 일정임에는 분명하다.

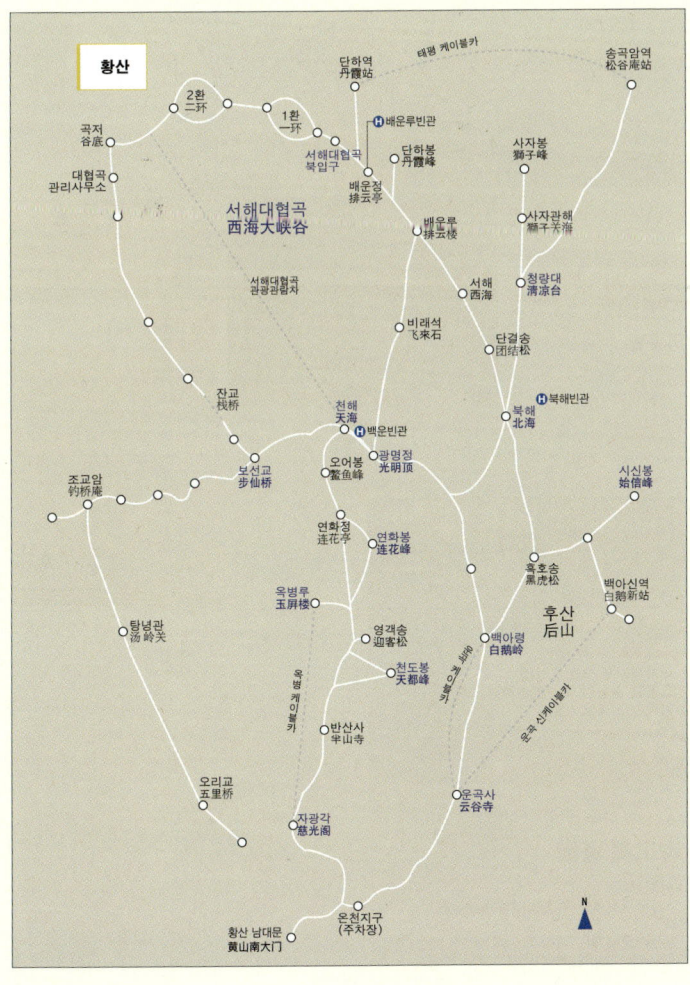

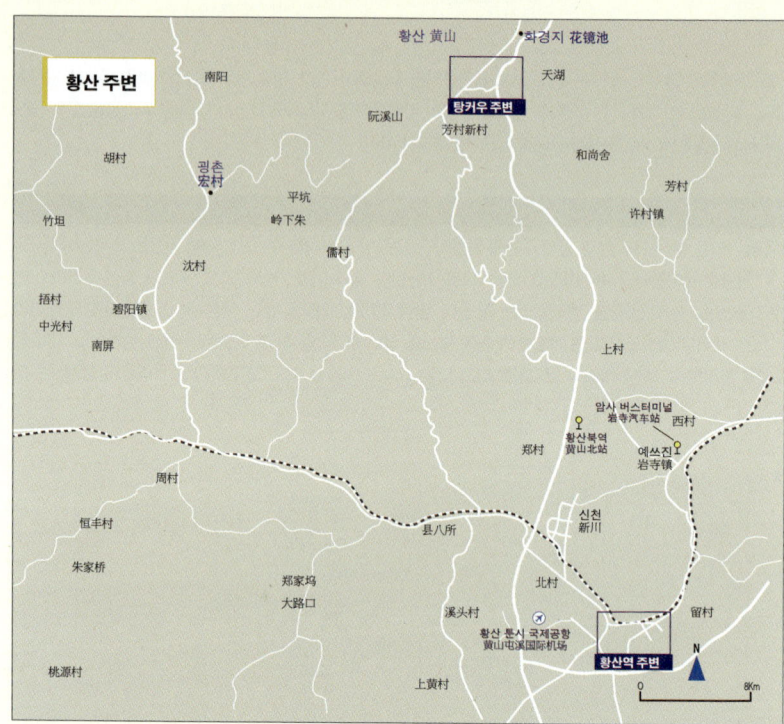

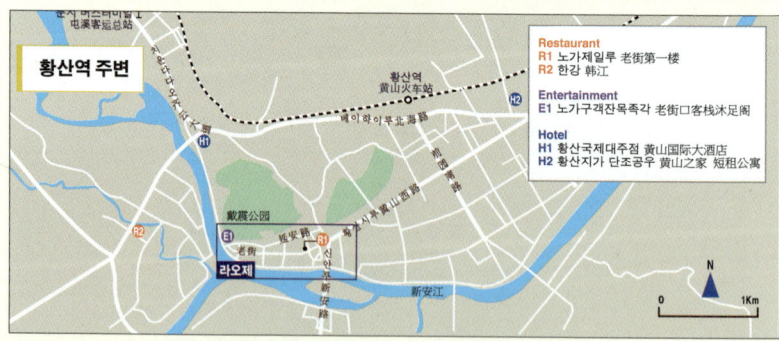

황산 黄山 황산 Huáng shān ★★★★★

요금 3월 1일~11월 30일 230元, 12월 1일~2월 28일 150元 **황산 케이블카 요금** 3월 1일~11월 30일 90元, 12월 1일~2월 28일 80元

황산을 오르는 코스는 크게 두 가지가 있다. 자광각 慈光阁에서 정상인 연화봉 连花峰까지 연결하는 전산 前山코스와 운곡사 云谷寺를 시작으로 백아령 白鹅岭을 거쳐 연화봉을 우회하는 후산 後山 코스로 나눌 수 있다.

이중 전산코스는 예로부터 황산을 오르던 전통 구간이다. 돌을 깎아 계단을 낸 구간이 거의 전부로, 정상인 연화봉으로 바로 치고 올라갈 수 있다는 장점이 있지만, 체력 부담이 후산코스에 비해 훨씬 심하다.

후산코스는 최근, 황산이 개발되면서 새롭게 조성된 신작로(?)다. 산허리에 빙 둘러 길을 낸 탓에 경사 구간이 거의 없고 전체적으로 완만하다는 게 특징이다. 참고로 요즘은 두 구간 모두 산 능선까지 케이블카로 연결이 가능하기 때문에 예전처럼 죽어라 등산을 하진 않는다. 케이블카를 탄다고 해도 후산이 전산에 비해 월등하게 쉽다. 그래서 여행자들의 비중은 거의 7:3 정도로 후산코스로 몰린다. 1박 2일 일정이라면, 후산코스로 올랐다가 산에서 하루를 보내고 전산코스를 따라 하산하는 방법이 가장 일반적이다.

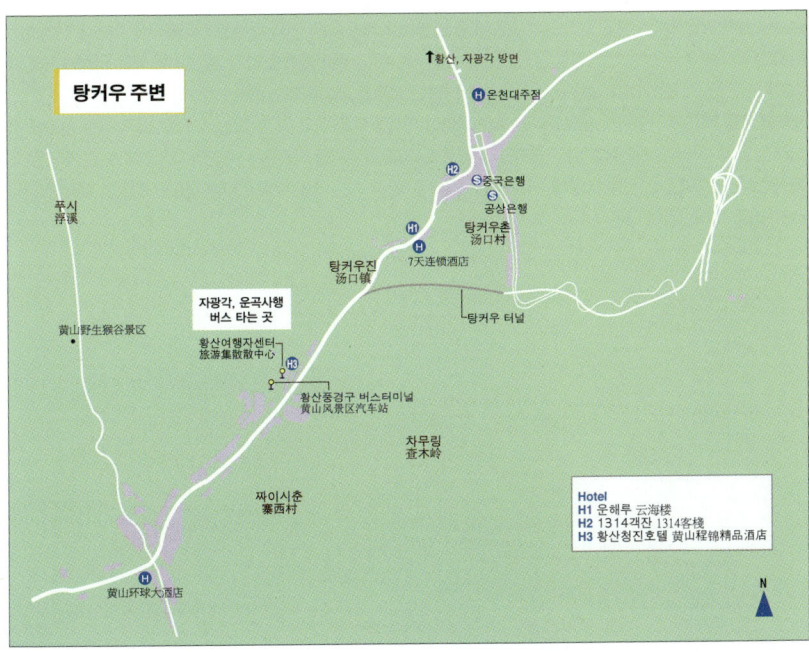

후산 코스

코스 황산여행자센터 旅游集散中心(455m)→운곡사云谷寺케이블카(828m)→백아령 白鹅岭케이블카(1,600m)→시신봉 始信峰(1,683m)→북해빈관 北海宾馆(1,606m) **요금** 황산 대문 → 운곡사 미니버스 19元, 운곡사 → 백아령 케이블카 80元

여행의 시작은 황산여행자센터 旅游集散中心다. 황산여행자센터는 황산 풍경구 버스터미널을 겸하고 있는데, 툰시에서 황산행 버스의 종점이다. 대부분, 매표소 문을 열기 30분 전부터 줄을 서기 시작해, 개장 시간쯤 되면 최소 100m 정도는 줄이 늘어선다.

가장 처음 할 일은 셔틀버스 표를 구입하는 것. 인파가 몰리면, 버스를 타는 줄과 버스표를 판매하는 줄이 제각각 늘어선다. 버스표를 구입하는 줄을 찾아야 한다. 버스표를 사고 나면 버스 탑승 줄에 서야 하는데, 버스 줄은 두 개. 후산코스의 관문인 운곡사와 전산코스의 관문인 자광각이 그것이다. 요금이 같기 때문에 어느 쪽에 서도 상관없다. 막상 현장에서 자광각 줄이 훨씬 짧은 걸 보고 순간의 유혹에 빠져, 자광각으로 가버리는 여행자들도 있는데, 생각을 잘 해야 한다. 상당한 체력과 무릎 상태가 아니라면, 거의 100% 돌계단 길인 전산코스로 오르는 건 보통 힘든 일이 아니다.

운곡사에서 케이블카를 타자.

15~25분 정도 버스를 타면 운곡사에 도착한다. 다시 긴 행렬을 따라가면 케이블카 타는 곳이 나온다. 케이블카는 운곡사에서 백아령 케이블카 터미널(1,615m)까지 연결된다. 걸어가면 3시간 정도 걸리는데, 초장에 힘을 뺄 일도 없거니와 거의 대부분 케이블카를 이용해 산등성이까지 올라가는 중국 산행의 특성상 등산로는 대부분 계단이다. 케이블카를 타지 않아야 할 때는 극성수기라 케이블카 대기만 2시간 이상이 걸린다거나, 등산 마니아인 경우를 제외하고는 없다.

케이블카를 타고 백아령까지 올라갔다면, 사람 4명이 어깨동무를 하고 갈 수 있는, 의외로 넓게 깔린 산길에 오히려 당황할 수 있다. 계단길이 있긴 하지만, 직선코스 후에 양념처럼 따라오는 구간이 대부분으로 큰 부담은 되지 않는다. 도중에는 시신봉 始信峰(1,683m)을 들를 수 있다. 가던 길로 1시간 30분 정도만 걸으면 북해에 다다르고, 바로 북해빈관이 나온다.

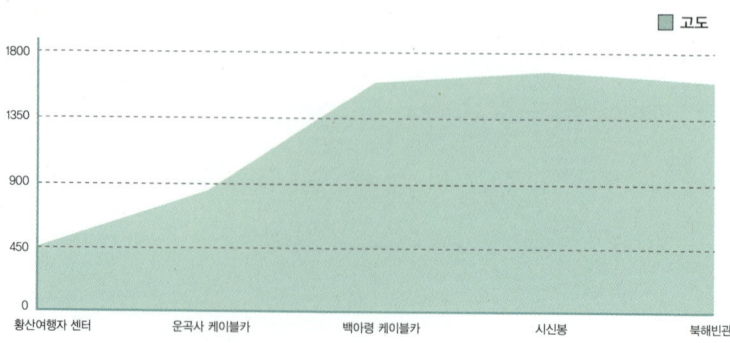

북해 일대에는 북해빈관을 비롯해 사림대주점, 서해반점이라는 숙소도 있다. 대부분의 여행자들은 이 일대에서 1박을 한다. 아침 일찍 출발했다면 정오나 오후 1시 사이에 북해에 도착한다. 일단 예약한 숙소에 체크인하고, 점심을 해결한 후, 한숨을 돌리자.

서해대협곡 西海大峡谷

코스 북해빈관 北海宾馆(1,606m)→배운루빈관 排云楼宾馆(1,593m)→일환 一环(1,513m)→이환 二环(1,467m)→관광관람차 삼계구 西海大峡谷观光览车 三溪口(상단 1,382m)→관광관람차 천해 西海大峡谷观光览车天海(하단 1,705m)→광명정 光明停(1,796m)→북해빈관(1,606m)

서해대협곡은 황산 서쪽에 있는 계곡으로 최근, 황산의 필수 방문지로 각광을 받는 구간이다. 북해반점을 기준으로 설명하자면, 서해반점 방향 이정표를 보고 이동한다. 배운루빈관 排云楼宾馆를 거쳐 배운정 排云亭까지 가면 이내 내리막 계단이 이어진다. 엄청난 경사로 인해 이때부터 슬슬 다시 올라올 걱정을 하게 되는데, 웅장한 협곡의 풍경에 걱정은 사라지고, 전진하게 된다.

곧이어 두 개의 작은 봉우리군을 만나게 되는데, 이 봉우리를 우회하는 길을 각각 일환 一环, 이환 二环이라고 한다. 각각의 환은 봉우리를 빙 두르는 두 개의 길이다. 즉 갈림길이 나온다고 해도 당황하지 말고 계단을 따라 아래로만 내려가면 된다.

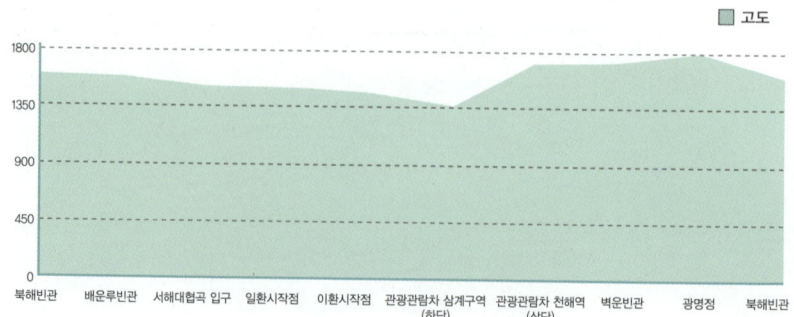

이환을 지나 더 내려가면, 두 갈래 길이 나오는데, 하나는 삼계구 三溪口를 통해 하산하는 길이고, 나머지 하나는 서해대협곡 관광관람차 西海大峡谷观光览车를 타고 천해 天海까지 가는 길이다. 한낮에 숙소에서 출발했다면 이때 이미 3~4시쯤 된다. 서해대협곡 관광관람차를 타는 게 현명하고 풍경도 많이 볼 수 있는 방법이다.

천해역부터는 외길이다. 진행 방향으로 가다 백운빈관 白云宾馆이 나오면 광명정 光明顶 방향으로 돌리자. 광명정까지는 오르막길이 이어진다. 지금까지 걸으면서 다리가 풀리지만 않았다면 별로 힘든 구간은 아니지만, 이미 힘이 빠진 상태라면 조금 괴롭다. 그럴 때는 탁 트인 전망을 자랑하는 광명정에서 한숨을 돌리자. 매점이 하나 있어 삶은 옥수수 같은 간식거리나 컵라면을 사먹을 수 있다.

광명정은 지리산의 장터목 같은 곳이다. 이곳을 기점으로 황산의 거의 모든 지역과 연결된다. 단, 숙소는 북해 방면으로 빠져야 갈 수 있다. 어두워지기 전에 도착했다면 성공.

전산 코스

코스 북해빈관 北海宾馆(1,606m)→청량대 清凉台(1,645m)→사자봉 狮子峰(1,690m)→ 배운루빈관 排云楼宾馆(1,593m)→ 비래석 飞来石(1,730m)→광명정 光明顶(1,860m)→백운빈관 白云宾馆(1,683m)→오어봉 鳌鱼峰(1,780m)→연화봉 莲花峰(1,864m)→ 옥병 케이블카 玉屏站(1,608m)→자광각 慈光阁(826m)→황산여행자센터 旅游集散中心(455m) **요금** 자광각→ 황산대문 미니버스 12元, 옥병루→자광각 케이블카 80元

북해 일대에서 잤다면 새벽부터 웅성대는 소리에 일어나게 된다. 바로 일출을 보려는 인파들인데, 북해에서 머문다면 십중팔구는 새벽부터 일어나 일출 명당으로 이동한다. 북해에서 가장 유명한 일출 명당은 북해반점과 사자림반점 사이에 있는 청량대와 사자봉이다.

일단 일출 시간 확인은 각 숙소 리셉션에 있는 게시판을 확인하면 된다. 북해반점에서 청량대까지는 채 20~30분이 안 걸리는 가까운 거리로 일출 시간 전에 대충 시간을 가늠해서 출발하면 된다.

다만, 황산의 일출은 계륵 같은 존재로 막상 나가봐야 무언가를 보게 될 가능성은 무척 낮다. 하여튼, 일출을 보고(혹은 안 보건)나서 숙소에 돌아와 아침을 해결한 후 곧바로 체크아웃. 본격적인 하산길에 오른다.

전날 서해대협곡을 방문했다면, 초반 코스는 동일하다. 일단 배운루빈관까지 간 후, 배운정 쪽으로 가다보면 사거리가 나오는데, 여기서 비래석, 광명정 방향으로 가자.

참고로 말이 하산이지, 광명정까지는 내내 오르막과 평지가 이어지는 약간 힘든 코스다. 이 구간의 첫 번째 볼거리는 비래석이다. 12m의 높이를 자랑하는 길쭉한 바위로, 전설에 의하면 손오공이 먹다버린 복숭아(혹은 복숭아씨)가 하늘에서 떨어져 지금과 같은 바위가 된 것이라고, 황산을 상징하는 대표적인 기암괴석으로 언제나 사진을

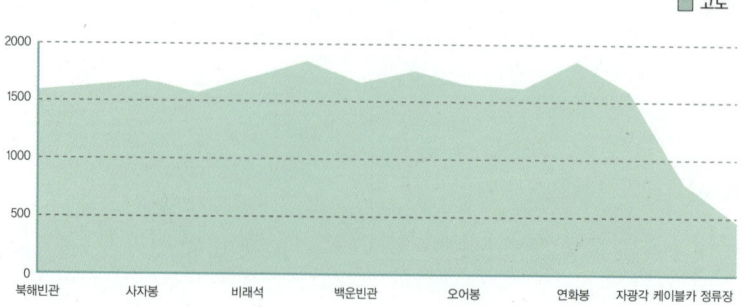

찍으려는 관광객들로 넘쳐난다. 지척에 있는 비래봉도 전망이 꽤 훌륭한 편이라 많이들 쉬어가는 곳이다.

비래석에서 광명정까지는 꽤 긴 계단구간으로 체력 안배에 신경 쓰면 그리 힘들 일이 없다. 어제도 들렀던 광명정은 황산에서 두 번째로 높은 봉우리다. 봉우리 치고는 주변이 상당히 평평한 편이라서 천문대, 매점, 지친 다리를 쉴 수 있는 벤치들이 넓게 분포해 있다. 맑은 날에는 황산의 주봉인 연화봉을 비롯해 천도봉까지 산의 전경이 파노라마처럼 펼쳐진다. 맑은 날이 아니더라도 시시각각으로 변하는 운해가 산 자체의 신비로움을 더해준다.

다음 목표는 광명정 바로 맞은편에 보이는 오어봉 鰲魚峰이다. 자라와 물고기가 있는 봉우리라는 뜻의 거대한 바위 덩어리인데, 실제로 물고기 등위에 자라가 올라탄 형상이라 흥미롭다. 오어봉과 이어지는 구간은 하산이 아닌 등산이었다면 죽었겠구나 싶을 정도로 급경사 계단이 이어지는 백보운제 百步雲梯다.

백보운제는 정말 이름값을 하는 계단길이다. 하산이라 해도 일단 바위 봉우리 정상까지 올라가야 하고, 이후 바위 봉우리를 휘감고, 때로는 뚫어 만든 끝없는 하강 계단길이 이어진다. 내려가는데도 다리가 후들거리는 구간, 걸어올라 간다는 상상을 해보니 정말 아찔하다. 백보 운제가 끝나면, 산허리를 끼고 조성된 비교적 평편한 잔도가 나온다.

자, 이제 마지막 옵션이다. 마지막 갈림길이 나오는데, 직진하면 전산의 입구인 자광각으로 내려가는 케이블카가 출발하는 옥병봉역 玉屏站이, 왼쪽 길로 올라가면 황산에서 가장 높은 봉우리인 연화봉으로 오르는 길이 이어진다. 정말 등산의 달인이라면 연화봉을 오른 후 1시간 거리에 있는 천도봉 天都峰까지 오르는 사람도 있다. 연화봉보다 훨씬 어려운 코스인 천도봉은 옛사람들조차 '새도 발 뻗을 길이 없고, 원숭이도 올라가길 두려워한다'고 했던 황산 최고의 난코스다.

솔직히, 이쯤에서는 남아 있는 체력의 여부가 승부의 관건이다. 안 되겠다 싶으면, 옥병봉역에서 케이블카를 타고 사핑긱으로 내려온 후 다시 버스를 타고 황산여행자센터로 가면 대단원의 1박 2일 황산 산행을 마치게 된다.

홍촌 宏村 홍춘 hóng cūn

위치 툰시에 있는 황산시 버스터미널에서 매일 08:00~16:00 사이 8대의 버스(17元)가 다닌다. 또는 고속철 역인 황산북역에서는 매일 09:35~18:00 사이에 9편의 버스(30元)가 다닌다. **오픈** 08:00~17:00 **요금** 104元

안후이성에서 가장 잘 보존된 후이저우 徽州 양식의 마을로 유네스코 세계문화유산이기도 하다. 후이저우란 안후이성의 과거 지명이다. 5대 10국 시대인 남당 시절부터 송나라를 거쳐 명, 청대까지 소금과 차의 판매로 이익을 누리던 상업 집단 휘상 徽商의 거점으로, 한때 휘상이 없으면 천하에 거래란 존재하지 않는다는 뜻의 무휘불성상 無徽不成商이라는 다섯 글자로 명성을 떨쳤다.

엄청나게 축적한 부를 바탕으로 안후이 일대는 중국 강남과는 다른 독자적인 문화를 꽃피웠다. 특히 성리학의 창시자 주자의 고향이기도 해서, 중국에서는 성리학 본가로서의 명성도 누리고 있다.

홍촌은 이렇듯 한 시대를 풍미했던 후이저우 지역에서, 가장 잘 보존된 전통 마을의 모습을 고스란히 간직한 곳이다. 일반적으로 강남 지방의 처마양식을 날아갈 듯한 곡선에서 찾는데, 후이저우의 스타일은 간결한 직선과 순백이 어우러진 절제된 미학을 그 특징으로 한다. 기껏해야 2층이지만, 쭉 뻗는 수직의 연속, 처마 끝에 붙은 아치형의 자그마한 처마장식은 성채와 같은 웅장함을 준다.

현재 홍촌에는 명, 청시대의 민가 137채가 있는데, 모두 아직까지 사람이 살고 있는 실제 민가다.

남호서원 南湖书院

홍촌에서 가장 큰 건물로, 남호 바로 앞에 있다. 의호육원 依湖六院이라는 이름으로도 불렸는데, 예전에는 6개의 분리된 구역으로 나뉘어 있었기 때문이다. 1814년 6개의 구역을 터서 현재와 같은 모습이 완성됐다. 서원 안에는 관우를 모신 문창각 文昌閣 같은 도교의 잔재들도 있어, 온전히 공자에게만 집중하는 한국의 서원과는 차이를 보인다.

남호 南湖

홍촌 마을 앞에 있는 작은 호수로, 소의 간 모습과 닮았다고 하여 소간호 牛肚湖라고도 부른다. 우리가 사진엽서를 통해 보는 홍촌의 풍경, 즉 수면에 반영된 아름다운 모습은 십중팔구 남호 건너편에서 찍은 사진이다. 보름달 아래, 봄날의 녹색과 꽃필 때의 풍경이 가장 아름답다고 한다.

월소 月沼

남호가 소의 간이라면 월소는 소의 위라고 한다. 작은 연못인데, 월소 주변을 빙 둘러 건설된 후이저우 스타일의 전통 가옥이 빚어낸 풍경 덕분에 사진작가들이 가장 사랑하는 풍경 중 하나가 되었다. 참고로 월소 주변의 가옥들은 홍촌 기준으로는 비벌리힐스. 부유한 사람들만 월소 주변에 집을 지을 수 있었다고. 실제로 월소앞의 건물들에는 죄다 이름이 있는데, 각각 경수당 敬修堂, 낙서당 乐叙堂, 망월당 望月堂, 취순정 聚順庭, 돈본당 敦本堂 등이다.

승지당 承志堂

승지당 承志堂은 홍촌에서 가장 큰 집으로 청나라 때 소금상인이었던, 왕정귀 汪定貴가 1855년을 전후해 5년에 걸쳐 지은 집으로 건축 면적이 무려 3,000㎡에 이른다. 내부에는 아홉 개의 작은 정원과 크고 작은 방 60개가 있다. 이 집을 짓기 위해 기둥만 136개가 필요했는데, 주변 300리에 기둥으로 쓸 만한 나무는 모두 씨가 말랐다고 한다. 청 말기의 건축을 대표하듯, 서구적 느낌의 장식이 어색하게 덧붙어 있다.

비취곡 翡翠谷 페이추이구 fěi cuì gǔ

위치 황산시 버스터미널에서 06:00에 출발하는 버스(13元, 1시간 소요) 한 편 뿐이다. 택시를 탄다면 일단 황산 풍경구까지 가는 게 유리하다. 황산여행자센터 기준으로 8㎞ 정도 떨어져 있다. 택시를 전세 낸다면, 관람시간을 포함해, 50~60元 정도로 흥정이 가능하다. 물론 주말이나 성수기 때에는 100元까지도 예상해야 한다. **오픈** 07:30~17:00 **요금** 75元

황산에서 발원한 계곡으로 중국 사람들은 비취곡이라는 이름보다 정인곡 情人谷이라는 애칭을 더 선호한다. 정인곡이라는 이름의 유래는 1988년으로 거슬러 올라간다. 유네스코 세계자연유산에 등재되어 개발 초기였던 비취곡에 36명의 상하이 출신 남녀가 여행을 오게 된다. 하지만 때는 우기라 계곡물은 불어나고, 거의 천신만고의 역경 끝에, 그들은 서로를 의지했고 전원이 무사히 탈출하기에 이른다. 그리고 그때의 인연으로 무려 5쌍, 10명이나 결혼에 성공했다고 한다. 이후 수많은 사람들의 입에 회자되며 연인의 계곡이라는 뜻의 정인곡이라 불리게 된다.
사랑 애 愛를 새겨놓은 비석은, 비취곡을 둘러싼 러브 마케팅의 극치를 보여준다.
계곡에는 여러 개의 연못이 있는데, 가장 유명한 곳은 화경지 花镜池와 녹주지 綠株池로 주윤발과 장쯔이가 주연으로 나온 영화〈와호장룡〉에서 주윤발이 대나무 숲 와이어 액션 장면을 찍은 곳이다. 바람에 맞춰 대나무가 춤을 추고, 대나무의 움직임보다 한 박자 느린 음악이 흐르는, 그리고 그 음악에 맞춰 춤을 추는 듯한 절제된 액션은〈와호장룡〉이 보여준 최고의 장면 중 하나였다.

황산시 黄山市

위치 황산시 버스터미널에서 버스 2, 8路, 商贸城站하차, 도보 3분 **요금** 무료 **오픈** 일~금 06:30~16:30, 토 06:00~16:30

원래 이름은 툰시 屯溪. 황산이 확 떠버린 덕분에, 그리고 황산에서 가장 가까운 기차역이 있다는 이유로 이름마저 황산시로 변해버렸다. 엄밀히 말해 황산시는 관광지나 볼거리는 아니다. 하지만, 기차역과 가장 큰 시외버스 터미널이 있고, 황산과 황산 주변의 크고 작은 마을을 둘러보기 위한 베이스캠프로 결코 잊어서는 안 되는 지명이기도 하다.
유일한 볼거리라고 할 만한 곳은 구시가인 라오제 老街다. 오래된 가옥이 즐비한 이 일대는 대대적인 보존식 개발을 거치며, 일종의 풍물거리로 탈바꿈했다. 안휘성 일대의 특산물 상점을 비롯해 여행자 식당, 카페, 그리고 중저가의 숙소들이 2㎞ 남짓한 좁은 골목에 몰려 있다.

당일치기 황산코스

시간이 없다면 당일치기 황산 여행도 고려해볼 만합니다. 가장 일반적인 구간은 자광각행 버스를 타고 자광각까지 간 다음 케이블카를 타고 옥병봉(1,608m)까지 가는 것입니다. 여기서 황산 최고봉인 연화봉까지는 불과 2.5㎞ 거리. 1박 2일 코스에서야 체력이 떨어진 상태니 힘들겠지만, 쌩쌩한 상태일 때는 빠르면 1시간 만에 연화봉까지 오를 수 있습니다. 겨우 도보 1시간으로 정상을 밟는 놀라움이 중국 산행의 매력이죠.

정상도 밟으니 이제 하산할까요? 내려오는 길은 계단이 가파르기 때문에 내려오는 시간도 올라가는 시간에 비해 크게 줄어들지는 않습니다. 아예 반나절의 황산여행을 하겠다면 다시 케이블카를 타셔도 되지만, 그래도 황산에 왔으니 조금 더 걷는 쪽을 추천하고 싶습니다. 네, 슬슬 걸어서 내려오자는 거죠. 케이블카를 타지 않고 내려오다 보면, 가장 먼저 영객송 迎客松이라는 소나무를 만나게 됩니다. 황산은 소나무로 유명한데요. 아무래도 고산이다 보니 늘 강풍이 불어서 소나무 가지가 위로 솟지 않고 옆으로만 퍼져나갔습니다. 이 모습이 마치 손님을 환영하는 모습 같다고 해서 붙은 이름이죠. 영어로는 'Welcome Pine Treee'랍니다!

영객송을 보고 조금 더 내려오면 옵션이 하나 있습니다. 바로 황산의 봉우리 중에서 가장 오르기 힘들다는 천도봉으로 향하는 샛길이 나오기 때문입니다. 천두봉으로 올라갔다 내려오는 시간은 대략 3시간. 길이 정말 가파르죠. 천도봉에서 다시 내려와 자광각까지 가는 길은 순탄한 내리막길입니다. 1시간 30분 성노번 닉닉히 걸어갈 수 있습니다. 황산여행자센터까지 4시까지만 내려오면, 상하이나 황산 시내로 갈 수 있습니다.

정말 당일치기 황산여행이죠?

시디 西递

위치 고속철 역인 황산북역에서는 매일 09:35~18:00 사이에 9편의 버스(30元)가 다닌다. **오픈** 08:00~16:00 **요금** 104元 위치 툰시에 있는 황산시 버스터미널에서 출발하는 홍촌행 버스(13元)가 시디에도 정차한다

전설에 의하면 당나라의 마지막 황제 애종 哀宗의 큰아들이 이 일대를 호 胡 씨 집안사람들에게 하사한 이래, 청 말기까지 호 씨 집안의 집성촌으로 자리 잡았다고 한다. 1,000년의 역사를 자랑하는 시디에는 124채의 후이저우 스타일의 가옥들이 남아 있고, 덕분에 홍촌과 함께 유네스코 세계문화유산으로 지정되었다.

흔히 후이저우의 건축 스타일을 말할 때, 저택, 서원, 그리고 마을 입구의 거대한 문인 패방을 꼽는데, 시디는 이중 패방이 그 상징이다. 마을 분위기는 홍촌과는 사뭇 다른데, 홍촌이 두 개의 연못으로 어우러진 마을이었다면 시디는 마을과 마을 사이를 잇는 작은 도랑이 인상적이다.

몇몇 고층건물은 그래봐야 3층이지만 10元 정도의 입장료를 받고 옥상을 개방하고 있다. 도이원 桃李园, 응복당 膺福堂, 돈인당 惇仁堂, 경애당 敬愛堂 등 네 채의 건물이 특히 유명하다. 이중 경애당은 명나라 말기 만력제 시절의 건물로 가장 오래된 건물이기도 하다. 현재도 호 씨 집안의 종사 宗祠로 크고 작은 제사가 거행된다.

노가제일루 老街第一楼 라오제디이러우

주소 屯溪区 屯溪老街 247号 요금 2인 120~150元 전화 (0559)253-9797 지도 p30-하

황산 라오제에서 가장 눈에 띄는 번듯한 식당이다. 황산 일대의 차가운 물에서 난다는 쏘가리 桂漁 요리가 특기다. 본격적인 안후이성 요리를 선보이는데, 일반적으로 접할 수 있는 요리도 취급한다. 쏘가리를 한국의 탕수육보다 더 새콤한 소스에 내오는 취계어 臭桂鱼와 곰팡이를 피워낸 두부를 양념해서 졸여내는 모두부 毛豆腐가 이 집의 특기다. 모두부는 강남 일대에서 볼 수 있는 초두부와는 좀 다른 방식인데, 한국 여행자의 반 정도는 먹을 수 있는 맛이다. 가장 대표적인 안후이성 전통 요리로 손꼽힌다. 황산쌍석 黄山双石은 일종의 보양탕으로 오골계와 석이버섯으로 만든 탕이다. 중국인들은 산행 후에 무조건 한 그릇 들이켜야 한다는 강력한 믿음이 있는 듯하다.

미식인가 美食人家 메이스런쟈

주소 屯溪区 屯溪老街 247号 요금 2인 150元 전화 (0559)251-2222 지도 p30-하

진열된 요리 모형을 보고, 번호를 적어내면, 해당 요리를 가져다주는 방식이다. 메뉴는 무려 200여 가지로, 맛은 별로지만 김치와 같은 몇몇 한국 요리도 있다. 일반적으로 쌀밥이나 만둣국인 훈둔, 여기에 반찬용 요리 한 두개를 집어내면 된다. 가성비가 좋은 집이라, 언제나 사람들로 넘쳐난다. 감자채 볶음인 뚜토우쓰 土豆丝 같은 요리는 12元 정도로 저렴한 편이다.

한강 韩江 한쟝

주소 屯溪区 昱西街道 迎宾大道 12号南 요금 2인 100~250元 전화 (180) 5595-3343 지도 p30-중

툰시에 있는 한식당. 한국인을 대상으로 하는 집으로 찌개나 덮밥류는 30~40元. 가격도 괜찮은 편이다. 전골류는 가격이 확 올라가는데, 재료를 보면 납득할 수 있는 수준이다. 산행을 마친 한국인 여행자들은 상당수, 이 집에서 삼겹살과 소주를 마신다고 한다.

오일단 훈둔점 吴一担馄饨店 우이단훈툰덴

주소 屯溪区 屯溪老街三马路 52号 오픈 09:00~21:00 요금 2인 25元 전화 13685-597094 지도 p30-하

중국식 만둣국인 훈둔과 샤오룽바오같은 만두를 취급하는 집이다. 툰시 라오제에서 가장 저렴하게 한 끼를 해결할 수 있다. 전체적으로 먹을만하다는 평이 더 많다.

황산 풍경구 안쪽의 식당들

황산 위, 숙소에 있는 부설식당 중 사림대주점이 제일 낫다. 특히 무제한의 죽과 만토우, 다섯 가지 장아찌로 구성된 아침세트(35元)는 돈 값을 한다. 점심, 저녁은 어디나 요리 위주인데, 식재 공수의 어려움 때문에 가격이 모두 하늘 끝을 뚫으려고 한다. 물론 장대에 꿰어 위태롭게 식자재를 운반하는 노동자들을 보면 이 가격도 비싸다고 할 수는 없지만 말이다.
중국이니 만큼 뜨거운 물 인심은 원체 좋기 때문에 많은 중국, 인도 배낭여행자들은 컵라면 등 끓는 물을 부어먹을 수 있는 인스턴트 식품을 배낭에 넣어 온다.

황산온천

주소 黃山市 溫泉区 오픈 07:00~23:30 요금 공동욕실 30元, 수영장 60元, 개인탕 80元 전화 (0559) 558-58080

황산의 온천은 기암괴석, 소나무, 운해와 함께 황산 4경 중 하나다. 45℃ 정도의 온천물이 흘러나오는데, 한국인들의 기준으로는 약간 미지근한 물 온도다. 설비 면에서도 한국에 비해 떨어지지만, 추운 산속에서 밤새 떨고 온 입장이라면 이마저도 감지덕지다. 중국인과 함께 어울리는 공동욕실은 더럽다. 어지간하면 개인탕을 추천한다.

노가구객잔목족각 老街口客栈沐足阁 라오제커우쭈저

주소 黃山市 屯溪区 老街 1号 전화 (0559)233-9188 홈피 www.oldstreet-hotel.com.cn 지도 p30-하

황산 등반으로 뻐근한 몸을 풀기 좋은 곳. 노가구 객잔 老街口客栈 호텔에서 운영하는 마사지 전문점으로 깔끔한 실내와 정갈한 유니폼을 입은 안마사들이 기분을 좋게 한다. 마사지 솜씨가 개인에 따라 차이가 크다는 건 아쉬운 점.

황산모봉차와 기문홍차

명산 황산에는 중국의 10대 명차 중 2가지 차가 생산된답니다. 산세가 깊고 안개가 항상 산을 덮고 있으며, 강우량이 많고 무기질을 다량 함유한 토양으로 인해 차 생산지로써는 제격인 거죠. 차가 황산의 특산품인건 당연한 일이겠지요. 황산모봉차 黃山毛峰茶는 향이 깊고 부드러운 맛이 특징. 모양새는 작설차와 비슷한데 역대 황제들에게 바칠 정도로 항저우의 용정차와 함께 중국을 대표하는 녹차 중 하나입니다.

기문홍차 祁門紅茶는 단맛과 깊은 향기를 장기로 합니다. 4월부터 9월까지 따는데, 주로 어린 잎을 사용하고 비벼서 발효시킨 후 건조시키는 과정을 거쳐 완성된다고 하네요. 블렌딩을 거쳐서 균일한 맛을 내는 영국식 차와 달리 중국의 홍차는 그 해의 날씨와 발효 실력에 따라 각각 다른 맛을 낸답니다. 즉 빈티지별로 맛이 다른 와인과 비슷하다고 보면 됩니다.

황산에 방문했다면 차를 한번 마셔보세요. 가이드를 따라 단체로 구매하게 될 기회가 있기도 하지만, 그런 경우는 가이드나 여행사에게 어느 정도의 수수료가 나간다는 것도 잊지 마시구요. 하지만 잘 모른다면, 단체로 구입하는 것도 크게 나쁜 방법은 아니랍니다. 시음도 할 수 있고 다양한 차도 구경할 수 있으니까요. 차를 좀 볼 줄 안다면 황산에 있는 차 시장을 방문하는 것도 좋겠죠. 커다란 부대자루에 차를 가득 담아 파는데, 소량판매는 거의 안 된다고 하네요.

황산라오제 청년여사 黄山老街青年旅舍 Huangshan Old Street Youth Hostel

주소 黄山市 屯溪区 屯溪老街 266号 **요금** 도미토리 40~50元, 더블 140~160元, 더블 200~440元 **전화** (0559)254-0386 **홈피** www.hiourhostel.com **지도** p30-하

황산시에서 가장 유명한 배낭여행자 숙소 중 하나다. 객실 자체는 전형적인 기숙사 스타일로 좀 심심한 편인데, 중국 전통의 목조 가구 몇 개로 분위기를 확 살렸다. 유스호스텔 치고 상당히 널찍한 편이라 일반 숙소 대용으로 쓰기에도 전혀 부담이 없다.
서양요리를 제공하는 레스토랑과 바가 있다는 것도 외국인 여행자들에게는 기쁜 소식. 참고로 황산, 특히 툰시 주변에는 10곳 이상의 유스호스텔이 성업 중이고 대부분 툰시 라오제 주변에 몰려 있다.

황산지가 단조공우 黄山之家 短租公寓 Home of Huangshan Hostle

주소 黄山市 屯溪区 北海路 149号 **요금** 도미토리 60元, 더블 300元 **전화** (0559)520-3149 **지도** p30-중

기차역에서 도보 10분 거리에 있는 작은 호스텔로 객실이 8개 밖에 없다. 펜션과 민박의 중간쯤 되는 분위기인데, 주인장이 제법 친절해 외국인 여행자들에게 인기가 많은 편이다. 객실 내 무선 인터넷 무료라는 점도 이 산골에서는 제법 큰 어필 포인트. 호텔 예약사이트를 경유하면 할인율이 제법 높은 편이다.

황산국제대주점 黄山国际大酒店

주소 黄山市 屯溪区 华山路 31号 **요금** 더블 288~500元 **전화** (0559)256-5678 **홈피** www.ihuangshanhotel.com **지도** p30-중

360개의 객실을 보유한 대형 호텔로 황산역에서 동쪽으로 2.5㎞ 떨어진 지점에 있다. 황산시 안에서 신시가지로 분류되는 곳이라 쾌적하고 조용하다. 4성 호텔인데 일대의 치열한 경쟁 탓에 극 성수기가 아닌 한 위에 제시된 가격으로 투숙이 가능하다.
길에서 흥정하는 것보단 좀 비싸지만 믿을 만한 부설 여행사를 가지고 있다. 중급의 여행을 원한다면 접촉해볼 만하다.

황산청진호텔 黄山程锦精品酒店 Huangshan Cheng Jin Hotel

위치 버스터미널에서 도보 5분 **주소** 黄山市 汤口镇 寨西汤川徽韵商贸城 **요금** 더블 200~580元 **전화** (0559)557-8600 **홈피** www.cjjphotel.com **지도** p31-상

탕커우에 있는 깔끔한 시설의 호텔. 황산풍경구 환승 중심에서 엎어지면 코 닿는 거리다. 관광지에 있는 그렇고 그런 호텔 중에서는 나은 편이고, 무엇보다 새 건물이다. 객실은 널찍하고, 바깥 풍경도 괜찮은 편. 본인들은 부티크 호텔이라 주장하는데, 욕실이 통유리로 되어있어 보기에 따라 부끄러운(?) 구조 때문인지도 모르겠다. 방값은 성비수기에 따라 요동치는데, 자체 인터넷이나 호텔 예약사이트를 통해 들어가면 나쁘지 않은 가격에 예약할 수 있다. 부설 식당도 하나 있는데, 그저 그런 안후이성 요리를 판매한다. 어차피 이 동네가 다 비슷비슷하기 때문에 굳이 나가서 먹을 이유도, 반드시 이 집을 이용해야 할 이유도 없다.

운해루 云海楼 Cloud Sea Mansion

주소 黄山市 黄山风景区 汤口镇 요금 더블 80~140元 전화 (0559)556-1109 홈피 www.yunhailou.com 지도 p31-상

배낭여행자가 탕커우에 머물 예정이라면 이 집이 체크 1순위. 비록 침대시트를 평평하게 깔아주는데 무심한 편이긴 하지만, 그걸 제외하고는 이 일대에서 가성비, 청결도, 친절도에 있어서 훌륭한 편이다. 산 위에 있는 숙소들을 수수료 없이 예약해주는데다. 비싸디 비싼 입장료도 할인 가격에 판매한다. 다양한 여행정보도 게시판에 가득 붙어 있어, 개별여행을 계획한다면 이만한 사랑방은 없다. 몇몇 스태프는 영어구사도 제법 괜찮은 편.

1314객잔 1314 客栈 1314 Inn

주소 黄山区 黄山区 汤口镇 汤川路 93号 요금 더블 386~399元(주말 406~434元) 전화 (0559)558-1314 지도 p31-상

볼품없는 외관의 숙소지만, 내부는 깔끔하다. 비싼 방은 나무로 마감을 해서 펜션의 느낌이 살짝 나기도 한다. 객실은 약간 좁은 편이지만 관리가 잘 되고 있다. 무엇보다 황산 기준으로 꽤 좋은 침대 용품을 사용하여 쾌적하다. 차량 대절, 입장권 할인 등 부대서비스도 성실하게 대행하고 있다.

북해빈관 北海宾馆 베이하이빈관

주소 黄山市 黄山风景区 北海景区 요금 도미토리 150~220元(주말 400元), 더블 730~940元(주말 1,680元) 전화 (0559) 558-2555 홈피 www.hsbeihaihotel.com

황산풍경구 북해에 있는 4성 호텔이다. 한국의 대피소 같은 개념이 아니라 산 정상에 웅장하게 솟아 있는 진짜 호텔이다. 한때 황산 정상 쪽 유일의 대형 호텔이라 황산국빈관이라는 이름으로도 불렸다. 일출, 일몰 감상지인 청량대랑 멀지 않은데다, 딱 1박을 무리하지 않고 오르려는 사람에게 적당한 위치라 예나 지금이나 인기 만점. 도미토리는 그저 몸을 누일 수 있다는 것 외에 아무것도 바라지 말자.

사림반점 狮林大酒店 스린따주뎬

주소 黄山区 北海景区(近清凉亭) **요금** 도미토리 138~348元(주말 360元), 더블 880元(주말 1,880元) **전화** (0559)558-4040 **홈피** http://www.shilin.com

북해빈관 맞은편에 있는 또 하나의 대형 숙소. 황산 정상 일대에서 가장 최근에 지어진 탓에 가장 말끔하고 가격도 약간씩 더 높게 책정되어 있다. 특히 도미토리는 (물론 기준에 따라 납득하지 못할 수도 있지만) 청결함으로 명성이 자자하다. 아무래도 가장 먼저 예약만료 되는 경우가 많으므로 산 아래에서, 혹은 인터넷을 통해 미리 예약해놓는 것이 좋다. 객실 상태도 가장 낫다.

서해반점 西海饭店 씨하이판뎬

주소 黄山市 黄山风景区 北海景区 **요금** 도미토리 128~164元(주말 270~320元), 더블 900元(주말 1,880元) **전화** (0559)558-8888 **홈피** http://www.hsxihaihotel.cn

서해대협곡 방향에 있는 또 다른 초대형 숙소. 1박 일정을 무리하게 잡으면 여기까지 가서 1박을 한 후, 이튿째 서해대협곡으로 빠질 수 있다. 북해빈관보다 새 건물이지만 힘하게 쓰는 사람이 원체 많은지라 내부 시설은 거기서 거기다. 도미토리의 경우 북해빈관보다 낫다는 평이고, 우리가 조사할 때도 그랬지만, 계속 이럴지는 장담할 수 없다.

백운빈관 白云宾馆 바이윈빈관

주소 黄山区 黄山风景区 天海景区(近光明顶) **요금** 도미토리 150~327元(주말 380元), 더블 900元(주말 1,680元) **전화** (0559)558-2561

산을 등지고 있는, 산장느낌의 호텔. 광명정과 도보 10분 거리로 여기서 머문다면 일출은 당연히 광명정이다. 도미토리는 다른 집과 별반 다르지 않다. 객실의 경우 화장실이 딸려 있지 않은 저렴한 经济间이 있다. 4~5인이 단체로 투숙할 수 있는 규모. 도미토리와 달리 침대 당 가격이 아니라 방당 가격인데, 일행이 모여 들어간다면 황산 정상 부근에서 가장 저렴한 조건이다.

Part 5
여행 준비하기

여행 준비 과정 ABC
Step1 여행 일정 짜기
Step2 여행 정보 수집
Step3 여권과 비자 만들기
Step4 항공권 구입하기
Step5 여행 예산 짜기
Step6 상하이 숙소 정하기
Step7 여행자보험 가입하기
Step8 환전과 간편 결제
Step9 짐 꾸리기
Step10 트래블? 트러블

여행 준비 과정 ABC

상하이로 여행갈 마음을 먹었다면 아래 나와 있는 표를 보고 준비하도록 하자. 설레는 마음으로 여행을 준비하는 과정은 여행이 주는 즐거움 중 하나. 상하이 여행을 시작하도록 하자.

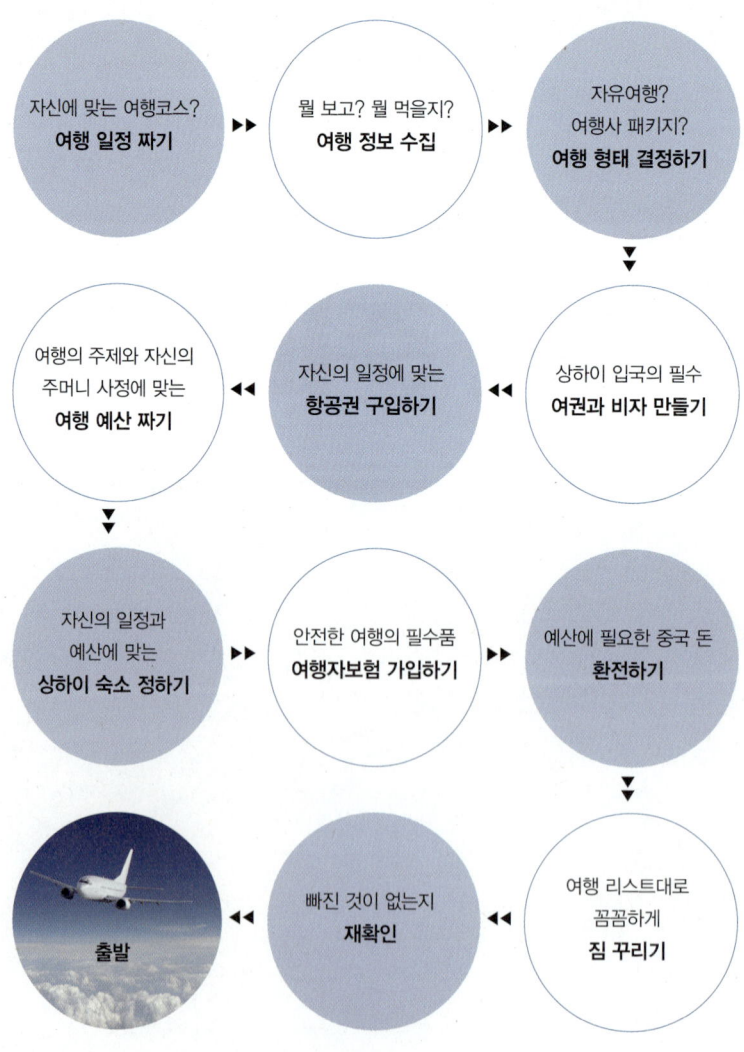

자신에 맞는 여행코스?
여행 일정 짜기
▶▶
뭘 보고? 뭘 먹을지?
여행 정보 수집
▶▶
자유여행? 여행사 패키지?
여행 형태 결정하기
▼

여행의 주제와 자신의 주머니 사정에 맞는
여행 예산 짜기
◀◀
자신의 일정에 맞는
항공권 구입하기
◀◀
상하이 입국의 필수
여권과 비자 만들기

▼

자신의 일정과 예산에 맞는
상하이 숙소 정하기
▶▶
안전한 여행의 필수품
여행자보험 가입하기
▶▶
예산에 필요한 중국 돈
환전하기
▼

출발
◀◀
빠진 것이 없는지
재확인
◀◀
여행 리스트대로 꼼꼼하게
짐 꾸리기

여행 일정 짜기

여행을 계획하기 위해서는 앞서 언급한 준비 과정을 차근차근 잘 밟아 나가야 시행착오가 적다. 일정을 짜기 위해서는 여행 정보의 수집을 통해 상하이에 대한 전반적인 사정을 알아야 한다. 감이 오지 않는다면 책에서 제시하고 있는 여행 코스(p30)를 보고 자신에 맞게 수정 보완하는 방법도 있다.

여행 기간과 관광명소를 정하자

시간은 정해져 있는데 보고 싶은 게 많다고 다 볼 수 있는 것은 아니다. 택시를 이용해 이동시간을 단축하고 짜임새 있는 일정을 짠다면 좀 더 많은 곳을 방문할 수는 있다. 일정이 2~3일로 짧다면 상하이 시내를 중심으로 일정을 짜고 3일 이상의 일정이라면 상하이 주변의 도시들 중 한 곳 정도는 추가해서 계획을 잡을 수 있다. 제대로 한 마리 토끼를 잡을지 두 마리 토끼를 잡을지는 자신의 결정에 달렸다. 첫 방문이라면 한 마리 토끼를 권하는 입장이지만 바삐 움직여야 직성이 풀린다면 두 마리 토끼도 나쁘지 않다.

테마를 정하자

꼭 방문하면 좋은 필수 방문지도 있지만 취향에 따라 호불호가 확실히 나뉘는 관광명소도 많다. 예를 들어 동타이루 골동시장을 좋아하는 사람도 있지만 필요 없는 잡동사니들로 치부해 버리는 사람들도 있다. 자신이 무엇을 좋아하는지 취향에 맞는 테마, 여행 방향을 잡아두면 남들 다 가는 곳에 가서 아무런 감흥을 받지 못하는 일은 적어질 것이다. 예술 쪽에 관심이 많다면 각 미술관이나 박물관 홈페이지를 방문해 전시 일정 등을 체크해두는 것도 좋다.

맛집·공연·쇼핑 리스트를 작성하자

바삐 관광지만 둘러보고 식사는 대충하는 일정은 진정으로 여행했다고 보기 힘들다. 보고 먹고 즐겨야 어느 정도 그 도시를 알 수 있다. 여행 일정 첫 단계에서 관광명소를 정했으니 그만큼 중요한 맛집과 공연·쇼핑 리스트를 만들어 보자. 중국에 왔으니 중국 음식을 즐기는 게 남는 장사다. 아시아에서 상하이는 재즈 선진국에 속한다. 여유가 된다면 한 가지 이상의 공연 관람을 추천한다.

일정 짜기

항공권과 호텔 예약을 포함해서 진짜 일정을 잡도록 하자. 출입국 시간에 따라 하루라는 시간이 생기기도 없어지기도 하기 때문에 디테일한 일정은 항공권 출입국 시간이 매우 중요하다. 자신이 가고자 하는 관광지와 식당들을 연계하는 일도 은근 복잡하다. 숙소에서 관광지로 가는 동선, 관광지에서 식당으로 가는 동선을 파악해야 한다. 식사 시간을 예상해 예약이 필요한 곳은 미리 예약을 해두는 것도 잊지 말자. 공연 예약도 물론 원활한 일정을 위해서는 필수다.

STEP 2 여행 정보 수집

'아는 만큼 보인다.'라는 말은 여전히 유효하다. 정보는 기본적으로 많을수록 좋다. 그리고 하나 더, 여행의 기술적인 면에만 치중하다 보면 결국 상하이라는 도시의 다양한 매력의 한 면만 보게 될지도 모른다. 상하이의 역사, 문화 등 인문학적인 내용도 살펴보는 걸 권하고 싶다.

가이드북

사실 여행을 처음 준비하다보면 미궁속이다. 중국이라는 나라에 대한 알 수 없는 두려움부터 시작해 낯선 지명, 어디서 뭘 먹고, 자야하는지 등등. 가이드북은 그런 점에서 일종의 교과서에 해당된다. 한 권쯤 구입해 찬찬히 읽다보면 가보고 싶은 곳도 생기고, 먹고 싶은 요리도 생기게 마련이다. 특히 중국의 경우는 우리가 아는 지명과 현지 지명이 판이하게 다른 경우도 많기 때문에 표기법이 얼마나 자세한지도 중요하다. 개별 여행자라면, 가는 방법이 얼마나 자세한지도 검토해보자.

인터넷

정보의 보고, 한국인들에게 어느 정도 알려진 곳이라면 검색하면 다 나온다. 무엇보다 인터넷의 장점은 정보의 신속성이다. 발 빠른 몇몇 블로거들은 가이드북보다 빨리 상하이의 핫 스폿을 소개하기도 한다. 하지만, 넘쳐나는 정보 대신 정보의 옥석을 가려야 한다는 수고도 함께 필요하다는 사실을 명심하자.

상하이 추천 사이트

상하이 관광청 www.shanghaitrip.net
중국 사이트를 곧바로 번역한 탓에 한국어가 매끄럽지 않다는 단점이 있지만 정보량 자체는 많다. 정보가 잘 정리되었는지에 대해서는 회의적. 넉넉하게 시간을 잡고 찬찬히 뒤지면 괜찮은 정

상하이 관광청 사이트

여행의 주제를 정해보자

많은 정보를 바탕으로 자신만의 여행을 계획해보자. 이제 남들이 가는 코스를 무작정 따라하는, 많이 찍기가 미덕인 여행은 주제가 있는 테마여행으로 급속히 대체되고 있다. 쇼핑이면 쇼핑, 미식이면 미식, 건축물이면 건축물, 한없이 걸으며 상하이의 향기를 만끽하는 도보여행 등. 상하이에서 즐길 수 있는 테마는 무궁무진하다.

보들이 눈에 띈다. 짧은 시간 내에 섭렵하기는 어렵다.

상하이 100배 즐기기 공식 서포터 페이지
blog.naver.com/trimutri100

상하이 100배 즐기기 저자가 운영하는 사이트. 상하이 외에도 인도, 중국, 홍콩, 베이징 여행 정보를 함께 다루고 있다. 자주 업데이트가 되지 않는 편이지만, 개정 정보 등 상하이 100배와 관련된 업데이트 내용은 출국 직전 살펴볼 만하다.

상하이 방 www.shanghaibang.com

상하이 교민들이 운영하는 교민소식지. 교민들 취향이긴 하지만 꽤 괜찮은 여행 정보를 접할 수 있다. 특히 맛집 정보는 상당 수준에 도달했다는 평이다. 아무래도 한국 교민 잡지니 만큼 한국인 입맛에 맞는 식당들 위주로 소개되고 있다.

중국여행 동호회 cafe.daum.net/chinacommunity

국내 최대의 중국여행 사이트. 상하이의 경우, 별도 게시판을 가지고 있다. 상하이 여행의 고수들도 상당수 포진해 있다. 질문을 겸한 여행 준비를 한다면 꽤 괜찮은 곳이다.

스마트 상하이 www.smartshanghai.com

현지 영문 미디어. 레스토랑, 쇼핑몰 비롯해 나이트 라이프까지 온갖 먹고 놀고 돈쓰는 정보를 망라하고 있다. 각 리뷰의 우측에 붙어 있는 Taxi Printout을 클릭하면 택시 기사에게 보여줄 해당 업소 명과 주소, 지도를 출력할 수 있다. 프린터가 없다면 스마트폰의 카메라로 찍은 뒤 택시기사에게 들이밀면 된다. 꽤 편리한 기능.

상하이 100배 즐기기 공식 서포터 페이지

중국의 명절

최근 전통사상의 복원운동이 일어나며 사회주의 색체의 국경일이 대거 폐지, 축소되고 전통명절이 부활하는 추세다.

1월 1일 원단 元旦
공식 휴일은 1월 1일 단 하루. 지역에 따라 1월 1일 야간에 불꽃놀이를 하는 경우도 있다.

음력 1월1일 춘절 春节
한국의 설과 같은 날. 일주일 정도 쉬며, 한국과 마찬가지로 민족의 대이동이 시작된다.

4월 3~5일 청명절 清明節
최근 들어 쉬기 시작한 명절로, 조상의 무덤에 성묘 가는 날이다.

음력 8월 15일 중추절 中秋节
우리네 추석과 같다. 3일간 쉬는데 춘절과 같이 민족의 대이동이 일어나진 않는다.

여권과 비자 만들기

한국에서는 주민등록증으로 내가 누구임을 증명하듯, 해외에서는 여권이 그 역할을 한다. 즉 여권은 해외에서 사용하는 주민등록증이라고 생각하면 된다. 여권이 없으면 대한민국 영토 밖으로 한 발자국도 나갈 수 없다. 비자는 해당국의 방문을 허락하는 일종의 입국 허가증이다. 동남아나 서유럽 등 관광업이 발달한 많은 나라들은 한국과 비자면제 협정을 맺어 비자가 필요 없지만, 중국을 여행하기 위해서는 필수적으로 비자를 받아야 한다.

여권의 종류

종류	기한	특징
단수여권	1년	만 25세 이상, 37세 이하의 군 미필자 중, 1년 미만의 국외여행 허가를 받은 사람이 받는다. 1년 단수여권과 복수여권으로 나뉘며 국가에 따라 단수여권으로는 입국을 불허하는 경우도 있다. 중국은 물론 예외.
복수여권	5년	5년 동안 무제한 출입국이 가능하다. 24세 미만의 군 미필자들이 발급가능하다. 여권의 기한은 만 24세가되는 해 12월 31일까지.
복수여권	10년	군 문제가 없는 대부분의 대한민국 남녀노소들이 발급받는 여권. 10년간 무제한 입출국이 가능하다.

Q & A 여권에 관한 궁금증!

Q 꼭 본인이 가야 하나요?
A 2008년 8월 이후부터 여권 신청은 본인이나 직계 가족이 해야 한다. 예전처럼 여행사 대행은 불가

Q 여권 신청은 어디서 할 수 있나요?
A 서울특별시를 포함한 광역시 거주자라면 모든 구청, 도의 경우는 각 시청과 구청에서 발급이 가능하다. 현재 여권발급 대행 관청은 총 237곳이다.
여권발급 대행 관청의 명단을 확인하고 싶다면 인터넷 웹사이트 www.passport.go.kr에 들어간 후 왼쪽에 있는 메뉴에서 〈접수처〉를 클릭하면 된다.

Q 여권을 발급받으려면 얼마나 걸리나요?
A 보통 3~4일, 휴가철이나 학생들의 방학기간에는 5일~일주일까지 소요될 수 있으니 미리미리 발급받도록 하자.

Q 여권용 사진 찍을때 주의사항?
A 가로 3.5cm, 세로 4.5cm인 6개월 이내에 촬영한 사진으로 바탕색은 흰색이어야 한다. 양쪽 귀가 보여야 하고 치아가 보이게 웃어서는 안된다. 또한 제복, 흰색 의상을 입어서도 안된다.

Q 여권 발급 시 필요한 서류는 뭔가요?
A 여권 발급 신청서, 여권용 사진 1매(6개월 이내에 촬영한 사진. 단 전자여권이 아닌 경우 2매), 신분증, 여권 발급비 복수여권 5만 3천원(1년 단수여권 2만원)

Q 25세 이상 군 미필자 어떤 조치를 취해야 하나요?

A 위의 서류 외에 병무청에서 발급하는 국외여행 허가서가 필요하다. 병무청 홈페이지 www.mma.go.kr로 들어가, 병무민원포털 → 국외여행/체제민원 항목으로 들어가 국외여행 허가서를 신청하자. 서류는 두 장이 나온다. 이중 '국외여행 허가서'는 여권 발급할 때 제출하고, '국외여행 허가 증명서'는 출국할 때 공항 내 출·입국 신고사무소에 제출해야 한다.

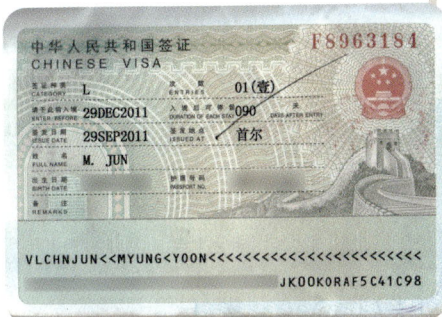

중국 비자 받기

중국비자는 관광을 목적으로 하는 관광 비자, 비즈니스가 목적인 사람을 위한 상용비자, 학생을 위한 유학비자 그리고 거주자와 취업자들을 위한 사업 비자와 취업 비자 등이 있다. 여행이 목적이라면 관광 비자를 신청하면 된다. 최근 중국 비자 신청이 개선돼 중국 영사관에서 담당했던 중국비자 접수 및 발급처가 중국 비자 신청 서비스센터로 변경돼, 지정 여행사 뿐만 아니라 개인도 서비스센터에서 신청할 수 있게 되었다. 여행사 수수료를 아낄 수 있게 되어서 반갑기도 하지만 필요한 서류가 많고 복잡하다보니 접수를 못하고 돌아오는 일도 있다. 방문 전 웹사이트(www.visaforchina.org)를 통해 필요한 서류를 꼼꼼히 확인해야 한다. 중국 비자발급 서비스센터는 전국 5곳(서울스퀘어, 서울 남산스퀘어, 부산, 광주, 제주)에 위치해 있다.

개인 신청시 필요한 서류

여권 & 여권 사본(유효기간이 6개월 이상 남아 있어야 한다), 최근 6개월 이내 찍은 여권용 사진 1매, 항공권(출국과 귀국 날짜, 여권의 본인 이름이 정확해야 함), **호텔 바우처 또는 친구초청장**(여권의 영문이름이 정확히 나와 있는 바우처라야 한다), **여행계획서**(간단해도 무관하지만 여행기간 내내 일정을 표시해야 한다), **비자 신청서**(웹사이트에서 출력)

아직까지는 여행사에 신청하는 게 훨씬 간편하다. 특히 복수상용비자는 초청장 때문에 대신 비자발급에 필요한 비용에는 비자 수수료에 여행사 대행료가 추가된다.

여행사 신청시 필요한 서류

여권(유효기간이 6개월 이상 남아 있어야 한다), 여권용 사진 1매, 주민등록증 복사본

받을까? 말까? 국제학생증, 국제 운전면허증, 그리고 유스호스텔 회원증

국제 운전면허증은 유학생이나 비즈니스 목적으로 상하이에 오래 체류할 예정이라면 받는 게 낫습니다만, 단기 일정의 여행자라면 굳이 받을 필요 없습니다. 상하이에 가서 도로 사정을 보시면 아시겠지만, 어느 정도 상하이 사정에 익숙해지지 않는 한 자가운전은 불가능해요. 유스호스텔 회원증의 경우도, 앞으로 전 세계를 누빌 계획이 아니라면 별 필요가 없습니다. 발급비가 2만 원기량인데요. 할인받는 폭은 하루에 5元, 한국 돈 1,000원 이내입니다. 즉 20일은 체류해야 본전을 뽑을 수 있다는 이야기죠. 상하이의 박물관은 대부분 무료라서 국제학생증으로 할인받을 수 있는 곳이 별로 없답니다.

항공권 구입하기

본격적인 여행준비의 첫 번째가 항공권 구입에서 시작된다. 인천에서 상하이로 가는 항공편은 국적기인 대한항공과 아시아나항공을 포함해 동방항공, 남방항공, 상해항공이 매일 4~8회 취항하고 있다. 그 외에 김해(부산), 제주, 대구, 무안에서도 상하이로 가는 항공편을 운행하고 있다. 국제선 항공은 기차나 버스와 달리 같은 좌석이라 해도 요금이 천차만별. 알뜰 항공권 구입 요령을 꼼꼼하게 읽어보자.

성수기는 비싸고 비수기는 싸다.
여행객이 많이 몰리는 방학시즌, 명절 및 연말연시에는 비싸고, 그 외 기간에는 싸진다. 하지만 최근에는 크고 작은 국제행사가 자주 열리기 때문에 통상적인 비수기라 해도 행사 기간은 별도의 성수기로 분류되기도 한다.

예약은 빠를수록 좋다.
현대의 부지런한 새는 벌레가 아니라 저렴한 가격을 문다. 일반적으로 항공권은 저렴한 좌석 먼저 예약이 이루어지기 때문에 서두를수록 저렴한 항공권을 구입할 가능성이 높다.
최근에는 아예 항공사들이 얼리버드 프로모션이라는 이름으로 조기 예약자에 대한 파격적인 할인 혜택을 주기로 한다.

세금 빼고 계산하면 후회한다.
많은 여행사들이 제시하는 항공권은 세금을 뺀 가격이다. 즉 특판 19.9만 원이라고 해서 덜컥 예약했는데, 나중에 알고 보니 세금은 20만 원. 결국 항공권의 가격은 39.9만 원이 되는 거다. 특히 항공사에서 부과하는 세금은 천차만별로 회사마다 다르다. 때문에 항공권을 구입할 때는 내가 실제 낼 요금, 즉 운임+세금의 합을 체크해야 한다.

항공권 구입은 어디서?
영세한 여행사들에게는 슬픈 소식이지만, 요즘은 여행 포털 사이트들이 대세. 앉은 자리에서 최저 요금 검색, 예약, 심지어 좌석까지 정할 수 있다. 편리한 건 사실. 하지만 해외여행 초심자라면, 여행사를 이용하는 게 편하다. 최저가는 아닐지 모르지만 여행사 담당자와 상담을 할 수 있다는 점은 불안한 초보 여행자들에게 중요한 일.

상하이 취항 항공사

항공사	편명	출발	도착	운항
대한항공	KE893	08:25(인천)	09:35(푸동)	매일
	KE897	11:10(인천)	12:20(푸동)	
	KE895	19:05(인천)	20:15(푸동)	
	KE815	15:55(김포)	17:00(홍차오)	
	KE875	08:35(김해)	09:40(푸동)	
아시아나항공	OZ361	09:05(인천)	10:05(푸동)	매일
	OZ363	10:50(인천)	11:50(푸동)	
	OZ365	14:10(인천)	15:10(푸동)	
	OZ367	20:00(인천)	20:55(푸동)	
	OZ3615	16:15(김포)	17:15(홍차오)	
상하이항공	FM828	18:25(인천)	20:30(푸동)	매일
	FM824	20:05(김포)	21:20(홍차오)	
	FM983	17:50(김해)	18:45(푸동)	
중국남방항공	CZ314	12:15(인천)	13:20(푸동)	매일
	CZ370	18:55(인천)	19:50(푸동)	
중국동방항공	MU5052	08:55(인천)	09:45(푸동)	매일
	MU5042	12:55(인천)	13:45(푸동)	
	MU5062	14:30(인천)	15:45(푸동)	수금일
	MU5034	16:20(인천)	17:30(푸동)	
	MU512	12:00(김포)	13:00(홍차오)	
	MU5044	12:35(김해)	13:15(푸동)	매일
	MU5054	12:00(대구)	13:05(푸동)	
	MU5060	13:50(제주)	14:35(푸동)	
	MU5028	22:00(제주)	22:45(푸동)	
준야오항공	HO1376	12:50(제주)	13:20(푸동)	
진에어	LJ101	22:10(제주)	22:40(푸동)	매일
춘추항공	9C8560	16:55(인천)	18:00(푸동)	금일
	9C8560	17:40(인천)	18:50(푸동)	화목
	9C8862	13:05(제주)	14:05(푸동)	수토
	9C8570	14:50(제주)	15:30(푸동)	매일
	9C8568	22:45(제주)	23:30(푸동)	월수금

환타 Say

확인하기

☑ **항공권을 받고 나서 체크해 보세요.**
이름은 제대로 적혔나?
여권 이름과 항공권의 이름이 동일해야 해요. 스펠링이 틀렸다면 정정요청을 해야 한답니다.

☑ **전자항공권을 받은 이메일은 지우지 마세요.**
요즘은 항공권을 이메일로 받죠. 전자항공권이 발송된 이메일은 지우지 마세요. 출력한 항공권을 분실했을 때 재출력해야 하는 데요. 이메일로 받는 전자항공권 재발급에 추가 요금을 요구하기도 한답니다.

여행 예산 짜기

항공권 구입을 성공했다면 이제 전체적인 예산을 짤 시간. 사실, 예산이라는 건 쓰기 나름이라 절대적인 기준은 없다. 여기에서는 씀씀이에 따라 세 가지 유형을 시뮬레이션 해봤다. 다만 쇼핑과 유흥비는 개인차가 너무 심한 부분이라 제외했음을 알린다.

여행 준비 비용

출발하기 전 여권이나 비자, 항공권, 여행에 필요한 물품들을 구입하는 데 필요한 비용. 항공권은 여행 경비에서 1/3~1/5 가량을 차지하는 가장 큰 항목이다. 그나마 상하이는 항공요금이 저렴한 편이라는데 안도하자. 항공권은 세금 포함 30~50만 원 선. 여권과 비자, 여행자보험에 가입하기 위해서는 12~15만 원 정도가 필요하다. 기타 여행물품을 구입하는 비용은 천차만별. 기타 비용을 줄이는 것이 여행 경비를 줄이는 방법 중 하나다.

현지에서 필요한 비용
숙박비
배낭여행자라면 유스호스텔의 도미토리만한 곳이 없다. 무엇보다 저렴하고 세계 각국에서 온 친구들과 만날수 있다는 게 장점. 물론 공동 샤워시설이라는 점과 매너 없는 친구들을 만나면 잠을 설칠 수도 있다. 1박에 60~80元(1만~1만 5,000원) 가량. 옵션으로 한인 민박도 있는데, 1인 기준 150~200元(2만 5,500원~3만 4,000원) 정도 예상하면 된다.
중급여행자라면 유스호스텔의 더블 룸이나 3~4성급 정도의 빈관에 머무는 것이 보통이다. 대략 1박에 250~600元(4만 6,000원~11만 원) 정도. 럭셔리여행자들이 즐겨 찾는 특급호텔은 상하이라고 저렴할리 없다. 1박에 1,000~3,000元(18~55만 원)까지는 예상해야 한다.

식비
일반적으로 저가 프랜차이즈 레스토랑이라면 한 끼에 15~30元(3천 원~5천 원) 내외, 중급 레스토랑이라면 한 끼에 50~80元(1만 원~1만 5,000원), 외국인들이 즐겨 찾는 식민지풍의 건물을 개조한 레스토랑이라면 한 끼 100~150元(1만 8,000원~2만 8,000원)은 잡아야 한다. 아예 초 럭셔리로 와이탄의 우아한 건물에서 코스

신천지에 새로 생긴 호텔 랑함 플레이스

요리를 즐긴다면 1인당 최소 300元(5만 5,000원)은 소요된다. 식비에 있어서 상하이 여행이 폭이 넓은 것도 사실이지만, 제대로 먹자고 덤비면 꽤 비싼 편이다.

교통비

교통비의 기본은 버스, 지하철 요금인데, 구간당 2~8元(370~1,500원) 수준으로 그리 부담되지는 않는다. 한동안 머물 예정이라면 상하이 교통카드를 구입하는 것이 편리하다.

만약 택시를 탄다면 아무래도 대중교통으로 이동하는 것에 비해 5배쯤 요금이 많이 든다. 하지만 우리나라 택시비에 비하면 꽤나 저렴하기 때문에 자주 이용하게 된다.

입장료

많이들 가는 예원, 고층 전망대(유명한 세 곳이 있다)만 가도 얼추 150~300元(2만 7,000원~5만 5,000원) 정도가 든다. 사전에 인터넷으로 구입하면 현지보다 저렴하게 구입할 수 있다. 단, 이용하지 못했을 때의 환불규정 확인은 필수..

잡비

사람 따라 천차만별이다. 주당들은 술값이, 먹고 죽자 여행자라면 간식비가 만만치 않다. 예산의 규모에 따라 탄력적이지만, 대략 30~200元(5,000원~3만 5,000원) 정도 예상하면 된다.

3박 4일 여행 예산 짜기

2명이 함께 간다는 전제하에 도미토리 침대를 제외한 숙박비는 반으로 나눴다. 소계는 ((숙박비/2)×3)+((식비×3)×3.5)+(교통비×3.5)+입장료+(잡비×3.5)로 항공권을 제외한 요금이다.

3박 4일 여행 예산

	배낭여행자	중급여행자	럭셔리여행자
숙박비	(60~80元)×3 = 180~240元	((250~600元)/2)×3 = 375~900元	((1,000~3,000元)/2)×3 = 1,500~4,500元
식비	((15~30元×3)×3.5) = 157.5~315元	((50~80元×3)×3.5) = 525~840元	((100~150元×3)×3.5) = 1,050~1575元
교통비	((14~26元)×3.5 = 42~91元) + (공항왕복 (12~20)×2 = 24~40元) = 66~131元	((40~60)×3.5 = 140~210元) + (공항왕복 (20~55)×2 = 40~110元) = 180~320元	((100~180)×3.5=350~576元) + (공항왕복 (120~140)×2 = 140~280元) = 490~856元
입장료	40元	150元	300元
잡비	30元×3.5= 105元	60×3.5= 210元	150×3.5= 525元
총예산	((소계 548.5~831元≒ 10~15만원)+항공료 30~50만원)≒ 40~65만원	((소계 1,440~2,420元 ≒ 27~45만원)+항공료 30~50만원) ≒ 57~95만원	((소계 3,865~7,756元≒71~143만원)+항공료 30~50만원)≒ 101~193만원

STEP 6 상하이 숙소 정하기

상하이의 유동인구는 상상을 초월하고, 수많은 숙소들은 그야말로 무한경쟁 중이다. 호텔 예약은 필수. 최고의 숙소를 찾기 위해 노력했지만, 상하이의 변화 속도를 모두 따라갔는지는 우리도 자신이 없다. 책에 소개된 곳 위주로 호텔 예약사이트를 살펴보는 걸 권장하지만, 평가 점수가 높은 초특가 호텔을 발견했다면 그곳을 예약하는 게 좋은 선택이다.

상하이 숙소의 종류

호텔 宾馆
어느 정도의 설비를 갖춘 숙소들은 빈관이나 반점 饭店, 대주점 大酒店이라는 이름을 주로 사용하고 대부분 외국인의 투숙이 허용된다. 호텔의 등급은 국가여행국에서 인증한 ★로 표시하는데, 별 5개가 최고급 호텔이다. 저렴한 숙소들을 여관 旅馆이나 여사 旅舍라 일컫는데, 이런 곳들은 대부분 외국인의 투숙이 제한되는 경우도 있다. 여관이나 여사들은 별이 없는 곳이다.

유스호스텔 青年旅舍
최근 건설 붐이라고 할 정도로 곳곳에 유스호스텔이 건립되고 있다. 기본적인 설비는 어지간한 ★★급에 육박할 정도로 좋다. 숙소 안에 세탁시설, 인터넷 카페, 여행사, 식당 등의 편의시설이 있어 편리하다.

민박 民泊
법률적으로는 불법이지만 한국인들은 곧잘 이용한다. 상하이에는 한국인이 직접 운영하는 곳도 많다. 한국으로의 무료 전화 서비스, 한~두 끼의 한식이 포함된다는 것이 장점.

예약하기

항공권과 마찬가지로 시기와 예약하는 곳에 따라 요금이 천지차이로 벌어진다. 무수히 많은 호텔들을 자랑하지만 국제적인 행사가 있는 날은 호텔 잡기가 하늘에서 별 따기 만큼 어렵다. 즉 여행 일정이 정해지면 서둘러 숙소 예약을 해야 한다. 주의할 사항은 예약 취소나 변경 시 수수료를 물어야 하는 경우 대부분이기 때문에 예약에 신중을 기해야 한다.

유스호스텔 예약하기
유스호스텔 예약은 www.hostelworld.com나 www.yhachina.com 또는 호스텔 자체 홈페이지를 통해 할 수 있다. 인기 있는 숙소는 미리미리 예약을 하지 않으면 자리가 좀처럼 나지 않는다.

호텔 패스 www.hotelpass.com
한국에서 가장 큰 호텔 예약 사이트다. 특히 고급 호텔의 경우는 경쟁력이 상당한 편. 축적된 호텔 후기들이 쌓여 있다는 것도 장점. 제시하는 가격은 세금 포함이다.

아고다 www.agoda.com, 호텔스닷컴 hotels.com
해외의 호텔 예약 사이트 중 가장 많은 네트워크를 가지고 있다. 중저가 호텔 예약에 더 강하다는 점이 특징이다. 예약은 쉬운데, 취소 상황이 오면 아무래도 한국 예약 사이트에 비해 번거롭고 불편할 수도 있다.

중국 사이트
씨트립 www.ctrip.com과 이롱 www.elong.com
중국 최고의 온라인 여행사 사이트. 국내에 소개되지 않은 핫한 호텔부터 저렴한 중급 호텔을 찾기 위해선 중국 사이트만한 곳도 없다. 단 한자와 영어만 지원한다.

STEP 7 여행자보험 가입하기

말도 통하지 않는 낯선 외국이다 보니 사건 사고 발생률이 높다. 다방면으로 발생할 수 있는 위험으로부터 조금이라도 안전을 도모하기 위해서는 반드시 여행자보험에 가입하도록 하자.

여행자보험 가입이 가능한 보험사
- 삼성화재 www.samsungfire.com
- 차티스 www.travelguard.co.kr
- 현대해상 www.hi.co.kr
- LIG www.nowre.co.kr/LIG
- 한화손해보험 www.nowre.co.kr

출국 전에 가입해야 한다

출국을 하고 나면 가입할 수 없다. 그렇다 보니 공항에서 허겁지겁 가입하는 일이 많은 게 사실. 하지만 미리 다양한 보험 상품을 알아보면 조금 더 저렴한 가격에 가입할 수 있는 곳도 많다. 미리미리 가입하라는 이야기.

나에게 맞는 상품에 가입하기

여행 기간에 따라, 보상받고자 하는 품목의 중요도에 따라서 상품을 고를 수 있다. '2억 보상'이라는 카피문구만 보고 전체적으로 보상이 많이 되는 상품이라고 오해하고는 하는데 사실 꼭 그렇지만은 않다. 보통 '2억 보상'이라는 것은 사고 발생으로 사망했을 때 받을 수 있는 금액이다. 물품을 분실했을 때 보상받을 수 있는 금액은 30~50만 원 선으로 잃어버린 물품의 가격을 모두 보상해주진 않는다는 것이다.

보험 보상금 받기

가장 흔히 일어나는 일은 카메라 같은 물건을 분실하는 경우다. 보상금을 받기 위해서는 경찰서에서 가서 도난 리포트를 받아야 한다. 자신의 과실로 잃어버린 물건에 대해서는 도난 리포트를 받을 수 없다. 그렇다 보니 도난과 분실을 가리기 위해 꽤 많은 시간을 경찰서에서 보내야 하는 번거로움이 있다. 병원에 입원했다면 병원 진단서 등을 챙겨야 한다. 귀국 후 보험회사에 증명할 서류들과 함께 보상금 신청을 하면 된다.

환전과 간편 결제

난생 처음 하는 환전은 두렵다. US$를 가져가야 할지, 중국 元을 가져가야 할지부터 자칫 잘못해 손해를 보는 건 아닌지. 게다가 신문을 보면 환율은 왜 이리도 오르락내리락 거리는지. 아래의 내용만 꼼꼼하게 읽어보자. 환전의 달인이 되는 속성 코스를 공개한다.

환전은 어디서?

시중은행 어디에서나 환전이 가능하고, 공항에도 환전소가 있다. 만약 주거래은행이 있다면 우선 인터넷뱅킹을 체크하자. 아마 열이면 아홉은 은행 거래 고객을 위한 환전 수수료 할인 쿠폰이나 환전 시 무료 여행자보험 가입 같은 혜택이 있다.

신용카드는 이제 여행의 필수품

해외여행 시 필수품에 가깝다. 고급 호텔에 머문다면 보증금으로 야진 押金을 예치해야 하는데 현찰로 낼 경우 1,500元 이상 하므로 보통 신용카드로 지불하게 된다.
특히 여행의 특성상, 수시로 강림하는 지름신을 가늠할 수 없기 때문에, 쇼핑이나 고급 레스토랑 등을 이용하기 위해서도 카드는 반드시 필요하다.

중국 현지에서의 환전

중국은 다른 나라와 달리 사설환전소가 거의 발달하지 않았습니다. 즉 모든 환전은 환전 업무가 가능한 시중은행에서 이루어지죠. 은행에 들어가면 서류 작성 담당 도우미들이 있습니다. 이들에게 환전을 하러 왔다고 하면 서류를 내줍니다(번호표도 직접 뽑아줘요).
이윽고 내 번호가 호출됩니다. 여권과 환전 서류, 그리고 환전할 US$를 방탄유리 속 창구 직원에게 전달하면 대략 끝. 창구직원은 열심히 계산한 다음, 우리가 얼마를 받는지를 알려주고 사인하면 여권과 돈, 영수증을 돌려받게 됩니다.

간편 결제 알리페이

요즘 상하이에서 현찰은 노인 혹은 물정 모르는 사람들이나 쓰는 '고대 유물' 같은 느낌이다. 심지어 어떤 식당은 아예 현찰을 받지 않는 경우도 있다. 불법이긴 하지만, 잔돈 없다고 버티는 데는 별수가 없다. 여행자들이 스스로 잔돈을 준비하거나, 간편 결제 시스템에 대응하는 수밖에.

알리페이 사용 방법

❶ 중국 비자가 발급 상태여야 한다.
❷ 애플 앱스토어 or 구글 플레이 스토어에서 'Ali Pay' 앱을 다운 받는다.
❸ 'Sign Up' 버튼을 눌러서 회원가입을 한다. 회원가입은 전화번호 입력하고 인증번호를 받아 적어 넣으면 끝. 간단하다.
❹ 회원가입에 성공하면 'International Version of Alipay'에 가입할 거냐고 묻는다. 'Yes' 버튼을 누른다.
❺ 가입하면 90일까지만 유효하다는 안내문이 나온다. 'Start' 버튼 클릭.
❻ 상단에 Bank of Shanghai 명의가 뜨고 현재 충전된 돈이 없다는 표시 '0.00CNY'가 화면에 나온다. 하단의 숫자 100, 500, 1000 버튼 중 하나를 누르면 충전 화면으로 넘어간다.
❼ 충전 금액을 누르면, 정보 입력 화면이 나온다. 여기에 국적, 여권번호, 영문이름, 생년월일, 중국 비자 사진을 찍어서 업로드한 후 금액을 인출할 한국 카드 번호를 입력한다. 카드는 비자, 마스터, JCB, 다이너스 카드만 지원한다.
❽ 조금 기다리면 충전이 된 것을 알 수 있다.

알리페이로 결제하기

알리페이를 활성화한 후, 결제하는 방법은 크게 두 가지다.
하나는 판매자의 QR 코드를 스캔하거나, 내 알리페이의 QR 코드를 판매자가 스캔해 돈을 가져가는 방법이다. QR 코드 스캔은 중국어로 '싸오 쭤'라고 한다.

❶ 판매자가 "워싸오니 我扫你(저희가 스캔하겠습니다)"라고 하면 내 알리페이에서 'Pay' 버튼을 선택한다.
❷ 판매자가 "니싸오워 你扫我(직접 스캔해주세요)"라고 하면 앱에서 'Scan to pay' 탭을 눌러 카메라 스캔 모드로 변경한 후 판매자의 QR 코드를 스캔하면 된다.

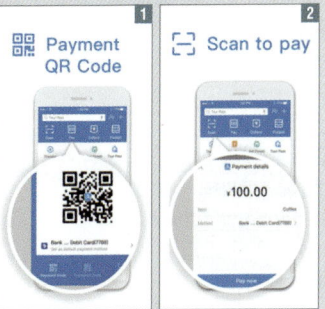

STEP 9 짐 꾸리기

아무리 단기여행이라 해도 짐은 가벼울수록 좋다. 겨울이 아니라면 옷가지가 크게 가방의 한구석을 차지할 일도 없다. 과연 필요할까라는 의문이 드는 물건들은 놔두고 가는 게 좋다. 짐이 가벼워야 마음도 가볍다. 어디를 가건 잊지 말아야 할 격언이다.

❶ 여행 가방과 보조배낭

여행 가방은 돌돌 끌고 다니는 수트케이스가 기본. 짐이 아주 많지 않다면 수화물 찾는 시간을 단축할 수 있는 기내용을 들고 가자. 옷가지 등 기초적인 짐은 수트케이스에 넣는다.
보조배낭은 상하이 시내를 여행할 때 메고 다니는 용도로, 가이드북과 작은 카메라가 들어갈 수 있는 크기면 좋다.

❷ 여권과 항공권

이 둘이 없다면 여행 못 한다. 혹시 있을지 모를 여권 분실 같은 초대형 사건 사고를 대비해 여권의 사진이 찍힌 면을 두 세장쯤 복사해 여기저기에 분산 보관하자. 가져가는 여권에 중국 비자가 잘 붙어 있는지도 잊지 말자.

❸ 여행 경비

현찰과 신용카드, 직불카드 등을 빠짐없이 준비해야 한다.

❹ 복대

여권과 여행경비를 보관한다. 여름에는 땀띠가 나기 쉬우니 면제품을 구입하자. 복대 안의 내용물은 얇은 지퍼백 등을 이용해 한 번 싸놓는 것이 좋다.

❺ 옷가지

아무래도 여행자니 만큼 편안한 캐주얼이 표준. 만약 클럽 등 밤무대(?) 순회공연을 할 예정이라면, 무대 의상 하나쯤 별도로 챙기면 좋다. 3월 중순~10월 초까지는 한국의 여름철 옷차림을 하면 된다. 10월 중순~11월은 낮에는 초여름이나 초가을 날씨지만 야간에 일교차가 발생한다. 얇은 긴팔에 가디건이나 가벼운 점퍼 정도를 휴대하면 된다. 12~3월 중순까지는 겨울이다. 위도가 낮아 우습게 볼 수 있지만 특히 12월 중순~1월은 상당히 호된 날씨다. 습하고 추운데, 냉기가 몸 안으로 스멀 스멀 들어오는 여태껏 한국에서는 경험해보지 못한 느낌이다. 파카가 필요하며, 추위를 많이 탄다면 얇은 내복도 유용하다.

❻ 세면도구

4성 이상의 호텔 이용자라면 필요 없다. 배낭여행라면 비누, 샴푸, 칫솔, 치약, 타월 등을 챙기는 게 좋다. 중하급의 호텔 이용자도 타월 정도는 별도로 챙기도록 하자. 구비되어 있는 제품들이 기본을 못하는 경우가 많다.

❼ 스마트폰

요즘은 필수품. 상하이의 호텔과 유스호스텔들은 대부분 객실 내 무선 인터넷이 무료이거나 최소한 로비 등 공동구역에서는 무선 인터넷이 터진다. 즉 스마트폰을 가지고 간다면 상당히 유용하고 밤에 무료하지도 않다. 단, 중국은 국가정책상 트위터와 페이스북의 사용이 금지되고 몇몇 한국 사이트들도 접근이 제한된다는 점을 기억해두자.

❽ 카메라 용품

카메라와 함께 1개 이상의 보조 배터리, 넉넉한 메모리 카드는 필수. 상하이의 경우 전기를 사용할 때 플러그 모양이 우리와 다를 수도 있다. 대부분의 유스호스텔이나 호텔에서는 인터내셔널 플러그를 한 개쯤 객실에 구비하고 있다. 집에 혹시 인터내셔널 플러그가 있다면 아예 휴대하는 것도 방법.

❾ 비옷과 우산

4~9월 사이 상하이를 방문한다면 하루쯤 비오는 날을 마주할 가능성이 많다. 빗속을 뚫고도 여행에 몰입할 수 있는 활동적인 여행자라면 우산보다 비옷이 낫다. 다만 온몸에 착 달라붙는 습도와는 싸워야 한다.

❿ 비상약

1년 중 대부분이 더운 지역이라 밖은 찜통, 안은 에어컨 냉기와 싸워야 한다. 기본적으로 감기약, 지사제, 밴드, 모기기피제 정도는 챙기자. 물론 겨울이라면 모기기피제는 필요 없다.

⓫ 화장품

여성이라면 기초화장품 외에 선틀톡과 팩을 챙겨가면 유용하다.

트래블? 트러블

즐겁게 여행을 마치고, 아무 탈 없이 집으로 돌아갈 수 있다면 더 이상 바랄게 없겠지만, 뜻하지 않은 사건과 사고로 여행지에서 곤란을 겪을 수도 있다. 이런 일을 당하면 아무리 아름다운 곳이라도 지옥처럼 느껴지거나 한순간에 모든 의욕이 사라져 버린다. 하지만 힘들게 간 여행을 망칠 수는 없는 노릇! 이왕에 벌어진 일이니 현명하고 신속하게 대처해 즐거운 여행을 계속해보자.

몸이 아파요

여행 중 최고의 건강관리 비결은 무엇보다 무리하지 않는 것. 하나라도 더 볼 욕심으로 자신의 체력을 무시한 채 다니다 보면 어느새 수척해진 사진을 발견하게 된다. 몸의 상태를 늘 체크할 수 있는 여유가 무엇보다 중요하다. 혹시 몸에 심각한 이상 징후가 나타난다면 곧장 큰 병원으로 직행하자.

설사 拉肚子

설사는 낯선 환경, 낯선 음식이 원인이 돼 발생한다. 이럴 때 양질의 물을 많이 마시고, 자극적이거나 기름진 음식을 삼가야 한다. 설사약이 있다면 12회 복용하는 것이 좋다.
단순한 설사가 아닌 세균 감염, 오염된 음식에 의한 설사인 경우는 문제가 심각하다. 설사가 길어질 때 가장 먼저 해야 할 일은 탈수 증상 예방. 생수 1ℓ에 0.5~1스푼의 소금과 8스푼의 설탕을 타 마시면 탈수 증상을 예방할 수 있다.
설사 증상이 있을 때는 기름진 음식, 맵고 자극적인 음식, 커피와 과일, 유제품 등은 섭취를 삼가는 것이 좋다. 바나나는 예외로 설사 증상을 개선하는 데 많은 도움을 준다.

감기 感冒

덥다고 찬 것만 먹고, 잠잘 때도 에어컨이나 선풍기 등을 틀어놓고 자다가는 감기에 걸리기 십상이다. 피로한 상태를 유지한다면 백약이 무효. 감기 증상이 있으면 일정을 최소로 줄이고 잘 먹고 쉬는 게 최고다. 컨디션이 엉망인데도 무리하게 여행을 강행했다간 더 큰일이 벌어질 수도 있다.

도난과 분실

여행자만을 전문적으로 노리는 집단에 의한 도난 사건은 여행의 가장 큰 골칫거리. 특히 여권만을 전문적으로 털어가는 악당들은 그 악명이 자자하다. 중국에서 벌어지는 도난사건의 가장 큰 특징은 배낭 채 없어지는 경우보다 값이 나갈 만한 물건만 훔쳐가는 일이 많다는 것. 때문에 도난 사건이 발생한 후 한참이 지나서야 발견되곤 한다. 상하이 같은 대도시에서는 소매치기도 각별한 주의를 기울여야 한다. 일부 악질적인 악당들은 펀치기를 겸하는 경우도 있는데, 중국인들은 자기와 상관없는 일에 대해 멀뚱히

한국어 서비스가 가능한 주요 병원

- **상하이 백병원**
 Address 上海市 闵行区 金汇路 378号
 Tel 021-3431-8376
- **상하이 우리들 병원** 上海我立德医院 상하이워리더이위엔
 Address 上海市 杨浦区 国和路 市光一村 106号 Tel 021-6117-9900
- **창닝취 중심병원** 长宁区 中心医院 창닝취쭝신이위엔
 Address 上海市 长宁区 仙霞路 1111号 4F
 Tel (021)6290-9911

바라보는 경우가 대부분이다. 시내 관광 시 귀중품이 있는 작은 배낭은 앞으로 메는 것도 좋은 예방법. 여권을 복대에서 떼어놓는 것은 정말로 위험천만한 일이다.

여권 분실 · 도난

여권을 분실 · 도난당하면 해당 도시의 공안국 외사과에 가서 도난 · 분실신고를 한 후 폴리스 리포트 Police Report를 발급받고, 한국대사관이나 영사관에 가서 여행자 증명서나 여권 재발급을 신청해야 한다. 여행자 증명서 등을 발급받기 위한 서류는 사건 경위가 적힌 폴리스 리포트, 여권용 사진 2장, 그리고 대사관에 비치되어 있는 여권 재발급 신청서다. 여권이 재발급될 때까지는 다른 도시로 여행이 불가능하다. 참고로 중국에서는 한국 여권을 매매하는 브로커들이 극성이다.

현금 분실 · 도난

흔히 '총알'이라고 표현하는 여행 경비를 분실한다는 것은 그야말로 최악의 상황. 특히 현금은 어떠한 경우에도 보상받을 길이 없기 때문에 타격은 더 크다 할 수 있다.
만약 여행을 계속하려 한다면 한국에서 송금 받는 길밖에 없다. 한국계 은행의 분점을 이용하거나 중국 은행에 계좌를 만든 후 송금 받아야 한다. 방법이 없다면 대사관이나 영사관의 도움을 받아 입금 받을 수 있다. 참고로 외국인이 계좌를 만들기 위해서는 각 도시에 있는 중국은행 본점을 이용하는 게 가장 편리하다. 여권만 있으면 계좌를 만들 수 있으니 크게 걱정하지 말 것!

상하이의 한국은행들

• **우리은행 友利銀行**
Address 上海市 浦东新区 峨山路 505号 东方纯一大厦 104B, 502 Tel 021-5081-0707 swift code HVBKCNBJXXX open 월~금 09:00~16:30 Web www.wooribankchina.com

• **하나은행 韩亚银行**
Address 上海市 黄浦区 延安东路 550号 海洋大厦1楼 103-105A室, 5楼507-515室 Tel 021-5037-2121 swift code HNBNCNSH open 월~금 09:00~16:30 Web www.hanabank.cn

• **신한은행 新韩银行**
Address 上海市 浦东新区 陆家嘴环路 958号 华能联合大厦 1层 Tel 021-6886-5840 swift code SHBKCNBJXXX open 월~금 09:00~18:00 Web www.shinhanchina.com

신용카드 분실 · 도난

역시 대형사고. 분실이라면 상관이 없지만, 도난의 징후가 보인다면 사태는 심각하다. 한국에 전화해 카드의 사용을 정지시키는 것 외에는 방법이 없음을 명심하자.

신용카드 분실 연락처

· KB카드 ☎ 82-2-6300-7300
· 비씨카드 ☎ 82-2-330-5701
· 삼성카드 ☎ 82-2-2000-8100
· 신한은행 ☎ 82-2-3420-7000
· 하나SK은행 ☎ 82-2-3489-1000
· 시티은행 ☎ 82-2-3704-7000
· 우리카드 ☎ 82-2-2169-5001
· 현대카드 ☎ 82-2-3015-9000

찾아보기

볼거리

1933 라오창팡	308
3교	361
IFC 몰	206

ㄱ·ㄴ·ㄷ

가음당	359
강남 기와 진열실	369
고의원	318
고희대(우젠)	365
고희대(저우좡)	355
공생조방	364
구 YWCA 회관	140
구 영국총영사관	138
금무대하	19, 204
나성주	358
난징동루	22
난징동루 보행가	141
난징시루	179
남호	423
남호서원	423
다리	368
단중앙구지	271
단추박물관	369
대경각 고성벽	238
대한민국 임시정부	252
동방명주	19, 200
동책	364
둬룬루 문화명인가	311

ㄹ·ㅁ·ㅂ

락 번드 아트 박물관	27, 140
란씬 빌딩	139
롱 미술관	31, 294
루쉰고거	309
루쉰공원	310
루쉰기념관	310
마담 투소의 밀랍인형관	180
마오 스페이스	181
마오둔 고거	365
만상화조시장	240
망사원	383
매정	310
모간산루 예술단지	31, 312
문묘	239
미루	355
반문	385
백운관	237
법화탑	320
보대교	386
북사탑	383
비취곡	424
빈장다다오	202

ㅅ

사자림	382
상하이 공예미술박물관	270
상하이 공중회랑	201
상하이 국제서킷	320
상하이 당대 예술박물관	30, 241
상하이 도서관	270
상하이 도시계획전시관	171
상하이 동물원	296
상하이 디즈니랜드	16, 210
상하이 박물관	24, 171
상하이 세계금융센터	18, 203
상하이 식물원	293
상하이 야생동물원	209
상하이 역사박물관	29, 201
상하이 오르골 박물관	29, 202
상하이 우정 박물관	26
상하이 자연 박물관	25, 164
상하이 타워	18, 205
상하이 푸동발전은행	20
상하이 해양수족관	207
상하이 현대미술관	170
상하이노가	237
상하이대하	135
서산 국가 삼림공원	321
서원	370
서책	363
서호	397
서호십경	398
석고문 박물관	28, 255

성당	368
성황묘	236
세기공원	209
손중산고거 · 기념관	256
송성	403
숭본당	360
쉬자후이 공원	290
쉬자후이 천주교당	290
승지당	423
시디	426
시탕	366
신천지	254
심청	353
쑤저우	374
쑤저우 박물관	381
쑤저우 실크 박물관	382
쑹칭링고거 · 기념관	271
쑹칭링능원	297
쓰난맨션	266
씨에진 빌딩	139

ㅇ

악묘	400
에원	23
연우장랑	367
영은비래봉	401
영은사	401
예원	230
예원상성	235

예택	369	용화열사능원	291
옥불사	312	우장루 미식가	179
와이탄	126	우젠	362
와이탄 12호	130	우캉루	20, 268
와이탄 13호	130	우캉루 여행정보센터	269
와이탄 14호	130	원 와이탄	138
와이탄 15호	131	월소	423
와이탄 16호	131	웬먀오루	240
와이탄 17호	131	위엔밍위안 아파트	140
와이탄 18호	132	유니온 처치	139
와이탄 19호	132	유리예술박물관	266
와이탄 1호	127	유원	384
와이탄 20호 화평반점	133	유즈 미술관	295
와이탄	23	육화탑	403
와이탄 23호 중국은행	133	인민공원	168
와이탄 24호	133	인민광장	168
와이탄 26호	134	인민영웅기념비	137
와이탄 27호	134	일대회지	255
와이탄 28호	134		
와이탄 29호	135		

ㅈ · ㅊ · ㅌ · ㅍ · ㅎ

와이탄 2호	127	장청	353
와이탄 3호	128	장풍해양세계	297
와이탄 5호	128	저우좡	350
와이탄 6호	129	저장 성 박물관	400
와이탄 7호	129	전복사	352
와이탄 9호	129	정안공원	182
와이탄 전망대	126	정안사	181
와이탄 황소상	126	졸정원	380
와이탄관광터널	137	종서각	317
외백대교	22, 136		
용화사	292		

주공관	257		**맛집**	
중화예술궁	208			
진광대루	139		1221	300
진장 놀이공원	292		가가탕포	183
징허도원	354		고의원찬청	319
창랑정	384		공덕림	187
취백지	321		공을기주가	246
취원	370		그랜드마더 레스토랑	150
콜롬비아 서클	20		남상만두점	243
타이캉루 예술인단지	267		남소관	184
통리	356		노 상하이차관	245
퇴사원	359		노가제일루	427
퍼거슨레인	269		녹차	405
포강반점	135		녹파랑	243
푸싱공원	256		농당리	404
푸싱아트센터	26		더 코뮨 소셜	185
프로파간다 포스터 아트 센터	27		동덕흥	388
핑장루 & 산탕제	386		동북사계교자왕	148
한산사	385		두노방	299
항저우	392		둔경 라멘	222
항저우 대한민국 임시정부	402		드래곤 피닉스	151
향산당약점	365		딘타이펑	258
현묘관	385		라 크레페리	279
호구	387		라오산 덤플링	147
호국수량왕묘	371		라오토얼	404
호포천	402		라이라이 샤오롱	146
홍촌	422		락신황조	272
화이하이루	257		란정찬청	152
황산	415		로스트 해븐	276
황산시	424		루외루	406
황포공원	136			

루프 325	188	야리하여	218
릴리안 케이크 숍	191	양양중찬관	389
마담 주의 키친	187	엘리먼트 프레쉬	220
마살라 아트	259	엠 온 더 번드	150
만수재	313	오일단 훈둔점	427
망상원	145	오플리 초콜릿	189
매일신선과일바	149	옹이정	222
미식인가	427	와가스	152
미타이	278	왕보화주가	142
베이커 앤 스파이스	221	외파가	406
벨라지오	148	요로타	221
보라주루	275	요시노야	147
복무소룡하	298	유신천채	144
본가	300	유즈	219
블루 프로그	220	이타쵸 스시	219
사랑방	388	장상한품	188
사찬청	277	적수동상채	272
상하이노반점	245	정두	218
상하이노참	301	지미관	406
상하이탕 레스토랑	242	청등차관	407
선 위드 아쿠아	149	초강남	185
성룡행해왕부	142	촨위에 와이포지아	186
소양생전	183	칼스 주니어	146
송학루채관	388	코뮨	274
스타벅스 리저브 로스터리	191	코코넛 파라다이스	278
심플리 타이	190	판가량 로씨에빠오	404
써니힐 펑리수	190	평양 고려관	298
씨위에 8호	144	포 리얼	277
아랑면	273	풍유생전	151
아지센 라멘	313	퓨엘 에스프레소	223
아파생전	389	피자 마르짜노	189

하비터 햄버거	258
한강	427
항려찬청	145
항저우주가	405
해저로훠궈(상하이)	186
해저로훠궈(항저우)	406
허니문 디저트	259
허유산	223
허푸 라오미엔	275
호리가수공산내락	389
호소반	184
호심정	244
화차관	407
황산 풍경구 안쪽의 식당들	427
황천원고단	388

엔터테인먼트

간지 마사지	192
노가구객잔목족각	428
도원향	156
리퀴드 론드리	280
바 루즈	153
복싱 캣 브루어리	281
뷰 바	154
상하이 마시청	41
상하이 버스 투어	39
상하이 브루어리	280
상하이 상성 극원	40
시티 투어버스	38
에버라스팅 스파	192
올드 재즈 밴드	155
인상서호	408
제이지 클럽	260
캡틴 바	153
클라우드 나인	224
팝 바	155
플래너 브로이하우스	260
플레어	224
황산온천	428
황푸 강 유람	37

쇼핑

구광백화점	194
까르푸	69, 302
나이키 하우스 오브 이노베이션	157
노서문고완차성	246
당병가	193
데카트론	302
래플스 시티	158
레고랜드	157
렌화 마트	68
릴 백화점	195
마담 마오의 다우리	284
블루 상하이 화이트	158
산쯔쑹스	193
상하이 스마오 광장	156
상하이 쑤저우 코블러스	159
상하이 장소천도전총점	158
상하이 제일식품상점	159
상하이 탕	261
상하이 트리오	285
상하이 환마오 iapm	285
샤오미의 집	225
서우차장	261
스핀	314
엠엔엠즈 월드	157
여운각	247
예원노가	247
유리공방	194
이케아	302
정대광장	225
징안 케리센터	195
차미가	284
천복명차	282
천산차성	303
케이 일레븐	261
테스코	69
페이유	282
퓨어랜드	283
플라자 66	194
항회광장	303

숙소

1314객잔	430
24K 국제연쇄주점	325
SSAW 부티크 호텔 상하이 번드	328
건국빈관	337
골든 튤립 번드 뉴 아시아	330
과객 청년여사	409
구샹 호텔 상하이	336
그랜드 하얏트	340
더 워터하우스	342
더 이스트 호텔 항저우	409
도르셋 상하이	334
따오화우 유스호스텔	390

레이폰트 다운타운 호텔	328		웨스틴 호텔	334
록 & 우드 유스호스텔	326		인터콘티넨탈 상하이 푸동	341
롱지몽 호텔	332		진장인	326
루이타이 징안 호텔	329		진지 레이크 신라 호텔	391
르 로열 메르디앙	331		챤스 호텔	327
르 투어 트래블러스 레스트 유스호스텔	325		캡틴 유스호스텔	323
르네상스 양쯔강 상하이	337		코트야드 바이 메리어트 상하이 푸시	329
만다린 오리엔탈 푸동 상하이	345		파드 인	409
모텔 168	325		포 시즌스 호텔 앳 웨스트 레이크	409
밀레니엄 호텔 훙차오 상하이	333		포트만 리츠칼튼	339
밍타운 난징로드 유스호스텔	323		푸동 샹그릴라 호텔	341
밍타운 유스호스텔	390		풀리 호텔 엔 스파	344
밍타운 이투어 유스호스텔	324		풀만 상하이 스카이웨이	331
밍한탕 유스호스텔	390		피닉스 호스텔	324
반얀트리 상하이 온 더 번드	342		한정주점	326
백운빈관	431		한정주점관첸점	390
북해빈관	430		항저우 오산역 청년여사	408
사림반점	431		헝산 몰러 빌라	336
상하이 블루 마운틴 번드 유스호스텔	324		호텔 소울 쑤저우	391
상하이 주메이라 히말라야 호텔	343		호팡 유스호스텔	408
상하이 훙타 호텔	340		홀리데이 인 익스프레스 자베이	327
서해반점	431		화평반점	338
소피텔 하이랜드	335		황산국제대주점	429
쉐라톤 상하이 훙커우	339		황산라오제 청년여사	429
안다즈 신천지 상하이	343		황산지가 단조공우	429
애스터 하우스 호텔	330		황산청진호텔	429
오궁대주점	327		힐튼 상하이 훙차오	333
오쿠라 가든 호텔	332			
왕보화대주점	335			
운해루	430			
월도프 아스토리아 상하이 온 더 번드	344			

상하이 100배 즐기기

개정 9판 1쇄 2019년 11월 20일

지은이 전명윤 · 김영남

발행인 양원석
본부장 김순미
편집장 고현진
디자인 이경민, 이재원
해외저작권 최푸름
제작 문태일, 안성현
영업마케팅 최창규, 김용환, 윤우성, 양정길, 이은혜, 신우섭, 김유정
　　　　　　유가형, 임도진, 정문희, 신예은, 유수정, 박소정, 강효경

펴낸 곳 (주)알에이치코리아
주소 서울시 금천구 가산디지털2로 53 한라시그마밸리 20층
편집 문의 02-6443-8891 **구입 문의** 02-6443-8838
홈페이지 http://rhk.co.kr
등록 2004년 1월 15일 제2-3726호

ⓒ 전명윤 · 김영남 2019

ISBN 978-89-255-6802-7 (13980)

※이 책은 (주)알에이치코리아가 저작권자와의 계약에 따라 발행한 것이므로
　본사의 서면 동의 없이는 책의 내용을 어떠한 형태나 수단으로도 이용하지 못합니다.
※잘못된 책은 구입하신 서점에서 바꾸어 드립니다.
※이 책의 정가는 뒤표지에 있습니다.

 X 시원스쿨 중국어

TRAVEL
CHINESE

여행 중국어

시원스쿨 중국어연구소 지음

TRAVEL CHINESE
여행 중국어

사진으로 보는 중국요리 메뉴판

따뜻한 요리	04
간식거리	06
음료	07

중국 현지에서 자주 사용하는 문장   08

Part 1   공항 · 기내에서

탑승 수속하기	12
보안 검색받기	13
비행기 탑승하기	14
비행기 연착 · 환승	15
입국 심사받기	16
수하물 찾기	17
환전하기	18
중국의 화폐 단위와 숫자 읽기	19

Part 2   교통수단

도보로 길 찾기	22
버스 이용하기	23
지하철 · 기차 이용하기	24
택시 이용하기	25
교통편을 놓쳤을 때	26
상하이 지하철과 패스권	27

Part 3   숙소에서

숙소 체크인하기	30
부대시설 이용하기	31
숙소 서비스 요청하기	32
비품 · 시설 요청하기	33
불편사항 말하기	34
숙소 체크아웃하기	35

Part 4   식당 · 카페에서

자리 안내받기	38
음식 주문하기	39
식당 서비스 요청하기	40
음식 불만 제기하기	41
음식값 계산하기	42
음료 · 주류 주문하기	43
카페에서 주문하기	44
상하이에서 커피를 마실 때	45

Part 5   관광할 때

관광 명소 관람하기	48
관광지 정보 얻기	49
사진 촬영 부탁하기	50
공연 관람하기	51

Part 6   쇼핑할 때

제품 문의하기	54
착용 요청하기	55
가격 흥정하기	56
제품 계산하기	57
포장 요청하기	58
교환 · 환불하기	59

Part 7   위급상황

분실 · 도난 신고하기	62
부상 · 아플 때	63
병원 · 약국에서 말하기	64

주문이 두렵지 않은

사진으로 보는
중국요리 메뉴판

**복잡한 한자, 재료가 뭔지도 알 수 없는 요리 이름!
이제 두려워하지 말고, 사진으로 확인하고 주문하자!**

따뜻한 요리
热菜

虾子大乌参 xiāzǐ dàwūshēn
씨아즈 따우션
새우로 속을 채운 해삼찜

松鼠炸鲈鱼 sōngshǔ zhá lúyú
쏭슈 쟈 루위
농어 튀김

清蒸大闸蟹 qīngzhēng dàzháxiè
칭정 따쟈씨에
상하이 털게찜

回锅肉 huíguōròu
후이궈러우
매콤한 삼겹살 볶음

宫保鸡丁 gōngbǎojīdīng
궁바오지딩
닭고기 땅콩 볶음

酸辣土豆丝 suānlà tǔdòusī
쑤안라 투떠우쓰
새콤매콤 감자채 볶음

糖醋排骨 tángcù páigǔ
탕추 파이구
탕수갈비

干煸刀豆 gānbiān dāodòu
깐삐앤 따오떠우
줄기콩 볶음

국물류 汤羹类

豆腐羹 dòufǔ gēng
떠우푸 껑
두부 스프

紫菜蛋汤 zǐcài dàn tāng
즈차이 딴 탕
김 달걀탕

西红柿蛋汤 xīhóngshì dàn tāng
씨훙스 딴 탕
토마토 달걀탕

白菜粉丝汤 báicài fěnsī tāng
바이차이 펀쓰 탕
배추 당면 탕

면류 面类

开洋葱油拌面 kāi yáng cōngyóu bànmiàn
카이 양 충요우 빤미앤
파 기름 비빔면

红烧牛肉面 hóngshāo niúròu miàn
훙샤오 니우러우 미앤
훙샤오 우육면

雪菜肉丝面 xuěcài ròusī miàn
쒸에차이 러우쓰 미앤
갓과 채 썬 고기를 넣은 면

锅盖面 guōgàimiàn
꿔까이미앤
솥뚜껑 면

간식거리
小吃

小杨生煎 xiǎo yáng shēngjiān
씨아오 양 셩찌앤
양씨네 군만두

蟹粉小笼 xièfěn xiǎolóng
씨에펀 씨아오룽
게살 소룡포

凤尾烧卖 fèngwěi shāomài
펑웨이 샤오마이
봉황꼬리 모양 딤섬

南翔小笼 nánxiáng xiǎolóng
난씨앙 씨아오룽
난샹 소룡포

擂沙汤圆 lèi shā tāngyuán
레이 샤 탕위앤
소가 들어있는 찹쌀 경단

月饼 yuèbǐng
위에빙
월병

음료
饮料

奶茶 nǎichá
나이챠
밀크티

酸梅汁 suānméizhī
쑤안메이쯔
매실 주스

冰红茶 bīnghóngchá
삥훙챠
아이스티

椰汁 yēzhī
예쯔
코코넛 주스

凉茶 liángchá
리앙챠
냉차

茉莉绿茶 mòlì lǜchá
모리 뤼챠
재스민 녹차

중국 현지에서 자주 사용하는 문장

○○은(는) 어디에 있나요?
○○在哪儿?
○○ zài nǎr?
○○ 짜이 날?

말씀 좀 여쭙겠습니다.
请问。
Qǐngwèn.
칭원.

실례합니다. / 죄송합니다.
不好意思。
Bù hǎo yìsi.
뿌 하오 이쓰.

조금만 천천히 말씀해주세요.
请说慢点儿。
Qǐng shuō màn diǎnr.
칭 슈오 만 디알.

저는 중국어를 할 줄 몰라요.
我不会说汉语。
Wǒ bú huì shuō Hànyǔ.
워 부 후이 슈오 한위.

잠시만 기다려 주세요.
稍等一下。
Shāo děng yíxià.
샤오 덩 이씨아.

이것은 무엇인가요?
这是什么?
Zhè shì shénme?
쩌 스 션므어?

○○이 있나요?	有〇〇吗? Yǒu ○○ ma? 요우 ○○ 마?	

얼마예요? 　　　　多少钱?
　　　　　　　　　Duōshao qián?
　　　　　　　　　뚜오샤오 치앤?

너무 비싸요.　　　　太贵了。
　　　　　　　　　Tài guì le.
　　　　　　　　　타이 꾸이 르어.

조금만 깎아주세요!　给我便宜点儿吧!
　　　　　　　　　Gěi wǒ piányi diǎnr ba!
　　　　　　　　　게이 워 피엔이 디알 바!

감사합니다!　　　　谢谢!
　　　　　　　　　Xièxie!
　　　　　　　　　씨에씨에!

안녕하세요!　　　　你好!
　　　　　　　　　Nǐ hǎo!
　　　　　　　　　니 하오!

저는 알아들을 수 없어요.　我听不懂。
　　　　　　　　　Wǒ tīng bu dǒng.
　　　　　　　　　워 팅 부 둥.

괜찮아요.　　　　　没关系。
　　　　　　　　　Méi guānxi.
　　　　　　　　　메이 꾸안씨.

1
공항 · 기내에서

탑승 수속하기

보안 검색받기

비행기 탑승하기

비행기 연착·환승

입국 심사받기

수하물 찾기

환전하기

중국의 화폐 단위와 숫자 읽기

탑승
수속하기

🔊 여행 단어

항공권	机票 jīpiào 찌피아오	창가(복도) 좌석	靠窗(过道)座位 kàochuāng(guòdào) zuòwèi 카오츄앙(꿔따오) 쭈어웨이
비행기	飞机 fēijī 페이찌	둘	俩 liǎ 리아
요금, 비용	费用 fèiyòng 페이용	수하물	行李箱 xínglixiāng 씽리씨앙

🎤 여행 회화

❶ 항공권은 어디에서 발급받나요?
机票在哪儿办理?
Jīpiào zài nǎr bànlǐ?
찌피아오 짜이 날 빤리?

❷ 창가(복도)쪽 좌석이 있나요?
有靠窗(过道)座位吗?
Yǒu kàochuāng(guòdào) zuòwèi ma?
요우 카오츄앙(꿔따오) 쭈오웨이 마?

❸ 이 가방을 기내에 가지고 타도될까요?
这包可以带上飞机吗?
Zhè bāo kěyǐ dàishang fēijī ma?
쪄 빠오 크어이 따이샹 페이찌 마?

❹ 저희 둘은 같이 앉고 싶어요.
我们俩想一起坐。
Wǒmen liǎ xiǎng yìqǐ zuò.
워먼 리아 씨앙 이치 쭈오.

❺ (수하물) 초과 비용은 얼마인가요?
超重费用是多少?
Chāozhòng fèiyong shì duōshao?
챠오쭝 페이용 스 뚜오샤오?

❻ 몇 개의 수하물을 부칠 수 있나요?
能寄几个行李箱?
Néng jì jǐ ge xínglixiāng?
넝 찌 지 거 씽리씨앙?

보안
검색받기

🔊 여행 단어

문제	问题 wèntí 원티	벗다	脱 tuō 투오
주머니	口袋 kǒudài 커우따이	임산부	孕妇 yùnfù 윈푸
휴대하다	带 dài 따이	가다	走 zǒu 저우

🎤 여행 회화

❶ 무슨 문제가 있나요?
有什么问题吗?
Yǒu shénme wèntí ma?
요우 션므어 원티 마?

❷ 이것도 벗어야 하나요?
这个也要脱吗?
Zhège yě yào tuō ma?
쩌거 예 야오 투오 마?

❸ 주머니에는 아무것도 없어요.
口袋里什么都没有。
Kǒudài lǐ shénme dōu méiyǒu.
커우따이 리 션므어 떠우 메이요우.

❹ 저는 가도 되나요?
我可以走吗?
Wǒ kěyǐ zǒu ma?
워 크어이 저우 마?

❺ 저는 임산부예요.
我是孕妇。
Wǒ shì yùnfù.
워 스 윈푸.

❻ 이것은 기내에 반입할 수 없어요.
这个不可以带上飞机。
Zhège bù kěyǐ dàishang fēijī.
쩌거 뿌 크어이 따이샹 페이찌.

비행기 탑승하기

🔊 여행 단어

탑승구	登机口 dēngjīkǒu 떵찌커우	화장실	卫生间 wèishēngjiān 웨이성찌앤
바꾸다	换 huàn 후안	물	水 shuǐ 쉐이
담요	毯子 tǎnzi 탄즈	입국신고서	入境登记卡 rùjìng dēngjìkǎ 루찡 떵찌카

🎤 여행 회화

❶ ○○번 탑승구는 어디인가요?
○○号登机口在哪儿?
○○ hào dēngjīkǒu zài nǎr?
○○ 하오 떵찌커우 짜이 날?

❷ 지금 화장실에 가도 되나요?
现在可以去卫生间吗?
Xiànzài kěyǐ qù wèishēngjiān ma?
씨앤짜이 크어이 취 웨이성찌앤 마?

❸ 여기는 제 자리예요.
这儿是我的座位。
Zhèr shì wǒ de zuòwèi.
쩔 스 워 더 쭈오웨이.

❹ 자리를 바꿔 주실 수 있나요?
能跟我换一下座位吗?
Néng gēn wǒ huàn yíxià zuòwèi ma?
넝 껀 워 후안 이씨아 쭈오웨이 마?

❺ 물(담요/펜)을 주세요.
请给我水(毯子/笔)。
Qǐng gěi wǒ shuǐ(tǎnzi/bǐ).
칭 게이 워 쉐이(탄즈/비).

❻ 입국신고서는 어떻게 작성하나요?
入境登记卡怎么写?
Rùjìng dēngjìkǎ zěnme xiě?
루찡 떵찌카 전므어 씨에?

비행기
연착 · 환승

🔊 여행 단어

연착	延误 yánwù 이앤우	빈 자리	空位 kòngwèi 쿵웨이
출발하다	出发 chūfā 츄파	항공편	航班 hángbān 항빤
환승	转乘 zhuǎnchéng 쥬안청	경유하다	经过 jīngguò 찡꿔

🎤 여행 회화

❶ 제 비행기가 연착됐나요?
我的飞机延误了吗?
Wǒ de fēijī yánwù le ma?
워 더 페이찌 이앤우 르어 마?

❷ 다음 비행기에 자리가 있나요?
下一个飞机有空位吗?
Xià yí ge fēijī yǒu kòngwèi ma?
씨아 이 거 페이찌 요우 쿵웨이 마?

❸ 다음 비행기는 몇 시에 출발하나요?
下一个飞机几点出发?
Xià yí ge fēijī jǐ diǎn chūfā?
씨아 이 거 페이찌 지 디앤 츄파?

❹ 다음 항공편은 얼마인가요?
下一个航班是多少钱?
Xià yí ge hángbān shì duōshao qián?
씨아 이 거 항빤 스 뚜오샤오 치앤?

❺ 어디에서 비행기를 환승할 수 있나요?
在哪儿可以转乘飞机?
Zài nǎr kěyǐ zhuǎnchéng fēijī?
짜이 날 크어이 쥬안청 페이찌?

❻ 저는 ○○을 경유해서 홍콩으로 가요.
我经过○○去香港。
Wǒ jīngguò ○○ qù Xiānggǎng.
워 찡꿔 ○○ 취 씨앙강.

입국
심사받기

🔊 여행 단어

외국인	外国人 wàiguórén 와이궈런	줄을 서다	排队 páiduì 파이뚜이
여행	旅游 lǚyóu 뤼요우	출장	出差 chūchāi 츄챠이
호텔	酒店 jiǔdiàn 지우띠앤	한국어 통역사	韩文翻译 Hánwén fānyì 한원 판이

🎙 여행 회화

❶ 외국인은 어디에 줄을 서야 하나요?
外国人在哪儿排队?
Wàiguórén zài nǎr páiduì?
와이궈런 짜이 날 파이뚜이?

❷ 저는 여행하러(출장으로) 왔어요.
我是来旅游(出差)的。
Wǒ shì lái lǚyóu(chūchāi) de.
워 스 라이 뤼요우(츄챠이) 더.

❸ 저는 ○○호텔에 묵어요.
我在○○酒店住宿。
Wǒ zài ○○ jiǔdiàn zhùsù.
워 짜이 ○○ 지우띠앤 쮸쑤.

❹ 저는 ○일 동안 머무를 예정이에요.
我要呆○天。
Wǒ yào dāi ○ tiān.
워 야오 따이 ○ 티앤.

❺ 못 알아듣겠어요.
我听不懂。
Wǒ tīng bu dǒng.
워 팅 부 둥.

❻ 한국어 통역사를 불러주세요.
请帮我叫韩文翻译。
Qǐng bāng wǒ jiào Hánwén fānyì.
칭 빵 워 찌아오 한원 판이.

수하물 찾기

🔊 여행 단어

수하물 찾는 곳	行李领取处 xíngli lǐngqǔchù 씽리 링취츄	수하물 카트	手推车 shǒutuīchē 셔우투이츠어
수하물 영수증	行李票 xínglipiào 씽리피아오	연락하다	联系 liánxì 리앤씨
휴대 전화 번호	手机号码 shǒujī hàomǎ 셔우지 하오마	고장나다, 망가지다	坏了 huài le 후아이 르어

🎤 여행 회화

❶ 수하물 찾는 곳은 어디인가요?
行李领取处在哪儿?
Xíngli lǐngqǔchù zài nǎr?
씽리 링취츄 짜이 날?

❷ 수하물 카트는 어디에 있나요?
手推车在哪儿?
Shǒutuīchē zài nǎr?
셔우투이츠어 짜이 날?

❸ 제 수하물을 못 찾겠어요.
我找不到我的行李。
Wǒ zhǎo bu dào wǒ de xíngli.
워 쟈오 부 따오 워 더 씽리.

❹ 이것은 제 수하물 영수증이에요.
这是我的行李票。
Zhè shì wǒ de xínglipiào.
쩌 스 워 더 씽리피아오.

❺ 찾으면 이 전화번호로 연락주세요.
找到了请联系这个手机号码。
Zhǎo dào le qǐng liánxì zhège shǒujī hàomǎ.
쟈오 따오 르어 칭 리앤씨 쩌거 셔우지 하오마.

❻ 제 수하물이 파손됐어요.
我的行李箱坏了。
Wǒ de xínglixiāng huài le.
워 더 씽리씨앙 후아이 르어.

환전 하기

🔊 여행 단어

환전	兑换 duìhuàn 뚜이후안	런민비	人民币 Rénmínbì 런민삐
환율	汇率 huìlǜ 후이뤼	지폐	纸币 zhǐbì 즈삐
동전	硬币 yìngbì 잉삐	영수증	发票 fāpiào 파피아오

🎤 여행 회화

❶ 어디에서 환전할 수 있나요?

在哪儿可以兑换货币?
Zài nǎr kěyǐ duìhuàn huòbì?
짜이 날 크어이 뚜이후안 후오삐?

❷ 환전하고 싶어요.

我想兑换货币。
Wǒ xiǎng duìhuàn huòbì.
워 씨앙 뚜이후안 후오삐.

❸ 런민비로 환전해주세요.

请换成人民币。
Qǐng huàn chéng Rénmínbì.
칭 후안 청 런민삐.

❹ 오늘의 환율은 얼마인가요?

今天的汇率是多少?
Jīntiān de huìlǜ shì duōshao?
찐티앤 더 후이뤼 스 뚜오샤오?

❺ 이 지폐를 동전으로 바꿔주세요.

请把这纸币换成硬币。
Qǐng bǎ zhè zhǐbì huàn chéng yìngbì.
칭 바 쪄 즈삐 후안 청 잉삐.

❻ 영수증 주세요.

请给我发票。
Qǐng gěi wǒ fāpiào.
칭 게이 워 파피아오.

중국의 화폐 단위와 숫자 읽기

■ 중국의 화폐

중국 화폐의 정식 명칭은 '人民币(런민비)'로 단위는 '元(위안)'이다. 지폐의 경우 앞면은 모두 초대 주석인 毛泽东(모택동)의 초상화가 그려져 있지만, 금액마다 색이 달라 어렵지 않게 구분이 가능하다. 지폐로는 100위안, 50위안, 20위안, 10위안, 5위안, 1위안, 5자오, 2자오, 1자오가 있으며, 동전으로는 1위안, 5자오, 2자오, 1자오가 있다. 1자오는 1위안의 10분의 1이며, 가격이 10.5위안 등 소수점 자리로 끝날 때는 자오를 사용하여 계산하면 된다.

■ 중국어로 숫자 읽는 법

1	2	3	4	5	6
一	二	三	四	五	六
yī	èr	sān	sì	wǔ	liù
이	얼	싼	쓰	우	리우
7	8	9	10	100	1000
七	八	九	十	百	千
qī	bā	jiǔ	shí	bǎi	qiān
치	빠	지우	스	바이	치앤

■ 손가락을 이용한 숫자 표현

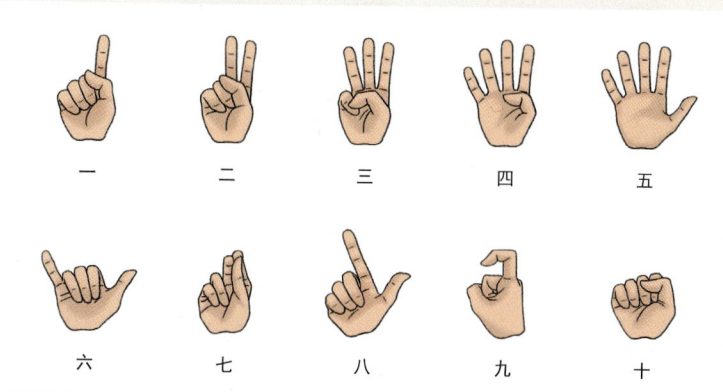

2

교통수단

도보로 길 찾기

버스 이용하기

지하철 · 기차 이용하기

택시 이용하기

교통편을 놓쳤을 때

상하이 지하철과 패스권

도보로 길 찾기

🔊 여행 단어

장소, 곳	地方 dìfang 띠팡	찾다	找 zhǎo 쟈오
지하철역	地铁站 dìtiězhàn 띠티에쨘	~에서, ~로부터	离 lí 리
시간	时间 shíjiān 스찌앤	길을 잃다	迷路 mílù 미루

🎤 여행 회화

❶ 이 장소는 어떻게 가나요?

这个地方怎么去(走)?
Zhège dìfang zěnme qù(zǒu)?
쪄거 띠팡 전므어 취(저우)?

❷ 이곳은 어디에 있나요?

这个地方在哪儿?
Zhège dìfang zài nǎr?
쪄거 띠팡 짜이 날?

❸ 저는 지하철역을 찾고 있어요.

我在找地铁站。
Wǒ zài zhǎo dìtiězhàn.
워 짜이 쟈오 띠티에쨘.

❹ 여기에서 걸어서 갈 수 있나요?

从这儿能走过去吗?
Cóng zhèr néng zǒu guòqu ma?
충 쩔 넝 저우 꿔취 마?

❺ 여기에서 얼마나 걸리나요?

离这儿要多长时间?
Lí zhèr yào duō cháng shíjiān?
리 쩔 야오 뚜오 챵 스찌앤?

❻ 저는 길을 잃었어요.

我迷路了。
Wǒ mílù le.
워 미루 르어.

버스 이용하기

🔊 여행 단어

버스	公共汽车 gōnggòng qìchē 꽁꽁 치츠어	정류장	车站 chēzhàn 츠어짠
차에서 내리다	下车 xiàchē 씨아츠어	일깨우다	提醒 tíxǐng 티씽
지나치다	错过 cuòguò 추오꿔	어떡하죠	怎么办 zěnme bàn 전므어 빤

🎤 여행 회화

❶ 이 버스는 ○○에 가나요?
这个公共汽车去○○吗?
Zhège gōnggòng qìchē qù ○○ ma?
쪄거 꽁꽁 치츠어 취 ○○ 마?

❷ 몇 정거장 가야 하나요?
要坐几个站?
Yào zuò jǐ ge zhàn?
야오 쭈오 지 거 짠?

❸ 몇 번 버스를 타야 하나요?
要坐几路公共汽车?
Yào zuò jǐ lù gōnggòng qìchē?
야오 쭈오 지 루 꽁꽁 치츠어?

❹ 저는 어느 정류장에서 내려야 하나요?
我该在哪一个车站下车?
Wǒ gāi zài nǎ yí ge chēzhàn xiàchē?
워 까이 짜이 나 이 거 츠어짠 씨아츠어?

❺ 내릴 때를, 알려주세요.
该下车的时候，提醒我一下。
Gāi xiàchē de shíhou, tíxǐng wǒ yíxià.
까이 씨아츠어 더 스허우, 티씽 워 이씨아.

❻ 내릴 정류장을 지나쳤어요.
我错过了该下的车站。怎么办?
Wǒ cuòguò le gāi xià de chēzhàn. Zěnme bàn?
워 추오꿔 르어 까이 씨아 더 츠어짠. 전므어 빤?

지하철·기차 이용하기

🔊 여행 단어

가까운	近 jìn 찐	지하철역	地铁站 dìtiězhàn 티티에짠
노선도	线路图 xiànlùtú 씨앤루투	사다	买 mǎi 마이
왕복표	往返票 wǎngfǎnpiào 왕판피아오	승강장	站台 zhàntái 짠타이

🎤 여행 회화

❶ 가장 가까운 지하철역이 어디인가요?
离这儿最近的地铁站在哪儿?
Lí zhèr zuì jìn de dìtiězhàn zài nǎr?
리 쩔 쭈이 찐 더 띠티에짠 짜이 날?

❷ 여기로 가려면 몇 호선을 타야 하나요?
去这儿要坐几号线?
Qù zhèr yào zuò jǐ hào xiàn?
취 쩔 야오 쭈오 지 하오 씨앤?

❸ 지하철 노선도 한 장 주세요.
请给我一张地铁线路图。
Qǐng gěi wǒ yì zhāng dìtiě xiànlùtú.
칭 게이 워 이 쨩 띠티에 씨앤루투.

❹ ○○역에 가는 표 한 장 주세요.
我要买一张去○○站的票。
Wǒ yào mǎi yì zhāng qù ○○ zhàn de piào.
워 야오 마이 이 쨩 취 ○○ 짠 더 피아오.

❺ 왕복 표 한 장 주세요.
我要一张往返票。
Wǒ yào yì zhāng wǎngfǎnpiào.
워 야오 이 쨩 왕판피아오.

❻ ○○번 승강장은 어디인가요?
○○号站台在哪儿?
○○ hào zhàntái zài nǎr?
○○ 하오 짠타이 짜이 날?

택시 이용하기

🔊 여행 단어

택시	出租车 chūzūchē 츄쭈츠어	기본요금	起步价 qǐbùjià 치뿌찌아
주소	地址 dìzhǐ 띠즈	차를 세우다	停车 tíngchē 팅츠어
(차) 트렁크	后备箱 hòubèixiāng 허우뻬이씨앙	잔돈	零钱 língqián 링치앤

🎤 여행 회화

❶ 택시 기본요금은 얼마인가요?
出租车起步价是多少?
Chūzūchē qǐbùjià shì duōshao?
츄쭈츠어 치뿌찌아 스 뚜오샤오?

❷ 이 주소로 가주세요.
请到这个地址。
Qǐng dào zhège dìzhǐ.
칭 따오 쩌거 띠즈.

❸ 빨리 가주실 수 있나요?
能开得快点儿吗?
Néng kāi de kuài diǎnr ma?
넝 카이 더 쿠아이 디알 마?

❹ 여기에서 내려주세요.
请在这儿停车。
Qǐng zài zhèr tíngchē.
칭 짜이 쩔 팅츠어.

❺ (차) 트렁크를 열어주세요.
请开一下后备箱。
Qǐng kāi yíxià hòubèixiāng.
칭 카이 이씨아 허우뻬이씨앙.

❻ 잔돈은 괜찮아요.
不用找零钱了。
Bú yòng zhǎo língqián le.
부 용 쟈오 링치앤 르어.

25

교통편
놓쳤을 때

🔊 여행 단어

따라잡다	赶上 gǎnshang 간샹	방법	方法 fāngfǎ 팡파
출발하다	出发 chūfā 츄파	환불하다	退钱 tuìqián 투이치앤
수수료	手续费 shǒuxùfèi 셔우쒸페이	가능한 빨리	尽快 jǐnkuài 찐쿠아이

🎤 여행 회화

❶ ○○을(를) 놓쳤어요.

我没有赶上○○。
Wǒ méiyǒu gǎnshang ○○.
워 메이요우 간샹 ○○.

❷ 어떤 방법이 있나요?

有什么方法?
Yǒu shénme fāngfǎ?
요우 션므어 팡파?

❸ 다음 ○○은(는) 언제 출발하나요?

下一班○○什么时候出发?
Xià yì bān ○○ shénme shíhou chūfā?
씨아 이 빤 ○○ 션므어 스허우 츄파?

❹ 환불 가능한가요?

可以退钱吗?
Kěyǐ tuìqián ma?
크어이 투이치앤 마?

❺ 수수료는 얼마인가요?

手续费是多少?
Shǒuxùfèi shì duōshao?
셔우쒸페이 스 뚜오샤오?

❻ 가능한 빨리 출발하고 싶어요.

我想尽快出发。
Wǒ xiǎng jǐnkuài chūfā.
워 씨앙 찐쿠아이 츄파.

상하이 지하철과 패스권

상하이 지하철은 16개의 노선과 366개의 역으로 이루어져 있다. 상하이의 지하철은 매우 발달되어 있으며, 티켓의 종류도 다양하다. 일회용 교통카드, 충전식 교통카드 그리고 여행자들을 위한 1일 패스, 3일 패스가 준비되어 있다. 먼저, 일회용 교통카드의 경우, 한국의 일회용 교통카드 발권 방식과 비슷하게 출발역과 도착역을 선택하면 지불해야 할 금액이 화면에 뜬다. 한국과 다른 점은 카드보증금을 따로 내지 않고 구매할 수 있다는 것이다. 충전식 교통카드의 경우, 20위안의 보증금을 내고 구매할 수 있으며, 원하는 금액을 충전하여 사용할 수 있다. 구매처에 반납할 시 처음 보증금으로 지급했던 20위안을 돌려받을 수 있다.

1일 패스, 3일 패스의 경우, 처음 패스권을 찍은 시점부터 각각 24시간, 72시간 내에는 횟수에 제한 없이 지하철 탑승이 가능하다! 사용 시 주의할 점은 처음 패스권을 찍고 정확히 24시간, 72시간 동안만 사용할 수 있기 때문에 본인이 패스권을 사용하기 시작한 시간을 기억해두면 좋다.

1일 패스

3일 패스

일회용권

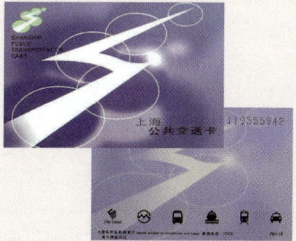

충전식 카드

3

숙소에서

숙소 체크인하기

부대시설 이용하기

숙소 서비스 요청하기

비품·시설 요청하기

불편사항 말하기

숙소 체크아웃하기

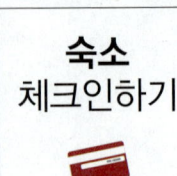

숙소 체크인하기

🔊 여행 단어

체크인	登记入住 dēngjì rùzhù 떵찌 루쮸	객실 요금	房费 fángfèi 팡페이
예약	预定 yùdìng 위띵	정보	信息 xìnxī 씬씨
풍경	风景 fēngjǐng 펑징	체크아웃	退房 tuìfáng 투이팡

🎤 여행 회화

❶ 체크인하려 합니다.
我要登记入住。
Wǒ yào dēngjì rùzhù.
워 야오 떵찌 루쮸.

❷ 객실 요금은 이미 지불했어요.
我已经付好房费了。
Wǒ yǐjīng fù hǎo fángfèi le.
워 이징 푸 하오 팡페이 르어.

❸ 이것이 제 예약 정보입니다.
这是我的预订信息。
Zhè shì wǒ de yùdìng xìnxī.
쩌 스 워 더 위띵 씬씨.

❹ 제 방은 몇 층인가요?
我的房间在几楼?
Wǒ de fángjiān zài jǐ lóu?
워 더 팡찌앤 짜이 지 러우?

❺ 전망 좋은 방으로 주세요.
我想要窗外风景好的房间。
Wǒ xiǎng yào chuāngwài fēngjǐng hǎo de fángjiān.
워 씨앙 야오 츄앙와이 펑징 하오 더 팡찌앤.

❻ 체크아웃은 몇 시인가요?
退房时间是几点?
Tuìfáng shíjiān shì jǐ diǎn?
투이팡 스찌앤 스 지 디앤?

부대시설 이용하기

🔊 여행 단어

조식	早餐 zǎocān 자오찬	조식 시간	早餐时间 zǎocān shíjiān 자오찬 스찌앤
헬스장	健身房 jiànshēnfáng 찌앤션팡	편의점	便利店 biànlìdiàn 삐앤리띠앤
수영장	游泳池 yóuyǒngchí 요우용츠	흡연	抽烟 chōuyān 쳐우이앤

🎤 여행 회화

❶ 조식은 어디에서 먹나요?
在哪儿吃早餐?
Zài nǎr chī zǎocān?
짜이 날 츠 자오찬?

❷ 조식 시간을 알려주세요.
请告诉我早餐时间。
Qǐng gàosu wǒ zǎocān shíjiān.
칭 까오쑤 워 자오찬 스찌앤.

❸ 헬스장은 몇 층인가요?
健身房在几楼?
Jiànshēnfáng zài jǐ lóu?
찌앤션팡 짜이 지 러우?

❹ 근처에 편의점이 있나요?
附近有便利店吗?
Fùjìn yǒu biànlìdiàn ma?
푸찐 요우 삐앤리띠앤 마?

❺ 수영장은 어디에 있나요?
游泳池在哪儿?
Yóuyǒngchí zài nǎr?
요우용츠 짜이 날?

❻ 어디에서 담배를 피울 수 있나요?
在哪儿可以抽烟?
Zài nǎr kěyǐ chōuyān?
짜이 날 크어이 쳐우이앤?

숙소 서비스 요청하기

🔊 여행 단어

돕다	帮 bāng 빵	룸서비스	客房服务 kèfáng fúwù 크어팡 푸우
깨우다	叫醒 jiàoxǐng 찌아오씽	청소	打扫 dǎsǎo 다싸오
와이파이	无线网 wúxiànwǎng 우씨앤우앙	비밀번호	密码 mìmǎ 미마

🎤 여행 회화

❶ 택시 좀 불러줄 수 있나요?

能帮我叫出租车吗?
Néng bāng wǒ jiào chūzūchē ma?
넝 빵 워 찌아오 츄쭈츠어 마?

❷ 지금도 룸서비스를 이용할 수 있나요?

现在也可以用客房服务吗?
Xiànzài yě kěyǐ yòng kèfáng fúwù ma?
씨앤짜이 예 크어이 용 크어팡 푸우 마?

❸ ~시에 깨워주세요.

请在○点叫醒我。
Qǐng zài ○ diǎn jiàoxǐng wǒ.
칭 짜이 ○ 디앤 찌아오씽 워.

❹ 오후에 청소해주세요.

下午打扫一下。
Xiàwǔ dǎsǎo yíxià.
씨아우 다싸오 이씨아.

❺ 와이파이 비밀번호를 알려주세요.

请告诉我无线网密码。
Qǐng gàosu wǒ wúxiànwǎng mìmǎ.
칭 까오쑤 워 우씨앤우앙 미마.

❻ 제 방은 청소하지 말아주세요.

不要打扫我的房间。
Búyào dǎsǎo wǒ de fángjiān.
부야오 다싸오 워 더 팡찌앤.

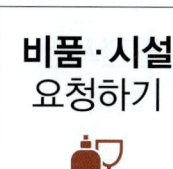

비품·시설 요청하기

🔊 여행 단어

수건	毛巾 máojīn 마오찐	칫솔	牙刷 yáshuā 야슈아
슬리퍼	拖鞋 tuōxié 투오씨에	텔레비전	电视 diànshì 띠앤스
에어컨	空调 kōngtiáo 쿵티아오	개인 금고	个人保险柜 gèrén bǎoxiǎnguì 꺼런 바오씨앤꾸이

🎙 여행 회화

❶ 수건을 더 주세요.

再给我几个毛巾。
Zài gěi wǒ jǐ ge máojīn.
짜이 게이 워 지 거 마오찐.

❷ 칫솔(치약)이 없어요.

没有牙刷(牙膏)。
Méiyǒu yáshuā(yágāo).
메이요우 야슈아(야까오).

❸ 제 방에 인터넷이 안 돼요.

在我的房间里上不了网。
Zài wǒ de fángjiān lǐ shàng bu liǎo wǎng.
짜이 워 더 팡찌앤 리 샹 부 리아오 우앙.

❹ 슬리퍼를 하나만 더 주세요.

再给我一双拖鞋。
Zài gěi wǒ yì shuāng tuōxié.
짜이 게이 워 이 슈앙 투오씨에.

❺ 텔레비전(에어컨)이 안 나와요.

电视(空调)坏了。
Diànshì(kōngtiáo) huài le.
띠앤스(쿵티아오) 후아이 르어.

❻ 개인 금고가 안 열려요.

个人保险柜打不开。
Gèrén bǎoxiǎnguì dǎ bu kāi.
꺼런 바오씨앤꾸이 다 부 카이.

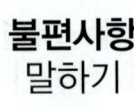

불편사항 말하기

🔊 여행 단어

시끄럽다	吵 chǎo 챠오	방	房间 fángjiān 팡찌앤
덥다	热 rè 르어	욕조	浴缸 yùgāng 위깡
방 카드키	房卡 fángkǎ 팡카	금연	禁烟 jìnyān 찐이앤

🎙 여행 회화

❶ 너무 시끄러워요.

太吵了。
Tài chǎo le.
타이 챠오 르어.

❷ 방을 바꾸고 싶어요.

我要换房间。
Wǒ yào huàn fángjiān.
워 야오 후안 팡찌앤.

❸ 방이 너무 더워요.

房间太热了。
Fángjiān tài rè le.
팡찌앤 타이 르어 르어.

❹ 욕조의 물이 안 내려가요.

浴缸里的水下不去。
Yùgāng lǐ de shuǐ xià bu qù.
위깡 리 더 쉐이 씨아 부 취.

❺ 방 카드키를 잃어버렸어요.

我丢了房卡。
Wǒ diū le fángkǎ.
워 띠우 르어 팡카.

❻ 비 흡연실로 예약했어요.

我预定了禁烟的房间。
Wǒ yùdìng le jìnyān de fángjiān.
워 위띵 르어 찐이앤 더 팡찌앤.

숙소 체크아웃하기

🔊 여행 단어

체크아웃	退房 tuìfáng 투이팡	요금, 비용	费用 fèiyòng 페이용
물건	东西 dōngxi 뚱시	잊다	忘 wàng 우앙
미니바	小酒吧 xiǎojiǔbā 씨아오지우빠	보관하다	保管 bǎoguǎn 바오구안

🎤 여행 회화

❶ 체크아웃 할게요.

我要退房。
Wǒ yào tuìfáng.
워 야오 투이팡.

❷ 이 요금은 무엇인가요?

这是什么费用?
Zhè shì shénme fèiyòng?
쩌 스 션므어 페이용?

❸ 조금 늦게 체크아웃을 할 수 있나요?

可以晚点儿退房吗?
Kěyǐ wǎn diǎnr tuìfáng ma?
크어이 우안 디알 투이팡 마?

❹ 방에 소지품을 두고 왔어요.

我把东西忘在房间里了。
Wǒ bǎ dōngxi wàng zài fángjiān lǐ le.
워 바 뚱시 우앙 짜이 팡찌앤 리 르어.

❺ 미니바를 이용하지 않았어요.

我没有用过小酒吧。
Wǒ méiyǒu yòngguo xiǎojiǔbā.
워 메이요우 용궈 씨아오지우빠.

❻ 짐을 보관해 주실 수 있나요?

能把行李保管一下吗?
Néng bǎ xíngli bǎoguǎn yíxià ma?
넝 바 씽리 바오구안 이씨아 마?

4
식당·카페에서

자리 안내받기

음식 주문하기

식당 서비스 요청하기

음식 불만 제기하기

음식값 계산하기

음료 · 주류 주문하기

카페에서 주문하기

상하이에서 커피를 마실 때

자리 안내받기

🔊 여행 단어

명	位 wèi 웨이	기다리다	等 děng 덩
안 쪽	里面 lǐmiàn 리미앤	자리	位子 wèizi 웨이즈
문을 닫다	关门 guānmén 꾸안먼	(요리를) 주문하다	点菜 diǎn cài 디앤 차이

🎙 여행 회화

❶ 한(두) 명이에요.
一(两)位。
Yí(liǎng) wèi.
이(리양) 웨이.

❷ 얼마나 기다려야 하나요?
要等多久？
Yào děng duō jiǔ?
야오 덩 뚜오 지우?

❸ 안에 자리 있나요?
里面有位子吗？
Lǐmiàn yǒu wèizi ma?
리미앤 요우 웨이즈 마?

❹ 언제 문을 닫나요?
几点关门？
Jǐ diǎn guānmén?
지 디앤 꾸안먼?

❺ 미리 주문해도 되나요?
可以先点菜吗？
Kěyǐ xiān diǎn cài ma?
크어이 씨앤 디앤 차이 마?

❻ 제가 먼저 왔어요.
我先来的。
Wǒ xiān lái de.
워 씨앤 라이 더.

음식 주문하기

🔊 여행 단어

메뉴판	菜单 càidān 차이딴	개	个 ge 거
특선 메뉴	拿手菜 náshǒucài 나셔우차이	해산물	海鲜 hǎixiān 하이씨앤
알레르기	过敏 guòmǐn 꿔민	고수(향채)	香菜 xiāngcài 씨앙차이

🎤 여행 회화

❶ 메뉴판 주세요.
请给我菜单。
Qǐng gěi wǒ càidān.
칭 게이 워 차이딴.

❷ 이거 일 인분이랑 이거 이 인분 주세요.
给我一份这个和两份这个。
Gěi wǒ yí fèn zhège hé liǎng fèn zhège.
게이 워 이 펀 쩌거 흐어 리앙 펀 쩌거.

❸ 이곳의 특선 메뉴는 무엇인가요?
这儿有什么拿手菜?
Zhèr yǒu shénme náshǒucài?
쩔 요우 션므어 나셔우차이?

❹ 해산물 알레르기가 있어요.
我有海鲜过敏。
Wǒ yǒu hǎixiān guòmǐn.
워 요우 하이씨앤 꿔민.

❺ 고수(향채)는 빼주세요.
不要放香菜。
Búyào fàng xiāngcài.
부야오 팡 씨앙차이.

❻ 테이크아웃 할게요.
我要带走。
Wǒ yào dàizǒu.
워 야오 따이저우.

식당 서비스 요청하기

🔊 여행 단어

젓가락	筷子 kuàizi 쿠아이즈	냅킨	餐巾纸 cānjīnzhǐ 찬찐즈
접시	碟子 diézi 디에즈	바꾸다	换 huàn 후안
테이블	桌子 zhuōzi 쮸오즈	포장	打包 dǎbāo 다빠오

🎤 여행 회화

❶ 젓가락을 하나 더 주세요.
再给我一双筷子。
Zài gěi wǒ yì shuāng kuàizi.
짜이 게이 워 이 슈앙 쿠아이즈.

❷ 냅킨 주세요.
请给我餐巾纸。
Qǐng gěi wǒ cānjīnzhǐ.
칭 게이 워 찬찐즈.

❸ 이것을 조금만 더 주세요.
再给点儿这个。
Zài gěi diǎnr zhège.
짜이 게이 디알 쩌거.

❹ 접시를 바꿔주세요.
请把碟子换一下。
Qǐng bǎ diézi huàn yíxià.
칭 바 디에즈 후안 이씨아.

❺ 테이블을 닦아주세요.
请擦一下桌子。
Qǐng cā yíxià zhuōzi.
칭 차 이씨아 쮸오즈.

❻ 남은 것은 포장해주세요.
剩下的打包一下。
Shèngxià de dǎbāo yíxià.
셩씨아 더 다빠오 이씨아.

음식 불만 제기하기

🔊 여행 단어

숟가락	勺子 sháozi 샤오즈	머리카락	头发 tóufa 토우파
맛	味道 wèidào 웨이따오	이상하다	奇怪 qíguài 치꾸아이
맵다	辣 là 라	짜다	咸 xián 씨앤

🎤 여행 회화

❶ 숟가락에 뭐가 묻었어요.

勺子上有脏东西。
Sháozi shang yǒu zāng dōngxi.
샤오즈 상 요우 짱 뚱시.

❷ 음식에서 머리카락이 나왔어요.

菜里有头发。
Cài lǐ yǒu tóufa.
차이 리 요우 토우파.

❸ 이것의 맛이 조금 이상해요.

这个味道有点儿奇怪。
Zhège wèidào yǒu diǎnr qíguài.
쩌거 웨이따오 요우 디알 치꾸아이.

❹ 너무 매워(짜)요.

太辣(咸)了。
Tài là(xián) le.
타이 라(씨앤) 르어.

❺ 제가 주문한 메뉴가 아니에요.

这不是我点的菜。
Zhè bú shì wǒ diǎn de cài.
쩌 부 스 워 디앤 더 차이.

❻ 음식이 아직 안 나왔어요.

菜还没上呢。
Cài hái méi shàng ne.
차이 하이 메이 샹 느어.

음식값 계산하기

🔊 여행 단어

세금 포함	含税 hán shuì 한 쒜이	금액, 가격	价格 jiàgé 찌아거
현금	现金 xiànjīn 씨앤찐	~같다	好像 hǎoxiàng 하오씨앙
틀리다	错 cuò 추오	돈을 거슬러주다	找零钱 zhǎo língqián 쟈오 링치앤

🎤 여행 회화

❶ 계산할게요.

买单。
Mǎidān.
마이딴.

❷ 이 메뉴는 제가(우리가) 시킨 것이 아니에요.

这个菜不是我(我们)点的。
Zhège cài bú shì wǒ(wǒmen) diǎn de.
쩌거 차이 부 스 워(워먼) 디앤 더.

❸ 세금이 포함된 금액인가요?

这是含税的价格吗?
Zhè shì hán shuì de jiàgé ma?
쩌 스 한 쒜이 더 찌아거 마?

❹ 신용카드(현금)로 계산할게요.

我用信用卡(现金)买单。
Wǒ yòng xìnyòngkǎ(xiànjīn) mǎidān.
워 용 씬용카(씨앤찐) 마이딴.

❺ 어디에서 계산하나요?

在哪儿买单?
Zài nǎr mǎidān?
짜이 날 마이딴?

❻ 잔돈을 잘못 거슬러주신 것 같아요.

好像找错零钱了。
Hǎoxiàng zhǎo cuò língqián le.
하오씨앙 쟈오 추오 링치앤 르어.

음료·주류 주문하기

🔊 여행 단어

병	瓶 píng 핑	맥주	啤酒 píjiǔ 피지우
상온	常温 chángwēn 창원	재스민차	茉莉花茶 mòlihuāchá 모리화챠
잔[양사]	杯 bēi 뻬이	잔[명사]	杯子 bēizi 뻬이즈

🎤 여행 회화

❶ 차가운(따뜻한) 물을 주세요.
请给我冰(热)水。
Qǐng gěi wǒ bīng(rè) shuǐ.
칭 게이 워 삥(르어) 쉐이.

❷ 사이다(맥주) 한 병 주세요.
请给我一瓶雪碧(啤酒)。
Qǐng gěi wǒ yì píng xuěbì(píjiǔ).
칭 게이 워 이 핑 쒸에삐(피지우).

❸ 차가운(상온) 것으로 주세요.
请给我冰(常温)的。
Qǐng gěi wǒ bīng(chángwēn) de.
칭 게이 워 삥(창원) 더.

❹ 재스민차 한 잔 주세요.
请给我一杯茉莉花茶。
Qǐng gěi wǒ yì bēi mòlihuāchá.
칭 게이 워 이 뻬이 모리화챠.

❺ 한 잔 더 주세요.
再给我一杯。
Zài gěi wǒ yì bēi.
짜이 게이 워 이 뻬이.

❻ 잔 하나 더 주세요.
再给我一个杯子。
Zài gěi wǒ yí ge bēizi.
짜이 게이 워 이 거 뻬이즈.

카페에서 주문하기

🔊 여행 단어

아이스	冰 bīng 삥	커피	咖啡 kāfēi 카페이
휘핑크림	奶油 nǎiyóu 나이요우	연하다, 싱겁다	淡 dàn 딴
얼음	冰块 bīngkuài 삥쿠아이	빨대	吸管 xīguǎn 씨구안

🎤 여행 회화

❶ 아이스(따뜻한) 아메리카노 한 잔 주세요.

我要一杯冰(热)美式咖啡。
Wǒ yào yì bēi bīng(rè) měishì kāfēi.
워 야오 이 뻬이 삥(르어) 메이스 카페이.

❷ 제일 작은 사이즈로 주세요.

我要最小的。
Wǒ yào zuì xiǎo de.
워 야오 쭈이 씨아오 더.

❸ 휘핑크림은 빼주세요.

不要放奶油。
Búyào fàng nǎiyóu.
부야오 팡 나이요우.

❹ 커피를 조금 연하게 해주세요.

咖啡要淡点儿。
Kāfēi yào dàn diǎnr.
카페이 야오 딴 디알.

❺ 얼음을 많이 넣어주세요.

多加点儿冰块。
Duō jiā diǎnr bīngkuài.
뚜어 찌아 디알 삥쿠아이.

❻ 빨대는 어디에 있나요?

吸管在哪儿?
Xīguǎn zài nǎr?
씨구안 짜이 날?

상하이에서 커피를 마실 때

■ **음료 주문 TIP!**

차가운 음료를 마시고 싶다면 음료 이름 앞에 冰(bīng)을,
따뜻한 음료를 마시고 싶다면 음료 이름 앞에 热(rè)를 붙인다!

美式咖啡 měishì kāfēi
메이스 카페이
아메리카노

(香草/焦糖/榛果)拿铁
(xiāngcǎo/jiāotáng/zhēnguǒ) nátiě
(씨앙차오/찌아오탕/쩡궈) 나티에
(바닐라·캐러멜·헤이즐넛) 라떼

卡布奇诺 kǎbùqínuò
카뿌치누오
카푸치노

咖啡摩卡 kāfēi mókǎ
카페이 모카
카페모카

焦糖玛奇朵 jiāotáng mǎqíduǒ
찌아오탕 마치두어
캐러멜 마키아토

抹茶拿铁 mòchá nátiě
모챠 나티에
그린티 라떼

5
관광할 때

관광 명소 관람하기

관광지 정보 얻기

사진 촬영 부탁하기

공연 관람하기

관광 명소 관람하기

🔊 여행 단어

매표소	售票处 shòupiàochù 셔우피아오츄	입장권	门票 ménpiào 먼피아오
한국어	韩语 Hányǔ 한위	오디오 가이드	语音导览机 yǔyīn dǎolǎnjī 위인 다오란찌
팸플릿	小册子 xiǎocèzi 씨아오츠어즈	지도	地图 dìtú 띠투

🎤 여행 회화

❶ 매표소는 어디에 있나요?

售票处在哪儿?
Shòupiàochù zài nǎr?
셔우피아오츄 짜이 날?

❷ 입구(출구)는 어디에 있나요?

入口(出口)在哪儿?
Rùkǒu(chūkǒu) zài nǎr?
루커우(츄커우) 짜이 날?

❸ 입장권은 얼마인가요?

门票是多少钱?
Ménpiào shì duōshao qián?
먼피아오 스 뚜오샤오 치앤?

❹ 한국어 오디오 가이드가 있나요?

有韩语语音导览机吗?
Yǒu Hányǔ yǔyīn dǎolǎnjī ma?
요우 한위 위인 다오란찌 마?

❺ 팸플릿을 보고 싶어요.

我想看小册子。
Wǒ xiǎng kàn xiǎocèzi.
워 씨앙 칸 씨아오츠어즈.

❻ 어디에서 지도를 받을 수 있나요?

在哪儿可以拿地图?
Zài nǎr kěyǐ ná dìtú?
짜이 날 크어이 나 띠투?

관광지 정보 얻기

🔊 여행 단어

유명한	有名 yǒumíng 요우밍	관광명소	旅游景点 lǚyóu jǐngdiǎn 뤼요우 징디앤
추천하다	推荐 tuījiàn 투이찌앤	알리다	告诉 gàosu 까오쑤
근처	附近 fùjìn 푸찐	식당	餐厅 cāntīng 찬팅

🎤 여행 회화

❶ 제일 유명한 관광명소는 무엇인가요?

最有名的旅游景点是什么?
Zuì yǒumíng de lǚyóu jǐngdiǎn shì shénme?
쭈이 요우밍 더 뤼요우 징디앤 스 션므어?

❷ 여기에서 가장 가까운 관광명소가 어디인가요?

从这儿最近的旅游景点在哪儿?
Cóng zhèr zuì jìn de lǚyóu jǐngdiǎn zài nǎr?
충 쩔 쭈이 찐 더 뤼요우 징디앤 짜이 날?

❸ 보는 시간이 적게 걸리는 것은 어떤 건가요?

看什么比较省时间?
Kàn shénme bǐjiào shěng shíjiān?
칸 션므어 비찌아오 셩 스찌앤?

❹ 제게 관광명소를 한 곳 추천해주세요.

请给我推荐一个旅游景点。
Qǐng gěi wǒ tuījiàn yí ge lǚyóu jǐngdiǎn.
칭 게이 워 투이찌앤 이 거 뤼요우 징디앤.

❺ 이 근처에서 가장 인기 있는 식당을 알려주세요.

请告诉我这附近人气最高的餐厅。
Qǐng gàosu wǒ zhè fùjìn rénqì zuì gāo de cāntīng.
칭 까오쑤 워 쪄 푸찐 런치 쭈이 까오 더 찬팅.

❻ 몇 시에 여나요?

几点开门?
Jǐ diǎn kāimén?
지 디앤 카이먼?

사진 촬영 부탁하기

🔊 여행 단어

사진을 찍다	拍照 pāizhào 파이쨔오	누르다	按 àn 안
같이	一起 yìqǐ 이치	장	张 zhāng 쨩
배경	背景 bèijǐng 뻬이징	다시, 한 번 더	再 zài 짜이

🎤 여행 회화

❶ 사진 좀 찍어주세요.
请帮我拍一下照片。
Qǐng bāng wǒ pāi yíxià zhàopiàn.
칭 빵 워 파이 이씨아 쨔오피앤.

❷ 여기를 누르면 됩니다.
按这个就可以了。
Àn zhège jiù kěyǐ le.
안 쪄거 찌우 크어이 르어.

❸ 여기에서 사진 찍어도 되나요?
在这里可以拍照吗?
Zài zhèlǐ kěyǐ pāizhào ma?
짜이 쪄리 크어이 파이쨔오 마?

❹ 우리 함께 사진 한 장 찍어요.
我们一起拍一张照片吧。
Wǒmen yìqǐ pāi yì zhāng zhàopiàn ba.
워먼 이치 파이 이 쨩 쨔오피앤 바.

❺ 배경도 나오게 찍어주세요.
把背景也要拍进去。
Bǎ bèijǐng yě yào pāi jìnqù.
바 뻬이징 예 야오 파이 찐취.

❻ 한 장 더 찍어주세요.
请再拍一张。
Qǐng zài pāi yì zhāng.
칭 짜이 파이 이 쨩.

공연 관람하기

🔊 여행 단어

공연	表演 biǎoyǎn 비아오이앤	시간표	时间表 shíjiānbiǎo 스찌앤비아오
주연배우	主演 zhǔyǎn 쥬이앤	자리	座位 zuòwèi 쭈오웨이
한국어	韩文 Hánwén 한원	자막	字幕 zìmù 쯔무

🎤 여행 회화

❶ 이 공연 스케줄 좀 보여주세요.
给我看一下这个表演的时间表。
Gěi wǒ kàn yíxià zhège biǎoyǎn de shíjiānbiǎo.
게이 워 칸 이씨아 쩌거 비아오이앤 더 스찌앤비아오.

❷ 공연은 얼마 동안 하나요?
表演时间有多长?
Biǎoyǎn shíjiān yǒu duō cháng?
비아오이앤 스찌앤 요우 뚜어 챵?

❸ 주연배우가 누구인가요?
谁是主演?
Shéi shì zhǔyǎn?
셰이 스 쥬이앤?

❹ 4시 공연은 자리가 있나요?
四点的表演有位子吗?
Sì diǎn de biǎoyǎn yǒu wèizi ma?
쓰 디앤 더 비아오이앤 요우 웨이즈 마?

❺ 앞쪽 자리로 주세요.
我想要坐前排的座位。
Wǒ xiǎng yào zuò qiánpái de zuòwèi.
워 씨앙 야오 쭈오 치앤파이 더 쭈오웨이.

❻ 한국어 자막이 있나요?
有韩文字幕吗?
Yǒu Hánwén zìmù ma?
요우 한원 쯔무 마?

6
쇼핑할 때

제품 문의하기

착용 요청하기

가격 흥정하기

제품 계산하기

포장 요청하기

교환 · 환불하기

제품 문의하기

🔊 여행 단어

더	更 gèng 껑	싼	便宜 piányi 피앤이
할인하다	打折 dǎzhé 다져	추천하다	推荐 tuījiàn 투이찌앤
상품	商品 shāngpǐn 샹핀	새 것	新的 xīn de 씬 더

🎤 여행 회화

❶ 이것은 얼마예요?

这个多少钱?
Zhège duōshao qián?
쩌거 뚜오샤오 치앤?

❷ 더 싼 것 있나요?

有更便宜的吗?
Yǒu gèng piányi de ma?
요우 껑 피앤이 더 마?

❸ 이것은 할인하나요?

这个打折吗?
Zhège dǎzhé ma?
쩌거 다져 마?

❹ 추천 상품이 있나요?

有推荐的商品吗?
Yǒu tuījiàn de shāngpǐn ma?
요우 투이찌앤 더 샹핀 마?

❺ 더 저렴한 것으로 살게요.

我要买更便宜的。
Wǒ yào mǎi gèng piányi de.
워 야오 마이 껑 피앤이 더.

❻ 새 것 있나요?

有新的吗?
Yǒu xīn de ma?
요우 씬 더 마?

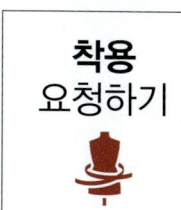

착용 요청하기

🔊 여행 단어

입어보다	试穿 shìchuān 스츄안	피팅룸	试衣间 shìyījiān 스이찌앤
다른	别的 biéde 비에더	색상	颜色 yánsè 이앤쓰어
크다/작다	大/小 dà/xiǎo 따/씨아오	숫자를 나타내는 부호	码 mǎ 마

🎤 여행 회화

❶ 이것은 입어봐도 되나요?
这个可以试穿吗?
Zhège kěyǐ shìchuān ma?
쪄거 크어이 스츄안 마?

❷ 사이즈가 어떻게 되나요?
这个是多大的?
Zhège shì duō dà de?
쪄거 스 뚜오 따 더?

❸ 피팅룸은 어디인가요?
试衣间在哪儿?
Shìyījiān zài nǎr?
스이찌앤 짜이 날?

❹ 다른 색상도 있나요?
有别的颜色吗?
Yǒu biéde yánsè ma?
요우 비에더 이앤쓰어 마?

❺ 한 사이즈 큰(작은) 것으로 입어볼게요.
我试一下大(小)一码的。
Wǒ shì yíxià dà(xiǎo) yì mǎ de.
워 스 이씨아 따(씨아오) 이 마 더.

❻ 더 큰(작은) 것으로 주세요.
给我更大(小)点儿的。
Gěi wǒ gèng dà(xiǎo) diǎnr de.
게이 워 껑 따(씨아오) 디알 더.

가격 흥정하기

🔊 여행 단어

세일	优惠 yōuhuì 요우후이	지불하다	付 fù 푸
현금	现金 xiànjīn 씨앤찐	비싸다	贵 guì 꾸이
오직 ~밖에 없다	只有 zhǐyǒu 즈요우	돈	钱 qián 치앤

🎙 여행 회화

❶ 얼마나 할인해 주시나요?

打几折呢?
Dǎ jǐ zhé ne?
다 지 져 느어?

❷ 이것은 세일 가격인가요?

这是优惠价吗?
Zhè shì yōuhuìjià ma?
쪄 스 요우후이찌아 마?

❸ 좀 더 싸게 해주세요.

再给我便宜点儿。
Zài gěi wǒ piányi diǎnr.
짜이 게이 워 피앤이 디알.

❹ 현금으로 지불하면, 깎아주나요?

付现金的话, 可以便宜点儿吗?
Fù xiànjīn de huà, kěyǐ piányi diǎnr ma?
푸 씨앤찐 더 후아, 크어이 피앤이 디알 마?

❺ 너무 비싸요.

太贵了。
Tài guì le.
타이 꾸이 르어.

❻ 돈이 이것밖에 없어요.

我只有这么多钱。
Wǒ zhǐyǒu zhème duō qián.
워 즈요우 쩌므어 뚜오 치앤.

제품 계산하기

🔊 여행 단어

신용카드	信用卡 xìnyòngkǎ 씬용카	지불하다	付款 fùkuǎn 푸콴
세금	税 shuì 쉐이	나누다, 따로따로	分开 fēnkāi 펀카이
영수증	发票 fāpiào 파피아오	계산서	账单 zhàngdān 쨩딴

🎤 여행 회화

❶ 이미 돈 냈어요.

我已经付好了。
Wǒ yǐjīng fù hǎo le.
워 이징 푸 하오 르어.

❷ 신용카드로 결제 가능한가요?

可不可以用信用卡付款?
Kě bu kěyǐ yòng xìnyòngkǎ fùkuǎn?
크어 부 크어이 용 씬용카 푸콴?

❸ 세금은 포함된 건가요?

是含税的吗?
Shì hán shuì de ma?
스 한 쉐이 더 마?

❹ 나눠서 계산할게요.

我们要分开付。
Wǒmen yào fēnkāi fù.
워먼 야오 펀카이 푸.

❺ 영수증을 안 주셨어요.

没给我发票。
Méi gěi wǒ fāpiào.
메이 게이 워 파피아오.

❻ 이 계산서는 잘못된 것 같아요.

这账单好像有问题。
Zhè zhàngdān hǎoxiàng yǒu wèntí.
쩌 쨩딴 하오씨앙 요우 원티.

포장 요청하기

🔊 여행 단어

포장	包装 bāozhuāng 빠오쮸앙	따로	另 lìng 링
비용을 받다	收费 shōufèi 셔우페이	쇼핑백	购物袋 gòuwùdài 꺼우우따이
포장지	包装纸 bāozhuāngzhǐ 빠오쮸앙즈	깨지다	碎 suì 쑤이

🎤 여행 회화

❶ 선물용으로 포장해주세요.
这要送人，请包装一下。
Zhè yào sòng rén, qǐng bāozhuāng yíxià.
쪄 야오 쑹 런, 칭 빠오쮸앙 이씨아.

❷ 포장하는데 따로 비용을 받나요?
包装另收费吗?
Bāozhuāng lìng shōufèi ma?
빠오쮸앙 링 셔우페이 마?

❸ 쇼핑백에 담아주세요.
要放在购物袋里。
Yào fàng zài gòuwùdài lǐ.
야오 팡 짜이 꺼우우따이 리.

❹ 따로따로 포장해주세요.
要分开包装。
Yào fēnkāi bāozhuāng.
야오 펀카이 빠오쮸앙.

❺ 다른 포장지는 없나요?
没有别的包装纸吗?
Méiyǒu biéde bāozhuāngzhǐ ma?
메이요우 비에더 빠오쮸앙즈 마?

❻ 깨지기 쉬우니 잘 포장해주세요.
这个容易碎，要包好点儿。
Zhège róngyì suì, yào bāo hǎo diǎnr.
쪄거 룽이 쑤이, 야오 빠오 하오 디알.

교환·환불 하기

🔊 여행 단어

상품	商品 shāngpǐn 샹핀	문제	问题 wèntí 원티
사용하다	使用 shǐyòng 스용	뜯다	拆 chāi 챠이
환불하다	退钱 tuìqián 투이치앤	지불하다	支付 zhīfù 쯔푸

🎤 여행 회화

❶ 다른 것으로 교환할 수 있나요?

可以换成别的吗?
Kěyǐ huàn chéng biéde ma?
크어이 후안 청 비에더 마?

❷ 이 제품에 문제가 있어요.

这商品有问题。
Zhè shāngpǐn yǒu wèntí.
쪄 샹핀 요우 원티.

❸ 전혀 사용하지 않았어요.

我没有使用过。
Wǒ méiyǒu shǐyòngguo.
워 메이요우 스용궈.

❹ 포장을 이미 뜯었어요.

包装已经拆了。
Bāozhuāng yǐjīng chāi le.
빠오쮸앙 이징 챠이 르어.

❺ 환불해주세요.

我要退钱。
Wǒ yào tuìqián.
워 야오 투이치앤.

❻ 현금으로 지불했어요.

我用现金支付了。
Wǒ yòng xiànjīn zhīfù le.
워 용 씨앤찐 쯔푸 르어.

7

위급상황

분실 · 도난 신고하기

부상 · 아플 때

병원 · 약국에서 말하기

분실·도난 신고하기

🔊 여행 단어

경찰	警察 jǐngchá 징챠	파출소	派出所 pàichūsuǒ 파이츄쑤오
잃어버리다	丢 diū 띠우	지갑	钱包 qiánbāo 치앤빠오
여권	护照 hùzhào 후쨔오	한국 대사관	韩国大使馆 Hánguó Dàshǐguǎn 한궈 따스구안

🎤 여행 회화

❶ 경찰을 불러주세요.

帮我叫警察。
Bāng wǒ jiào jǐngchá.
빵 워 찌아오 징챠.

❷ 가장 가까운 파출소가 어디인가요?

最近的派出所在哪儿?
Zuì jìn de pàichūsuǒ zài nǎr?
쭈이 찐 더 파이츄쑤오 짜이 날?

❸ ○○을(를) 분실했어요.

我丢了○○。
Wǒ diū le ○○.
워 띠우 르어 ○○.

❹ 지갑을 도둑맞았어요.

我的钱包被偷了。
Wǒ de qiánbāo bèi tōu le.
워 더 치앤빠오 뻬이 터우 르어.

❺ 여권을 재발급 받고 싶어요.

我要重新办理护照。
Wǒ yào chóngxīn bànlǐ hùzhào.
워 야오 충씬 빤리 후쨔오.

❻ 한국 대사관에 전화를 연결해주세요.

请联系到韩国大使馆。
Qǐng liánxì dào Hánguó Dàshǐguǎn.
칭 리앤씨 따오 한궈 따스구안.

부상 · 아플 때

🔊 여행 단어

다치다	受伤 shòushāng 셔우샹	화상	烫伤 tàngshāng 탕샹
움직이다	动 dòng 뚱	구급차	急救车 jíjiùchē 지찌우츠어
아프다	痛 tòng 퉁	병원	医院 yīyuàn 이위앤

🎤 여행 회화

❶ 다리를 다쳤어요.
我的腿受伤了。
Wǒ de tuǐ shòushāng le.
워 더 투이 셔우샹 르어.

❷ 화상을 입었어요.
烫伤了。
Tàngshāng le.
탕샹 르어.

❸ 움직일 수 없어요.
我不能动。
Wǒ bù néng dòng.
워 뿌 넝 뚱.

❹ 구급차를 불러주세요.
帮我叫一下急救车。
Bāng wǒ jiào yíxià jíjiùchē.
빵 워 찌아오 이씨아 지찌우츠어.

❺ 여기가 아파요.
这里痛。
Zhèlǐ tòng.
쪄리 퉁.

❻ 병원에 함께 가주세요.
请陪我去医院。
Qǐng péi wǒ qù yīyuàn.
칭 페이 워 취 이위앤.

병원·약국에서 말하기

🔊 여행 단어

몸	身体 shēntǐ 션티	불편하다	不舒服 bù shūfu 뿌 슈푸
열이 나다	发烧 fāshāo 파샤오	구역질(이 나다)	恶心 ěxīn 으어씬
연고	软膏 ruǎngāo 루안까오	감기약	感冒药 gǎnmàoyào 간마오야오

🎤 여행 회화

❶ 가장 가까운 병원은 어디인가요?
最近的医院在哪儿?
Zuì jìn de yīyuàn zài nǎr?
쭈이 찐 더 이위앤 짜이 날?

❷ 몸이 안 좋아요.
我身体不舒服。
Wǒ shēntǐ bù shūfu.
워 션티 뿌 슈푸.

❸ 저는 머리가 아파요(열이 나요/어지러워요).
我头疼(发烧/头晕)。
Wǒ tóuténg(fāshāo/tóuyūn).
워 터우텅(파샤오/터우윈).

❹ 저는 약간 메스꺼워요.
我有点儿恶心。
Wǒ yǒudiǎnr ěxīn.
워 요우 디알 으어씬.

❺ 저에게 연고를 주세요.
请给我软膏。
Qǐng gěi wǒ ruǎngāo.
칭 게이 워 루안까오.

❻ 감기약 있나요?
有感冒药吗?
Yǒu gǎnmàoyào ma?
요우 간마오야오 마?

중국어를 정복하기 위한 확실한 선택

시원스쿨
중국어

기초부터
HSK까지
**한번에
마스터**

최적의 강의와
탄탄한 커리큘럼으로
중국어 완전정복

NBA 2018
2015~2018
국가 브랜드 대상

2018
최고의 브랜드 대상

2017
브랜드 만족도 1위

2016~2017
올해의 브랜드 대상

지금 '시원스쿨 중국어' 회원 가입하면,
전 강좌 24시간 수강권 무료 증정!

시원스쿨 중국어

여행 중국어
TRAVEL CHINESE

공항 · 기내에서

교통수단

숙소에서

식당 · 카페에서

관광할 때

쇼핑할 때

위급상황

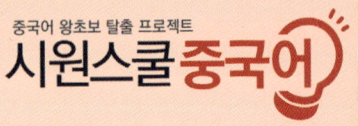